TUTORIUM JURA

Lars S. Otto

Klausuren aus dem Staatsorganisationsrecht

Mit Grundlagen des Verfassungsprozessrechts
und der Methodenlehre

Lars S. Otto, LLM (LSE)
Juristische Fakultät der Humboldt-Universität zu Berlin
Berlin, Deutschland

ISSN 1613-8724
ISBN 978-3-642-22892-6   e-ISBN 978-3-642-22893-3
DOI 10.1007/978-3-642-22893-3
Springer Heidelberg Dordrecht London New York

Die Deutsche Nationalbibliothek verzeichnet diese Publikation in der Deutschen Nationalbibliografie; detaillierte bibliografische Daten sind im Internet über http://dnb.d-nb.de abrufbar.

© Springer-Verlag Berlin Heidelberg 2012
Dieses Werk ist urheberrechtlich geschützt. Die dadurch begründeten Rechte, insbesondere die der Übersetzung, des Nachdrucks, des Vortrags, der Entnahme von Abbildungen und Tabellen, der Funksendung, der Mikroverfilmung oder der Vervielfältigung auf anderen Wegen und der Speicherung in Datenverarbeitungsanlagen, bleiben, auch bei nur auszugsweiser Verwertung, vorbehalten. Eine Vervielfältigung dieses Werkes oder von Teilen dieses Werkes ist auch im Einzelfall nur in den Grenzen der gesetzlichen Bestimmungen des Urheberrechtsgesetzes der Bundesrepublik Deutschland vom 9. September 1965 in der jeweils geltenden Fassung zulässig. Sie ist grundsätzlich vergütungspflichtig. Zuwiderhandlungen unterliegen den Strafbestimmungen des Urheberrechtsgesetzes.
Die Wiedergabe von Gebrauchsnamen, Handelsnamen, Warenbezeichnungen usw. in diesem Werk berechtigt auch ohne besondere Kennzeichnung nicht zu der Annahme, dass solche Namen im Sinne der Warenzeichen- und Markenschutz-Gesetzgebung als frei zu betrachten wären und daher von jedermann benutzt werden dürften.

Gedruckt auf säurefreiem Papier

Springer ist Teil der Fachverlagsgruppe Springer Science+Business Media (www.springer.com)

Ihre [einer wissenschaftlichen Lehranstalt] Aufgabe ist es ja nicht, die geistige Entwickelung ihrer Schüler zu einem Abschluss zu bringen, der nur ein vorzeitiger sein könnte; sondern das beginnende wissenschaftliche Leben [...] soll durch sachverständige Leitung so weit gebracht werden, daſs es seine Wege mit erstarkten Kräften und geschärftem Blick sich selbst zu suchen vermag [...] Der Universitätsunterricht soll zur wissenschaftlichen Selbständigkeit erziehen; und er kann dieſs nur dadurch, daſs er den Schüler gewöhnt, keinem wissenschaftlichen Satz auf bloſse Auctorität hin beizupflichten, bei jeder Annahme nach ihren Gründen zu fragen [...] Allein der Erfolg des Unterrichts hängt nur zur einen Hälfte davon ab, wie er ertheilt wird, zur andern dagegen davon, wie er benützt wird. Soll die Thätigkeit der Lehrer ihr Ziel nicht verfehlen, so muſs ihr die der Schüler in ihrem Theil entgegenkommen. [...] Eine wirkliche wissenschaftliche Ausbildung erlangt man [...] nur durch eigene Arbeit [...] Es handelt sich ja beim Universitätsstudium nicht blos um ein Wissen, sondern noch mehr um ein Können [...].

Eduard Zeller (Rector der Universität), Ueber akademisches Lehren und Lernen.
Rede zur Gedächtniſsfeier der Friedrich-Wilhelms-Universität zu Berlin,
gehalten am 3. August 1879

Meiner Familie:
Michaela & Norbert F. T., Nils, Constanze, Sören, Annika und Inken Otto

Vorwort

Liebe Leserin, lieber Leser, zu Ihrer Erleichterung: **Dieses Buch ist dünner als es aussieht.** Seinen Kern bilden nämlich „nur" neun Klausuren samt Lösungsvorschlägen. Um Sie aber an die Bearbeitung staatsorganisationsrechtlicher Klausuren heranzuführen und Ihnen zugleich einen fundierten Zugang zu diesem Rechtsgebiet zu ermöglichen, habe ich diesen Kern ergänzt um ein umfangreiches Methodenskript, Klausurtipps, verfassungsprozessuale Aufbauschemata, zahlreiche weiterführende Hinweise und Erklärungen, aktuelle Rechtsentwicklungen u. a. m.

Sie sollten diese Ergänzungen erst einmal beiseite lassen und sich darauf beschränken, die Klausuren zu lösen (das ist ohne Weiteres möglich und macht das Buch deutlich schlanker). Sie können nach einer ersten Lektüre aber auch (und das ist natürlich meine Hoffnung) diese Gesichtspunkte in Ihre Auseinandersetzung mit dem Staatsorganisationsrecht einbeziehen. Das fördert mit Sicherheit Ihre juristischen Fähigkeiten – vor allem aber werden Sie vielleicht neugierig, was Staatsorganisationsrecht jenseits der Klausurbearbeitung bedeuten kann.

Dieses Buch ist aus Materialien entstanden, die ich für meine Arbeitsgemeinschaften an der Humboldt-Universität zu Berlin erstellt habe. Ihm liegt der Versuch zugrunde, Sie einerseits frühzeitig an die hohen Anforderungen juristischer Fallbearbeitung heranzuführen, Ihnen andererseits hierzu einen Zugang durch zahlreiche Erklärungen zu ermöglichen. Das Buch will dabei die Schwierigkeiten, die das Staatsorganisationsrecht vielen Anfangssemestern bereitet, als Chance begreifen: Anspruchsvoll-realistische Klausuren fordern Sie von Anfang an heraus. Selbstverständlich ist es zunächst schwieriger am „großen Fall" zu arbeiten. Dies hat aus meiner Sicht aber drei Vorteile: Erstens lernen Sie von Anfang an, was Sie erwartet und vermeiden so spätere Enttäuschungen; zweitens sind große Fälle zum Erlernen juristischer Techniken besser geeignet als unterkomplex „kleine Fälle" (die übrigens auch in keiner echten Klausur vorkommen); und drittens hoffe ich, Ihnen eine Aufbereitung anzubieten, die Ihnen zugleich eine Wiederholung des Staatsorganisationsrechts nach den Anfangssemestern (auch im Hinblick auf die Erste Juristische Prüfung) erlaubt.

Lernhilfen. Ich habe in das Buch zahlreiche Lernhilfen eingebaut. So sind etwa viele Schlagworte (die in der Klausur fallen müssen) fett gedruckt. Dazuhin enthalten die Klausuren eine große Zahl an Fußnoten, teils mit Rechtsprechungs- und Literaturnachweisen, teils mit didaktischen Hinweisen.[1] Zahlreiche Originalpassagen aus den Entscheidungen des Bundesverfassungsgerichts (BVerfG) führen zudem von Anfang an den Umgang mit Sprache und Gedanken dieses für das

---

1 Zur Fußnotenverwendung s. S. 62, Fn. 188.

Staatsorganisationsrechts so zentralen Gerichts ein (drucktechnisch sind diese Passagen am fortlaufenden *Kursivdruck* zu erkennen).[2]

Da die Klausuren auf Sie als Studierende zugeschnitten sind, orientiere ich mich an den Argumentationen und Wendungen der herrschenden Meinung (h. M.) und insb. des BVerfG. Durch die Quellenangaben ist leicht erkennbar, wer jeweils hinter bestimmten Argumenten steckt. Jede Leserin[3] muss sich jedoch bewusst machen: Es gibt keinen Lösungs*vorschlag*, der ein über die Debatte erhabenes Muster darstellt. Die Lösungsvorschläge spiegeln meine Auffassungen wider, bei guten Argumenten ist stets eine andere Auffassung oder auch ein anderer Aufbau vertretbar.

Die berüchtigten „Meinungsstreite" sind in diesem Buch so in den Lösungsvorschlägen aufbereitet, wie man ihre Darstellung von Ihnen in einer Klausur erwartet (und nicht etwa in einem abstrakten „Lehrbuchstil"). Die ausführlichen Lösungsskizzen zuletzt sollen Ihnen einerseits als Beispiele dafür dienen, wie Lösungsskizzen aussehen können, und Ihnen andererseits auf den ersten Blick zeigen, wo (rechtliche) Probleme liegen (graphisch herausgehoben durch einen grauen Balken am Rand).

Zum Umgang mit diesem Buch, insb. den Klausuren. Dies ist kein Lesebuch, sondern ein *Arbeitsbuch*. Mein Vorschlag: Arbeiten Sie den Sachverhalt durch und formulieren Sie entweder eine ausführliche Lösungsskizze oder das Gutachten in Reinschrift. Gleichen Sie Ihre Arbeit dann mit der Lösungsskizze der Klausur ab, so erkennen Sie schnell, wo die Unterschiede Ihrer Bearbeitung und der Klausurlösung liegen. Gehen Sie dann den Lösungsvorschlag durch, ohne aber die Fußnoten einzubeziehen. Legen Sie anschließend eine echte Pause ein. Lesen Sie danach nochmals den Lösungsvorschlag der Klausur und lesen Sie nunmehr auch die einleitenden Lösungshinweise sowie die Fußnoten der Lösungsvorschläge (Sie wiederholen nämlich den Stoff damit zum ersten Mal – und ohne Wiederholung erreichen Sie mit Ihrer Arbeit überhaupt nichts). Besonders effektiv wird das alles, wenn Sie das Buch als Grundlage einer Gruppenarbeit nutzen: Korrigieren Sie

---

[2] Wenn nicht anders bestimmt ist, beziehen sich die Nachweise auf alle unmittelbar vorhergehenden kursiv gesetzten Sätze. Wichtige Urteile werden bei ihrer ersten Verwendung jeweils bei dem „Namen" genannt, unter dem sie bekannt sind, etwa „BVerfGE 121, 266 (266) – negatives Stimmgewicht". Die Verwendung von Originalpassagen soll Sie dazu ermutigen, frühzeitig mit der Lektüre von Gerichtsentscheidungen zu beginnen, insb. im Verfassungsrecht also die Entscheidungen des BVerfG zu lesen.
Zwei Onlinequellen sind für **Entscheidungen des BVerfG** von besonderer Bedeutung, nämlich zum einen dessen Website selbst: http://www.bverfg.de/entscheidungen.html (zuletzt abgerufen am 10.12.2011), wo Sie sich auch für einen Newsletter eintragen können (http://www.bverfg.de/newsletter/newsletter.html [zuletzt abgerufen am 10.12.2011]). Dort sind die Entscheidungen allerdings nur ab 1998 aufgeführt, so dass sich oftmals ein Rückgriff auf die (nichtamtliche) Website www.servat.unibe.ch/dfr/dfr_bverfg.html (zuletzt abgerufen am 24.8.2011) anbietet (eine Suche über eine Internet-Suchmaschine nach der Zitierung, etwa „BVerfGE 20, 56" führt auch dorthin).

[3] Ich bediene mich in diesem Buch aus Prinzip der weiblichen und der männlichen Formen ohne jegliches System. Darauf kommt es in diesem Kontext nämlich nicht an, daher die systematisch unsystematische Verwendung.

beispielsweise die Arbeit Ihrer Kollegin, debattieren Sie über Ihre jeweilige Lösung und gehen Sie meine Lösungsvorschläge gemeinsam durch.

Für die meisten Klausuren ist eine Bearbeitungszeit von drei bis vier Stunden vorgegeben. Das ist mehr als jedenfalls die meisten Universitäten für die Anfängerklausuren vorsehen, was aber unschädlich ist: Erstens steht juristisches Arbeiten stets unter enormem Zeitdruck; zweitens sind viele der Klausuren in diesem Buch ohnehin in kleinere Einheiten unterteilt, die Sie einzeln lösen können; drittens sollen Sie in diesem Buch primär den inhaltlichen Umgang mit Klausuren im Staatsorganisationsrecht lernen. Keine Angst daher, wenn Sie am Anfang selbst die vorgeschlagene Bearbeitungszeit überschreiten.

Zu Umfang und Bearbeitungstiefe: Die Probleme sind in diesem Buch als „Volllösung" ausformuliert, stellen also eine erschöpfende gutachterliche Lösung dar (wie Sie sie etwa in einer Hausarbeit anfertigen müssen). *Dies wird in einer Klausur nicht erwartet!* In einer Klausur bedeutet selbst eine „schwerpunktmäßige" Behandlung eines Gesichtspunkts, maximal drei Rechtsauffassungen (meist zwei gegensätzliche und eine vermittelnde Meinung) darzustellen, mit maximal drei Argumenten pro Auffassung. Fühlen Sie sich angesichts der Textmassen und der Probleme, die Sie übersehen werden, also bitte nicht entmutigt – auch wenn Ihre Klausur viel kürzer ist und Sie viele Probleme übersehen, können Sie doch noch eine erfreuliche Note erreichen. Die ausführlichen Formulierungen sollen Ihnen primär eine Vorstellung davon vermitteln, wie eine vollständige Formulierung aussehen könnte.

Kurz: Die für Anfängerübungen ungewöhnliche Länge der Klausuren darf nicht abschrecken; sie ist allein meinem didaktischen Anliegen geschuldet, die Übungen umfangreich und nicht unterkomplex zu gestalten. Zugleich soll eine transparente Erwartungshaltung vermittelt werden. Von Anfang an sollen solche Klausuren angeboten werden, anhand derer es möglich ist, tiefe Verschachtelungen, schwierige Interpretationen und eine saubere Subsumtion vornehmen zu können, kurz: zu verstehen, wie juristisches Argumentieren „funktioniert". Juristische Methoden müssen mit der juristischen Muttermilch (also ab dem ersten Semester) aufgenommen werden – es wäre verfehlt, sie als „später" nachzuholende Sahnehäubchen der juristischen Fallbearbeitung misszuverstehen.

Die am Ende der Lösungshinweise jeweils aufgeführten, grau hinterlegten „Hinweise zum Europarecht" und die Bemerkungen „*obiter dictum*"[4] sollen Ihr Verständnis für Zusammenhänge schärfen, sie sind aber nicht klausurrelevant.

Zuletzt eine Bemerkung zur Einordnung des Staatsorganisationsrechts: Das deutsche Staatsorganisationsrecht bildet nur *einen* Anwendungsfall dessen, was mit „Staatsrecht" oder gar „Verfassungsrecht" bezeichnet wird (denken Sie nur an das französische, südafrikanische oder gar Europäische Verfassungsrecht). Staats-/ Verfassungsrecht seinerseits ist dabei kein statisches Set von Möglichkeiten, sondern die rechtlich gedachte Kristallisation verfassungs*theoretischer* Ideen. Damit

---

[4] Lat.: nebenbei bemerkt. So nennt man (insb. im angloamerikanischen *common law*-Rechtssystem) diejenigen Ausführungen, die nicht entscheidungstragend sind.

ist die Brücke zur *politischen Philosophie* geschlagen. Zugespitzt formuliert: Gegenstand dieses Buchs wie auch vergleichbarer Lehrbücher und universitärer Vorlesungen ist das *Grundgesetz-Recht*. Dieses Grundgesetz-Recht ist nur die Spitze eines sich ständig verändernden Eisbergs. Machen Sie sich bewusst: Das Grundgesetz (bzw. dessen Auslegung durch das BVerfG) ist nicht die einzig wahre Form „der" Demokratie, „der" Gewaltenteilung, „des" Föderalismus oder „des" Parteienwirkens, sondern nur *eine* Ausprägung in *einem* politischen System zu *einer* bestimmten Zeit. Jedem von Ihnen sei empfohlen, sich der dahinterstehenden Ideen zu vergewissern,[5] und nach anderen Ausprägungen Ausschau zu halten[6]. Wer das nicht tut, verkennt den Charakter von Verfassungsrecht als etwas, das sich aus der Spannung von politischer Herrschaftsausübung und rechtlicher Form speist[7] – und uns allen damit nicht ontologisch (somit alternativlos) vorgegeben, sondern zur Gestaltung aufgegeben ist. Das Ende der Vorlesung Staatsorganisationsrecht kann also nur der Anfang Ihrer Auseinandersetzung mit der Verfasstheit der politischen Ordnung auf allen Ebenen und all ihren Facetten sein.

Ich bin dankbar für die Unterstützung, die ich bei der Erstellung dieses Buches erfahren habe. Dies gilt zunächst für die fachliche und persönliche Unterstützung meiner Freunde und Kollegen, insb. Frau Rechtsanwältin *Saskia Gottschalk*, Frau Rechtsanwältin *Patricia Sirchich von Kis-Sira*, Frau ass. iur. *Angela Regina Stöbener*, LL.M. (King's College London), Frau ass. iur *Patricia Sarah Stöbener*, LL.M. (King's College London) und Herrn ass. iur. Dr. *Mattias Wendel*, Maîtr. en droit (Paris 1) sowie Herrn ass. iur. *Martin Mlynarski*, der mich darauf brachte, „aus den Fällen ein Buch zu machen". Ich danke weiter Herrn Professor Dr. Dr. h.c. mult. *Dieter Simon*, der sich die Mühe gemacht hat, das Manuskript kritisch zu lesen, Herrn stud. iur. *Falko Rübekeil*, der mich bei der Fertigstellung des Buches sehr unterstützt hat und den Studierenden meiner Arbeitsgemeinschaften für hilfreiche Anmerkungen aus studentischer Sicht. Ebenfalls danken möchte ich Herrn Professor Dr. Dr. h.c. *Ingolf Pernice*, an dessen Lehrstuhl für Öffentliches Recht, Völker- und Europarecht an der Juristischen Fakultät der

---

[5] Vgl. etwa *Möllers*, Staat als Argument, 2. Aufl. 2011 (keine Einstiegslektüre, aber ein sehr reiches Werk, das mit den Vorstellungen wichtiger Staatstheoretiker bekannt macht und dabei die Bedeutung der Staatstheorie für das Staatsrecht kritisch beleuchtet).

[6] Wie ist etwa das Wirken der Europäischen Union legitimiert – oder als legitimiert denkbar? Vgl. dazu die Beiträge im Sammelband *Franzius* et al. (Hrsg.), Strukturfragen der Europäischen Union, 2010, insb. *Pernice*, Verfassungsverbund (S. 102 ff.).

[7] Vgl. nur *Loughlin*, The Idea of Public Law, 2003 (Neudruck 2009), passim, zusammengefasst auf S. 153 ff. (The Pure Theory of Public Law), wo es etwa heißt: „Public law is an autonomous subject. [...] [That claim] rests on the singular character of its object—the activity of governing. [...] [Thus,] public law is best conceived as political jurisprudence (*droit politique*)."; oder *Hesse*, Die verfassungsrechtliche Stellung der politischen Parteien im modernen Staat, in: VVDStRL 17 (1959), S. 11 (12 ff.; Zitat auf S. 12, 14): „Deshalb ist die rechtliche Verfassung nicht nur Ausdruck eines Seins, sondern auch eines Sollens. [...] Aus dieser Einsicht in den Zusammenhang von Wirklichkeitsbezogenheit und Normativität in der rechtlichen Verfassung ergeben sich zugleich Aufgaben und Grenzen der Wissenschaft von der rechtlichen Verfassung. Sie ist nicht [im engeren Sinn] Wirklichkeitswissenschaft. Sie ist freilich auch nicht [...] bloße Normwissenschaft. Sie ist vielmehr [...] beides [...]."

Humboldt-Universität zu Berlin ich als Wissenschaftlicher Mitarbeiter tätig bin, sowie Herrn Professor Dr. *Christoph Möllers*, LL.M. (Chicago), der mir neben meiner von ihm betreuten Dissertation die Freiheit für ein Projekt wie dieses lässt. Bedanken möchte ich mich zuletzt auch bei Frau *Manuela Schwietzer* und Frau ass. iur. *Anke Seyfried* für die Betreuung von Seiten des Springer-Verlags.

Alle Fehler verantworte ich freilich selbst. Die Arbeit an diesem Manuskript wurde im Dezember 2011 abgeschlossen.

Rückmeldungen jeder Art, Fragen, Kritik, Hinweise, Korrekturen und Verbesserungsvorschläge (natürlich auch Lob) sind jederzeit äußerst willkommen. Ich bin über lars.otto@rewi.hu-berlin.de zu erreichen.

Berlin, Dezember 2011   Lars S. Otto

Inhaltsverzeichnis

1. Teil: Einführung in die Klausurbearbeitung 1

A. Einleitende Bemerkungen: Studienbeginn, Rechtstheorie und Methodenlehre 3

B. Zwei Denkgrundsätze: Denken im Gutachtenstil und Denken von der Rechtsnorm her 7

C. Gutachtenstil und juristische Methoden 9
  I. Der Gutachtenstil 9
   1. Allgemeines 9
   2. Elemente des Gutachtenstils, juristischer Syllogismus und Elemente einer Rechtsnorm 10
    a) Der allgemeine Syllogismus 10
    b) Der juristische Syllogismus I 10
    c) Exkurs: Wenn-dann-Schema der Rechtsnorm 12
    d) Der juristische Syllogismus II – ein Beispiel 15
   3. Auffinden der einschlägigen Rechtsnorm 18
   4. Das Gutachten als Mehrebenenkonstrukt 19
   5. Kleiner Übungsfall 20
  II. Methodenlehre, insb. Auslegungslehre 26
   1. Exkurs: Die Auslegung der Verfassung und das BVerfG 27
   2. Konkretisierung einer Rechtsnorm durch Auslegung 29
   3. Subjektive oder objektive Auslegung? 30
   4. Auslegungsmethoden 32
    a) Grammatische Auslegung (insb. Wortsinnauslegung) 34
    b) Systematische Auslegung 35
    c) Teleologische Auslegung 37
    d) Exkurs: Besondere Ausprägungen der systematisch-teleologischen Auslegung in Form der verfassungskonformen, unionsrechtskonformen und völkerrechtskonformen Auslegung 39
    e) Historische Auslegung 45
   5. Jenseits der Auslegung: Gesetzes-Mängelbeseitigung durch Rechtsfortbildung 47
    a) Analogie 49
    b) Erst-recht-Schlüsse 51
    c) Teleologische Reduktion 52
    d) Umkehrschluss 53
   6. Widersprüche und Kollisionen 53
   7. Fehlschlüsse 55

III. Stil 57
   1. Plädoyer für die Beachtung von Schlagworten.. 58
   2. Stilempfehlungen 59

D. **Nach dem Austeilen der Klausur**.. 65
  I. Der Idealfall.. 65
     1. Durcharbeiten des Sachverhalts 66
     2. Anfertigen der Lösungsskizze 68
     3. Streitdarstellung 71
     4. Beispiel für eine Lösungsskizze 74
     5. Textbild.. 76
     6. Hilfsgutachten 77
     7. Mehrere Klausurfragen 78
     8. Zeiteinteilung, Formalia und weitere Tipps.. 78
  II. Fehlermeldungen... 80

2. Teil: Verfassungsprozessrecht 85

A. **Allgemeines zur Zulässigkeitsprüfung** 87
  I. Einführung... 87
  II. Grundsätzliches zur Zulässigkeitsprüfung... 88
     1. Verwendung der richtigen Termini 88
     2. Vermeidung eines „kopflastigen" Gutachtens.. 88
     3. Analyse der statthaften Verfahrensart 88
     4. Unterschiedliche Rechtsfolgenaussprüche 89
     5. Zuständigkeiten: Art. 93 GG, § 13 BVerfGG... 89
     6. Zusammenspiel von GG und BVerfGG 89
     7. Zwei Kategorien: kontradiktorische/nicht-kontradiktorische Verfahren und
         subjektive Rechtsschutzverfahren/objektive Rechtskontrollverfahren 90
     8. Unionsrechtliche Bezüge: Unionsrecht und das BVerfGG........................ 91
  III. Grundschema zur Zulässigkeitsprüfung.. 95

B. **Organstreitverfahren, Art. 93 I Nr. 1 GG i. V. m.
§§ 13 Nr. 5, 63-67 BVerfGG**..103

C. **Abstraktes Normenkontrollverfahren, Art. 93 I Nr. 2 GG i. V. m.
§§ 13 Nr. 6, 76-79 BVerfGG**..113

D. **Bund-Länder-Streit, Art. 93 I Nr. 3 GG i. V. m.
§§ 13 Nr. 7, 68-70 BVerfGG**..123

E. **(Individual-)Verfassungsbeschwerde, Art. 93 I Nr. 4a (und 94 II 2) GG
i. V. m. §§ 13 Nr. 8a, 90-95 BVerfGG**...127

3. Teil: Klausuren aus dem Staatsorganisationsrecht 137

Klausur 1: Der unbequeme Abgeordnete 139

Klausur 2: Der Computer Nr. 3 167

Klausur 3: Rio im Glück 189

Klausur 4: Legitimation durch Verfahren 237

Klausur 5: Hans im Pech 261

Klausur 6: Highway to Hell 293

Klausur 7: Skandal! 321

Klausur 8: Alles ist hin – basta! 369

Klausur 9: School's Out 401

Sach- und Personenverzeichnis 465

Abkürzungsverzeichnis und lateinische Begriffe

aA (s. auch eA)	andere Auffassung
a. A. (s. auch a. E.)	am Anfang
Abs.	Absatz
a. E.	am Ende
a. F.	alte Fassung
Ag.	Antragsgegner
Alt.	Alternative
Art.	Artikel
Ast.	Antragsteller
BGH	Bundesgerichtshof
BPräs	Bundespräsident
BR	Bundesrat
BReg	Bundesregierung
BT	Bundestag
BVerfG	Bundesverfassungsgericht
BVerfGE	Entscheidungen des Bundesverfassungsgerichts
BVerwG	Bundesverwaltungsgericht
contra legem	lat.: gegen das Gesetz
Def	Definition
E	Ergebnis
eA (s. auch aA)	eine Auffassung
e contrario	lat., verwendet i. S. v. „im Umkehrschluss"
EU	Europäische Union
Fn.	Fußnote
GG	Grundgesetz
ggf.	gegebenenfalls
GGO	Gemeinsame Geschäftsordnung der Bundesministerien
GO-BT	Geschäftsordnung des Deutschen Bundestages
GO-BR	Geschäftsordnung des Bundesrates
GO-BReg	Geschäftsordnung der Bundesregierung
Grds.	Grundsatz
grds.	grundsätzlich
h. L.	herrschende Lehre
h. M.	herrschende Meinung
Hs.	Halbsatz
ibid.	Abkürzung für lat. *ibidem*: daselbst, ebenda; Verweis auf die unmittelbar vorangegangene Quelle
i. E.	im Ergebnis

i. e. S.	im engeren Sinn
i. F. d.	in Form des/der
i. F. v.	in Form von
i. H. v.	in Höhe von
insb.	insbesondere
i. S. d.	im Sinne des
i. S. v.	im Sinne von
i. Ü.	im Übrigen
i. V. m.	in Verbindung mit
i. w. S.	im weiteren Sinn
jdf.	jedenfalls
m. E.	meines Erachtens
MM	Mindermeinung
n. F.	neue Fassung
obiter dictum	lat.: nebenbei bemerkt
P	Problem
prima facie	lat.: auf den ersten Blick
RF	Rechtsfolge
Rn.	Randnummer
Rspr.	Rechtsprechung
S.	Satz
s.	siehe
st. Rspr.	ständige Rechtsprechung
str.	strittig
Subs	Subsumtion
SV	Sachverhalt
TB	Tatbestand
tw.	teilweise
u. a. m.	und andere mehr
u. v. m.	und vieles mehr
umstr.	umstritten
Var.	Variante
Vb.	Verfassungsbeschwerde
VermA	Vermittlungsausschuss
VG	Verwaltungsgericht
vgl.	vergleiche
VermA	Vermittlungsausschuss
VwVf	Verwaltungsverfahren
z. T.	zum Teil
ZwE	Zwischenergebnis
[!]	Betonung des Vorangegangenen

Weitere in juristischen Texten verwendete Abkürzungen sowie Abkürzungen von Gesetzen, Verordnungen, Zeitschriften, Entscheidungssammlungen u. a. m. finden sich im Standardwerk *Kirchner/Pannier*, Abkürzungsverzeichnis der Rechtssprache, 6. Aufl. 2008.

1. Teil:
Einführung in die Klausurbearbeitung

A. Einleitende Bemerkungen: Studienbeginn, Rechtstheorie und Methodenlehre

Als Gretel[1] eines Morgens aus unruhigen Träumen erwachte, fand sie sich in ihrem Bett zu einer Studierenden der Rechtswissenschaft verwandelt. Zugegeben, so überrascht wie *Gregor Samsa* in *Franz Kafkas* Erzählung „Die Verwandlung" sollten Sie als Studienanfängerin vom Beginn Ihres Studiums nicht sein, und die Metamorphose vom Nicht-Juristen zum Juristen erfolgt auch (leider? zum Glück?) nicht über Nacht, sondert dauert schon einige Jahre. Und gar so schrecklich wie das Schicksal Samsas ist sie auch wieder nicht...

Aber: Als Juristin werden Sie Ihre Art der Auseinandersetzung mit Problemen, ja, Ihr Denken ändern. Statt der allgemeinen Argumentationstechniken, die Sie in der Schule erlernt haben, werden Sie sich Methoden aneignen, mit denen Sie die *rechtliche Würdigung eines Falles* betreiben, also *ein Rechtsgutachten* erstellen können. Dies wird von Ihnen überwiegend in schriftlicher Form verlangt (Klausuren und Hausarbeiten), die schriftliche Fallbearbeitung (Gutachten) steht folglich im Mittelpunkt Ihrer universitären Ausbildung.[2]

Ihr Rechtsgutachten wird dabei nur überzeugen, wenn es in einer bestimmten Sprache abgefasst ist – einer Sprache, die sich etwa durch bestimmte Fachvokabeln, eine bestimmte Grammatik (Gutachtenstil) und bestimmte Regeln und Argumente (Auslegungslehre) auszeichnet. Kurz: Ihr Gutachten muss sich *juristischer Methoden* bedienen. Diese juristischen Methoden können (genauer: müssen) Sie aber erlernen, und dafür werden Sie in Zukunft einen großen Teil Ihrer (Studien-)Zeit aufwenden. Nun besteht eine Gefahr, auf die ich Sie mit diesen einleitenden Bemerkungen hinweisen möchte: Sie könnten mit dem Erlernen und Anwenden der „richtigen" Methoden (und den daraus folgenden Ergebnissen) so beschäftigt sein, dass Sie vergessen, sich zu fragen, *warum* diese Methoden eigentlich die „richtigen" sind.

Denn die Methoden der Rechtsfindung sind nicht zu trennen von der Frage, was Recht ist: Welche Regeln „sind" denn eigentlich Recht? Wer bestimmt das? Welche Rolle hat der Gesetzgeber, haben die Richter und Rechtswissenschaftler und hat „die" Gesellschaft dabei? Und weiter: Welche Art von Macht steckt hinter welchen Akteuren und welchem Rechtsverständnis – wer will wen warum zur Befolgung welcher Regeln bewegen? Wie sieht diese Frage eigentlich in anderen Rechtsordnungen/Kulturen aus?

---

[1] Bzw. Hänsel.
[2] *Mündliche* Prüfungen kommen erst später im Studium hinzu, und sind dann auch von deutlich geringerer Bedeutung als die schriftlichen Prüfungen. Das darf nicht darüber hinwegtäuschen, dass ein Großteil der juristischen Arbeit im Beruf später in mündlichen Darstellungen besteht. Frühzeitiges Üben (etwa durch Mitarbeit in den Arbeitsgemeinschaften) empfiehlt sich daher dringend! Zu rhetorischen Aspekten allgemein vgl. etwa *Walter*, Kleine Rhetorikschule für Juristen, 2009.

Anders ausgedrückt: Welche Vorstellung, welches Konzept vom Recht hat „man" eigentlich? Dies ist die Frage nach der Theorie des Rechts. Traditionell werden solche Grundlagenfragen in den Veranstaltungen zu den „Grundlagen des Rechts" (Rechtstheorie, Rechtsphilosophie, Rechtsgeschichte, Rechtssoziologie, Rechtsmethoden- bzw. Begründungslehre) behandelt, wobei eine kategoriale Trennung jedenfalls für die heute interessierenden Fragestellungen nicht sinnvoll ist.[3]

Dafür können Sie allerdings zu Beginn Ihres Studiums kaum den Blick haben, es fehlt Ihnen das nötige Vorverständnis. Alles, was ich an dieser Stelle tun kann, ist, Sie darauf hinzuweisen, dass diese theoretischen Fragen beim Erlernen einer juristisch anerkannten Arbeitsweise regelmäßig keinen Platz finden, sie aber die (oftmals unbewusste) Grundlage Ihres rechtlichen Arbeitens sind. Das bedeutet nicht, dass in der Übung Staatsorganisationsrecht nicht zunächst Grundgesetz-Recht geübt werden sollte. Aber das bedeutet, dass Sie bei aller Mühe, die Sie dabei haben werden (im Übrigen auch im Zivil- und Strafrecht...), sich keine Scheuklappen angewöhnen dürfen, die Sie blind für die hinter der Rechtsanwendung stehenden theoretischen Fragen machen würden.[4]

Um es bildlich darzustellen: Gretel erwacht in Wahrheit gar nicht in ihrem Bett, sondern in einem Wald. Um sich überhaupt bewegen zu können, muss sie sich einen Überblick über den Wald verschaffen und die Bäume emporklettern. Dabei hilft ihr die AG-Leiterin an der Universität: Sie zeigt, wie die stärksten Bäume zu finden sind (etwa: Auffinden der Rechtsgrundlage), wie man in ihnen Halt findet und welche Äste morsch sind (etwa: Anwendung der Auslegungsregeln). Das kostet viel Mühe und ist Ziel der falllösungsorientierten universitären Arbeitsgemeinschaften. Wenn Gretel etwas Übung darin hat, sollte sie innehalten und versuchen, einen anderen Blick einzunehmen: Aus der Vogelperspektive sieht der Wald vielleicht ganz anders aus. Oder es lohnt sich, den Boden, in dem die Bäume wurzeln, zu untersuchen. Und welcher Baum nimmt eigentlich welchem anderen das Sonnenlicht? Und wer hat den Baum dort eigentlich gepflanzt?

Was folgt daraus für Sie? Sie müssen zunächst eine Balance finden zwischen dem, was als Lawine an „guten Ratschlägen", Erfahrungen und Tipps in Einführungsbüchern[5] auf Sie niedergeht, und der Offenheit für die Probleme, die hinter

---

[3] Zutreffend *Buckel* et al., Einleitung: Neue Theoriepraxis des Rechts, in: dies. et al. (Hrsg.), Neue Theorien des Rechts, 2006, IX f.

[4] Die Methodenlehre in diesem Teil des Buches vermittelt Ihnen die Grundzüge des juristischen Handwerkszeugs, so wie Sie es in der Klausur brauchen. Sie ist insoweit traditionell. Sie will Sie zugleich aber immer wieder in einleitenden Bemerkungen und Fußnoten auf Fragen jenseits der pragmatischen Anwendung hinausweisen. Das macht den Text anspruchsvoller, soll aber verhindern, dass Sie diese kritischen Worte zur Einführung vergessen – Sie sollen immer wieder geistig stolpern.

[5] Allgemein: In den letzten Jahren mehrt sich die Zahl jener Büchlein, die im besseren Selbstverlag herausgegeben werden und Ihnen angeblich alles Wesentliche viel kürzer und viel verständlicher erklären als „die etablierten Werke". Seien Sie dabei skeptisch und kritisch (auch ein guter Autor kann den Rechtsstoff nicht einfacher machen als er ist – es sei denn, er vereinfacht unzulässig, wovon Sie letztlich auch nichts haben). Bedenken Sie auch, welche große wirtschaftliche Bedeu-

alledem stecken. Gehen Sie in die Arbeitsgemeinschaften an Ihrer Fakultät, lernen Sie, den Baum emporzuklettern. Befassen Sie sich dann mit Methodenlehre (oft auch in Büchern mit Titeln wie „Einführung in die Rechtswissenschaft"). Wenn Sie dann einiges Verständnis davon haben, was allgemein als Recht anerkannt wird und wie damit umgegangen wird, haben Sie das nötige Vorverständnis, um sich mit der Theorie des Rechts zu befassen. Um im Beispiel zu bleiben: Sie bewegen sich dann im Vogelflug über den Wald und blicken auf die Bäume, die Sie halbwegs emporklettern können. Mit diesem neuen Blick (also einem neuen Vorverständnis) sollten Sie dann wieder auf die „normale" Rechtsanwendung blicken – ergibt sich eine neue Perspektive? Diese Einführung soll daher ein Appell sein: *Befassen Sie sich mit den anerkannten juristischen Methoden **und** den zugrunde liegenden theoretischen Grundlagen.* Und: Vergessen Sie nicht, dass das Erlernen der Falllösungsmethoden nicht das Einzige ist, was Ihnen das Studium der Rechtswissenschaft vermitteln sollte.[6]

Öffnen Sie also baldmöglichst den Blick für die theoretischen Fragen und hinterfragen Sie die erlernten Methoden und Rechtsergebnisse dann wiederum mit den neuen Perspektiven. Nur so werden Sie ein guter Jurist – wenn Sie zur Rechtsanwendung fähig sind, aber in einer Weise, in der Sie sich der Bedeutung des Rechts und Ihres eigenen juristischen Handelns (und der damit einhergehenden **Verantwortung**) bewusst sind![7]

---

tung Sie und Ihre Kommilitonen für die Verlage und später die kommerziellen Examensvorbereiter (Repetitorien) haben.

[6] Schon die Frage, ob die Jurisprudenz eigentlich eine „Wissenschaft" ist („Rechts*wissenschaft*"), gehört übrigens in den Bereich der Rechtstheorie... S. dazu den klassischen Vortrag von *Julius v. Kirchmann* (1802-1884) aus dem Jahr 1847 „Die Werthlosigkeit der Jurisprudenz als Wissenschaft" (die erste Auflage von 1848 ist online verfügbar unter http://edocs.ub.uni-frankfurt.de/volltexte/2006/6867/pdf/S+16+969.pdf, zuletzt abgerufen am 30.8.2011), *Röhl/Röhl*, Allgemeine Rechtslehre, 3. Aufl. 2008, S. 79 ff., die Ausführungen zum Charakter der Jurisprudenz von *Larenz/Canaris*, Methodenlehre der Rechtswissenschaft (Studienausgabe), 3. Aufl. 1995, Kap. 1 (S. 11 ff.), und für eine spätere Lektüre bei fortgeschrittenem Studium die Beiträge in *Jestaedt/Lepsius* (Hrsg.), Rechtswissenschaftstheorie, 2008. Lehrbücher zur Rechtstheorie sind etwa *Vesting*, Rechtstheorie, 2007; *Röhl/Röhl*, Allgemeine Rechtslehre, 3. Aufl. 2008; *Rüthers/Fischer/Birk*, Rechtstheorie mit Juristischer Methodenlehre, 6. Aufl. 2011. Eine Reflektion über die Rechtsanwendung ist natürlich schwierig, wenn man mit der Rechtsanwendung gerade erst begonnen hat. Dennoch empfehle ich die Lektüre, denn: „Es gibt nichts Gutes / außer: Man tut es." (*Erich Kästner*), verbunden mit der Versicherung, dass es völlig normal ist, am Anfang wenig zu verstehen, sich überfahren zu fühlen und überhaupt keinen Wert für die „normale" juristische Arbeit zu sehen. Es wird mit der Zeit besser... Wer übrigens ein nutzenorientiertes Argument für die Befassung mit den Grundfragen des Rechts wünscht, sei darauf verwiesen, dass trotz der Vernachlässigung im Studiencurriculum auch viele erfolgreiche „Praktiker" (Richter, Großkanzleianwälte) an diesen Fragen interessiert und darin bewandert sind. Wer für solche Grundfragen gar kein Interesse zeigt, wird in vielen Fällen auch „in der Praxis" keine Pluspunkte sammeln.

[7] Dazu *Engisch*, Einführung in das juristische Denken (herausgegeben und bearbeitet von *Würtenberger* und *D. Otto*), 11. Aufl. 2010, S. 35 (Hervorhebungen von mir, LO): „Es ist [...] der fast einzigartige Vorzug der Rechtswissenschaft unter den *Kulturwissenschaften*, nicht neben und hinter dem Recht einherzugehen, sondern das Recht selbst und das Leben in und unter dem Recht *mitgestalten* zu dürfen."

B. Zwei Denkgrundsätze: Denken im Gutachtenstil und Denken von der Rechtsnorm her

Die folgenden Bemerkungen sind auf das (möglichst erfolgreiche[8]) Bearbeiten von Klausuren bis zur Ersten Juristischen Prüfung zugeschnitten. Ausgangspunkt muss die schon oben angedeutete Erkenntnis sein: Die Lösung juristischer Klausuren in einem sog. Gutachten ist gleichsam in einer besonderen Sprache anzufertigen, die dem Korrektor zeigt, dass die Bearbeiterin das juristische Handwerkszeug beherrscht. Zugespitzt lässt sich sagen: Entscheidend ist nicht das Was, sondern das Wie.[9] Mit dem Beherrschen dieser „Sprache" ist der Erfolg zwar nicht garantiert; wer sie aber *nicht* beherrscht, wird garantiert *keinen* Erfolg haben.

Bevor diese „Sprache" in drei Aspekte (Gutachtenstil, S. 9 ff.; Methodenlehre, insb. Auslegungslehre, S. 26 ff.; Stil, S. 57 ff.) unterteilt dargestellt wird, seien die (miteinander verwobenen) *zwei zentralen Prinzipien* jedes juristischen Handelns, insb. jeder Klausurbearbeitung betont. Ihre Bedeutung kann gar nicht überschätzt werden, sie sind daher unbedingt zu verinnerlichen! Sie lauten:

Erster Grundsatz: **Denken im Gutachtenstil!**
Zweiter Grundsatz: **Denken von der Rechtsnorm her!**

Zum Denken im Gutachtenstil. *Ohne Wenn und Aber: bis zur und in der Ersten Juristischen Prüfung ist der Gutachtenstil zu verwenden!* Die Verwendung des Gutachtenstils ist dabei kein Ihre Ausführungen erstickendes Korsett, sondern hilft Ihnen, eine klare Rechtsfrage an den Beginn Ihrer Ausführungen zu stellen und sie mit Hilfe von Rechtsnormen zu beantworten.

---

[8] Die Benotung von juristischen Klausuren ist eigenwillig, vgl. etwa für die Humboldt-Universität zu Berlin (was aber entsprechend an allen Universitäten gilt): Vergeben werden 0-18 Punkte, vgl. § 17 I Prüfungsordnung für den Studiengang Rechtswissenschaft 2008, http://www.rewi.hu-berlin.de/sp/rv/rewi (zuletzt abgerufen am 10.12.2011). Erfolg bedeutet zunächst einmal das Bestehen der Klausur (ab 4 Punkten). Die magische Grenze, die jeder Studierende für ein „gutes" Bestehen zu überschreiten trachtet, ist das „vollbefriedigend" („vb"), was mit dem Abliefern einer „über den durchschnittlichen Anforderungen liegende[n] Leistung" geschieht. Diese Note wird grundsätzlich mit 10-12 Punkten erreicht. Für die entscheidenden Prüfungen (Modulabschlussprüfung, Zwischenprüfung, Schwerpunktprüfung, Erste Juristische Prüfung [ehemals: Staatsexamen]) genügen „schon" 9 Punkte für ein „vb" (§ 17 III PO 2008 bzw. § 2 II Verordnung über eine Noten- und Punkteskala für die erste und zweite juristische Prüfung vom 3.12.1981, online verfügbar unter http://www.berlin.de/sen/justiz/ausbildung/jpa/guv_notenskala.html [zuletzt abgerufen: 10.12.2011]). Kurz: **9 Punkte ist die magische Grenze.** Das bedeutet: Mit dem Erreichen der *Hälfte* aller möglichen Punkte gilt man als guter Jurist. Wer die Notenerwartungshaltung entsprechend ausrichtet, vermeidet Enttäuschungen.

[9] Oft reagieren Studierende mit Unverständnis, wenn die Klausur „doch alles Wesentliche gesehen", aber dennoch keine zufriedenstellende Bewertung erhalten hat. Hierfür bedarf es eben der Verwendung jener juristischen Sprache.

Der Gutachtenstil mag einem recht schnell in der Klausur oder im Studium überflüssig oder stilistisch missglückt erscheinen (etwa wegen wiederholender Formulierungen) – aber: Auch wenn der letzte Prüfungspunkt erreicht ist und der Bearbeiter der Meinung sein sollte, das Beherrschen des Gutachtenstils sei ja nun hinreichend unter Beweis gestellt und könne nun vernachlässigt werden, wird der Korrektor die unzureichende Verwendung des Gutachtenstils mit Sicherheit monieren. Also: *Immer den (allenfalls verkürzten*[10]*) Gutachtenstil verwenden!*

Zum Denken von der Rechtsnorm her. Jede rechtswissenschaftliche Ausführung (jede Auslegung, jede Theorie, jedes Argument in der Klausur) muss mit Blick auf die Rechtsnorm geschehen. Nichts ist verfehlter als eine Ausführung, die den Bezug zur Norm verloren hat. Ein Argument muss ins *Juristische* gewendet sein, wenn es den Korrektor überzeugen soll.

Vorsicht ist insb. geboten, wenn man den Klausurfall (aus der Vorlesung, einem Lehrbuch oder einer Fallsammlung) „schon kennt", genauer: zu kennen glaubt. Erstens ist der Fall eben doch nicht identisch. Zweitens und viel wichtiger besteht die Gefahr, dass der Bearbeiter die Lösung abstrakt aus dem Gedächtnis niederschreibt anstatt mit den Normen argumentiert. Wer es aber in einem Gutachten nicht schafft, seine Kenntnis des Problems als *Rechts*kenntnis darzustellen, bleibt erfolglos. Besondere Aufmerksamkeit ist gerade im Verfassungsrecht und gerade in den ersten Semestern geboten. Das Verfassungsrecht mit seinen eher unbestimmten Vorgaben verleitet dazu, den konkreten normativen Bezug zu verlieren (oder schon nicht zu finden). Besonders zu Studienbeginn laufen zudem viele Gefahr, Evidenzbehauptungen („unstritig ist […]"; „logischerweise […]; „das ist ein allgemeines Prinzip"; „alles andere wäre ungerecht") an die Stelle juristischer Argumentation zu setzen. Strikt zu vermeiden ist insb. die Verwendung *politischer* Argumente („deutschen Gesetzen mangelt es ohnehin an sozialem Charakter, diesen nun durch Auslegung zu schaffen, ist nur recht und billig"; „überbezahlte Abgeordnete haben kein Recht, sich Kontrollen zu entziehen"). Wer die Norm nicht in den Mittelpunkt der *rechtlichen* Erwägungen stellt, mag in der Sache „richtig" liegen und wird dennoch keine honorierte Leistung abliefern, schlicht, weil es eben keine *juristische* Leistung ist.

---

[10] Zum verkürzten Gutachtenstil, der bei unproblematischen Aspekten anzuwenden ist, s. unten S. 25.

C. Gutachtenstil und juristische Methoden

Am Ende der Klausur wird dem Bearbeiter eine Rechtsfrage gestellt, etwa: „Hat der Antrag der Landesregierung von B-W Erfolg?" „Erfolg" meint dabei die Rechtsfolge, die eintritt, wenn bestimmte Bedingungen vorliegen (beispielsweise hat ein Organstreitverfahren in der Sache Erfolg, wenn der Antragsgegner den Antragsteller in dessen grundgesetzlichen Recht verletzt hat). Welche Bedingungen das sind, steht „im Gesetz"; ihr Erkennen und die Prüfung, ob sie im konkreten Sachverhalt vorliegen, kennzeichnet die gelungene juristische Arbeit.

Aus den oben genannten zwei Denkgrundsätzen ergibt sich: Das Herausarbeiten der Bedingungen geschieht nicht freihändig, sondern im Rahmen einer bestimmten Struktur, mit deren Hilfe man die richtige juristische Frage stellt und sie mit Rechtserwägungen beantwortet (Denken im Gutachtenstil). Zu deren Beantwortung müssen Rechtsnormen ausgelegt werden (Denken von der Rechtsnorm her), was wiederum nicht freihändig, sondern nach bestimmten Methoden geschieht. Die Prinzipien dieser beiden Grundsätze müssen für eine überzeugende Klausurbearbeitung zusammengeführt werden, zur Einführung werden beide Grundsätze aus didaktischen Gründen aber zunächst getrennt dargestellt. Wie ihr Zusammenspiel aussieht, ergibt sich dann zur Genüge aus den Klausuren (S. 139 ff.).[11]

I. Der Gutachtenstil

1. Allgemeines

Der Gutachtenstil ist die Darstellungsform, bei der *erst* eine konkrete Rechtsfrage aufgeworfen wird (Obersatz), *dann* die normativen Aspekte/Elemente genannt werden, die zur Beantwortung des Obersatzes notwendig sind (Tatbestand), *verbunden mit* der abstrakten Feststellung, wann jene normativen Aspekte/Elemente gegeben sind (Definition), *dann* geprüft wird, ob der konkrete Sachverhalt[12] mit der abstrakten Definition übereinstimmt (Subsumtion) und *zuletzt* ein Ergebnis festgestellt wird.[13] Oder verkürzt: erst die Frage, dann die Begründung, dann die Antwort.[14]

---

[11] Eine weitere Darstellung der Falllösungstechnik für Anfänger findet sich bei *Wank*, Die Auslegung von Gesetzen, 5. Aufl. 2011, S. 3 ff.

[12] Das tatsächliche Geschehen, wie es sich im Klausurtext findet, wird „Sachverhalt" (Abkürzung: SV) genannt.

[13] Ausführungen zum Gutachtenstil sind Legion. Da dieser Aspekt zentral für die juristische Ausbildung des Anfängers ist, empfiehlt es sich, auch einen Blick in andere Bücher zu werfen, etwa *Tettinger/Mann*, Einführung in die juristische Arbeitstechnik, 4. Aufl. 2009, Rn. 204 ff.

[14] Das Gegenteil des Gutachtenstils ist der *Urteilsstil*, bei dem erst ein Ergebnis (eine Antwort) und dann die Begründung erfolgt. Im Einzelnen ist dies aber komplizierter und nicht nur eine Umkeh-

2. Elemente des Gutachtenstils, juristischer Syllogismus und Elemente einer Rechtsnorm

Der Gutachtenstil dient dazu, eine bestimmte Rechtsfrage mittels eines sog. juristischen Syllogismus zu beantworten.

a) Der allgemeine Syllogismus

Als Syllogismus wird ein auf *Aristoteles* (384-322 v. Chr.) zurückgeführtes deduktives Schlussverfahren bezeichnet. Zwei Aussagen (Prämissen) werden dabei logisch zueinander ins Verhältnis gesetzt und daraus ein Schluss (Konklusion) gezogen.

> **Beispiel:**
> Alle Menschen sind sterblich.   *(1. Prämisse)*
> Alle Athener sind Menschen.   *(2. Prämisse)*
> Also sind alle Athener sterblich.   *(Schluss)*
>
> Oder abstrakt formuliert:
> Alle   M sind P.   *(1. Prämisse)*
> Alle   S sind M.   *(2. Prämisse)*
> Also sind alle   S   P.   *(Schluss)*

Wichtig: Der Syllogismus ist eine *logische* Operation – ob der Inhalt der Prämissen wahr ist oder nicht, lässt sich nicht mit dem Syllogismus beantworten. Ein korrekter Syllogismus ist daher auch:

> Alle Menschen sind freundlich.
> Alle Berliner sind Menschen.
> Also sind alle Berliner freundlich.

b) Der juristische Syllogismus I

Beim *juristischen Syllogismus* handelt es sich bei der 1. Prämisse um eine *normative* Aussage, also eine wertungsbegründete Sollens-Vorgabe.[15] Dem

---

rung der Schritte des Gutachtenstils; um keine Verwirrung zu stiften, soll dieser Hinweise genügen.

[15] Aber: hinter jedem Sollen steckt ein Wollen, was *Adomeit/Hähnchen*, Rechtstheorie für Studenten, 5. Aufl. 2008, Rn. 26 zutreffend betonen; dieser Gedanke findet sich etwa in der Rede vom „*Willen* des Gesetzgebers" (dazu unten S. 30 ff.). Die Betonung des Wollens hinter dem Sollen ist bedeutsam, denn damit stellt sich die Frage nach dem Normsetzer: *Wer* will denn, dass jemand sich in bestimmter Weise verhält? Dieses „wer" darf sich nicht in einem abstrakten „der

Rechtsunterworfenen wird ein bestimmtes Verhalten abverlangt, weil die Sollens-Vorgabe mit *Geltungsanspruch* daherkommt.

Die normative Vorgabe findet sich etwa in Gesetzen, wenngleich der Gesetzestext dafür oftmals erst (im Kopf) umformuliert werden muss.

> **Beispiel:**
> Art. 38 II 1. Hs. GG
> Wahlberechtigt ist, wer das achtzehnte Lebensjahr vollendet hat.

Dieses Wahlberechtigt-Sein ist keine empirische, beschreibende (deskriptive) Aussage wie etwa: „Lucius Quinctius Cincinnatus ist 1,85 m groß." Vielmehr ordnet Art. 38 II 1. Hs. GG ein Sollen an, ist also vorschreibend (präskriptiv). Die Norm heißt (im Kopf umformuliert) also eigentlich: „Wahlberechtigt *soll sein*, wer das achtzehnte Lebensjahr vollendet hat."

Die Trennung zwischen Sein und Sollen ist (philosophisch) kategorisch: aus einem Sein folgt kein Sollen.[16] Rechtsnormen dürfen folglich nicht als Seins-Beschreibungen missverstanden werden. Die „Wahrheit" oder „inhaltliche Richtigkeit" einer Rechtsnorm lässt sich also nicht empirisch beweisen. Der juristische Syllogismus tut auch nichts dergleichen: er nimmt die 1. Prämisse an, wie sie ihm gegeben wird – und fragt nicht etwa, ob es „richtig" ist, dass jeder ab 18 Jahren wählen darf.

Beim juristischen Syllogismus wird also die 1. Prämisse aus einer Rechtsnorm gewonnen; die 2. Prämisse ergibt sich aus dem juristisch analysierten und aufbereiteten Sachverhalt. Im Kern sieht ein juristischer Syllogismus beispielsweise so aus:

> Jeder, der das achtzehnte Lebensjahr vollendet, ist wahlberechtigt.
> Lucius Quinctius Cincinnatus hat das achtzehnte Lebensjahr vollendet.
> Also ist Lucius Quinctius Cincinnatus wahlberechtigt.

Gesetzgeber" erschöpfen, nicht einmal in „die Koalition aus X- und Y-Fraktion". Vielmehr sind hier rechtstatsächliche Fragen nach den Einflüssen auf den Gesetzgeber zu stellen (gesellschaftliche Gruppen, Lobbyisten, Medien, europa- und völkerrechtliche Vorgaben [und wer will wiederum, dass derartige Vorgaben bestehen?] usw.). Dann ist es zum kritischen „Warum?" nicht mehr weit.

Ob *jeder* Rechtssatz auf ein Sollen zurückgeführt werden kann, also letztlich stets auf einen Imperativ (Imperativentheorie), ist strittig, kann an dieser Stelle aber dahinstehen (vgl. dazu *Röhl/Röhl*, Allgemeine Rechtslehre, 3. Aufl. 2008, S. 230 ff.). Für die Imperativentheorie etwa *Engisch*, Einführung in das juristische Denken, 11. Aufl. 2010, S. 52 ff., 61 f. (beachte dort Fn. 24); weitere Nachweise bei *Larenz/Canaris*, Methodenlehre der Rechtswissenschaft (Studienausgabe), 3. Aufl. 1995, S. 74 (die Autoren selbst lehnen diese Theorie auf S. 74 ff. ab).

[16] Dazu *Röhl/Röhl*, Allgemeine Rechtslehre, 3. Aufl. 2008, S. 129 ff. In ähnliche Richtung und damit auf dünnes Eis führt ein bei Juristen nicht seltener Versuch, bestimmte Sollensaussagen zu konkretisieren, indem man nach „objektiven" Antworten in den Erkenntnissen anderer Disziplinen, insb. Naturwissenschaften, sucht. Für eine deutliche Absage an solche Versuche s. den Vortrag des Biologen *Hubert Markl*, Wer bestimmt, wann das menschliche Leben beginnt? Zur Frage der Deutungshoheit über den Lebensbeginn, 2003.

Allerdings wäre ein juristischer Syllogismus in dieser „nackten" Form für die Klausur ungeeignet. Er setzt nämlich Dinge voraus, an die sich die Klausurbearbeitung erst herantasten muss. Oder genauer und komplizierter: Die Klausurbearbeitung erfordert eine bestimmte *Methode*, die *logische Operation* des Syllogismus allein wäre ungenügend. Daher wird der juristische Syllogismus so angereichert, dass man insgesamt vom Gutachtenstil spricht (näher anhand eines Beispiels unten S. 15 ff.)

(1) Als Einleitung wird in einem **Obersatz (OS)** eine bestimmte Rechtsfrage aufgeworfen.
(2) Die 1. Prämisse ist die normative Wertung, die aus dem Gesetz zu gewinnen ist; man nennt sie **Tatbestand (TB)**, wozu auch eine abstrakte **Definition (Def)** gehört.
(3) Die 2. Prämisse (auch Untersatz genannt) muss aus dem Sachverhalt herausgearbeitet werden. Das konkrete Geschehen wird daraufhin überprüft, ob es mit der abstrakten Definition vereinbar ist. Diesen Vorgang des Schließens nennt man **Subsumtion (Subs)**.
(4) Zuletzt wird der Obersatz beantwortet, indem der Schluss als **Ergebnis (E)** formuliert wird.

c) Exkurs: Wenn-dann-Schema der Rechtsnorm

Ein Hauptproblem in juristischen Klausuren liegt darin, die „richtige" Rechtsnorm zu finden, die den einschlägigen Tatbestand bereithält – dazu näher unten S. 18 f. Hat man diese Rechtsnorm gefunden, muss sie so aufbereitet werden, dass der Tatbestand (1. Prämisse) erkennbar wird. Dazu ist es zunächst erforderlich, sich die **Struktur eines Rechtssatzes** (Synonym: **Rechtsnorm**)[17] vor Augen zu führen.[18]

In der typischen Form stellt ein Rechtssatz eine konditional programmierte Regelung in einem Gesetz nach einem Wenn-dann-Schema dar:[19]

Wenn bestimmte Bedingungen vorliegen, *dann* tritt eine bestimmte rechtliche Folge ein.

---

[17] So etwa *Larenz/Canaris*, Methodenlehre der Rechtswissenschaft (Studienausgabe), 3. Aufl. 1995, S. 71; *Vesting*, Rechtstheorie, 2007, Rn. 30. Anders die Differenzierung von *Hans Kelsen* (1881-1973), dargestellt bei *Larenz/Canaris*, Methodenlehre der Rechtswissenschaft (Studienausgabe), 3. Aufl. 1995, S. 71.

[18] Zu Rechtssätzen allgemein s. auch *Larenz/Canaris*, Methodenlehre der Rechtswissenschaft (Studienausgabe), 3. Aufl. 1995, S. 71 ff. (Kapitel 2); *Engisch*, Einführung in das juristische Denken, 11. Aufl. 2010, S. 41 ff.
Der Rechtssatz ist ein zentrales Konzept für die Methodenlehre. Zugleich überschneidet es sich mit Fragen der Rechtstheorie, vgl. *Vesting*, Rechtstheorie, 2007, Rn. 30 ff.

[19] Nach *Vesting*, Rechtstheorie, 2007, Rn. 34, geht die Begriffsbildung „Konditionalprogramme" auf *Niklas Luhmann* (1927-1998) zurück.

Das Wenn-Element (also die Bedingungen) wird **Tatbestand** (TB) genannt, das Dann-Element (also die rechtliche Folge, die eintritt, wenn die Bedingungen erfüllt sind) **Rechtsfolge** (RF).

> **Am Beispiel des Art. 38 II 1. Hs. GG:**
> Wahlberechtigt ist, wer das achtzehnte Lebensjahr vollendet hat.
>
> Oder anders formuliert:
>
> *Wenn* jemand das achtzehnte Lebensjahr vollendet hat, *dann* ist sie/er wahlberechtigt.
>
> Oder noch anders:
>
> Wenn die Bedingung „Vollendung des achtzehnten Lebensjahrs" erfüllt ist, dann tritt die Rechtsfolge „Wahlberechtigung" ein.

Regelmäßig verlangt eine bestimmte Rechtsfolge nicht nur die Erfüllung *einer* Bedingung, meist sind *mehrere* Bedingungen (*Tatbestandsmerkmale* oder *-elemente* genannt) zu prüfen. Dabei kann der Rechtssatz so aufgebaut sein, dass erst mehrere Tatbestandsmerkmale *kumulativ* die Rechtsfolge herbeiführen („wenn A *und* wenn B, dann R") oder *alternativ* („wenn A *oder* wenn B, dann R"). Oftmals sind auch *Ausnahmen* angeordnet, also *negative* Tatbestandsmerkmale („Wenn A, dann R; wenn aber B, dann nicht R"), und häufig sind diese Aspekte in verschiedenen Normen geregelt (§ 1 X-G: „Wenn A, dann R"; § 5 X-G: „Wenn aber B, dann nicht R").[20] Eine juristische Bearbeitung muss also das Zusammenspiel der Rechtsnormen verstehen![21]

> **Beispiel:**
> Artikel 70 GG
> (1) Die Länder haben das Recht der Gesetzgebung, soweit dieses Grundgesetz nicht dem Bunde Gesetzgebungsbefugnisse verleiht.
>
> Art. 72 GG
> (1) Im Bereich der konkurrierenden Gesetzgebung haben die Länder die Befugnis zur Gesetzgebung, solange und soweit der Bund von seiner Gesetzgebungszuständigkeit nicht durch Gesetz Gebrauch gemacht hat.

---

[20] Will man die normativen Aussagen verschiedener Rechtssätze kombinieren, wird das juristisch ausgedrückt durch „in Verbindung mit (i. V. m.)", also § 1 i. V. m. § 5 X-G.

[21] Wie der Anfänger mit dem Zusammenspiel von Normen umgehen muss, stellt auch *Wank*, Die Auslegung von Gesetzen, 5. Aufl. 2011, S. 19 ff. dar (den Begriff „Grundnorm" sollte der Leser allerdings gleich wieder vergessen – dieser Begriff ist fest mit der Reinen Rechtslehre von *Hans Kelsen* verknüpft und bedeutet dort etwas anderes). Für einen eher theoretischen Zugriff s. *Larenz/Canaris*, Methodenlehre der Rechtswissenschaft (Studienausgabe), 3. Aufl. 1995, S. 78 ff.: Ausführungen über „unvollständige Rechtssätze", also erläuternde, einschränkende und verweisende Rechtssätze.

> (3) Hat der Bund von seiner Gesetzgebungszuständigkeit Gebrauch gemacht, können die Länder durch Gesetz hiervon abweichende Regelungen treffen über:
> 1. das Jagdwesen [...];
>
> Artikel 74 GG
> (1) Die konkurrierende Gesetzgebung erstreckt sich auf folgende Gebiete:
> [...]
> 28. das Jagdwesen;
> [...]
>
> Ob einem *Land* die Gesetzgebungskompetenz für das Jagdwesen zusteht, ergibt sich aus der Zusammenschau dieser Normen. Eine Analyse ergibt:
> 1) Grundsatz: Wenn eine Sachmaterie gesetzlich geregelt werden soll, dann ist dafür grundsätzlich das Land kompetent, Art. 70 I 1. Hs. GG.
> 2) Ausnahme: Wenn der Bund hingegen eine Sachmaterie regeln will, dann muss das GG ihm dazu die Gesetzgebungsbefugnis verleihen (Art. 70 I 2. Hs. GG). Einen Kompetenztitel für das Jagdwesen verleiht das GG dem Bund in Art. 74 I Nr. 28 GG, die Voraussetzungen für die Inanspruchnahme dieses Titels regelt Art. 72 GG. Das bedeutet wiederum für das Land:
> a) Das Land hat *dann* die Kompetenz für das Jagdwesen (Rechtsfolge), *wenn* das Jagdwesen ein Element der konkurrierenden Gesetzgebung nach Art. 74 I GG ist ([positive] 1. Bedingung, in Art. 72 I GG formuliert als: „Im Bereich der konkurrierenden Gesetzgebung");
> b) und *wenn nicht* der Bund nach Art. 72 I 2. Hs. GG von seiner Gesetzgebungskompetenz Gebrauch gemacht hat ([negative] 2. Bedingung, in der Norm formuliert als: „solange und soweit der Bund von seiner Gesetzgebungszuständigkeit nicht durch Gesetz Gebrauch gemacht hat");
> c) Gegenausnahme von b): *wenn* der Bund zwar von seiner Kompetenz Gebrauch gemacht hat und *wenn* das Jagdwesen unter die Abweichungskompetenz des Art. 72 III GG fällt, ist das Land doch wieder kompetent.

Diese Komplexität darf nicht entmutigen, sondern zeigt einfach, dass eine genaue Analyse der einschlägigen Normen und eine klare Darstellung ihres Zusammenspiels in der Klausur unerlässlich ist. Das Ping-Pong-Spiel von Regel, Ausnahme und Gegenausnahme muss dann im Gutachten sprachlich so nachvollzogen werden, dass der Korrektor Ihre Gedanken über die Normstruktur gut nachvollziehen kann. Dabei gilt: *Die rechtliche Würdigung ist verständlich darzustellen.*[22]

---

[22] Das bedeutet: Erstens müssen Sie die Norm wirklich analysiert haben, bevor Sie mit der Klausurniederschrift beginnen – sonst verhaspeln Sie sich unweigerlich. Zweitens mag ein Normzusammenhang noch so kompliziert sein – die Klausurdarstellung muss verständlich sein.

d) Der juristische Syllogismus II – ein Beispiel

Die Anwendung des juristischen Syllogismus soll nun an einem kurzen Beispiel verdeutlich werden.

> **Sachverhalt**: Der Präsident des Bundestages verbietet der FOTO-Zeitung, die Plenarsitzung des Bundestages zu betreten. Zur Begründung heißt es, die Artikel der Zeitung hätten seinen Unmut erregt. Hat die Zeitung dennoch ein grundgesetzliches Zutrittsrecht?

Zur Wiederholung das grundlegende Schema des Gutachtenstils:
(1) Obersatz (OS)
(2) Tatbestand (TB) mit Definition (Def)
(3) Subsumtion (Subs)
(4) Ergebnis (E)

(1) Im **Obersatz** wird die konkrete Rechtsfrage aufgeworfen. Dabei wird auch die einschlägige Rechtsfolge genannt. Die Formulierung bedient sich des Indikativs („Fraglich ist, ob [...].") oder des Konjunktivs Potentialis („Es könnte sich hierbei um [...] handeln.").

> **Beispiel:** Fraglich ist, ob die FOTO-Zeitung ein grundgesetzliches Zutrittsrecht zur Plenarsitzung des Bundestages hat.

(2) Es folgt der **Tatbestand**, also die Nennung der maßgeblichen rechtlichen Merkmale/Bedingungen. Dies geschieht in zwei Schritten:

a) Die aufgeworfene Frage wird „ins Normative übersetzt": Der Bearbeiter nennt **diejenige Rechtsnorm, die die im Obersatz gesuchte *Rechtsfolge* enthält**, und deren einzelne Tatbestandsmerkmale. Dafür muss man *unbedingt die Norm zitieren* und die relevanten Bedingungen aufführen. Die Darstellung kann im Indikativ oder im Konjunktiv Potentialis erfolgen (etwa „Dazu müssten [folgende Tatbestandsmerkmale] vorliegen [...].").

> **Beispiel:** Ein Zutrittsrecht kann (könnte) der FOTO-Zeitung aus Art. 42 I 1 GG zustehen. Dazu müsste die Plenarsitzung des Bundestages als öffentliche Verhandlung zu qualifizieren sein.

b) Nun werden im Indikativ die **Definition** des Tatbestands bzw. seiner einzelnen Tatbestandsmerkmale genannt.

> **Beispiel:** Eine öffentliche Verhandlung i. S. d. Art. 42 I 1 GG (Sitzungsöffentlichkeit) erfasst die Verhandlungen des Bundestags*plenums*.[23] Dabei muss für jedermann einschließlich der Presse die rechtliche Möglichkeit des freien Zutritts im Rahmen der räumlichen Verhältnisse bestehen.[24]

Die Definition ist oft das Herzstück der juristischen Bearbeitung, denn meist muss sie erst argumentativ hergeleitet werden. Anders als im Zivil- und Strafrecht, wo Sie viele Definitionen einfach auswendig lernen müssen, sind die Definitionen im Verfassungsrecht oft das Ergebnis einer längeren Auslegung der Norm. Der Vorteil besteht allerdings darin, dass Sie dabei Ihre verfassungsrechtlichen und allgemeinen juristischen Fähigkeiten unter Beweis stellen können.

(3) Nach der Darstellung des Tatbestands einschließlich der Definition folgt die **Subsumtion**. Darunter versteht man die Prüfung, ob der *konkrete* Sachverhalt den *abstrakten* Definitionen zufolge unter den Tatbestand fällt, ob also die Definition den konkreten Fall erfasst.[25] Hier ist der Sachverhalt erschöpfend auszuwerten. Alles, was tatsächlich geschehen und im Sachverhalt aufgeführt wird, ist auf seine rechtliche Relevanz zu prüfen und ggf. einzubringen. Ob der konkrete Fall unter die Definition fällt, ergibt sich i. d. R. nicht eindeutig und nicht auf den ersten Blick. Vielmehr muss argumentiert werden: Was spricht dafür, was dagegen, dass die Definition erfüllt ist? Die Argumente müssen dabei dialektisch hin und her gehen.[26] Wichtig: Was nicht vom Sachverhalt in das Gutachten übertragen wird, ist nicht Teil der Wertung. Falsch wäre zu denken: „Das steht doch schon so im Sachverhalt, ich muss es ja nicht abschreiben." Vielmehr müssen Sie die Aspekte aus dem Sachverhalt auswerten und einbringen.[27] Was der eine „ganz klar" so versteht, versteht die andere ganz anders. Hier ist Argumentation gefragt.

---

[23] *Achterberg/Schulte*, in: v. Mangoldt/Klein/Starck (Hrsg.), GG, Bd. 2, 6. Aufl. 2010, Art. 42, Rn. 3.
[24] *Achterberg/Schulte*, in: v. Mangoldt/Klein/Starck (Hrsg.), GG, Bd. 2, 6. Aufl. 2010, Art. 42, Rn. 3.
[25] Dazu auch *Tettinger/Mann*, Einführung in die juristische Arbeitstechnik, 4. Aufl. 2009, Rn. 232 ff. (deren Fokus auf der Zusammenführung der einschlägigen Normen mit dem Sachverhalt liegt); für einen eher theoretischen Zugang (der mir weniger für den Anfänger als für den Fortgeschrittenen hilfreich erscheint) *Larenz/Canaris*, Methodenlehre der Rechtswissenschaft (Studienausgabe), 3. Aufl. 1995, S. 93 ff., 99 ff. (die Bildung und rechtliche Beurteilung des Sachverhalts).
[26] Zum Streitaufbau ausführlicher S. 71 ff. Zwei Darstellungsformen kommen grundsätzlich in Frage: entweder nennt man erst die abzulehnenden Argumente *en bloc*, gefolgt von den vorzugswürdigen Argumenten *en bloc*; oder (schöner) aufeinander bezogene pro- und contra-Argumente im Wechsel.
[27] Dabei ist aber wichtig, den entsprechenden Satz nicht einfach blind aus dem Sachverhalt abzuschreiben, gar mit einer einleitenden Bemerkung wie „die Bundesregierung trägt vor". Wie stets gilt: Denken von der Rechtsnorm. Das bedeutet: das von einem Beteiligten aufgebrachte Argument ist als juristisches Argument darzustellen. Mit *Baumann*, Einführung in die Rechtswissenschaft: Rechtssystem und Rechtstechnik – Ein Studienbuch, 8. Aufl. 1989, S. 76: Sachverhalt und Norm müssen einander angenähert werden, oder mit seinem Verweis auf *Arthur*

> **Beispiel:** Der FOTO-Zeitung wurde der Zutritt zu einer Plenarsitzung verwehrt. Eine Plenarsitzung gehört zu jenen Formen von Bundestagsverhandlung, für die die Sitzungsöffentlichkeit gem. Art. 42 I 1 GG gilt. Diese berechtigt jedermann zum Zutritt, also auch und gerade die Presse, zu der die FOTO-Zeitung gehört.

(4) Das **Ergebnis** schließt die Prüfung ab. Es bezieht sich direkt auf den Obersatz und beantwortet die dort aufgeworfene Frage im Indikativ. Hier, wie im Gutachtenstil insgesamt, soll *gefolgert* werden, also nicht erst das Ergebnis genannt und dann begründet werden. Falsch wäre also: „Weil/da aus Wortsinn und System des GG eine materielle Prüfungskompetenz des Bundespräsidenten abgeleitet werden kann, ist er zur Prüfung des A-Gesetzes berechtigt."; richtig dagegen: „Aus Wortsinn und System des GG kann demnach eine materielle Prüfungskompetenz des Bundespräsidenten abgeleitet werden. Folglich ist er zur Prüfung des A-Gesetzes berechtigt."

> **Beispiel:** Gem. Art. 42 I 1 GG ist die FOTO-Zeitung also berechtigt, an der Plenarsitzung teilzunehmen.

Tabellarisch lässt sich die Prüfung im Gutachtenstil wie folgt darstellen:[28]

Kaufmann (1923-2001): Die Norm muss sachgerecht, der Sachverhalt normgerecht gemacht werden.

[28] Die Idee einer tabellarischen Darstellung sowie einige Formulierungen verdanke ich Prof. Dr. *Franz C. Mayer*, LL.M. (Yale), *Patricia Sarah Stöbener*, LL.M. (King's College London) und anderen (erstellt zu ihren Zeiten als Wissenschaftliche Mitarbeiter am Walter Hallstein-Institut).

1.	Obersatz	Was wird geprüft? Nennung der relevanten RF	„Fraglich/Problematisch ist, ob [...]" (Indikativ) oder „Es könnte [...]" (Konjunktiv)
2.	Tatbestand	Nennen der Rechtsnorm, die die gewünschte RF enthält, und deren jeweilige Bedingungen (TB-Merkmale)	„Erforderlich hierfür ist nach Art. Y, dass [...]" (Indikativ) oder „Dazu/ Dann müsste gem. Art. X [...]" (Konjunktiv)
	Definition der Tatbestandsmerkmale		„[...] liegt (gem. Art. X) vor, wenn [...]" oder „Gemäß Art. X versteht man unter [...]" (Indikativ)
3.	Subsumtion	Prüfung, ob der konkrete SV unter die abstrakte Definition der TB-Merkmale fällt	Indikativ vermeiden: „laut Sachverhalt" und Bezug auf die Beteiligten („A trägt vor [...]")
4.	Ergebnis	Bezug auf OS; Feststellung, dass der SV den TB (nicht) erfüllt, zuletzt Benennung der RF	„Folglich ist [...]" oder „Somit/Damit/ Folglich hat [...]" (Indikativ)

3. Auffinden der einschlägigen Rechtsnorm

Bisher wurde in der Darstellung davon ausgegangen, dass die „richtige" Rechtsnorm schon gefunden ist, die im Obersatz genannt wird, deren Tatbestandsmerkmale definiert werden usw. In der Klausur müssen Sie diese Rechtsnorm (im Beispiel oben: Art. 42 I 1 GG) dafür ja aber zuerst einmal finden. Wie tun Sie das? Es empfiehlt sich, jede Rechtsfrage in drei Schritten anzugehen:

- *1. Schritt:* Analyse der Frage
  - Wie lautet die Frage genau, worauf möchte man also eine Antwort (s. dazu sogleich die Bemerkungen zu den Ebenen im juristischen Gutachten, S. 19 f.)?

    Beispiele: Ist A antragsberechtigt? Ist der Bund für das X-Gesetz gesetzgebungskompetent?

  - Es ist dann diejenige *Rechtsnorm*[29] zu finden, die als Rechtsfolge den gefragten Zustand bewirkt.

---

[29] Es ist zu beachten, dass mehrere Rechtsnormen zur selben Rechtsfolge führen können. Man spricht hier von der *Konkurrenz* von Rechtsnormen. Im Verfassungsrecht sind Konkurrenzprobleme selten, kommen aber vor (so etwa bei der Prüfung von Gesetzgebungskompetenzen, s. dazu Klausur 7: Skandal!, S. 355 f.); in diesem Fall genügt die Heranziehung der speziellsten Norm (*lex specialis*-Prinzip) meist zur Lösung. Komplizierter ist das Konkurrenzverhältnis im einfachen Recht (insb. Zivilrecht), wo verschiedene Konkurrenzsituationen wichtige (und schwierige) Themen sind.

- o Dazu formuliert man die Rechtsfrage so um, dass sich eine „fiktive Norm" ergibt.[30]

> **Beispiele:** Wenn jemand aus der A- oder B-Gruppe einen Antrag stellt (Tatbestandsmerkmal), dann ist dieser dazu berechtigt (Rechtsfolge). Wenn dem Bund ein Kompetenztitel aus Art. Y GG zugewiesen ist (Tatbestandsmerkmal), dann ist er zur Gesetzgebung für diese Materie berechtigt (Rechtsfolge).

- o Nun ist die echte Norm zu finden, die dieser fiktiven Norm entspricht.[31]
- **2. Schritt:** Analyse der gefundenen Norm
Welche Tatbestandsmerkmale müssen vorliegen, damit die Rechtsfolge eintritt?

> **Beispiel:** Zugehörigkeit zur A- oder B-Gruppe; Materie fällt unter Art. Y GG.

- **3. Schritt:** Prüfung der im 2. Schritt als entscheidungserheblich festgestellten Tatbestandsmerkmale im Gutachtenstil (vgl. oben S. 15 ff.).

4. Das Gutachten als Mehrebenenkonstrukt

Juristische Gutachten weisen stets mehrere Ebenen auf; eine der zentralen Herausforderungen in Klausuren ist es, den Leser (d. h. Korrektor) auf verständliche Weise durch diese Ebenen zu führen.

Dass ein Gutachten mehrere Ebenen aufweist, folgt daraus, dass sich das gesuchte Ergebnis aus mehreren Bedingungen ergibt, die sich ihrerseits auf mehrere Unterbedingungen stützen, die sich jeweils wiederum auf Unter-Unterbedingungen stützen usw. Um die Rechtsfolge herbeizuführen, nach der die Klausur fragt (etwa: „Ist das Gesetz verfassungsmäßig?"), müssen mehrere Bedingungen vorliegen („A. Das Gesetz muss formell verfassungsmäßig sein. B. Das Gesetz muss materiell verfassungsmäßig sein.").[32] Diese Bedingungen erfordern wiederum das Vorliegen weiterer Unterbedingungen („[A.] I. Damit das Gesetz formell verfassungsmäßig ist, muss es zunächst vom gesetzgebungskompetenten Verband erlassen worden sein. [A.] II. Damit das Gesetz weiter formell verfassungsmäßig ist, muss es weiter in einem verfassungsmäßigen Verfahren erlassen worden sein."). Diese Unterbedingungen führen zu weiteren Unter-Unterbedingungen („[A. I.] 1. Gesetzgebungskompetent sind gem. Art. 70 I GG grundsätzlich die Länder. [A. I.] 2. Es könnte aber dem Bund die Gesetzgebungskompetenz zustehen.") usw.

Um die komplexe Darstellung abzuschichten und verständlich zu machen, bedient man sich aussagekräftiger Überschriften mit Ordnungsangaben, die die jeweilige Ebene anzeigen. Klassisch (und daher auch von Ihnen in der Klausur und der Hausarbeit zu verwenden) ist etwa:

---

[30] Vgl. auch Wank, Die Auslegung von Gesetzen, 5. Aufl. 2011, S. 4 ff. (*Wank* spricht mit Verweis auf *Kriele* von einer „Normhypothese").
[31] Praktische Tipps zum Normenfinden finden sich auf S. 82.
[32] Zum Verhältnis von alternativen und kumulativen Voraussetzungen sowie Ausnahmen s. schon oben S. 13 f.

> Ebene 1: Großbuchstaben mit Punkt, etwa: A.;
> Ebene 2: römische Ziffern mit Punkt, etwa: II.;
> Ebene 3: arabische Ziffern mit Punkt, etwa: 3.;
> Ebene 4: Kleinbuchstabe mit schließender Klammer, etwa: d);
> Ebene 5: Doppel-Kleinbuchstabe mit schließender Klammer, etwa: ee);
> Ebene 6: eingeklammerte Zahlen, etwa: (6); alternativ: griechische Kleinbuchstaben mit schließender Klammer, etwa: α);
> Ebene 7: eingeklammerte Kleinbuchstaben, etwa: (g); alternativ: griechische Doppel-Kleinbuchstaben mit schließender Klammer, etwa: ββ);
> Ebene 8: eingeklammerte Doppel-Kleinbuchstaben, etwa (hh); alternativ: griechische Dreifach-Kleinbuchstaben mit schließender Klammer, etwa: γγγ).

Die Komplexität der Rechtsfragen macht eine „Verschachtelung" des Gutachtens unumgänglich – der Aufbau des Gutachtens muss diese Verschachtelung aber bestmöglich kompensieren, etwa durch die Wiederholung der übergeordneten Frage, durch das Festhalten von Zwischenergebnissen (ZwE) und durch die Vermeidung überflüssiger Unterebenen (mehr als fünf Unterebenen sind nur im Ausnahmefall zulässig).

> **Beispiel:**
> Bearbeiterfrage = Obersatz: A-Gesetz verfassungsmäßig?
> A. Formelle Verfassungsmäßigkeit des Gesetzes
> I. Gesetzgebungskompetenz
> 1. [...]
> 2. [...]
> 3. Zwischenergebnis
> II. Gesetzgebungsverfahren
> 1. Initiativverfahren
> a) Bundestag als Initiant
> b) Bundesregierung als Initiant
> c) Zwischenergebnis
> [...]
> B. Materielle Verfassungsmäßigkeit des Gesetzes
> [...]

5. Kleiner Übungsfall

Sachverhalt: In einer Plenardebatte im Bundestag sagt die Abgeordnete A, der Abgeordneten B sei ein „mit Verlaub, Arschloch". Steht ihrer strafrechtlichen Verfolgung wegen Begehung eines Ehrdelikts nach dem StGB etwas entgegen?

1. Schritt:[33] Analyse der Frage: Welche Norm enthält als Rechtsfolge eine Hinderung der Strafverfolgung einer Abgeordneten? Antwort: Art. 46 I GG.[34]

2. Schritt: Analyse der Norm (Denken von der Rechtsnorm her!):

Art. 46 GG

(1) Ein Abgeordneter darf zu keiner Zeit wegen seiner Abstimmung oder wegen einer Äußerung, die er im Bundestage oder in einem seiner Ausschüsse getan hat, gerichtlich oder dienstlich verfolgt oder sonst außerhalb des Bundestages zur Verantwortung gezogen werden. Dies gilt nicht für verleumderische Beleidigungen.

Ausführlich analysiert lautet diese Norm:

1) *Wenn* es sich um einen Abgeordneten handelt (1. Tatbestandsmerkmal),
2) *und*
   a) *wenn* seine Handlung eine Abstimmung darstellt (2. Tatbestandsmerkmal),
   b) *oder wenn* seine Handlung eine Äußerung darstellt (3. Tatbestandsmerkmal),
3) *und*
   a) *wenn* der Abgeordnete die Abstimmung bzw. Äußerung im Bundestage getan hat (4. Tatbestandsmerkmal),
   b) *oder wenn* er sie in einem seiner Ausschüsse getan hat (5. Tatbestandsmerkmal),
4) *und wenn* es sich *nicht* um eine verleumderische Beleidigung handelt (6. Tatbestandsmerkmal),
dann scheidet eine strafrechtliche Verfolgung aus (Rechtsfolge).

3. Schritt: Nun ist klar, welche sechs Tatbestandsmerkmale zu prüfen sind. Dies erfolgt im Gutachtenstil:

1. OS:[35] Fraglich ist, ob eine strafrechtliche Verfolgung der A wegen der Äußerung, B sei ein „mit Verlaub, Arschloch", gehindert ist.

2. TB: Dies ist der Fall, wenn Art. 46 I GG[36] einen persönlichen Strafausschließungsgrund[37] für das Verhalten der A statuiert.

---

[33] Anwendung des Drei-Schritt-Schemas, s. dazu oben S. 18 f.
[34] Nochmals: die Norm zu finden ist eine der Hauptschwierigkeiten der Klausur; einige Hinweise hierzu auf S. 82.
[35] Die Funktionen der Sätze als OS, TB, Def etc. sind hier nur aus didaktischen Gründen (kursiv) aufgeführt. In einer Klausur haben diese Bezeichnungen zu unterbleiben!
[36] Wiederholung: Die relevante Norm ist unbedingt zu zitieren!
[37] Art. 46 I GG enthält einen sog. persönlichen Strafausschließungsgrund, *Achterberg/Schulte*, in: v. Mangoldt/Klein/Starck (Hrsg.), GG, Bd. 2, 6. Aufl. 2010, Art. 46, Rn. 4. Das heißt, das Verhalten der Abgeordneten A erfüllt (ggf.) den Strafrechts-Tatbestand, ist rechtswidrig und schuldhaft begangen (Näheres dazu in der Vorlesung Strafrecht Allgemeiner Teil), aber sie wird dafür nicht bestraft.

Def: Diese Norm begünstigt A, wenn sie als Abgeordnete gehandelt hat, die Bezeichnung als „Arschloch" eine Abstimmung oder Äußerung, die sie im Bundestage oder in einem seiner Ausschüsse getan hat, darstellt und sie nicht als verleumderische Beleidigung zu qualifizieren ist.[38]

3. Subs: Jetzt wird die Gesamtsubsumtion der Verständlichkeit halber in ihre sechs Tatbestandsmerkmale/Teilfragen (A = Abgeordnete, Abstimmung, Äußerung, im Bundestage, im Ausschuss, keine verleumderische Beleidigung) unterteilt dargestellt, jeweils mit Teil-Obersatz, Teil-Definition, Teil-Subsumtion und Zwischenergebnis. Dies stellt zugleich ein Beispiel für das Arbeiten mit Unterebenen dar.

a) *OS*: Fraglich ist, ob der persönliche Schutzbereich des Art. 46 I GG für A eröffnet ist.

   Def: Der persönliche Indemnitätsschutz der Bundestagsabgeordneten beginnt mit der Erlangung der Abgeordnetenstellung.[39]

   Subs: A ist Abgeordnete, hat damit besagten Status inne.

   ZwE: Damit ist der persönliche Schutzbereich des Art. 46 I GG eröffnet.[40]

b) *OS:* Fraglich ist, ob es sich bei der Bezeichnung des B als „Arschloch" um eine Abstimmung handelt.

   Def: Der Begriff der Abstimmung umfasst solche Entscheidungen über Personal- und Sachfragen, die dem Bundestag oder seinen Ausschüssen als Vorlage zur Beschlussfassung überwiesen werden.[41]

   Subs: A hat den B ein „Arschloch" während einer Debatte genannt. Eine solche Aussage ist in diesem Kontext keine auf eine Entscheidung gerichtete Betätigung.

   ZwE: Bei der Bezeichnung als „Arschloch" handelt es sich um keine Abstimmung.[42]

c) *OS*: Es könnte sich bei der Bezeichnung aber um eine Äußerung handeln.

   Def: Der Begriff der Äußerung i. S. d. Art. 46 I GG ist weit auszulegen und umfasst sowohl Mitteilungen von *Tatsachen* als auch von *Meinungen*.[43]

---

[38] Die Norm muss nicht notwendig abgeschrieben werden, insb. bei kurzen Normen kann es aber dazu kommen, dass die Nennung der Tatbestandsmerkmale mehr oder weniger doch auf ein Abschreiben der Norm hinausläuft.
[39] *Achterberg/Schulte*, in: v. Mangoldt/Klein/Starck (Hrsg.), GG, Bd. 2, 6. Aufl. 2010, Art. 46, Rn. 6.
[40] Die Prüfung ist hier länger als in einer Klausur angebracht, aber aus didaktischen Gründen soll hier ausführlich gearbeitet werden; würde es sich um eine echte Klausurübung handeln, könnte dieser Gesichtspunkt im verkürzten Gutachtenstil abgehandelt werden, s. dazu unten S. 25.
[41] *Achterberg/Schulte*, in: v. Mangoldt/Klein/Starck (Hrsg.), GG, Bd. 2, 6. Aufl., 2010, Art. 46, Rn. 12.
[42] Dieser unproblematische Aspekt wird hier nur der Vollständigkeit halber geprüft. In einer echten Klausur könnten Sie diesen Punkt weglassen oder allenfalls im verkürzten Gutachtenstil darstellen.

Nächste Unterebene: Folglich sind wiederum zwei Aspekte (nämlich Tatsachen und Meinungen) in der Darstellung zu unterscheiden.

aa) *OS:* Fraglich ist, ob es sich bei der Bezeichnung des A als ein „Arschloch" um eine Tatsache handelt.

Def: Tatsachen sind konkrete Vorgänge oder Zustände der Vergangenheit oder Gegenwart, die sinnlich wahrnehmbar in die Wirklichkeit getreten und damit dem Beweis zugänglich sind.[44]

Subs: Dass B ein „Arschloch" ist, kann nicht sinnlich wahrgenommen und objektiv überprüft werden.

ZwE: Es ist somit keine Tatsachenbehauptung, dass B ein „Arschloch" ist.

bb) *OS:* Fraglich ist, ob es sich bei der Bezeichnung des B als ein „Arschloch" um eine Meinung handelt.

Def: Meinungen sind charakterisiert als Werturteile. Dabei handelt es sich um Äußerungen, die durch Elemente der subjektiven Stellungnahme, des Dafürhaltens oder Meinens geprägt sind und deshalb nicht wahr oder unwahr, sondern je nach der persönlichen Überzeugung nur falsch oder richtig sein können.[45]

Subs: Die Bezeichnung einer Person als „Arschloch" ist eine (ab-)wertende Äußerung, die zum Ausdruck bringen soll, dass die betreffende Person in den Augen der sich Äußernden auf einer ethisch sehr niedrigen Stufe steht. Diese Bewertung gründet sich auf Wertmaßstäbe, die allein die Person der Äußernden bestimmt. Keine objektive Nachprüfbarkeit, sondern das subjektive Dafürhalten liegt der Bezeichnung einer anderen Person als „Arschloch" zugrunde.

ZwE: Mit der Äußerung, B sei ein „Arschloch", hat A ihre Meinung zum Ausdruck gebracht.

ZwE: Damit stellt die Bezeichnung als „Arschloch" eine Äußerung i. S. d. Art. 46 I GG dar.

d) *OS:* Die Äußerung der A könnte im Bundestag gefallen sein.

Def: Unter Bundestag i. S. d. Art. 46 I GG ist das Plenum (Vollversammlung der Bundestagsabgeordneten) zu verstehen.[46]

---

[43] *Achterberg/Schulte*, in: v. Mangoldt/Klein/Starck (Hrsg.), GG, Bd. 2, 6. Aufl. 2010, Art. 46, Rn. 10.

[44] Vgl. nur *Lenckner/Eisele/Schittenhelm*, in: Schönke/Schröder (Hrsg.), StGB, 28. Aufl. 2010, § 186, Rn. 3.

[45] Vgl. nur *Lenckner/Eisele/Schittenhelm*, in: Schönke/Schröder (Hrsg.), StGB, 28. Aufl. 2010, § 186, Rn. 3.

[46] *Achterberg/Schulte*, in: v. Mangoldt/Klein/Starck (Hrsg.), GG, Bd. 2, 6. Aufl. 2010, Art. 46, Rn. 13.

Subs: A hat ihre Äußerung in einer Plenardebatte getätigt.

ZwE: Damit ist die Äußerung im Bundestage gefallen.[47]

e) *OS:* Fraglich ist, ob die Äußerung aber sachlich vom Indemnitätsschutz ausgenommen ist.

TB: Eine Ausnahme sieht Art. 46 I 2 GG nämlich für verleumderische Beleidigungen vor.

Def: Der Begriffsinhalt der verleumderischen Beleidigung bestimmt sich nach strafrechtlichen Maßstäben, hier § 187 StGB (Verleumdung).[48] Hierfür müsste A zunächst den objektiven Tatbestand der Verleumdung erfüllt haben,[49] also eine unwahre *Tatsache* behauptet haben.

Subs: Wie oben unter 3. c) aa) festgestellt,[50] ist die Äußerung von A als Meinung, nicht als Tatsache zu werten.

ZwE: Folglich ist die Bezeichnung von B als „Arschloch" keine verleumderische Beleidigung i. S. d. Art. 46 I 2 GG. Damit ist die Ausnahme vom persönlichen Strafausschließungsgrund des Art. 46 I 1 GG hier nicht einschlägig.

4. Gesamtergebnis: Somit erfasst der persönliche Strafausschließungsgrund des Art. 46 I GG die Äußerung der A. Sie kann nicht strafrechtlich verfolgt werden.

Der kurze Übungsfall darf nicht dahingehend missverstanden werden, dass in einer Klausur eine solch detaillierte Darstellung erwartet würde. Dazu ist die Darstellung zu lang und zu gleichmäßig. Nicht jeder Teilaspekt muss gleich ausführlich niedergeschrieben werden, dafür fehlt schon die Zeit. Vielmehr muss der Bearbeiter **Schwerpunkte setzen**, d. h. eine ausführliche Prüfung nur dort vornehmen, wo ein echtes Problem liegt (alles andere langweilt und verärgert nur den Korrektor). Dort, wo kein Problem liegt, wird im verkürzten Gutachtenstil (dazu sogleich) gearbeitet. Dazu kommt, dass in einer Klausur bei längeren Ausführungen die einzelnen Absätze verbunden werden müssen, sprachliche Übergänge nötig sein können, etwa die Frage wiederholt werden muss, um den Faden wieder aufzunehmen.

---

[47] Da „Bundestag" und „einem seiner Ausschüsse" in Art. 46 I 1 GG alternativ zueinander stehen, müssen zu letzterem Tatbestandsmerkmal keine Ausführungen erfolgen.
[48] *Achterberg/Schulte*, in: v. Mangoldt/Klein/Starck (Hrsg.), GG, Bd. 2, 6. Aufl. 2010, Art. 46, Rn. 11.
[49] Hier zeigt sich ein anderer wichtiger Aspekt des rechtswissenschaftlichen Arbeitens: Viele rechtliche Aspekte sind miteinander verbunden. Die Prüfung hier beinhaltet strafrechtliche Elemente, was in Klausuren insb. im Fortgeschrittenenstudium und in der Ersten Juristischen Prüfung vorkommt.
[50] Auf Ergebnisse, die man *schon* gefunden hat, darf man verweisen, nach Möglichkeit genau (also nicht nur: „oben"; sondern ganz genau: „oben A. I. 2. b)"). Oft praktiziert, aber absolut verboten: ein Verweis nach *unten* auf Ergebnisse, die man *erst noch* finden will.

Das Problem besteht natürlich darin festzustellen, welche Aspekte Schwerpunkte sind und welche unproblematisch. Das ist die Kunst des guten Klausurenschreibens! Eine gute Methode, Schwerpunkte zu erkennen, besteht darin, alles, wirklich alles bei der gedanklichen Ausarbeitung zu hinterfragen. Schlechte Klausuren nehmen zu schnell an, irgendetwas liege „offensichtlich" vor. Empfehlenswert ist demgegenüber, sich frühzeitig zu sensibilisieren und im Kopf alles zumindest kurz in einem inneren Dialog zu hinterfragen, hier etwa: Ist A tatsächlich Abgeordnete? Fällt einem dann auch bei kritischem Dafürhalten kein Argument ein, das dies fraglich erscheinen lässt, liegt ein unproblematischer Aspekt vor. Zu Ihrer Beruhigung: Sie werden durch Übungen lernen, Schwerpunkte zu erkennen und darzustellen – verzweifeln Sie am Anfang nicht!

Zur Verdeutlichung von Schwerpunkten und Unproblematischem: Im Beispiel waren Schwerpunkte, die in ausführlichem Gutachtenstil darzustellen sind, die Frage nach der Äußerung und nach der verleumderischen Beleidigung. *Offensichtlich gegebene (bzw. nicht gegebene) Aspekte* (Abgeordnetenstatus der A; Abstimmung; im Bundestag) *sollte man im verkürzten Gutachtenstil darstellen.*

Ein **verkürzter Gutachtenstil** darf nicht mit dem Urteilsstil (erst das Ergebnis, dann die Begründung) verwechselt werden; vielmehr werden dabei manche Schritte des ausführlichen Gutachtenstils weggelassen.

> **Beispiel:**
> Aus dem Sachverhalt: A ist 54 Jahre alt und möchte Bundespräsident werden. Ist er wählbar?
>
> Art. 54 I 2 GG
> Wählbar [als Bundespräsident] ist jeder Deutsche, der [...] das vierzigste Lebensjahr vollendet hat.
>
> Für eine Prüfung der Wählbarkeit des A zum Bundespräsidenten wäre es zu umständlich zu schreiben:
> *OS*: Fraglich ist, ob A zum Bundespräsidenten gewählt werden darf.
> *TB mit Def*: Dies ist gem. Art. 54 I 2 GG der Fall, wenn A das vierzigste Lebensjahr vollendet hat.
> *Subs*: A ist 54 Jahre alt. 54 ist mehr als 40.
> *Ergebnis*: A ist somit wählbar.
>
> Vielmehr schreibt man im verkürzten Gutachtenstil:
> A ist 54 Jahre alt, darf gem. Art. 54 I 2 GG (*fragmentarischer Tatbestand*) also zum Bundespräsidenten gewählt werden (*Ergebnis unter Auslassung von Definition und Subsumtion*).

II. Methodenlehre, insb. Auslegungslehre

Nach den bisherigen Ausführungen hat der Bearbeiter die Rechtsnorm gefunden, die die (Teil-)Antwort auf die juristische Frage enthält, die es zu beantworten gilt. Mit Hilfe des Gutachtenstils ist nun auch der entsprechende Obersatz gebildet, zudem sind die zu prüfenden Tatbestandsmerkmale genannt. In den Beispielen oben wurde dann ohne Weiteres eine **Definition** für das Tatbestandsmerkmal genannt und die Subsumtion vorgenommen. Die Gewinnung der Definition (was bedeutet eigentlich „Äußerung" i. S. v. Art. 46 I 1 GG?) ist allerdings ein Herzstück der juristischen Bearbeitung – sie wird durch die **Auslegung** des Tatbestandsmerkmals gewonnen.[51]

Anders formuliert: Wenn bisher immer wieder betont worden ist, **Denken von der Rechtsnorm her** sei es, was der Jurist tue (und der Anfänger lernen müsse), stellt sich die Frage, was denn „die Rechtsnorm" ist. Den bloßen Text einer Norm gefunden zu haben, hilft dabei nicht weiter. Der Rechtssatz trifft nämlich eine generell[52]-abstrakte[53] Aussage, die in aller Regel nicht eindeutig ist. Folglich muss der **Sinn** dieses Texts ermittelt werden. Dies geschieht mittels **Auslegung**. Dabei wird jedes Tatbestandsmerkmal so konkretisiert, dass es zwar noch immer generell-abstrakt bleibt, aber doch genauer, plastischer wird und schärfere Konturen erhält. Erst dann kann man im nächsten Schritt, im Rahmen der Subsumtion, prüfen, ob der konkrete Sachverhalt unter die generell-abstrakte Definition fällt.

Während zur Subsumtion in diesem Teil keine weiteren Bemerkungen erfolgen (die Klausuren im 3. Teil bieten genügend Anschauungsmaterial), ist es wichtig, einige Bemerkungen zur Auslegung von Rechtssätzen zu machen. Deren Regeln bilden ein Kernelement der **juristischen Methodenlehre**, die ihrerseits die „Grammatik" vorgibt, aufgrund derer ein juristischer Schluss von anderen Juristen anerkannt, also zumindest für „vertretbar" gehalten wird. Zur Auslegung (also dazu, wie Sie den Gesetzestext in eine so klare Form bringen, dass Sie darunter subsumieren können) folgen Ausführungen ab S. 29.

Es kann jedoch (im Verfassungsrecht allerdings eher selten) auch vorkommen, dass eine Wertung ergibt, dass die Rechtsnorm unvollständig ist – so dass deren Auslegung nicht zur Lösung des Rechtsproblems genügt. Das Gesetz ist also „mangelhaft", es weist eine Lücke auf. In diesem Fall ist methodologisch anerkannt, dass der Richter (also auch der Klausurbearbeiter) die bestehende Lücke unter bestimmten Umständen füllen darf. Hierbei geht es also nicht mehr um Auslegung, sondern um Rechtsfortbildung; s. dazu die Bemerkungen ab S. 47.

---

[51] Nur selten gibt der *Gesetzgeber* eine Definition vor (sog. Legaldefinition) und nimmt damit Teile der Auslegungsarbeit ab. Beispiele: Art. 116 I GG (Legaldefinition des „Deutschen" i. S. d. GG); Art. 121 GG (Definition von „Mehrheit der Mitglieder des Bundestages und der Bundesversammlung"); § 90 BGB (Legaldefinition von „Sache").
[52] Also unabhängig von einer bestimmten Person.
[53] Also unabhängig von einem bestimmten Fall.

Die kurzen Bemerkungen zur Methodenlehre können und wollen keinen Ersatz für eine weitere Befassung mit der juristischen Methodenlehre bieten, deren Studium jedem Leser dringend ans Herz gelegt sei[54] – wer die juristischen Methoden nicht versteht und verinnerlicht,[55] kann die juristische Sprache nicht erfolgreich sprechen!

1. Exkurs: Die Auslegung der Verfassung und das BVerfG

Vorab ein Wort zu den Methoden im Verfassungsrecht: Die *juristische Methodenlehre* gilt für alle Rechtsbereiche (Öffentliches Recht, Strafrecht, Privatrecht); allerdings hält das Verfassungsrecht gleich verschiedene Herausforderungen bereit, die die Auslegung von Verfassungsnormen noch schwieriger machen als die Auslegung etwa einer Norm des BGB.

Napoleon wird das Diktum zugeschrieben, eine Verfassung müsse kurz und dunkel sein; und auch wenn eine demokratisch-rechtsstaatliche Ordnung wie das Grundgesetz keinem solchen Leitbild folgen darf, ist es dennoch kürzer und unbestimmter als viele einfache Gesetze (und dies aus gutem Grunde). Ein weiteres Grundproblem (vgl. dazu schon die einleitenden Bemerkungen zum Verhältnis Verfassungsrecht und Verfassungstheorie, auf S. XI f.) liegt darin, dass Verfassungsrecht eben nicht nur „normale" Gesetzeskonkretisierung ist, sondern sich auch aus der Quelle der Verfassungstheorie (und/oder Staatstheorie) speist. Damit stellen sich tiefergehende Fragen nach Sinn und Funktion etwa von Grundrechten, der Bedeutung „der Demokratie" oder einer Verfassung (was ist eigentlich eine Verfassung?) überhaupt.[56] Diese theoretischen Fragen bilden den Grund der Ver-

---

[54] Rechtsmethodische Ausführungen finden sich etwa als Teil von Einführungsbüchern in die Rechtswissenschaft, s. etwa *Baumann*, Einführung in die Rechtswissenschaft: Rechtssystem und Rechtstechnik – Ein Studienbuch, 8. Aufl. 1989, S. 76 ff. (§ 4. Auslegung; ein für den Studienanfänger hervorragendes, leider nach dem Tod des Autors nicht aktualisiertes Buch). Andere Bücher befassen sich (zumindest auch) schwerpunktmäßig mit Methodenlehre, etwa *Engisch*, Einführung in das juristische Denken, 11. Aufl. 2010; *Rüthers/Fischer/Birk*, Rechtstheorie mit Juristischer Methodenlehre, 6. Aufl. 2011; *Larenz/Canaris*, Methodenlehre der Rechtswissenschaft (Studienausgabe), 3. Aufl. 1995 und *Röhl/Röhl*, Allgemeine Rechtslehre, 3. Aufl. 2008, S. 613 ff. (eine umfangreiche, kritische Einführung). Ich würde aber abraten, mit einem solchen Buch das Studium zu beginnen, solange Sie nicht einige Praxis in der Fallbearbeitung haben (vgl. die Bemerkungen oben S. 4 f.); Sie könnten am Ende eher verwirrt denn bereichert sein. Beginnen Sie mit der Lektüre derartiger Bücher besser erst einige Monate nach Studienbeginn.

[55] Einen klugen Titel hat *Karl Engisch* gewählt, als er 1956 seine „Einführung in das juristische Denken" veröffentlichte. Es lohnt sich, kurz über das „juristische Denken" zu reflektieren. Sehe ich etwa ein fünfjähriges Mädchen Süßigkeiten im Laden kaufen, denke ich „als Jurist" in anderen Kategorien über diese Situation nach denn „als Ernährungsberater", „als Werbefachmann" usw.

[56] Vgl. für eine allgemeine Übersicht über verfassungsgerichtliche (Eigen-)Vorgaben für die (Verfassungs-)Auslegung *Jarass*, in: ders./Pieroth, GG, 11. Aufl. 2011, Einleitung, Rn. 5 ff.; für die Konstellation BVerfG und Verfassungsauslegung *Lerche*, Stil und Methode der verfassungsrechtlichen Entscheidungspraxis, in: Badura/Dreier (Hrsg.), FS 50 Jahre BVerfG, Erster Band, 2001, S. 333 (insb. S. 349 ff., 356 ff.); für eine kritische Übersicht über gängige Verfassungsinterpretationsmethoden nach 25 Jahren des Wirkens des BVerfG *Böckenförde*, Die Methoden der Verfassungsinterpretation – Bestandsaufnahme und Kritik, NJW 1976, 2089; und

fassungsauslegung, sollen hier aber ebenso wenig vertieft werden wie in der Klausur (derartige Ausführungen wären im Gegenteil dort sehr verfehlt!). Wie Verfassungsauslegung praktisch aussieht, erkennen Sie im Schwerpunkt dieses Buches in den Klausuren.

Erwähnung finden soll aber die herausgehobene Bedeutung, die der Verfassungsauslegung durch das **BVerfG** zukommt. Das Gewicht seiner Auslegung steht in enger Beziehung zu seiner gesellschaftlich-politischen Bedeutung. Keiner anderen Institution vertrauen die Deutschen mehr: Nach einer Infratest-dimap-Umfrage von 2009 haben 76% der Befragten „großes Vertrauen" in das BVerfG – aber weniger als die Hälfte beispielsweise in den Bundestag.[57] Das BVerfG ist damit als eine der großen Erfolgsgeschichten der Bundesrepublik zu würdigen, eine Institution, die über den Bereich der Rechtspflege hinaus Teil der Verfassungs- und Rechtskultur dieses Landes geworden ist. Davon zeugen nicht zuletzt die Würdigungen zu seinem 60jährigen Bestehen 2011.[58]

Zum BVerfG als Rechtsprechungsorgan: Das BVerfG ist das Gericht, dem in Streitfällen die verbindliche (Letzt-)Auslegung der Verfassung zugewiesen ist. Die Janusköpfigkeit der Verfassung zwischen Recht und Politik wirkt sich damit auch auf dieses Gericht aus: Seit seiner Existenz versucht es (und versuchen Politik und Wissenschaft) immer wieder, diese Spannung neu zu fassen und aufzulösen.[59] Dahinter steht das Bemühen, den kraftvollen Strom der BVerfG-Entscheidungen so zu kanalisieren, dass auch sinnvoller Raum für die Verfas-

---

als kritischen Beitrag mit Plädoyer für eine Letztbegründung unter Einbeziehung von Interpretationsreserven wie der Rechtsvergleichung oder empirischer Erkenntnisse *Herdegen*, Verfassungsinterpretation als methodische Disziplin, JZ 2004, 873. Für ältere Linien der Verfassungsinterpretation s. *Larenz/Canaris*, Methodenlehre der Rechtswissenschaft (Studienausgabe), 3. Aufl. 1995, S. 180 ff., mit Hinweis etwa auf den Gegenstand der Staatsrechtslehrertagung 1961 „Prinzipien der Verfassungsinterpretation" (VVDStRL 20 [1963], S. 1 ff.) und den Sammelband *Dreier/Schwegmann*, Probleme der Verfassungsinterpretation – Dokumentation einer Kontroverse, 1976.

57 S. http://www.infratest-dimap.de/de/service/presse/aktuell/vertrauen-der-buerger-in-die-politik-gestiegen (zuletzt abgerufen am 13.12.2011).

58 Das BVerfG wurde am 28.9.1951 offiziell eröffnet (es sei auf den Festakt „60 Jahre Bundesverfassungsgericht" hingewiesen; die Reden finden sich online über http://www.bverfg.de/aktuell.html, Eintragung vom 28.9.2011 [zuletzt abgerufen am 19.12.2011]). Erst mit dem 1951 in Kraft getretenen BVerfGG wurde das schon 1949 im GG statuierte Gericht tatsächlich geschaffen und eine Arbeitsgrundlage bereitgestellt. Für einen Blick auf die Anfänge und die Entwicklung sei verwiesen auf *Pamperrien*, Geschichte und Akzeptanz des Bundesverfassungsgerichts, Sendung des Deutschlandfunks vom 26.9.2011, online verfügbar unter http://www.dradio.de/dlf/sendungen/andruck/1564328/ (zuletzt abgerufen am 3.10.2011), sowie ausführlich *Lamprecht*, Ich gehe bis nach Karlsruhe. Eine Geschichte des Bundesverfassungsgerichts, 2011. Vgl. für eine Würdigung aus den Sichten verschiedener Disziplinen auch den von *Stolleis* herausgegebenen Sammelband „Herzkammern der Republik – Die Deutschen und das Bundesverfassungsgericht" (2011) sowie *Jestaedt/Lepsius/Möllers/Schönberger*, Das entgrenzte Gericht – Eine kritische Bilanz nach sechzig Jahren Bundesverfassungsgericht, 2011.

59 Für einen Überblick vgl. etwa *Voßkuhle*, in: v. Mangoldt/Klein/Starck (Hrsg.), GG, Bd. 3, 6. Aufl. 2010, Art. 93, Rn. 27 ff. Stichworte aus dieser Debatte: die Selbstbeschreibung des BVerfG (seit 1952) als „Verfassungsorgan"; Interpretationsmacht; *judicial self-restraint*; Jurisdiktionsstaat.

sungsausfüllung durch andere Organe bleibt, damit das Wirken der Verfassung nicht auf einen „Verfassungsgerichtspositivismus" beschränkt wird.[60]

2. Konkretisierung einer Rechtsnorm durch Auslegung

Bevor ein bestimmter Sachverhalt unter eine Rechtsnorm subsumiert werden kann, müssen deren Tatbestandsmerkmale so weit konkretisiert werden, dass sich daraus Definitionen ergeben. Dieser Vorgang geschieht durch *Auslegung*. Da die Auslegung des Normtexts eine zentrale Fähigkeit des Juristen ist, wird von Ihnen erwartet, dass Sie für eine gute Arbeit eine gelungene Auslegung anbieten.[61] Dies ist ein zentraler Gesichtspunkt für die Benotung! Bei der Auslegung wird also „Denken von der Rechtsnorm her" betrieben. Das bedeutet auch: Es darf bei der Auslegung unter keinen Umständen darum gehen, wie man selbst die Rechtslage „empfindet", was man für „gerecht" oder „angemessen" hält, sondern nur darum, welche Wertung der Bearbeiter mit den anerkannten Auslegungsmethoden begründen kann.

Um zu verstehen, wie die Auslegung erfolgt, sind zwei Ebenen zu unterscheiden:
(1) Zunächst ist zu klären, ob sich der Bearbeiter bei der Auslegung am „Willen des Gesetzgebers" orientieren muss oder am „Willen des Gesetzes" (S. 30 ff.).
(2) Die verschiedenen Sinnfacetten (Auslegungsmethoden) sind zur Auslegung des Sinns der Rechtsnorm heranzuziehen (S. 32 ff.).

---

[60] Dass die Staatsrechtswissenschaft kein Eigenleben mehr führt, sondern sich zu einem „Bundesverfassungsgerichtspositivismus" gewandelt habe, hat *Schlink*, Die Entthronung der Staatsrechtswissenschaft durch die Verfassungsgerichtsbarkeit, Der Staat 28 (1989), 161 (163 und passim) konstatiert. S. für eine weitere Kritik (Invisibilisierung und Marginalisierung des Verfassungsgebers) *Jestaedt*, Verfassungsgerichtspositivismus – Die Ohnmacht des Verfassungsgesetzgebers im verfassungsrechtlichen Jurisdiktionsstaat, in: Depenheuer et al. (Hrsg.), FS Isensee, 2002, S. 183.

[61] Weiterführend sei der Anfänger auf andere Ausführungen zur Auslegung hingewiesen, etwa *Wank*, Die Auslegung von Gesetzen, 5. Aufl. 2011; *Rüthers/Fischer/Birk*, Rechtstheorie mit Juristischer Methodenlehre, 6. Aufl. 2011, S. 410 ff.; *Engisch*, Einführung in das juristische Denken, 11. Aufl. 2010, S. 115 ff. (m. w. N., insb. S. 124, Fn. 9.); *Larenz/Canaris*, Methodenlehre der Rechtswissenschaft (Studienausgabe), 3. Aufl. 1995, S. 133 ff. (Kapitel 4: Die Auslegung der Gesetze); *Herzberg*, Die ratio legis als Schlüssel zum Gesetzesverständnis? – Eine Skizze und Kritik der überkommenen Auslegungsmethodik, JuS 2005, 1; für einen rechtstheoretischen Zugriff s. *Vesting*, Rechtstheorie, 2007, S. 99 ff. (§ 6. Interpretation); *Röhl/Röhl*, Allgemeine Rechtslehre, 3. Aufl. 2008, S. 613 ff.; *Adomeit/Hähnchen*, Rechtstheorie für Studenten, 5. Aufl. 2008, Rn. 64 ff.
Diese (wie auch die folgenden) Bemerkungen bilden freilich den theoretischen Hintergrund der Auslegung ab. Tatsächlich fängt der Studierende kaum, der Praktiker noch weniger mit der Auslegung einer Norm dadurch an, dass er sich hinsetzt und intensiv nachdenkt über Wortsinn, Systematik usw. Vielmehr schlägt er Lehrbücher bzw. Kommentare auf, die ihrerseits (insb. die „Praktikerkommentare") die Auslegung durch die Gerichte darstellen. Deren Auslegung ist für den Studierenden wichtig (für den Praktiker annähernd allein maßgeblich), allerdings nicht etwa bindend. Zur „Hilfestellung" durch die gerichtlichen Entscheidungen und ihre Auslegung vgl. *Tettinger/Mann*, Einführung in die juristische Arbeitstechnik, 4. Aufl. 2009, Rn. 99 ff., zum Arbeiten mit Kommentaren Rn. 120 ff.

Diese Bemerkungen lassen die „großen Fragen" der Methodenlehre, der Rechtstheorie, ja der Hermeneutik[62] aus: Lässt sich denn aus einem Gesetz ohne eigene *Wertung* eine einzig „richtige" Auslegung ableiten? Und lässt sich aus der Auslegung wiederum durch die Subsumtion die einzig richtige Rechtsentscheidung ableiten? So oder so: Der Blick wird auf den Entscheider, also auf den Richter gelenkt. Damit stellt sich die Frage, wie der Funktion von Art. 20 III GG (Bindung des Richters an Gesetz und Recht) als Ausdruck eines bestimmten kulturellen Rechtsverständnisses genügt werden kann, wie also der Richter woran gebunden werden kann. Die Stellung des Richters ist dabei insb. im 19. Jahrhundert im Zuge der politischen Veränderungen (darunter: Konstitutionalisierung) ausführlich diskutiert werden,[63] bleibt aber als eine Grundfrage des Rechts bis heute virulent[64] – die oben genannten Probleme um den „Verfassungsgerichtspositivismus" sind letztlich auch nur eine Spielart davon.

3. Subjektive oder objektive Auslegung?

Die Auslegung soll den Rechtsanwender dazu befähigen, den *Sinn* einer Rechtsnorm zu verstehen.[65] Die Grundfrage dabei ist: Geht es darum, den Sinn zu verstehen, den der Gesetzgeber dem Gesetz beigemessen hat (Wille des Gesetzgebers – sog. subjektive Theorie), oder den Sinn, der dem Gesetz ohne Rückgriff auf den historischen Gesetzgeber innewohnt (Wille des Gesetzes[66] – sog. objektive Theorie)?[67]

---

[62] „[D]ie Kunst oder auch die Wissenschaft von der Auslegung der Texte", so *Nöth,* Handbuch der Semiotik, 2. Aufl. 2000, S. 418; für einen knappen Überblick ibid., S. 418 ff., für juristische Bemerkungen (und Kritik an bestimmten Auffassungen und erkenntnistheoretischen Reaktionen) s. *Engisch,* Einführung in das juristische Denken, 11. Aufl. 2010, S. 94 f., 117, Fn. 4.

[63] S. für einen kurzen, instruktiven Überblick *Falk,* Von Dienern des Staates und von anderen Richtern. Zum Selbstverständnis der deutschen Richterschaft im 19. Jahrhundert, in: Gouron et al. (Hrsg.), Europäische und amerikanische Richterbilder, 1996; vgl. auch die grundlegende Arbeit von *Ogorek,* Richterkönig oder Subsumtionsautomat? Zur Justiztheorie im 19. Jahrhundert, 1986.

[64] S. nur den kritischen Vortrag von *Dieter Simon,* Vom Rechtsstaat in den Richterstaat?, Vortrag vom 3.11.2008, online verfügbar unter http://www.rechtswirklichkeit.de/aktuelles/simon (zuletzt abgerufen am 25.8.2011), und demgegenüber *Rüthers,* Klartext zu den Grenzen des Richterrechts, NJW 2011, 1856.

[65] Was allerdings „Verstehen" bedeutet, ist im juristischen Kontext ebenso wenig eindeutig wie in allen anderen Lebenssituationen. Die Grundfrage: Ist Verstehen nur das zutreffende Erkennen eines Gegenstandes oder wird dieser Gegenstand beim Verstehen erst für jeden Auslegenden geschaffen? Zu Bedeutungen des „Verstehens" s. auch *Engisch,* Einführung in das juristische Denken, 11. Aufl. 2010, S. 155 ff.

[66] Kritisch zum Begriff „Wille des Gesetzes" (ein Gesetz kann keinen Willen haben, der Begriff soll nur die Spannung zwischen subjektiver und objektiver Auslegung einer Norm verschleiern) *Larenz/Canaris,* Methodenlehre der Rechtswissenschaft (Studienausgabe), 3. Aufl. 1995, S. 139 f.

[67] Für einen kurzen Überblick s. *Engisch,* Einführung in das juristische Denken, 11. Aufl. 2010, S. 159 ff.; *Larenz/Canaris,* Methodenlehre der Rechtswissenschaft (Studienausgabe), 3. Aufl. 1995, S. 137 ff.; für den Anfänger konzipiert *Wank,* Die Auslegung von Gesetzen, 5. Aufl. 2011, S. 27 ff.

C. Gutachtenstil und juristische Methoden 31

Überwiegend orientiert sich heute die Auslegung an einer objektiven Theorie:[68] Entscheidend ist, was „das Gesetz" sagt, nicht, was „der Gesetzgeber" wollte.[69] Das ist keineswegs selbstverständlich: In einem System der parlamentarischen Demokratie (vgl. nur Art. 20 II 1, 2 GG) könnte es ja gerade angezeigt sein, allein dem Willen des konkreten demokratisch legitimierten Gesetzgebers zur Durchsetzung zu verhelfen. Andererseits würde eine strikte Umsetzung einer derart begründeten subjektiven Auslegung auf Probleme stoßen: Wie ist zu verfahren, wenn der Wille des historischen Gesetzgebers unter dem GG keine Geltung mehr haben kann (etwa wegen der heute normativ anerkannten Gleichberechtigung von Frauen und Männern, Art. 3 II 1 GG)? Außerdem ist Demokratie gerade nur Herrschaft auf Zeit (vgl. Art. 39 I 1 GG: alle vier Jahre wird ein neuer Bundestag gewählt) – würde der ewig unveränderte Sinn einer Norm nicht zu einer damit unvereinbaren Versteinerung der Rechtsordnung führen? Zudem ist es überzeugend, den gesetzgeberischen Willensakt zwar als (legitimatorischen) Grund des Gesetzes zu sehen, aber auch den anderen Gewalten (Exekutive und Judikative) bei der Umsetzung sinnvollen Raum zu erlauben – denn auch in deren Handlungen drückt sich gem. Art. 20 II 2 GG die Volkssouveränität (Art. 20 II 1 GG) aus. Es ist daher nicht undemokratisch, das Produkt des gesetzgeberischen Willens (das Gesetz) anstatt den gesetzgeberischen Willen für maßgeblich zu erachten.[70]

Die Grundannahme der objektiven Theorie als Herrschaft des Gesetzes statt der Herrschaft der Vorstellungen des Gesetzgebers überzeugt also grundsätzlich. Allerdings wäre es eine Fehlvorstellung, wollte man dem historischen Gesetzgeber *überhaupt keine* Bedeutung zusprechen – das wäre mit Prinzipien der Demokratie nun auch wieder unvereinbar.[71] Das Problem besteht also darin, auf welche Weise der Wille des Gesetzgebers beachtet und (ggf.) aktualisiert und *objektiviert* werden kann.[72] Hierfür existieren leider keine anerkannten und praktizierten Regeln (in der Klausur stellt sich die Frage nach dem subjektivem Einschlag der Auslegung übrigens regelmäßig erst gar nicht, da die Vorstellungen des Gesetzgebers nicht bekannt sind und auch nicht im Sachverhalt abgedruckt werden).[73] Verein-

---

[68] Mit weiteren Ausführungen und zahlreichen Nachweisen *Engisch*, Einführung in das juristische Denken, 11. Aufl. 2010, S. 161 ff.

[69] Dazu auch BVerfGE 62, 1 (45) – Bundestagsauflösung I: die Vorstellungen der gesetzgebenden Instanzen sind nicht identisch mit dem „objektiven Gesetzesinhalt".

[70] Vgl. (insgesamt aber nicht unkritisch) die Darstellung von *Engisch*, Einführung in das juristische Denken, 11. Aufl. 2010, S. 163 f.

[71] Dazu *Starck*, in: v. Mangoldt/Klein/Starck (Hrsg.), GG, Bd. 1, 6. Aufl. 2010, Art. 1, Rn. 329; für eine Stärkung der subjektiven Auslegung in jüngster Zeit s. Beschluss des Ersten Senats des BVerfG vom 25.1.2011, - 1 BvR 918/10 -, Rn. 52 f. (online verfügbar unter http://www.bverfg.de/entscheidungen/rs20110125_1bvr091810.html [zuletzt abgerufen am 17.1.2012]).

[72] Vgl. auch *Engisch*, Einführung in das juristische Denken, 11. Aufl. 2010, S. 172: „Ich bin vielmehr der Meinung, dass das ganze Problem [die Reichweite subjektiver vs. objektiver Auslegungsdimensionen] noch nicht endgültig gelöst ist und sich wie alle echten Grundlagenprobleme nie endgültig wird lösen lassen." Insoweit zustimmend *Larenz/Canaris*, Methodenlehre der Rechtswissenschaft (Studienausgabe), 3. Aufl. 1995, S. 139.

[73] Man muss mit Blick auf die Rechtspraxis (und nicht nur dort) bedauerlicherweise konstatieren, dass sich der Rechtsanwender in aller Regel aus einem gewissen Vorrat an Auslegungsmethoden bedient, ohne dass der Einsatz klaren Regeln folgen würde. Die Auslegung erschöpft sich dann

facht lässt sich sagen: Es kommt primär eine objektive Auslegung zum Einsatz; auf die Einbeziehung des Willens des Gesetzgebers wird regelmäßig verzichtet. Größere Bedeutung kommt ihm aber etwa zu: bei der Auslegung von jüngeren Gesetzen;[74] falls die objektive Auslegung zur keiner Antwort führt; bei der Auslegung von Normen, mit denen der Gesetzgeber dezidiert eine bestimmte Auslegung durch die Gerichte korrigieren will[75]. Zudem ist für manche Normbereiche (beispielsweise die Auslegung von Gesetzgebungskompetenzen[76]) anerkannt die historische Auslegung von besonderer Bedeutung.

Eine einfache Formel, die die Spannung zwischen subjektiver und objektiver Auflösung auflöst, gibt es nicht. Typisch für eine letztlich offene Formulierung ist es daher, wenn das BVerfG etwa formuliert:

> Maßgebend für den Inhalt einer Norm ist der in ihr zum Ausdruck kommende objektivierte Wille des Gesetzgebers, so wie er sich aus dem Wortlaut der Gesetzesvorschrift und dem Sinnzusammenhang ergibt, in den sie hineingestellt ist [...].[77]

4. Auslegungsmethoden

Bevor im Folgenden gleich über die verschiedenen Methoden gesprochen wird, mit deren Hilfe man den *einen* Sinn einer Rechtsnorm verstehen will, vorab folgender Hinweis: Nicht nur Rechtstexte, sondern Texte jeder Art müssen ausgelegt werden, damit wir ihren Sinn verstehen.[78]

> **Ein Beispiel:** Gegeben ist die Gedichtzeile: „*Es ist still geworden im Park.*"
>
> Frage: Was bedeutet „still"?
>
> Wir fragen uns zunächst, was uns der *Autor* des Gedichts sagen wollte. Vielleicht kennen wir ihn aber gar nicht; oder wir fühlen uns ihm so fremd, dass wir ohnehin alles übertragen müssen; oder wir finden das, was er sich gedacht hat, nicht einleuchtend. Und grundsätzlich: Warum sollte seine Vorstellung autoritativ sein und uns binden? Wir beschränken uns daher

---

meist in der Nennung von Schlagworten („eine teleologische Interpretation ergibt dabei [...]"), ohne dass definiert würde, was damit genau gemeint ist (im Beispiel: ob es um den Zweck geht, den der Gesetzgeber beabsichtigt hat, oder den Sinn, den das Gesetz aus sich heraus ergibt); anders (und damit die Spannung aufrecht erhaltend) die Darstellung von *Wank*, Die Auslegung von Gesetzen, 5. Aufl. 2011, S. 39 ff., der immer wieder die Folgewirkungen von subjektiver bzw. objektiver Methode darstellt.

[74] Vgl. BVerfGE 54, 277 (297); *Wank*, Die Auslegung von Gesetzen, 5. Aufl. 2011, S. 32 f.
[75] Allerdings geschieht es zuweilen auch, dass ein Gericht sich in einem solchen Fall weigert, seine Rechtsprechung entsprechend anzupassen; s. zu einem solchen Fall *Baden*, Vom Gesetzgeber, der „klüger" sein wollte als das Gesetz – Ein gescheiterter Versuch des Gesetzgebers, die Rechtsprechung zu korrigieren, ZG 1987, 274.
[76] Vgl. *Rozek*, in: v. Mangoldt/Klein/Starck (Hrsg.), GG, Bd. 2, 6. Aufl. 2010, Art. 70, Rn. 50 ff.
[77] BVerfGE 48, 246 (256); weitere Nachweise bei *Jarass*, in: ders./Pieroth, GG, 11. Aufl. 2011, Einleitung, Rn. 5.
[78] Nochmals: Fragen des Textverständnisses, der Textauslegung sind Gegenstand der *Hermeneutik*.

> primär auf das, was wir dem Gedicht auch ohne Rückgriff auf den Autor entnehmen können.
> Die Analyse des Verses kann den *Wortsinn* isoliert betrachten. „Still" könnte bedeuten: keinerlei akustische Schwingungen; keine störenden Geräusche; keine Geräusche, die andere als natürliche Ursachen haben, usw. Der isolierte Wortsinn ergibt also kein eindeutiges Ergebnis.
> Wir setzen das einzelne Wort „still" daher mit den Worten des ganzen Satzes in *Verbindung*. In einem Park sind Motorengeräusche nicht zu erwarten: „still" meint also jedenfalls „keine Motorengeräusche". In einem Park ist aber regelmäßig Vogelgezwitscher zu erwarten – wenn also die Stille besonders betont wird, meint „still" auch „kein Vogelgezwitscher".
> Wir fragen nach dem *Zweck* des Gedichts. Sollen die Folgen des Einsatzes von Insektiziden dargestellt werden, meint „still" sicherlich „keine Insektengeräusche".

Wenn wir also schon bei der „normalen" Auslegung (etwa bei der Interpretation von Gedichten) den Wortsinn einzelner Wörter, ihr Verhältnis zu anderen Wörtern (Systematik), ihren Zweck (*telos*) und ggf. die Intention des Autors eines Texts heranziehen, sind das dieselben Methoden, die bei der Auslegung einer Rechtsnorm heranzuziehen sind.

Wenn bisher das *Ziel* der Auslegung dargestellt worden ist (Ermittlung des Sinns der Rechtsnorm als „Wille des Gesetzes"), geht es nun um die dafür verwendeten *Methoden* der Auslegung. Dazu werden Instrumente angewendet, die als Aus-legungs-/Interpretationsmethoden oder *canones* der Auslegung bekannt sind. *Alle* Normen, also auch jene des GG, werden traditionell anhand von vier *canones* interpretiert. Es handelt sich um:[79]

> a) die grammatische Auslegung;
> b) die systematische Auslegung;
> c) die teleologische Auslegung;
> d) die historische Auslegung.

Diese vier Interpretationsmethoden stehen nicht getrennt nebeneinander, sondern sind häufig nur aufeinander bezogen aussagekräftig (etwa: „Eine systematisch-teleologische Auslegung ergibt [...]."). Gelangen alle vier Auslegungsmethoden zum selben Sinn, ist das Ergebnis eindeutig. Wenn nicht, muss eine Gewichtung vorgenommen werden, die dadurch erschwert ist, dass keine Methodenhierarchie in einem einfachen Sinne existiert;[80] zudem kann die Wahl der richtigen Methode sehr einzelfallabhängig sein.[81]

---

[79] Sie wissen nun, dass Wortsinn, Systematik und Zweck jeweils mit und ohne Rückgriff auf die Vorstellungen des Gesetzgebers bestimmt werden können. Im Folgenden wird daher auf eine Aktualisierung dieser Erkenntnis im Rahmen der einzelnen Auslegungsmethoden verzichtet.

[80] Dazu und m. w. N. *Engisch*, Einführung in das juristische Denken, 11. Aufl. 2010, S. 146 ff., 176 ff.; vgl. weiter *Wank*, Die Auslegung von Gesetzen, 5. Aufl. 2011, S. 73 (Zweck überwiegt bei gleichem Gewicht aller Auslegungsmethoden); *Larenz/Canaris*, Methodenlehre der Rechtswissenschaft (Studienausgabe), 3. Aufl. 1995, S. 163 ff. (Wortsinn und Systematik haben eingrenzende Wirkung, entscheidend sind bei mehreren Möglichkeiten [subjektiv-]teleologische Erwägungen),

Wenn Sie dies alles vage finden, kann ich Ihnen leider nur zustimmen (sehen Sie es als Anreiz, sich näher mit diesen Grundfragen zu befassen). Für die Ausbildung mag es freilich eine Beruhigung sein, dass in der Klausur oder Hausarbeit nichts so heiß gegessen wird, wie es in den Methodenlehrbüchern gekocht wird: Viele Probleme, die Ihnen in der Klausur begegnen, sind bekannt (etwa aus der Vorlesung, der Arbeitsgemeinschaft oder dem Lehrbuch) und argumentativ schon aufbereitet, so dass nicht jede Auslegung gleichsam bei Null beginnt. Sie kennen die Wortsinnargumente und die systematischen Erwägungen in aller Regel, und wenn Sie doch einmal selbst kreativ werden müssen, erwartet der Korrektor keine methodischen Grundlagenausführungen (diese wären im Gegenteil in einer Klausur unangebracht). Die Nennung der entsprechenden Methode (etwa: „eine teleologische Auslegung ergibt") genügt. *Dieser methodischen Sprache müssen Sie sich aber bedienen* – ein Argument überzeugt andere Juristen erst, wenn Sie begründen, dass „eine systematische Auslegung ergibt, dass [...]."

a) Grammatische Auslegung (insb. Wortsinnauslegung)

Die grammatische Auslegung soll den Sinn der Rechtsnorm vom Sinn der Wörter her ermitteln, derer sie sich bedient.[82] Ausgangspunkt ist dabei eine isolierte Betrachtung des interessierenden Tatbestandsmerkmals. Dessen Wortsinn kommt in der Auslegung als *Ausgangspunkt und Grenze der Auslegung* besondere Bedeutung zu. Eine Auslegung, die sprachlich nicht (mehr) unter einem bestimmten Begriff zu fassen ist, überschreitet die sog. *Wortsinngrenze*[83] und ist ausgeschlossen.

Bei einer Wortsinnauslegung sind die Worte zunächst nach einem allgemeinen, „alltäglichen" Sprachverständnis zu untersuchen. Danach ist zu prüfen, ob es einer Bedeutungsmodifikation bedarf, weil das Wort als spezieller juristischer Terminus

---

S. 166, Fn. 70, m. w. N. zur „Rangfrage". Gegen die „fast einhellige Lehre", die der *ratio legis*, also Zweckerwägungen, das letzte Wort gebe, *Herzberg*, Die ratio legis als Schlüssel zum Gesetzesverständnis? – Eine Skizze und Kritik der überkommenen Auslegungsmethodik, JuS 2005, 1 (6 ff.), der sich stattdessen für die systematische Auslegung als „solideste und überzeugendste Gesetzesauslegung" ausspricht. Zur rechtswissenschaftshistorischen Entwicklung kurz: *Adomeit/Hähnchen*, Rechtstheorie für Studenten, 5. Aufl. 2008, Rn. 72 ff.

[81] Vgl. die Übersicht über die Rechtsprechung des BVerfG zu den Auslegungsmethoden von *Jarass*, in: ders./Pieroth, GG, 11. Aufl. 2011, Einleitung, Rn. 5 ff.

[82] Dazu *Engisch*, Einführung in das juristische Denken, 11. Aufl. 2010, S. 136 ff.; *Wank*, Die Auslegung von Gesetzen, 5. Aufl. 2011, S. 39 ff.; *Tettinger/Mann*, Einführung in die juristische Arbeitstechnik, 4. Aufl. 2009, Rn. 215; *Larenz/Canaris*, Methodenlehre der Rechtswissenschaft (Studienausgabe), 3. Aufl. 1995, S. 141 ff.
Meist wird dieser Auslegungsgesichtspunkt Wort*laut*auslegung genannt (anders aber *Larenz/Canaris*, ibid.). Allerdings: Der Laut, also der Klang eines Wortes, ist irrelevant, weshalb in diesem Buch von Wort*sinn* die Rede ist. Wenn in anderen Quellen vom Wortlaut die Rede ist (vgl. nur Beschluss des Ersten Senats des BVerfG vom 19.7.2011, - 1 BvR 1916/09 -, online verfügbar unter http://www.bverfg.de/entscheidungen/rs20110719_1bvr191609.html, Rn. 72: „Wortlautgrenze" [zuletzt abgerufen am 8.12.2011]), meint dies jedoch dasselbe wie in den Ausführungen hier (allerdings spricht das BVerfG an anderer Stelle auch vom Wortsinn als Grenze, s. BVerfGE 73, 206 [235]).

[83] Bzw. „Wortlautgrenze", vgl. oben Fn. 82.

mit einem besonderen Sinn verwendet wird.[84] „Eigentum" und „Besitz" etwa haben im juristischen Kontext einen spezifischen Sinn (vgl. §§ 854 I, 929 S. 1 BGB) und können in diesem Verwendungskontext nicht synonym verwendet werden (wie dies im Alltag allerdings oft geschieht).

Allerdings wird eine isolierte Betrachtung des einzelnen Tatbestandsmerkmals in problematischen Fällen regelmäßig zu keiner eindeutigen Auslegung führen. Dies gilt selbst denn, wenn die Auslegung des Tatbestandsmerkmals im Kontext des ganzen Satzes erfolgt. Die Klausurbearbeitung sollte die Wortsinnanalyse daher an den Anfang der Auslegung stellen, aber knapp halten – verfehlt wären etwa tiefergehende etymologische Untersuchungen. Die Schwerpunkte der Auslegung liegen regelmäßig bei anderen Auslegungsmethoden.

b) Systematische Auslegung

Wie gezeigt, enthält schon die grammatische Auslegung Elemente einer systematischen Auslegung, weil es eben nicht nur auf den isolierten Wortsinn des einzelnen Wortes ankommt, sondern den gesamten Satz. Die systematische Auslegung ermittelt darüber hinaus den Sinn einer einzelnen Rechtsnorm mit Blick auf andere Rechtsnormen, um Widersprüche zwischen den Normen zu vermeiden.[85] Mit den Worten des BVerfG:

---

[84] Sprache ist, wie Recht, ein Kulturprodukt. Entscheidend für den Sinn ist daher immer der Verwendungskontext. Es gibt daher keine abstrakte „natürliche Alltagssprache", derer sich die „normalen Menschen" bedienen, und von der die Juristen gelegentlich abweichen. Richtig ist aber, dass sich bestimmte Gruppen auf eine (annähernd) gleiche Begriffsbesetzung einigen, vgl. das Beispiel von *Engisch*, Einführung in das juristische Denken, 11. Aufl. 2010, S. 41 ff.: *verwandt* im biologischen Sinne ist nicht gleichbedeutend mit verwandt im rechtlichen Sinne. Im rechtlichen Sinne ist es etwa denkbar anzuordnen, dass der Vater eines unehelichen Kindes als mit diesem nicht verwandt gilt (etwa § 1589 II BGB a. F.). Das Verhältnis von Wortsinn im „normalen" Sprachgebrauch juristischer Laien zu juristisch denkbarem Sprachgebrauch ist im Einzelnen ungeklärt (vgl. für die alleinige Verbindlichkeit juristischer Begriffsbesetzung *Wank*, Die Auslegung von Gesetzen, 5. Aufl. 2011, S. 41 f.; für die Anerkennung der „alltagssprachlichen" Wortsinngrenze als „Faustregel" etwa *Herzberg*, Die ratio legis als Schlüssel zum Gesetzesverständnis? – Eine Skizze und Kritik der überkommenen Auslegungsmethodik, JuS 2005, 1 [3], mit weiteren Ausführungen zum Wortsinn [2 ff.]). Dahinter steht die Frage, bis zu welchem Grad der juristische Laie den Gesetzesbefehl (Sollens-Aussage!) ohne juristische Hilfe verstehen könne muss. Man wird dabei vielleicht nach Sachbereichen differenzieren müssen – wenig fruchtbar ist aber das Aufrechterhalten der Illusion, eine rechtliche Ordnung könne jemals so beschaffen sein, dass juristische Laien juristische Detailfragen verstehen könnten. Zu mehr als einer groben Rechtseinschätzung kann auch ein guter Rechtstext den Laien nicht befähigen (die konkretisierende Rechtsprechung wird nie unnötig werden) – was dann wieder Auswirkung für die Bedeutung des „Alltagsverständnisses" des Wortsinns hat. Beachte zum Verhältnis von Sprache und Recht auch *Rüthers/Fischer/Birk*, Rechtstheorie mit Juristischer Methodenlehre, 6. Aufl. 2011, S. 99 ff. Grundsätzlich lesenswert auch *Großfeld*, Sprache, Recht, Demokratie, NJW 1985, 1577.

[85] Zur systematischen Auslegung s. *Wank*, Die Auslegung von Gesetzen, 5. Aufl. 2011, S. 55 ff.; *Tettinger/Mann*, Einführung in die juristische Arbeitstechnik, 4. Aufl. 2009, Rn. 219 f.; *Larenz/Canaris*, Methodenlehre der Rechtswissenschaft (Studienausgabe), 3. Aufl. 1995, S. 145 ff. und die Nachweise bei *Engisch*, Einführung in das juristische Denken, 11. Aufl. 2010, S. 141, Fn. 35.

Bei der systematischen Auslegung ist darauf abzustellen, da[ss] einzelne Rechtssätze [...] grundsätzlich so zu interpretieren sind, da[ss] sie logisch miteinander vereinbar sind. Denn es ist davon auszugehen, da[ss] der Gesetzgeber sachlich Zusammenhängendes so geregelt hat, da[ss] die gesamte Regelung einen durchgehenden, verständlichen Sinn ergibt.[86]

Hier sollen also Erkenntnisse aus dem Verhältnis einer Rechtsnorm (genauer: ihrer abstrakten Begriffe[87]) zu anderen Rechtsnormen gezogen werden: Welches Verhältnis hat das relevante Wort zum gesamten Satz? Und welches Verhältnis hat dieser Satz zum Absatz? Und dieser zum Artikel bzw. Paragraph? Und der Artikel bzw. Paragraph zur höheren Ordnungsstufe, etwa dem entsprechenden Abschnitt des Gesetzes? Dazu ist die äußere Systematik[88] fruchtbar zu machen, in die eine Rechtsnorm eingebettet ist: In welchem Gesetz befindet sich diese Norm, wie ist das Gesetz aufgebaut und unterteilt, in welchem (Unter-)Abschnitt steht die Norm? Hierzu ist das Inhaltsverzeichnis aufzuschlagen.

> **Beispiel** aus dem Privatrecht (da das GG nur eine einzige Unterebene aufweist):[89]
>
> § 146 BGB Erlöschen des Antrags: Der Antrag erlischt, wenn er dem Antragenden gegenüber abgelehnt [...] wird.
>
> Eine systematische Analyse ergibt: § 146 BGB folgt § 145 BGB, der die grundsätzliche Bindung an den Antrag anordnet. Er gehört zum „Titel 3", der Regelungen für „Verträge" enthält, die wiederum eine besondere Form von „Rechtsgeschäften" darstellen, wie sich aus „Abschnitt 3" des BGB ergibt, zu dem der Titel 3 gehört. Abschnitt 3 wiederum findet sich im „Buch 1: Allgemeiner Teil".
>
> Es sei nun § 929 S. 1 BGB auszulegen, in dem es heißt: Zur Übertragung des Eigentums an einer beweglichen Sache ist erforderlich, dass der Eigentümer die Sache dem Erwerber übergibt und beide darüber einig sind, dass das Eigentum übergehen soll.
>
> § 929 S. 1 BGB spricht davon, dass sich zwei Personen „einig sein" müssen, was eine Umschreibung ist für „sie schließen einen Vertrag". Obwohl § 929 S. 1 BGB dem 3. Buch des BGB angehört (Sachenrecht), finden die Regelungen des 1. Buchs doch Anwendung, da es sich nach der amtlichen Überschrift um einen „Allgemeinen Teil" handelt, der also auch für alle anderen Bücher gilt. Wenn § 929 S. 1 BGB nun einen Vertragsschluss voraussetzt, finden die Regelungen des 3. Titels des 3. Abschnitts des 1. Buchs des BGB Anwendung, also auch § 146 BGB. Aus einer systematischen Auslegung von § 929 S. 1 BGB folgt daraus: Lehnt jemand einen Antrag ab, der auf Übertragung von Eigentum gerichtet ist, erlischt dieser Antrag.

---

[86] BVerfGE 48, 246 (257), aufgeführt bei *Tettinger/Mann*, Einführung in die juristische Arbeitstechnik, 4. Aufl. 2009, Rn. 219.
[87] Dazu *Larenz/Canaris*, Methodenlehre der Rechtswissenschaft (Studienausgabe), 3. Aufl. 1995, S. 263 ff.
[88] *Wank*, Die Auslegung von Gesetzen, 5. Aufl. 2011, S. 55 f.
[89] Weitere Beispiele bei *Larenz/Canaris*, Methodenlehre der Rechtswissenschaft (Studienausgabe), 3. Aufl. 1995, S. 146 f.

Die äußere Systematik gibt also das Gebäude vor, innerhalb dessen eine stimmige Gesamtauslegung erfolgen soll, damit die Normen eine innere Systematik aufweisen[90]. Die innere Systematik muss sich daran orientieren, den Sinn der Rechtsnorm *möglichst* so zu bestimmen, dass er sowohl mit den Normen desselben Gesetzes als auch mit Normen anderer Gesetze vereinbar ist[91]

Die systematische Auslegung kann als *Königsdisziplin* der Auslegung bezeichnet werden. Sie lässt die juristisch belastbarsten Schlüsse zu und hat daher besonderes Gewicht. Während der Wortsinn meist wenig eindeutige Aussagen erlaubt und allenfalls einen Ausgangspunkt bildet, eine historische Auslegung in der Klausur regelmäßig nicht möglich ist und die teleologische Auslegung ihrerseits stark mit der systematischen Auslegung verknüpft ist, stehen systematische Aussagen durch ihre enge Verknüpfung mit dem ganzen Gesetz auf recht sicherem, argumentativ oftmals nachgerade zwingendem Boden; für den Studierenden gewinnt diese Methode an zusätzlichem Wert dadurch, dass eine systematische Auslegung auch in der Klausur betrieben werden kann.

Typische systematische Argumente sind:

- Die Auslegung eines Begriffs in § 10 A-Gesetz in einer bestimmten Weise würde dazu führen, dass § 25 A-Gesetz kein Anwendungsbereich mehr verbleibt/sich ein unauflösbarer Widerspruch zwischen beiden Normen ergibt/ deren Zweck unterlaufen wird/sich eine ungerechtfertigte Besserstellung einer Person ergibt usw.
- Eine Norm ist als Ausnahme zu einer anderen Norm konzipiert. Eine bestimmte Auslegung der Ausnahme würde dafür sorgen, dass kaum ein Platz mehr für den Regelfall bleibt, also das gesetzlich angeordnete Regel-Ausnahme-Verhältnis verkehrt würde.
- Systematische Auslegung einer Norm mit Blick auf andere Gesetze: Entsteht bei einer bestimmten Auslegung von § 1 A-Gesetz ein Widerspruch mit § 4 B-Gesetz? Verweist eine Norm explizit oder implizit auf eine andere Norm (beispielsweise wenn jemand deshalb einen Diebstahl nach § 242 I StGB begeht, weil er eine fremde, bewegliche Sache wegnimmt – ob etwas fremd ist, bestimmt sich nämlich nach den Eigentumsregelungen des BGB).

c) Teleologische Auslegung

Bei der teleologischen Auslegung wird nach dem Sinn und Zweck einer Norm gefragt.[92] Allerdings: Oftmals gibt es nicht nur einen Zweck einer Norm, oder dieser

---

[90] Vgl. *Wank*, Die Auslegung von Gesetzen, 5. Aufl. 2011, S. 56 ff.
[91] Eine bestimmte Methode zur Wahrung der inneren Systematik sind die verfassungs-, europa- und völkerrechtskonforme Auslegung, s. dazu S. 39 ff.
[92] Dazu *Wank*, Die Auslegung von Gesetzen, 5. Aufl. 2011, S. 69 ff., wobei der Anfänger die „abstrakten Gesetzeszwecke" sowie die „Gerechtigkeit des Ergebnisses" in einer Klausur nicht direkt verwerten sollte (die normative Bindung kann hierbei sehr dünn werden), zumal in kaum

ist nicht eindeutig. Zudem stellt sich hier das Problem der subjektiven bzw. objektiven Auslegung besonders deutlich: Ist der Zweck maßgeblich, den der Gesetzgeber mit einer Rechtsnorm erreichen wollte, oder der Zweck, der sich allein mit Blick auf das Gesetz ergibt (die Nähe zur systematischen Auslegung wird hier offensichtlich)?[93] Das BVerfG in seinem objektiv orientierten Auslegungsblick schreibt:

> Zur Erfassung des Sinnes einer Norm sind alle Auslegungskriterien, insbesondere die Stellung der Einzelnorm im Gesetz sowie der Zweck der Regelung heranzuziehen. Dabei kann gerade die systematische Stellung einer Vorschrift im Gesetz, ihr sachlich-logischer Zusammenhang mit anderen Vorschriften diesen Sinn und Zweck freilegen [m. w. N.].[94]

Argumente bei einer teleologischen Auslegung können etwa folgen aus:

- dem Bezug auf systematische Erwägungen (z. B.: was folgt aus dem Zweck eines Regelfalls für die Bestimmung des Zwecks der Ausnahme?);
- dem Rückgriff auf allgemeinere Prinzipien (etwa im Verfassungsrecht auf Staatsstrukturprinzipien wie in Art. 20 I GG).

Dabe ist jedoch Vorsicht anzumahnen, damit die teleologische Auslegung nicht den Bezug zur Norm verliert. Überspitzt gesagt: Es darf bei der teleologischen Auslegung nicht der Zweck statuiert werden, den man selbst für wünschenswert hält, sondern nur derjenige, der mit dem Kontext der Norm bzw. dem Willen des Gesetzgebers begründbar ist.[95]

---

einer Klausur dafür Platz sein dürfte; *Tettinger/Mann*, Einführung in die juristische Arbeitstechnik, 4. Aufl. 2009, Rn. 224 f.; *Larenz/Canaris*, Methodenlehre der Rechtswissenschaft (Studienausgabe), 3. Aufl. 1995, S. 149 ff. (teleologische Auslegung nach den Vorstellungen des Gesetzgebers), S. 153 ff. (teleologische Auslegung ohne Bezug auf die Vorstellungen des Gesetzgebers). Kritisch zur (seines Erachtens überhöhten) Bedeutung der teleologischen Auslegung *Herzberg*, Die ratio legis als Schlüssel zum Gesetzesverständnis? – Eine Skizze und Kritik der überkommenen Auslegungsmethodik, JuS 2005, 1 (6 ff.).

[93] Etwas anders die Darstellung bei *Larenz/Canaris*, Methodenlehre der Rechtswissenschaft (Studienausgabe), 3. Aufl. 1995: die subjektiv-teleologische Auslegung fragt nach der Regelungsabsicht des Gesetzgebers (S. 149 ff.), die objektiv-teleologische Auslegung berücksichtigt die tatsächlichen Gegebenheiten des zu regelnden Sachbereichs (inkl. der „Natur der Sache", inhaltlich dazu S. 236 ff.) und die rechtsethischen Prinzipien hinter einer Regelung. Geht man davon aus, dass tatsächliche Gegebenheiten immer (zumindest auch) eine Frage des gewählten Bezugspunkts sind und stutzt die „rechtsethischen Prinzipien" auf Normalmaß, gelangt man allerdings zum selben Verständnis wie hier.

[94] BVerfGE 48, 246 (256).

[95] Insb. dem Anfänger ist zu großer Zurückhaltung zu raten. Das zeigt sich besonders deutlich in der Darstellung der objektiv-teleologischen Auslegung bei *Larenz/Canaris*, Methodenlehre der Rechtswissenschaft (Studienausgabe), 3. Aufl. 1995, S. 154 f.: von den „Strukturen des geregelten Sachbereichs" gelangt man zur „Natur der Sache" – und die methodischen Probleme bei deren Konkretisierung sollten ohne Weiteres einleuchten (dahingestellt sei an dieser Stelle das Problem, dass es ein Trugschluss wäre anzunehmen, es gäbe einen in sich geschlossenen, geordneten Sachbereich, den der Jurist eben hinnehmen muss wie er ist).

Exkurs: Wichtig für jede argumentative Auseinandersetzung ist die Frage, ob ein Begriff *restriktiv* (einschränkend, eng) oder *extensiv* (ausdehnend, weit) ausgelegt werden soll.[96] *Dass* etwas restriktiv oder extensiv ausgelegt werden muss, ist eine *Wertung*, die durch Auslegung begründet werden muss; so kann etwa eine restriktive Auslegung einer Ausnahmevorschrift geboten sein, um den Zweck der Regel nicht zu unterminieren.[97]

d) *Exkurs*: Besondere Ausprägungen der systematisch-teleologischen Auslegung in Form der verfassungskonformen, unionsrechtskonformen und völkerrechtskonformen Auslegung[98]

Um die folgenden Bemerkungen verstehen zu können, muss eines der zentralen verfassungsrechtlichen Konzepte eingeführt werden, nämlich der *Stufenbau der Rechtsordnung*. Die verschiedenen Typen von Rechtsnormen stehen nämlich nicht gleichrangig nebeneinander, vielmehr sind sie durch ein Hierarchieverhältnis zueinander gekennzeichnet. Aus dieser *Normenhierarchie* ergibt sich (bildlich gesprochen) eine Normenpyramide, an deren Spitze das GG als Verfassung steht (vgl. Art. 1 III, Art. 20 III, und etwa Art. 93 I Nr. 2 GG). Aus der Idee dieser Normenhierarchie folgt: Eine Norm hat nur dann *Geltung*, wenn sie mit allen ranghöheren Normen vereinbar ist!

Zum Aufbau dieser Pyramide: Nach der Spitze (Verfassung) folgt als unterverfassungsrechtliches Recht das gesamte Bundesrecht, das wiederum unterteilt wird in einfache Bundesgesetze (z. B. das Bürgerliche Gesetzbuch) und darunter stehende untergesetzliche Bundesnormen (beispielsweise Bundes-Rechtsverordnungen wie die Straßenverkehrs-Ordnung). Bundesrecht jeden Ranges hat gem. Art. 31 GG Geltungsvorrang gegenüber Landesrecht jeden Ranges. Unter der Stufe des Bundesrechts steht also Landesrecht, das sich wiederum unterteilt in Landesverfassungsrecht, einfache Landesgesetze und landesrechtliche untergesetzliche Rechtsnormen.

Wenn bisher von der systematischen Auslegung die Rede war, ging es darum, eine Einheit der Rechtsordnung im *horizontalen* Sinne zu bewirken: GG-Normen sollen mit GG-Normen eine Sinneinheit bilden, Normen eines einfachen Gesetzes mit den übrigen Normen desselben Gesetzes usw. Es ging bisher also um das Ver-

---

[96] Dazu *Engisch*, Einführung in das juristische Denken, 11. Aufl. 2010, S. 179 ff.; *Baumann*, Einführung in die Rechtswissenschaft: Rechtssystem und Rechtstechnik – Ein Studienbuch, 8. Aufl. 1989, S. 106 ff.; *Larenz/Canaris*, Methodenlehre der Rechtswissenschaft (Studienausgabe), 3. Aufl. 1995, S. 174 ff.

[97] Der Satz *singularia non sunt extenda* (lat., in etwa: Einzelvorschriften dürfen nicht ausgedehnt werden; meist dargestellt als: Ausnahmevorschriften dürfen nicht ausgedehnt werden) hat keine Geltung dahingehend, dass Ausnahmevorschriften kraft ihres Charakters als Ausnahmevorschriften nicht extensiv ausgelegt werden dürften; sie können sogar analogiefähig sein. Entscheidend ist, dass ihr Zweck gewahrt bleibt. Dazu näher *Engisch*, Einführung in das juristische Denken, 11. Aufl. 2010, S. 256 ff.; *Larenz/Canaris*, Methodenlehre der Rechtswissenschaft (Studienausgabe), 3. Aufl. 1995, S. 175 f.

[98] Die Idee der Einbeziehung dieser Ausformungen stammt aus Materialien, die am Walter Hallstein-Institut für Europäisches Verfassungsrecht (Humboldt-Universität zu Berlin) von *Patricia Sarah Stöbener*, LL.M. (King's College London) und anderen verfasst wurden.

hältnis von Normen zueinander, die in der Normenpyramide denselben Rang einnehmen.

Die Idee einer systematisch stimmigen Auslegung kann aber auch *vertikal* fruchtbar gemacht werden. Eine rangniedrigere Norm ist dabei so auszulegen, dass sie mit den Anforderungen der ranghöheren Norm vereinbar ist.[99] So wird eine Kollision vermieden und damit die Geltung der rangniedrigeren Norm erhalten. Das bedeutet (für die Prüfung): **Gelangt die Auslegung einer Norm zunächst zum Ergebnis, dass diese Norm gegen Verfassungs-, Europa- oder Völkerrecht verstößt, ist ihre „Rettung" in Form einer verfassungs-, europarechts- oder völkerrechtskonformen Auslegung zu prüfen!**

Dabei handelt es sich um keine spezifische Auslegungsmethode (also keinen neuen *canon*), sondern nur einen besonderen Fall einer systematisch-teleologischen Interpretation.[100] Das bedeutet auch: Es gelten die normalen Grenzen – es gibt also keine verfassungs-, europarechts- oder völkerrechtskonforme Auslegung um jeden Preis. Eine verfassungskonforme Auslegung, die den Wortsinn überschreitet, ist daher unzulässig (allerdings käme dann jenseits der Auslegung eine Gesetzes-korrektur zur Lückenfüllung in Frage, dazu unten S. 47 ff.).

Zur verfassungskonformen Auslegung[101]

Kommen mehrere Auslegungen einer unterverfassungsrechtlichen Norm in Betracht, von denen eine zur Unvereinbarkeit der Norm mit dem GG führt, die andere hingegen zur Vereinbarkeit mit dem GG, ist die letztere zu wählen. Damit wird verhindert, dass die Unvereinbarkeit der Norm mit dem GG erklärt werden muss und sie folglich nicht gilt.[102] In den Worten des BVerfG:

Das Gebot verfassungskonformer Gesetzesauslegung verlangt, von mehreren möglichen Normdeutungen, die teils zu einem verfassungswidrigen, teils zu einem verfassungsmäßigen Ergebnis führen, diejenige vorzuziehen, die mit dem Grundgesetz in Einklang steht [...]. Eine Norm ist daher nur dann für verfassungswidrig zu erklären, wenn keine nach anerkannten Auslegungsgrundsätzen zulässige und mit der Verfassung zu vereinbarende Auslegung möglich ist. Lassen der Wortlaut, die Entstehungsgeschichte, der Gesamtzusammenhang der einschlägigen Regelungen und deren Sinn und Zweck mehrere Deutungen

---

[99] „Ranghöher" ist eine schematische Verkürzung. Insb. für das Verhältnis von nationalem und Unionsrecht greift die Vorstellung einer klassischen Normenpyramide zu kurz. Aus Gründen der Verständlichkeit verwende ich dennoch den Begriff.

[100] Mit anderer Akzentuierung *Larenz/Canaris*, Methodenlehre der Rechtswissenschaft (Studienausgabe), 3. Aufl. 1995, S. 159 ff., der die Vermeidung von Wertungswidersprüchen als ein objektiv-teleologisches Gebot sieht und die verfassungskonforme Auslegung hier verortet.

[101] Um Missverständnisse zu vermeiden: hier wird nicht die Verfassung ausgelegt, sondern unterverfassungsrechtliches Recht (etwa Gesetze) im Lichte der Verfassung. Zur verfassungskonformen Auslegung etwa *Starck*, in: v. Mangoldt/Klein/Starck (Hrsg.), GG, Bd. 1, 6. Aufl. 2010, Art. 1, Rn. 327 ff.

[102] Das BVerfG hat das *Verwerfungsmonopol* für Gesetze, ist also das einzige Organ, das die Nichtigkeit eines Gesetzes feststellen kann. Zu diesen und weiteren Aspekten (insb. des Rechtsfolgenausspruchs) *Sommermann*, in: v. Mangoldt/Klein/Starck (Hrsg.), GG, Bd. 2, 6. Aufl. 2010, Art. 20, Rn. 256 ff. Zur *lex-superior*-Regel vgl. auch unten S. 54 f.

zu, von denen eine zu einem verfassungsmäßigen Ergebnis führt, so ist diese geboten [...].[103]

Wie erwähnt, gibt es aber keine verfassungskonforme Auslegung „um jeden Preis" – vielmehr muss die verfassungskonforme Auslegung mit den allgemeinen Auslegungsprinzipien vereinbar sein. Zu diesen Grenzen der verfassungskonformen Auslegung nochmals das BVerfG:

Auch im Wege der verfassungskonformen Interpretation darf aber der normative Gehalt einer Regelung nicht neu bestimmt werden [...]. Die zur Vermeidung eines Nichtigkeitsausspruchs gefundene Interpretation muss daher eine nach anerkannten Auslegungsgrundsätzen zulässige Auslegung sein [...]. Die Grenzen verfassungskonformer Auslegung ergeben sich damit grundsätzlich aus dem ordnungsgemäßen Gebrauch der anerkannten Auslegungsmethoden. Der Respekt vor der gesetzgebenden Gewalt (Art. 20 [II] GG) gebietet es dabei, in den Grenzen der Verfassung das Maximum dessen aufrechtzuerhalten, was der Gesetzgeber gewollt hat. Er fordert mithin eine verfassungskonforme Auslegung der Norm, die durch den Wortlaut des Gesetzes gedeckt ist und die prinzipielle Zielsetzung des Gesetzgebers wahrt [...]. Die Deutung darf nicht dazu führen, dass das gesetzgeberische Ziel in einem wesentlichen Punkt verfehlt oder verfälscht wird [...].[104]

Zusammengefasst: Die verfassungskonforme Auslegung stellt eine besondere Ausprägung der systematisch-teleologischen Auslegung von unterverfassungsrechtlichen Normen dar, die aber die allgemeinen Interpretationsgrenzen einzuhalten hat.

Zur unionsrechtskonformen Auslegung

Ziel einer unionsrechtskonformen Auslegung[105] ist es, Auslegungsspielräume einer deutschen Rechtsnorm so zu nutzen, dass kein Konflikt mit dem Unionsrecht entsteht. Vorab ist zu prüfen, ob im konkreten Fall überhaupt eine deutsche *und* eine Unionsrechtsnorm sachlich Anwendung finden würden. Verbietet eine deutsche Rechtsnorm beispielsweise bestimmte Apothekenstrukturen, kann sich ein französischer Apotheker, der in Deutschland eine Apotheke eröffnen möchte, die diesen Strukturen widerspricht, auf die Niederlassungsfreiheit nach Art. 49 ff. AEUV berufen, da ein sog. grenzüberschreitender Sachverhalt vorliegt. Hier sind an sich also sowohl die deutsche Rechtsnorm als auch Unionsrecht einschlägig. Ein deutscher Apotheker, der in Deutschland eine Apotheke eröffnen möchte, die den genannten Strukturen widerspricht, kann sich hingegen mangels grenzüberschreitenden Sachverhalts nicht auf die Niederlassungsfreiheit berufen, so dass

---

[103] BVerfGE 119, 247 (274).
[104] BVerfGE 119, 247 (274). Noch deutlicher zum Bezug zum Willen des Gesetzgebers als gewaltengliedernde Scheidelinie von Gesetzgebung und BVerfG *Starck*, in: v. Mangoldt/Klein/Starck (Hrsg.), GG, Bd. 1, 6. Aufl. 2010, Art. 1, Rn. 329.
[105] Nach dem Vertrag von Lissabon ist es seit 2009 terminologisch vorzugswürdig, von „Unionsrecht" zu sprechen. Unionsrecht umfasst dabei alles Recht der EU (insb. das Primärrecht, also den Vertrag von Lissabon [v. a. den EUV und den AEUV], und das Sekundärrecht [v. a. Verordnungen und Richtlinien]). Es ist aber nicht falsch, wie bisher von „Europarecht" und entsprechend „europarechtskonformer" Auslegung zu sprechen.

schon kein Konflikt von nationalem mit Unionsrechts besteht – und damit eine unionsrechtskonforme Auslegung weder nötig noch zulässig ist.

Das BVerfG schreibt zur unionsrechtskonformen Auslegung:

Zu berücksichtigen ist außerdem der Grundsatz der [...] Europarechtsfreundlichkeit des Grundgesetzes, der den Organen der deutschen öffentlichen Gewalt gebietet, Verstöße gegen [...] das Unionsrecht zu vermeiden, soweit dies im Rahmen methodisch vertretbarer Auslegung und Anwendung des nationalen Rechts möglich ist [m. w. N.].[106]

Das Unionsrecht ist den Rechtsordnungen der Mitgliedstaaten der EU allerdings nicht hierarchisch übergeordnet. Vielmehr bilden die EU und die Mitgliedstaaten ein Mehrebenensystem, das sich klassischen Kategorisierungen entzieht und als Verbund bezeichnet wird.[107] Da ein Grundprinzip des GG seine *Europarechtsfreundlichkeit* ist (vgl. nur die Präambel und Art. 23 GG), spricht aus deutscher Sicht nichts dagegen, im Falle der *Unvereinbarkeit* von deutschem Recht mit Unionsrecht dem Unionsrecht *Anwendungsvorrang* einzuräumen (soweit sein Anwendungsbereich eben reicht). In diesem Fall hat das deutsche Recht zwar weiter *Geltung*, wird aber nicht *angewendet*. Während sich im obigen Beispiel der deutsche Apotheker also dem Verbot bestimmter Apothekenstrukturen unterwerfen muss (die deutsche Rechtsnorm hat ja Geltung), findet es für den französischen Apotheker keine Anwendung (unterstellt, die deutsche Norm sei mit der Niederlassungsfreiheit unvereinbar).[108]

Um jedoch einen solche Konflikt zwischen deutschem und Unionsrecht zu vermeiden, sind zunächst die Möglichkeiten einer unionsrechtskonformen Auslegung auszuloten. Ihre normative Grundlage findet sich diese in dem in Art. 4 Abs. 3 EUV niedergelegten Grundsatz der loyalen Zusammenarbeit von EU und

---

[106] BVerfGE 127, 293 (334).

[107] Unterschiedliche Auffassungen gibt es dazu, wie dieser Verbund zu konzeptionalisieren ist. Das BVerfG begreift die Union als „Staatenverbund" (BVerfGE 89, 155 [etwa 156, 181, 183] – Maastricht; 123, 267 [etwa 267, 348] – Lissabon; 126, 286 [305] – Honeywell), während etwa *Ingolf Pernice* aus dem Charakter der EU als Rechtsgemeinschaft (*Walter Hallstein*) den Verbund der Verfassungen der Mitgliedstaaten und der EU in den Vordergrund rückt und daher das Konzept vom „Europäischen Verfassungsverbund" entwickelt hat (dazu nur *Pernice*, Europäisches und nationales Verfassungsrecht, in: VVDStRL 60 (2001), S. 148 ff.; *ders.*, § 21 Zur Finalität Europas, S. 743 [S. 768 ff., 770, Fn. 79 mit Nachweisen zum Europäischen Verfassungsverbund], in: Schuppert/Pernice/Haltern [Hrsg.], Europawissenschaft, 2005).

[108] BVerfGE 123, 267 (398) – Lissabon: „Der europarechtliche Anwendungsvorrang lässt entgegenstehendes mitgliedstaatliches Recht in seinem Geltungsanspruch unberührt und drängt es nur in der Anwendung soweit zurück, wie es die Verträge erfordern und nach dem durch das Zustimmungsgesetz erteilten innerstaatlichen Rechtsanwendungsbefehl auch erlauben [...]." Dazu auch *Sommermann*, in: v. Mangoldt/Klein/Starck (Hrsg.), GG, Bd. 2, 6. Aufl. 2010, Art. 20, Rn. 255. Allerdings gibt das deutsche Verfassungsrecht nach der Rechtsprechung des BVerfG *Grenzen* für den Anwendungsvorrang vor, insb. wenn das Unionsrecht offensichtlich außerhalb der Union übertragenen Kompetenzen (*ultra vires*) liegt (BVerfGE 123, 267 [268, 353 f.] – Lissabon; vgl. aber die Zurücknahme der tatsächlichen Kontrolle durch das BVerfG in BVerfGE 126, 286 [286] – Honeywell) oder wenn die deutsche „Verfassungsidentität" verletzt ist (BVerfGE 123, 267 [268, 354] – Lissabon). S. zum Anwendungsvorrang aus unionsrechtlicher Sicht *Ruffert*, in: Calliess/Ruffert (Hrsg.), EUV/AEUV, 4. Aufl. 2011, Art. 1 AEUV, Rn. 16 ff.

Mitgliedstaaten.[109] Eine wichtige Ausprägung der unionsrechtskonformen Auslegung ist die *richtlinienkonforme* Auslegung, bei der nationales Recht so ausgelegt werden soll, dass es dem Wortsinn und Zweck einer Richtlinie (Art. 288 Abs. 3 AEUV) entspricht.[110]

Allerdings sind auch bei einer unionsrechtskonformen Auslegung die allgemeinen methodologischen Grenzen einzuhalten (was auch der Gerichtshof der Europäischen Union ausdrücklich anerkennt[111]). Es gibt also auch hier keine „spezielle" Auslegungsmethode einer unionsrechtskonformen Auslegung „um jeden Preis". Gleichwohl werden die Grenzen weit gezogen: Im Quelle-Urteil von 2009[112] hat der BGH eine deutsche Gesetzesnorm entgegen ihres eindeutigen Wortsinns nicht angewendet, weil sie mit einer Richtlinie unvereinbar war. Methodisch betrieb der BGH dabei eine richtlinienkonforme Auslegung, indem er eine planwidrige Lücke des Gesetzes feststellte (der Gesetzgeber wollte nämlich die Richtlinie umsetzen) und diese im Wege einer teleologischen Reduktion (also der Nicht-Anwendung einer Rechtsnorm) schloss.[113]

Zur völkerrechtskonformen Auslegung

Völkerrechtswidriges deutsches Staatshandeln führt nicht zu dessen Nichtigkeit (wie beim grundgesetzwidrigen deutschen Staatshandeln) oder zu dessen Nicht-Anwendung (wie beim unionsrechtswidrigen deutschen Staatshandeln).[114] Deutschland verhält sich lediglich völkerrechtswidrig. Da das Völkerrecht trotz gewisser Entwicklungen im Wesentlichen immer noch das Recht zwischen souveränen Staaten (und nicht zwischen „Völkern") ist, muss die Rechtsverletzung selbstständig durch den völkerrechtsverletzenden Staat beseitigt werden.[115]

Allerdings muss sich die deutsche Rechtsauslegung im Vorfeld bemühen, eine Kollision zu verhindern. Entsprechend der unionsrechtskonformen Auslegung gilt:

---

[109] *Ruffert*, in: Calliess/Ruffert (Hrsg.), EUV/AEUV, 4. Aufl. 2011, Art. 1 AEUV, Rn. 24.
[110] Dazu *Ruffert*, in: Calliess/Ruffert (Hrsg.), EUV/AEUV, 4. Aufl. 2011, Art. 288 AEUV, Rn. 77 ff.; *Roth*, § 14 Die richtlinienkonforme Auslegung, in: Riesenhuber (Hrsg.), Europäische Methodenlehre, 2. Aufl. 2010, S. 393 ff.
[111] Vgl. etwa EuGH, NJW 2006, 2465 (2467 f.) – Rs. Adeneler. Dass eine nationale Grenze stets im Gesetzeswortsinn liege und eine Auslegung *contra legem* daher ausscheide, stellt der EuGH dort zwar fest; dies ist aber nicht zwingend (so *Auer*, Neues zu Umfang und Grenzen der richtlinienkonformen Auslegung, NJW 2007, 1106 [1108]), zudem fällt diese Bestimmung der Grenzen der *nationalen* Auslegung auch gar nicht in die Kompetenz des EuGH.
[112] BGH, NJW 2009, 427.
[113] Er sah darin (zurecht) auch keine *contra legem*-Entscheidung i. S. d. EuGH (vgl. oben Fn. 111), s. NJW 2009, 427 (428 f.). Zur Quelle-Entscheidung etwa *Pfeiffer*, Richtlinienkonforme Auslegung gegen den Wortlaut des nationalen Gesetzes – Die Quelle-Folgeentscheidung des BGH, NJW 2009, 412 (zustimmend). Zur Einbettung in der Klausurbearbeitung vgl. auch *Wendel/Stöbener*, Gerichtlicher Dialog und europarechtskonforme Rechtsfortbildung, Jura 2010, 536. Zur teleologischen Reduktion allgemein s. unten S. 52.
[114] Besondere Regeln gelten für die sog. allgemeinen Regeln des Völkerrechts wegen Art. 25 GG, wovon im Folgenden nicht die Rede sein soll.
[115] Vgl. dazu im Kontext *Stein/v. Buttlar*, Völkerrecht, 12. Aufl. 2009, insb. S. 10 ff. (1. Kapitel. Völkerrechtliche Verträge) und S. 333 ff. (6. Abschnitt. Friedliche Streitbeilegung).

Besteht ein Auslegungsspielraum, ist zur Auslegung einer deutschen Rechtsnorm diejenige Auslegung zu wählen, mit der eine Völkerrechtsverletzung vermieden wird.[116] Das BVerfG spricht daher auch vom Grundsatz der Völkerrechtsfreundlichkeit des Grundgesetzes und statuiert:

> Zu berücksichtigen ist außerdem der Grundsatz der Völker[rechtsfreundlichkeit] des Grundgesetzes, der den Organen der deutschen öffentlichen Gewalt gebietet, Verstöße gegen das Völkerrecht [...] zu vermeiden, soweit dies im Rahmen methodisch vertretbarer Auslegung und Anwendung des nationalen Rechts möglich ist [m. w. N.].[117]

Besondere Bedeutung für die Auslegung von deutschem Recht hat die Konvention zum Schutze der Menschenrechte und Grundfreiheiten, kurz: *Europäische Menschenrechtskonvention (EMRK)*. Dabei handelt es sich um einen völkerrechtlichen Vertrag, der 1953 in Kraft getreten ist und in Deutschland durch entsprechendes Zustimmungsgesetz (Art. 59 II 1 GG) seit dieser Zeit gilt.[118] Formal nur im Range von einfachem Bundesrecht, wird der EMRK (und damit den Entscheidungen des Europäischen Gerichtshofs für Menschenrechte [EGMR][119]) vom BVerfG besondere Bedeutung beigemessen:[120] Innerhalb der vertretbaren Verfassungs- und Gesetzesauslegung (auch hier existiert keine völkerrechtskonforme Auslegung „um jeden Preis") müssen die Vorgaben der EMRK berücksichtigt werden.[121] Dies bedeutet für den Einzelfall eine vorsichtige Einarbeitung der Rechtsprechung des EGMR: weder darf eine „schematische Parallelisierung" von EMRK und GG noch eine den grundgesetzlichen Grundrechtsschutz einschränkende Auslegung erfolgen.[122]

---

[116] M. w. N.: *Sommermann*, in: v. Mangoldt/Klein/Starck (Hrsg.), GG, Bd. 2, 6. Aufl. 2010, Art. 20, Rn. 254; *Engisch*, Einführung in das juristische Denken, 11. Aufl. 2010, S. 152, Fn. 51 a. E.

[117] BVerfGE 127, 293 (334).

[118] Mit weiteren Angaben BVerfGE 111, 307 (316 f.) – Görgülü.

[119] Es hat seinen Sitz im französischen Straßburg. Die „europäischen" Gerichte sind also streng zu unterscheiden: der Europäische Gerichtshof (EuGH) und das Gericht erster Instanz (EuG) sind Gerichte der Europäischen Union, wachen also über die Einhaltung des Unionsrechts. Der EGMR wacht hingegen darüber, dass die Vertragsparteien der EMRK diese einhalten (Art. 19 EMRK). Zum Zusammenspiel der drei Gerichte s. auch *Voßkuhle*, Der europäische Verfassungsgerichtsverbund, NVwZ 2010, 1.

[120] S. auch *Hopfauf*, in: Schmidt-Bleibtreu (Hrsg.), GG, 12. Aufl. 2011, Art. 93, Rn. 45 ff.

[121] BVerfGE 111, 307 (307, 315 ff.) – Görgülü; Urteil des Zweiten Senats des BVerfG vom 4.5.2011, - 2 BvR 2365/09 - u. a., schon LS 2. a) (online verfügbar unter http://www.bverfg.de/entscheidungen/rs20110504_2bvr236509.html [zuletzt abgerufen am 31.8.2011]). Vgl. auch *Meyer-Ladewig/Petzold*, Die Bindung deutscher Gerichte an Urteile des EGMR – Neues aus Straßburg und Karlsruhe, NJW 2005, 15.

[122] Urteil des Zweiten Senats des BVerfG vom 4.5.2011, - 2 BvR 2365/09 - u. a., schon LS 2. b), c) (online verfügbar unter http://www.bverfg.de/entscheidungen/rs20110504_2bvr236509.html [zuletzt abgerufen am 31.8.2011]).

e) Historische Auslegung

Mittels einer historischen Auslegung will der Bearbeiter aus der Entstehungsgeschichte einer Norm (i. w. S.) Schlüsse ziehen.[123]

Wie oben einführend bemerkt (S. 30 ff.), gibt es genauso genommen keine historische Auslegung als eigenen *canon*. Vielmehr kann die Ermittlung des Wortsinns nach den Vorstellungen des Gesetzgebers erfolgen oder davon unabhängig;[124] oder es kann die Auslegung der Systematik nach den Vorstellungen des Gesetzgebers erfolgen oder davon unabhängig;[125] oder es kann die Auslegung des Gesetzeszwecks nach den Vorstellungen des Gesetzgebers erfolgen oder davon unabhängig[126].

Damit stellt sich die Frage nach der methodischen Bedeutung der Vorstellungen des Gesetzgebers mit großer Wucht. Ist (in Klausuren selten) zum historischen Hintergrund einer Norm etwas bekannt, sollte hier kurz auf die Spannung „Wille des Gesetzgebers" vs. „Wille des Gesetzes" eingegangen werden. Um diese Spannung in Erinnerung zu rufen, nochmals das BVerfG:

Der Respekt vor der gesetzgebenden Gewalt (Art. 20 [II] GG) gebietet es dabei, in den Grenzen der Verfassung das Maximum dessen aufrechtzuerhalten, was der Gesetzgeber gewollt hat. Er fordert mithin eine verfassungskonforme Auslegung der Norm, die durch den Wortlaut des Gesetzes gedeckt ist und die prinzipielle Zielsetzung des Gesetzgebers wahrt [...]. Die Deutung darf nicht dazu führen, dass das gesetzgeberische Ziel in einem wesentlichen Punkt verfehlt oder verfälscht wird [...].[127]

Allerdings:

Die Auslegung einer Gesetzesnorm kann nicht immer auf die Dauer bei dem ihr zu ihrer Entstehungszeit beigelegten Sinn stehenbleiben. Es ist zu berücksichtigen, welche vernünftige Funktion sie im Zeitpunkt der Anwendung haben kann.[128]

Die verschiedenen Bedeutungen des Willens des Gesetzgebers fließen dann auch in die schon erwähnte vermeintlich synthetisierende Formel ein:

---

[123] Näher *Engisch*, Einführung in das juristische Denken, 11. Aufl. 2010, S. 144 ff., m. w. N.; *Tettinger/Mann*, Einführung in die juristische Arbeitstechnik, 4. Aufl. 2009, Rn. 221 ff.; *Wank*, Die Auslegung von Gesetzen, 5. Aufl. 2011, S. 65 ff. (wobei zu beachten ist, dass *Wank* selbst eine subjektive Theorie vertritt, vgl. S. 32 f.), unterteilt die Entstehungsgeschichte in Vorgeschichte, Entstehungsgeschichte i. e. S. und Entwicklungs-geschichte. Dies kann hilfreich sein, wirft dann aber die Frage auf, welche Schlüsse mit welcher Bedeutung woraus gezogen werden. Für praktische Recherchehinweise s. auch unten Fn. 133 f.
[124] Vgl. *Larenz/Canaris*, Methodenlehre der Rechtswissenschaft (Studienausgabe), 3. Aufl. 1995, S. 144 f.
[125] Dezidiert *Larenz/Canaris*, Methodenlehre der Rechtswissenschaft (Studienausgabe), 3. Aufl. 1995, S. 149 ff. und S. 153 ff.
[126] S. *Larenz/Canaris*, Methodenlehre der Rechtswissenschaft (Studienausgabe), 3. Aufl. 1995, 4. Kapitel, die die historische Auslegung nicht als eigenen *canon* behandeln, sondern insb. die teleologische Auslegung unterteilen nach subjektiv-teleologischer (S. 149 ff.) und objektiv-teleologischer (S. 153 ff.) Auslegung.
[127] BVerfGE 119, 247 (274).
[128] BVerfGE 34, 269 (288) – Soraya.

Maßgebend für den Inhalt einer Norm ist der in ihr zum Ausdruck kommende objektivierte Wille des Gesetzgebers, so wie er sich aus dem Wortlaut der Gesetzesvorschrift und dem Sinnzusammenhang ergibt, in den sie hineingestellt ist [...].[129]

Jenseits dieser Grundfragen sind verschiedene Gesichtspunkte der historischen Analyse zu unterscheiden. Es kann etwa darum gehen, die Vorstellungen des tatsächlichen historischen Gesetzgebers[130] (also etwa jenes Bundestages, der § 1 A-Gesetz verabschiedet hat) zu erforschen. Diese Facette kann auch „genetische"[131] Auslegung genannt werden[132] und ist der maßgebliche Anknüpfungspunkt für die subjektive Auslegungsmethode. Dazu werden etwa die Gesetzgebungsmaterialien untersucht wie etwa Entwürfe, Änderungsanträge und Protokolle des Bundestages.[133]

Weiter können frühere Fassungen einer Norm für eine historische Auslegung herangezogen werden,[134] was freilich seinerseits wiederum eine Auslegung dieser Vorgängernorm erfordert (Wortsinn, Systematik, Zweck und Vorstellungen von *deren* Schöpfer). Im Übrigen wird damit ein *Rechtsvergleich* betrieben, eine Auslegungsmethode, die ansonsten im deutschen Recht grundsätzlich nicht zu den anerkannten Methoden zählt.[135]

---

[129] BVerfGE 48, 246 (256); weitere Nachweise bei *Jarass*, in: ders./Pieroth, GG, 11. Aufl. 2011, Einleitung, Rn. 5.

[130] Der Begriff „historisch" darf nicht dazu verleiten anzunehmen, dass es etwa nur um den Gesetzgeber etwa des BGB (also des ausgehenden 19. Jahrhunderts) gehe. Die Arbeit des historischen Gesetzgebers ist zwar definitionsgemäß vergangen, aber dies muss nicht notwendig in längst vergangenen Zeiten gewesen sein. Auch ein Gesetz, das gerade erst in Kraft getreten ist, hat einen historischen Gesetzgeber, obwohl in der Praxis dann nur vom „Gesetzgeber" und nicht vom „historischen Gesetzgeber" gesprochen wird.

[131] Einen (mehr praktischen denn theoretischen) Einwand macht *Herzberg*, Die ratio legis als Schlüssel zum Gesetzesverständnis? – Eine Skizze und Kritik der überkommenen Auslegungsmethodik, JuS 2005, 1 (4): über die problematischen Fragen hat sich der Gesetzgeber zumeist gar keine Vorstellung gemacht (oder wollte keine Entscheidungen treffen).

[132] S. den Hinweis von *Engisch*, Einführung in das juristische Denken, 11. Aufl. 2010, S. 144, Fn. 40 auf eine Unterscheidung von genetischer und historischer Auslegung von *Müller/Christensen*.

[133] S. dazu das Dokumentations- und Informationssystem des Deutschen Bundestages (DIP) online, eine leider nicht besonders anwenderfreundliche Suchmaschine. Im Übrigen ist Vorsicht geboten bei der Bestimmung, welche Stimme aus der Vielfalt der Beteiligten als autoritativer Wille „des Gesetzgebers" anzuerkennen ist (Begründung der Gesetzesinitiative? Ansichten der Koalition in den Ausschusssitzungen? Darstellung in der letzten Beratung im Bundestagsplenum?). Dazu etwa *Larenz/Canaris*, Methodenlehre der Rechtswissenschaft (Studienausgabe), 3. Aufl. 1995, S. 149 ff.

[134] Vgl. etwa die „vorherige Fassung" einer Norm, wie sie in der Datenbank von juris aufgeführt ist, oder die Änderungshistorien von Gesetzen bei juris.

[135] Anders ist dies in Bereichen des Unionsrechts, etwa bei der Gewinnung „allgemeiner Rechtsgrundsätze" durch den EuGH aus den „Verfassungstraditionen der Mitgliedstaaten" durch eine Methode, die als „wertende Rechtsvergleichung" bezeichnet wird, vgl. etwa *Mayer*, in: Grabitz et al. (Hrsg.), Das Recht der Europäischen Union, Bd. I, Loseblatt, Stand: Juli 2010, EUV, Titel 1, Grundrechtsschutz und rechtsstaatliche Grundsätze, Rn. 19 ff., *Wegener*, in: Calliess/Ruffert (Hrsg.), EUV/AEUV, 4. Aufl. 2011, Art. 19 EUV, Rn. 35 ff.; mit Blick auf das Europäische Privatrecht: *Schwartze*, § 4 Die Rechtsvergleichung, in: Riesenhuber (Hrsg.), Europäische Methodenlehre, 2. Aufl. 2010, S. 112 ff. Bemerkenswert ist auch das südafrikanische Verfassungsrecht, wo es s. 39 Constitution of the Republic of South Africa, 1996 (Interpretation of Bill of Rights) heißt: „When interpreting the Bill of Rights, a court, tribunal or forum [...] may consider foreign law."

Zur praktischen Bedeutung der historischen Auslegung für die Studierenden: In der Klausur ist der Wille des historischen Gesetzgebers regelmäßig nicht verfügbar, eine historische Auslegung sollte daher unterbleiben (falsch wäre wildes Herumraten, was „wohl" der Wille des Gesetzgebers gewesen sein könnte). In Hausarbeiten sind die Gesetzesmaterialien verfügbar, insb. für jüngere Gesetze[136] sollten die Vorstellungen des Gesetzgebers jedenfalls recherchiert werden. Sie sollten dann vorsichtig in die Auslegung eingebracht werden, insb. wenn dem gesetzgeberischen Willen besondere Bedeutung zukommt.[137]

5. Jenseits der Auslegung: Gesetzes-Mängelbeseitigung durch Rechtsfortbildung

Die bisherigen Ausführungen sind davon ausgegangen, dass es notwendig, aber auch ausreichend ist, eine Rechtsnorm auszulegen, um (mittels zu gewinnender Definition) zu einem rechtlich befriedigenden Ergebnis zu gelangen. Dies ist allerdings nicht immer der Fall: Eine Wertung des Entscheiders (Richter bzw. Klausurbearbeiter) kann ergeben, dass die Anwendung der Rechtsnorm zu keiner stimmigen Lösung führt. Das Gesetz weist dann einen „Mangel" in Form einer (planwidrigen) *Lücke* auf, der durch Rechtsfortbildung behoben wird.[138] Dabei

---

Ein eindrucksvolles Beispiel der Verfassungsauslegung unter Einbeziehung verfassungsvergleichender Elemente im Fall über die Verfassungsmäßigkeit der Todesstrafe ist die Entscheidung des South African Constitutional Court *State v. Makwanyane* (1995), online verfügbar unter http://www.saflii.org/za/cases/ZACC/1995/3.html (zuletzt abgerufen am 13.11.2011).
Auch in Deutschland fordert die Wissenschaft teilweise eine stärkere Einbeziehung der Rechtsvergleichung, s. *Häberle*, Grundrechtsgeltung und Grundrechtsinterpretation im Verfassungsstaat – Zugleich zur Rechtsvergleichung als „fünfter" Auslegungsmethode, JZ 1989, 913 (915 ff.); *Herdegen*, Verfassungsinterpretation als methodische Disziplin, JZ 2004, 873 (878 f.).

[136] Vgl. BVerfGE 54, 277 (297).
[137] Dazu oben S. 32.
[138] Vgl. *Engisch*, Einführung in das juristische Denken, 11. Aufl. 2010, S. 235 (Mängel als Oberbegriff von Lücken und Fehlern). Ich übernehme den Begriff des Gesetzesmangels, will aber durch den Begriff der „Mängelbeseitigung" die Spannung aufrechterhalten, die dadurch entsteht, dass der Jurist nun kreativ tätig wird. Die Mängelbeseitigung wird von Richtern umgesetzt, weshalb weitere Ausführungen in den Methodenlehrbüchern unter „(richterliche) Rechtfortbildung" zu finden sind, etwa *Larenz/Canaris*, Methodenlehre der Rechtswissenschaft (Studienausgabe), 3. Aufl. 1995, S. 187 ff. (Kapitel 5: Methoden richterlicher Rechtsfortbildung); *Engisch*, Einführung in das juristische Denken, 11. Aufl. 2010, S. 188 ff. spricht von „Juristenrecht" (Fälle, in denen Juristen „durch ‚schöpferische' Tätigkeit zur inhaltlichen Entfaltung des Rechts in besonderem Maße beitragen, also nicht nur Gedanken des Gesetzgebers weiter- und zu Ende denken" [S. 188, Fn. 1]; s. grundsätzlich zur Bedeutung des „Juristenrechts" *Ogorek*, Richterkönig oder Subsumtionsautomat? Zur Justiztheorie im 19. Jahrhundert, 1986, S. 197 ff.). Dabei ist nicht jede Norm offen für jede Form von Korrekturen; die Voraussetzungen (und Grenzen) sind teils ausdrücklich geregelt (etwa das Analogieverbot im Strafrecht, Art. 103 II GG) und ergeben sich teils aus anderen Verfassungsprinzipien (etwa den Gesetzesvorbehalt). Im Übrigen werden hier nur Lücken im engeren Sinne (planwidrige Lücken) behandelt, vgl. zu Begriff und Arten der Gesetzeslücken *Larenz/Canaris*, Methodenlehre der Rechtswissenschaft (Studienausgabe), 3. Aufl. 1995, S. 191 ff. Der rechtliche Umgang mit „beabsichtigten Lücken" wird nicht weiter thematisiert; vgl. dazu aber *Baumann*, Einführung in die Rechtswissenschaft:

sind verschiedene Konstellationen (und Lösungen) zu unterscheiden: Eine bestimmte Rechtsnorm trifft auf einen Sachverhalt nicht zu, *sollte* aber eigentlich darauf zutreffen; eine solche Lücke wird durch die Ausdehnung der Rechtsnorm geschlossen (Analogie oder Erst-recht-Schluss). Demgegenüber kann eine Rechtsnorm zwar auf einen Sachverhalt zutreffen, *sollte* aber eigentlich darauf *nicht* zutreffen; in diesem Fall wird die Norm durch die Schaffung eines Ausnahmetatbestandes eingeschränkt (teleologische Reduktion). Eine Wertung kann aber auch ergeben, dass eine Gesetzeskorrektur nicht statthaft ist: mit einem Umkehrschluss kann man möglicherweise begründen, dass ein Sachverhalt gerade *nicht* von einer bestimmten Rechtsnorm geregelt werden soll; somit wird (insb.) eine Analogie abgewehrt.

Dabei darf man sich durch die übliche Bezeichnung viele dieser Figuren als „Schluss" (etwa: Erst-recht-Schluss) nicht zur Annahme verleiten lassen, es handele sich um wertungsneutrale, logische Schlüsse. Vielmehr liegen diesen Figuren normative, also wertungsbegründete, Aussagen zugrunde (lat.: *argumenta*).[139] *Ob* eine Lücke besteht, *ob* eine für eine Analogie hinreichende Ähnlichkeit zweier Tatbestände vorliegt, *ob* die Bedeutung eines Begriffs als „Schwächeres" von der Bedeutung eines anderen Begriffs als „Stärkeres" umfasst ist (Erst-recht-Schluss), sind keine logischen Vorgaben, sondern Wertungen des Bearbeiters!

Der Bearbeiter als Entscheider muss sich folglich die Bedeutung von Analogie, Erst-recht-Schluss und teleologischer Reduktion bewusst machen: Er wird nun aufgrund *seiner* Wertung gesetzeskorrigierend tätig, auch wenn er dem Recht (gegen das Gesetz) zum Sieg verhelfen möchte (vgl. Art. 20 III GG). Zwar unterscheidet sich die Auslegung von Gesetzen bei genauer Betrachtung methodisch nicht scharf von der Rechtsfortbildung (etwa: hier mechanisches Auslegen, dort kreative Schöpfung).[140] Dennoch verschiebt sich der Fokus von der Arbeit mit dem Gesetzestext hin zu abstrakteren, weicheren Grundsätzen, Regelungszielen, Rechtsprinzipien usw. Die Gefahr ist dabei groß, dass der nichtgesetzgeberische Rechtsschöpfer (also der Richter bzw. in Klausuren: Sie) den normativen Bezugspunkt (Denken von der Rechtsnorm her!) verliert und wild „Gerechtigkeitserwägungen" (also *Ihren* Gerechtigkeitserwägungen) zum Erfolg verhilft. „Mängel" dürfen daher nicht leichtfertig bejaht werden. Gerade der Studienanfänger muss hier besonders vorsichtig sein, um nicht den Bezug bzw. die Bindung an Recht und Gesetz (Art. 20 III GG) zu verlieren.

Rechtstheoretisch steckt hinter diesen Ausführungen das Problem um das „Richterrecht".[141]*Dass* die rechtsschöpferische Tätigkeit des Richters verfassungsmäßig ist, hat das

---

Rechtssystem und Rechtstechnik – Ein Studienbuch, 8. Aufl. 1989, S. 93 ff.; *Engisch*, Einführung in das juristische Denken, 11. Aufl. 2010, S. 188 ff.

[139] Für die Betonung dieses Aspekts danke ich *Dieter Simon*.

[140] Vgl. *Larenz/Canaris*, Methodenlehre der Rechtswissenschaft (Studienausgabe), 3. Aufl. 1995, S. 187 f. Zutreffend weisen die Autoren (S. 194 ff.) auch darauf hin, dass zwischen der „Gesetzeslücke" (die der Jurist füllen darf) und dem „Fehler des Gesetzes in rechtspolitischer Sicht" (die zu füllen dem Juristen verwehrt ist) durch Wertung zu unterscheiden ist (ergibt sich nach der „immanenten Teleologie" des Gesetzes eine Lücke oder erst durch von außen herangetragene Erwägungen?).

[141] S. dazu schon oben S. 30, Fn. 64; aus der enormen Masse der Literatur zur Einstimmung etwa *Ossenbühl*, in: Isensee/Kirchhof (Hrsg.), Handbuch des Staatsrechts der Bundesrepublik Deutschland, Bd. V, 3. Aufl. 2007, § 100: Gesetz und Recht – Die Rechtsquellen im demokratischen Rechtsstaat, Rn. 50 ff.; *Kriele*, Richterrecht und Rechtspolitik, ZRP 2008, 51;

BVerfG anerkannt[142] (übrigens billigt das BVerfG diesen Spielraum auch den Richtern der Europäischen Union zu[143]). Damit stellt sich natürlich immer noch die Frage nach den Grenzen dieser schöpferischen Tätigkeit.

a) Analogie[144]

Eine Analogie schließt eine Gesetzeslücke, indem sie die Rechtsfolge einer Rechtsnorm auf einen Tatbestand überträgt, für den diese Rechtsfolge nicht angeordnet ist.

Dazu müssen zwei Voraussetzungen vorliegen: (1) Es muss eine *planwidrige Gesetzeslücke*[145] vorliegen, also eine Situation, in der die gesetzliche Nicht-Regelung einen Widerspruch zur Rechtsordnung im weiteren Sinne darstellt.[146] (2) Beide Tatbestände müssen einander so *ähnlich* sein, dass die Herbeiführung der gleichen Rechtsfolge geboten ist. Dabei muss der schillernde Begriff der Ähnlichkeit mit Blick auf die Rechtsordnung konkretisiert werden.[147]

Rüthers/Fischer/Birk, Rechtstheorie mit Juristischer Methodenlehre, 6. Aufl. 2011, etwa S. 508 ff., 546 ff.; *Larenz/Canaris*, Methodenlehre der Rechtswissenschaft (Studienausgabe), 3. Aufl. 1995, S. 187 ff. (5. Kapitel: Methoden richterlicher Rechtsfortbildung), mit Ausführungen zur „gesetzesimmanenten" und „gesetzesübersteigenden Rechtsfortbildung" und dem Hinweis, dass Rechtsfortbildung *secundum/intra legem* (lat.: gesetzesgemäß/innerhalb des Gesetzes), *praeter legem* (über das Gesetz hinaus), *extra legem* (außerhalb des Gesetzes) und *contra legem* (gegen das Gesetz) möglich und notwendig sein kann.

[142] Etwa BVerfGE 34, 269 (286 ff.) – Soraya.
[143] Vgl. BVerfGE 126, 286 (305, m. w. N.) – Honeywell.
[144] Zur Analogie etwa *Tettinger/Mann*, Einführung in die juristische Arbeitstechnik, 4. Aufl. 2009, Rn. 257 ff.; *Wank*, Die Auslegung von Gesetzen, 5. Aufl. 2011, S. 93 ff.; *Larenz/Canaris*, Methodenlehre der Rechtswissenschaft (Studienausgabe), 3. Aufl. 1995, S. 202 ff.
[145] S. *Larenz/Canaris*, Methodenlehre der Rechtswissenschaft (Studienausgabe), 3. Aufl. 1995, S. 194 und *Canaris*, Die Feststellung von Lücken im Gesetz – Eine methodologische Studie über Voraussetzungen und Grenzen der richterlichen Rechtsfortbildung praeter legem, 1964, S. 39: „Eine Lücke ist eine planwidrige Unvollständigkeit innerhalb des positiven Rechts (d. h. des Gesetzes [...]) gemessen am Maßstab der gesamten geltenden Rechtsordnung." Zu der grundlegenderen (rechtstheoretischen) Frage, ob die „Einheit der Rechtsordnung" durch die Rechtsanwender geschaffen oder nur erkannt wird, s. *Baldus*, Die Einheit der Rechtsordnung – Bedeutungen einer juristischen Formel in Rechtstheorie, Zivil- und Staatsrechtswissenschaft des 19. und 20. Jahrhunderts, 1995.
[146] Das Gegenteil wäre das beredte Schweigen des Gesetzes, also die „planmäßige" Lücke – der Gesetzgeber wollte in diesem Fall also eine bestimmte Rechtsfolge gerade nicht herbeiführen. Dies mag man als rechtspolitisch „fehlerhaft" empfinden, eine Korrektur etwa durch Analogie ist aber verboten!. Dazu auch *Larenz/Canaris*, Methodenlehre der Rechtswissenschaft (Studienausgabe), 3. Aufl. 1995, S. 194 ff.
[147] Zur Analogie *Engisch*, Einführung in das juristische Denken, 11. Aufl. 2010, S. 236 ff. (zur planwidrigen Gesetzeslücke), 247 ff. (zur Analogie), S. 255 ff. (zur Unterscheidung von Gesetzesanalogie und Rechtsanalogie); *Wank*, Die Auslegung von Gesetzen, 5. Aufl. 2011, S. 83 ff. (Analogie als Oberbegriff von Gesetzes-, Rechtsanalogie und den beiden *argumenta a fortiori*); *Baumann*, Einführung in die Rechtswissenschaft: Rechtssystem und Rechtstechnik – Ein Studienbuch, 8. Aufl. 1989, S. 112 ff.

Analogien kommen in allen Rechtsgebieten vor, auch (wenngleich selten) im Verfassungsrecht.

> **Beispiel:**
> Art. 36 I 1 GG ordnet an: „Bei den obersten Bundesbehörden sind Beamte aus allen Ländern in angemessenem Verhältnis zu verwenden." Oberste Bundesbehörden sind solche, die keiner anderen Behörde mehr unterstellt sind (etwa Bundesministerien oder die Bundesbank). *Analog* wird Art. 36 I 1 GG auch für die Besetzung von Bundesoberbehörden angewendet, die den obersten Bundesbehörden nachgeordnet, aber bundesweit zuständig sind (etwa das Bundeskriminalamt).[148] Durch Analogieschluss wird also eine neue Rechtsnorm geschaffen, nämlich Art. 36 I 1 GG analog, die da lautet: „Bei den Bundesoberbehörden [zu Art. 36 I 1 GG hinreichend ähnlicher Tatbestand] sind Beamte aus allen Ländern in angemessenem Verhältnis zu verwenden [Anordnung der gleichen Rechtsfolge]."
>
> Um dies in der Klausur zu begründen, müsste man argumentieren, weshalb die beiden Behördentypen einander hinreichend *ähnlich* sind (etwa: beide verbindet ihre bundesweite Zuständigkeit, so dass ihre Beamtenstruktur auch die föderale Struktur abbilden soll).
>
> Ein anderes Beispiel findet sich in Klausur 7: Skandal!, Lösungshinweise VIII., S. 330 f. (Bundeskompetenz der Regelung des Verwaltungsverfahrens in der Auftragsverwaltung analog Art. 85 I 1 GG)

Mangels planwidriger Gesetzeslücke kommt ein Schluss *per analogiam* nicht in Frage, wenn durch Auslegung ein „Widerspruch" von Gesetz und Rechtsordnung aufgehoben werden kann (Auslegung vor Analogie)[149] oder wenn es sich um eine „planmäßige" Lücke handelt, der Gesetzgeber also für einen bestimmten Sachverhalt gerade *nicht* eine bestimme Rechtsfolge herbeiführen wollte[150]. Außerdem können Strafrechtsnormen niemals analog geschaffen werden (Analogieverbot gem. Art. 103 II GG.

---

[148] *Butzer*, in: Maunz/Dürig (Hrsg.), GG, Loseblatt, Stand: Januar 2010, Art. 36, Rn. 19, zu weiteren analogen Anwendungen Rn. 20 f.
[149] S. *Engisch*, Einführung in das juristische Denken, 11. Aufl. 2010, S. 240, 254.
[150] *Engisch*, Einführung in das juristische Denken, 11. Aufl. 2010, S. 241.

b) Erst-recht-Schlüsse

Eine weitere Möglichkeit der Lückenschließung durch Rechtsnormerweiterung sind Erst-recht-Schlüsse (*argumenta a fortiori*[151]).[152] Dabei wird aus dem „Stärke"-Verhältnis zweier Begriffe zueinander ein rechtlicher Schluss gezogen: Wenn eine bestimmte Rechtsfolge für einen „stärkeren" Tatbestand angeordnet ist, gilt dieselbe Rechtsfolge erst recht für einen (nicht ausdrücklich geregelten) „schwächeren" Tatbestand (Schluss vom Größeren auf das Kleinere/*argumentum a maiore ad minus*). Und umgekehrt: Wenn eine bestimmte Rechtsfolge für einen „schwächeren" Tatbestand angeordnet ist, gilt dieselbe Rechtsfolge erst recht für einen (nicht ausdrücklich geregelten) „stärkeren" Tatbestand (Schluss vom Kleineren auf das Größere/*argumentum a minore ad maius*). Dasselbe gilt auch hinsichtlich der Rechtsfolgen: wenn für einen Tatbestand eine „stärkere" Rechtsfolge angeordnet, kann erst recht eine „schwächere" Rechtsfolge angeordnet werden. Im Verfassungsrecht kommen Erst-recht-Schlüsse allerdings kaum vor. Zur Verdeutlichung daher ein **Beispiel** aus dem Verwaltungsrecht:

> § 15 Versammlungsgesetz des Landes B möge lauten: „Die zuständige Behörde kann die Versammlung verbieten, wenn die öffentliche Sicherheit bei der Durchführung der Versammlung gefährdet ist."[153] Eine Versammlung, die an die kriegerische Stadtgeschichte erinnern soll, lässt einen Zug Bürger antreten, die mit geladenen Arkebusen bewaffnet sind. Dies verstößt gegen das Waffengesetz und damit gegen die öffentliche Sicherheit. Die zuständige Behörde kann diese Versammlung daher nach dem Versammlungsgesetz *verbieten*. Dann kann sie ihr *erst recht* die *Auflage* machen, dass die Bürger die Arkebusen zu entladen haben (wenn damit dem Waffengesetz entsprochen wird).

Deutlich zeigt sich also wiederum, dass die Behauptung, ein Begriff stecke als Größeres bzw. Kleineres in einem anderen Begriff, eine Wertung ist. In diesem Beispiel müsste normativ begründet werden, dass im Verbot (also Voll-Verbot) eine Auflage (Teil-Verbot) steckt – was in diesem Fall einfach und allgemein anerkannt ist. Nicht zu begründen wäre aber folgender Erst-recht-Schluss:

> Es ist verboten, mit dem Auto schneller als 50 km/h in der Stadt zu fahren [denn das gefährdet die Fußgänger].
> Also ist es erst recht verboten, mit einem buntlackierten Auto in der Stadt zu fahren [denn das lenkt die Fußgänger ab und gefährdet sie erst recht].

---

[151] Lat.: Darlegungen vom Stärkeren her.
[152] Erst-recht-Schlüsse weisen eine enge Nähe zum Analogieschluss auf. Die methodischen Einzelfragen sollen an dieser Stelle dahinstehen, die Grundlagen werden so dargestellt, wie sie im juristischen Alltag anerkannt sind; Interessierte finden Literatur bei *Engisch*, Einführung in das juristische Denken, 11. Aufl. 2010, S. 260, Fn. 50.
[153] Der echte § 15 I Versammlungsgesetz des Bundes (fortgeltendes Bundesrecht) enthält freilich ausdrücklich die Möglichkeit, Auflagen festzusetzen.

Es lässt sich nämlich nicht normativ begründen, dass die Eigenschaft „Farbe" als „Kleineres" in der Eigenschaft „Fahrgeschwindigkeit" steckt. Was zu einer gemeinsamen Größe gehört, muss eine normative Wertung ergeben.

Ein **Beispiel** für das seltenere *argumentum a minore ad maius*:

> Drakon ordnet an:
> Die Wegnahme einer fremden Sache (Diebstahl) wird mit dem Tode bestraft.
>
> Daraus kann man schließen:
> Die Wegnahme einer fremden Sache durch Gewalt (Raub) wird erst recht mit dem Tode bestraft.

c) Teleologische Reduktion

Ein Gesetzesmangel kann auch darin liegen, dass eine Rechtsfolge für einen Tatbestand angeordnet wird, für die sie gar nicht angeordnet werden sollte. Die Norm „geht also zu weit." Die Lösung: Die Norm wird um einen ungeschriebene Ausnahmetatbestand versehen, so dass ein nach dem Wortsinn an sich erfasster Tatbestand nicht mehr erfasst wird (teleologische Reduktion).

> **Beispiel:**[154]
> Art. 116 II GG ordnet hinsichtlich der deutschen Staatsbürgerschaft von sog. „Ausgebürgerten" an: „Frühere deutsche Staatsangehörige, denen zwischen dem 30. Januar 1933 und dem 8. Mai 1945 die Staatsangehörigkeit aus politischen, rassischen oder religiösen Gründen entzogen worden ist, und ihre Abkömmlinge sind auf Antrag wieder einzubürgern. Sie gelten als nicht ausgebürgert, sofern sie nach dem 8. Mai 1945 ihren Wohnsitz in Deutschland genommen haben und nicht einen entgegengesetzten Willen zum Ausdruck gebracht haben." Personen, die vor dem 8. Mai 1945 verstorben sind, können aber weder einen Antrag nach S. 1 stellen noch den Tatbestand des S. 2 erfüllen. Da die endgültige Aberkennung ihrer deutschen Staatsbürgerschaft aber mit dem Sinn von Art. 116 II GG unvereinbar wäre, wird die Norm dahingehend teleologisch reduziert, dass solche Verstorbenen von Art. 116 II GG nicht erfasst sind.[155]

---

[154] Ein zivilrechtliches (klassisches) Beispiel ist das Verbot des Insichgeschäfts nach § 181 BGB, nach dessen Wortsinn Eltern ihren Kindern nichts schenken dürfen (sie sind nämlich Schenker und zugleich Vertreter des Beschenkten). Hier wird eine teleologische Reduktion vorgenommen: Ein Ausnahmetatbestand wird geschaffen für den Fall, dass das Kind nur (rechtliche) Vorteile aus dem Rechtsgeschäft hat. Dazu *Larenz/Canaris*, Methodenlehre der Rechtswissenschaft (Studienausgabe), 3. Aufl. 1995, S. 198, 211 f.

[155] BVerfGE 23, 98 (108 ff.). Damit ist freilich nicht gesagt, wie die Staatsangehörigkeit solcher Personen *positiv* zu bestimmen ist (kritisch zur Rechtsprechung des BVerfG *Masing*, in: v. Mangoldt/Klein/Starck [Hrsg.], GG, Bd. 3, 6. Aufl. 2010, Art. 116, Rn. 146 f.).

d) Umkehrschluss[156]

Ist für einen Tatbestand und *nur* für diesen Tatbestand eine bestimmte Rechtsfolge angeordnet, kann man durch Umkehrschluss (*argumentum e contrario*) begründen, dass für einen anderen Tatbestand die gleiche Rechtsfolge *nicht* eintreten soll. Der Umkehrschluss ist damit in gewisser Weise das Gegenstück zu Analogie (und Erst-recht-Schluss): Bei der Analogie wird eine Rechtsfolge auf einen (von der Norm nicht erfassten) Tatbestand erstreckt, da man eine planwidrige Gesetzeslücke annimmt – beim Umkehrschluss wird eine Rechtsfolge dagegen ausdrücklich *nicht* auf einen anderen Tatbestand erstreckt, da man ein plan*mäßiges* Schweigen des Gesetzes annimmt. Damit gehört der Umkehrschluss nicht zu gesetzeskorrigierenden Figuren, sondern wehrt eine Gesetzeskorrektur ab.

> **Beispiel:**
> Art. 87e I 1 GG ordnet an: „Die Eisenbahnverkehrsverwaltung für Eisenbahnen des Bundes wird in bundeseigener Verwaltung geführt." Für Eisenbahnen der Länder könnte man entweder *per analogiam* schließen, dass auch diese in bundeseigener Verwaltung geführt werden, oder aufgrund eines *argumentum a maiore ad minus*, dass sie erst recht der Eisenbahnverwaltung des Bundes unterfallen, oder *e contrario* Art. 87e I 1 GG, dass sie der Eisenbahnverwaltung der Länder unterfallen.

Dieses letzte Beispiel verdeutlicht nochmals, dass die Anwendung bzw. Abwehr gesetzeskorrigierender Figuren normativ begründet werden muss. In diesem Beispiel sprechen die Prinzipien der bundesstaatlichen Aufgabenverteilung nach dem GG für einen Umkehrschluss.[157]

6. Widersprüche und Kollisionen

Ganz kurz sei noch darauf hingewiesen, dass es aus weiteren Gründen zu „unstimmigen" Ergebnissen kommen kann. Unstimmig meint damit nicht „subjektiv unbefriedigend" (etwa: der freundliche, ehrenamtlich aktive ältere Herr ist zur Zahlung von Schmerzensgeld an den schmierigen Taugenichts verpflichtet). Unstimmig meint vielmehr unvereinbar mit normativen und/oder logischen Vorgaben. Die meisten dieser Probleme kann der Studienanfänger noch nicht recht verstehen: erst nach einiger Erfahrung mit der Fallbearbeitung sollte er sich diesen Fragen nochmals widmen – an dieser Stelle genügt eine Sensibilisierung.

Widersprüche können sich beispielsweise aus dem Verhältnis eines Gesetzes zu anderen normativen Erwägungen ergeben. Schon oben genannt wurden „Mängel" des Gesetzes, die durch Lückenfüllung (Analogie, Erst-recht-Schluss, teleologi-

---

[156] Dazu etwa *Tettinger/Mann*, Einführung in die juristische Arbeitstechnik, 4. Aufl. 2009, Rn. 262; *Larenz/Canaris*, Methodenlehre der Rechtswissenschaft (Studienausgabe), 3. Aufl. 1995, S. 209 f.
[157] Vgl. *Möstl*, in: Maunz/Dürig (Hrsg.), GG, Loseblatt, Stand: November 2006, Art. 87e, Rn. 161.

sche Reduktion) korrigiert werden. Aber auch andere Widersprüche sind denkbar: *Engisch*[158] etwa nennt u. a. „gesetzestechnische Widersprüche", also eine uneinheitliche Terminologie, die allerdings zum Alltag des Juristen gehören und nicht weiter problematisch sind;[159] „Wertungswidersprüche", bei denen ein Gesetz einander widersprechende Wertungen enthält;[160] „Prinzipienwidersprüche", bei denen allgemeine Rechtswertungen in Spannung zueinander stehen;[161] und „Normwidersprüche", bei denen den Rechtsunterworfenen einander widersprechende Rechtsbefehle treffen.[162]

Zur Lösung solcher Spannungen findet das jeweils mildeste Mittel Anwendung, also: Konfliktkontrolle vor Auslegung vor Kollisionsregel.

Das bedeutet: Zunächst muss überprüft werden, ob die konfligierenden Rechtsaspekte überhaupt Geltung haben – ansonsten liegt nur ein Scheinkonflikt vor. Vielleicht weist ein bestimmtes Gesetz ja eine Bereichsausnahme auf und gilt für den konkreten Fall gar nicht (weil es etwa schon außer Kraft getreten ist);[163] oder ein bestimmtes Rechtsprinzip hat sich durch die Rechtsprechung weiterentwickelt und wird nicht mehr angewendet.

Ansonsten kann das Bestehen eines Widerspruchs oftmals vermieden werden, indem man Auslegungsspielräume nutzt: Die oben ausgeführte verfassungs-, unionsrechts- bzw. völkerrechtskonforme Auslegung[164] ist nur eine spezielle Ausprägung des allgemeinen Prinzips, dass von zwei möglichen Auslegungen, von denen eine zur einem Widerspruch führt, die andere nicht, die letztere zu wählen ist.

Falls die Spannung dann noch immer besteht, helfen womöglich drei Kollisionsregeln weiter:[165]

---

[158] *Engisch*, Einführung in das juristische Denken, 11. Aufl. 2010, S. 271 ff.
[159] *Engisch*, Einführung in das juristische Denken, 11. Aufl. 2010, S. 273 f.; s. für Beispiele auch *Tettinger/Mann*, Einführung in die juristische Arbeitstechnik, 4. Aufl. 2009, Rn. 217.
[160] *Engisch*, Einführung in das juristische Denken, 11. Aufl. 2010, S. 277 ff.
[161] *Engisch*, Einführung in das juristische Denken, 11. Aufl. 2010, S. 281 ff.
[162] *Engisch*, Einführung in das juristische Denken, 11. Aufl. 2010, S. 274 ff. Neben dem klassischen Beispiel „Tötungsverbot versus Befehl an den Soldaten zu töten" wäre z. B. denkbar „Selbstmordverbot versus Aufopferungspflicht im Katastrophenfall". Es können natürlich auch weniger existenzielle Widersprüche konstruiert werden.
[163] Zum geltenden Rechtssatz näher *Baumann*, Einführung in die Rechtswissenschaft: Rechtssystem und Rechtstechnik – Ein Studienbuch, 8. Aufl. 1989, S. 98 ff.
[164] Oben S. 39 ff.
[165] Vgl. auch *Tettinger/Mann*, Einführung in die juristische Arbeitstechnik, 4. Aufl. 2009, Rn. 87 ff.; ausführlicher und theoretisch: *Vranes, Lex Superior, Lex Specialis, Lex Posterior – Zur Rechtsnatur der „Konfliktlösungsregeln"*, ZaöRV 2005, 391.

(1) *lex superior derogat legi inferiori;*[166]
(2) *lex specialis derogat legi generali;*[167]
(3) *lex posterior derogat legi priori.*[168]

Die *lex superior*-Regel trifft den Studierenden in typischen Hierarchieproblem-Klauseln: Ist das A-Gesetz mit dem GG vereinbar? Ist die Rechtsverordnung (Art. 80 GG) mit der Ermächtigung vereinbar?

Die *lex posterior*-Regel hat keine Klausurrelevanz.

Wichtig ist hingegen die *lex specialis*-Regel: Es gehört zum täglichen Handwerkszeug, die jeweils speziellste Norm für den Sachverhalt zu finden. Insoweit ist gar nicht zu übertreiben, dass sich der Studierende ein *Denken vom Speziellen her* angewöhnen muss.[169]

> **Beispiele:**
> Frühere Reichswasserstraßen im Eigentum des Reichs sind nach Art. 89 I GG Eigentum des Bundes geworden. Art. 89 I GG ist insoweit *lex specialis* zu Art. 134 GG.[170]
> Die Berufsfreiheit eines Deutschen ergibt sich aus Art. 12 I GG als *lex specialis* zu Art. 2 I GG.[171]

7. Fehlschlüsse

Zuletzt sollen hier noch Fehl- bzw. Trugschlüsse angesprochen werden. Dabei gelangt der Bearbeiter auf methodenwidrige Weise zu einem (Schein-)Ergebnis. Hier liegt das Problem also nicht beim Gesetz(-geber), sondern beim Rechtsanwender (wobei derartige Trugschlüsse nicht nur in juristischen Ausführungen, sondern überall zu finden sind!). Für Details sei auf die einschlägige Literatur verwiesen,[172] an dieser Stelle soll es bei einigen wichtigen Fehlern bleiben:

---

[166] Lat. (in etwa): Das ranghöhere Gesetz verdrängt das rangniedrigere Gesetz. Dieses Prinzip folgt aus der oben erwähnten Normenhierarchie/-pyramide, das rangniedrigere Gesetz gilt danach nicht (mehr).

[167] Lat. (in etwa): Das spezielle Gesetz verdrängt das allgemeine Gesetz. Finden zwei Normen auf denselben Sachverhalt Anwendung und ist eine spezieller auf den Fall zugeschnitten, findet diese Norm Anwendung, ohne dass allerdings die grundsätzliche Geltung der allgemeinen Norm gebrochen würde.

[168] Lat. (in etwa): Das spätere Gesetz verdrängt das frühere Gesetz. Das jüngere (später erlassene) Gesetz geht also vor, wobei auch das frühere Gesetz nicht gebrochen wird, sondern lediglich nicht auf den konkreten Sachverhalt angewendet wird.

[169] Vgl. für das Schema im Polizeirecht *Tettinger/Mann*, Einführung in die juristische Arbeitstechnik, 4. Aufl. 2009, Rn. 272.

[170] *Gröpl*, in: Maunz/Dürig (Hrsg.), GG, Loseblatt, Stand: Juni 2007, Art. 89, Rn. 27.

[171] S. *Hofmann*, in: Schmid-Bleibtreu et al. (Hrsg.), GG, 12. Aufl. 2011, Art. 12, Rn. 97.

[172] Etwa *Schneider/Schnapp*, Logik für Juristen – Die Grundlagen der Denklehre und der Rechtsanwendung, 6. Aufl. 2006, S. 196 ff., beachte auch S. 265 ff. „Wie man Denkfehler aufdeckt".

– Der Bearbeiter unterliegt einer *petitio principii*, nimmt also etwas an, das er erst begründen möchte.[173]

> **Ein unjuristisches Beispiel:**
> Es ist gefährlich, mit offenem Cabrioverdeck durch Dallas zu fahren, denn niemand, der auf seine Sicherheit achtet, würde ein solches Wagnis eingehen. Der Satz sagt also: Es ist gefährlich, mit offenem Verdeck durch Dallas zu fahren, denn das ist gefährlich. Da die doppelte Verwendung des Wortes „gefährlich" sprachlich vermieden ist, wird der Fehlschluss nicht sofort ersichtlich.
>
> **Juristische Beispiele** können sich leicht in Definitionen finden. Eine *petitio principii* wäre etwa, wenn Beruf i. S. v. Art. 12 I GG als „jede berufliche Tätigkeit" definiert würde. Was hier offensichtlich fehlerhaft ist, kann auch (sprachlich) versteckt daherkommen.

– Besonders häufig findet sich in juristischen Übungen ein *Scheinsyllogismus*, bei dem also die Subsumtion fehlt.[174]

> **Beispiel:**
> Fraglich ist, ob der Einsatz von Wahlcomputern mit dem Grundsatz der Öffentlichkeit vereinbar ist.
>
> Dieser Grundsatz gebietet, dass alle wesentlichen Schritte der Wahl öffentlich überprüfbar sind.
>
> Somit verstößt der Einsatz von Wahlcomputern gegen den Grundsatz der Öffentlichkeit. [„Somit" suggeriert man habe geschlussfolgert – hat man in diesem Beispiel aber gar nicht].

– Oftmals widersprechen zwei Aussagen einander;[175] in juristischen Klausuren häufig in der Form einer inkonsequenten Argumentationslinie.

> **Beispiel:**
> Der einzelne Abgeordnete ist im Organstreitverfahren parteifähig nach Art. 93 I Nr. 1 GG, denn das wird seiner herausgehobenen verfassungsrechtlichen Stellung besser gerecht als seine Parteifähigkeit als Teil des Bundestages nach § 63 BVerfGG zu bejahen. [...] Der einzelne Abgeordnete ist gem. § 64 I BVerfGG befugt, die Rechte des Bundestages geltend zu machen, da er ein Teil von ihm ist, ihm also angehört. [Inkonsequenz: Entweder wird der Abgeordnete als Teil des Bundestages begriffen, dann ist er parteifähig nach § 63 BVerfGG und kann die Rechte des Bundestages pro-

---

[173] *Schneider/Schnapp*, Logik für Juristen – Die Grundlagen der Denklehre und der Rechtsanwendung, 6. Aufl. 2006, S. 242 ff.; bedeutsame juristische Variante (S. 245 f.): eine Verweiskette auf die „ständige Rechtsprechung" oder die „herrschende Meinung" führt letztlich zu keiner argumentativen Grundlage.

[174] Weiter zu solchen *saltus in concludendo* (Sprüngen beim Schließen) *Schneider/Schnapp*, Logik für Juristen – Die Grundlagen der Denklehre und der Rechtsanwendung, 6. Aufl. 2006, S. 228 ff.

[175] Weiter *Schneider/Schnapp*, Logik für Juristen – Die Grundlagen der Denklehre und der Rechtsanwendung, 6. Aufl. 2006, S. 198 ff.

> zessstandschaftlich geltend machen gem. § 64 I BVerfGG; oder er ist als eigenständiges Organ parteifähig nach Art. 93 I Nr. 1 GG, kann dann aber auch nicht die Rechte des Bundestages nach § 64 I BVerfGG geltend machen; sachlich dazu näher unter S. 103 f., 105, 110.]

– Die Diskussion gleitet auf ein Thema ab, das gar nicht streiterheblich ist;[176] in juristischen Klausuren zählt dazu insb. die Form des **Lehrbuchstils**, bei dem also Wissen „abgeladen" wird, das abstrakt „irgendwie" zur relevanten Frage zählt, aber nicht notwendig ist für die konkrete Fallbearbeitung.

> **Beispiel:**
> Fraglich ist, wie „gesamtstaatliches Interesse" i. S. v. Art. 72 II GG zu definieren ist. Dieses Prinzip soll die Aufgabenverteilung im Bundesstaat berücksichtigen – ein Prinzip, das letztlich in der jahrhundertealten Tradition des deutschen Föderalismus liegt. Schon die direkten Befugnisse im Alten Reich waren sehr begrenzt, ihre Wirkung noch mehr. Auch wenn manche Institutionen uns heute noch vertraut vorkommen, hat sich vieles gewandelt. Der Reichstag in Regensburg etwa [...].

III. Stil[177]

Dieselben Grundlagen, die jeden Text stilistisch gelungen erscheinen lassen, gelten auch für juristische Arbeiten. **Zentrales Leitprinzip**: *Eine juristische Klausur muss verständlich sein!* Es wäre eine Fehlannahme, der Leser (Korrektor, Richter, Anwaltskollege) würde es für ein Zeichen besonderer intellektueller und rechtlicher Befähigung halten, wenn er gezwungen wird, jeden Satz drei Mal zu lesen, um zu verstehen, was der Autor damit sagen möchte.

Vor den Ausführungen zum Stil im engeren Sinne sei ein wichtiger, vielleicht entscheidender Hinweis für Ihr juristisches Leben wiederholt: Es kommt nicht nur darauf an, *was* man sagt, sondern auch, *wie* man es sagt. An diesem Wie erkennt die Korrektorin die junge Kollegin *in spe*: „Die hört sich an wie eine von uns." Dann mag sie (bzw. die Lösungsskizze) vielleicht sachlich anderer Auffassung sein, aber dennoch wird sie die Leistung als juristische Leistung positiv (be-)werten. Zu diesem Wie gehört (in den Klausuren) etwa die Verwendung des Gutachtenstils, die Unterteilung eines Problems in Unter-Probleme auf Unter-Ebenen oder die Aufbereitung eines Problems mit Hilfe der Auslegungsmethoden. Im Folgenden soll darüber hinaus die Verständlichkeit der einzelnen Sätze und Absätze in den Fokus rücken.

---

[176] *Schneider/Schnapp*, Logik für Juristen – Die Grundlagen der Denklehre und der Rechtsanwendung, 6. Aufl. 2006, S. 210 ff. (*ignoratio elenchi*/Unkenntnis des Streitpunktes).
[177] Die folgende Darstellung beschränkt sich auf grundlegende Gesichtspunkte. Für weitere Stilhinweise, gerichtet an Studierende der Rechtswissenschaft sei etwa verwiesen auf *Möllers*, Juristischer Stil, JuS Lernbogen 9/2001, L 65 und JuS Lernbogen 11/2001, L 81; *Walter*, Über den juristischen Stil, Jura 2006, 344; *Tettinger/Mann*, Einführung in die juristische Arbeitstechnik, 4. Aufl. 2009, Rn. 276 ff., m. w. N.

1. Plädoyer für die Beachtung von Schlagworten

Grundregel: Verwenden Sie „**Schlagworte**" – sie sind das *Fachvokabular der Juristen*. Achten Sie daher von Anfang an darauf, nicht nur den Stoff, sondern auch die relevanten Schlagworte zu lernen. Damit fördern Sie Ihren juristischen Erfolg ungemein!

Mit Schlagwort soll hier (wertneutral) jener Begriff bezeichnet sein, unter dem ein bestimmtes Rechtsprinzip oder -problem firmiert; das Schlagwort ist quasi der „Name" des Problems. Schlagworte ergeben sich beispielsweise aus der (Unter-)Überschrift von Lehrbuchkapiteln, sind im Fließtext hervorgehoben, in Lernkästchen in Lehrbüchern und Skripten, auf Karteikarten usw. Auch die Lösungsvorschläge im 3. Teil dieses Buches weisen solche Schlagworte in Fettdruck aus.

Dem Plädoyer für das Lernen und Verwenden von Schlagworten von Anfang an liegen zwei Erwägungen zugrunde: Erstens sucht der Korrektor häufig nach diesem Schlagwort, oft wird sogar das Schlagwort (zu Unrecht) mit dem Argument gleichgesetzt. Zweitens (und in der Sache viel wichtiger) zeigt die Verwendung des treffenden Schlagworts, dass der Bearbeiter das Problem des Sachverhalts richtig analysiert und den Hauptgesichtspunkt erkannt hat. Sachlich geht es somit darum, das rechtliche Problem in einen Kontext, eine Kategorie setzen zu können. Es empfiehlt sich für Sie daher, schon beim Erlernen des Stoffes besonderen Wert auf das Verinnerlichen von Schlagworten zu legen!

> **Beispiele für Schlagworte:**
>
> Grundsatz der Spiegelbildlichkeit; qualifizierte Mehrheit; materielles Prüfungsrecht des Bundespräsidenten; wehrhafte Demokratie; Richtlinienkompetenz; unionsrechtskonforme Auslegung

Damit keine Missverständnisse entstehen: Die Nennung eines Schlagwortes ersetzt keine inhaltliche Auseinandersetzung, keine Auslegung und keine Argumente; vielmehr gleicht sie einer Einordnung. Dass manche Korrektoren leider wirklich das Schlagwort für das Argument nehmen, ändert daran nichts. Es soll aber auch der Eindruck vermieden werden, die Nennung eines Schlagwortes wäre etwas zu Einfaches, zu Banales, zu Billiges, das man deswegen zugunsten der Argumente *vermeiden* sollte. Wer also alle sachlichen Argumente, nicht aber das Schlagwort nennt, wird sich vom Korrektor Bemerkungen einhandeln wie „Warum benennen Sie das Problem nicht?" oder „maW: Grundsatz der Spiegelbildlichkeit" – und Punkte gefährden.

Andererseits darf das Schlagwort auch nicht als platter Aufdruck daherkommen. Zu vermeiden sind insb. die Verwendung des Wortes „Theorie" und einleitende Bemerkungen wie „Hierbei handelt es sich um das X-Problem." Die stilistische Kunst der guten Klausurbearbeitung ist es vielmehr, das Schlagwort an prägnanter Stelle so unterzubringen, dass der Korrektor davon ausgehen kann, die Bearbeiterin konzentriere sich auf die Sachdarstellung und verwende dafür die Fachtermini.

Eng mit dem Plädoyer für die Verwendung von Schlagworten verbunden ist der Hinweis, die *Sprache der Rechtsnorm* zu übernehmen – deren Formulierungen sind immer „richtig".

> **Beispiel:**
> Eine Verfassungsbeschwerde wird „erhoben" (vgl. § 90 I, II 1 BVerfGG) oder „eingelegt" (vgl. § 90 II 2 BVerfGG); Anträge werden beim BVerfG „eingereicht" (§ 23 I 1 BVerfGG).

2. Stilempfehlungen

Nunmehr zu einigen Stilempfehlungen, die für jede schriftliche Arbeit gelten, aber für juristische Texte besonders angemahnt werden müssen. Einzelfragen mögen umstritten sein,[178] aber über die folgenden Regeln besteht Einigkeit.

Sie haben in der Klausur keine Zeit, Ihren Text stilistisch nochmals zu überarbeiten.[179] Es wäre im Gegenteil unklug, den Text zu korrigieren (sei es mit Durchstreichungen und Verweisen, sei es mit Tipp-Ex o. Ä.) – eine über und über korrigierte Seite macht auf den Korrektor keinen guten Eindruck. Die folgenden Bemerkungen sollen Ihnen vielmehr bei der mittelfristigen Anpassung Ihres natürlichen Stils helfen.

- In der Knappheit liegt die Würze.[180]
- Verschachtelte Sätze („Bandwurmsätze") sind zu vermeiden.
- Partizipien sind (wenn möglich) zu vermeiden.

> Statt „Den Bundestagsabgeordneten unterbrechend hat A die Sitzung gestört" besser: „A hat die Sitzung gestört, indem er den Bundestagsabgeordneten unterbrochen hat." Statt „der Wählende" besser: „der Wähler".

- Substantivierungen insb. von Verben (Nominalstil), v. a. solche, die mit „-ung" enden, sind zu vermeiden und durch Verben ersetzen.[181]

---

[178] Wenn Worte wie „bezüglich" oder „hinsichtlich" teilweise verbannt werden (etwa *Puhle*, Der typische Fehler in der Zivilrechtsarbeit, JuS 1989, 203 [205]) oder das Wort „vorliegend" ebenso immer wieder angegriffen wird wie das Verb „darstellen", scheint mir das nicht zwingend. Eine übermäßige Verwendung ist natürlich zu vermeiden – aber das gilt für jeden Fall.

[179] Anders bei Hausarbeiten: Zuzustimmen ist daher der Empfehlung von *Schnapp*, Wie entspricht man dem Gebot der Knappheit, Jura 2002, 602 (606 f.), die Zeit zwischen Beendigung der eigentlichen Arbeit und der Abgabe der Hausarbeit für die stilistische Verbesserung zu nutzen, indem man jeweils einen bestimmten Stilaspekt kontrolliert.

[180] Dabei handelt es sich freilich eher um eine Maxime als um einzelne Gesichtspunkte, wie sie gleich folgen. Für Beispiele und Einschätzungen, wie knapper Stil aussehen kann s. *Schnapp*, Wie entspricht man dem Gebot der Knappheit?, Jura 2002, 602. Überzeugend weist *Schnapp* (ibid., S. 603) darauf hin, dass nicht Kürze, sondern Knappheit angestrebt werden muss: nicht die Vermeidung von Worten/Gedanken ist das Ziel, sondern die Vermeidung von überflüssigen (also nicht benötigten) Worten/Gedanken.

[181] Dazu (differenzierend) weiter *Schnapp*, Krebsübel Substantivitis? Der richtige Umgang mit dem Nominalstil, Jura 2002, 173.

> Statt: „Hierfür muss A einen Antrag gestellt haben." besser: „Dies muss A beantragt haben." Statt: „Die die Zulässigkeitsvoraussetzungen erfüllende Verfassungsbeschwerde hat Erfolg." besser: „Die zulässige Verfassungsbeschwerde hat Erfolg." Statt: „Die Erreichung der Vermeidung von auf -ung endenden Worten kann durch eine Änderung der Formulierung Förderung finden." besser: „Das Ziel, Worte zu vermeiden, die auf -ung enden, kann durch eine andere Wortwahl erreicht werden."

- Wortaneinanderreihungsübertreibungen sind ein besonderes juristisches Problem und zu vermeiden.[182]

> Statt: „die Weisungsrechtsausübungsgrenzen" besser: „die Grenzen der Ausübung des Weisungsrechts".

- Aktive Formulierungen sind gegenüber passiven zu bevorzugen.[183]

> Statt „Die richtige Gesetzgebungskompetenz ist somit von Bundestag gewählt worden." besser: „Der Bundestag hat somit die richtige Gesetzgebungskompetenz gewählt."

- Sätze sollten nicht mit „es" beginnen. Durch eine Umstellung des Satzes kann dieses „es" oftmals ersatzlos gestrichen werden.

> Statt „Es ist der Antrag daher zulässig." besser: „Der Antrag ist daher zulässig. "

- Unnötige Wiederholungen sind durch Abwechslungen zu vermeiden.

> Statt: „Fraglich ist, ob [...]. Fraglich ist, ob [...]." besser: „Es stellt sich die Frage, ob [...]. Problematisch könnte sein [...]."

- Argumentationsverweigerung wiegt in einer (auf Argumentation angelegten!) juristischen Klausur besonders schwer.

> Wer unzulässigerweise apodiktisch spricht, kann dies nicht vertuschen, indem er schreibt: „zweifellos/ohne Frage/selbstverständlich/ohne Weiteres/ eindeutig" etc.

- Lehrbuchstil (abstrakte Ausführung statt fallbezogener Rechtsdarstellung) findet sich in Klausuren ebenso häufig wie er fehlerhaft ist.[184]

> Statt „Der deutsche Föderalismus geht weit in der Geschichte zurück. Schon die Goldene Bulle aus dem Jahr 1356 [...]" ist allein zulässig: „Die aufgeworfene Frage ist mit Blick auf die Natur des Bundesstaatsprinzips zu beantworten, wie es seine Ausprägung im GG gefunden hat. Das Homogenitätsprinzip in Art. 28 I 1 GG ergibt dabei, dass [...]." Statt „Die Norm ist auszulegen. Hierfür sind die *canones* der juristischen Auslegung anzuwenden." besser: „Eine am Wortsinn orientierte Auslegung des Art. Y GG hat den natürlichen Sprachgebrauch des Wortes ‚X' zu beachten. Dies bedeutet [...]."

---

[182] Zutreffend *Puhle*, Der typische Fehler in der Zivilrechtsarbeit, JuS 1989, 203 (205). Nach Duden – Die deutsche Rechtschreibung, 25. Aufl. 2010, S. 161 entstammen die meisten der längsten Worte im Dudenkorpus genau solchen juristischen Wortverbindungen. Spitzenreiter mit 67 Buchstaben ist die Grundstücksverkehrsgenehmigungszuständigkeitsübertragungsverordnung.
[183] Dazu ausführlicher *Schnapp*, Aktiv oder Passiv? Das Leiden an der Leideform, Jura 2002, 526.
[184] S. zum Lehrbuchstil auch S. 57, 60, 73, 83.

- *Wichtig:* Juristische Klausuren sind in einer *sachlichen, neutralen Sprache* zu verfassen.
  o Herabsetzende Bemerkungen/Bewertungen sind zu unterlassen!

  > Statt „einer absurden/unsinnigen/banalen Meinung zufolge" besser: „einer wenig überzeugenden Meinung zufolge".

  o Wertungen sind nur zu treffen, soweit sie nötig sind; andere als rechtliche Aussagen sind hier fehlerhaft, insb. allgemeine politische, gesellschaftliche und ähnliche Bemerkungen.

  > Statt „nach § 1 A-G, der aus unionsrechtlicher Sicht aber bedenklich ist, [...]" entweder die Bedenken wirklich thematisieren („Art. Y AEUV könnte der Anwendung des § 1 A-G entgegenstehen.") oder erst gar nicht aufbringen. Statt „§ 1 A-G kommt Arbeitnehmern zugute, was in unserer von sozialer Kälte geprägten Gesellschaft mehr als nötig ist." ausschließlich: „§ 1 A-G kommt Arbeitnehmern zugute."

  o Nichtssagende, wenngleich oft wuchtige (und oft juristisch klingende) Begriffe sind durch Sachgesichtspunkte zu ersetzen.

  > Statt „ein solches Handeln wäre ungerecht" etwa: „Ein solches Handeln würde das Vertrauen, das A in den Bestand des [...] gesetzt hat, enttäuschen und verstößt daher gegen das Rechtsstaatsprinzip." Statt „Das ist undemokratisch." genauer: „Da somit eine direkte Kontrolle der Wahl ausgeschlossen ist, die Kontrollierbarkeit aber notwendiges Element der Demokratie ist, ist dies mit demokratischen Grundsätzen unvereinbar."

  o Rhetorische Ausschmückungen wie rhetorische Fragen, eine bildhafte Sprache, Zitate und bildungsbürgerliche Verweise haben zu unterbleiben.

  > Statt „Kann es wirklich bei diesem Ergebnis bleiben?" besser: „Damit stellt sich die Frage, ob dieses Ergebnis überzeugt." Statt „Diese Norm muss sich am nährenden Busen der Gerechtigkeit laben." besser: „Diese Norm könnte allerdings aufgrund des Rechtsstaatsprinzips anders auszulegen sein." Sätze wie „Schon *Schiller* hat den Einfluss der strafrechtlichen Sanktion und ihrer gesellschaftlichen Folgen in seinem Werk ‚Der Verbrecher aus verlorener Ehre' von 1786 thematisiert." sind ganz zu unterlassen.

- Umgangssprache und Verkürzungen werden durch ihre schriftsprachlichen Surrogate ersetzt.

  > Statt „Man kann den Antrag dann auch sein lassen." besser: „In diesem Fall wäre ein Antrag nicht Erfolg versprechend/sinnlos." Statt „Besser wär's, wenn [...]." besser:„Zu bevorzugen wäre [...]."

- „Denglische" Begriffe sind grundsätzlich unzulässig; anders dort, wo etwa ein (Fach-)Begriff/Name anerkannt ist oder an eine kulturelle Erscheinung angeknüpft wird und eine Übertragung deutschtümelnd-bemüht wirken würde.

  > Statt „downloaden" besser: „herunterladen"; verwendet werden kann beispielsweise „forum shopping", „name and shame" oder „US Supreme Court".

- Fremdsprachige Worte sind nur zu verwenden, wenn sie allgemein bekannt und notwendig sind.[185] Zurückhaltung ist insb. bei denjenigen lateinischen Wendungen geboten, die in aktuellen juristischen Texten nicht mehr verwendet werden. Während etwa *ex tunc, ex nun, ex post, ex ante* und *actus contrarius* noch immer verwendet werden können, sollte beispielsweise der *lucrum cessans* schlicht als entgangener Gewinn bezeichnet werden.[186]
- Worte, deren Bedeutung man nicht zweifelsfrei definieren kann, muss der Studierende nachschlagen und darf sie erst dann verwenden (das gilt für fremdsprachliche Begriffe ebenso wie für Lehnwörter und deutsche Begriffe[187]). In diesem Fall sollte sich der Bearbeiter allerdings kritisch fragen, ob er dieses Wort wirklich verwenden sollte. Vielleicht ist er zwar über einen enigmatischen Begriff gestolpert, der sich zwar beim Nachschlagen als nicht gar so rätselhaft herausstellt, den viele Leser aber auch nicht kennen werden – dann gibt es meist keinen Grund, ihn aktiv zu verwenden. So ist es zwar schön, wenn man weiß, was hyperbolisch bedeutet – es wäre aber übertrieben, den Begriff ohne besondere Veranlassung in eine Klausur einzubringen.

In Klausuren und Hausarbeiten sind bestimmte Formulierungen tabu.

- Bezugnahmen auf sich selbst: „ich bewerte", „mE/meines Erachtens", etc.
- Zitierung von Autoren(-zusammenfassungen) und Werken, also nicht: „die Rechtsprechung"; „nach st. Rspr. (ständiger Rechtsprechung)"; „die hL/herrschende Lehre"; „die hM/herrschende Meinung"; „Professor X in seinem Buch Y".
- Modifiziert gilt das Tabuverdikt für das Zitieren von Urteilen. Grundsätzlich sollte in der Fallbearbeitung nicht auf Urteile verwiesen werden; anders (und dann ist die Nennung des Urteils sogar erwünscht) ist dies in bestimmten Situationen, die Sie noch kennenlernen werden, etwa bei der Bearbeitung europarechtlicher Fälle; oder wenn Zusatzfragen dezidiert nach Urteilen fragen (etwa: „Wann hat das BVerfG die Ausstrahlung von Grundrechten auf die Auslegung von einfachem Recht grundlegend festgelegt? Antwort: Im Lüth-Urteil von 1958 [BVerfGE 7, 198]."")
- In der Klausur werden keine Fußnoten gesetzt.[188]

---

[185] Verwendet man fremdsprachige Begriffe, ist *dringend* auf die richtige Schreibweise zu achten. Man blamiert sich, wenn man seine Vielsprachigkeit beweisen möchte und schon an der Schreibweise scheitert!

[186] Für lateinische Begriffe und (früher) übliche Wendungen vgl. *Liebs*, Lateinische Rechtsregeln und Rechtssprichwörter, 7. Aufl. 2007; *Civis Romanus [Adomeit]*, Latein für Jurastudenten, 4. Aufl. 2005.

[187] Auch der Sinn deutscher Wörter muss nicht jedem bekannt sein – weiß etwa jeder, was eine „überkommene Auffassung" ist oder was „sich einer Sache begeben" heißt?

[188] Erklärende, lehrbuchartige Fußnoten sind in allen Fallbearbeitungen (Hausarbeiten und Klausuren) *verboten*; Nachweisfußnoten (also Quellen aus Rechtsprechung und Literatur) sind in Hausarbeiten gefordert (dazu etwa *Tettinger/Mann*, Einführung in die juristische Arbeitstechnik,

- Verweise auf den Sachverhalt bzw. die Zuordnung von Argumenten: „laut SV"; „die Bundesregierung trägt vor"; „laut Landesregierung B-W".

Schwierig ist der Umgang mit Abkürzungen.

- Zulässig sind Gesetzesabkürzungen geläufiger Gesetze (etwa: GG, BVerfGG). Ungewöhnliche/fiktive Normen sind meist schon im Sachverhalt abgekürzt und können in dieser Abkürzung dann zitiert werden; ansonsten sind sie beim ersten Mal auszuschreiben und mit einer selbst gewählten Abkürzung zu versehen („Legehennen-Verordnung [im Folgenden LVO]").
- zulässige Abkürzungen innerhalb von Normen:
  o Artikel = Art.
  o Artikel (Plural) = Art. (also mit der Singularabkürzung identisch; jedenfalls in Bayern wird für den Plural auch die Abkürzung „Artt." verwendet)
  o § 100 (Leerzeichen zwischen §-Symbol[189] und Nummer), Plural: §§ 100-104
  o *der* folgende Paragraph/Artikel = § 15 f. bzw. Art. 15 f.
  o *die* folgenden Paragraphen/Art. = §§ 15 ff. bzw. Art. 15 ff.[190]
  o Absatz = römische Ziffern (Art. 19 IV GG)
  o Satz = arabische Ziffern, wenn der Artikel Absätze enthält (Art. 54 IV 1 GG), ansonsten S. + arabische Ziffer (Art. 15 S. 2 GG)
  o Halbsatz = Hs. (Art. 54 IV 1 2. Hs. GG)
  o Nummer = Nr. (Art. 72 III Nr. 1 GG)
  o Buchstaben: lit. (*littera*) + Kleinbuchstabe (Art. 73 I Nr. 9 lit. a GG), ebenfalls akzeptiert: Art. 73 I Nr. 9a GG
  o Varianten in Sätzen = Var.; oft verwendet wird auch Alternative = Alt., was aber nur korrekt ist, wenn es lediglich zwei Elemente gibt – eine „drit-

---

4. Aufl. 2009, Rn. 326 ff.), in Klausuren jedoch verboten. Insoweit unterscheiden sich die Klausurbearbeitungen dieses Buches von Ihren zukünftigen Fallbearbeitungen.

[189] Die Geschichte des Zeichens „§" und seine „Aussprache" als „Paragraph" ist nicht eindeutig, s. *Ahcin/Carl*, Der Paragraph – ein obskures Subjekt des Rechts. Zur Geschichte eines Zeichens, JZ 1991, 915. Nach deren Darstellungen ist die wahrscheinlichste Erklärung: (1) Das Zeichen „§" hat sich aus dem Buchstaben C (lateinisch für *capitulum, capituli*) entwickelt, oder aus einer Verschmelzung von C und Γ (einem schon bei den Römern gebräuchlichem Zeichen für einen neuen Abschnitt). (2) Die „Aussprache" als Paragraph (griechisch transkribiert in etwa „Danebengeschriebenes") ist darauf zurückzuführen, dass Γ schon immer als Paragraph ausgesprochen wurde und entweder die Verschmelzung von C und Γ ebenfalls „Paragraph" ausgesprochen wurde oder die Bedeutung von C (*capitulum*) vergessen wurde und der Name des Absatzzeichens Γ die Aussprache von C als *capitulum* wieder verdrängte oder die Kommentierungen eines zentralen (kirchenrechtlichen) Dokuments schon immer mit einem §-Zeichen versehen waren, die „Paragraph" ausgesprochen wurden.

[190] Die korrekte Aussprache von „ff." ist „folgende" und nicht „fortfolgende". Bei der Konsonantendoppelung handelt es sich um die lateinische Art Pluralformen abzukürzen, etwa CC = *consules*, im heutigen Juristenalltag noch bekannt durch LL.M. (bzw. LLM) = Magister Legum. Diese lateinische Regel auf ein deutsches Wort anzuwenden ergibt zwar wenig Sinn, ist aber Tradition; die regelmäßig zu hörende „logische" Erklärung von „ff." als „fortfolgende" ist hingegen schlicht falsch. Besonders deutlich wird es, wenn man die insb. in Bayern gebräuchliche Pluralabkürzung von „Artikel" betrachtet: „Artt."

te Alternative" gibt es nicht (korrekt wäre daher etwa Art. 73 I Nr. 4 3. Var. GG)
- Zulässig sind bestimmte *typische juristische Abkürzungen*, wie etwa „gem." (gemäß), „i. V. m." (in Verbindung mit), „i. S. d." (im Sinne des), „i. S. v." (im Sinne von), sowie *Gerichtsabkürzungen*, wie etwa BVerfG (Bundesverfassungsgericht) oder BGH (Bundesgerichtshof).
- Zulässig sind Abkürzungen, die im üblichen Schriftdeutsch verwendet werden: v. a.; d. h.; u. a. m.; etc.; usw.
- Unzulässig sind alle anderen Abkürzungen, auch wenn selbst Lehrbücher diese verwenden: u. (und), BT/BR/BReg (Bundestag/Bundesrat/Bundesregierung), Rspr. (Rechtsprechung), WE (Willenserklärung), EBV (Eigentümer-Besitzer-Verhältnis).

Kein Stilproblem im eigentlichen Sinne (also: richtig, aber unschön) sind natürlich echte Fehler.[191] Da die Sprache das Handwerkszeug der Juristen ist, fühlen sich die meisten Juristen der Sprache verbunden, bringen ihr also große Wertschätzung entgegen und empfinden oftmals Verantwortung für sie: Allein deshalb sind daher unbedingt die Regeln der **Rechtschreibung und Grammatik** zu beachten! Keine Bearbeiterin wird die Klausur deswegen nicht bestehen, weil ihre Ausführungen von Rechtschreibfehlern strotzen – aber sie erschwert sich eine erfreuliche Bewertung ungemein und unnötig.

---

[191] Hierzu zählen beispielsweise: die richtige Verwendung des Konjunktiv (das umfasst sowohl die Fragen, wann er angebracht ist als auch die grammatikalisch korrekte Bildung), dazu etwa *Schnapp*, Das Kreuz mit dem Konjunktiv, Jura 2002, 32; die richtige Verwendung von Präpositionen, dazu etwa *ders.*, Augen zu und „durch"? Von der Schwierigkeit im Umgang mit Präpositionen, Jura 2002, 312; der richtige Gebrauch von Konjunktionen, dazu etwa *ders.*, Das vertrackte „Verbindungs"-Wesen – Zum richtigen Gebrauch von Konjunktionen, Jura 2002, 599, 648.

D. Nach dem Austeilen der Klausur

Die folgenden Bemerkungen sind auf die Klausurbearbeitung zugeschnitten.[192] Der Fall muss dabei unter besonderen Bedingungen, insb. Zeitdruck und unter Verzicht auf Recherchemöglichkeiten, gelöst werden; insoweit unterscheiden sich Klausur und Hausarbeit. Allerdings gelten die meisten der folgenden Bemerkungen entsprechend auch für Hausarbeiten. Dort kommen allerdings weitere Vorgaben hinzu, die hier nicht ausgeführt werden, insb. die Notwendigkeit von Quellennachweisen (Zitierung in Fußnoten). Die Lösungsvorschläge im 3. Teil dieses Buches sind allerdings reichlich mit Nachweisfußnoten[193] versehen, so dass sie als Beispiel für eine Hausarbeit herangezogen werden können.[194]

I. Der Idealfall

Strukturelle Fehler unterlaufen vielen Studierenden bis weit über die Anfangssemester hinaus. Viele davon sind vermeidbar, wenn der Umgang mit juristischen Klausuren frühzeitig so geübt und verinnerlicht wird, wie er im Folgenden dargestellt wird. Nochmals: Klausurentraining muss begleitender Teil des Studiums sein und darf nicht erst dann einsetzen, wenn man „alles gelernt hat".

---

[192] Vgl. für eine weitere Darstellung der Klausur-/Hausarbeitsaufbereitung etwa *Tettinger/Mann*, Einführung in die juristische Arbeitstechnik, 4. Aufl. 2009, Rn. 153 ff. (§ 6. Klausurentechnik); *Adomeit/Hähnchen*, Rechtstheorie für Studenten, 5. Aufl. 2008, Rn. 75 ff. Tipps zum Umgang mit Klausuren oder dem Studium allgemein finden sich in zahlreichen Büchern, oft betitelt mit „Jura erfolgreich studieren", „Einführung in das Studium (der Rechtswissenschaft)" o. Ä. Sie sollten sich als Anfänger daraus und aus der Menge der guten Tipps (Dozenten, Fachschaft, Freunde, Ihre [Juristen-]Familie usw.) diejenigen herauspicken, die Ihnen persönlich passen – „die" Patentlösung auch nur für einen Teilaspekt gibt es nicht. In der Lektüre gilt wie stets: die Mischung macht's! Als Einführung in das juristische Studium kann die Anfängerin etwa einen Blick werfen in das Buch von *Hurek/Wolff*, Studienleitfaden Jura, 2. Aufl. 1998 (leider nicht aktualisiert, was aber im Wesentlichen unschädlich ist).

[193] Also jene Fußnoten, die einen Nachweis für eine bestimmte Meinung erbringen. Die zahlreichen Fußnoten in den Lösungsvorschlägen im 3. Teil dieses Buches, die die Probleme lehrbuchartig weiter erläutern und verweisen, gehören hingegen unter keinen Umständen in eine Hausarbeit!

[194] Bemerkungen zur Hausarbeit finden sich etwa bei *Tettinger/Mann*, Einführung in die juristische Arbeitstechnik, 4. Aufl. 2009, Rn. 292 ff. (§ 7. Die Hausarbeit).
Vgl. auch *mein* WHI Didactic Material 1/2011 „Einige Bemerkungen zum Seminar, insb. Hinweise zur Anfertigung von Seminar- und Studienarbeiten", online verfügbar unter http://www.whi-berlin.eu/tl_files/WHI Didactic Materials/Otto, WHI Didactic Material 1-2011.pdf (zuletzt abgerufen am 13.11.2011).

1. Durcharbeiten des Sachverhalts

- Zuerst lesen Sie die Bearbeiterfrage.
- Der Text (Sachverhalt) ist durchzulesen, und zwar gründlich und mehrmals.[195] Beim ersten Mal sollten Sie einen Eindruck vom Fall gewinnen (insb. die Fallfrage verstehen), den Text aber noch nicht bearbeiten.[196] Beim zweiten Durchlesen bearbeitet Sie dann den Sachverhalt; das bedeutet: Probleme, wichtige Sachverhaltsinformationen und Argumente am Rand oder auf einem Extra-Blatt notieren, Brainstorming nutzen, (verschiedene) farbliche Markierungen (z. B. gelb für Argumente der einen Meinung, rot für Argumente der anderen Meinung, blau für Datumsangaben), Argumente im Sachverhalt durchnummerieren, usw. Dabei Übersicht *schaffen*: wer alles gelb hervorhebt hat (weil ja alles wichtig ist...), gewinnt nichts – weniger ist mehr, nur die zentralen Elemente sind zu markieren.
- Der Sachverhalt ist also in einer Weise aufzubereiten, dass *Sie* sich darin gut zurechtfinden. Wenn Sie die pro- und contra-Argumente durch farbliche Hervorhebung aufbereiten, ist das genauso gut, wie wenn Ihr Kommilitone dies durch schlagwortartige Notierung am Rande oder durch eine Tabelle auf einem Extra-Blatt tut. Jeder muss diejenige Kombination finden, die für ihn am hilfreichsten ist.
- Während der Erarbeitung der Lösungsskizze ist der Sachverhalt Stück für Stück durchzuarbeiten, d. h. nochmals zu lesen. Wichtig: *Sie haben den Sachverhalt nicht im Kopf!* Immer wieder geschehen Fehler bei der Sachverhaltsauswertung. Es ist verblüffend, was man meint gelesen zu haben („A ist doch Abgeordneter."; „Die Vertrauensfrage fand doch am 14.7.2012 statt.") und was dort tatsächlich steht. Das bedeutet: *Hier müssen Sie sich genügend Zeit nehmen!* Unter dem Zeitdruck (gerade der Anfängerklausur) besteht die Versuchung, Zeit beim Durcharbeiten des Sachverhalts zu sparen, insb. wenn man „den Fall kennt und weiß, wie er weitergeht". Das ist fatal – Sie können natürlich nichts rechtlich bewerten, was Sie gar nicht verstanden haben. *Tipp*: Gehen Sie nach dem Anfertigen der Lösungsskizze den Sachverhalt ein letztes Mal durch und streichen Sie diejenigen Sätze/Argumente durch, die Sie verwendet haben – so sehen Sie, welche Argumente Sie noch übergangen haben.
- Auf einem Extrablatt sind die zentralen Aspekte zu notieren bzw. graphisch zu verdeutlichen:
  - *Zeitleiste anfertigen*
  - *Personen feststellen* („A = Bundeskanzler"), ihre *Beziehung* zueinander etwa mit beschrifteten Pfeilen vermerken etc.

---

[195] Vgl. zur Erfassung des Sachverhalts auch *Tettinger/Mann*, Einführung in die juristische Arbeitstechnik, 4. Aufl. 2009, Rn. 155 ff.

[196] So zu Recht der Hinweis bei *Gramm/Wolff*, Jura – erfolgreich studieren, 3. Aufl. 2003, S. 149.

- **Analysieren, was rechtlich erfragt (gewollt) ist: die Fallfrage verstehen!**[197]
  o *Nochmals die Fallfrage lesen und ernst nehmen.* Hier geschehen immer wieder Fehler: es wird eine Frage beantwortet, nach der gar nicht gefragt ist, und damit fehlt Zeit für die eigentlich gestellte Frage.[198]
  o Falsch wäre insb., sich von seinem abstrakten (Lehrbuch-)Wissen verwirren zu lassen („Die Fallfrage umfasst sicher das Problem X, das ist nämlich ein Klassiker.").
  o *Etwaige Bearbeiterhinweise unbedingt beachten!*[199]
  o Sind mehrere Fragen gestellt, ist deren Reihenfolge bei der Klausurlösung einzuhalten.[200]
- *Exkurs: Von der Unantastbarkeit der Klausurrealität.* Eigentlich selbstverständlich, aber dennoch immer wieder missachtet:[201] Die „Klausurrealität", wie sie im Sachverhalt beschrieben wird, ist ohne Weiteres hinzunehmen – der Sachverhalt ist die unveränderliche Grundlage für die rechtliche Bearbeitung *aller* Klausuren. Es kommt immer wieder vor, dass der Bearbeiter klüger sein will als der Sachverhalt (und es vielleicht sogar ist). Wenn es in Klausur 6 in diesem Buch heißt, die B 27 sei für Schnellverkehr nicht geeignet, *ist* das so. Zwar erfüllt die echte B 27 jedenfalls streckenweise die Anforderungen zur Zulassung von Schnellverkehr. Es wäre aber falsch, dieses Wissen zur „Korrektur" des Sachverhaltes einzubringen – „Klausurrealität" und „reale Realität" können auseinanderfallen! Klausursuizid begeht, wer hier schreiben würde: „P und M gehen zwar davon aus, dass die B 27 Schnellverkehr nicht zulässt. Nach Wissen des Bearbeiters ist dies jedoch unzutreffend." Oder wenn es in Klausur 1 heißt, A richte seinen Antrag gegen ein von ihm angegriffenes Verhalten von 75 Abgeordneten der X-Fraktion, darf nicht die Frage gestellt werden, ob das nicht viel mehr Abgeordnete sein müssten, weil die X-Fraktion ja Koalitionsfraktion sei und man doch annehmen müsse, dass mehr als 75 Abgeordnete in der von A angegriffenen Weise abgestimmt hätten – die fiktive Realität des Sachverhalts darf nicht angetastet werden!
- Der Klausursachverhalt kann allerdings unvollständig oder uneindeutig sein. In diesem Fall müssen Sie den Sachverhalt *lebensnah* auslegen, also den Normalfall zugrunde legen.[202] Der Sachverhalt muss natürlich wie jeder Text ausgelegt werden. Das darf aber einerseits nicht so erfolgen, dass man Problemen

---

[197] Dazu weiter *Tettinger/Mann*, Einführung in die juristische Arbeitstechnik, 4. Aufl. 2009, Rn. 180 ff., insb. zu den verschiedenen Typen von Fallfragen.
[198] Die häufigste Fallfrage ist im öffentlichen Recht vom Typ: „Hat der Antrag des B Erfolg?" Ein Klassiker ist die Formulierung: **„Ist der Antrag begründet?" In diesem Fall ist *nicht* nach der Zulässigkeit gefragt – dazu ist also nichts in der Klausur auszuführen!**
[199] Bearbeiterhinweise finden sich meist nach der Fallfrage. Sie lauten etwa: „Maßgeblicher Zeitpunkt für die Bearbeitung der Klausur ist ihr Ausgabedatum." oder: „Gehen Sie davon aus, dass A hinreichend reif ist, über seine religiöse Schulerziehung selbst zu entscheiden."
[200] *Tettinger/Mann*, Einführung in die juristische Arbeitstechnik, 4. Aufl. 2009, Rn. 181.
[201] Dazu weiter, mit z. T. tragikomischen Fehlern *Tettinger/Mann*, Einführung in die juristische Arbeitstechnik, 4. Aufl. 2009, Rn. 155 f.
[202] Dazu auch *Tettinger/Mann*, Einführung in die juristische Arbeitstechnik, 4. Aufl. 2009, Rn. 171 ff.

ausweicht, indem man eine Sachverhaltsauslegung wählt, die nicht gerade auf der Hand liegt, um das Entstehen eines Problems zu verhindern. Andererseits dürfen nicht im Sachverhalt angelegte Probleme aber auch nicht herbeierfunden werden.

> **Beispiel:**
> R ist als Metzger tätig und wehrt sich gegen einen Verwaltungsakt, der ihm dies verbietet; R sieht sich in seiner Berufsfreiheit (Art. 12 I GG) verletzt.
>
> Im „Normalfall" ist eine Person im Sachverhalt Deutscher, wenn nichts anderes erkennbar ist – falsch wäre daher das Herbeiphantasieren eines Problems etwa „Da nicht ausdrücklich erwähnt wird, dass R Deutscher ist, ist nicht davon auszugehen. Fraglich ist folglich, ob er sich auf die Berufsfreiheit stützen kann, da Art. 12 I GG ein Deutschengrundrecht ist." Genauso verboten wäre das Wegphantasieren eines Problems: „Da nicht ausdrücklich erwähnt wird, dass die Tätigkeit des R im Zusammenhang mit der Grundlage seiner Lebensführung steht, ist davon nicht auszugehen. Hobbys werden aber vom Schutzbereich des Art. 12 I GG nicht umfasst."

2. Anfertigen der Lösungsskizze

- Sie müssen *stets* eine Lösungsskizze anfertigen! An ihr sollte der Bearbeiter nach Möglichkeit bei der Niederschrift der Klausur festhalten.
- Fehlvorstellungen bestehen darüber, wie umfangreich/tief diese „Skizze" sein muss: Meistens sind studentische Skizzen nämlich *bedeutend* zu oberflächlich.[203] Die Regel ist einfach: Die Lösungsskizze soll den Bearbeiter dazu befähigen, ohne einen nochmaligen Blick in den Sachverhalt und das Gesetz die Klausur auszuformulieren (was nicht heißt, dass nach Anfertigen der Lösungsskizze das Gesetz zugeklappt werden sollte!). Das bedeutet:
  o Alle Ebenen sind aufgeführt (etwa: B. Begründetheit; II. Gesetzgebungsverfahren; 3. Ausfertigungsverfahren; a) Formelle Prüfungskompetenz des Bundespräsidenten).
  o Alle Normen sind (umfassend!) zitiert (etwa: § 6 VI 1 1. Var. BWahlG).
  o Alle Personen, Daten und wichtigen Sachverhaltsaspekte sind (ggf. in Stichworten) festgehalten.
  o Alle Schwerpunkte sind als solche gekennzeichnet (etwa mit einem „P" für „Problem" oder mit einer Farbe).

---

[203] Zwar sind Anfängerklausuren oftmals nicht so kompliziert, als dass man nicht das meiste im Kopf behalten könnte. Häufig bleibt auch kaum Zeit für eine ernsthafte Lösungsskizze. Dennoch empfehle ich dringend, von Anfang an Lösungsskizzen zu erstellen – zu groß ist sonst die Gefahr, dass die Lösung unstrukturiert wird, Ebenen durcheinandergeraten, Sie viele Aspekte vergessen oder Fragen in der falschen Reihenfolge prüfen (und dann mit Pfeilen, Sternchenverweisen und eingefügten Blättern Schadensbegrenzung betreiben müssen). Außerdem riskieren Sie, die Arbeitstechnik „Lösungsskizze" nicht zu erlernen und später böse Überraschungen zu erleben.

- o Streitdarstellungen sind grob konturiert: Kennzeichnung der Meinungen („eA", „aA"); die Argumente sind stichwortartig aufgeführt (etwa: „pro eA: Wortsinn Art. 82 I 1 GG: „dieses Grundgesetzes").
- o Die Lösungsskizzen zu den Klausuren in diesem Buch (3. Teil) sind ein Ideal, das die Bearbeiterin anstreben sollte, was die Gliederung, die Nennung der Rechtsnormen und die Kennzeichnung der Probleme betrifft; die Ausführungen selbst könne in der Klausur noch kürzer, stichwortartiger gefasst werden.
- **Kostet mich eine solche Lösungsskizze nicht viel zu viel Zeit? Klare Antwort: Nein!** Sie sparen (insb. in Klausuren im Hauptstudium/im Examen) damit viel mehr Zeit als bei einem Verzicht auf eine Lösungsskizze. Dann sind Sie nämlich gezwungen, ständig den Schreibfluss zu unterbrechen, um die nächste Norm zu finden oder den Sachverhalt nach benötigten Angaben zu durchsuchen. Ich *garantiere* Ihnen, dass Sie ohne Lösungsskizze viele vermeidbare Fehler produzieren werden.
- *Prüfungsschemata anwenden.* Um Zeit zu sparen, sollten Sie die (wichtigsten) Prüfungsschemata auswendig gelernt haben. Im Staatsorganisationsrecht betrifft das v. a. das Verfassungsprozessrecht.[204] Wer also lange nachdenken muss, wie die Zulässigkeit eines Organstreitverfahrens denn eigentlich aufgebaut wird, verliert kostbare Zeit.
- Wenden Sie das Prüfungsschema dann auf den Fall an. Markieren Sie die Schwerpunkte und weisen Sie die Argumente (und zwar sämtliche aus dem Sachverhalt plus die eigenen) zu.
- *Zur Lösung der einzelnen Rechtsfragen*:
  - o *Auffinden der Normen, die die behaupteten Rechtsfolgen enthalten.*[205]
  - o *Genaue Analyse (d. h. insb. Lektüre!) der Norm!* Es besteht die Gefahr, dass insb. mit fortschreitendem Studium man manche Normen so oft bearbeitet hat, dass man sie auswendig zu kennen glaubt. *Dies ist ein Fehler!* Jedes Mal ist die Norm ganz ernsthaft und gründlich zu lesen, immer und immer wieder.
  - o Jeden Aspekt im Gutachtenstil durchdenken. Der Gutachtenstil ist kein lästiges Pflichtprogramm, sondern hilft, die richtigen Fragen zu stellen. Damit wird zugleich klar, wo sich die Probleme verbergen, also Schwerpunkte zu setzen sind.
  - o Das gilt besonders für den **Obersatz der Begründetheit**: Dieser muss unter allen Umständen eindeutig sein (Prüfungsgegenstand und Prüfungsmaß-

---

[204] Vgl. dazu den 2. Teil, S. 85 ff. Grundsätzlich gilt bei der Anwendung jedes Schemas: Es ist nicht blind und stur zu verwenden, sondern vor jeder Anwendung kritisch daraufhin zu überprüfen, ob es in diesem Fall passt oder modifiziert werden muss. Grob fehlerhaft wäre es dazuhin, den Gesetzestext beiseitezulegen („weil man ja das Schema kennt") und erst dann zu lesen, wenn man glaubt, dass nun die Probleme kämen.
Prüfungsschemata sind beispielsweise in vielen Lehrbüchern oder Repetitoren-Skripten enthalten; dabei kommen Prüfungsinhalt und Prüfungsaufbau zusammen. Andere Publikationen enthalten ausschließlich die Schemata, was natürlich eine Erarbeitung des Inhalts nicht ersetzen kann.

[205] Vgl. dazu schon oben Fn. 29.

stab müssen klar sein). Anderenfalls stellen Sie keine klare Frage und können damit auch nicht an einer klaren Beantwortung arbeiten. Folglich können Sie schon Ihre Lösungsskizze nicht strukturieren!
- ○ Sachverhalt auf Relevanz überprüfen. Selten werden überflüssige Informationen gegeben, man lockt die Studierenden nicht in die Falle.[206] Wer eine bestimmte Aussage für irrelevant hält, sollte seine Lösungsskizze nochmals kritisch überdenken.
- ○ Probleme erkennen und dort **Schwerpunkte** setzen, also mehr und ausführlicher schreiben. Unproblematisches wird dagegen im verkürzten Gutachtenstil dargestellt. Das Dilemma in den ersten Semestern: Sie sollen zeigen, dass Sie den Gutachtenstil beherrschen und ihn zugleich (allein aus Zeitgründen) nur da ausführlich verwenden, wo ein Problem liegt. Als Faustregel gilt: Am Anfang der Klausur lieber etwas ausführlicher schreiben und sauber subsumieren, auch wenn kein ernsthaftes „Problem" vorliegt.
- ○ Darstellung von Problemen: Im öffentlichen Recht werden Probleme meist schon im Sachverhalt deutlich erkennbar angesprochen, viele Argumente sind schon genannt – damit teilt schon der Sachverhalt deutlich mit, wo ein Schwerpunkt liegt. Es muss also jedenfalls darum gehen, das Vorhandene aufzubereiten, bevor die eigenen Argumente und Wertungen dies ergänzen. Die Meinungen bzw. Argumente sind abstrakt zu formulieren, also nicht: „Die Bundesregierung trägt vor, das GG halte keine Norm für eine materielle Prüfungskompetenz des Bundespräsidenten bereit."; sondern: „Fraglich ist, ob das GG eine materielle Prüfungskompetenz des Bundespräsidenten anordnet."
- ○ Allerdings Vorsicht: Werden Rechtsansichten geäußert, sind diese meist nur ein Hinweis darauf, wo Probleme liegen. Sie sind keinesfalls autoritativ, und im Übrigen werden regelmäßig auch nicht *alle* Rechtsprobleme durch die Ausführungen der Beteiligten problematisiert.
- ○ Die juristische Herausforderung liegt darin, eine Definition herzuleiten und darunter zu subsumieren. Die Argumente, die für die widerstreitenden Positionen sprechen, sind (schon in der Lösungsskizze geordnet) dialektisch aufeinander zu beziehen oder als pro-/contra-Block darzustellen; zur Streitdarstellung vgl. genauer unten S. 71 ff.).
- ○ Von entscheidender Bedeutung ist die Folgerichtigkeit des Aufbaus, ausgedrückt durch die Gliederungsebenen (s. oben S. 19 f.). Dabei gilt: Wer „A." sagt, muss auch „B." sagen, d. h. zu jeder Ebene muss es mindestens zwei Punkte geben; notfalls: I. Inhalt; II. Zwischenergebnis.
- Bei einer zweistündigen Klausur sollte der Bearbeiter nach 20-30 Minuten, je nach persönlichem Stil und Schreibgeschwindigkeit, den Sachverhalt durchge-

---

[206] Dazu auch *Tettinger/Mann*, Einführung in die juristische Arbeitstechnik, 4. Aufl. 2009, Rn. 165 ff. Wichtig dort der Hinweis, dass Fallvarianten oder Zusatzfragen kleine Stellschrauben ändern, die der Bearbeiter dann finden, also den entscheidenden Unterschied zum Ausgangsfall erkennen muss (Rn. 165).

arbeitet und die Lösungsskizze angefertigt haben (es folgt die Niederschrift; 5 Minuten vor Abgabeschluss sollte die Arbeit beendet sein).
- *Endkontrolle vor der Niederschrift*: Sind alle Aspekte und Argumente aus dem Sachverhalt in die Skizze eingefügt (jedenfalls alle mit „P" gekennzeichneten Passagen behandelt)? Ist alles, was man während des Brainstorming gefunden hat, eingearbeitet?
- *Tipp*: Die (mit Seitenzahlen für den eigenen Überblick versehene) Lösungsskizze sollte sehr großzügig beschrieben werden – lassen Sie viel Platz. Vielleicht sind Sie mit dem ersten Entwurf unzufrieden und wollen Teile durch einen Verweisungspfeil verschieben oder später ein weiteres Argument ergänzen. Wenn dafür kein Platz ist, wird die Skizze unübersichtlich, und dann werden Ihnen Fehler unterlaufen.

3. Streitdarstellung

Typologisch können Ihnen drei Streit-/Problemkonstellationen in der Klausur begegnen:
1) Ein *Rechts*problem, das Sie kennen, also oftmals ein „Klassiker". *Vorteil*: Sie entdecken dieses Problem leichter im Sachverhalt; *Nachteil*: es besteht die Gefahr, sich etwas zu einem Problem „zurechtzubiegen", damit es zu dem passt, was Sie gelernt haben; oder Sie schweifen in einen Lehrbuchstil ab; oder Sie finden aus dem Problem nicht mehr hinaus, weil Sie noch drei Argumente kennen, obwohl Sie schon Ausführungen über vier Seiten hinweg gemacht haben...
2) Ein *Rechts*problem, das Sie nicht kennen. *Vorteil*: was Ihnen vorher nicht bekannt ist, (er-)kennen viele Ihrer Kommilitonen auch nicht – weshalb Sie richtig punkten, wenn Sie das Problem gut aufbereiten; Sie haben nicht die geistige Altlast, das Gelernte wiedergeben zu müssen, sondern können frei Ihre methodischen Kenntnisse zeigen; *Nachteil*: solche Probleme sind nur durch äußerst sorgsames Arbeiten mit dem Gesetz zu entdecken, die „richtige" Lösung ist Ihnen zudem unbekannt.
3) Eher selten: ein *Sach*problem, also ein Problem bei der Subsumtion. Hier muss ausführlich mit dem Sachverhalt gearbeitet werden; es wäre falsch, nur einen Satz zu verlieren. Andererseits soll die Klausurbearbeitung *rechtliche* Befähigung zeigen. Sachliche Fragen sollten daher nicht zu umfangreich behandelt werden. Wenn es etwa um „Wahlcomputer" geht und der Sachverhalt Aussagen zur Speicherart, Fehlerquote usw. enthält, wäre es ungenügend, lediglich festzuhalten: „Der Wahlcomputer erlaubt hinreichende öffentliche Kontrolle." Werten Sie dann die im Sachverhalt genannten Aspekte aus, aber übertreiben Sie es auch nicht.

Die folgenden Bemerkungen sind auf die Aufbereitung von Rechtsproblemen zugeschnitten.[207] Sie können aber auf die Bearbeitung von Sachproblemen übertragen werden.

Lassen sich zu einer Frage verschiedene Auffassungen vertreten, muss eine **Streitdarstellung** erfolgen:
– Zuerst wird der relevante Aspekt im ausführlichen Gutachtenstil geprüft nach Auffassung A, also mit Definition A, Subsumtion A und dem Ergebnis nach Auffassung A. Dabei werden (noch) keine Argumente für die Auffassung A genannt.
– Dann folgt die Prüfung nach Auffassung B mit Definition B, Subsumtion B und dem Ergebnis nach Auffassung B (wiederum ohne Argumente für die Auffassung), dann ggf. die Darstellung von Auffassung C usw.
– Gelangen die unterschiedlichen Auffassungen zum *selben* Ergebnis, *verbietet* sich jede Auseinandersetzung mit den die Auffassungen tragenden Argumenten. In diesem Fall ist der Streit nicht *entscheidungsrelevant*; man führt daher keine inhaltlichen Argumente an, sondern hält fest: „Folglich gelangen alle Auffassungen zum selben Ergebnis. Der Streit kann damit dahinstehen."
– Gelangen die unterschiedlichen Auffassungen zu *unterschiedlichen* Ergebnissen, müssen die rechtlichen Argumente, die für die jeweilige Definition sprechen, dargestellt und abgewogen werden. Der Bearbeiter sollte eine Problemdarstellung schon in der Lösungsskizze vorbereiten. Dort ist also nicht nur bloß zu vermerken: „Problem", vielmehr sind die einzelnen Argumente stichwortartig festzuhalten.
    o Bei der Streitdarstellung helfen Ihnen all die methodologischen Grundlagen, die bisher vorgestellt worden sind: das Denken von der Rechtsnorm, ihre Analyse, ihre Auslegung usw.; dazu lernen Sie im Laufe Ihres Studiums weitere typische rechtliche Grundwertungen (etwa die Problematisierung eines Umgehungstatbestandes).[208]
    o Wichtig ist, die Positionen *inhaltlich* darzustellen, so, als seien einem die Argumente (etwas überspitzt ausgedrückt) als erster Bearbeiterin überhaupt eingefallen; etwa: „Gegen ein materielles Prüfungsrecht des Bundespräsidenten spricht vor allem der Text des GG selbst, der eine solche Kompetenz nicht explizit kennt." Falsch wäre ein „Abspulen" eines altbekannten Problems, etwa: „das BVerfG ist der Meinung/Professor X argumentiert/seit Jahrzehnten ist man sich uneins/nach der Theorie vom nur-formellen Prüfungsrecht". Sie müssen zeigen, dass Sie inhaltlich etwas verstanden hat, nicht, dass Sie die Argumente anderer nachplappern können. Insgesamt gilt, dass in juristischen Gutachten grundsätzlich keine

---

[207] Zur Behandlung rechtlicher Streitfragen s. auch *Tettinger/Mann*, Einführung in die juristische Arbeitstechnik, 4. Aufl. 2009, Rn. 299 ff.; die Bemerkungen dort beziehen sich zwar auf die Streitbearbeitung in Hausarbeiten, aber vieles kann auf die Vorbereitung von Klausuren übertragen werden.

[208] Vgl. den Verweis auf die Aufzählung wichtiger juristischer Argumente von *Diederichsen/Wagner* bei *Tettinger/Mann*, Einführung in die juristische Arbeitstechnik, 4. Aufl. 2009, Rn. 285.

"Autoritäten" genannt werden, sondern nur deren Argumente (dazu auch S. 62).

- Das beliebte „eine Meinung/andere Meinung" kann man nutzen, ich plädiere jedoch für eine sparsame Verwendung, ist dies doch nur eine Chiffre für „hab' ich irgendwo gelesen". Besser: „Eine Auslegung könnte ergeben, dass [...]. Legt man hingegen [...] anders aus, kommt man zu einem anderen Schluss."
- Die Streitdarstellung erfolgt am besten dialektisch und integriert die Abwägung/Bewertung: pro-Argument 1: Wortsinn; darauf bezugnehmend: contra-Argument 1: andere Auslegung des Wortsinns; pro-Argument 2: Systematik; darauf bezugnehmend: contra-Argument 2, etc. Die Überzeugungskraft der Argumente sollte sich steigern, *die gewichtigsten werden zum Schluss aufgeführt*.
- Möglich, aber weniger schön, ist eine Streitdarstellung mit Argumentationsblocks: zunächst alle pro-Argumente für eine Auffassung, dann alle contra-Argumente gegen diese Auffassung. Hier erfolgt zwar keine echte Auseinandersetzung mit dem jeweiligen Argument, diese Form kann aber bei kürzeren oder hinlänglich bekannten Streitdarstellungen vorzuziehen sein. Die Abwägung des Gewichts der jeweiligen Argumente erfolgt dann im Anschluss an die Argumentationsdarstellung.
- So oder so muss am Ende eine *Entscheidung* getroffen werden[209] – unter keinen Umständen darf der Bearbeiter eine relevante Rechtsfrage offenlassen (und etwa im Folgenden alternativ weiterprüfen). Die Entscheidung für eine Auffassung muss sich dabei auf *positive* Argumente stützen – die bloße Widerlegung der Gegenargumente genügt nicht.[210] Zu dieser Entscheidung muss der Bearbeiter dann deutlich stehen, unterbleiben müssen also relativierende Floskeln im Konjunktiv („damit müsste man der Auslegung zustimmen, nach der [...]") oder ein „wohl" („überzeugend ist wohl die Auslegung, nach der [...]").[211] Für eine Entscheidung ist es auch nicht unbedingt nötig, alle Gegenargumente zu widerlegen, was ohnehin selten gelingt – hinter den Gegenargumenten stecken ja kluge Köpfe.
- Bei einer Streitdarstellung ist **Lehrbuchstil unbedingt zu vermeiden**. Damit sind abstrakte, streitirrelevante Ausführungen gemeint, wie sie sich in Lehrbüchern finden, vgl. auch S. 57, 60, 83.
- Zum *Umfang* der Streitdarstellung: Eine Streitdarstellung stellt einen *Schwerpunkt* dar, der sich nicht nur qualitativ von der Darstellung der unproblematischen Aspekte unterscheiden muss (ausführliche Auslegung),

---

[209] Zur Streitentscheidung auch *Tettinger/Mann*, Einführung in die juristische Arbeitstechnik, 4. Aufl. 2009, Rn. 320 ff. Zutreffend bemerken sie, dass die „eigene Begründung" keine „originelle", also neu erdachte Begründung sein muss, i. d. R. auch nicht sein soll. Gefragt ist also (wiederum überspitzt) die eigene, juristisch-methodisch begründete Bewertung fremder Argumente in eigenen Worten. Das entlastet vom Druck, krampfhaft etwas Neues in die Debatte einbringen zu müssen.
[210] *Tettinger/Mann*, Einführung in die juristische Arbeitstechnik, 4. Aufl. 2009, Rn. 322.
[211] *Tettinger/Mann*, Einführung in die juristische Arbeitstechnik, 4. Aufl. 2009, Rn. 320.

sondern auch quantitativ.[212] Dabei ist jedoch ab einem gewissen Textumfang das Maximum an Punkten erreicht, die eine selbst optimale Bearbeitung erzielen kann, denn ein Fall enthält ja mehrere Probleme. Regelmäßig stehen zwei oder drei Rechtsauffassungen einander gegenüber (oft zwei extreme und eine vermittelnde Meinung), im Ausnahmefall auch einmal vier. Mehr Meinungen sind nicht darzustellen, selbst wenn es weitere gibt, also insb. mehrere Unter-Auffassungen vertreten werden. Pro Meinung sind maximal drei bis vier Argumente in die Streitdarstellung einzubeziehen. Manche Bücher enthalten weit mehr Argumente pro (Unter-)Meinung;[213] solche Bücher sind für das Verständnis hilfreich, für die Klausur wäre es zuviel des Guten, wollte man alle Argumente einbringen.

o Zuletzt schließt ein entsprechender Ergebnissatz den Streit ab, in dem die überzeugende Meinung als solche benannt wird. Danach wird die Rechtsfrage unter Zugrundelegung dieser Auffassung beantwortet.

> **Beispiel:**
> Die überzeugenderen Argumente sprechen also für die Anerkennung eines materiellen Prüfungsrechts des Bundespräsidenten. P war folglich zur Überprüfung des B-Gesetzes berechtigt.

4. Beispiel für eine Lösungsskizze

SV: Bundespräsident A tritt überraschenderweise vorzeitig zurück. Der Bundestag hat eine Wunschkandidatin, der er den Sieg dadurch erleichtern möchte, dass die unberechenbaren gekorenen Mitglieder der Bundesversammlung (entsandt von den Länderparlamenten) gezähmt werden. Sie sollen gleichsam überrumpelt werden. Der Bundestagspräsident setzt die Wahl daher schon für den dritten Tag nach dem Rücktritt an. Die Bundesversammlung will sich vor dem BVerfG dagegen wehren. Hat ihr Antrag Erfolg?

Lösungsskizze

OS: Antrag hat Erfolg, wenn er zulässig und begründet ist

[*Formulierungsanmerkung:* Häufig liest man, oft in Fortführung der Bearbeiterfrage: „Der Antrag (die Klage, die Beschwerde) hat Aussicht auf Erfolg, wenn er zulässig und begründet ist." Aber: Wenn der Antrag zulässig und begründet ist, *wird* er Erfolg haben. Im Vertrauen auf die eigenen Ausführungen (die natürlich „falsch" sein können) und rechtsstaatlich deutlich vorzugswürdig sollten Sie daher (grundsätzlich) schreiben: „*Der Antrag hat*

---

[212] Zur Schwerpunktsetzung s. auch *Tettinger/Mann*, Einführung in die juristische Arbeitstechnik, 4. Aufl. 2009, Rn. 286 ff.
[213] Insb. die Reihe aus dem Verlag Vahlen (früher: aus dem Carl Heymanns Verlag) „XY Probleme aus dem A/B/C-Recht", etwa *Hebeler*, 40 Probleme aus dem Staatsrecht, 2. Aufl. 2008.

Erfolg, wenn er zulässig und begründet ist." bzw. im Gesamtergebnis: *„Der Antrag ist zulässig und begründet. Er hat somit Erfolg."*]

A. Zulässigkeit[214]

I. Statthafte Verfahrensart und Zuständigkeit des BVerfG

Art. 93 I Nr. 1 GG, § 13 Nr. 5 BVerfGG: Organstreitverfahren

II. Antragsteller

§ 63 BVerfGG
Problem (P): Bundesversammlung?
- contra: Wortsinn, nicht in § 63 BVerfGG genannt
- pro: aber unter Art. 93 I Nr. 1 GG („oberstes Bundesorgan") subsumierbar; arg: Nomenhierarchie
- → (+)[215]

III. Antragsgegner

§ 63 BVerfGG: (+)

IV. [...]

B. Begründetheit

OS: begründet, wenn Verletzung von Rechten der Bundesversammlung

I. Zuständigkeit zur Wahlfestsetzung

Art. 54 IV 2 GG: BT-Präsident: (+)

II. Verfahren der Wahlfestsetzung

P: Art. 54 IV 1 2. Hs. GG[216]
[Hier muss in der Klausur das Problem sauber im Gutachtenstil analysiert werden; in der Lösungsskizze sollte man sich darauf beschränken, die Argumente im Kern schon festzuhalten, etwa:]
- verfassungsmäßig: Wortsinn, *spätestens* 30 Tage
- verfassungswidrig: teleologisches Argument: Sinn der 30 Tage: zügige Neuwahl einerseits, hinreichend Zeit zur Evaluierung andererseits
- verfassungsmäßig: teleologisch: soll raschen Übergang ermöglichen, wenn politisch erwünscht

---

[214] Jeder Studierende wird seine eigenen Abkürzungen entwickeln und in der Lösungsskizze verwenden. Hier ist demgegenüber einmal (fast) alles ausgeschrieben.
[215] Juristische Zeichen: (+) = gegeben, (-) = nicht gegeben.
[216] Wiederholung: Normen immer genau zitieren!

– verfassungswidrig: aber äußerste Grenze erreicht, wenn Diskurs unterbunden wird, Widerspruch zu den Grundprinzipien einer auf Meinungsaustausch und Debatte angelegten Verfassungsordnung
→ rechtswidrige Fristsetzung

C. Ergebnis

Antrag zulässig und begründet

5. Textbild

Das Textbild richtet sich vorrangig nach dem, was an Ihrer Universität üblich ist. Wird Ihnen dabei ein eigener Beurteilungsspielraum zugestanden, empfehle ich Ihnen, Überschriften (mit Unterstreichung) zu nutzen und vom Rest des Texts abzusetzen (vgl. dazu die graphische Aufbereitung der Klausuren im 3. Teil dieses Buches). Das erleichtert dem Korrektor die Erfassung Ihres Texts.

Beispiel:

Statt:
Damit unterfällt § 1 A-G dem Kompetenzbereich des Art. 74 I Nr. 20 GG.
2. Voraussetzungen einer Bundesregelung nach Art. 72 II GG: Fraglich ist, ob der Bund zum Erlass des § 1 A-G kompetent ist. Nach Art. 72 II GG müsste die Norm [...].

besser:
Damit unterfällt § 1 A-G dem Kompetenzbereich des Art. 74 I Nr. 20 GG.

2. Voraussetzungen einer Bundesregelung nach Art. 72 II GG

Fraglich ist, ob der Bund zum Erlass des § 1 A-G kompetent ist. Nach Art. 72 II GG müsste die Norm [...].

Wichtig ist auch, den Text durch *Absätze* hinreichend aufzubereiten. Oft werden zu wenige Absätze eingefügt – das Gutachten besteht dann aus großen Textblöcken und verliert an Übersichtlichkeit. Ein Absatz muss daher immer dort gesetzt werden, wo ein neuer Gedanke beginnt. Damit erleichtern Sie dem Korrektor das Lesen und verringern die Gefahr, dass er Argumente überliest.

Weitere Hinweise zum Textbild:

– Die Seiten sind nur einseitig zu beschreiben.
– Der Korrekturrand ist einzuhalten.[217]

---

[217] Meist beträgt der Korrekturrand ein Drittel der Seite. Die genaue Breite und Verortung legt jede Universität bzw. Dozentin fest, Sie müssen sich aber in jedem Fall vorab informieren!

- Die verwendeten Seiten sind durchzunummerieren (was schon vor Beginn der Bearbeitung geschehen kann).[218]
- Die Seite sollte optisch ansprechend daherkommen, insb.: Eine lesbare Handschrift stimmt den Korrektor freundlich(er). Geschmiere erschwert nicht nur die Lektüre, sondern wird auch als Zeichen mangelnder Zeiteinteilung (ab-)gewertet. Gehört man zu jenen, die eine zwar saubere, aber dennoch schwer leserliche Handschrift haben,[219] sollte man ernsthaft daran arbeiten (verbessert sich das Schriftbild beispielsweise, falls man einen Füller anstatt eines Kugelschreibers verwendet?).

6. Hilfsgutachten

Gelegentlich sind Probleme im Sachverhalt angelegt, deren Bearbeitung eigentlich abgeschnitten ist. Ist ein Antrag beispielsweise unzulässig, ist seine Begründetheit eigentlich nicht mehr zu prüfen. Nun soll der Bearbeiter selbstverständlich eine umfassende Würdigung der im Sachverhalt angelegten Probleme abliefern. Tritt also ein solcher Fall ein, empfiehlt sich folgendes Vorgehen: Zunächst ist nochmals die eigene Lösung kritisch zu hinterfragen. Solche Sackgassen sind weitaus seltener, als Studenten denken – meist hat der Bearbeiter einen Fehler gemacht. Wenn kein Fehler vorliegt/erkannt wird, muss umfassend in Form eines Hilfsgutachtens *weitergeprüft* werden.

Das bedeutet: An der Stelle, an der die Prüfung eigentlich zu Ende wäre, wird ein Hilfsgutachten begonnen. Nach einer Überschrift „Hilfsgutachten" ist zu nennen, was man im Folgenden unterstellt (etwa: „Im Folgenden wird in einem Hilfsgutachten die fristgemäße Antragstellung zugrunde gelegt.") und so weiterprüfen, als läge der genannte Punkt vor. Die folgenden Ausführungen sind dabei in den normalen Modi zu verfassen, nicht etwa durchgängig im Konjunktiv II (Irrealis). Damit können die folgenden Rechtsfragen doch noch bearbeitet werden.

Oft findet sich in Klausuren ausdrücklich der Hinweis: „Auf alle aufgeworfenen Fragen ist einzugehen, wenn nötig in einem Hilfsgutachten." Sollte dieser Hinweis fehlen, sind dennoch alle aufgeworfenen Rechtsprobleme hilfsgutachterlich zu würdigen – wo Probleme im Sachverhalt angelegt sind, muss eine Erörterung erfolgen!

---

[218] Nicht notwendig, aber sehr empfehlenswert: auch die Lösungsskizze sollte durchnummeriert werden, unabhängig davon, ob man sie schließlich abgibt oder nicht. Allerdings beginnt die Reinschrift des Gutachtens dann wieder mit Seite 1 (die Nummerierung der Lösungsskizze wird hier also nicht etwa fortgeführt).

[219] Beispiele: jeder Buchstabe endet in einem runden Bogen; kaum vorhandener Zeichenabstand, so dass das Wort gequetscht wirkt; oder eine sehr geringe Zeichenhöhe, so dass man das Gefühl hat, einen Text der Schriftgröße Times New Roman 4 pt. lesen zu müssen.

7. Mehrere Klausurfragen

Häufig erschöpft sich die Klausur nicht nur in der Beantwortung einer einzigen Frage. So werden nicht selten in einem Sachverhalt mehrere Fälle zusammengefasst, die nur durch eine Rahmenhandlung locker verbunden sind; dann wird jeweils eine eigene Frage hinsichtlich jedes Falles gestellt.[220]

Oft werden in Klausuren jedoch auch Fragen gestellt, die über den Sachverhalt hinausgehen, etwa Fallabwandlungen wie:

> Frage 3: Wie wäre der Fall zu entscheiden, wenn die Wahlperiode geendet hätte?

oder abstrakte Fragen, beispielsweise:

> Frage 4: Was versteht man unter Parteienprivileg?

Für die *Gewichtung* mehrerer Fragen in einer Klausur gilt: Finden sich keine abweichenden Angaben, zählt jede Aufgabe gleich viel. Werden etwa zwei Fragen gestellt, tragen sie zum Gesamtergebnis der Klausur zu jeweils 50% bei. Eine andere Gewichtung gilt natürlich bei entsprechenden Angaben, wenn es also heißen würde:

> Frage 4 (10%): Was versteht man unter Parteienprivileg?

Die Gewichtung ist bedeutsam für die Zeiteinteilung: Auch wenn zum Parteienprivileg viel geschrieben werden kann, sollte die Bearbeiterin in einer dreistündigen Klausur für die Frage 4 nicht mehr als 20 Minuten aufwenden, wenn die Antwort nur zu 10% zu Gesamtnote beiträgt. Es bietet sich dann an, sie am Ende der Klausur zu beantworten, um sich zu zwingen, die geplante Zeit einzuhalten. Wer die „kleinen Fragen" demgegenüber schon am Anfang „wegschaffen" will, muss sich eine klare Zeitgrenze setzen, die dann unbedingt einzuhalten ist!

8. Zeiteinteilung, Formalia und weitere Tipps

Und wo wir bei der Zeiteiteilung sind: Die Zeiteinteilung ist ein zentrales Problem in der Klausur. Sie müssen im Laufe der juristischen Ausbildung nicht nur lernen, in „zu wenig Zeit" eine möglichst fertige Lösung abzugeben, sondern auch, den psychischen Stress (Denkblockade angesichts des Gedankens „nur noch 40 Minuten") zu bewältigen. Die gute Nachricht: Das haben schon viele Studierende vor Ihnen erfolgreich gemeistert. Wichtig dafür: Die Klausurbearbeitungszeit muss in Blöcke aufgeteilt werden. Wie diese aussehen, hängt vom Ausbildungsstadium (am Anfang haben Sie weniger Zeit für die Aufbereitung des Falles als später),

---

[220] S. als Beispiel in diesem Buch Klausur 1: Der unbequeme Abgeordnete.

dem Fach (Strafrecht fordert regelmäßig die längsten Klausuren, was mehr Zeit zum Schreiben und weniger zum Ausarbeiten lässt) und natürlich Ihnen selbst (Schnellschreiber oder eben nicht) ab. Hier kann nur Training in vielen, vielen, vielen Klausuren (Klausur schreiben, nicht bloß Lösungsskizze anfertigen) zeigen, wie Ihre Zeiteinteilung aussehen muss. Grobe Anhaltspunkte sind aber:
- Für das Durcharbeiten des Sachverhalts (s. oben S. 66 ff.) muss genügend Zeit eingeplant werden. Bei einer Bearbeitungszeit für Anfängerklausuren von zwei Stunden sind dafür etwa 5-10 Minuten einzuplanen.
- Das Anfertigen der Lösungsskizze sollte zwischen 20 und 25 Minuten dauern.
  o *Tipp* (Wiederholung): In den ersten Semestern kommt man oftmals scheinbar fast ohne Lösungsskizze aus, oder es genügen nur wenige grobe Stichpunkte. Der Fall ist ja noch recht einfach. Dennoch empfiehlt sich *dringend*, von Anfang an eine Lösungsskizze in der oben beschriebenen Weise anzufertigen. Wer es aufschiebt, das Erstellen einer Lösungsskizze unter Klausurbedingungen zu erlernen, bekommt über kurz oder lang Probleme!
  o *Tipp* (Wiederholung): Die Lösungsskizze so sorgfältig wie möglich anzufertigen spart im Ergebnis Zeit!
- Die übrige Zeit bleibt zum Ausformulieren der Lösungsskizze in einer Reinschrift.
- 5 Minuten vor Ende *muss* die Arbeit beendet sein! In dieser Zeit werden die Formalia kontrolliert, die Reihenfolge der Seiten kontrolliert (notfalls die Seitenzahlen nachgetragen) usw. Dies muss innerhalb der Bearbeitungszeit geschehen!
- Manche teilen sich ihre Zeit so ein, dass sie die ganze Arbeit nochmals durchlesen können. Das ist m. E. nicht zwingend, das muss aber jeder für sich selbst entscheiden. Wer das tun möchte, muss entsprechend früher fertig werden.

Zuletzt noch einige weitere Hinweise:

- Meist arbeitet man hauptsächlich mit *einem* Gesetz. Um zu vermeiden, das Gesetz jedes Mal ausschreiben zu müssen, sollte man zweckmäßigerweise nach der ersten Nennung des Gesetzes eine *-Fußnote erfolgen lassen und dort in etwa festhalten: „* §§ ohne Angabe des Gesetzesbuches sind im Folgenden solche des [X-Gesetzes]." Im Staatsorganisationsrecht heißt es also meist: „* Artikel ohne weitere Angabe sind im Folgenden solche des GG. §§ ohne Angabe des Gesetzbuches sind solche des BVerfGG."
- *Normen sind immer genau zu zitieren!* Das bedeutet etwa: Artikelnummer, Absatz, Satz, bis hinunter zu Nummer, Alternative oder Halbsatz. Ungenügend ist etwa der Verweis auf „Art. 72 GG".
- Unterschrift am Ende der Klausur nicht vergessen, *wenn der Prüfungstyp das erfordert!* Regelmäßig ist dies bei Hausarbeiten und „normalen" Klausuren der Fall, *nicht* aber bei Zwischenprüfungsklausuren, Schwerpunktklausuren und

Examensklausuren. Man muss sich unbedingt vorher entsprechend informieren und die (in den Klausuransagen wiederholten) Vorgaben beachten!

II. Fehlermeldungen

Es gibt Tage, die sollten nie enden, doch meistens ist es wie immer: irgendwo läuft etwas schief. Das wichtigste: Ruhig Blut – das passiert jedem und ist kein Beinbruch. Auch wenn die Zeit drängt, ist es besser, kurz zu pausieren und durchzuatmen als sich panisch in irgendetwas zu verrennen.

Strukturelle Probleme (Zeiteinteilung usw.) bekommt man durch das Schreiben zahlreicher Übungsklausuren in den Griff. Solche Übungsklausuren finden sich in Fallbüchern wie diesem, in juristischen Ausbildungszeitschriften wie der JuS (Juristische Schulung), Jura oder JA (Juristische Arbeitsblätter) und in Rechtsprechungsaufbereitungen wie der RÜ (Rechtsprechungsübersicht) oder der NRÜ (Nomos Rechtsprechungsübersicht). Nochmals: Falsch wäre die Annahme, dies lohne sich noch nicht, solange man noch nicht „alles" gelernt habe. Die Übungsklausur ist nicht der Abschluss des Lernens, sondern eine parallele und kontinuierliche Lernform, bei der der Umgang mit bekannten und unbekannten Problemen geschult und nicht primär Stoff wiederholt werden soll. Lassen Sie sich also nicht entmutigen, wenn Sie „den Fall" nicht kennen oder die eigene Lösung nicht mit der „Musterlösung" übereinstimmt – bei einem guten Korrektor ist der Erfolg davon nicht abhängig.

Im Folgenden ein paar klassische Fehler-Situationen:[221]

Ich habe eine Lösungsskizze angefertigt und bei der Reinschrift fällt mir auf, dass das Ergebnis doch nicht stimmt. Augen zu und durch? Das kommt darauf an. In der Regel sind ja die Punkte miteinander verbunden. Wer also an den Ausführungen in Ebene 2 etwas ändert, widerspricht damit vielleicht den Aussagen von Ebene 1. Es ist dann abzuwägen: Verfolgt man eine doch nur weniger überzeugende Meinung? Dann würde ich an der Lösungsskizze festhalten. Lieber ein „wenig überzeugend" als Kommentar des Korrektors als ein „unstimmig". Kann man das vorher Gesagte vielleicht als „die andere Meinung" umdefinieren? Dann könnte man schreiben: „So ließe sich argumentieren. Eine solche Auffassung verkennt aber [...]." Folgeproblem: Ab dann trägt die Lösungsskizze ggf. nicht mehr. Ob man den Sprung wagt, muss man situationsabhängig entscheiden. Liegt ein echter, grundlegender und schwerer Fehler vor? Dann kann es geraten sein, dorthin zurückzukehren, wo man falsch abgebogen ist und ab dort nochmals neu zu beginnen. Dann aber zügig schreiben. *Tipp*: Die nun vermeintlich überflüssigen gewordenen beschriebenen Seiten nicht vorschnell zerreißen, sondern nur aussor-

---

[221] Die Empfehlungen sind lediglich Ratschläge aus meiner Erfahrung. Wenden Sie sie beim Schreiben von Übungsklausuren kritisch an und modifizieren Sie sie ggf. aufgrund Ihrer eigenen Erfahrungen – oder ersetzen Sie sie!

tiert beiseitelegen. Vielleicht lässt sich ein Argumentationsstrang ja doch noch verwenden. Dann streicht man den Rest auf dieser Seite durch, nennt die bisherige Seite 11 nun 13a und fügt sie an der benötigten Stelle ein.

Seit 30 Minuten ist die Zwei-Stunden-Klausur ausgegeben und ich bin mit der Lösungsskizze zu einem großen Teil noch nicht fertig. Soll ich trotzdem mit der Reinschrift beginnen? Trotz der Betonung oben, wie wichtig eine Lösungsskizze ist: Ja. Man kann zwar auch die Lösungsskizze zur Bewertung abgeben, aber dass das zumindest empfindlichen Punkteabzug gibt (falls der Korrektor die Skizze überhaupt zur Kenntnis nimmt), ist klar. Vorzugswürdig ist es, mit dem Schreiben zu beginnen und den erarbeiteten Teil *zügig* auszuformulieren. Danach ist der fehlende Teil der Klausur im Stile einer sauberen, ausführlicheren Lösungsskizze im Blindflug zu formulieren. Unbedingt muss am Ende also eine Klausur abgegeben werden.

Ich werde nicht fertig. Was soll ich tun? In jedem Fall zu Ende schreiben. Und zwar im doppelten Sinne: Obwohl einige dies immer wieder tun, sollte man erstens nicht die Klausur nach 20 Minuten abbrechen; vielleicht erreicht man ja doch noch 4 Punkte.[222] Zweitens muss die Bearbeitung v. a. zu einem Gesamtergebnis kommen. Es ist daher besser, die unproblematischen Aspekte äußerst knapp abzuhandeln und dann nur noch auf die Probleme einzugehen, als die erste Hälfte der Klausur ausführlich zu behandeln, während die zweite Hälfte vollständig fehlt. D. h.: Jede Überschrift muss vorhanden sein, die Probleme müssen angeführt werden und es muss ein Gesamtergebnis vorliegen.

Das hat alles keinen Sinn. Soll ich die Klausur vorzeitig abgeben? Das kommt darauf an, und zwar insb. auf die jeweilige Prüfungssituation und -ordnung. Haben Sie „nichts zu verlieren", dann schreiben Sie in jedem Fall [!] zu Ende. Beispiel: Es handelt sich um Ihren letzten Versuch, eine Klausur bestehen zu können; oder Sie können ohnehin keinen weiteren Verbesserungsversuch für diese Klausur schreiben. Ansonsten *kann* es taktische Erwägungen geben, „sich durchfallen zu lassen" (nochmals: machen Sie sich *vorher* bewusst, welche Folgen dies nach der Prüfungsordnung im konkreten Fall für Sie hat!). Beispiel: Sie können diese Klausur nur dann nochmals schreiben, wenn Sie sie nicht bestehen. *Aber:* Lernen Sie, mit der Panik des Klausurenschreibens umzugehen.[223] Sie können zwar viel Panik vermeiden, indem Sie rechtzeitig mit dem Schreiben von Übungsklausuren beginnen; aber die echte Klausurenpanik können Sie nicht beseitigen – nur lernen, mit ihr umzugehen. Das heißt: Sie werden wohl nie mit einer Klausur richtig zufrieden sein, also immer beim Schreiben der Klausur das Gefühl haben, Dinge zu übersehen und Fehler zu machen.[224] Akzeptieren Sie dieses Gefühl. Wenn Sie einen

---

[222] Dies gilt vorbehaltlich des nächsten Hinweises.
[223] Dazu auch *Gramm/Wolff*, Jura – erfolgreich studieren, 3. Aufl. 2003, S. 154 f.
[224] Das wird *nach* der Abgabe der Klausur regelmäßig noch schlimmer, insb. wenn Ihre Kommilitonen Ihnen erzählen, wie sie es gelöst haben. Tun Sie sich einen Gefallen: Haben Sie die

Blackout haben, machen Sie eine kurze Pause. Sie glauben nicht, wie lange und entspannend zwei Minuten sein können – und wie schnell zwanzig Minuten vergehen, wenn Sie mit aller Kraft an einer Stelle weiterdenken wollen, die bei Ihnen gerade geistig blockiert ist. Entspannen Sie sich, wenn Sie ein Problem „erkennen", aber nicht wissen, „wie es gelöst wird". Selbst eine Klausur, die einige Fehler aufweist, kann noch zu einer ordentlichen Note führen.

Ich finde den Einstieg nicht – zu welchen Normen gehören denn die Argumente? Welche Rechtsnorm enthält denn die gesuchte Rechtsfolge? Nutzen Sie das Schlagwortregister Ihrer Gesetzessammlung, fassen Sie die Suchbegriffe dabei weit, etwa: Eid, Amtseid, Bundespräsident → Amtseid. Oder: Inhaltsverzeichnis des Gesetzes zur Hilfe nehmen, den einschlägigen Abschnitt im GG finden (z. B. „V. Der Bundespräsident") und lesen, und zwar komplett (nicht nur die Überschriften überfliegen) und bis zum Ende (Ausnahmeregelungen, freilich eher im einfachen Recht, erscheinen häufig erst ein paar Seiten später). Werden vielleicht Normen im Sachverhalt genannt? Notfalls: Abstand gewinnen und zunächst eine andere Stelle bearbeiten: die Zulässigkeit beispielsweise folgt eher einem Schema als die Begründetheit, so dass man hier beginnen kann. Aber Vorsicht: In diesem Fall darf man sich nicht drücken und dort zuviel schreiben („Kopflastigkeit" des Gutachtens), sondern muss sich dann wieder der problematischen Begründetheit widmen; auch die beste Zulässigkeitsprüfung kann eine fehlende Begründetheitsprüfung nicht aufwiegen.

Ich weiß nicht, wie ich die Begründetheitsprüfung aufbauen soll. Zentrale Lösung: Kontrollieren Sie, ob Sie einen genauen Begründetheits-Obersatz („Der Antrag ist begründet, wenn [...].") gebildet haben, in dem Sie den Prüfungsgegenstand und Prüfungsmaßstab nennen (suchen Sie dafür die Norm im BVerfGG, die den Rechtsfolgenausspruch enthält). Dann wissen Sie, dass Sie beispielsweise eine Weisung des Bundes im Rahmen der Auftragsverwaltung (Art. 85 III GG) daraufhin prüfen, ob sie ein subjektives Recht des angewiesenen Landes verletzt. Weiter wissen Sie, dass jedes Staatshandeln immer hinsichtlich seiner formellen und seiner materiellen (Rechts- bzw.) Verfassungsmäßigkeit zu prüfen ist. Dann haben Sie schon einen groben Aufbau, etwa: I. Formelle Verfassungsmäßigkeit der Weisung; II. Materielle Verfassungsmäßigkeit der Weisung. Dann analysieren Sie die streiterheblichen Rechtsnormen daraufhin, wo Sie sie einordnen können (z. B. enthält Art. 85 III 2 GG eine Adressatenspezifizierung, die nur eine Frage der formellen Verfassungsmäßigkeit sein kann).

Daher nochmals der dringende Appell: Nehmen Sie sich ausreichend Zeit, einen eindeutigen Obersatz zu bilden. Wer hier einen Fehler macht, wird unweigerlich scheitern – wer keine klare Rechtsfrage stellt, kann keine klare Antwort erarbeiten.

Klausur abgegeben, ist sie geistig abzuhaken – blocken Sie derartige Gespräche ab und finden Sie andere Gesprächsthemen (oder andere Gesprächspartner).

Mir fallen keine Argumente ein/meine Argumente sind eigentlich nichts anderes als das Abschreiben der Argumente aus dem Sachverhalt. Was kann ich tun? Juristische Methodik anwenden: Auslegungsmethoden durchdeklinieren; weit denken und Staatsstrukturprinzipien (Demokratie-, Rechtsstaatsprinzip usw.) in die Erwägungen einbeziehen; nach dem Schlagwort suchen.

Hilfreich ist auch ein *Denken in Extremen*. Das bedeutet: Variieren Sie den Sachverhalt in alle Richtungen im Kopf und überlegen Sie, welche Wertungen sich für Ihren Fall daraus ergeben, etwa, welchem Extrem Ihr Fall eher entspricht.[225]

> **Beispiel:**
> Darf der Bundeskanzler eine auf die Auflösung des Bundestages gerichtete Vertrauensfrage stellen, oder ist das mit Art. 68 I 1 GG unvereinbar? Extrem 1: der Bundeskanzler hat zwar eine stabile Mehrheit, möchte aber dennoch den Bundestag auflösen, um die günstigen Zustimmungswerte seiner Partei bei einer Neuwahl zu nutzen → Vertrauensfrage wäre hier destabilisierend, was dem GG widerspricht (Ausgestaltung einer stabilen Mehrheit) und daher verfassungswidrig ist; Extrem 2: der Bundeskanzler führt eine labile Minderheitsregierung, für seine politische Agenda findet er aber keine Mehrheit → Vertrauensfrage wirkt hier stabilisierend, ist daher verfassungsmäßig.

Ein Fehler darf Ihnen dabei nicht unterlaufen: dass Sie abstrakt Wissen abladen (Lehrbuchstil). Dadurch kommen Sie sachlich in der Lösung Ihres Falles auch nicht weiter, es bringt Ihnen keine Punkte und Sie verärgern den Korrektor.

Ich verstehe den Sachverhalt nicht. Hier sind verschiedene Ursachen denkbar: (1) Der Sachverhalt ist widersprüchlich, A wird etwa einmal als Abgeordneter bezeichnet, obwohl er doch anderswo als Bundeskanzler auftritt. Dann gilt: Wie immer zuerst selbstkritisch fragen, ob es nicht eine sinnvolle Deutungsvariante gibt, wonach A doch als Abgeordneter gemeint sein kann (A könnte ja ein zum Bundeskanzler gewählter Abgeordneter sein). Ansonsten: Die Aufsichtsperson darauf hinweisen und um eine Einschätzung bitten – Fehler kommen in vielen Klausuren vor! Eine Beratung mit dem Nachbarn hat unter allen Umständen zu unterbleiben! (2) Sie verstehen den Sachverhalt nicht. Ruhig bleiben und ihn nochmals lesen. Es wäre fatal, mit einer Lösungsskizze beginnen zu wollen, solange Sie den Sachverhalt nicht verstanden haben, und dabei darf auch Zeitdruck keine Rolle spielen. Es ist dabei oft hilfreich, den Sachverhalt aufzubereiten, indem man die Daten (Zeitpunkte, Personen, ihre Funktionen, ihre Verhältnisse zueinander etc.) auf einem separaten Blatt niederschreibt und so Ordnung schafft. (3) Ähnlich: Eine Aussage ist unklar. Hier gilt: Lebensnahe Auslegung wählen (dazu näher S. 67 f.) – aber auch hier schadet eine Frage an die Aufsichtsperson

---

[225] *Gramm/Wolff*, Jura – erfolgreich studieren, 3. Aufl. 2003, S. 153 f.

nicht. Achtung: Bei der lebensnahen Auslegung dürfen Sie nicht die Grenze zur Korrektur des Sachverhalts überschreiten.

Hurra, ich kenne den Fall. Man könnte meinen, dies sei alles andere als ein Problemfall. Grundsätzlich hat es ja viele Vorteile, „den Fall" zu kennen. Es sei aber ausdrücklich gewarnt: Selten wird ein Fall 1:1 übernommen. Eine gute Klausur wandelt Ausgangsfälle so ab, dass man wirklich juristische Fähigkeiten zeigen kann – es verliert daher, wer hier Sachverhaltskorrekturen vornimmt (er kennt ja „den Fall"...). In einem solchen Fall ist sorgsam zu prüfen, welches Wissen man vom gelernten Fall übertragen kann (insb. die Problemschwerpunkte und Schlagworte) und wo die Unterschiede (also juristisches Neuland) liegen.

2. Teil:
Verfassungsprozessrecht

A. Allgemeines zur Zulässigkeitsprüfung

I. Einführung

Öffentlich-rechtliche Klausuren verlangen regelmäßig auch eine Prüfung der *Zulässigkeit* des Verfahrens. Dies gilt auch für verfassungsrechtliche Klausuren, weshalb Sie sich frühzeitig mit den verschiedenen Verfahrensarten vor dem BVerfG vertraut machen müssen.

Gegenstand der Zulässigkeitsprüfung ist, ob sich überhaupt ein bestimmtes Gericht eines bestimmten Rechtsbegehrens annehmen und in eine Sachprüfung eintreten wird. Ist ein entsprechender Antrag unzulässig (etwa, weil er zu spät gestellt wird, also verfristet ist), hat der Antragsteller womöglich in der Sache recht, aber darüber kann kein Gericht entscheiden.

Es empfiehlt sich daher dringend, den *Prüfungsaufbau der wichtigsten Verfahrensarten auswendig zu lernen*, um ihn nicht zeitraubend aus dem Gesetz (BVerfGG und GG) ableiten zu müssen. Studierende räumen dem Verfassungsprozessrecht bei der Studienzeitverteilung regelmäßig keine Priorität ein. Das ist völlig in Ordnung, solange Sie sich mit den vier klausurrelevantesten Verfahren und deren (Klassiker-)Problemen vertraut machen: Organstreitverfahren, abstrakten Normenkontrollverfahren, Bund-Länder-Streit und (Individual-)Verfassungsbeschwerde (die freilich das zentrale Verfahren in Grundrechtsklausuren ist und weniger in Staatsorganisationsrechts-Prüfungen).[226] Der Zeitaufwand ist dabei überschaubar, „klassische" Probleme können gelernt und unnötige Fehler recht einfach vermieden werden. Vom Ignorieren des Verfassungsprozessrechts wird dringend abgeraten – wem in der Klausur schon zu Beginn, also bei der Zulässigkeitsprüfung, gravierende Fehler unterlaufen, der macht auf die Korrektorin keinen guten „ersten Eindruck". Als knappe Einführung folgen daher Prüfungsschemata mit Schwerpunktdarstellungen der genannten vier Verfahren.

---

[226] Für den Einstieg bietet sich an, zunächst mit einem Kurzlehrbuch einen Überblick über das Verfassungsprozessrecht zu gewinnen und bei entsprechendem Interesse die Probleme dann in einem Kommentar oder größeren Lehrbuch nachzuarbeiten. Vom im Detail unterschiedlichen Aufbau der Prüfung und den teilweise unterschiedlichen Begrifflichkeiten in der Literatur darf sich der Student übrigens nicht verunsichern lassen.
Eine Aufzählung aller dem BVerfG zugewiesenen Verfahren findet sich bei *Hopfauf*, in: Schmidt-Bleibtreu et al. (Hrsg.), GG, 12. Aufl. 2011, Art. 93, Rn. 78 f., 214.

II. Grundsätzliches zur Zulässigkeitsprüfung

Vorab einige grundsätzliche Bemerkungen zur Zulässigkeitsprüfung in der verfassungsrechtlichen Klausur.

1. Verwendung der richtigen Termini

Auf die Verwendung der richtigen Termini wird besonderer Wert gelegt: Spricht das Gesetz von „*Antrag*steller", handelt es sich um ein *Antrags*verfahren, folglich heißen die Parteien *Antrag*steller und *Antrags*gegner, nicht etwa Kläger und Klagegegner[227]. Bei der Verfassungs*beschwerde* spricht man demnach etwa von *Beschwerde*führer und *Beschwerde*frist.

2. Vermeidung eines „kopflastigen" Gutachtens

Das Gutachten darf nicht „kopflastig" sein. Das bedeutet zum einen, dass die *Zulässigkeitsprüfung im Umfang deutlich kürzer ist als die Begründetheit* (sie umfasst regelmäßig etwa ein Drittel des Gesamtumfangs), zum anderen, dass Probleme nicht erschöpfend vorweggenommen werden dürfen. Dies ist insb. im Fall der Antragsbefugnis von Bedeutung. Dort wird nämlich geprüft, ob die *Möglichkeit* einer Rechtsverletzung besteht, ob der Antrag also möglicherweise begründet ist. Ob denn *tatsächlich* eine Rechtsverletzung vorliegt, ist allerdings Gegenstand der gesamten *Begründetheits*prüfung. Zu tiefe Ausführungen zur Rechtsverletzung innerhalb der Zulässigkeit wären im Rahmen der Antragsbefugnis also verfehlt.

3. Analyse der statthaften Verfahrensart

Die statthafte Verfahrensart („Was will der Abgeordnete A eigentlich und im welchem Verfahren kann er das erreichen?") muss sorgfältig analysiert werden. Wird das falsche Verfahren gewählt, begibt man sich auf die falsche Spur und verfehlt damit im ersten Drittel der Klausur die Erwartungshaltung des Korrektors. Welches denn die statthafte Verfahrensart ist, ergibt sich mit Blick auf das *Begehren* des Antragstellers und die Verfahrensoptionen, die das (Verfassungs-)Prozessrecht dafür überhaupt bereitstellt. Wichtig sind hierfür also auch die Rechtsfolgenaussprüche des jeweiligen Verfahrens, dazu sogleich. Die gute Nachricht: in den allermeisten Klausuren kommt nur eine einzige Verfahrensart in Betracht.

---

[227] Ein *Klage*verfahren kennt das Verfassungsprozessrecht nicht. Die Bezeichnung des Organstreitverfahrens (eines Antragsverfahrens, vgl. etwa § 63 BVerfGG) als „Organklage" ist daher wenig glücklich, auch wenn das BVerfG dies tut (etwa BVerfGE 118, 277 [376] – Abgeordneteneinkünfte).

4. Unterschiedliche Rechtsfolgenaussprüche

In der Klausur wird regelmäßig kein Rechtsfolgenausspruch (Tenor) erwartet. Die Fallfrage fordert meist nur die Prüfung, ob ein Antrag Erfolg hat. Dann genügt es, als Ergebnis festzuhalten: „Der Antrag des A hat keinen Erfolg." Nur selten wird nach dem Tenor gefragt, etwa wenn es heißt: „Was wird das BVerfG für § 1 A-G anordnen?"

Dennoch müssen Sie sich der unterschiedlichen Rechtsfolgen der verschiedenen Verfahren bewusst sein. Es ist ein rechtlich bedeutsamer Unterschied, ob „bloß" die Verfassungswidrigkeit einer Maßnahme im Organstreitverfahren gem. § 67 S. 1 BVerfGG festgestellt, der Bestand der Maßnahme selbst dadurch aber unberührt gelassen wird, oder ob in einem abstrakten Normenkontrollverfahren gem. §§ 78 S. 1, 31 II 1 BVerfGG die Nichtigkeit einer Norm erklärt wird. Das Wissen um die unterschiedlichen Rechtsfolgen ist erstens für das Erkennen der statthaften Verfahrensart wichtig: will jemand etwa „eine Norm beseitigen", kann er dies nicht durch ein Organstreitverfahren, aber durch ein abstraktes Normenkontrollverfahren erreichen. Zweitens ist der Rechtsfolgenausspruch für den Aufbau der *Begründetheit* zentral, weil er vorgibt, was eigentlich Prüfungsgegenstand ist: §§ 67 S. 1 i. V. m. 64 I BVerfGG beispielsweise beschränken die Prüfung im Organstreitverfahren auf eine subjektive Rechtskontrolle, anders als etwa die abstrakte Normenkontrolle, bei der die Verfassungsmäßigkeit einer Norm umfassend geprüft wird, s. § 78 BVerfGG.

5. Zuständigkeiten: Art. 93 GG, § 13 BVerfGG

Zwei zentrale Normen für die Zuständigkeit des BVerfG sind Art. 93 I GG und § 13 BVerfGG.[228] § 13 BVerfGG enthält allerdings (anders als Art. 93 I GG) eine *vollständige* Aufzählung aller Zuständigkeiten des BVerfG. Wer sich also sicher sein will, kein Verfahren zu übersehen, liest den Katalog des § 13 BVerfGG.

6. Zusammenspiel von GG und BVerfGG

Für eine vollständige Zitierung vieler Zuständigkeitsprüfungspunkte müsste man jeweils auf alle einschlägigen Normen verweisen, für die Antragsberechtigung im abstrakten Normenkontrollverfahren etwa auf Art. 93 I Nr. 2 GG, §§ 13 Nr. 6, 76 I BVerfGG. Allein aus Zeitgründen sollte dies aber unterbleiben, es genügt die *speziellere* Norm zu nennen, hier also § 76 I BVerfGG. Wichtig ist aber im Kopf zu behalten, dass der Normtext des Art. 93 I GG gegenüber dem BVerfGG abwei-

---

[228] Das BVerfG ist nur für die Verfahren zuständig, die ihm enumerativ (also „aufzählend") und damit abschließend zugewiesen sind. Die Rechtswege zu anderen Gerichtsbarkeiten können demgegenüber durch eine Generalklausel eröffnet sein, s. § 40 I 1 VwGO für die Verwaltungsgerichtsbarkeit und § 13 GVG für die ordentliche Gerichtsbarkeit (Zivil- und Strafrecht).

chen kann, was in einigen Fällen von Bedeutung ist. Dann findet nämlich ggf. Art. 93 I GG (als ranghöhere Norm) Anwendung.

7. Zwei Kategorien: kontradiktorische/nicht-kontradiktorische Verfahren und subjektive Rechtsschutzverfahren/objektive Rechtskontrollverfahren

Zwei Kategorien sind für die Einteilung und den Aufbau verfassungsprozessualer Verfahren wichtig:

(1) Verfahren können danach eingeteilt werden, ob sich gegnerische Parteien (Antragsteller vs. Antragsgegner) gegenüberstehen (sog. *kontradiktorische* Verfahren) oder nicht (dann tritt nur ein Antragsteller in Erscheinung; sog. *nicht-kontradiktorische* Verfahren).

> **Beispiele für kontradiktorische Verfahren:**
> Organstreitverfahren (vgl. § 63 BVerfGG), Bund-Länder-Streit (vgl. § 68 BVerfGG)
>
> **Beispiele für nicht-kontradiktorische Verfahren:**
> Verfassungsbeschwerde (vgl. das beredte Schweigen in § 90 I BVerfGG), abstrakte Normenkontrolle (vgl. das beredte Schweigen in § 76 BVerfGG)

Es wäre also falsch, nach dem „Beschwerdegegner" einer Verfassungsbeschwerde zu fragen (obwohl der Urheber des angegriffenen Akts, z. B. der Gesetzgeber, wie ein Beschwerdegegner wirken kann).

(2) Verfahren können zudem in *subjektive Rechtsschutzverfahren* und in *objektive Rechtskontrollen* unterteilt werden. Im ersten Fall verteidigt jemand seine subjektiven (also ihm zustehenden) Rechte. In der Zulässigkeitsprüfung stellt sich damit insb. die Frage nach der Antragsbefugnis (ist eine Verletzung des subjektiven Rechts überhaupt möglich?), in der Begründetheitsprüfung muss die Beschränkung der Kontrolle auf die Verletzung subjektiver Rechte beachtet werden[229].

> **Beispiele für subjektive Rechtsschutzverfahren:**
> Organstreitverfahren, vgl. § 64 I BVerfGG; Bund-Länder-Streit, vgl. §§ 69 i. V. m. 64 I BVerfGG; Verfassungsbeschwerde, vgl. § 90 I BVerfGG (hier zeigt sich, dass ein subjektives Rechtsschutzverfahren nicht notwendig zugleich ein kontradiktorisches Verfahren ist)

---

[229] *Prüfungen von Rechtsverletzungen* sind immer nach einem bestimmten Schema aufzubauen: I. Bestehen eines subjektiven Rechts, II. Eingriff; III. Rechtfertigung, d.h. (insb. bei Grundrechten): 1. Schranken des subjektiven Rechts, 2. Grenzen der Schranken (im Grundrechtejargon: Schranken-Schranken). Vgl. auch unten S. 135.

Im zweiten Fall geht es um eine Rechtskontrolle, die umfänglich sämtliches objektives Recht prüft. Hier wird in der Zulässigkeit keine Antrags-/Beschwerdebefugnis geprüft, es muss aber ggf. ein objektives Interesse an dem Verfahren bestehen (insb. im Falle der abstrakten Normenkontrolle Antragsgrund und objektives Klarstellungsinteresse, vgl. unten S. 116, 117 f.).

Beispiel:
abstrakte Normenkontrolle, vgl. § 76 I Nr. 1 BVerfGG

Diese Kategorisierungen dienen primär Ihrem Verständnis und dürfen nicht als Aufforderung zum „Abladen von Lehrbuchwissen" missverstanden werden. Verfehlt wäre es daher, in einer Verfassungsbeschwerde beispielsweise zu schreiben: „Die Verfassungsbeschwerde ist kein kontradiktorisches Verfahren, folglich gibt es keinen Beschwerdegegner." Man schweigt an dieser Stelle einfach, der Korrektor erkennt dann, dass die Bearbeiterin eine Verfassungsbeschwerde zu prüfen versteht.

8. Unionsrechtliche Bezüge: Unionsrecht und das BVerfGG

Für viele Studierende bedeutet das Auftauchen europarechtlicher Bezüge (i. w. S.)[230] eine Schrecksekunde (oder auch -minute...). Dafür besteht kein Anlass.[231] Solche Bezüge kommen in Grundrechts-, Verwaltungsrechts- und Staatsrecht III-Klausuren (Bezüge des GG zum Völker- und Europarecht) vor,[232] sind hingegen für das Staatsorganisationsrecht fast ausgeschlossen. Um aber frühzeitig die Verbindungen von nationalem und Unionsrecht kennenzulernen, folgen in diesem Kapitel die Grundsätze der Überprüfung von Unionsrecht und unionsrechtlich (teil-)deter-miniertem deutschen Recht durch das BVerfG (keine Sorge – in dieser Tiefe müssen Sie das jetzt noch nicht verstehen).

---

[230] Mit „Europarecht" ist meist das Recht der Europäischen Union (EU) gemeint, auch „Europarecht i. e. S." oder (heute besser) Unionsrecht genannt. Daneben zählt insb. die Konvention zum Schutze der Menschenrechte und Grundfreiheiten (EMRK) zum „Europarecht i. w. S.". Vgl. zu dieser Terminologie *Haratsch* et al., Europarecht, 7. Aufl. 2010, Rn. 2.

[231] Es empfiehlt sich, schon zu Beginn des Studiums keine Scheu vor europäischen Rechtsbezügen aufzubauen (oder sich einreden zu lassen). Europarechtliche Bezüge sind als Teil der „normalen" Ausbildung zu sehen und nicht als getrennte „Spezial"-Materie. Die „normale", nationalrechtliche Juristenausbildung und -tätigkeit ist von europäischen Rechtseinflüssen heute nicht mehr zu trennen, seien es Rechtswirkungen der EU, seien es solche der EMRK (dazu auch oben: unions- bzw. völkerrechtskonforme Auslegung, S. 41 ff.).

[232] Vgl. etwa für eine Klausuraufbereitung von BVerfGE 123, 267 – Lissabon *Stöbener/Wendel*, Übungsfall: Streit um den Vertrag von Lissabon, ZJS 2010, 73, nur online verfügbar unter http://www.zjs-online.com/dat/artikel/2010_1_278.pdf (zuletzt abgerufen am 19.12.2011).

Als *Grundsatz* gilt: Über die Vorgaben von Unionsrecht entscheiden in letzter Konsequenz die EU-Gerichte (insb. der Gerichtshof der Europäischen Union [EuGH]), über die Vorgaben des GG in letzter Konsequenz das BVerfG.[233]

Die Vereinbarkeit von **EU-Primärrecht** (EUV, AEUV, EU-Grundrechtecharta und die Protokolle [Vertrag von Lissabon]) mit dem GG prüft das BVerfG nicht mehr, nachdem es von Deutschland ratifiziert worden ist.[234] Somit kann die behauptete Grundgesetzwidrigkeit etwa der primärrechtlichen Warenverkehrsfreiheit (Art. 28 ff. AEUV) nicht mehr Prüfungsgegenstand vor dem BVerfG sein.

Das BVerfG prüft grundsätzlich auch kein **EU-Sekundärrecht** (Verordnungen und Richtlinien nach Art. 288 Abs. 2, 3 AEUV). Es prüft also grundsätzlich nicht, ob das Sekundärrecht mit dem GG (insb. mit den Grundrechten) vereinbar ist.

– Eine Unionrechtsnorm kann schon nach dem klaren Wortsinn des § 76 I BVerfGG nicht Gegenstand einer abstrakten Normenkontrolle sein, da es sich nicht um „Bundes- oder Landesrecht" handelt.[235] Denkbar wäre aber die abstrakte Kontrolle einer deutschen Norm, die eine Richtlinie umsetzt.

– Denkbar wäre auch eine Überprüfung von Sekundärrecht im Rahmen einer Verfassungsbeschwerde (oder einem konkreten Normenkontrollverfahren nach Art. 100 I GG). Soweit sich diese auf eine behauptete *Grundrechtswidrigkeit* des Sekundärrechts stützt, scheidet die verfassungsgerichtliche Prüfung im Ergebnis aber dennoch aus: Das BVerfG fordert, dass Sekundärrecht überhaupt am Maßstab von Grundrechten kontrolliert wird, das „nach Inhalt und Wirksamkeit dem Grundrechtsschutz, wie er nach dem Grundgesetz unabdingbar ist, im [W]esentlichen gleichkommt."[236] Es sieht sich dabei allerdings in einem „Kooperationsverhältnis" zu den EU-Gerichten, die ja Grundrechtsschutz gegen grundrechtsverletzendes Sekundärrecht bereithalten.[237] *Solange* nun der EU-Grundrechts-schutz diesen als unabdingbar gebotenen Grundrechtsschutz *generell* gewährleistet, wird das BVerfG seine Gerichtsbarkeit über Sekundärrecht, das in Deutschland als Rechtsgrundlage für behördliches oder gerichtliches Handeln zur Anwendung kommt, nicht mehr ausüben.[238] Und angesichts des nunmehr erreichten Schutzniveaus durch die EU-Gerichte[239] muss der Beschwerdeführer (bzw. das nach Art. 100 I GG vorlegende Gericht) darlegen,

---

[233] Das Neben- und Miteinander der Gerichte qualifiziert *Voßkuhle* als „europäischen Verfassungsgerichtsverbund", vgl. *Voßkuhle*, Der europäische Verfassungsgerichtsverbund, NVwZ 2010, 1.

[234] Allerdings hat das BVerfG vor der Ratifizierung das gem. Art. 59 II und Art. 23 I 2 GG notwendige Zustimmungsgesetz zu den Verträgen von Maastricht und Lissabon überprüft (BVerfGE 89, 155 – Maastricht; 123, 267 – Lissabon).

[235] *Rozek*, in: Maunz et al. (Hrsg.), BVerfGG, Loseblatt, Stand: Juni 2002, Art. 76, Rn. 36, und ausdrücklich gegen eine analoge Anwendung Rn. 37 a. E.

[236] BVerfGE 73, 339 (376) – Solange II.

[237] Vgl. BVerfGE 89, 155 (156, 175, 178) – Maastricht, mit Verweis auf die Solange II-Entscheidung. Allerdings verwendet das BVerfG diesen Begriff im Lissabon-Urteil nicht mehr.

[238] BVerfGE 73, 339 (340, 387).

[239] Vgl. demgegenüber die Ablehnung eines hinreichenden Schutzniveaus in BVerfGE 37, 271 (271) – Solange I und die Öffnung in BVerfGE 52, 187 (202 f.) – Vielleicht.

dass „dass die europäische Rechtsentwicklung einschließlich der Rechtsprechung des Europäischen Gerichtshofs nach Ergehen der Solange II-Entscheidung [...] unter den erforderlichen Grundrechtsstandard abgesunken sei",[240] anderenfalls ist die Verfassungsbeschwerde (bzw. Richtervorlage) unzulässig.[241] Es spricht damit heute eine Vermutung *für* einen genügenden EU-Grundrechtsschutz. Praktisch prüft das BVerfG Sekundärrecht also nicht mehr an deutschen Grundrechten.

- Denkbar ist aber weiter, dass im Rahmen einer Verfassungsbeschwerde (bzw. in einem konkreten Normenkontrollverfahren) behauptet wird, der EU habe die *Kompetenz* zum Erlass des Sekundärrechts gefehlt. Dies ist der Fall, wenn gegen die primärrechtliche Kompetenzordnung verstoßen wird. Die Union darf nämlich nur handeln, wenn ihr im Primärrecht eine entsprechende Kompetenz eingeräumt ist (Grundsatz der begrenzten Einzelermächtigung), wobei eine solche Einzelermächtigung zudem nur in Anspruch genommen werden darf, wenn sie das Subsidiaritäts- und Verhältnismäßigkeitsprinzip wahrt (Art. 5 EUV). Das BVerfG behält sich grundsätzlich die Prüfung vor, ob sich das Sekundärrecht innerhalb dieser Vorgaben hält oder ob es sich um einen kompetenzwidrig (*ultra vires*) erlassenen „ausbrechenden Rechtsakt" handelt.[242] Aufgrund der Europarechtsfreundlichkeit des GG bejaht das BVerfG ein *ultra vires*-Handeln aber nur dann, wenn „das kompetenzwidrige Handeln der Unionsgewalt offensichtlich ist und der angegriffene Akt im Kompetenzgefüge zu einer strukturell bedeutsamen Verschiebung zulasten der Mitgliedstaaten führt."[243] Dies dürfte allerdings kaum jemals der Fall sein, die *ultra vires*-Kontrolle ist damit eher symbolischer Natur. Praktisch prüft das BVerfG Sekundärrecht also nicht darauf, ob es kompetenzwidrig erlassen worden ist.

- Denkbar ist zuletzt, dass das Sekundärrecht die deutsche „Verfassungsidentität" verletzt, denn das BVerfG prüft auch, „ob der unantastbare Kerngehalt der Verfassungsidentität des Grundgesetzes nach Art. 23 [I 3] in Verbindung mit Art. 79 [III] GG gewahrt ist."[244] Aufgrund der hohen Hürden ist eine solche sog. Identitätskontrolle als Klausurgegenstand jedoch auch bei fortgeschrittenem Studium unwahrscheinlich.

Bei der Kontrolle von **deutschem Recht**, das *(zumindest teilweise) unionsrechtlich determiniert* ist, bemisst das BVerfG seine Prüfungsbefugnisse nach dem Inhalt der jeweiligen Norm:

---

[240] BVerfGE 102, 147 (164) – Bananenmarktordnung.
[241] BVerfGE 102, 147 (164).
[242] BVerfGE 123, 267 (268, m. w. N., 353 f.) – Lissabon.
[243] BVerfGE 126, 286 (286, 303 ff.) – Honeywell. Beachte aber auch die abweichende Meinung des Richters *Landau* (BVerfGE 126, 286/318 [318 ff.]), der die Hürden für die Bejahung eines *ultra vires*-Handelns für überspannt hält.
[244] BVerfGE 123, 267 (268).

– Setzt der deutsche Normsetzer EU-Richtlinien durch deutsches Recht um (vgl. Art. 288 Abs. 3 AEUV), übt das BVerfG keine Prüfungskompetenz über dieses deutsche Recht aus, soweit hinter den Sachregelungen unionsrechtliche Vorgaben stecken, soweit also der deutsche Normgeber keinen Entscheidungsspielraum bei der Umsetzung hatte. Anderenfalls würde es ja indirekt doch Unionsrecht überprüfen, was den oben genannten Prinzipien widerspräche. *Soweit* eine EU-Richtlinie (Art. 288 Abs. 3 AEUV) also keinen Umsetzungsspielraum lässt, wird eine insoweit gebundene (determinierte) deutsche Regelung, die die Vorgabe der Richtlinie 1:1 umsetzt, vom BVerfG nicht überprüft.[245]
– Wo der Normsetzer hingegen Gestaltungsspielräume hat, muss er sich wieder am GG messen lassen, das BVerfG prüft also solches deutsches Recht.[246]

In der Klausur muss dieses Regel-Ausnahme-Verhältnis dargestellt werden, die Korrektorin möchte die Grundzüge dargestellt finden. Die Formulierung in einer Verfassungsbeschwerde könnte etwa lauten:

> „Beschwerdeführer Cinna greift § 1 A-Gesetz an. Fraglich ist, ob es sich dabei um einen tauglichen Beschwerdegegenstand handelt. § 1 A-Gesetz beruht nämlich auf der Vorgabe der Richtlinie 2011/132/EU, also auf EU-Sekundärrecht nach Art. 288 Abs. 3 AEUV.
>
> Würde die Richtlinie wegen Verstoßes gegen das GG in Deutschland keine Anwendung finden, wäre der europarechtliche Grundsatz der loyalen Zusammenarbeit (Art. 4 Abs. 3 EUV) und damit die Idee der EU als Rechtsgemeinschaft gefährdet. Solange daher der unionsrechtliche Grundrechtsschutz dem grundgesetzlichen Schutz im Wesentlichen gleichkommt und somit der vom GG als unabdingbar gebotene Grundrechtsschutz gewährleistet ist, muss eine Kontrolle durch das BVerfG ausscheiden. Mittlerweile hat der EU-Grundrechtsschutz ein derartiges Niveau erreicht. Folglich muss Cinna begründen, dass der Grundrechtsstandard unter dieses Niveau gesunken sei. Dazu trägt er nichts vor. Damit scheidet eine Prüfung am Maßstab der GG-Grundrechte vor dem BVerfG aus.
>
> Die Richtlinie 2011/132/EU könnte aber *ultra vires* ergangen sein. Ein solches Handeln der EU außerhalb der primärrechtlichen Kompetenzordnung kommt nur in Frage, wenn der Rechtsverstoß hinreichend qualifiziert ist. Das setzt voraus, dass das kompetenzwidrige Handeln der Unionsgewalt offensichtlich ist und der angegriffene Akt im Kompetenzgefüge zu einer strukturell bedeutsamen Verschiebung zulasten der Mitgliedstaaten führt. Ein derart evidenter Rechtsverstoß liegt der Richtlinie 2011/132/EU aber nicht zugrunde.
>
> Damit kann § 1 A-Gesetz insoweit nicht vom BVerfG überprüft werden, als er von der Richtlinie 2011/132/EU determiniert ist. Art. 1 der Richtlinie

---

[245] BVerfGE 118, 79 (79, 95 ff.) – Treibhausgas-Emissionsberechtigungen; BVerfGE 121, 1 (15) – Vorratsdatenspeicherung I; BVerfGE 125, 260 (306) – Vorratsdatenspeicherung II.
[246] BVerfGE 121, 1 (15); 125, 260 (306 f.), wobei die Ausführung auf S. 306 ff. zeigen, wie schwierig die Trennung von Unionsvorgaben und Gestaltungsspielraum sein kann.

> gibt genaue Grenzwerte vor und determiniert damit § 1 A-Gesetz vollständig. Dem Gesetzgeber kommt bei der Fassung des § 1 A-Gesetz also kein Umsetzungsspielraum zu. Damit scheidet eine Überprüfung der Norm am Maßstab des GG aus, da anderenfalls entgegen die obigen Ausführungen doch die Richtlinie (indirekt) überprüft werden würde. Auch dafür, dass die Richtlinie die Verfassungsidentität der Bundesrepublik Deutschland (Art. 23 I 3 i. V. m. Art. 79 III GG) verletzen würde und daher in Deutschland keine Anwendung finden könnte, sind keine Anhaltspunkte ersichtlich.
>
> § 1 A-Gesetz ist damit kein tauglicher Beschwerdegegenstand.
>
> Cinna greift aber auch § 2 A-G an. Diese Norm nutzt den Gestaltungsspielraum, den Art. 2 RL 2011/132/EU eröffnet. Folglich ist § 2 A-G nicht vollständig inhaltlich europarechtlich determiniert, mithin der Rechtsschutz vor dem BVerfGG eröffnet.
>
> § 2 A-G ist somit tauglicher Gegenstand einer Verfassungsbeschwerde."

III. Grundschema zur Zulässigkeitsprüfung

Es ist hilfreich, sich ein „**Grundschema**" für den Aufbau der Zulässigkeitsprüfung verfassungsprozessualer Verfahren einzuprägen.[247] Dieses darf selbstverständlich nicht blind angewendet werden, sondern muss auf die jeweiligen Verfahrensarten zugeschnitten werden (vgl. unten B.-E., S. 103 ff.).[248]

I. Statthafte Verfahrensart

– Die statthafte Verfahrensart ist diejenige, mit der der Antragsteller sein Ziel erreichen kann. Hierfür ist das Begehren des Antragstellers zu ermitteln. Es handelt sich also um die Übersetzung von dessen Wunsch „ins Juristische". Leitfragen sind also: Was will der Antragsteller eigentlich? Und wie, falls überhaupt, kann er das erreichen?

– Für die Auslegung des Begehrens ist zu beachten: Welche Rechtsfolge möchte der Antragsteller erzielen („Gesetz aus der Welt schaffen"; „Rechtsverstoß klar benennen")? Bedient er sich dabei vielleicht juristisch falscher Begriffe (was unbeachtlich wäre, denn: *falsa demonstratio non nocet*[249])? Falls die eigentlich gewünschte Verfahrensart ausgeschlossen ist: Kann sein Begehren vielleicht so ausgelegt werden, dass er in diesem Fall ein anderes, mögliches Verfahren betreiben möchte (etwa ein Organstreitverfahren statt eines ausgeschlossenen abstrakten Normenkontrollverfahrens)?

---

[247] Die Idee dazu verdanke ich *Patricia Sarah Stöbener*, LL.M. (King's College London) aus ihrer Zeit als Wissenschaftliche Mitarbeiterin am Walter Hallstein-Institut für Europäisches Verfassungsrecht (Juristische Fakultät der Humboldt-Universität zu Berlin).
[248] Wenn im Folgenden von Antrag(-steller etc.) die Rede ist, sind damit auch Beschwerden umfasst.
[249] Lat.: Eine falsche Bezeichnung schadet nicht.

- Kommen (wie in den allermeisten Klausuren) nicht ernsthaft mehrere Verfahrensarten in Betracht, sind die Angaben zur statthaften Verfahrensart kurz halten.
- Verfehlt wäre der Vorgriff auf die Nennung aller Zulässigkeitsfragen (etwa: „Das Organstreitverfahren ist nur statthaft, wenn die Abgeordnete A parteifähig ist. Dies ist fraglich […].").

II. Zuständigkeit des Bundesverfassungsgerichts

- Zuständigkeit des BVerfG für die statthafte Verfahrensart (i. d. R.) gem. Art. 93 GG, § 13 BVerfGG[250]
- Bei kurzen Ausführungen können statthafte Verfahrensart und Zuständigkeit unter einer Überschrift behandelt werden.

III. Parteifähigkeit (und Prozessfähigkeit) des Antragstellers

- Der Antragsteller muss zu einer Gruppe von Personen gehören, die dazu berechtigt sind, *überhaupt* ein bestimmtes Verfahren zu betreiben.

> **Beispiel:**
> Die Bundesregierung darf einen Normenkontrollantrag nach § 76 I BVerfGG stellen, ein einzelner Abgeordneter des Bundestages dagegen nicht.

- Achtung bei *Kollegialorganen*, die sich also aus mehreren natürlichen Personen zusammensetzen[251]: Hierzu fehlen in Klausuren regelmäßig weitere Ausführungen, so dass ohne Weiteres auch „die Bundesregierung" als Antragstellerin anzunehmen ist. Dann wäre es verfehlt (Lehrbuchstil), darauf hinzuweisen, dass es dafür genau genommen eines entsprechenden Mehrheitsbeschlusses des Organs bedarf, vgl. beispielsweise § 35 II GGO.
- Von „Parteien" spricht man nur in kontradiktorischen Verfahren, ansonsten entweder allgemein von „Beteiligten" oder schreibt schlicht „Antragsberechtigung"[252].
- Prozessfähigkeit:
  o Prozessfähigkeit ist die Fähigkeit, Prozesshandlungen selbst oder durch selbst bestellte Vertreter vorzunehmen oder entgegenzunehmen.[253]
  o In der Klausur ist hierzu regelmäßig nichts auszuführen.
  o Die Prozessvertretung bestimmt sich nach § 22 BVerfGG.[254]

---

[250] Dazu schon oben S. 89.
[251] Beispiel: Bundesregierung, vgl. Art. 62 GG.
[252] Vgl. unten S. 113 f.
[253] Allgemeine Definition, vgl. etwa *Weth*, in: Musielak (Hrsg.), ZPO, 8. Aufl. 2011, § 52, Rn. 2; *Klein*, in: Maunz et al. (Hrsg.), BVerfGG, Loseblatt, Stand: Januar 1987, § 24, Rn. 16.
[254] Näher etwa *Speckmaier*, in: Umbach et al. (Hrsg.), BVerfGG-Mitarbeiterkommentar, 2. Aufl. 2005, § 22.

○ Es vertreten also etwa: der Bundestagspräsident den Bundestag gem. § 7 I 1 GO-BT; das jeweils federführende Bundesministerium die Bundesregierung gem. § 35 I 1 GGO; der Bundesratspräsident gem. § 6 I 1 GO-BR den Bundesrat.

IV. Parteifähigkeit (und Prozessfähigkeit) des Antragsgegners
– nur bei kontradiktorischen Verfahren (vgl. oben S. 90) einschlägig (insb. Organstreitverfahren gem. § 63 BVerfGG und Bund-Länder-Streit gem. § 68 BVerfGG)
– ansonsten: alles entsprechend den Bemerkungen oben unter III.

V. Antragsgegenstand
– Bestimmung, was genau das BVerfG überprüfen soll, etwa eine „Maßnahme oder Unterlassung" (Organstreitverfahren, § 64 I BVerfGG), Bundes- oder Landesrecht (abstraktes Normenkontrollverfahren, § 76 I BVerfGG) oder jedes Handeln der öffentlichen Gewalt (Verfassungsbeschwerde, § 90 I BVerfGG)
– Ist der angegriffene Gegenstand von Unionsrecht zumindest berührt, müssen hier Ausführungen dazu erfolgen, inwieweit er überhaupt tauglicher Antragsgegenstand sein kann, vgl. oben S. 91 ff.
– **Der Antragsgegenstand ist *genau* zu benennen, anderenfalls verfehlt die gesamte folgende Prüfung die Anforderungen an eine gelungene Klausur.**

> **Beispiel:**
> Wird nicht hinreichend klar, durch welche Maßnahme sich ein Antragsteller verletzt fühlt, kann auch nicht festgestellt werden, in welchen Rechten er (wodurch denn?) verletzt ist und ob die Frist (die seit Bekanntwerden der Maßnahme läuft) gewahrt ist.

– Bei subjektiven Rechtsschutzverfahren ist es zudem wichtig darauf zu achten, nicht den Unterschied zwischen Antragsgegenstand (was soll überprüft werden?) und Antragsbefugnis (welche Rechte könnten durch den Antragsgegenstand verletzt worden sein?) zu verwischen.
– Es bietet sich an, hier auch den Prüfungsmaßstab festzustellen.

> **Beispiel:**
> Beim abstrakten Normenkontrollverfahren wird gem. § 76 I Nr. 1 BVerfGG Bundesrecht geprüft hinsichtlich seiner förmlichen und sachlichen Vereinbarkeit mit dem GG.
> Beim Organstreitverfahren wird eine Maßnahme gem. §§ 67 S. 1 i. V. m. 64 I BVerfGG geprüft hinsichtlich der Verletzung eines subjektiven, grundgesetzlichen Rechts des Antragstellers.

VI. Antragsbefugnis

- Nur in subjektiven Rechtsschutzverfahren (vgl. oben S. 90 f.) einschlägig.
- Die Antragsbefugnis ist nicht mit dem objektiven Klarstellungsinteresse zu verwechseln, das für die Zulässigkeit eines abstrakten Normenkontrollverfahrens gefordert ist (Art. 93 I Nr. 2 GG: Meinungsverschiedenheiten oder Zweifel über Verfassungsmäßigkeit des Rechts bzw. § 76 I Nr. 1 BVerfGG: Recht für nichtig hält).
- Der Antragsteller ist antragsbefugt, wenn ihn ein subjektives Recht berechtigt, dessen Verletzung nicht von vornherein ausgeschlossen werden kann.

> **Beispiel:**
> Beim Organstreitverfahren muss der Antragsteller geltend machen, dass nicht von vornherein ausgeschlossen werden kann, dass er oder das Organ, dem er angehört, in seinen durch das GG übertragenen Rechten verletzt oder unmittelbar gefährdet ist, vgl. §§ 67 S. 1 i. V. m. 64 I BVerfGG.

VII. Antragsform

- Für jedes Verfahren[255] gilt gem. § 23 I BVerfGG: der Antrag muss schriftlich und begründet sein.
- Längere Ausführungen sind in der Klausur verfehlt – keine Klausur scheitert an der Antragsform.
- Die Angabe der Beweismittel (§ 23 I 2 2. Hs. BVerfGG) wird in Klausuren erst gar nicht erwähnt.
- Daneben können die Verfahren zusätzlich/modifizierend weitere Formerfordernisse aufweisen, insb. § 64 II BVerfGG (Organstreitverfahren).

VIII. Antragsfrist

- Für manche Verfahren ist eine Frist vorgegeben, innerhalb derer ein Antrag gestellt werden muss (beispielsweise für das Organstreitverfahren, § 64 III BVerfGG; für den Bund-Länder-Streit, §§ 69 i. V. m. 64 III BVerfGG bzw. § 70 BVerfGG), für andere nicht (wie beispielsweise das abstrakte Normenkontrollverfahren).
- Zur *Fristberechnung*:
  o Das BVerfGG selbst enthält keine Vorgaben zur Fristberechnung und verweist auch nicht auf andere Normen; als bewusst lückenhaft gehaltene Prozessordnung wird diese Lücke aber durch Analogie zum sonstigen deutschen (Verfahrens-)Recht geschlossen.[256]
  o Im deutschen Verfahrensrecht bestimmt sich die Fristberechnung letztlich

---

[255] Vgl. die Systematik des BVerfGG, §§ 17 ff.: II. Teil, 1. Abschnitt: Allgemeine Verfahrensvorschriften.
[256] Vgl. allgemein *Schlaich/Korioth*, Das Bundesverfassungsgericht, 8. Aufl. 2010, Rn. 54, m. w. N.

nach §§ 187 ff. BGB.²⁵⁷ Das BVerfG wendet ohne Weiteres die §§ 187 ff. BGB *direkt* an,²⁵⁸ was ungenau ist. In diesem Buch werden die §§ 187 ff. BGB daher *analog* angewandt.

o Die Fristberechnung selbst erfolgt in vier Teilschritten:
- Bestimmung des maßgeblichen Zeitpunkts, der sich aus dem BVerfGG ergibt (für das Organstreitverfahren etwa: nachdem die beanstandete Maßnahme oder Unterlassung²⁵⁹ dem Antragsteller bekannt geworden ist); Beispiel: 29.3.2012
- Fristbeginn, § 187 I BGB analog: am nächsten Tag; Beispiel: 30.3.2012 (0:00 Uhr)
- Fristdauer: ergibt sich aus dem BVerfGG (für das Organstreitverfahren etwa: sechs Monate gem. § 64 III BVerfGG)
- Fristende, § 188 II BGB analog: grundsätzlich dasselbe Tagesdatum wie der maßgebliche Zeitpunkt; Beispiel: 29.9.2012 (24 Uhr); *Sonderfälle*:
  • Gibt es dasselbe Tagesdatum in dem Monat nicht, in dem die Frist endet, tritt der letzte Tag des Monats an dessen Stelle.

Beispiele:
maßgeblicher Zeitpunkt sei der 31.5.2012; Fristende kann nicht der 31.11.2012 sein (der November hat nur 30 Tage), sondern gem. § 188 III BGB analog der letzte Tag des Monats, also 30.11.2012, 24:00 Uhr; maßgeblicher Zeitpunkt sei der 31.8.2012, Fristende ist gem. § 188 III BGB analog der 28.2.2013

• Ein beliebtes Standard-Klausurproblem ist ein Fristende, das auf einen *Samstag (Sonnabend), Sonntag oder Feiertag* fällt. Gem. § 193 BGB analog endet die Frist dann am nächsten Werktag.
Wird in der Klausur kein Kalender zugelassen (anders jedenfalls in Bayern), wird der Wochentag, auf den das Fristende fällt, in der Klausur genannt; alternativ kann die Fristwahrung mit Rückgriff auf allgemein bekannte Feiertage (etwa den 25.12) bestimmt werden. In Hausarbeiten werden demgegenüber oft nur die Daten verwendet. Sie müssen dann für jedes Datum den Wochentag feststellen. **Es muss Ihnen ins juristische Fleisch und Blut übergehen, Daten als Warnsignale zu sehen!**

---

[257] Anders als das BVerfGG verweisen andere Prozessrechtsordnungen auf die §§ 187 ff. BGB, vgl. § 222 I ZPO (Zivilprozess), § 57 II VwGO i. V. m. § 222 I ZPO (Verwaltungsprozess).

[258] Für die Berechnung nach § 93 BVerfGG (Verfassungsbeschwerde) ausdrücklich BVerfGE 102, 254 (295), dazu auch weitere Nachweise bei *Hillgruber/Goos*, Verfassungsprozessrecht, 3. Aufl. 2011, Rn. 234; als Beispiel für die Berechnung der Fristen in einem Organstreitverfahren BVerfGE 118, 277 (320 f.) – Abgeordneteneinkünfte.

[259] Zum Klausurklassiker „Fristbeginn bei Unterlassen" s. unten S. 111 und Klausur 6: Highway to Hell, S. 310 f.

> **Beispiel:**
> Eine Frist würde nach § 188 II BGB analog am Freitag, 6.4.2012 enden. Dabei handelt es sich um den Karfreitag, mithin einen (bundesweit geltenden) staatlich anerkannten allgemeinen Feiertag. Gem. § 193 BGB analog endet die Frist daher am Ende des nächsten Werktages: der 7.4.2012 ist ein Samstag, der 8.4.2012 ein Sonn- und Feiertag (Ostersonntag), der 9.4.2012 ein bundesweiter Feiertag (Ostermontag), so dass die Frist erst am Dienstag, 10.4.2012 endet.

IX. Rechtsschutzbedürfnis

– Bei subjektiven Rechtsschutzverfahren muss (als ungeschriebene Voraussetzung) ein Rechtsschutzbedürfnis vorliegen, also ein anerkennenswertes Interesse an der Befassung des BVerfG mit dem Fall. Verfassungsgerichtlicher Rechtsschutz muss zur Abwehr der Rechtsverletzung daher nötig (somit auch: möglich) sein.[260] Das Rechtsschutzbedürfnis ist indiziert (vermutet), es müssen also Zweifel vorliegen, um die Frage des Rechtsschutzbedürfnisses weiter auszuführen. Dies wird im Sachverhalt hinreichend deutlich.
– In objektiven Rechtskontrollen ist kein subjektives Rechtsschutzbedürfnis zu prüfen, aber auch hier soll das BVerfG nicht in Anspruch genommen werden, wenn daran letztlich kein anerkennenswertes Interesse besteht. Dieser Gedanke ist (freilich dogmatisch und terminologisch uneinheitlich) anerkannt; man spricht bei der abstrakten Normenkontrolle etwa auch vom „objektiven Klarstellungsinteresse".[261] Allerdings müssen auch hier besondere Umstände vorliegen, weshalb sich das BVerfG trotz des Vorliegens der anderen Zulässigkeitsvoraussetzungen ausnahmsweise nicht mit dem Verfahren befassen sollte.

X. Ergebnis

– Feststellung bei Unzulässigkeit: der Antrag wird als unzulässig verworfen[262]
– Feststellung bei Zulässigkeit: der Antrag ist zulässig

---

[260] M. w. N.: *Kunze*, in: Umbach et al. (Hrsg.), BVerfGG-Mitarbeiterkommentar, 2. Aufl. 2005, Vor §§ 17 ff., Rn. 46 f.; von Bedeutung ist dieser Prüfungspunkt insb. bei der Verfassungsbeschwerde, vgl. *Kunze*: Umbach et al. (Hrsg.), BVerfGG-Mitarbeiterkommentar, 2. Aufl. 2005, § 90, Rn. 90 ff.; *Hillgruber/Goos*, Verfassungsprozessrecht, 3. Aufl. 2011, Rn. 246 ff., 387 ff., 469 ff.

[261] *Graßhof*, in: Umbach et al. (Hrsg.), BVerfGG-Mitarbeiterkommentar, 2. Aufl. 2005, § 76, Rn. 31; *Hillgruber/Goos*, Verfassungsprozessrecht, 3. Aufl. 2011, Rn. 514 ff., sprechen von „objektivem Rechtsschutzbedürfnis" und meinen dabei das in Art. 93 I Nr. 2 GG bzw. § 76 I BVerfGG festgeschriebene Interesse an der Normenkontrolle (Zweifel oder Meinungsverschiedenheit bzw. Für-nichtig-Halten). Darüber geht das von *Graßhof* genannte objektives Klarstellungsinteresse (wie es auch dieses Buch versteht) hinaus.

[262] „Verwerfen" ist ein *terminus technicus*, vgl. *Schlaich/Korioth*, Das Bundesverfassungsgericht, 8. Aufl. 2010, Rn. 372.

Exkurs zur Begründetheit

Die Begründetheitsprüfung wird nach keinem allgemeinen Prüfungsschema aufgebaut, sondern unterscheidet sich grundlegend nach der unterschiedlichen Verfahrensart. Entscheidend ist, diejenige(n) Norm(en) im BVerfGG zu finden, die den Rechtsfolgenausspruch im jeweiligen Verfahren festlegt bzw. festlegen – aus ihr ergibt sich das Prüfungsprogramm.

> **Beispiele:**
> §§ 67 S. 1 i. V. m. 64 I BVerfGG (Organstreitverfahren): Prüfung, ob Antragsgegenstand (beanstandete Maßnahme oder Unterlassung des Antragsgegners) gegen eine Bestimmung des Grundgesetzes verstößt, indem sie ein dem Antragsteller durch das Grundgesetz übertragenes Recht verletzt; zu prüfen ist also die Verletzung eines subjektiven grundgesetzlichen Rechts
> § 78 S. 1 BVerfGG (abstraktes Normenkontrollverfahren): Prüfung, ob Bundesrecht mit dem GG unvereinbar ist
> § 48 I 1. Hs. BVerfGG (Wahlprüfungsbeschwerde): Gültigkeit der Wahl, also anhand des gesamten Wahlrechts

Zu Beginn jeder Begründetheitsprüfung muss stets der *Prüfungsumfang* einschließlich des *Prüfungsmaßstabs* festgestellt werden. Der Prüfungsumfang wird schon in der Zulässigkeit vorgegeben. Zu Beginn der Begründetheit muss nochmals klargestellt werden, was (Antragsgegenstand) man hinsichtlich welcher Rechtsfehler (etwa: nur Verletzung subjektiver Rechte in einem Organstreitverfahren) anhand welchen Maßstabs (regelmäßig nur das GG) prüfen wird.

Diese Bestimmung hilft dem Bearbeiter, die Struktur der Begründetheitsprüfung festzulegen, um etwa zu vermeiden, dass aus einem subjektiven Rechtsschutzverfahren schleichend eine objektive Rechtskontrolle wird und etwa nicht nur eine mögliche Rechtsverletzung, sondern auch objektives Verfassungsrecht geprüft wird. Sie ruft auch das Verhältnis das BVerfG zu den Fachgerichten in Erinnerung und verhindert, dass in einer Verfassungsbeschwerde gegen einen Verwaltungsakt etwa die Rechtmäßigkeit einer Ausweisung nach § 54 Nr. 1 Aufenthaltsgesetz geprüft wird anstatt nur das „spezifische Verfassungsrecht", das für den Verwaltungsakt relevant ist.

Zum Ergebnis: ein unbegründeter Antrag wird grundsätzlich zurückgewiesen[263].

---

[263] „Zurückweisen" ist ein *terminus technicus*, vgl. *Schlaich/Korioth*, Das Bundesverfassungsgericht, 8. Aufl. 2010, Rn. 372. Vgl. zu den Zulässigkeits- und Begründetheitstenorierungen und -termini jeweils unten, S. 103 ff.

B. Organstreitverfahren, Art. 93 I Nr. 1 GG i. V. m. §§ 13 Nr. 5, 63-67 BVerfGG

Das Organstreitverfahren ist ein kontradiktorisches, subjektives Rechtsschutzverfahren.

I. Statthafte Verfahrensart und Zuständigkeit des BVerfG
- Art. 93 I Nr. 1 GG, § 13 Nr. 5 BVerfGG[264]

II. Parteifähigkeit (und Prozessfähigkeit) des Antragstellers
- Parteifähigkeit: Art. 93 I Nr. 1 GG i. V. m. § 13 Nr. 5 BVerfGG, § 63 BVerfGG[265]
- Wiederholung: Bei der Parteifähigkeit geht es darum, ob der Antragsteller generell zu einer privilegierten Gruppe gehört, die ein bestimmtes Verfahren überhaupt betreiben darf. Welche Rechte der Antragsteller geltend machen kann und ob diese möglicherweise verletzt sind, hat mit der Parteifähigkeit nichts zu tun: dies sind Fragen der Antragsbefugnis (§ 64 I BVerfGG).
- Die Parteifähigkeit stellt für bestimmte Antragsteller (einzelner Abgeordneter, Fraktion, politische Partei) einen *Standardschwerpunkt* dar. Damit darf eine Problematisierung einerseits nicht unterbleiben (also nicht etwa: „A als einzelner Bundestagsabgeordneter ist als anderer Beteiligter i. S. v. Art. 93 I Nr. 1 GG parteifähig."); andererseits darf sie auch nicht übertrieben werden. Wichtig ist, auf die divergierenden Textfassungen von Art. 93 I Nr. 1 GG, § 13 Nr. 5 BVerfGG und § 63 BVerfGG hinzuweisen und eine argumentative Lösung darzustellen.
- Parteifähig nach § 63 BVerfGG[266] sind:
    o Bundespräsident
    o Bundestag
    o Bundesrat
    o Bundesregierung
    o **Teile dieser Organe**, die im GG oder in der jeweiligen Geschäftsordnung mit eigenen Rechten ausgestattet sind; Beispiele für solche Rechte müssen aufgeführt werden; problematisch ist aber der Begriff des „Teils":

---

[264] Eine vollständige Zitierung aller einschlägigen Normen ist nur bei der ersten Nennung nötig. Danach genügt es, die spezielleren Normen (also des BVerfGG) zu zitieren. Es ist jedoch wichtig, wegen möglicher Wortsinnunterschiede auch die etwaige Regelung des GG im Kopf zu behalten.
[265] Hier sind wegen der Wortsinndifferenz alle einschlägigen Normen zu nennen.
[266] Auch in der Klausur sollte die Subsumtion mit den einfachrechtlichen Vorschriften beginnen und erst bei Problemen auf das GG zurückgreifen.

- Nach dem Wortsinn *könnte* hierunter auch der **einzelne Abgeordnete** fallen, da sich der Bundestag aus Abgeordneten zusammensetzt (Art. 38 I 1 GG). BVerfG und h. L. lehnen diese Konstruktion allerdings ab: „Teil" wird so definiert, dass der einzelne Abgeordnete nicht darunter fällt (seine Parteifähigkeit ergibt sich vielmehr aus Art. 93 I Nr. 1 GG, dazu gleich unten). „Teil" bedeutet danach nicht bloß Mitglied.[267] Vielmehr muss die zugewiesene Stellung eine normative Verdichtung zeigen, die die Zuerkennung des Status als „Teil"-Status erlaubt.[268]
- Klassisches Teil eines Organs (nämlich des Bundestages) sind **Fraktionen** i. S. v. § 10 I 1 GO-BT. Sie sind Teile i. S. v. § 63 BVerfGG, denn bei ihnen handelt es sich um Teile, *die von der Geschäftsordnung als ständige Gliederungen eingerichtet sind, um die parlamentarische Arbeit zu ermöglichen oder zu erleichtern*[269].
- Weitere Teile des Bundestages sind: vom Bundestag anerkannte Gruppen unter Fraktionsstärke i. S. v. § 10 IV GO-BT;[270] ständige Ausschüsse des Bundestages;[271] qualifizierte Minderheiten wie die Einsetzungsminderheit nach Art. 44 I 1 GG.[272] *Keine* Teile i. S. v. § 63 BVerfGG sind unqualifizierte Personengruppen, die lediglich ein bestimmtes Quorum erfüllen, etwa bloße Abstimmungsgrößen (Mehrheit/Minderheit des Bundestages).[273]
- Teil der Bundesregierung: der einzelne Bundesminister sowie der Bundeskanzler (jeweils str.).[274]

---

[267] *Hillgruber/Goos*, Verfassungsprozessrecht, 3. Aufl. 2011, Rn. 333.

[268] Zum Konzept der Organteile näher *Umbach*, in: ders. et al. (Hrsg.), BVerfGG-Mitarbeiterkommentar, 2. Aufl. 2005, §§ 63, 64, Rn. 4 ff.

[269] St. Rspr., s. schon BVerfGE 2, 143 (160) – EVG-Vertrag, weitere Nachweise von *Umbach*, in: ders. et al. (Hrsg.), BVerfGG-Mitarbeiterkommentar, 2. Aufl. 2005, §§ 63, 64, Rn. 67. A. A. *Bethge*, in: Maunz et al. (Hrsg.), BVerfGG, Loseblatt, Stand: Juli 2002, § 63, Rn. 46: parteifähig als anderer Beteiligter nach Art. 93 I Nr. 1 GG (aber dennoch berechtigt, prozessstandschaftlich die Rechte des Bundestages geltend zu machen, *Bethge*, ibid., § 64, Rn. 83 f.). Mit der h. M. sollte der Studierende aber das Schlagwort „Einrichtung als ständige Gliederung" bringen.

[270] BVerfGE 84, 304 (318) – PDS-Gruppe I; *Umbach*, in: ders. et al. (Hrsg.), BVerfGG-Mitarbeiterkommentar, 2. Aufl. 2005, §§ 63, 64, Rn. 67, m. w. N.

[271] Möglich nach BVerfGE 2, 143 (160) – EVG-Vertrag; *Hillgruber/Goos*, Verfassungsprozessrecht, 3. Aufl. 2011, Rn. 335, m. w. N.

[272] BVerfGE 124, 78 (106 f., m. w. N.).

[273] BVerfGE 2, 143 (160 ff.); *Bethge*, in: Maunz et al. (Hrsg.), BVerfGG, Loseblatt, Stand: Juli 2002, § 63 Rn. 48, m. w. N.

[274] Wie beim einzelnen Abgeordnete kann deren Parteifähigkeit als Teil der Bundesregierung nach § 63 BVerfGG konstruiert werden (für einen Bundesminister: BVerfGE 90, 286 [338] – Out-of-area-Einsätze) oder nach Art. 93 I Nr. 1 BVerfGG (*Hillgruber/Goos*, Verfassungsprozessrecht, 3. Aufl. 2011, Rn. 335; 351). Diese Konstellation ist allerdings deutlich weniger klausurrelevant.

- Parteifähig nach **Art. 93 I Nr. 1 GG** sind:[275]
  o *sämtliche* oberste Bundesorgane,[276] d. h. über die in § 63 BVerfGG schon genannten hinaus etwa die Bundesversammlung und der Gemeinsame Ausschuss[277]
  o **andere Beteiligte**, die durch das GG oder in der Geschäftsordnung eines obersten Bundesorgans mit eigenen Rechten ausgestattet sind[278]
    ▪ Standardproblem: **der einzelne Bundestagsabgeordnete**[279]
      • Zwar wäre denkbar, ihn als Teil des Bundestages nach § 63 BVerfGG für parteifähig zu halten, s. oben S. 103 f.[280]
      • Zutreffend wird dies abgelehnt:[281] Aufgrund seines bedeutenden, eigenen verfassungsrechtlichen Status[282] (vgl. nur Art. 38 I 2 GG) ist es allein angemessen, ihn als anderen Beteiligten zu qualifizieren. Damit ist er parteifähig gem. Art. 93 I Nr. 1 GG kraft „eigener Organstellung"[283].

---

[275] Art. 93 I Nr. 1 GG ist teilweise enger als § 63 BVerfGG (dieser verleiht auch Organteilen die Parteifähigkeit), teilweise weiter (er verleiht nämlich auch „anderen Beteiligten" die Parteifähigkeit). Was in letzterem Fall daraus für § 63 BVerfGG folgt, ist umstr. (vgl. nur die Nachweise bei *Hillgruber/Goos*, Verfassungsprozessrecht, 3. Aufl. 2011, Rn. 317). Einigkeit besteht aber im Ergebnis darin, dass Art. 93 I Nr. 1 GG zur Anwendung kommt, sei es, weil die Teilnichtigkeit von § 63 BVerfGG erklärt werden muss, sei es, dass Art. 93 I Nr. 1 GG zur Auslegung von § 63 BVerfGG ergänzend herangezogen werden muss. In der Klausur sollte man nicht weiter diskutieren, was aus Art. 93 I Nr. 1 GG für § 63 BVerfGG folgt. Es genügt, die Inkongruenz darzustellen, Art. 93 I Nr. 1 GG als treffendere Norm zu qualifizieren und anzuwenden.

[276] Zum Begriff *Hillgruber/Goos*, Verfassungsprozessrecht, 3. Aufl. 2011, Rn. 337; ausführlicher *Bethge*, in: Maunz et al. (Hrsg.), BVerfGG, Loseblatt, Stand: Juli 2002, § 63, Rn. 23 ff.

[277] *Hillgruber/Goos*, Verfassungsprozessrecht, 3. Aufl. 2011, Rn. 339, mit weiteren, teilweise str. Beispielen.

[278] Weitere Beispiele bei *Umbach*, in: ders. et al. (Hrsg.), BVerfGG-Mitarbeiterkommentar, 2. Aufl. 2005, §§ 63, 64, Rn. 127. Für manche Organe ist str., ob sie als oberste Bundesorgane oder als andere Beteiligte zu begreifen sind. Dies bleibt im Ergebnis aber ohne Relevanz.

[279] Dazu im Kontext Klausur 1: Der unbequeme Abgeordnete, S. 149. Beachte unten die Folgen der Streitentscheidung im Rahmen der Antragsbefugnis.

[280] In diese Richtung verstehen *Schlaich/Korioth*, Das Bundesverfassungsgericht, 8. Aufl. 2010, Rn. 91, Fn. 324 bestimmte Stimmen der Literatur.

[281] St. Rspr. des BVerfG, s. nur etwa BVerfGE 124, 161 (184) – Überwachung von Abgeordneten; BVerfGE 108, 251 (270, m. w. N.) – Abgeordnetenbüro; anders, aber wohl nur ungenau BVerfGE 62, 1 (31 f.) mit der Bejahung der Parteifähigkeit nach § 63 BVerfGG. Das BVerfG hat seine Definition von „Teil" daher so gefasst, dass Abgeordnete nicht darunter zu subsumieren sind, da sie nicht „von der Geschäftsordnung als ständige Gliederung eingerichtet sind, um die parlamentarische Arbeit zu ermöglichen oder zu erleichtern", vgl. oben S. 103 f. Ebenso (jeweils m. w. N.) *Schlaich/Korioth*, Das Bundesverfassungsgericht, 8. Aufl. 2010, Rn. 91; *Umbach*, in: ders. et al. (Hrsg.), BVerfGG-Mitarbeiterkommentar, 2. Aufl. 2005, §§ 63, 64, Rn. 8; *Bethge*, in: Maunz et al. (Hrsg.), BVerfGG, Loseblatt, Stand: Juli 2002, § 63, Rn. 45.

[282] BVerfGE 124, 161 (184) – Überwachung von Abgeordneten.

[283] So die Formulierung von *Umbach*, in: ders. et al. (Hrsg.), BVerfGG-Mitarbeiterkommentar, 2. Aufl. 2005, §§ 63, 64, Rn. 25 und *Schlaich/Korioth*, Das Bundesverfassungsgericht, 8. Aufl. 2010, Rn. 91 mit Verweis auf die Rechtsprechung des BVerfG.

- Bundeskanzler (str.)[284]
- Bundesminister (str.)[285]
- Bundestagspräsident[286]
- Vermittlungsausschuss[287]
- *keine* anderen Beteiligten in diesem Sinne sind die Länder[288] und der Bürger[289]; für sie stehen allein die föderativen Streitigkeiten bzw. die Verfassungsbeschwerde bereit
- Standardproblem: Sind **politische Parteien** i. S. v. Art. 21 GG andere Beteiligte i. S. d. Art. 93 I Nr. 1GG?
  - Unstr. abzulehnen ist dies hinsichtlich der Verteidigung von grundgesetzlichen Rechten, die *jeder* juristischen Person zukommen: statthaft ist hier allein die Verfassungsbeschwerde gem. Art. 93 I Nr. 4a GG, §§ 13 Nr. 8a, 90-95 BVerfGG.
  - Str. ist dies für die Verteidigung von Statusrechten, die also aus Art. 21 GG folgen:[290]
    – Nach einer Auffassung bleibt es auch in diesem Fall bei der Verfassungsbeschwerde. Die Statusrechte müssen dann i. V. m. einem Recht konstruiert werden, dessen Verletzung durch Verfassungsbeschwerde geltend gemacht werden kann.[291]
    – Nach der Rechtsprechung des BVerfG ist in diesem Fall hingegen das Organstreitverfahren statthaft, wenn die übrigen Zulässigkeitsvoraussetzungen vorliegen (insb. also der Antragsgegner parteifähig ist). Anderenfalls (um eine Rechtsschutzlücke zu vermeiden) bleibt es doch bei der Verfassungsbeschwerde.[292]

---

[284] *Hillgruber/Goos*, Verfassungsprozessrecht, 3. Aufl. 2011, Rn. 335, 351; offen *Umbach*, in: ders. et al. (Hrsg.), BVerfGG-Mitarbeiterkommentar, 2. Aufl. 2005, §§ 63, 64, Rn. 127. Denkbar wäre auch eine Parteifähigkeit nach § 63 BVerfGG.

[285] *Hillgruber/Goos*, Verfassungsprozessrecht, 3. Aufl. 2011, Rn. 335, 351; *Umbach*, in: ders. et al. (Hrsg.), BVerfGG-Mitarbeiterkommentar, 2. Aufl. 2005, §§ 63, 64, Rn. 127, m. w. N. Denkbar wäre auch eine Parteifähigkeit nach § 63 BVerfGG.

[286] BVerfGE 27, 152 (157); mit kritischem Nachweis *Hillgruber/Goos*, Verfassungsprozessrecht, 3. Aufl. 2011, Rn. 351.

[287] *Schlaich/Korioth*, Das Bundesverfassungsgericht, 8. Aufl. 2010, Rn. 87; offen *Umbach*, in: ders. et al. (Hrsg.), BVerfGG-Mitarbeiterkommentar, 2. Aufl. 2005, §§ 63, 64, Rn. 127, m. w. N. Man könnte ihn auch als Organteil für parteifähig halten, vgl. den Nachweis bei *Hillgruber/Goos*, Verfassungsprozessrecht, 3. Aufl. 2011, Rn. 335, m. w. N.

[288] *Hillgruber/Goos*, Verfassungsprozessrecht, 3. Aufl. 2011, Rn. 342, m. w. N.

[289] *Bethge*, in: Maunz et al. (Hrsg.), BVerfGG, Loseblatt, Stand: Juli 2002, § 63, Rn. 50.

[290] Dazu ausführlich Klausur 5: Hans im Pech, S. 275 f., dort auch m. w. N. Übersicht über die Auffassungen: Hebeler, 40 Probleme aus dem Staatsrecht, 2. Aufl. 2008, S. 178 ff. (40. Problem).

[291] Kritisch zur „i. V. m.-Judikatur" *Hillgruber/Goos*, Verfassungsprozessrecht, 3. Aufl. 2011, Rn. 316 und allgemein Rn. 55 ff.

[292] Nachweise und Kritik bei *Schlaich/Korioth*, Das Bundesverfassungsgericht, 8. Aufl. 2010, Rn. 92; *Hillgruber/Goos*, Verfassungsprozessrecht, 3. Aufl. 2011, Rn. 315 f., 352 (vgl. auch Rn. 353a), sprechen sich letztlich für eine konsequente Lösung über das Organstreitverfahren aus (und nehmen die entstehende Rechtsschutzlücke hin); wohl i. E. ebenso *Bethge*, in: Maunz et al. (Hrsg.), BVerfGG, Loseblatt, Stand: Juli 2002, § 63, Rn. 56 ff. Ausführlich mit Blick auf die

– Zur Prozessfähigkeit s. oben S. 96 f.

III. Parteifähigkeit (und Prozessfähigkeit) des Antragsgegners
– Art. 93 I Nr. 1 GG i. V. m. § 13 Nr. 5 BVerfGG, § 63 BVerfGG
– Es gelten die Ausführungen zu II. entsprechend.

IV. Antragsgegenstand[293]
– § 64 I BVerfGG: „Maßnahme oder Unterlassung des Antragsgegners"
– Die Maßnahme (Tun) bzw. Unterlassung muss hinreichend bestimmt sein. Anderenfalls können Folgefragen (mögliche Rechtsverletzung, Fristbeginn usw.) mangels eindeutigen Bezugspunkts nicht beantwortet werden.

> Beispiele: verweigerte Auskunft der Bundesregierung gegenüber dem Bundestag im Rahmen einer Kleinen Anfrage;[294] bestimmte belastende Äußerungen öffentlich-rechtlicher Funktionsträger;[295] der Erlass eines Gesetzes[296] (nicht das Gesetz selbst[297])

– Das angegriffene Tun oder Unterlassen muss dem Antragsteller auch *zuzurechnen* sein.[298]
– Str. ist, ob ein weiterer Prüfungspunkt die *Rechtserheblichkeit* des Antragsgegenstands ist. Wer das bejaht, muss prüfen, ob die Maßnahme (abstrakt) geeignet ist, die Rechtsstellung des Antragstellers zu beeinträchtigen.[299]
  o Die h. M. bejaht das Erfordernis der Rechtserheblichkeit, um dem Begriff der Maßnahme überhaupt eine Kontur geben zu können.[300]

---

verschiedenen Konstellationen *Umbach*, in: ders. et al. (Hrsg.), BVerfGG-Mitarbeiterkommentar, 2. Aufl. 2005, §§ 63, 64, Rn. 92 ff.

[293] Hier herrscht terminologische Vielfalt. Dieser Prüfungspunkt wird auch genannt: Angriffsgegenstand (etwa *Hillgruber/Goos*, Verfassungsprozessrecht, 3. Aufl. 2011, vor Rn. 354); Verfahrensgegenstand (vgl. *Bethge*, in: Maunz et al. [Hrsg.], BVerfGG, Loseblatt, Stand: Juli 2002, § 64, Rn. 7); Streitgegenstand (etwa *Schlaich/Korioth*, Das Bundesverfassungsgericht, 8. Aufl. 2010, Rn. 93; *Robbers*, Verfassungsprozessuale Probleme in der öffentlich-rechtlichen Arbeit, 2. Aufl. 2005, S. 53; dezidiert dagegen *Bethge*, in: Maunz et al. [Hrsg.], BVerfGG, Loseblatt, Stand: Juli 2002, § 64, Rn. 7). Ausführungen hierzu haben in der Klausur natürlich zu unterbleiben. Im Übrigen gilt: *falsa demonstratio non nocet* – entscheidend ist der rechtliche Gehalt, der unter der entsprechenden Überschrift dargestellt wird.

[294] BVerfGE 124, 161 (185) – Überwachung von Bundestagsabgeordneten.

[295] Im Einzelnen alles sehr problematisch, vgl. *Bethge*, in: Maunz et al. (Hrsg.), BVerfGG, Loseblatt, Stand: Juli 2002, § 64, Rn. 28 ff.

[296] Etwa BVerfGE 118, 277 (317, m. w. N.) – Abgeordnetengesetz.

[297] Zutreffend *Hillgruber/Goos*, Verfassungsprozessrecht, 3. Aufl. 2011, Rn. 360; *Schlaich/Korioth*, Das Bundesverfassungsgericht, 8. Aufl. 2010, Rn. 93. Allerdings sollte an dieser Stelle in der Klausur keine Diskussion stattfinden (so dies nicht problematisiert wird), sondern einfach eine Formulierung gewählt werden.

[298] *Hillgruber/Goos*, Verfassungsprozessrecht, 3. Aufl. 2011, Rn. 359; kritisch *Bethge*, in: Maunz et al. (Hrsg.), BVerfGG, Loseblatt, Stand: Juli 2001, § 64, Rn. 20.

[299] Etwa BVerfGE 118, 277 (317).

[300] St. Rspr. des BVerfG, vgl. die Nachweise bei *Umbach*, in: ders. et al. (Hrsg.), BVerfGG-Mitarbeiterkommentar, 2. Aufl. 2005, §§ 63, 64, Rn. 138 (der auch selbst die Auffassung vertritt); vgl. aber auch die anderslautenden frühen Entscheidungen bei *Hillgruber/Goos*, Verfassungs-

o Eine MM verneint diese Notwendigkeit mit dem Argument, damit würde die Unterscheidung von Antragsgegenstand und Antragsbefugnis aufgehoben: ob eine Rechtsverletzung drohe, lasse sich nur mit Blick auf das konkrete Recht beurteilen – Handlungen, die unter gar keinen Umständen eine Rechtsbeeinträchtigung darstellten, gebe es nicht.[301]

o Die MM spricht ein grundsätzlich zutreffendes Problem an. Ihr kann aber zweierlei entgegengehalten werden: Erstens sind Definitionen der Rechtserheblichkeit denkbar, ohne dass das „für die Antragsbefugnis maßgebliche subjektive Betroffenheitselement einbezogen" wird;[302] zweitens ist sie inkonsequent, wenn eine *Unterlassung* auch nach der MM nur Antragsgegenstand sein kann, wenn sie rechtserheblich ist.[303]

o Klausurempfehlung: Mit der h. M. sollte die Rechtserheblichkeit als Element eines tauglichen Antragsgegenstandes bezeichnet werden. In der weit überwiegenden Zahl der Fälle, in denen Maßnahmen angegriffen werden, die ohne Weiteres geeignet sind, die Rechtsstellung des Antragsstellers zu beinträchtigen, sollte schlicht deren Rechtserheblichkeit als Voraussetzung genannt und bejaht werden. Nur bei Maßnahmen, deren Rechtserheblichkeit sich nicht ohne Weiteres ergibt (etwa: Handlungen mit nur vorbereitendem Charakter;[304] bloße Äußerungen von Verfassungsorganen[305]), und Unterlassen sollte dieses Merkmal kurz thematisiert werden. Dabei ist darauf zu achten, die Prüfung von jener der Antragsbefugnis klar zu unterscheiden, also innerhalb der Rechtserheblichkeit die *abstrakte* Rechtsbedeutung zu prüfen, und erst in der Antragsbefugnis ein konkretes subjektives Recht und dessen mögliche Verletzung anzusprechen ist.

---

prozessrecht, 3. Aufl. 2011, Rn. 355; *Bethge,* in: Maunz et al. (Hrsg.), BVerfGG, Loseblatt, Stand: Juli 2002, § 64, Rn. 26, der allerdings einen besonderen Begriff der Rechtserheblichkeit verwenden möchte, um die Vermischung von Fragen des Antragsgegenstandes und der Antragsbefugnis zu vermeiden (Rn. 15); *Schlaich/Korioth,* Das Bundesverfassungsgericht, 8. Aufl. 2010, Rn. 93.

[301] *Hillgruber/Goos,* Verfassungsprozessrecht, 3. Aufl. 2011, Rn. 355 ff. Ein Beispiel für die Verwischung ist BVerfGE 118, 277 (317 f.) – Abgeordnetengesetz.

[302] So *Bethge,* in: Maunz et al. (Hrsg.), BVerfGG, Loseblatt, Stand: Juli 2002, § 64, Rn. 15.

[303] So aber *Hillgruber/Goos,* Verfassungsprozessrecht, 3. Aufl. 2011, Rn. 358.

[304] *Schlaich/Korioth,* Das Bundesverfassungsgericht, 8. Aufl. 2010, Rn. 93, m. w. N.; Nachweise in *Umbach,* in: ders. et al. (Hrsg.), BVerfGG-Mitarbeiterkommentar, 2. Aufl. 2005, §§ 63, 64, Rn. 141.

[305] Dazu ausführlicher *Bethge,* in: Maunz et al. (Hrsg.), BVerfGG, Loseblatt, Stand: Juli 2002, § 64, Rn. 28 ff.; Nachweise auch bei *Umbach,* in: ders. et al. (Hrsg.), BVerfGG-Mitarbeiterkommentar, 2. Aufl. 2005, §§ 63, 64, Rn. 140.

- o *Exkurs:* Das Grundproblem bleibt, dass die anzugreifende Maßnahme nicht losgelöst von jenem subjektiven Recht gefasst werden kann, das erst Gegenstand der Antragsbefugnis ist. Eine normative Vorwirkung dieses Rechts ist nicht nur nicht zu vermeiden, sondern auch sinnvoll. Dieses „Hin- und Herwandern des Blickes" kann aber m. E. überzeugender in einem anderem Aufbau aufgefangen werden (so kann auch eine jüngere Entscheidung des BVerfG verstanden werden)[306]:
  - (1) Bestimmung des konkreten subjektiven Rechts, aufgrund dessen sich ein „[den Antragsteller und den Antragsgegner] umschließendes Verfassungsrechtsverhältnis" ergibt (Antragsbefugnis I)
  - (2) Frage, ob der Antragsteller durch „die angegriffene Maßnahme in seinem Rechtskreis konkret betroffen wird"; die Frage der *Einwirkung* (nicht: der möglichen Verletzung) als Frage der Rechtserheblichkeit kann damit an das schon bestimmte subjektive Recht anknüpfen (Antragsgegenstand)
  - (3) Frage nach der möglichen Verletzung des subjektiven Rechts durch den Antragsgegenstand (Antragsbefugnis II)

V. Antragsbefugnis[307]

- § 64 I BVerfGG: „daß er oder das Organ, dem er angehört, [...] in seinen ihm durch das Grundgesetz übertragenen Rechten und Pflichten verletzt oder unmittelbar gefährdet ist"
- Dies ist der Fall, „wenn nicht von vornherein ausgeschlossen werden kann, dass der Antragsgegner Rechte des Antragstellers, die aus einem verfassungsrechtlichen Rechtsverhältnis zwischen den Beteiligten erwachsen, durch die beanstandete rechtserhebliche Maßnahme verletzt oder unmittelbar gefährdet hat"[308].
- Daraus folgt für die Prüfung:
  - o Dem Antragsteller muss ein grundgesetzliches subjektives Recht zustehen.[309]

---

[306] BVerfGE 124, 161 (184 ff.) – Überwachung von Bundestagsabgeordneten. Dass die Prüfung unter der Gesamtrubrik „Beschwerdebefugnis" (S. 184) läuft, überzeugt hingegen nicht. Vgl. zu einem entsprechenden Aufbau bei der Verfassungsbeschwerde S.131, Fn. 419.

[307] Die Antragsbefugnis enthält neben der Parteifähigkeit die zentralen Probleme des Organstreitverfahrens. Eine gründliche Bearbeitung ist daher geboten.

[308] Etwa BVerfGE 118, 277 (319, m. w. N.) – Abgeordneteneinkünfte.

[309] Beispiele für eigene Rechte etwa bei *Bethge,* in: Maunz et al. (Hrsg.), BVerfGG, Loseblatt, Stand: Juli 2002, § 64 Rn. 65. Die Rechtsposition muss tatsächlich bestehen, vgl. entsprechend für den Bund-Länder-Streit BVerfGE 81, 310 (329) – Kalkar II; dem folgend: *Bethge,* in: Maunz et al. (Hrsg.), BVerfGG, Loseblatt, Stand: April 1997, § 69, Rn. 67; *Hillgruber/Goos,* Verfassungsprozessrecht, 3. Aufl. 2011, Rn. 444. Ganz sauber betrachtet besteht jedoch folgendes Problem: Fraglich ist ja, ob dieses Recht eine *bestimmte Rechtsposition* vermittelt, was grundsätzlich eine längere Erörterung erfordern kann und damit eine Frage der Begründetheit sein sollte. Sauber wäre, eine „doppelte Möglichkeit" zur Bejahung der Antragsbefugnis genügen zu lassen: es muss ein Recht bestehen, das *möglicherweise* eine bestimmte Rechtsposition verleiht, und diese bestimmte Rechtsposition muss *möglicherweise* verletzt werden. In der Rechtsprechungspraxis wird dies aber nicht problematisiert. Vielmehr wird hier nur eine (allgemein formulierte) Berechtigung für genügend erachtet, die allerdings durchaus eine gewisse Tiefe aufweisen kann, vgl. BVerfGE 124, 161 (185) – Abhörung von Abgeordneten. Diesem Vorgehen kann der Bearbeiter daher folgen.

○ Oder: „dem Organ, dem [der Antragsteller] angehört", muss ein subjektives Recht zustehen.
Dies ist ein Fall der (seltenen) *gesetzlichen Prozessstandschaft*,[310] bei der ein Organteil *fremde* Rechte, nämlich die des Gesamtorgans, verteidigen darf.[311] Dabei ist darauf zu achten, dass die Ausführung konsistent zu den Ausführungen zur Parteifähigkeit des Antragstellers sind:[312] Wer als Teil eines Organs parteifähig ist, ist auch zur prozessstandschaftlichen Geltendmachung von Rechten des Organs berechtigt – insb. eine **Fraktion** also zur Geltendmachung von Rechten des Bundestages[313]. Nach der Rechtsprechung des BVerfG ist demgegenüber der **einzelne Abgeordnete nicht** zur Geltendmachung der Rechte des Bundestages berechtigt, da er nicht als Teil des Bundestages (i. S. e. ständigen Untergliederung) zu begreifen sei.[314]

○ Bei Organteilen ist folglich genau zu prüfen (der Sachverhalt also genau auszuwerten): Sie können *eigene* Rechte *und/oder fremde* Rechte verteidigen. Eine Fraktion kann also sowohl die Verletzung von Fraktionsrechten, also eigener Rechte, geltend machen (etwa die Besetzung eines Ausschusses unter Missachtung des Spiegelbildlichkeitsprinzips[315]), und auch die Verletzung von Rechten des Bundestages, also fremde Rechte (wenn etwa die Bundeswehr ohne Zustimmung des Bundestages eingesetzt wird[316]). In manchen Fällen will die Fraktion auch beides angreifen.[317]

---

[310] *Bethge,* in: Maunz et al. (Hrsg.), BVerfGG, Loseblatt, Stand: Juli 2002, § 64 Rn. 75, m. w. N.

[311] Zum rechtspolitischen Hintergrund: Die Prozessstandschaft soll (u. a., s. *Bethge,* in: Maunz et al. (Hrsg.), BVerfGG, Loseblatt, Stand: Juli 2002, § 64, Rn. 77) dem parlamentarischen Minderheitenschutz (Opposition) dienen. Die Bundestagsmehrheit wird nämlich oftmals nicht bereit sein, durch Mehrheitsbeschluss das Gesamtorgan dazu zu bringen, die Handlungen der von ihr getragenen Bundesregierung gerichtlich anzugreifen, vgl. *Voßkuhle,* in: v. Mangoldt/Klein/Starck (Hrsg.), GG, Bd. 3, 6. Aufl. 2010, Art. 93, Rn. 110; *Hillgruber/Goos,* Verfassungsprozessrecht, 3. Aufl. 2011, Rn. 307, 380; *Schlaich/Korioth,* Das Bundesverfassungsgericht, 8. Aufl. 2010, Rn. 94.

[312] Die Annahme, Prozessstandschaft könne nur für Antragsteller gelten, die nach § 63 BVerfGG (ohne interpretative Einbeziehung von Art. 93 I Nr. 1 GG) parteifähig sind (*Hillgruber/Goos,* Verfassungsprozessrecht, 3. Aufl. 2011, Rn. 381), ist nicht unbestritten, s. *Voßkuhle,* in: v. Mangoldt/Klein/Starck (Hrsg.), GG, Bd. 3, 6. Aufl. 2010, Art. 93, Rn. 110, m. w. N.

[313] St. Rspr. des BVerfG, s. etwa BVerfGE 124, 161 (187) – Überwachung von Abgeordneten. Vgl. auch oben Fn. 269.

[314] BVerfGE 90, 286 (342 ff.) – Out-of-area-Einsätze; weitere Nachweise bei *Schlaich/Korioth,* Das Bundesverfassungsgericht, 8. Aufl. 2010, Rn. 94. A. A. *Schlaich/Korioth,* Das Bundesverfassungsgericht, 8. Aufl. 2010, Rn. 91, 94 (MM: der einzelne Abgeordnete sei als Teil des Bundestages nach § 63 BVerfGG parteifähig, *soweit* er Rechte des Bundestages prozessstandschaftlich geltend mache, wozu er befugt sei; und kraft eigener Organstellung als anderer Beteiligter i. S. v. Art. 93 I Nr. 1 GG, *soweit* er seine eigenen Rechte geltend mache); a. A. mit anderer Begründung wohl auch *Voßkuhle,* in: v. Mangoldt/Klein/Stark (Hrsg.), GG, Bd. 3, 6. Aufl. 2010, Art. 93, Rn. 110.

[315] Dazu Klausur 9: School's Out, S. 407 f., 427 ff.

[316] Dazu BVerfGE 90, 286 – Out-of-area-Einsätze.

[317] Vgl. etwa BVerfGE 124, 161 (187) – Überwachung von Abgeordneten; BVerfGE 105, 197 (220) – SPD-Parteispenden-Untersuchungsausschuss.

o Das subjektive Recht muss aus einem *verfassungsrechtlichen Rechtsverhältnis* zwischen Antragsteller und Antragsgegner erwachsen. „Ein Verfassungsrechtsverhältnis liegt vor, wenn auf beiden Seiten des Streits Verfassungsorgane oder Teile von Verfassungsorganen stehen und um verfassungs-rechtliche Positionen streiten."[318]
o Dabei darf nicht von vornherein ausgeschlossen sein, dass die rechtserhebliche Maßnahme das verteidigte Recht verletzt.[319]
- Problematisch ist auch, ob ein Organteil Rechte des Gesamtorgans nicht nur *für* dieses, sondern auch *gegen* dieses geltend machen kann, womit etwa der Bundestag (prozessstandschaftlich vertreten) Antragsteller und zugleich Antragsgegner wäre (Insichprozess).[320]

VI. Antragsform

- allgemein: § 23 I BVerfGG
- weitere Vorgaben: § 64 II BVerfGG

VII. Antragsfrist

- zur Fristberechnung dieser Ausschlussfrist[321] allgemein s. oben S. 98 ff.
- Fristbeginn: Maßnahme oder Unterlassung „bekannt geworden"[322], § 64 III BVerfG
- *Problem: Fristbeginn bei Unterlassung*: Die Frist läuft bei angegriffenem Unterlassen „spätestens dann, wenn sich der Antragsgegner erkennbar weigert, in der ihm angesonnenen und nach dem verfassungsrechtlichen Rechtsverhältnis gebotenen Weise tätig zu werden."[323]
- Fristdauer: sechs Monate, § 64 III BVerfG

VIII. Rechtsschutzbedürfnis

- allgemeine, ungeschriebene Verfahrensvoraussetzung, die durch die Bejahung der Antragsbefugnis indiziert ist
- weitere Ausführungen sind nur angezeigt, wenn ernsthafte Zweifel vorliegen

---

[318] Etwa BVerfGE 118, 277 (318) – Abgeordneteneinkünfte. Kritisch *Hillgruber/Goos*, Verfassungsprozessrecht, 3. Aufl. 2011, Rn. 363a. Das Schlagwort vom Verfassungsrechtsverhältnis sollte aber fallen.
[319] Die Bearbeiterin kann den hierfür nötigen plausiblen/vertretbaren Vortrag der Möglichkeit (*Bethge*, in: Maunz et al. [Hrsg.], BVerfGG, Loseblatt, Stand: Juli 2002, § 64, Rn. 66) in der Klausur regelmäßig ohne weitere Ausführungen annehmen.
[320] Bejahend BVerfGE 123, 267 (338 f.) – Lissabon; offen, aber m. w. N. *Hillgruber/Goos*, Verfassungsprozessrecht, 3. Aufl. 2011, Rn. 382a; *Schlaich/Korioth*, Das Bundesverfassungsgericht, 8. Aufl. 2010, Rn. 94 a. E.
[321] *Hillgruber/Goos*, Verfassungsprozessrecht, 3. Aufl. 2011, Rn. 383, m. w. N.
[322] Beispiele zur Ausfüllung dieser flexiblen Klausel *Hillgruber/Goos*, Verfassungsprozessrecht, 3. Aufl. 2011, Rn. 384.
[323] BVerfGE 118, 244 (256, m. w. N.) – ISAF-Afghanistan-Einsatz; st. Rspr., vgl. weiter etwa BVerfGE 103, 164 (164, 171); 110, 403 (405, m. w. N.).

– Probleme sind etwa:[324]
  o Statuswegfall nach Antragstellung
  o Antragsgegner entspricht Begehren des Antragstellers und es besteht kein rechtlich anerkennenswertes Interesse an der Feststellung einer Rechtsverletzung

IX. Ergebnis

– Der Antrag [des Antragstellers] festzustellen, dass [der Antragsgegner] dadurch, dass er [genaue Bezeichnung der beanstandeten Maßnahme], Rechte [des Antragstellers] aus Art. [...] GG verletzt/unmittelbar gefährdet hat, ist zulässig/unzulässig.
– Ein unzulässiger Antrag wird verworfen.[325]

Exkurs: Überleitung zur Begründetheit

Die Begründetheitsprüfung muss zunächst ihren Prüfungsmaßstab benennen. Prüfungsmaßstab ist das GG,[326] aber die Prüfung ist darauf beschränkt, ob der Antragsgegner durch den Antragsgegenstand subjektive, grundgesetzliche Rechte des Antragstellers verletzt hat. Es ist hier darauf zu achten, nicht in eine objektive Rechtskontrolle abzugleiten.

Der Rechtsfolgenausspruch ist eine Feststellung, wonach der Antragsgegner durch den Antragsgegenstand ein bestimmtes Recht des Antragstellers verletzt (bzw. nicht verletzt) hat und so gegen das GG verstoßen (bzw. nicht verstoßen) hat (vgl. §§ 67 S. 1 i. V. m. 64 I BVerfGG).[327]

---

[324] *Hillgruber/Goos*, Verfassungsprozessrecht, 3. Aufl. 2011, Rn. 387 ff.; *Schlaich/Korioth*, Das Bundesverfassungsgericht, 8. Aufl. 2010, Rn. 94.
[325] Vgl. die Nachweise bei *Hillgruber/Goos*, Verfassungsprozessrecht, 3. Aufl. 2011, Rn. 391, 369.
[326] *Schlaich/Korioth*, Das Bundesverfassungsgericht, 8. Aufl. 2010, Rn. 96.
[327] Wenn danach gefragt ist: Nach den bundesverfassungsgerichtlichen Termini wird ein unbegründeter Antrag zurückgewiesen, vgl. die Nachweise bei *Hillgruber/Goos*, Verfassungsprozessrecht, 3. Aufl. 2011, Rn. 391, 369.

C. Abstraktes Normenkontrollverfahren, Art. 93 I Nr. 2 GG i. V. m. §§ 13 Nr. 6, 76-79 BVerfGG

Die abstrakte Normenkontrolle nach Art. 93 I Nr. 2 GG i. V. m. §§ 13 Nr. 6, 76-79 BVerfGG ist ein nicht-kontradiktorisches, objektiver Rechtskontrollverfahren. Dabei wird eine Norm auf ihre Vereinbarkeit mit ranghöherem Recht überprüft.[328] Zwei Stoßrichtungen sind dabei zu unterscheiden: ein Antrag nach § 76 I Nr. 1 BVerfGG ist auf eine Norm*verwerfung* gerichtet, während ein Antrag nach § 76 I Nr. 2 BVerfGG auf eine Norm*bestätigung* gerichtet ist. Letzterer ist nicht klausurrelevant, daher beschränkt sich die Prüfung im Folgenden auf einen Antrag nach § 76 I Nr. 1 BVerfGG.

I. Statthafte Verfahrensart und Zuständigkeit des BVerfG

- Art. 93 I Nr. 2 GG, § 13 Nr. 6 BVerfGG

II. Antragsberechtigung[329]

- § 76 I BVerfGG
- Antragsberechtigt sind *ausschließlich*[330] die Bundesregierung, eine Landesregierung[331] oder ein Viertel der Mitglieder des Bundestages.
- Eine Prüfung muss hier genau sein:
  o Bundes- und Landesregierung sind Kollegialorgane, handeln also durch Mehrheitsbeschluss. Schweigt der Sachverhalt hierzu, ist davon auszugehen, dass ein solcher Beschluss vorliegt.
  o Ein Viertel der Mitglieder des Bundestages meint ein Viertel der gesetzlichen Mitgliederzahl (vgl. Art. 121 GG), nicht etwa ein Viertel der Anwesenden.[332]

---

[328] Es gibt weitere Normenkontrollverfahren vor dem BVerfG, vgl. nur die Darstellung im 4. Abschnitt von *Schlaich/Korioth*, Das Bundesverfassungsgericht, 8. Aufl. 2010, vor Rn. 111. Diese Verfahren haben aber keine Klausurrelevanz, kennen sollte man jedenfalls die wichtigsten dennoch: die konkrete Normenkontrolle aufgrund einer Richtervorlage gem. Art. 100 I GG, §§ 13 Nr. 11, 80 ff. BVerfGG; und die Sonderfälle des abstrakten Normenkontrollverfahrens: Art. 93 I Nr. 2a GG i. V. m. §§ 13 Nr. 6a, 76-79 BVerfGG (Beschränkung des Prüfungsumfangs auf Art. 72 II GG) und Art. 93 II GG i. V. m. §§ 13 Nr. 6b, 97 BVerfGG (Kompetenzfreigabe: Wegfall der Voraussetzungen von Art. 72 II GG).

[329] Da das abstrakte Normenkontrollverfahren nicht-kontradiktorisch ist, stehen sich keine *Parteien* gegenüber, so dass hier nicht von „Parteifähigkeit" gesprochen wird.

[330] M. w. N.: *Graßhof*, in: Umbach et al. (Hrsg.), BVerfGG-Mitarbeiterkommentar, 2. Aufl. 2005, § 76, Rn. 7.

[331] Nicht also ein Landes*parlament* – dies muss also ggf. seine Landesregierung zu entsprechendem Handeln anregen.

[332] *Graßhof*, in: Umbach et al. (Hrsg.), BVerfGG-Mitarbeiterkommentar, 2. Aufl. 2005, § 76, Rn. 10. Die gesetzliche Mitgliederzahl i. S. v. Art. 121 GG, ergibt sich aus §§ 1 I 1 i. V. m. den

- Antragsberechtigt ist das Viertel – also nicht die etwa dahinterstehende Fraktion.
- Früher bedurfte der Antrag eines Drittels der Bundestagsmitglieder, seit Dezember 2009 gilt ein verringertes Quorum[333] – ältere Studienliteratur ist entsprechend anzupassen.

[**Exkurs: Antragsgegner**

Die abstrakte Normenkontrolle als nicht-kontradiktorisches Verfahren kennt keinen Antragsgegner.]

III. Antragsgegenstand und Prüfungsmaßstab

- Antragsgegenstand: Art. 93 I Nr. 2 GG, §§ 13 Nr. 6, 76 I BVerfGG: „Bundes- oder Landesrecht"
- Hier muss die angegriffene Norm genannt werden und in die Normenhierarchie eingeordnet werden – daraus ergibt sich nämlich der Prüfungsmaßstab.
- Antragsgegenstand kann sein:
  o Bundesrecht jeder Rangstufe, also insb.:[334]
    - verfassungsändernde Gesetze
    - formell-materielle, aber auch nur-formelle Gesetze[335] einschließlich Zustimmungsgesetzen zu völkerrechtlichen Verträgen nach Art. 59 II GG[336]
    - untergesetzliche Normen wie Rechtsverordnungen und Satzungen
  o Landesrecht jeder Rangstufe (entsprechend den Typen des Bundesrechts)
- Kein tauglicher Antragsgegenstand ist insb.[337] *EU-Sekundärrecht (Verordnungen und Richtlinien nach Art. 288 Abs. 2, 3 AEUV)*, aber nur, *soweit* dieses reicht. Wo der Normsetzer Gestaltungsspielräume bei der Umsetzung einer Richtlinie genutzt hat, muss er sich am GG messen lassen.[338]

Modifizierungen des BWahlG, insb. § 6 V 2 1. Hs. BWahlG, also regelmäßig: 598 plus Überhangmandate.

[333] Die Änderung erfolgte als überschießende Anpassung des GG im Zuge der Ratifizierung des Vertrags von Lissabon, vgl. für Art. 93 I Nr. 2 n. F. den Art. 1 Nr. 3 des Gesetzes vom 8.10.2008 (BGBl. I 1926), inkraftgetreten gem. Bekanntmachung vom 13.11.2009 (BGBl. II 1223) am 1.12.2009, und für § 76 I BVerfGG n. F. den Art. 2 des Gesetzes vom 1.12.2009 (BGBl. I 3822) mit Wirkung vom 4.12.2009.

[334] Eine umfassendere Liste findet sich bei *Hillgruber/Goos*, Verfassungsprozessrecht, 3. Aufl. 2011, Rn. 502 f. Zum Problem, wann Unterlassen Antragsgegenstand sein kann, vgl. *Graßhof*, in: Umbach et al. (Hrsg.), BVerfGG-Mitarbeiterkommentar, 2. Aufl. 2005, § 76, Rn. 20.

[335] Als formelles Gesetz bezeichnet man traditionell eine vom Parlament geschaffene Norm, als materielles Gesetz demgegenüber jede Rechtsnorm. Dazu weiter S. 438, Fn. 112.

[336] Hierzu zählen auch die Europäischen Verträge, zuletzt das Gesetz zum Vertrag von Lissabon vom 13. Dezember 2007 (Gesetz vom 8.10.2008, BGBl. II 1038).

[337] Weitere Beispiele bei *Graßhof*, in: Umbach et al. (Hrsg.), BVerfGG-Mitarbeiterkommentar, 2. Aufl. 2005, § 76, Rn. 16.

[338] Zu alledem ausführlich oben S. 91 ff.

– Klassisches Problem, das in Klausuren immer wieder auftaucht und kurz dargestellt werden muss: Recht ist nur dann Recht i. S. d. § 76 I BVerfG, wenn es *existent* ist. D. h.:
  o Es muss grundsätzlich *schon verkündet* sein (vgl. Art. 82 I GG), nicht notwendigerweise allerdings in Kraft getreten sein.[339]
  o *Ausnahme*: Ein Zustimmungsgesetz zu einem völkerrechtlichen Vertrag i. S. v. Art. 59 II GG kann schon *vor* Ausfertigung und Verkündung, aber erst nach Beendigung des Gesetzgebungsverfahrens einer abstrakten Normenkontrolle unterworfen werden[340] – damit soll verhindert werden, dass ein grundgesetzwidriger Völkerrechtsvertrag ratifiziert wird, der in Deutschland keine Geltung haben könnte, zugleich Deutschland aber völkerrechtlich binden würde[341] und dessen Verletzung Sanktionen auslösen kann.
  o Recht ist auch dann *noch* tauglicher Prüfungsgegenstand, wenn es *außer Kraft getreten* ist, es entfällt aber das objektive Klarstellungsinteresse (s. unten VI., S. 117 f.), wenn von ihm keinerlei Rechtswirkung mehr ausgeht.[342]
– Zu prüfen ist die angegriffene Norm gem. § 76 I Nr. 1 BVerfGG auf ihre förmliche oder sachliche Unvereinbarkeit mit dem GG oder dem sonstigen Bundesrecht. Dabei muss jede Norm mit allen ranghöheren Normen vereinbar sein. Aus der Einordnung der Norm in die Normenhierarchie ergibt sich also der *Prüfungsmaßstab*. Das bedeutet beispielsweise:
  o ein verfassungsänderndes Gesetz wird nur mit Blick auf die Vereinbarkeit mit unveränderlichen Prinzipien des GG geprüft (sog. Ewigkeitsklausel, Art. 79 III GG);
  o ein einfaches Bundesgesetz wird auf seine Vereinbarkeit mit der ganzen Verfassung geprüft, also hinsichtlich seiner förmlichen und sachlichen Vereinbarkeit mit dem GG (dies stellt die typische Klausurkonstellation dar), allerdings nicht auf seine Vereinbarkeit mit dem „sonstigen Bundesrecht";
  o untergesetzliches Bundesrecht wird ebenfalls nur am GG geprüft;[343]

---

[339] *Hillgruber/Goos*, Verfassungsprozessrecht, 3. Aufl. 2011, Rn. 506; *Graßhof*, in: Umbach et al. (Hrsg.), BVerfGG-Mitarbeiterkommentar, 2. Aufl. 2005, § 76, Rn. 17, m. w. N.

[340] BVerfGE 1, 396 (413), weitere Nachweise bei *Graßhof*, § 76, Rn. 17, m. w. N.

[341] Art. 27 S. 1 Wiener Vertragsrechtskonvention: Eine Vertragspartei kann sich nicht auf ihr innerstaatliches Recht berufen, um die Nichterfüllung eines Vertrags zu rechtfertigen.

[342] M. w. N. aus der Rechtsprechung des BVerfG *Graßhof*, in: Umbach et al. (Hrsg.), BVerfGG-Mitarbeiterkommentar, 2. Aufl. 2005, § 76, Rn. 18.

[343] Str., aber h. M., vgl. Rozek, in: Maunz et al. (Hrsg.), BVerfGG, Loseblatt, Stand: Juni 2001, § 76, Rn. 63; *Hillgruber/Goos*, Verfassungsprozessrecht, 3. Aufl. 2011, Rn. 525, *Graßhof*, in: Umbach et al. (Hrsg.), BVerfGG-Mitarbeiterkommentar, 2. Aufl. 2005, § 76, Rn. 36, m. w. N. Zur Sonderkonstellation, dass eine Rechtsverordnung auch anhand des ermächtigenden Gesetzes überprüft wird („Vorfragen-Konstruktion") s. *Schlaich/Korioth*, Das Bundesverfassungsgericht, 8. Aufl. 2010, Rn. 131.

116 2. Teil: Verfassungsprozessrecht

    o Landesrecht wird anhand von jeglichem, auch untergesetzlichem, Bundesrecht geprüft.

IV. Antragsgrund

- Art. 93 I Nr. 2 GG, § 13 Nr. 6 BVerfGG: „bei Meinungsverschiedenheiten oder Zweifeln" bzw. § 76 I BVerfGG: „für nichtig hält"
- Ein *Standardproblem* in Klausuren ist die Problematisierung des Wortsinnunterschieds zwischen Art. 93 I Nr. 2 GG, § 13 Nr. 6 BVerfGG einerseits und § 76 I BVerfGG andererseits:[344]
  - o Erheblich wird dies, wenn es im Sachverhalt etwa heißt: „Die Bundesregierung zweifelt, dass [...]." *Zweifel* verlangen einen geringeren Grad der Überzeugung von der Unvereinbarkeit des Gesetzes mit dem GG als ein „Für-nichtig-Halten". Damit läge nach dem isolierten Wortsinn des § 76 I BVerfGG kein Antragsgrund vor, der Antrag würde somit als unzulässig zurückgewiesen.[345]
  - ▪ Eine MM der Literatur sieht in § 76 I BVerfGG eine verfassungskonforme (auf Art. 94 II 1 BVerfGG gestützte) Konkretisierung von Art. 93 I Nr. 2 GG.[346] (Bloße) Zweifel genügen nach dieser Auffassung nicht zur Bejahung des Antragsgrundes.
  - ▪ Die h. L. hält § 76 I BVerfGG für (teil-)verfassungswidrig[347] und greift direkt auf Art. 93 I Nr. 2 GG zurück. Nach dieser Auffassung genügen also schon Zweifel zur Bejahung des Antragsgrundes.

---

[344] Zu einem weiterem Wortsinnunterschied zwischen GG und BVerfGG s. oben S. 103 f., 105.

[345] Dieser Streit ist darzustellen, wenn das Reizwort „Zweifel" im Sachverhalt auftaucht. Wie immer gilt bei Standardproblemen: Sie sind einerseits deutlich zu problematisieren, die Meinungen sollten andererseits konzise und prägnant behandelt werden. Seitenweise Ausführungen wären unnötig.

[346] *Hillgruber/Goos*, Verfassungsprozessrecht, 3. Aufl. 2011, Rn. 513, 515, m. w. N. *Rozek*, in: Maunz et al. (Hrsg.), BVerfGG, Loseblatt, Stand: Juni 2001, § 76, Rn. 47, führt für diese Auffassung BVerfGE 96, 133 (137) an und folgt dem (trotz der eigenen kritischen Bemerkungen und trotz eigener Auseinandersetzung). Die Bewertung dieser Entscheidung ist demgegenüber keineswegs zwingend: Das BVerfG hat in dieser Entscheidung § 76 I *Nr. 1* BVerfGG nur gestreift und festgestellt, dass der Antragsgrund schon vorliege, wenn der Antragsteller von der Unvereinbarkeit der angegriffenen Norm mit dem GG überzeugt sei (in Abgrenzung zu höheren Anforderungen bei § 76 I *Nr. 2* BVerfGG). Aus diesem *obiter dictum* folgt aber schon sprachlich nicht, dass *nur* in diesem Fall der Antragsgrund vorliegt (so auch *Graßhof*, in: Umbach et al. [Hrsg.], BVerfGG-Mitarbeiterkommentar, 2. Aufl. 2005, § 76, Rn. 23). Betrachtet man zudem spätere Entscheidungen wie BVerfGE 103, 111 (124), wo das BVerfG „Zweifel" ohne Weiteres (implizit) als Antragsgrund genügen lässt, oder BVerfGE 101, 1 (30), wo die Unvereinbarkeit nur „geltend gemacht" wird, wird klar, dass das BVerfG einen Antrag nicht wegen bloß bestehender Zweifel ablehnen würde.

[347] *Schlaich/Korioth*, Das Bundesverfassungsgericht, 8. Aufl. 2010, Rn. 130 (allerdings mit unklarem Verweis auf *Rozek* in Fn. 497); *Voßkuhle*, in: v. Mangoldt/Klein/Starck (Hrsg.), GG, Bd. 3, 6. Aufl. 2010, Art. 93, Rn. 123; weitere Nachweise bei *Graßhof*, in: Umbach et al. (Hrsg.), BVerfGG-Mitarbeiterkommentar, 2. Aufl. 2005, § 76, Rn. 23.

- Für eine argumentative Auseinandersetzung s. unten Teil Klausur 4: Legitimation durch Verfahren, S. 247 ff.

[Exkurs: Antragsbefugnis

Die abstrakte Normenkontrolle als objektives Rechtsschutzverfahren kennt keine Antragsbefugnis. Insb. darf der Antragsgrund nicht als Antragsbefugnis bezeichnet werden.[348]]

V. Form des Antrags

– § 23 I BVerfGG

[Exkurs: Antragsfrist

Der Antrag unterliegt keiner Frist.]

VI. Objektives Klarstellungsinteresse[349]

– Aus der Zusammenschau von Art. 93 I Nr. 2 GG und § 76 I BVerfGG folgt als weiteres, ungeschriebenes Zulässigkeitselement die Notwendigkeit eines objektiven Klarstellungsinteresses.[350] Es stellt funktional das objektive Pendant zum Rechtsschutzbedürfnis in subjektiven Rechtsschutzverfahren dar,[351] darf aber damit nicht verwechselt werden[352] – das Normenkontrollverfahren ist ein objektives Rechtskontrollverfahren.
– Der Antragsgrund indiziert das objektive Klarstellungsinteresse.[353] Nur außergewöhnliche Konstellationen (salopp formuliert: wenn die Entscheidung des BVerfG „nichts bringt"), die im Sachverhalt hinreichend deutlich erkennbar sind, lassen dieses Interesse entfallen.[354]

---

[348] Unglücklich, da terminologisch besser für subjektive Rechtsschutzverfahren zu reservieren, ist daher die Bezeichnung des Antragsgrunds als Antragsbefugnis in BVerfGE 96, 133 (137). Unterschiedliche Terminologien für denselben Inhalt kommen immer wieder vor und dürfen nicht verwirren.

[349] Hier herrscht in den Darstellungen Uneinigkeit, manche Autoren setzen Antragsgrund und objektives Klarstellungsinteresse in eins, so *Hillgruber/Goos*, Verfassungsprozessrecht, 3. Aufl. 2011, Rn. 509 ff. Das kann man begrifflich tun, muss dann aber eine andere Bezeichnung für die Prüfung finden, ob trotz des Antragsgrundes etwas einer gerichtlichen Prüfung entgegenstehen könnte. Die Darstellung hier folgt daher dem überwiegenden Verständnis.

[350] *Graßhof*, in: Umbach et al. (Hrsg.), BVerfGG-Mitarbeiterkommentar, 2. Aufl. 2005, § 76, Rn. 31, m. w. N.

[351] Gemeinsamer Nenner: Die Inanspruchnahme des BVerfG stellt sich letztlich als Missbrauch dar, vgl. BVerfGE 103, 111 (124).

[352] Vgl. nur BVerfGE 52, 63 (80).

[353] BVerfGE 52, 63 (80); 103, 111 (124); *Graßhof*, in: Umbach et al. (Hrsg.), BVerfGG-Mitarbeiterkommentar, 2. Aufl. 2005, § 76, Rn. 31, m. w. N.

[354] Weitere Nachweise und Beispiele bei *Graßhof*, in: Umbach et al. (Hrsg.), BVerfGG-Mitarbeiterkommentar, 2. Aufl. 2005, § 76, Rn. 31 ff.; *Schlaich/Korioth*, Das Bundesverfassungsgericht, 8. Aufl. 2010, Rn. 130a.

- Problematisch, aber letztlich zu **bejahen** ist das objektive Klarstellungsinteresse, wenn:
  o eine *außer Kraft getreten Norm* noch irgendwelche Rechtswirkungen zeitigt,[355] etwa bei einem anhängigem Rechtsstreit über Versicherungsleistungen für Altfälle;[356]
  o ein Anwendungsfall bisher nicht ersichtlich, aber doch möglich ist;[357]
  o die ursprünglich angegriffene Norm sich zwar verändert, aber im Wesentlichen doch gleich geblieben ist.[358]
- Problematisch und zu **verneinen** ist das objektive Klarstellungsinteresse, wenn:
  o eine *außer Kraft getretene Norm* keinerlei Rechtswirkung mehr zeitigt,[359] oder dies jedenfalls nicht zu erwarten ist;[360]
  o selbst die Unvereinbarkeit der angegriffenen Norm mit dem GG „nichts bringt", weil keine denkbare Tenorierung irgendeine rechtliche Folge haben kann;[361]
  o im Fall des hier nicht weiter behandelten § 76 I Nr. 2 BVerfGG selbst die Vereinbarkeit einer Norm mit dem GG nicht zu deren Anwendung führt (etwa weil eine Landes-Rechtsverordnung die landesrechtliche Ermächtigung überschreitet)[362] oder weil an der Anwendung der Landes-Rechtsverordnung durch die Behörden keine Zweifel mehr besteht, da sie nunmehr von einem Landesgesetz gedeckt ist[363].

VII. Ergebnis

- Der Antrag [des Antragsberechtigten] festzustellen, dass [der Antragsgegenstand] mit dem [Prüfungsmaßstab] unvereinbar ist, ist zulässig/unzulässig.
- Ein unzulässiger Antrag wird verworfen.[364]

Exkurs: Überleitung zur Begründetheit

Der Prüfungsmaßstab (vgl. oben III.) ist wie stets am Anfang der Begründetheitsprüfung zu wiederholen und in der Prüfung einzuhalten. Die zu prüfenden Normen werden umfassend auf ihre Verfassungsmäßigkeit hin geprüft. Anders als bei sub-

---

[355] S. BVerfGE 100, 249 (257, m. w. N.).
[356] BVerfGE 88, 203 (335 f.).
[357] BVerfGE 100, 249 (257 f.).
[358] BVerfGE 6, 104 (110); 106, 244 (251).
[359] Vgl. *Graßhof*, in: Umbach et al. (Hrsg.), BVerfGG-Mitarbeiterkommentar, 2. Aufl. 2005, § 76, Rn. 18.
[360] Vgl. die komplizierte Situation in BVerfGE 88, 203 (334 f.).
[361] Vgl. BVerfGE 88, 203 (335).
[362] BVerfGE 99, 133 (137 ff.).
[363] BVerfGE 106, 244 (251 f.).
[364] Vgl. den Nachweis bei *Hillgruber/Goos*, Verfassungsprozessrecht, 3. Aufl. 2011, Rn. 528.

jektiven Rechtsschutzverfahren geht es also nicht darum, ob subjektive Rechte verletzt sind, sondern darum, ob sämtliches (Verfassungs-)Recht gewahrt ist.

Zum Gesamtergebnis: Ist die kontrollierte Norm mit dem GG vereinbar, erfolgt eine positive Vereinbarkeitsfeststellung („§ 1 A-Gesetz ist mit dem GG vereinbar.").[365]

Schwierig wird es, wenn eine Norm mit dem GG unvereinbar ist.[366] Regelmäßig lautet in einer Klausur die Bearbeiterfrage allerdings nur „Ist § 1 A-Gesetz mit dem GG vereinbar?" oder „Hat der Antrag der Bundesregierung Erfolg?" In diesem Fall können Sie Ihr Ergebnis kurz halten und etwa schreiben: „§ 1 A-Gesetz ist mit dem GG nicht vereinbar. [Der Antrag der Bundesregierung hat daher Erfolg.]" Allerdings kann sich der Bearbeiter auch in der Rolle des BVerfG wiederfinden, wenn es (oft als Zusatzfrage) heißt: „Unterstellt, § 1 A-G sei mit dem GG unvereinbar: Was wird das BVerfG tun?" Grundzüge der Fehlerfolgenlehre müssen daher bekannt sein.

Zunächst ist zu prüfen, ob der Fehler im Ergebnis *überhaupt* bedeutsam ist. Insb. das BVerfG verneint dies und unterscheidet: **„Während bei inhaltlichen Fehlern [einschließlich der inhaltlichen Überschreitung von Kompetenzbegrenzungen] die Nichtigkeit [bzw. Unvereinbarkeitserklärung**[367]**] die regelmäßige Folge des Verfassungsverstoßes bildet, führt ein Verfahrensfehler nur dann zur Nichtigkeit der Norm [bzw. zu ihrer Unvereinbarkeitserklärung], wenn er evident ist. Das gebietet die Rücksicht auf die Rechtssicherheit."**[368] Fehler im Gesetzgebungs*verfahren* bleiben daher in vielen Fällen letztlich ohne Auswirkung auf die Geltung des Gesetzes.[369]

---

[365] Vgl. *Graßhof*, in: Umbach et al. (Hrsg.), BVerfGG-Mitarbeiterkommentar, 2. Aufl. 2005, § 78, Rn. 7. In der Klausur grundsätzlich nicht anzubringen (Lehrbuchwissen), aber für die Wirkung verfassungsgerichtlicher Entscheidung bedeutsam: Das BVerfG kann in einer „Appellentscheidung" genannten Entscheidungsvariante feststellen, dass die geprüfte Norm „gerade noch" verfassungsmäßig sei. Damit soll der Gesetzgeber zu entsprechendem Tätigwerden veranlasst werden; dazu *Hopfauf*, in: Schmid-Bleibtreu et al. (Hrsg.), GG, 12. Aufl. 2011, Art. 93, Rn. 113.

[366] Zwischen der Dichotomie Vereinbarkeit/Unvereinbarkeit steht die Entscheidung des BVerfG, dass die überprüfte Norm nur in einer bestimmten, nämlich verfassungskonformen Auslegung nicht verfassungswidrig ist; dazu *Hopfauf*, in: Schmid-Bleibtreu et al. (Hrsg.), GG, 12. Aufl. 2011, Art. 93, Rn. 114. Zu den Folgen der Unvereinbarkeit in der Übersicht *Hillgruber/Goos*, Verfassungsprozessrecht, 3. Aufl. 2011, Rn. 531 ff.; *Hopfauf*, in: Schmid-Bleibtreu et al. (Hrsg.), GG, 12. Aufl. 2011, Art. 93, Rn. 108 ff.; ausführlich *Graßhof*, in: Umbach et al. (Hrsg.), BVerfGG-Mitarbeiterkommentar, 2. Aufl. 2005, § 78, Rn. 11 ff.

[367] Dazu sogleich.

[368] Etwa BVerfGE 91, 148 (175) – Umlaufverfahren.

[369] Vgl. etwa Klausur 4: Legitimation durch Verfahren, S. 256 ff., 260.

Ist ein Fehler im Ergebnis allerdings relevant, ist damit nicht immer nichts über dessen Auswirkung auf die normative Situation gesagt. Grundsätzlich führt die Unvereinbarkeit einer Norm mit dem GG gem. § 78 S. 1 BVerfGG zu deren *Nichtigkeit*. Das BVerfG stellt dabei fest, dass die angegriffene Norm *ipso iure*[370] und *ex tunc*[371] niemals rechtlich existent gewesen ist.[372] Dieser Entscheidung kommt gem. § 31 II 1 BVerfGG Gesetzeskraft zu.

Damit entsteht ein Rechtsvakuum,[373] das grundsätzlich hinzunehmen ist. Ausnahmsweise kann eine solche Folge vom BVerfG aber nicht zu verantworten sein. Würde es beispielsweise feststellen, dass die gesetzliche Anordnung der Sicherheitsverwahrung von Schwerstkriminellen nach einer bestimmten Norm verfassungswidrig ist, müssten diese Personen bei der Nichtigkeitserklärung aus der Haft entlassen werden... Als gegenüber der Nichtigkeitserklärung mildere Form hat das BVerfG daher die *Unvereinbarkeitserklärung* geschaffen.[374] Diese ist zwar nicht ausdrücklich als Rechtsfolgenausspruch in § 78 S. 1 BVerfGG niedergeschrieben, aber vom Gesetzgeber mittlerweile implizit anerkannt, vgl. §§ 79 I, 31 II 2, 3 BVerfGG.[375]

Folge einer Unvereinbarkeitserklärung ist die Unanwendbarkeit der entsprechenden Norm.[376] Mit Gesetzeskraft (§ 31 II 1 BVerfGG) darf sie also nicht mehr angewendet (also auch nicht vollstreckt) werden; gerichtliche Verfahren sind auszusetzen.[377] Soweit besteht im Ergebnis kein Unterschied zur Nichtigkeitserklärung. Allerdings kann das BVerfG seine Unvereinbarkeitserkärung mit verschiedenen Maßnahmen verbinden: insb. kann es, gestützt auf § 35 BVerfGG, anordnen, dass die beanstandete Norm *doch* fortgilt (Weitergeltens-, Weitergeltungs- oder Fortgeltensanordnung), und den Behörden und Gerichten damit eine normative Handhabe zur Verfügung steht, ein Vakuum also vermieden wird;[378] das BVerfG kann dem Normgeber zudem aufgeben, (innerhalb einer bestimmten Frist) eine verfassungsmäßige Situation zu schaffen.[379]

---

[370] Lat.: Durch das Recht selbst.
[371] Lat.: Von Anfang an.
[372] Fraglich ist, was daraus für Rechtsakte folgt, die auf der nichtigen Norm beruhen: dazu § 79 BVerfGG und darüber hinaus *Hopfauf*, in: Schmid-Bleibtreu et al. (Hrsg.), GG, 12. Aufl. 2011, Art. 93, Rn. 109 f.
[373] *Bethge*, in: Maunz et al. (Hrsg.), BVerfGG, Loseblatt, Stand: Oktober 2008, § 31, Rn. 215.
[374] Beispiele: BVerfGE 121, 30 (31, 68) – Parteibeteiligung an Rundfunkunternehmen; 121, 266 (267) – negatives Stimmgewicht. Zur Unvereinbarkeitserklärung kurz *Hopfauf*, in: Schmid-Bleibtreu et al. (Hrsg.), GG, 12. Aufl. 2011, Art. 93, Rn. 112; *Heusch*, in: Umbach et al. (Hrsg.), BVerfGG-Mitarbeiterkommentar, 2. Aufl. 2005, § 31, Rn. 81 f.; sowie ausführlich *Graßhof*, in: Umbach et al. (Hrsg.), BVerfGG-Mitarbeiterkommentar, 2. Aufl. 2005, § 78, Rn. 57 ff.; *Bethge*, in: Maunz et al. (Hrsg.), BVerfGG, Loseblatt, Stand: Oktober 2008, § 31, Rn. 206 ff. und § 78, Rn. 56 ff.
[375] Dazu *Bethge*, in: Maunz et al. (Hrsg.), BVerfGG, Loseblatt, Stand: Oktober 2008, § 78, Rn. 58.
[376] *Bethge*, in: Maunz et al. (Hrsg.), BVerfGG, Loseblatt, Stand: Oktober 2008, § 78, Rn. 63.
[377] *Bethge*, in: Maunz et al. (Hrsg.), BVerfGG, Loseblatt, Stand: Oktober 2008, § 78, Rn. 63.
[378] *Bethge*, in: Maunz et al. (Hrsg.), BVerfGG, Loseblatt, Stand: Oktober 2008, § 78, Rn. 65, mit weiteren Ausführungen in Rn. 66 ff.
[379] Dazu *Bethge*, in: Maunz et al. (Hrsg.), BVerfGG, Loseblatt, Stand: Oktober 2008, § 78, Rn. 82.

Eine solche Unvereinbarkeitserklärung wird insb. dann angeordnet, wenn entweder die Nichtigkeit eine Rechtslage bewirken würde, die von einem verfassungsmäßigen Zustand *noch weiter* entfernt wäre (einschließlich einer dann eintretenden unverantwortbaren Gemeinwohlgefährdung, vgl. oben) oder der Gesetzgeber (insb. bei Gleichheitsverstößen) mehrere Möglichkeiten zur Beseitigung der verfassungswidrigen Situation hat und das BVerfG nicht in seine Gestaltungsprärogative eingreifen möchte.[380]

---

[380] *Hopfauf*, in: Schmid-Bleibtreu et al. (Hrsg.), GG, 12. Aufl. 2011, Art. 93, Rn. 112.

D. Bund-Länder-Streit, Art. 93 I Nr. 3 GG i. V. m. §§ 13 Nr. 7, 68-70 BVerfGG

Der Bund-Länder-Streit ist die einzige klausurrelevante föderative Streitigkeit,[381] wenngleich er deutlich seltener in Klausuren vorkommt als Organstreitverfahren und abstrakte Normenkontrollverfahren. Im Aufbau entspricht dieses kontradiktorische, subjektive Rechtsschutzverfahren durch den Verweis in § 69 BVerfGG im Wesentlichen dem Organstreitverfahren.[382] Die Zulässigkeitsprüfung eines Bund-Länder-Streits weist keine spezifischen Probleme auf.

I. Statthaftigkeit des Bund-Länder-Streits und Zuständigkeit des BVerfG

– Art. 93 I Nr. 3 GG, § 13 Nr. 7 BVerfGG
– Hier ist insb. die vom Antragsteller begehrte Rechtsfolge zu untersuchen: gem. §§ 69 i. V. m. 67 S. 1 i. V. m. 64 I BVerfGG kann das BVerfG nicht die Nichtigkeit des Antragsgegenstandes erklären, sondern nur eine Rechtsverletzung feststellen.

II. Parteifähigkeit (und Prozessfähigkeit) des Antragstellers

– § 68 BVerfGG
– Str. ist, wer nach § 68 BVerfGG partei- und wer prozessfähig ist:
  o Nach der h. M.[383] sind *partei*fähig Bund und Länder und *prozess*fähig Bundesregierung[384] bzw. Landesregierung[385] als deren gesetzliche Vertreter.
  o Nach einer MM[386] sind *partei*fähig Bundes- und Landesregierung, § 68 BVerfGG ordnet danach eine gesetzliche Prozessstandschaft an[387].

---

[381] Zu weiteren föderativen Streitigkeiten s. *Schlaich/Korioth*, Das Bundesverfassungsgericht, 8. Aufl. 2010, Rn 105 ff.

[382] Daher wird auf die Ausführungen unter S. 103 ff. verwiesen. *Hillgruber/Goos*, Verfassungsprozessrecht, 3. Aufl. 2011, Rn. 404 betonen im Übrigen zu Recht den grundsätzlichen Unterschied beider Streitverfahren, der sich aus der grundsätzlichen Unterscheidung von Verbands- und Organkompetenzen ergibt: Beim Organstreitverfahren streiten mehrere Organe *innerhalb* eines Verbandes (Bund) um ihre Organkompetenzen (Organ-Streit), während beim Bund-Länder-Streit verschiedene Verbände (Bund und Land) um ihre Verbandskompetenzen streiten (Verbands-Streit).

[383] Beschluss des Zweiten Senats des BVerfG vom 19.8.2011, - 2 BvG 1/10 -, Rn. 34 ff., online verfügbar unter http://www.bverfg.de/entscheidungen/gs20110819_2bvg000110.html (zuletzt abgerufen am 7.10.2011); *Bethge*, in: Maunz et al. (Hrsg.), BVerfGG, Loseblatt, Stand: April 1997, § 68, Rn. 4 f.; *Schorkopf*, in: Umbach et al. (Hrsg.), BVerfGG-Mitarbeiterkommentar, §§ 68, 69, Rn. 1 f.; *Hillgruber/Goos*, Verfassungsprozessrecht, 3. Aufl. 2011, Rn. 422; *Schlaich/Korioth*, Das Bundesverfassungsgericht, 8. Aufl. 2010, Rn. 104a.

[384] Als Kollegialorgan, dazu *Schorkopf*, in: Umbach et al. (Hrsg.), BVerfGG-Mitarbeiterkommentar, §§ 68, 69, Rn. 3, m. w. N.

[385] Als Kollegialorgan, wobei sich die genauen Regelungen aus dem *Landes*recht ergeben.

[386] *Degenhart*, Staatsrecht I, 27. Aufl. 2011, Rn. 768.

o An dieser Stelle kann jedoch kaum juristische Methodik gezeigt werden und damit sind in einer Klausur hier keine Punkte zu verdienen. Es empfiehlt sich daher, das Problem nur anzudeuten und sich dann für eine Variante zu entscheiden, etwa: „Nach überzeugender Ansicht statuiert § 68 BVerfGG die Parteifähigkeit des Bundes, vertreten durch die Bundesregierung [und nicht etwa die Parteifähigkeit der Bundesregierung in Prozessstandschaft für den Bundes]."

III. Parteifähigkeit (und Prozessfähigkeit) des Antragsgegners

- § 68 BVerfGG
- Es gelten die Ausführungen zu II. entsprechend.

IV. Antragsgegenstand

- §§ 69 i. V. m. 64 I BVerfGG: „Maßnahme oder Unterlassung des Antragsgegners"
- Dazu oben S. 107 ff., insb. die Frage nach der „Rechtserheblichkeit" der Maßnahme.
- Beispiele für Antragsgegenstände: Weisungen nach Art. 85 III GG; Erlass eines Gesetzes (nicht das Gesetz selbst)[388]; *nicht*: gerichtliche Entscheidungen[389]

V. Antragsbefugnis

- §§ 69 i. V. m. 64 I BVerfGG: wenn der Antragsteller geltend machen kann, dass er „in seinen ihm durch das Grundgesetz übertragenen Rechten und Pflichten verletzt oder unmittelbar gefährdet ist"; es gelten die Ausführungen zum Organstreitverfahren auf S. 109 ff. entsprechend
- Solche Rechte finden sich insb. in Art. 30, 70 ff., 83 ff. GG und allgemeiner in der Eigenstaatlichkeit der Länder (Art. 20 I GG).[390] Besteht eine solche Rechtsbeziehung zwischen Bund und Ländern, spricht das BVerfG vom Bestehen eines „Bund und Land umschließenden materiellen Verfassungsrechtsverhältnis[ses]"[391].

---

[387] Also die Geltendmachung fremder Rechte im eigenen Namen; ein unstr. Fall gesetzlicher Prozessstandschaft ist in § 64 I BVerfGG geregelt („wenn der Antragsteller geltend macht, daß […] das Organ, dem er angehört, durch eine Maßnahme […] in seinen […] Rechten […] verletzt […] ist"), s. dazu S. 110.

[388] Vgl. schon oben Fn. 296 f.; zutreffend *Hillgruber/Goos*, Verfassungsprozessrecht, 3. Aufl. 2011, Rn. 434; *Robbers*, Verfassungsprozessuale Probleme in der öffentlich-rechtlichen Arbeit, 2. Aufl. 2005, S. 78; ungenau *Schlaich/Korioth*, Das Bundesverfassungsgericht, 8. Aufl. 2010, Rn. 99 (wegen Rn. 93 aber wohl keine a. A.).

[389] So der Grundsatz; näher *Hillgruber/Goos*, Verfassungsprozessrecht, 3. Aufl. 2011, Rn. 437a ff.

[390] Vgl. nur *Hillgruber/Goos*, Verfassungsprozessrecht, 3. Aufl. 2011, Rn. 447 ff. Zu einem Klassiker, nämlich dem Recht aus Art. 85 III GG, vgl. Klausur 6: Highway to Hell, Frage 1, S. 311 ff.

[391] Etwa BVerfGE 81, 310 (329) – Kalkar II.

- Nicht per Bund-Länder-Streit verteidigt werden können Grundrechte[392] oder die Bindung von Bund bzw. Ländern an Recht und Gesetz gem. Art. 20 III GG[393].
- Der Grundsatz der Bundes-/Bündnistreue kann nur als akzessorisches, also nicht als eigenständiges Recht geltend gemacht werden.[394]

[VI. Vorverfahren

- Mängelrüge nur im Falle eines Streits im Rahmen der Landeseigenverwaltung nach Art. 84 IV GG]

VII. Antragsform

- §§ 23 I, 69 i. V. m. 64 II BVerfGG

VIII. Antragsfrist

- Fristbeginn: beachte insb. das Standardproblem des Fristbeginns bei Unterlassen, vgl. S. 111 und unten S. 310 f.
- Fristdauer:
  o Grundsatz: §§ 69 i. V. m. 64 III BVerfGG (sechs Monate)
  o Ausnahme (*lex specialis*) im Fall des notwendigen vorherigen Mängelrügeverfahrens nach Art. 84 IV 1 GG (Monatsfrist gem. § 70 BVerfGG)

IX. Rechtsschutzbedürfnis

- wie stets: indiziert und damit als solches ohne Weiteres zu bejahen, wenn keine erkennbaren Probleme angelegt sind[395]

X. Zwischenergebnis

- Einen unzulässigen Antrag verwirft das BVerfG.[396]

Exkurs: Überleitung zur Begründetheit

Zum Prüfungsprogramm/-umfang gilt das zum Organstreit Ausgeführte entsprechend. Insb. ist die Begründetheitsprüfung auf die Kontrolle der Verletzung subjektiver Rechte des Bundes bzw. eines Landes beschränkt. Verfehlt wäre also eine umfassende Prüfung der Verfassungsmäßigkeit des Antragsgegenstandes – das wäre eine abstrakte Normenkontrolle.

---

[392] BVerfGE 81, 310 (333 f.); grundsätzlich bestätigend, aber modifizierend: BVerfGE 104, 238 (245 f.) – Gorleben.
[393] BVerfGE 104, 238 (246).
[394] BVerfGE 104, 238 (247 f.); *Schlaich/Korioth*, Das Bundesverfassungsgericht, 8. Aufl. 2010, Rn. 100, Fn. 391.
[395] Zu problematischen Fällen *Hillgruber/Goos*, Verfassungsprozessrecht, 3. Aufl. 2011, Rn. 469 ff.
[396] Vgl. die Nachweise bei *Hillgruber/Goos*, Verfassungsprozessrecht, 3. Aufl.2011, Rn. 476.

Ein begründeter Antrag mündet in die Feststellung des Verfassungsverstoßes, ein unbegründeter Antrag wird vom BVerfG zurückgewiesen.[397]

---

[397] Vgl. die Nachweise bei *Hillgruber/Goos*, Verfassungsprozessrecht, 3. Aufl.2011, Rn. 483, mit einem Plädoyer für eine Feststellung der Nicht-Rechtsverletzung, Rn. 484. Zum Sonderfall der Folgen im Verfahren nach Art. 84 IV 1 GG ibid., Rn. 488.

E. (Individual-)Verfassungsbeschwerde, Art. 93 I Nr. 4a (und 94 II 2) GG i. V. m. §§ 13 Nr. 8a, 90-95 BVerfGG

Bei der regelmäßig schlicht „Verfassungsbeschwerde" genannten Verfahrensart handelt es sich um ein nicht-kontradiktorisches, subjektives Rechtsschutzverfahren, das als *außerordentlicher Rechtsbehelf* eine letzte und subsidiäre Möglichkeit bietet, die Grundrechtswahrung der öffentlichen Gewalt zu erstreiten.[398] Sie ist quantitativ die bei weitem bedeutendste Verfahrensart vor dem BVerfG: Zwischen 1951 und 2010 wurden 188.810 Verfahren vor dem BVerfGG anhängig, über 96% davon waren Verfassungsbeschwerden.[399] Die Verfassungsbeschwerde ist zu einem geradezu populären Rechtsmittel geworden, wie die Zahlen zeigen: 2010 etwa gingen beim BVerfG 6.251 Verfassungsbeschwerden ein.[400] Darin spiegelt sich freilich mehr das Vertrauen der Bürger in das BVerfG wider als die Erfolgsaussichten: 1951-2010 waren lediglich 2,4% der erledigten Verfassungsbeschwerden erfolgreich.[401]

Die Verfassungsbeschwerde ist damit eine der großen Erfolgsgeschichten der Bundesrepublik und des BVerfG.[402] Sie hat entscheidend dazu beigetragen, aus Untertanen selbstbewusste Staatsbürger zu machen.[403] Die Verfassungsbeschwerde ist dabei zu einem wichtigen Stück der bundesrepublikanischen *Verfassungskultur* geworden.

---

[398] Vgl. die Nachweise aus der Rechtsprechung des BVerfG bei *Schlaich/Korioth*, Das Bundesverfassungsgericht, 8. Aufl. 2010, Rn. 194.

[399] Statistik des BVerfG, http://www.bverfg.de/organisation/gb2010/A-I-1.html (zuletzt abgerufen am 3.10.2011).

[400] http://www.bverfg.de/organisation/gb2010/A-IV-1.html (zuletzt abgerufen am 3.10.2011). Dies liegt im (stetig wachsenden) Durchschnitt der letzten Jahre, vgl. http://www.bverfg.de/organisation/gb2010/A-IV-1.html (zuletzt abgerufen am 7.6.2011).
Die Bewältigung dieser Massen ist seit jeher eine organisatorisches Problem des BVerfG, vgl. *Hillgruber/Goos*, Verfassungsprozessrecht, 3. Aufl. 2011, Rn. 80 ff.; *Schlaich/Korioth*, Das Bundesverfassungsgericht, 8. Aufl. 2010, Rn. 258 ff. Wegen der beschränkten Ressourcen des BVerfG (nur 16 Richterinnen und Richter und einige Dutzend wissenschaftliche Mitarbeiter) wird der subjektive Rechtsschutz auch heute nicht in jedem Fall verwirklicht, dazu ausführlicher *Schlaich/Korioth*, Das Bundesverfassungsgericht, 8. Aufl. 2010, Rn. 262 ff., 274 ff.

[401] http://www.bverfg.de/organisation/gb2010/A-I-1.html (zuletzt abgerufen am 7.6.2011), was Anlass für Kritik gibt, vgl. die Nachweise bei *Schlaich/Korioth*, Das Bundesverfassungsgericht, 8. Aufl. 2010, Rn. 195.

[402] Zum BVerfG vgl. schon S. 28 f.

[403] Zu den (holprigen) Anfängen der Verfassungsbeschwerde s. nur *Hillgruber/Goos*, Verfassungsprozessrecht, 3. Aufl. 2011, Rn. 73 ff. Im politisch-genetischen Kontext: *Lamprecht*, Vom Untertan zum Bürger – Wie das Bonner Grundgesetz an seinem Karlsruher „Über-Ich" gewachsen ist, NJW 2009, 1454; *ders.*, Bewusstseinswandel durch Rechtsprechung – Karlsruher Urteile als Lektionen in Staatsbürgerkunde, NJW 2001, 2942. Besondere Bedeutung kommt der Verfassungsbeschwerde wegen ihrer doppelten Adressatenausrichtung zu: die Verfassungsbeschwerde dient zum einen der Wahrung der Grundrechte in einem *Einzelfall*, und entfaltet zum anderen auch objektive Appell-, Diskursanregungs- und „Edukations"-Wirkung (vgl.

Zur Klausurrelevanz: Verfassungsbeschwerden bilden die typische Einkleidung von *Grundrechtsklausuren.* Im Staatsorganisationsrecht spielt diese Verfahrensart hingegen kaum eine Rolle: hier geht es nämlich regelmäßig um Konflikte zwischen verschiedenen Organen der verfassten Staatlichkeit, während die Verfassungsbeschwerde nur bei Konflikten zwischen Staat und Bürger einschlägig ist.

I. Statthafte Verfahrensart und Zuständigkeit des BVerfG

- Art. 93 I Nr. 4a GG i. V. m. § 13 Nr. 8a BVerfGG
- In den seltenen Fällen, in denen im Staatsorganisationsrecht die Verfassungsbeschwerde statthaft ist, muss eine Abgrenzung gegenüber anderen denkbaren Verfahrensarten (insb. Organstreitverfahren) erfolgen. Hier sind einmal Ausführungen zur statthaften Verfahrensart angezeigt.

II. Beschwerdefähigkeit

- Art. 93 I Nr. 4 a GG, § 90 I BVerfGG: „jedermann"
- Wer „jedermann" ist, bestimmt sich nach materiellem (Verfassungs-)Recht.
  - o e. A.: jeder, der Träger *irgendeines* Grundrechts sein kann[404]
  - o a. A. (zutreffende h. M.): jeder, der Träger *desjenigen* Grundrechts sein kann, dessen Verletzung er rügt[405]
- Aus den verschiedenen Auffassungen folgt eine unterschiedliche Prüfung der Beschwerdefähigkeit:
  - o e. A.: Prüfung, ob *irgendein* Grundrecht denjenigen berechtigt, der Verfassungsbeschwerde führen möchte; dies trifft letztlich auf jeden zu[406]
  - o a. A.:(1) Prüfung, welches Grundrecht als verletzt gerügt wird (2) Prüfung, ob der persönliche Schutzbereich dieses Grundrechts für den Beschwerdeführer eröffnet ist[407]

Schlaich/Korioth, Das Bundesverfassungsgericht, 8. Aufl. 2010, Rn. 205 und die beiden Annahmegründe in § 93a II BVerfGG).

[404] *Pieroth,* in: Jarass/Pieroth, GG, 11. Aufl. 2011, Art. 93, Rn. 48; weitere Nachweise bei *Hillgruber/Goos,* Verfassungsprozessrecht, 3. Aufl. 2011, Rn. 105, Fn. 44.

[405] *Ruppert,* in: Umbach et al. (Hrsg.), BVerfGG-Mitarbeiterkommentar, 2. Aufl. 2005, § 90, Rn. 17; *Hopfauf,* in: Schmid-Bleibtreu et al. (Hrsg.), GG, 12. Aufl. 2011, Art. 93, Rn. 163, m. w. N.; *Bethge,* in: Maunz et al. (Hrsg.), BVerfGG, Loseblatt, Stand: März 2010, Art. 93, Rn. 125; *Voßkuhle,* in: v. Mangoldt/Klein/Starck (Hrsg.), GG, Bd. 3, 6. Aufl. 2010, Art. 93, Rn. 173; *Hillgruber/Goos,* Verfassungsprozessrecht, 3. Aufl. 2011, Rn. 104, m. w. N.; unklar, aber wohl ebenfalls: *Schlaich/Korioth,* Das Bundesverfassungsgericht, 8. Aufl. 2010, Rn. 206.

[406] *Hillgruber/Goos,* Verfassungsprozessrecht, 3. Aufl. 2011, Rn. 105, m. w. N.: Verfahrensgrundrechte stehen jedem zu.

[407] Das führt dazu, dass das gerügte Grundrecht zweifach in der Zulässigkeitsprüfung auftaucht: der persönliche Schutzbereich des Grundrechts wird innerhalb der Beschwerdefähigkeit geprüft, der sachliche innerhalb der Beschwerdebefugnis. Prägnant *Bethge,* in: Maunz et al. (Hrsg.), BVerfGG, Loseblatt, Stand: März 2010, Art. 93, Rn. 125: „Die Beschwerdefähigkeit folgt dem persönlichen Geltungsbereich des berührten Grundrechts. [...] Die potentielle Verletzung des Beschwerdeführers ist ebenso wie die Betroffenheit (Beschwer) eine Frage der Beschwerdebefugnis [...]. Die konkrete tatsächliche (aktuelle) Verletzung des Grundrechts ist Thema der Begründetheit der Verfassungsbeschwerde."

– Aus der hier für zutreffend erachteten h. M. folgt für:
  o *natürliche Personen* (mit Problemen am Beginn und nach dem Ende des Lebens):
    ▪ *deutsche* (i. S. v. Art. 116 GG) natürliche Personen sind beschwerdefähig hinsichtlich *aller* Grundrechte des GG, inkl. der Bürger-/Deutschengrundrechte (etwa Art. 12 I GG)
    ▪ *ausländische* natürliche Personen sind beschwerdefähig (nur) hinsichtlich der Menschenrechte des GG (etwa Art. 4 I, II GG oder Art. 2 I GG)
    ▪ *ausländische* natürliche Personen aus *EU-Staaten* (Unionsbürger) sind im Ergebnis beschwerdefähig hinsichtlich *aller* Grundrechte des GG, inkl. der Bürger-/Deutschengrundrechte (str.)[408]
  o *juristische Personen*:
    ▪ *inländische* juristische Personen sind gem. Art. 19 III GG beschwerdefähig hinsichtlich aller Grundrechten, die ihrem Wesen nach auf sie anwendbar sind[409]
    ▪ *ausländische* juristische Personen sind beschwerdefähig hinsichtlich prozessualer, nicht aber hinsichtlich materieller Grundrechte[410]
    ▪ *ausländische* juristische Personen der *EU* sind beschwerdefähig hinsichtlich prozessualer *und* hinsichtlich materieller Grundrechte, die ihrem Wesen nach auf sie anwendbar sind[411]

---

[408] Umstr., und zwar sowohl, ob EU-Ausländern überhaupt ein den Deutschengrundrechten entsprechender Grundrechtsschutz einzuräumen ist (ablehnend etwa *Hillgruber/Goos*, Verfassungsprozessrecht, 3. Aufl. 2011, Rn. 115, m. w. N.), und (falls mit der wohl h. M. dem so ist), ob dies über eine entsprechende Anreicherung von Art. 2 I GG geschieht oder über eine Anwendung der Deutschengrundrechte *contra legem* (dazu Schlaich/Korioth, Das Bundesverfassungsgericht, 8. Aufl. 2010, Rn. 206, m. w. N.). Überträgt man die Ausführungen des BVerfG zur Grundrechtsberechtigung von juristischen Personen des EU-Auslands auf natürliche Personen ergibt sich m. E. eine analoge Anwendung (in den Worten des BVerfG: eine „Anwendungserweiterung") des einschlägigen Deutschengrundrechts, vgl. Beschluss des Ersten Senats vom 19.7.2011, - 1 BvR 1916/09 -, Rn. 71 ff. (online verfügbar unter http://www.bverfg.de/entscheidungen/rs20110719_1bvr191609.html [zuletzt abgerufen am 4.10.2011]).

[409] Art. 19 III GG wirft eine ganze Reihe von Problemen auf, vgl. für einen knappen Überblick *Jarass*, in: ders./Pieroth, GG, 11. Aufl. 2011, Art. 19, Rn. 15 ff.

[410] S. nur den Beschluss des Ersten Senats des BVerfG vom 19.7.2011, - 1 BvR 1916/09 -, Rn. 70, m. w. N. (online verfügbar unter http://www.bverfg.de/entscheidungen/rs20110719_1bvr191609.html [zuletzt abgerufen am 4.10.2011]).

[411] Beschluss des Ersten Senats des BVerfG vom 19.7.2011, - 1 BvR 1916/09 -, Rn. 71 ff. (online verfügbar unter http://www.bverfg.de/entscheidungen/rs20110719_1bvr191609.html [zuletzt abgerufen am 4.10.2011]).

- Wem keine Grundrechte zustehen, kann niemals beschwerdefähig sein: das trifft auf all diejenigen zu, die der verfassten Staatlichkeit angehören (beispielsweise die Bundesregierung oder juristische Personen *des öffentlichen Rechts*). Eine *Ausnahme* besteht nur dort, wo sich eine juristische Personen des öffentlichen Rechts in einer „grundrechtstypischen Gefährdungslage"[412] befindet (verkürzt: Religionsgemeinschaften, Rundfunkanstalten und Universitäten bei der Wahrung „ihrer" speziellen Grundrechte).[413]
- Eine Frage des konkreten Falls ist die Beschwerdefähigkeit bei Personen, die sowohl Grundrechte als auch Organrechte verteidigen können (klassischer Fall: der Kandidat für ein Abgeordnetenmandat bzw. der Abgeordnete). Hier kommt es darauf an, *welches Recht genau* sie verteidigen wollen. Noch komplizierter wird es bei **politischen Parteien**, die nach Auffassung des BVerfG ihre Statusrechte grundsätzlich mittels Organstreitverfahren verteidigen, unter bestimmten Umständen jedoch (ein Großteil der Literatur sagt sogar: unter allen Umständen) mittels Verfassungsbeschwerde.[414]

III. Verfahrensfähigkeit[415]

- Verfahrensfähigkeit ist die Fähigkeit, Prozesshandlungen selbst oder durch selbst bestellte Vertreter vorzunehmen oder entgegenzunehmen,[416] hier die Fähigkeit, die Verfassungsbeschwerde *selbst* zu erheben und zu führen.[417]
- Die Verfahrensfähigkeit ist im BVerfGG nicht ausdrücklich geregelt. Eine analoge Anwendung der Prozessfähigkeitsregeln anderer Prozessordnungen kann nur ein erster Anhaltspunkt sein, denn die Prozessfähigkeit muss so konstruiert werden, dass sie den besonderen Eigenarten der Verfassungsbeschwerde (letztlich also den dahinter stehenden Grundrechten) entspricht.[418]
- Die Verfahrensfähigkeit ist bei „Problemfällen" zu thematisieren, insb. bei Minderjährigen (Stichwort: Grundrechtsmündigkeit), Geschäftsunfähigen, Verstorbenen und juristischen Personen.

---

[412] So etwa in BVerfGE 45, 63 (79).
[413] Dazu etwa *Ruppert*, in: Umbach et al. (Hrsg.), BVerfGG-Mitarbeiterkommentar, 2. Aufl. 2005, § 90, Rn. 41 ff.
[414] Dazu näher Klausur 5: Hans im Pech, Frage 1, S. 275 f.
[415] Dieser Begriff wird überwiegend gebraucht, s. *Hillgruber/Goos*, Verfassungsprozessrecht, 3. Aufl. 2011, vor Rn. 127; *Schlaich/Korioth*, Das Bundesverfassungsgericht, 8. Aufl. 2010, vor Rn. 212; *Bethge*, in: Maunz et al. (Hrsg.), BVerfGG, Loseblatt, Stand: März 2010, § 90, Rn. 169. Andere Autoren sprechen von der Prozessfähigkeit, s. *Ruppert*, in: Umbach et al. (Hrsg.), BVerfGG-Mitarbeiterkommentar, 2. Aufl. 2005, § 90, vor Rn. 49, was dem sonstigen Verfahrensrecht entspricht, vgl. etwa § 52 ZPO, § 71 I SGG.
[416] Allgemeine Definition (von Prozessfähigkeit), s. etwa *Weth*, in: Musielak (Hrsg.), ZPO, 8. Aufl. 2011, § 52, Rn. 2.
[417] *Hillgruber/Goos*, Verfassungsprozessrecht, 3. Aufl. 2011, Rn. 127.
[418] Dazu näher und m. w. N.: *Hillgruber/Goos*, Verfassungsprozessrecht, 3. Aufl. 2011, Rn. 128 ff.; *Schlaich/Korioth*, Das Bundesverfassungsgericht, 8. Aufl. 2010, Rn. 212; *Bethge*, in: Maunz et al. (Hrsg.), BVerfGG, Loseblatt, Stand: März 2010, Art. 93, Rn. 171 ff.

[Exkurs: Beschwerdegegner

Die Verfassungsbeschwerde ist nicht-kontradiktorisches Verfahren, es fehlt also der „Beschwerdegegner".]

IV. Beschwerdegegenstand

- Art. 93 I Nr. 4a GG, § 90 I BVerfGG: „durch die öffentliche Gewalt"
- Ein Akt der „öffentlichen Gewalt" umfasst gem. §§ 94 I, 95 I 1 BVerfGG Handlungen und Unterlassungen und ist im Gutachten konkret zu benennen.
- Akte öffentlicher Gewalt umfassen *alle Maßnahmen der deutschen Staatsgewalt.*[419]
  o Schutz besteht also vor dem Handeln *aller* drei Gewalten (vgl. Art. 1 III GG): vor legislativem Handeln (insb. Gesetzen); vor exekutivem Handeln (Verwaltungshandeln), sei es unmittelbar oder mittelbar (durch Anstalten, Körperschaften oder Stiftungen); und vor judikativem Handeln (insb. gerichtlichen Urteilen).
  o Im typischen Klausurfall ist der Beschwerdegegenstand ein Gerichtsurteil (sog. *Urteilsverfassungsbeschwerde*). Das liegt daran, dass ein Bürger mit dem Gesetz regelmäßig erst in Kontakt kommt, wenn es von der Verwaltung vollzogen wird; und dagegen ist fachgerichtlicher Rechtsschutz gegeben. Erst nach dessen Ausschöpfung kann der Bürger, falls er seine Grundrechte noch immer für verletzt hält, die gerichtliche Entscheidung zum Gegenstand seiner Verfassungsbeschwerde machen (vgl. dazu unten VI.).
  o Öffentliche Gewalt meint *deutsche* öffentliche Gewalt; bedeutsam ist dies bei europarechtlichen Bezügen. Aus der Darstellung oben S. 91 ff. ergibt sich:
    ▪ Eine EU-Verordnung nach Art. 288 Abs. 2 AEUV kann nicht Beschwerdegegenstand sein, ebenso wenig wie Handeln der EU-Exekutive.
    ▪ Ein Akt deutscher öffentlicher Gewalt kann nicht Beschwerdegegenstand sein, *soweit* er von einer EU-Richtlinie (Art. 288 Abs. 3 AEUV) vorgegeben (determiniert) ist. Wo deutsche Hoheitsträger hingegen Spielräume nutzen, stellen solche Handlungen Akte öffentlicher Gewalt i. S. v. § 90 I BVerfGG dar.

---

[419] S. nur *Schlaich/Korioth*, Das Bundesverfassungsgericht, 8. Aufl. 2010, Rn. 213. Zum Beschwerdegegenstand weiter *Hillgruber/Goos*, Verfassungsprozessrecht, 3. Aufl. 2011, Rn. 141 ff.; *Bethge*, in: Maunz et al. (Hrsg.), BVerfGG, Loseblatt, Stand: März 2010, § 90, Rn. 175a ff. Eine Mindermeinung (und dem Studierenden daher nicht anzuraten), aber sachlich überzeugend: *Ruppert*, in: Umbach et al. (Hrsg.), BVerfGG-Mitarbeiterkommentar, 2. Aufl. 2005, § 90, Rn. 52 f.: Beschwerdegegenstand und Beschwerdebefugnis werden zusammengezogen, vgl. entsprechend meinen Exkurs zum Aufbau des Organstreitverfahrens oben auf S. 109.

> **Beispiel:**
> Eine Richtlinie verpflichtet die Mitgliedstaaten, „die Speicherung folgender Telekommunikations-Verbindungsdaten zu bewerkstelligen: Nummer des Anrufers [...]. Darüber hinaus kann der Mitgliedstaat weitere zentrale Daten speichern." Der deutsche Gesetzgeber erlässt ein Gesetz, wonach die Nummer des Anrufers und der Standort des Anrufers bei Mobilfunktelefonaten gespeichert werden müssen. A wehrt sich dagegen, dass am 15.4.2012 seine Nummer als Anrufer und sein Standort aufgezeichnet worden sind. In der Klausur muss also analysiert werden: (1) Die Aufzeichnung seiner Nummer ist europarechtlich durch die Richtlinie determiniert und kann (letztlich) nicht Gegenstand einer Verfassungsbeschwerde sein. (2) Die Aufzeichnung seines Standorts ist nicht europarechtlich determiniert, sondern eine eigene Entscheidung des deutschen Gesetzgebers unter Ausfüllung des Umsetzungsspielraums. Diese Entscheidung kann Gegenstand einer Verfassungsbeschwerde sein.[420]

V. Beschwerdebefugnis

- Art. 93 I Nr. 4a GG, § 90 I BVerfGG: „Behauptung, [...] in einem seiner Grundrechte oder in einem seiner in Artikel 20 Abs. 4, Artikel 33, 38, 101, 103 und 104 des Grundgesetzes enthaltenen Rechte verletzt zu sein"
- Beschwerdebefugt ist daher, wer substantiiert eine Grundrechtsverletzung behauptet, wenn (1) die behauptete Grundrechtsverletzung nicht von vornherein auszuschließen ist und (2) der Beschwerdeführer durch den Beschwerdegegenstand selbst[421], gegenwärtig[422] und unmittelbar[423] betroffen ist.
- Bei der Teilprüfung, ob die behauptete Grundrechtsverletzung nicht von vornherein auszuschließen ist, erfolgt eine kursorische Grundrechtsprüfung. Also: Ist es ausgeschlossen, dass der Beschwerdeführer durch den (a) persönlichen und (b) ggf. sachlichen Schutzbereich eines bestimmten Grundrechts geschützt ist, (c) ggf. ein Eingriff und (d) ggf. eine Rechtfertigung vorliegt? Lautet die Antwort auch nur ein Mal „ja, ist auszuschließen", fehlt die Beschwerdeberechtigung (hinsichtlich dieses Grundrechts).
- Es sind *alle* in Betracht kommenden Grundrechte **kurz** zu prüfen.[424]

---

[420] Formulierungsbeispiel für die Klausur oben S. 94 f.
[421] Also jedenfalls, wenn der Beschwerdeführer Adressat ist, BVerfGE 102, 197 (206 f.) – Spielbankengesetz Baden-Württemberg; näher *Hillgruber/Goos*, Verfassungsprozessrecht, 3. Aufl. 2011, Rn. 193 ff.
[422] Also grundsätzlich die aktuelle und nicht nur zukünftige Betroffenheit, BVerfGE 102, 197 (207); näher *Hillgruber/Goos*, Verfassungsprozessrecht, 3. Aufl. 2011, Rn. 198 ff.
[423] Also wenn der angegriffene Gegenstand keines weiteren Vollzugsakts bedarf, um die Rechtsstellung des Beschwerdeführers zu verändern, BVerfGE 102, 197 (207); näher *Hillgruber/Goos*, Verfassungsprozessrecht, 3. Aufl. 2011, Rn. 202 ff.; Beispiele für unmittelbare Betroffenheit bei *Schlaich/Korioth*, Das Bundesverfassungsgericht, 8. Aufl. 2010, Rn. 240.
[424] Es setzt sich das auf S. 128 ff. erläuterte Aufbauproblem fort: Wer der dort genannten e. A. folgt, prüft hier die im konkreten Fall möglicherweise verletzten Grundrechte erstmalig, also: persönlicher und sachlicher Schutzbereich des Grundrechts, Eingriff, Rechtfertigung. Wer mit der oben genannten a. A. den persönlichen Schutzbereich des Grundrechts schon geprüft und bejaht

VI. Erschöpfung des Rechtswegs und Subsidiarität

- § 90 II 1 BVerfGG (i. V. m. Art. 94 II 2 GG): „Ist gegen die Verletzung der Rechtsweg zulässig, so kann die Verfassungsbeschwerde erst nach Erschöpfung des Rechtswegs erhoben werden."
  - o Ob der fachgerichtliche Rechtsweg erschöpft ist, kann der Studienanfänger mangels prozessrechtlicher Kenntnisse nicht ohne Weiteres bewerten. In Klausuren wird daher entweder die Erschöpfung im Sachverhalt festgestellt („Cinna wendet sich nach Erschöpfung des Rechtswegs an das BVerfG mit dem Begehren, [...] ") oder es werden einige Normen genannt, die den Nachweis der Erschöpfung des Rechtswegs ermöglichen.
  - o Die Erschöpfung des Rechtswegs ist ausnahmsweise entbehrlich unter den Voraussetzungen des § 90 II 2 BVerfGG.
- Über das Gebot der Rechtswegerschöpfung (im engeren Sinne) hinaus erfordert der ungeschriebene (Art. 94 II 2 GG, § 90 II 1 BVerfGG entnommene[425]) Grundsatz der *Subsidiarität* der Verfassungsbeschwerde, dass der Beschwerdeführer alle ihm zur Verfügung stehenden prozessualen Möglichkeiten ergreift, um eine Korrektur der geltend gemachten Verfassungsverletzung zu erwirken.[426] Bestehen also weitere Möglichkeiten, die Grundrechtsverletzung ohne Einschaltung des BVerfG zu beseitigen, muss der Beschwerdeführer diese erst ergreifen. Die Kenntnis derartiger weiterer Möglichkeiten wird vom Studienanfänger nicht erwartet, Probleme der Subsidiarität sind damit (wenn nichts anderes erkennbar angelegt ist) nicht klausurrelevant.

VII. Beschwerdeform

- §§ 23 I, 92 BVerfGG: schriftlich und *hinreichend substantiiert* begründet (in der Klausur sollte kein allzu hoher Maßstab angelegt sein – keine Klausur scheitert an einem ungenügenden Antrag)

VIII. Beschwerdefrist

- Art. 93 BVerfGG
- Im häufigsten Fall (Urteilsverfassungsbeschwerde) läuft eine Monatsfrist nach § 93 I 1 BVerfGG.
- Ist gegen die behauptete Grundrechtsverletzung der Rechtsweg nicht zulässig (Ausnahme), läuft mit dem Inkrafttreten des verletzenden Gesetzes eine Jahresfrist gem. § 93 III BVerfGG.

---

hat, kann hier einfach nach oben verweisen und muss nur noch die mögliche sachliche Schutzbereichseröffnung, den möglichen Eingriff und die mögliche Rechtfertigung prüfen.

[425] So etwa *Hillgruber/Goos*, Verfassungsprozessrecht, 3. Aufl. 2011, Rn. 207; ablehnend *Schlaich/Korioth*, Das Bundesverfassungsgericht, 8. Aufl. 2010, Rn. 244.

[426] BVerfGE 115, 81 (91 f., m. w. N.), dort auch zum Sinn des Subsidiaritätsprinzips.

IX. Rechtsschutzbedürfnis

- Dieses Bedürfnis ist indiziert. Liegen im Sachverhalt keine Anhaltspunkte dafür vor, dass (ausnahmsweise) kein anerkennenswertes Interesse an einer Verfassungsbeschwerde besteht,[427] sollten hier keine weiteren Ausführungen erfolgen.

X. Zwischenergebnis

- Die Verfassungsbeschwerde ist zulässig oder unzulässig.[428]

Exkurs zur Begründetheit

I. Wie immer wieder betont, muss zu Beginn der Begründetheitsprüfung der Prüfungsmaßstab genannt werden. Besonders wichtig ist dies bei der Verfassungsbeschwerde. Im Laufe des Studiums mag man die Begriffe „spezifisches Verfassungsrecht" und „keine Superrevisionsinstanz" irgendwann als abgenutzt empfinden. Dennoch ist es selbst im Examen noch nötig, den Prüfungsmaßstab (und zwar unter Einbeziehung dieser Begriffe) zu bestimmen. Unabhängig davon, dass die Korrektorin dies erwartet, hilft es Ihnen, den Blick zu schärfen. Später im Studium kennt man oft auch den *einfachrechtlichen* Hintergrund des Beschwerdegegenstandes und ist etwa aus verwaltungsrechtlichen Klausuren gewohnt, dessen Einfachrechtmäßigkeit zu prüfen. Wer den Prüfungsmaßstab einer Verfassungsbeschwerde sorgsam bestimmt, verhindert ein versehentliches Abgleiten in eine umfassende Prüfung am Maßstab (auch) des einfachen Rechts.

Zum Prüfungsmaßstab selbst: Um einer funktionsadäquaten Rollenverteilung zwischen BVerfG und den Fachgerichten gerecht zu werden, ist das BVerfG **keine Superrevisionsinstanz**[429], die umfassend die Rechtmäßigkeit des Beschwerdegegenstandes kontrollieren dürfte. Vielmehr prüft es nur, ob **spezifisches Verfassungsrecht** verletzt worden ist, ob also bei der Anwendung des einfachen Rechts „Auslegungsfehler sichtbar werden, die auf einer grundsätzlich unrichtigen Auffassung von Bedeutung und Tragweite des in Anspruch genommenen Grundrechts, insbesondere vom Umfang seines Schutzbereichs beruhen"[430], oder willkürlich[431] sind.[432] Mit diesen Bemerkungen ist der für die Klausur erwartete und nötige Maßstab hinreichend dargestellt.

---

[427] Dazu *Hillgruber/Goos*, Verfassungsprozessrecht, 3. Aufl. 2011, Rn. 247 ff.; *Schlaich/Korioth*, Das Bundesverfassungsgericht, 8. Aufl. 2010, Rn. 256 f.

[428] Zur (in der Klausur nicht verlangten Tenorierung) vgl. *Sennekamp*, in: Umbach et al. (Hrsg.), BVerfGG-Mitarbeiterkommentar, 2. Aufl. 2005, nach § 35 c: Tenorierung von Entscheidungen, Rn. 4.

[429] Vom lateinischen *super* = über; also: Überrevisionsinstanz, oder: umfassende Rechtskontrollinstanz über den Fachgerichten.

[430] BVerfGE 18, 85 (93), in der diese sog. Hecksche Formel als Maßstab übernommen wurde.

[431] Etwa: BVerfGE 108, 282 (294) – Kopftuch.

[432] Zum Prüfungsmaßstab *Schlaich/Korioth*, Das Bundesverfassungsgericht, 8. Aufl. 2010, Rn. 280 ff.; ausführlicher: *Kenntner*, in: Umbach et al. (Hrsg.), BVerfGG-Mitarbeiterkommentar, A. II. 1, Rn. 22 ff., und Rn. 1 ff. Wie etwa Zivilrecht hinsichtlich seiner Verfassungsmäßigkeit

Einer begründeten Verfassungsbeschwerde gibt das BVerfG statt. Das BVerfG stellt dabei die Grundrechtsverletzung fest (§ 95 I 1 BVerfGG) und hebt die grundrechtsverletzenden Akte auf (§ 95 II BVerfGG). Ist gegen die Verletzung der Rechtsweg zulässig, so verweist das BVerfG (grundsätzlich) an ein zuständiges Gericht zurück, Art. 95 II BVerfGG. Wird direkt oder indirekt ein verfassungswidriges Gesetz angegriffen, wird gem. § 95 III 1, 2 BVerfGG zugleich (grundsätzlich) dessen Nichtigkeit erklärt.[433] Dem kommt gem. § 31 II 2 BVerfGG Gesetzeskraft zu.

II. Eine Grundrechtsprüfung wird in diesem Buch allein in Klausur 5 verlangt. Daher nur kurz: Der Aufbau einer Grundrechtsprüfung unterscheidet sich danach, ob *Freiheits*grundrechte geprüft werden (beispielsweise die Berufsfreiheit, Art. 12 I GG oder die Meinungsäußerungsfreiheit, Art. 5 I 1 GG) oder *Gleichheits*grundrechte (beispielsweise den allgemeinen Gleichheitssatz, Art. 3 I oder einen besonderen Gleichheitssatz wie Art. 6 V GG).

Die Prüfung von *Freiheitsgrundrechten* erfolgt dabei nach dem Schema:

I. Schutzbereich des Grundrechts
  1. persönlicher Schutzbereich
  2. sachlicher Schutzbereich

II. Beeinträchtigung des Grundrechts (meist: Eingriff)

III. Rechtfertigung der Beeinträchtigung
  1. Schranken des Grundrechts
  2. Grenzen der Schranken (im Grundrechtejargon: Schranken-Schranken)

Dabei handelt es sich um das allgemeine Schema, wie die Verletzung von subjektiven Rechten geprüft wird. Es ist also strukturell übertragbar auf die Verletzung grundgesetzlicher Rechte im **Organstreitverfahren** und im **Bund-Länder-Streit**.

Die Verletzung von *Gleichheitsgrundrechten* wird demgegenüber aufgebaut:

I. Ungleichbehandlung

II. Rechtfertigung der Ungleichbehandlung

---

geprüft wird, ist Gegenstand der Ausführungen von *Horsch*, in: Umbach et al. (Hrsg.), BVerfGG-Mitarbeiterkommentar, A. II. 4, Rn. 10 ff.
[433] Es gelten die Ausführungen auf S. 120 f. entsprechend.

3. Teil:
Klausuren aus dem Staatsorganisationsrecht

Klausur 1: Der unbequeme Abgeordnete

Sachverhalt

Anton Aschoff (A) ist Abgeordneter des Deutschen Bundestages. Nach einem erfolgreichen Studium der Rechtswissenschaft und einer anschließenden Karriere als Manager in der Privatwirtschaft hat er vor Jahren den Entschluss gefasst, der Gesellschaft etwas zurückzugeben. Deshalb hat er die nächste Beförderung ausgeschlagen, ist der X-Partei beigetreten und hat sich um ein Bundestagsmandat beworben – mit Erfolg, denn seit nunmehr drei Legislaturperioden gehört er dem Bundestag an. Eigentlich könnte A zufrieden sein, denn er ist Mitglied der X-Fraktion, und diese hat die Mehrheit im Bundestag und trägt die Bundesregierung – A ist aber nicht zufrieden. Irgendwie hat er sich das alles anders vorgestellt.

Partei, Fraktion und Bundesregierung sind ihm nämlich zu eng miteinander verbunden. A ist zwar Mitglied mehrerer Bundestagsausschüsse, aber fühlt sich in seinen Initiativen immer durch die Absprachen von Partei- und Fraktionsführung und Bundesregierung abgeblockt. Er hat das Gefühl, als Einzelner gegen Windmühlen zu kämpfen.

Eines Tages platzt ihm der Kragen. Seine reformerischen Absichten sieht er in diesem System zum Scheitern verurteilt. Seine Hoffnung ruht nun auf einer Intervention des Bundesverfassungsgerichts.

Er sendet daher folgendes Schreiben nach Karlsruhe, das dort am 26.10.2012 eingeht:

> Sehr geehrte Damen und Herren,
>
> als Abgeordneter des Deutschen Bundestages muss ich Ihnen leider mitteilen, dass die Parlamentsrealität völlig anders aussieht als sie das Grundgesetz vorgibt. Ich muss Sie daher bitten, verfassungsmäßige Zustände herzustellen.
>
> Ich sehe mich als Vertreter des ganzen Volkes. Meine Kolleginnen und Kollegen betreiben hingegen nur Klientelpolitik. Manche sehen sich als Vertreter der Partikularinteressen ihres Wahlkreises, andere treten als Lobbyisten bestimmter Berufe auf, und fast alle folgen immer nur der Fraktionslinie. Ich hingegen versuche, mich ohne vorgefasste Meinung an den Sachargumenten zu orientieren. Die anderen Bundestagsabgeordneten machen mir mit ihrem Verhalten aber die freie Ausübung meines Mandats nach Art. 38 GG unmöglich: Meine Wähler fordern nun auch von mir, mich als ihr spezieller Fürsprecher im Bundestag zu verwenden. Diese Erwartungshaltung hätten sie sicher nicht, wenn sich alle Abgeordneten am Gemeinwohl orientieren würden.

Obwohl ich aber die Kolleginnen und Kollegen seit vielen Jahren auf dieses Problem hinweise, weigern sie sich, ihr Verhalten zu ändern. Ganz besonders virulent wurde das bei den Abstimmungen am 22.3.2012 und am 26.4.20102. In beiden Fällen ging es um Änderungen der Subvention von Kohle (Kohlegesetz [KohleG] am 22.3.2012 und Gesetz zur Änderung des Kohlegesetzes [KohleGÄndG] am 26.4.2012); beide Gesetze sind letztlich auch vom Bundestag beschlossen worden. Die 75 in der Anlage zu diesem Schreiben aufgeführten Kolleginnen und Kollegen haben sich bei den Abstimmungen als Sprachrohr ihrer Wählerklientel aus dem Ruhrpott verstanden, ohne sich mit den Sachargumenten auseinanderzusetzen. Ich hingegen habe mich mit den Argumenten befasst und vertrete daher sachlich eine andere Auffassung als die 75 Kolleginnen und Kollegen. Dennoch habe ich entgegen meiner eigentlichen Auffassung abgestimmt, weil das Verhalten der Kolleginnen und Kollegen mich unter Druck gesetzt hat – wie kann ich meinen Wählern denn erklären, dass andere Abgeordnete sich als ihre Lobbyisten verstehen und ich nicht? Aber ein Abgeordneter darf sich doch nur von Gemeinwohlerwägungen leiten lassen! Mit ihrem Abstimmungsverhalten haben mich die genannten Abgeordneten somit in verfassungswidriger Weise unter Druck gesetzt. Das Gericht muss daher die Verfassungswidrigkeit dieses Vorgehens der Kolleginnen und Kollegen feststellen.

In der X-Fraktion sieht es auch nicht viel besser aus. Man kommt kaum zu Wort und wird angehalten, sich bei Abstimmungen an die Fraktionslinie zu halten. Will man von einer Entscheidung einmal abweichen, wird man von allen Seiten bedrängt. Ganz besonders wurde meine freie Mandatsausübung in der Fraktionssitzung vom 17.7.2012 verletzt. Damals ging es um die Frage der Neuregelung von embryonenverbrauchender Stammzellenforschung. Ich kann die Fraktionslinie aufgrund meiner christlichen Überzeugung nicht mittragen, sah mich allerdings gezwungen, doch gegen mein Gewissen und für die Fraktionslinie zu stimmen: Als ich nämlich andeutete, abweichen zu wollen, meinten der Fraktionsvorsitzende und alle anderen Fraktionsmitglieder: „Wer hier nicht für uns ist, ist wohl gegen uns. Wer sich so verhält, muss damit rechnen, sich ganz hinten auf der Landesliste für die nächste Bundestagswahl wiederzufinden. Vielleicht sollten wir auch einmal über einen Fraktionsausschluss nachdenken!" Dieser Drohung habe ich mich gebeugt und entsprechend der Fraktionslinie abgestimmt, aber ich fühle mich in meiner Gewissensfreiheit verletzt. Auch hier möchte ich das Bundesverfassungsgericht bitten festzustellen, dass die Fraktion meine Rechte verletzt hat.

Mit freundlichen Grüßen

A.

Anhang: Liste mit den Namen von 75 Bundestagsabgeordneten

Das Bundesverfassungsgericht gibt den 75 Abgeordneten und der X-Fraktion Gelegenheit, ihre Sicht der Dinge darzustellen. Namens der bezeichneten Abgeordneten und der X-Fraktion teilt der Fraktionsvorsitzende mit, A habe die Zeichen der Zeit nicht erkannt. Ein modernes Parlament müsse sich organisieren, eine Einwirkung hin zu einem geschlossenen Auftreten der Fraktion sei daher nötig, und im Übrigen stabilisiere es die staatliche Ordnung, wenn nicht jeder im Bundestag mache, was er wolle. Zudem sei A über die Landesliste in den Bundestag gezogen, verdanke also sein Mandat der Partei, da müsse er sich eben etwas anpassen. Und dass viele Abgeordnete eine besondere Verbundenheit zu ihrem Wahlbezirk und den entsprechenden Berufsgruppen dort hätten, treffe zwar zu; aber einem pluralistischen System entspreche es doch gerade, wenn die Orientierung am Gemeinwohl durch eine Auseinandersetzung zwischen möglichst vielen Partikularinteressen erfolge. Jedenfalls könne doch nicht das Bundesverfassungsgericht den Abgeordneten vorschreiben, nach welchen Prinzipien sie ihre Meinung bilden sollten.

Frage 1: Hat der Antrag des A hinsichtlich des Verhaltens der 75 in der Anlage genannten Abgeordneten Erfolg?

Frage 2: Hat der Antrag des A hinsichtlich des Verhaltens der X-Fraktion Erfolg?

Auf alle aufgeworfenen Rechtsfragen ist einzugehen, ggf. in einem Hilfsgutachten.
Maßgeblicher Zeitpunkt für die Beurteilung sei der 26.10.2012. Der 22.9.2012 ist ein Samstag.

Hinweis: Der Fall kann in drei Zeitstunden gelöst werden.

Lösung

Lösungshinweise

Problemschwerpunkte: freies Mandat (Art. 38 I 2 GG: allgemeine Prinzipien; Fraktionsdisziplin; Fraktionszwang; unmittelbare demokratische Legitimation und Wahl über eine Landesliste) – Organstreitverfahren (Parteifähigkeit des einzelnen Abgeordneten; Parteifähigkeit der Fraktion; Bestimmtheit des Antragsgegenstandes; Rechtserheblichkeit des Antragsgegenstandes; Fristberechnung)

Die Klausur ist als Einführung konzipiert. Daher wird besonderer Wert gelegt auf eine genaue Prüfung unter Anwendung des Gutachtenstils. Sachlich stehen Standardprobleme um das freie Mandat des Bundestagsabgeordneten im Mittelpunkt. Aus didaktischen Gründen liegt ein Schwerpunkt auf der sorgfältigen Prüfung der Zulässigkeit des Organstreitverfahrens, die daher etwas umfangreicher ausfällt als in Klausuren typisch.

Hinweise zum Europarecht: Die Stellung der Abgeordneten des Europäischen Parlaments, Vertreter der Unionsbürgerinnen und Unionsbürger der EU (Art. 14 Abs. 2 UAbs. 1 S. 1, Art. 10 Abs. 2 UAbs. 1 EUV),[1] wird kompakt beschrieben von *Frenz*, Handbuch Europa-Recht, Bd. 6: Institutionen und Politiken, 2011, Kapitel 2 Europäisches Parlament, § 2 Wahl und Zusammensetzung, S. 176 ff., insb. S. 178 ff. (freies Mandat inkl. Fraktionsdisziplin).

Obiter dictum: Der Name des A ist eine Reminiszenz an Honorarprofessor Dr. iur. Dr. phil. h.c. Dr. iur. h.c. *Hermann Höpker Aschoff* (1883-1954). *Höpker Aschoff* war ein Finanzwissenschaftler, liberaler Politiker (u. a. preußischer Finanzminister) und wurde 1951 zum ersten Präsidenten des BVerfG gewählt. Dieses Amt übte er bis zu seinem Tod 1954 aus.[2]

---

[1] Demgegenüber qualifiziert das BVerfG die Abgeordneten des Europaparlaments als Vertreter der Völker der Mitgliedstaaten (in nationalen Kontingenten) s. BVerfGE 123, 267 (372) – Lissabon; Urteil des Zweiten Senats vom 9.11.2011, - 2 BvC 4/10 -, online verfügbar unter http://www.bverfg.de/entscheidungen/cs20111109_2bvc000410.html, Rn. 81 (zuletzt abgerufen am 25.11.2011). Dazu kurz *Frenz*, Handbuch Europa-Recht, Bd. 6: Institutionen und Politiken, 2011, Kapitel 2 Europäisches Parlament, § 2 Wahl und Zusammensetzung, S. 176 f.

[2] Die Darstellungen sind entnommen *Grünthal*, Höpker-Aschoff, Hermann, in: Historische Kommission bei der Bayerischen Akademie der Wissenschaften/Bayerische Staatsbibliothek (Hrsg.), Neue Deutsche Biographie, Bd. 9 (1972), S. 349 f., online verfügbar unter http://daten.digitale-sammlungen.de/~db/0001/bsb00016326/images/index.html?id=00016326&fip= eayasdaseayaxdsydeneayaxdsydeayaeayaeayaxs&no=3&seite=365 (zuletzt abgerufen am 31.8.2011); *Ritterspach*, Hermann Höpker Aschoff – Der erste Präsident des Bundesverfassungsgerichts 1883-1954, JöR n. F. 32 (1983), 55; *Lange*, Hermann Höpker Aschoff (FDP), bpb-Artikel vom 1.9.2008, online verfügbar unter http://www.bpb.de/themen/ZHKCRC,0,0,Hermann_H%F6pker_Aschoff_%28FDP%29.html (zuletzt abgerufen am 6.9.2011). Besonders empfehlenswert ist die ausführliche, historisch-kritische Darstellung von *Lange*, Dr. jur. Drs. h.c. Hermann Höpker Aschoff (FDP) (unveröffentlichtes Manuskript, Stand 14.12.2011), in: Väter und Mütter

Lösungsskizze

Frage 1

OS: Antrag hat Erfolg, wenn er zulässig und begründet ist

A. Zulässigkeit
   I. Statthafte Verfahrensart
      – Organstreitverfahren nach Art. 93 I Nr. 1 GG, § 13 Nr. 5 BVerfGG
   II. Zuständigkeit des BVerfG
      – Art. 93 I Nr. 1 GG, § 13 Nr. 5 BVerfGG: (+)
   III. Parteifähigkeit des Antragstellers
      – Art. 93 I Nr. 1 GG, §§ 13 Nr. 5, 63 BVerfGG
      – P: der einzelne Abgeordnete als Ast.
        o Teil des Verfassungsorgans Bundestag i. S. v. § 63 BVerfGG?
        o oder: „anderer Beteiligter" i. S. v. Art. 93 I Nr. 1 GG?
      → Verteidigung eigener Statusrechte, daher Art. 93 I Nr. 1 GG angemessener
   IV. Parteifähigkeit des Antragsgegners
      – Art. 93 I Nr. 1 GG, §§ 13 Nr. 5, 63 BVerfGG
      – P: 75 Abgeordnete als Gesamtheit (etwa Fraktion)?
      – Auslegung des Antrags: 75 einzelne Abgeordnete
   V. Antragsgegenstand
      – § 64 I BVerfGG
      – P: Bestimmtheit des Antragsgegenstandes
        o „Verhalten" im Allgemeinen zu unbestimmt

---

des Grundgesetzes. 77 historische Biographien von Konrad Adenauer bis Georg August Zinn (erscheint voraussichtlich 2012). Der Familienname wird teilweise mit, teilweise ohne Bindestrich geschrieben (mit etwa: *Grünthal*; Aufzählung der Richter des BVerfG in BVerfGE 1, 441; ohne: *Ritterspach*; *Lange*) Nach den Forschungen von *Erhard H. M. Lange* (persönliche Mitteilung an mich) hat *Höpker Aschoff* jedenfalls in späteren Zeiten auf die Schreibweise ohne Bindestrich bestanden.
Zur Zeit zwischen 1933 und 1945: Während *Grünthal* und *Ritterspach* ihre Darstellung von *Höpker Aschoffs* Wirken in dieser Zeit auf seine Privatstudien beschränken, schreibt *Lange* (im bpb-Artikel): „Nach 1933 zunächst ohne dauerhafte berufliche Tätigkeit. Jahre des Zweifels, in denen er versucht, eine Synthese zwischen Nationalsozialismus und Rechtsstaat zu finden (Höpker Aschoff: ‚Unser Weg durch die Zeit', 1936). [...] Seit Beginn des Zweiten Weltkriegs dienstverpflichtet, ab 1940 als leitender Mitarbeiter der Haupttreuhandstelle Ost (seit 1943 in Ratibor), die sich mit der Beschlagnahme und Verwaltung polnischer Vermögen in den ‚eingegliederten Ostgebieten' befasst. [...] Nach Gründung des Lands Nordrhein-Westfalen verweigern die Briten im Sommer 1946 wegen seiner vormaligen Tätigkeit in der NS-Zeit die vorgesehene Ernennung zum Finanzminister des Lands." Überhaupt eine Rolle im NS-System gespielt zu haben, unterscheidet *Höpker Aschoff* nicht von vielen anderen Persönlichkeiten der frühen Bundesrepublik (deren demokratisch-rechtsstaatliche Gesinnung zu dieser Zeit ebenso wenig in Zweifel zu ziehen ist wie die *Höpker Aschoffs*), aber diese Rolle würde heute differenzierter bewertet werden, so dass es nunmehr befremdlich klingt, wenn es bei *Grünthal* heißt: „Die Wahl Höpker-Aschoffs zum ersten Präsidenten des Bundesverfassungsgerichts (4.9.1951) war Ausdruck eines uneingeschränkten Vertrauens der Parteien in die politische Integrität eines Mannes, der in seiner Person die Kontinuität liberal-demokratischen Denkens über die Jahre der NS-Herrschaft hinweg verkörperte."
Sehr empfehlenswert zu den „Geburtswehen und Pionierzeiten" des BVerfG unter der Ägide *Höpker Aschoffs* das Kapitel von *Lamprecht*, Ich gehe bis nach Karlsruhe – Eine Geschichte des Bundesverfassungsgerichts, 2011, S. 15 ff. (zu *Höpker Aschoffs* Person S. 18 ff.).

- o aber: die zwei näher bezeichneten Abstimmungen (22.3.2012 und 26.4.2012) sind hinreichend bestimmt
- P: Abstimmungsverhalten rechtserheblich?
  - o contra: parlamentarische Willensbildung der BVerfG-Kontrolle entzogen
  - o contra: Art. 46 I 1 GG: keine Verantwortung für Abstimmung
  - o pro: etwaige Feststellung von verfassungswidrigem Verhalten in Organstreitverfahren ist keine Verantwortung in diesem Sinne
  - o pro: Grenzen der Willensbildung sind rechtlich kontrollierbar
- → Abstimmungen vom 22.3.2012 und 26.4.2012 jeweils Antragsgegenstand

VI. Antragsbefugnis
- § 64 I BVerfGG
- Maßstab: nicht von vornherein ausgeschlossen, dass Ag. Rechte des Ast., die aus zwischen beiden bestehendem verfassungsrechtlichen Rechtsverhältnis erwachsen, durch Antragsgegenstand verletzt oder unmittelbar gefährdet hat
- A kommt subjektives Recht aus Art. 38 I 2 GG zu; verfassungsrechtliches Rechtsverhältnis zu anderen Abgeordneten, die dieses Recht respektieren müssen
- mögliche Verletzung?
  - o P_1: Verteidigung von eigenen subjektiven Rechten oder abstrakte Rechtskontrolle des Verhaltens der anderen Abgeordneten? es kommt A darauf an, sein Mandat frei ausüben zu können, also Verteidigung von subjektivem Recht
  - o P_2: kann Abstimmungsverhalten anderer Abgeordneter A überhaupt beeinflussen?
    - contra: A erlebt Vielzahl von Einwirkungen
    - contra: Dreiecksverhältnis: 75 Abgeordnete – Wähler des A – A selbst: Zurechnung des Wählerverhaltens?
    - pro: etwaiges „negatives" Vorbild müssten sich 75 Abgeordnete zurechnen lassen, gerade im sensiblen Bereich „Vertreter des ganzen Volkes"
- → Verletzung nicht vornherein ausgeschlossen, damit möglich; Antragsbefugnis (+)

VII. Antragsform
- § 23 I BVerfGG: schriftlicher Antrag, Begründung: (+)
- § 64 II BVerfGG: Nennung der verletzten GG-Bestimmung: Auslegung von „freie Ausübung des Mandats"/Art. 38 GG: (+)

VIII. Antragsfrist
1. KohleG
   - Fristbeginn: maßgeblicher Zeitpunkt = Abstimmung vom 22.3.2012; Beginn daher gem. § 187 I BGB analog: 23.3.2012
   - Fristende: gem. § 64 III BVerfGG i. V. m. § 188 II BGB analog: 22.9.2012; aber: das ist ein Samstag, daher Fristende gem. § 193 BGB analog Montag, 24.9.2012
   - → Antrag vom 26.10.2012 verfristet
2. KohleGÄndG
   - Fristbeginn: maßgeblicher Zeitpunkt = Abstimmung vom 26.4.2012; Beginn daher gem. § 187 I BGB analog: 27.4.2010
   - Fristende: gem. § 64 III BVerfGG i. V. m. § 188 II BGB analog: 26.10.2010
   - → Antrag vom 26.10.2012 fristwahrend

IX. Rechtsschutzbedürfnis
- keine Zweifel am indizierten Rechtsschutzbedürfnis

X. Zwischenergebnis
- Antrag hinsichtlich des KohleG als unzulässig zu verwerfen
- Antrag hinsichtlich des KohleGÄndG zulässig

B. Subjektive Verfahrenshäufung
- Verbindung der 75 Anträge gegen die 75 Ag. gem. § 66 BVerfGG

C. Begründetheit

OS: begründet, wenn die 75 Antragsgegner jeweils durch ihr Abstimmungsverhalten grundgesetzliche Rechte des A verletzt und damit gegen eine Bestimmung des GG verstoßen haben (vgl. §§ 67 S. 1 i. V. m. 64 I BVerfGG)

I. Verletzung des Rechts aus Art. 38 I 2 GG
   - Art. 38 I 2 GG = subjektives Recht auf Ausübung eines freien Mandats
   - Verletzung durch Abstimmung vom 26.4.2012?
     - P: Def von freies Mandat
       o keine *rechtliche* Fremdbestimmung, *außerrechtlicher* Druck nicht ausgeschlossen, lediglich Absage an imperatives Mandat
     - P: Subs
       o Antragsgegner haben A keine Weisung erteilt, auf bestimmte Weise abzustimmen
       o aber: ist Abstimmungsverhalten der Ag. verfassungswidrig und schafft damit Gesamtklima, in dem freie Mandatsausübung nicht mehr möglich ist?
         - jeder Abgeordnete ist Vertreter des ganzen Volkes (Art. 38 I 2 GG)
         - aber: jedem Abgeordneten ist selbst anvertraut, wie er dies ausfüllt
         - Gemeinwohlbezug durch Auseinandersetzung mit Einzelinteressen Konkretisierungsmöglichkeit, die vom Ausfüllungsauftrag gedeckt ist
     → Abstimmungsverhalten der Antragsgegner nicht verfassungswidrig; politischer Druck, den Wähler „des A" auf ihn hinsichtlich der Mandatswahrnehmung ausüben mögen, ist Teil des politischen Wettbewerbs

II. Zwischenergebnis
    - keine Rechtsverletzung

D. Ergebnis
   - Antrag hinsichtlich des KohleG als unzulässig zu verwerfen
   - Antrag hinsichtlich des KohleGÄndG zulässig, aber als unbegründet zurückzuweisen

Frage 2

OS: Antrag hat Erfolg, wenn er zulässig und begründet ist

A. Zulässigkeit

I. Statthafte Verfahrensart und Zuständigkeit des BVerfG
   - Organstreitverfahren nach Art. 93 I Nr. 1 GG, § 13 Nr. 5 BVerfGG

II. Parteifähigkeit des Antragstellers
    - Verweis auf Frage 1 A. III.: (+)

III. Parteifähigkeit des Antragsgegners
    - Art. 93 I Nr. 1 GG, §§ 13 Nr. 5, 63 BVerfGG
    - P: Fraktion als Beteiligte im Organstreit
      o in Art. 93 I Nr. 1 GG bzw. § 63 BVerfGG nicht ausdrücklich aufgeführt
      o aber: § 63 BVerfGG: im GG oder in der GO-BT mit eigenen Rechten ausgestatteter Teil des Bundestages?
        - Def: Teile nur, wenn als ständige Gliederungen des Bundestages vorhanden
        - Subs: Def in § 10 I GO-BT, Rechte etwa in §§ 2 I 2, 12 GO-BT
        - ZwE: (+)
      → Fraktion parteifähig gem. § 63 BVerfGG

IV. Antragsgegenstand
    - § 64 I BVerfGG
    - Def: vgl. oben Frage 1 A. V.: Verhalten während der Fraktionssitzung vom 17.7.2012: (+)

V. Antragsbefugnis
- § 64 I BVerfGG
1. Verletzung von Art. 38 I 2 GG
   - möglich, vgl. 1. Teil A. VI.: (+), hier sogar direkte Einwirkung auf A
2. Verletzung von Art. 4 I, II, 5 I 1 GG
   - P: Verteidigung von Gewissensfreiheit (Art. 4 I, II GG), Meinungsäußerungsfreiheit (Art. 5 I 1 GG) per Organstreitverfahren?
   - systematische Auslegung: dies sind Grundrechte, Regelung des Verhältnisses des Einzelnen zum Staat, vgl. Art. 1 III GG
   - Organstreit hingegen regelt Verhältnis zwischen staatlichen Verfassungsorganen
   - Grundrechte daher nur mit Verfassungsbeschwerde, nicht mit Organstreitverfahren durchsetzbar
   - → (-)
3. Zwischenergebnis
   - Antragsbefugnis nur hinsichtlich möglicher Verletzung von Art. 38 I 2 GG

VI. Antragsform
- §§ 23 I, 64 II BVerfGG: vgl. 1. Teil A. VII.: (+)

VII. Antragsfrist
- Fristbeginn: maßgeblicher Zeitpunkt = Fraktionssitzung vom 17.7.2012; Beginn daher gem. § 187 I BGB analog: 18.7.2017
- Fristende: gem. § 64 III BVerfGG i. V. m. § 188 II BGB analog: 17.1.2013
- → Antrag vom 26.10.2012 fristwahrend

VIII. Rechtsschutzbedürfnis
- keine Zweifel am indizierten Rechtsschutzbedürfnis

IX. Zwischenergebnis
- Antrag zulässig

B. Begründetheit

OS: begründet, wenn die Fraktion durch ihr Verhalten in der Sitzung vom 17.7.2012 grundgesetzliche Rechte des A verletzt und damit gegen eine Bestimmung des GG verstoßen hat (vgl. §§ 67 S. 1 i. V. m. 64 I BVerfGG)

I. Verletzung des Rechts aus Art. 38 I 2 GG
   - vgl. Frage 1 C. I.: Art. 38 I 2 GG vermittelt A Recht auf die Ausübung eines freien Mandats: (+)
   1. Verletzung durch rechtlich verbindliche Weisung
      - Def: Frage 1 C. I.: rechtlich verbindliche Weisung?
      - P: Fraktionslinie rechtlich verbindlich?
        o Listenplatz-Mandat: Partei Inhaberin des Mandats, Abgeordneter als Vertreter gebunden (vgl. etwa § 164 I 1 BGB)?
        o dagegen Wortsinn Art. 38 I 2 GG (jeder Abgeordnete ist Vertreter des ganzen Volkes; unmittelbare Legitimation jedes Abgeordneten durch die Bundestagswahl)
      - → A ist kein Vertreter der Partei oder der Fraktion, damit kann Aufforderung des Fraktionsvorsitzenden keine rechtsverbindliche Weisung sein
      - → keine Verletzung von Art. 38 I 2 GG insoweit
   2. Verletzung durch Hinwirken auf eine einheitliche Fraktionslinie
      - GG erkennt Bedeutung der Parteien bei politischer Willensbildung an (Art. 21 I 1 GG), umfasst auch entsprechendes Fortwirken in der Fraktion
      - Interesse der Fraktion an geschlossenem Auftreten legitim, Druck durch Hinwirken auf Fraktionsdisziplin damit grds. anzuerkennen

- markige Sprüche als Aufforderung zur Geschlossenheit („Wer nicht [...] für uns ist, ist wohl gegen uns.") verletzen daher die freie Mandatsausübung nicht
  → bloßes Bestehen einer Fraktionslinie keine Verletzung
3. Verletzung durch Hinwirken auf einheitliche Fraktionslinie bei ethisch bedeutsamer Entscheidung
   - Hinwirken auf einheitliche Fraktionslinie bei ethisch bedeutsamer Entscheidung über embryonenverbrauchende Stammzellenforschung = Verletzung des freien Mandats?
     o contra: keine Rechtspflicht zur Aussparung bestimmter Bereiche von der fraktionsinternen Abweichung
     o Verstoß gegen gewissensfreie Mandatsausübung (vgl. Art. 38 I 2 GG)? nein, da jede Entscheidung nach freiem Gewissen getroffen werden muss, sonst verfassungswidriger Fraktionszwang
   → bloßes Bestehen einer Fraktionslinie auch hier keine Verletzung
4. Verletzung durch Drohung mit Verschlechterung des zukünftigen Listenplatzes
   - unzulässiger Fraktionszwang, also Verletzung der Gewissensfreiheit durch Drohung mit Verschlechterung des Listenplatzes bei den nächsten Wahlen?
     o contra: nicht Fraktion bestimmt über die Platzierung auf der Landesliste, sondern Mitglieder-/Vertreterversammlung des Landesverbandes der Partei, §§ 27 V i. V. m. 21 I 1 BWahlG
     o contra: es gibt in parlamentarischer Demokratie kein Vertrauen in die Wiederwahl; Fraktion droht damit mit nichts, was für A nicht ohnehin Teil seines Abgeordnetenstatus ist
   → kein Fraktionszwang, keine Verletzung
5. Verletzung durch Drohung mit Fraktionsausschluss
   - Fraktion kommt viele Rechte zu, fraktionsloser Abgeordneter hat daher deutlich weniger Gestaltungsmöglichkeiten im Vergleich zu fraktionsangehörigem Abgeordneten
   - Fraktionsausschluss daher verfassungswidrig?
     o freies Mandat = Recht des Fraktionszusammenschlusses
     o aber Kehrseite: Recht, kein Mitglied in der Fraktion dulden zu müssen, dessen Anwesenheit unzumutbar ist
   → Fraktionsausschluss damit nicht grundsätzlich verfassungswidrig
   - möglicherweise aber doch im konkreten Fall verfassungswidrig?
     o contra: abweichendes Verhalten bei Frage der embryonenverbrauchenden Stammzellenforschung = möglicherweise unzumutbar, daher „Drohung" mit Ausschluss tatsächlich Warnung vor sich abzeichnender Entfremdung
     o contra: es besteht Rechtsschutz gegen Fraktionsausschluss, daher kann diesem begegnet werden, Drohung mit verfassungswidrigem Ausschluss daher womöglich hinzunehmen
     o pro: wenn Fraktionsausschluss verfassungswidrig ist, darf damit auch nicht gedroht werden; Rechtsschutzmöglichkeit irrelevant
     o pro: nicht erkennbar, dass Frage der embryonenverbrauchenden Stammzellenforschung Grundsätze der X-Fraktion betrifft
     o pro: Fraktion zeigt nicht, dass es sich um Warnung vor Entfremdung handelt, sondern droht Sanktion an
   → damit wird zulässiger Zweck und zulässiges Mittel zu unzulässiger Zweck-Mittel-Relation verknüpft: Strafe für abweichendes Stimmverhalten in nichtgrundsätzlicher Frage
   - ZwE: Verletzung (+)

II. Zwischenergebnis
   - Verletzung der Ausübung eines freien Mandats

C. Ergebnis
   - Antrag zulässig und begründet

Lösungsvorschlag

Frage 1

Der Antrag des A festzustellen, dass die 75 in der Anlage seines Schreibens vom 26.10.2012 genannten Abgeordneten durch ihr Abstimmungsverhalten am 22.3.2012 und am 26.4.2012 seine grundgesetzlichen Rechte verletzt haben, hat Erfolg, wenn er zulässig und begründet ist.[3]

A. Zulässigkeit

I. Statthafte Verfahrensart

Fraglich ist, welches Verfahren für das Begehren des A statthaft ist *[Obersatz[4]]*. In Betracht kommt ein Organstreitverfahren nach Art. 93 I Nr. 1 GG, § 13 Nr. 5 BVerfGG. Dieses ist statthaft für Streitigkeiten zwischen bestimmten Bundesorganen über die Auslegung des GG anlässlich des Umfangs von grundgesetzlichen Rechten und Pflichten *[Tatbestand mit Definition]*.

A behauptet, das Abstimmungsverhalten von 75 näher bezeichneten Bundestagsabgeordneten am 22.3.2012 und am 26.4.2012 habe ihn in der Ausübung seines freien Mandats verletzt.[5] Danach begehrt er die Verteidigung seines Statusrechts *[Subsumtion]*. Hierfür ist das Organstreitverfahren für das Begehren des A statthaft *[Ergebnis]*.[6]

II. Zuständigkeit des BVerfG

Gem. Art. 93 I Nr. 1 GG, § 13 Nr. 5 BVerfG ist das BVerfG für ein Organstreitverfahren zuständig *[verkürzter Gutachtenstil]*.

---

[3] Man sollte hier so beschreibend-konkret wie möglich sein, aber noch keine (rechtlichen) Wertungen vorwegnehmen. In einer Klausur wäre auch eine verkürzte Variante anerkannt: „Der Antrag hat Erfolg, wenn er zulässig und begründet ist."

[4] Die Bezeichnungen „Obersatz", „Definition" usw. dürfen nicht in einer Klausur verwendet werden, die Nennung hat hier nur didaktische Gründe: es soll in diesem Einführungsfall gezeigt werden, wie denn ein „Obersatz" etc. aussehen kann.

[5] Hier ist eine genaue Auslegung des Sachverhaltes notwendig: A will keine abstrakte Überprüfung des KohleG und KohleGÄndG, also keine abstrakte Normenkontrolle (die könnte er als einzelner Abgeordneter auch gar nicht erreichen, s. Art. 93 I Nr. 2 GG), sondern er will seine Statusrechte verteidigen. Hierfür ist allein ein Organstreitverfahren statthaft.

[6] Damit keine Missverständnisse entstehen: An dieser Stelle ist nicht zu prüfen, ob Art. 38 I 2 GG tatsächlich ein Recht verleiht, ob dieses verletzt worden ist usw. Ausführungen zum statthaften Verfahren sind regelmäßig kurz zu halten; es wäre hier auch ausreichend gewesen, lediglich mit einem Satz festzuhalten, dass A als Abgeordneter die Verteidigung von Organrechten *begehrt* (Schlagwort), wofür das Organstreitverfahren statthaft ist.

III. Parteifähigkeit des Antragstellers[7]

Fraglich ist, ob A als Abgeordneter des Deutschen Bundestages parteifähiger Antragsteller sein kann. Dies bestimmt sich nach Art. 93 I Nr. 1 GG, § 63 BVerfGG. Da sich der Bundestag gem. Art. 38 I 1 GG aus Abgeordneten zusammensetzt, könnte man mit § 63 BVerfGG argumentieren, dass der einzelne Abgeordnete als *Teil* des Verfassungsorgans Bundestag[8] nach § 63 BVerfGG parteifähig ist.[9]
Art. 93 I Nr. 1 GG geht demgegenüber über den Wortlaut von §§ 13 Nr. 5, 63 BVerfGG hinaus.[10] A als Abgeordneter könnte danach „anderer Beteiligter" sein, der durch das GG mit eigenen Rechten ausgestattet ist. Danach wäre A *selbst* und nicht nur als Teil eines anderen Bundesorgans parteifähig. Mit Blick auf die herausgehobene Stellung des Abgeordneten im GG, wie sie etwa in Art. 38 I 2, 46-48 GG zum Ausdruck kommt, ist es dem daraus resultierenden Status des Abgeordneten angemessener, ihn nicht bloß als Teil, sondern als Antragsteller kraft eigener Organstellung zu begreifen. Es ist daher direkt auf die höherrangige Normierung des Art. 93 I Nr. 1 GG zurückzugreifen.[11]
Damit ist A als anderer Beteiligter nach Art. 93 I Nr. 1 GG parteifähig

IV. Parteifähigkeit des Antragsgegners

Fraglich ist, ob die 75 bezeichneten Abgeordneten Antragsgegner sein können. Bzgl. des einzelnen Abgeordneten gilt das oben unter A. III. Gesagte entsprechend. Jeder einzelne Abgeordnete kann damit Antragsgegner als anderer Beteiligter i. S. v. Art. 93 I Nr. 1 GG sein.

---

[7] Richtige Termini verwenden (s. schon S. 88): das Organstreitverfahren ist ein *Antrags-*, kein Klage- oder Beschwerdeverfahren, wie etwa die gesetzliche Wortwahl in § 63 BVerfGG zeigt.

[8] Hervorhebungen durch Kursivdruck in diesem Buch erfolgen aus didaktischen Gründen bzw. zur Kennzeichnung von Originalzitaten aus der Rechtsprechung des BVerfG. In der Klausur hingegen sind Hervorhebungen (durch Unterstreichungen) *äußerst sparsam* zu verwenden, anders also als in diesem Buch!

[9] Anders, wenn man die Definition des BVerfG von „Teil des Bundestages" zugrunde legt, wonach Teile nur solche sind, die von der Geschäftsordnung als ständige Gliederungen eingerichtet sind, um die parlamentarische Arbeit zu ermöglichen oder zu erleichtern (Nachweise S. 103 f.) – hierzu zählt der einzelne Abgeordnete nämlich nicht. Dann kann sich dessen Parteifähigkeit *nur* aus Art. 93 I Nr. 1 GG ergeben. Ich würde diesen Weg aus dogmatischen Gründen nicht beschreiten – denn der Wortsinn des § 63 BVerfGG („Teil") macht die bundesverfassungsgerichtliche Definition nicht zwingend, und Auslegungsfragen sollte man grundsätzlich nur erörtern, wenn dies unbedingt notwendig ist.

[10] Im juristischen Gutachten gilt: Wertungen sind nur bei Entscheidungserheblichkeit zu treffen. An dieser Stelle genügt es etwa wertungsneutral festzustellen, dass ein Wortsinnunterschied zu § 63 BVerfGG besteht.

[11] Zu diesem Problem mit den jeweiligen (hier nicht wiederholten) Nachweisen oben S. 105. Es ist zu empfehlen, wie hier einfach direkt auf Art. 93 I Nr. 1 GG zurückzugreifen. Längere Ausführungen an dieser Stelle sind nicht zu empfehlen.

Fraglich ist jedoch, ob sich A gegen das Verhalten der 75 Abgeordneten gerade in deren Gesamtheit wendet. Sein Begehren könnte dahingehend auszulegen sein, dass er sich gegen die Fraktion wenden möchte, der die 75 Abgeordneten angehören.

A spricht jedoch immer vom Verhalten der 75 „Kolleginnen und Kollegen". Er lässt damit nicht erkennen, dass er eigentlich die entsprechende Fraktion als Antragsgegnerin benennen möchte. Er sieht sich vielmehr durch das Verhalten von 75 einzelnen Abgeordneten in seinem Recht verletzt.

Antragsgegner sind damit die jeweils nach Art. 93 I Nr. 1 GG einzeln parteifähigen 75 Abgeordneten.[12]

V. Antragsgegenstand

Fraglich ist, ob A einen tauglichen Antragsgegenstand benennt. Hierbei muss es sich gem. § 64 I BVerfGG um eine Maßnahme des Antragsgegners handeln.[13] Dabei bezeichnet Maßnahme ein hinreichend konkretes[14], rechtserhebliches[15] Tun, das dem Antragsgegner zuzurechnen ist[16].

A wendet sich in seinem Schreiben vom 26.10.2012 allgemein gegen ein bestimmtes „(Abstimmungs-)Verhalten", wonach sich jeder der Antragsgegner als Abgeordneter von wahlkreisspezifischen Interessen leiten lasse. Fraglich ist, ob dieses Verhalten als hinreichend konkret zu bewerten ist.[17] Dieses Verhalten ist bei genauer Betrachtung allerdings eine bloße Bündelung von Einzelverhalten, die A insgesamt und ohne nähere Nennung der Ereignisse als verletzend empfindet. Für eine nähere Untersuchung besteht somit kein erkennbarer Bezugspunkt; folglich ist das allgemeine „Verhalten", zugunsten des Wahlkreises zu argumentieren, kein hinreichend konkreter, damit kein tauglicher Antragsgegenstand.

A wendet sich aber insb. gegen das Abstimmungsverhalten der Antragsgegner vom 22.3.2012 und vom 26.4.2012. Eine Auslegung des Schriftsatzes ergibt, dass es ihm gerade darauf ankommt, jedenfalls das Abstimmungsverhalten der Antragsgegner an diesen Tagen anzugreifen. Dieses Abstimmungsverhalten an den in Rede stehenden Tagen ist als Antragsgegenstand hinreichend konkret.

---

[12] Dadurch entstehen 75 Prozessrechtsverhältnisse. Wie diese im Verhältnis zueinander verfahrenstechnisch zu behandeln sind, ist keine Frage der Antragszulässigkeit, sondern folgt im Anschluss daran als eigener Punkt.
[13] Man sollte die Variante des Handelns durch Unterlassen erst gar nicht ansprechen, dies scheidet hier offensichtlich aus: Die Norm ist fallgerecht anzuwenden, nicht blind abzuschreiben.
[14] *Hillgruber/Goos*, Verfassungsprozessrecht, 3. Aufl. 2011, Rn. 354.
[15] Dazu die Nachweise und Problemdarstellung auf S. 107 ff.
[16] *Hillgruber/Goos*, Verfassungsprozessrecht, 3. Aufl. 2011, Rn. 359.
[17] Die genaue Bestimmung des Antragsgegenstandes ist schon deshalb erforderlich, um eine genaue Aufklärung des Sachverhalts und die Prüfung des Vorliegens der anderen Zulässigkeitsvoraussetzungen (etwa der Fristwahrung) zu ermöglichen. Vgl. zu diesem Problem auch BVerfGE 118, 244 (255 f.) – Afghanistan.

Fraglich ist, ob jedoch ein Abstimmungsverhalten, das sich an spezifischen (Wahlkreis-)Interessen orientiert, überhaupt rechtserheblich sein kann, ob es also abstrakt geeignet ist, die Rechtsstellung des Antragsstellers zu beeinträchtigen[18]. Art. 46 I 1 GG könnte dafür sprechen, dass die Willensbildung des Abgeordneten zum Schutz von Art. 38 I 2 GG einer verfassungsgerichtlichen Überprüfung prinzipiell entzogen sein sollte, damit auch nicht rechtserheblich sein kann.[19] Art. 46 I 1 GG garantiert dem Abgeordneten nämlich Indemnität, wenn er ihn von der Verantwortung seiner Abstimmung schützt. Allerdings ist die Feststellung einer Rechtsverletzung mittels eines Organstreitverfahrens keine Rechtsfolge, vor der die Norm schützen will. Außerdem sind abstrakt betrachtet Einwirkungen auf die Willensbildung denkbar, die die Ausübung eines freien Mandats verletzen; dies muss das BVerfG feststellen können. Damit sind die Abstimmungsverhalten vom 22.3.2012 und vom 26.4.2012 rechtserheblich.

Die Abstimmungen vom 22.3.2012 und vom 26.4.2012 stellen damit jeweils[20] einen tauglichen Antragsgegenstand i. S. v. § 64 I BVerfGG dar.

VI. Antragsbefugnis

Fraglich ist, ob A antragsbefugt ist. Gem. § 64 I BVerfGG müsste er hierfür geltend machen, dass er oder das Organ, dem er angehört, durch das Abstimmungsverhalten der Antragsgegner vom 22.3.2012 und vom 26.4.2012[21] in seinen ihm durch das Grundgesetz übertragenen[22] Rechten und Pflichten verletzt oder unmittelbar gefährdet ist.[23] Dies ist dann der Fall, wenn nicht von vornherein ausgeschlossen werden kann, dass der Antragsgegner Rechte des Antragstellers, die aus einem verfassungsrechtlichen Rechtsverhältnis zwischen den Beteiligten erwachsen, durch die beanstandete rechtserhebliche Maßnahme verletzt oder unmittelbar gefährdet hat.[24]

---

[18] Dazu die Nachweise und Problemdarstellung auf S. 107 ff.
[19] Normativ argumentieren!
[20] Es liegen also zwei Antragsgegenstände vor. Genau genommen führt dies zu einer objektiven Verfahrenshäufung (Angriff gegen verschiedene Antragsgegenstände). Wer es genau machen will, könnte daher schon im Obersatz der Frage 1 klarstellen, dass Zulässigkeit und Begründetheit hinsichtlich des Abstimmungsverhaltens vom 22.3.2012 geprüft werden, um bei Feststellung der Unzulässigkeit mit einem neuen Obersatz für die Prüfung von Zulässigkeit und Begründetheit hinsichtlich des Abstimmungsverhaltens vom 26.4.2012 fortzufahren. In einer Hausarbeit sollte man so auch verfahren, in einer Klausur (Zeitdruck!) würde ich, wie in diesem Lösungsvorschlag, beide Aspekte zusammenfassen, da die rechtliche Würdigung identisch ist und sich nur Unterschiede hinsichtlich der Frist ergeben – allzumal erst die Prüfung die Unterscheidung der beiden Antragsgegenstände ergibt. Nicht vertretbar wäre es natürlich, auch Frage 2 (Antrag gegen die Fraktion) mit den Antragsgegenständen von Frage 1 zusammenzufassen (andere Antragsgegnerin, anderer Antragsgegenstand).
[21] Hier sollte man das bisher Erarbeitete einfließen lassen, also die Maßnahmen („Antragsgegenstand") konkret benennen.
[22] Beachte die weitere Fassung des Art. 93 I Nr. 1 GG.
[23] Parteifähigkeit und Antragsbefugnis des einzelnen Abgeordneten sind besonders gründlich zu prüfen.
[24] Etwa BVerfGE 118, 277 (316, m. w. N.) – Abgeordneteneinkünfte.

Als Abgeordneter ist A durch Art. 38 I 2 GG berechtigt, ein **freies Mandat** auszuüben. Hieraus ergeben sich ohne Weiteres subjektive Rechte des A, die dieser verteidigen kann.[25] Weiter kann Art. 38 I 2 GG nur dann für jeden Abgeordneten effektiv wirken, wenn die Abgeordneten untereinander das freie Mandat des jeweils anderen respektieren, so dass A mit jedem der Antragsgegner ein verfassungsrechtliches Rechtsverhältnis verbindet.

Bedenken bestehen aber insoweit als die Abstimmungsverhalten der anderen Abgeordneten nicht unmittelbar auf die Mandatsausübung des A einwirken. A könnte damit eine abstrakte Rechtskontrolle des Verhaltens der anderen Abgeordneten betreiben wollen. Dies wäre in einem Organstreitverfahren als subjektivem Rechtsschutzverfahren aber ausgeschlossen. Fraglich ist daher, ob zumindest nicht ausgeschlossen werden kann, dass das Abstimmungsverhalten der Antragsgegner die Mandatsausübung des A verletzt hat, so dass dieser ein subjektives Recht verteidigt. Dagegen spricht, dass A behauptet, das Verhalten der anderen Abgeordneten betreffe *ihn* in einer Weise, die *seine* freie Mandatsausübung verletze. Damit geht es ihm um die Verteidigung seiner eigenen subjektiven Rechtsposition. Dass der Erfolg des Antrags auch über den Fall hinaus faktisch bindende, objektive Wirkung entfalten würde, ist unschädlich.

Fraglich ist weiter, ob es möglich ist, also nicht von vornherein ausgeschlossen werden kann, dass ein etwaig partikularinteressenorientiertes Abstimmungsverhalten die freie Mandatsausübung des A beeinträchtigt. Dagegen spricht, dass auf die Willensbildung des Abgeordneten notwendigerweise eine Vielzahl von Einflüssen (beispielsweise einzelne Wähler, Interessenvertretungen, Partei und Fraktion) einwirkt. Dass sich Abgeordnete untereinander hinsichtlich ihrer Mandatsführung messen (und auch messen lassen müssen), ist gerade ein Element der parlamentarischen Auseinandersetzung. Dies spricht dafür, dass eine Verletzung von Art. 38 I 2 GG von vornherein ausgeschlossen ist. Ebenfalls gegen die Antragsbefugnis spricht die Tatsache, dass A das (vermutete) Verhalten *seiner* Wähler als Hindernis für seine freie Entscheidung sieht. Für eine solche Dreieckskonstellation (Antragsgegner – Wähler des A – A selbst) könnte es an einer Zurechnung zum Verhalten des Antragsgegners fehlen.

Andererseits sieht sich A darin gefährdet, als Vertreter des ganzen Volkes entscheiden zu können. Diese Statusbestimmung steht im Zentrum des Abgeordnetenmandats und daher unter besonderem Schutz. Sollten die Antragsgegner ein „negatives Vorbild " für den Typus des Abgeordneten darstellen, der als verfassungswidrig zu qualifizieren wäre, würde der erwartete Druck auf A von Seiten „seiner" Wähler den Antragsgegnern doch zuzurechnen sein, so dass sich A vertretbar davon beeinträchtigt sehen dürfte.

---

[25] Oft ist (insb. später in Verwaltungsrechtsklausuren) fraglich, ob eine bestimmte Norm dem Antragsteller wirklich ein subjektives Recht verleiht. Bei Art. 38 I 2 GG kann dies nicht ernsthaft bestritten werden. Zum Problem des subjektiven Rechts näher oben S. 109 ff.

Es ist daher nicht nach allen in Betracht kommenden Umständen von vornherein ausgeschlossen, dass das Verhalten der Antragsgegner Rechte, die zwischen A und ihnen aus einem verfassungsrechtlichen Rechtsverhältnis bestehen, verletzt hat.
A ist damit antragsbefugt.[26]

VII. Antragsform

Fraglich ist, ob A das Organstreitverfahren formgerecht beantragt hat.

A hat den Antrag schriftlich beim BVerfG eingereicht und begründet, damit den Formerfordernisse des § 23 I BVerfGG genügt.[27] § 64 II BVerfGG verlangt zudem die Bezeichnung der GG-Norm, gegen die verstoßen worden sein soll. A bezeichnet die „freie Ausübung [seines] Mandats" als verletzt, zudem bezieht er sich explizit auf Art. 38 GG. Übermäßige Anforderungen wie etwa die genaue Zitierung der Norm sind nach § 64 II BVerfGG nicht zu stellen. Dem Bezeichnungsgebot in § 64 II BVerfGG ist damit Genüge getan. Der Antrag erging folglich insgesamt formgerecht.

VIII. Antragsfrist

1. KohleG

Fraglich ist, ob der Antrag hinsichtlich des Antragsgegenstandes „Abstimmung am 22.3.2012" (KohleG) fristgemäß gestellt worden ist.

Der für den Fristbeginn maßgebliche Zeitpunkt ist gem. § 64 III BVerfGG derjenige, in dem A die beanstandete Maßnahme bekannt geworden ist, also der 22.3.2012. Mangels ausdrücklicher verfassungsprozessualer Fristenregel läuft die Frist daher gem. § 187 I BGB analog ab dem 23.3.2012.[28] Die Frist von sechs Monaten (§ 64 III BVerfGG) endete somit gem. § 188 II BGB analog mit Ablauf des 22.9.2012. Dabei handelt es sich jedoch um einen Samstag (Sonnabend), so dass gem. § 193 BGB analog die Frist erst am nächsten Werktag abläuft. Somit endet die Frist am Montag, 24.9.2012.[29]

Der Antrag des A geht beim BVerfG am 26.10.2012 ein und ist damit verfristet[30].

---

[26] Andere Ansicht gut vertretbar, dann ist die Prüfung hilfsgutachterlich fortzuführen. Übrigens fällt die Prüfung der Antragsbefugnis, anders als hier, in den meisten Klausurkonstellationen meist kurz aus.
[27] Verkürzter Gutachtenstil!
[28] Vgl. die Ausführungen auf S. 99 f.
[29] Vgl. oben S. 99 f.
[30] *Terminus technicus* für „nicht innerhalb der Frist"; dieser Begriff sollte verwendet werden.

2. KohleGÄndG

Die Frist für den Antrag betreffend die Abstimmung über das KohleGÄndG vom 26.4.2012 läuft gem. § 187 I BGB analog ab dem 27.4.2012 und endet gem. § 64 III BVerfGG i. V. m. § 188 II BGB analog am Freitag, dem 26.10.2012.
Somit hat A den Antrag vom 26.10.2012 hinsichtlich der Abstimmung vom 26.4.2012 fristwahrend gestellt.

IX. Rechtsschutzbedürfnis

Anhaltspunkte dafür, dass das indizierte Rechtsschutzbedürfnis entfällt, sind nicht ersichtlich.

X. Zwischenergebnis

Das BVerfG verwirft den Antrag des A hinsichtlich der behaupteten Rechtsverletzung durch die Abstimmung am 22.3.2013 als unzulässig.
Der Antrag hinsichtlich der behaupteten Rechtsverletzung durch die Abstimmung am 26.4.2012 ist hingegen zulässig.

B. Subjektive Verfahrenshäufung[31]

Das BVerfG wird die Verfahren gegen die 75 Antragsgegner aus Gründen der Prozessökonomie gem. § 66 BVerfGG verbinden.[32]

C. Begründetheit

Der Antrag ist begründet, wenn die genannten 75 Abgeordneten jeweils durch ihr Abstimmungsverhalten am 26.4.2012 den A in seinen grundgesetzlichen Rechten aus Art. 38 I 2 GG verletzt und dadurch gegen eine Bestimmung des GG verstoßen haben, vgl. §§ 67 S. 1 i. V. 64 I BVerfGG.[33]

I. Verletzung des Rechts aus Art. 38 I 2 GG

Fraglich ist, ob die 75 Abgeordneten jeweils durch ihr auch an Partikularinteressen ihrer Wähler orientiertes Abstimmungsverhalten[34] am 26.4.2010 die Rechte des A aus Art. 38 I 2 GG verletzt haben.

---

[31] Verfahrenshäufungen sind keine Frage der Zulässigkeit, sondern werden als eigener Prüfungspunkt nach der Zulässigkeit geprüft. Wäre eine Verbindung hier nicht möglich, wäre der Antrag nicht etwa unzulässig, sondern es würden eben 75 zulässige, nicht-verbundene Verfahren betrieben.

[32] Dazu und darüber hinaus: *Bethge*, in: Maunz et al. (Hrsg.), BVerfGG, Loseblatt, Stand: Juli 2002, § 66, Rn. 2 ff.

[33] Wiederholung: **Am Anfang jeder Begründetheitsprüfung ist der Prüfungsmaßstab zu nennen!** Das kann (wie hier) direkt im Obersatz geschehen, bei längeren Ausführungen (insb. bei der Verfassungsbeschwerde) sollte dies unter einem eigenen Prüfungspunkt erfolgen.

[34] Die Abgeordneten haben nicht bestritten, dass sie sich auch an Partikularinteressen orientieren. Solche zwischen den gegnerischen Parteien sog. unstrittigen Tatsachen können ohne Weiteres zugrunde gelegt werden.

Diese Norm berechtigt den A als Abgeordneten (persönlicher Schutzbereich) zur Ausübung eines **freien Mandats** (sachlicher Schutzbereich). Dagegen könnte das Abstimmungsverhalten der Antragsgegner am 26.4.2012 verstoßen haben. Fraglich ist, was dieses Recht umfasst.

Hinsichtlich der Freiheit des Abgeordneten spricht Art. 38 I 2 GG davon, dass dieser nicht an Aufträge und Weisungen gebunden und nur seinem Gewissen unterworfen ist. Er ist damit keinerlei *rechtlicher* Fremdbestimmung unterworfen, *außerrechtlicher* Druck ist folglich *nicht* ausgeschlossen.[35] Insoweit liegt Art. 38 I 2 GG (nur) die Absage an das Konzept des **imperativen Mandats** zugrunde.[36]

Keiner der Antragsgegner hat A eine als rechtsverbindlich deklarierte Weisung erteilt. Niemand hat Einfluss auf sein Abstimmungsverhalten über das KohleGÄndG ausgeübt. Eine Verletzung von Art. 38 I 2 GG scheidet insoweit aus.

Denkbar wäre allerdings, dass ein Abstimmungsverhalten, das sich an den Partikularinteressen bestimmter Bevölkerungsgruppen orientiert, verfassungswidrig ist und damit ein Gesamtklima im Bundestag schafft, das eine verfassungsmäßige Mandatsausübung der anderen Abgeordneten jedenfalls erheblich erschwert. Damit wäre A möglicherweise doch keine freie, nur seinem Gewissen unterworfene Mandatsausübung möglich, jedenfalls dürfte er sich darin beeinträchtigt fühlen. Fraglich ist somit, ob ein solches Abstimmungsverhalten, wie es die Antragsgegner an den Tag legen, mit Art. 38 I 2 GG unvereinbar ist. Jeder Abgeordnete ist danach ein Vertreter des ganzen Volkes. Keiner darf sich als Vertreter eines Teils des Volkes verstehen.[37] Allerdings handelt es sich bei dieser Vertretungsaussage um kein rechtlich justiziables Konzept, sondern eine idealtypische Vorgabe,[38] an der sich jeder Abgeordnete als Leitlinie orientieren muss, deren *Ausfüllung* ihm aber selbst vorgegeben ist. Kennzeichnend für die Mandatsausübung ist also die (rechtliche) Freiheit der Gestaltung.[39]

Folglich ist jeder Abgeordnete berechtigt, selbst zu entscheiden, welchen sachlichen Gesichtspunkt er folgt. Die Orientierung an den Interessen bestimmter Berufsgruppen oder Regionen steht nicht außerhalb dieser Ausfüllungsbefugnis, insb. wenn man davon ausgeht, dass dies erst die Grundlage für den parlamentarischen Diskurs bildet.

Der Repräsentationsauftrag des ganzen Volkes ist folglich mit einer Mandatswahrnehmung vereinbar, wonach aus dem Wettstreit der Einzelinteressen in komplexen parlamentarischen Umsetzungs- und Ausgleichsverfahren das Gemeinwohl

---

[35] *Kretschmer*, in: Schmidt-Bleibtreu et al. (Hrsg.), GG, 12. Aufl. 2012. Art. 38, Rn. 61, m. w. N.
[36] *Kretschmer*, in: Schmidt-Bleibtreu et al. (Hrsg.), GG, 12. Aufl. 2012. Art. 38, Rn. 61.
[37] *Achterberg/Schulte*, in: v. Mangoldt/Klein/Starck (Hrsg.), GG, Bd. 2, 6. Aufl. 2010, Art. 38, Rn. 39.
[38] *Achterberg/Schulte*, in: v. Mangoldt/Klein/Starck (Hrsg.), GG, Bd. 2, 6. Aufl. 2010, Art. 38, Rn. 28, sowie Rn. 27 ff. zur Idee der Repräsentation („repräsentatives Mandat", vgl. Rn. 33).
[39] Dazu, was diese Freiheit umfasst, vgl. *Kretschmer*, in: Schmidt-Bleibtreu et al. (Hrsg.), GG, 12. Aufl. 2012. Art. 38, Rn. 61.

überhaupt erst erkannt und gewonnen wird. Die Antragsgegner haben sich damit mit ihrem Abstimmungsverhalten am 26.4.2012 nicht verfassungswidrig verhalten. Somit ist der aus der Art dieser Mandatsausübung folgende *politische* Druck, dem A durch die Rechtfertigung seiner Mandatswahrnehmung gegenüber „seinen" Wählern ausgesetzt sein mag, hinzunehmen.[40]

II. Zwischenergebnis

Das Verhalten der 75 Antragsgegner im Rahmen der Abstimmung am 26.4.2012 hat somit nicht das Recht des A auf Ausübung eines freien Mandats verletzt.

D. Ergebnis

Das BVerfG verwirft den Antrag des A festzustellen, dass die 75 Antragsgegner durch ihr Abstimmungsverhalten am 22.3.2012 seine Rechte aus Art. 38 I 2 GG verletzt haben, als unzulässig. A hat insoweit keinen Erfolg.

Das BVerfG weist den Antrag des A festzustellen, dass die 75 Antragsgegner durch ihr Abstimmungsverhalten am 26.4.2012 seine Rechte aus Art. 38 I 2 GG verletzt haben, als zulässig, aber unbegründet zurück.[41] A hat auch insoweit keinen Erfolg.

Frage 2

Der Antrag des A festzustellen, dass ihn das Verhalten der X-Fraktion jedenfalls in der Sitzung vom 17.7.2012 in seinen grundgesetzlichen Rechten verletzt hat, hat Erfolg, wenn er zulässig und begründet ist.

A. Zulässigkeit

I. Statthafte Verfahrensart und Zuständigkeit des BVerfG

Entsprechend den Feststellungen zu Frage 1 A. I., II. ist für das Begehren des A das Organstreitverfahren statthaft und das BVerfG gem. Art. 93 I Nr. 1 GG, § 13 Nr. 5 BVerfG zuständig. Eine etwaig denkbare Verfassungsbeschwerde nach Art. 93 I Nr. 4a, § 13 Nr. 8a BVerfGG scheidet aus, da sich A ausdrücklich als Abgeordneter und nicht wie „jedermann" gegen das Verhalten anderer Abgeordneter zur Wehr setzen möchte.

II. Parteifähigkeit des Antragstellers

Entsprechend dem unter Frage 1 A. III. Festgestellten ist A als Abgeordneter als anderer Beteiligter gem. Art. 93 I Nr. 1 GG parteifähiger Antragsteller.

---

[40] Dieser Druck ist sogar gerade ein zentraler (und wünschenswerter) Teil des politischen Wettbewerbs. Dabei konkurrieren eben nicht nur „Sachauffassungen", sondern auch verschiedene Vorstellungen von der Art und Weise der Mandatsausübung miteinander.
[41] Zu den richtigen Termini vgl. jeweils oben im 2. Teil.

III. Parteifähigkeit der Antragsgegnerin

A greift das Verhalten der Fraktionsangehörigen in ihrer kollektiven Form während einer Fraktionssitzung an, richtet den Antrag also gegen die X-Fraktion. Fraglich ist, ob die X-Fraktion parteifähig ist. Dies bestimmt sich nach Art. 93 I Nr. 1 GG, §§ 13 Nr. 5, 63 BVerfGG. In diesen Normen wird die Fraktion aber nicht als solche aufgeführt. Sie könnte aber als ein in der Geschäftsordnung des Bundestages mit eigenen Rechten ausgestatteter Teil des Bundestages zu qualifizieren sein.[42]

Teile in diesem Sinne können nur solche sein, die von der Geschäftsordnung als **ständige Gliederungen**[43] eingerichtet sind, **um die parlamentarische Arbeit zu ermöglichen oder zu erleichtern**[44]. Die Geschäftsordnung des Bundestages definiert die Fraktion in § 10 I 1 GO-BT[45]. Danach stellt sie eine ständige Gliederung des Bundestages während einer Legislaturperiode dar. Weiter stattet die GO-BT die Fraktionen etwa in §§ 2 I 2, 12 GO-BT mit Rechten aus.[46] Damit ist eine Fraktion eine ständige Gliederung des Bundestages, die die GO-BT mit eigenen Rechten versieht, und folglich parteifähig gem. § 63 BVerfGG. Die X-Fraktion ist damit parteifähige Antragsgegnerin.

IV. Antragsgegenstand

Fraglich ist, ob A einen hinreichend bestimmten Antragsgegenstand i. S. v. § 64 I BVerfGG bezeichnet. Entsprechend den Feststellungen unter Frage 1 A. V. können zwar die im Allgemeinen behaupteten Belastungen des A mangels Bestimmtheit keinen Antragsgegenstand bilden. Allerdings ist das Verhalten der Fraktion mit den verschiedenen Einwirkungen auf A (darunter dem Hinweis auf die Fraktionslinie und der „Drohung" mit Verschlechterung des Listenplatzes und Fraktionsausschluss) während der Sitzung vom 17.7.2012 als hinreichend konkreter, rechtserheblicher Antragsgegenstand zu qualifizieren.

---

[42] S. Nachweise auf S. 104. Es wäre zwar denkbar, eine Fraktion wegen ihrer Erwähnung in Art. 53a I 2 1. Hs. GG als andere Beteiligte i. S. v. Art. 93 I Nr. 1 GG für parteifähig zu halten, dies sollte an dieser Stelle aber erst gar nicht angesprochen werden – die Fraktion ist anerkannt parteifähig als Teil des Bundestages nach § 63 BVerfGG.

[43] „Ständige Gliederung" ist das zentrale Schlagwort, das in der Klausur fallen muss.

[44] S. dazu die Nachweise (und Kritik) auf S. 103 f.

[45] § 10 I 1 GO-BT: Die Fraktionen sind Vereinigungen von mindestens fünf vom Hundert der Mitglieder des Bundestages, die derselben Partei oder solchen Parteien angehören, die auf Grund gleichgerichteter politischer Ziele in keinem Land miteinander im Wettbewerb stehen.

[46] Wichtig: Es geht hier nicht um jene Rechte, die möglicherweise verletzt sind – das ist eine Frage der Antragsbefugnis. Hier geht es vielmehr abstrakt darum, ob ein bestimmter Teil eines Organs mit irgendwelchen Rechten aus dem GG bzw. einer GO ausgestattet ist.

V. Antragsbefugnis

1. Verletzung von Art. 38 I 2 GG

Entsprechend den unter Frage 1 A VI. ausgeführten Prinzipien ergibt sich, dass eine Verletzung des freien Mandats (Art. 38 I 2 GG) durch den Antragsgegenstand nicht von vornherein ausgeschlossen werden kann. Insb. kann hier die Verletzung der *gewissensfreien* Ausübung eines freien Mandats durch das massive Einwirken der Fraktion auf das Stimmverhalten des A nicht ausgeschlossen werden.[47]

2. Verletzung von Art. 4 I, II, 5 I 1 GG

Fraglich ist, ob daneben oder zumindest verstärkend auch die Gewissensfreiheit nach Art. 4 I, II GG, vielleicht sogar in Verbindung mit Art. 5 I 1 GG (Meinungsäußerungsfreiheit) hinzutritt. Im Organstreitverfahren kann A nur diejenigen Rechte geltend machen, die an seinen Status als Organ anknüpfen. Eine systematische Auslegung ergibt, dass es sich bei Art. 4 I, II, 5 I 1 GG um *Grundrechte* handelt (vgl. Überschrift des GG „I. Die Grundrechte"), die das Verhältnis des jedes Einzelnen zum Staat betreffen, s. Art. 1 III GG. Zur Verteidigung dieser Rechte ist A im Rahmen eines Organstreitverfahrens nicht befugt.[48]

3. Zwischenergebnis

Folglich ist A nur soweit antragsbefugt, als die Verletzung seines Statusrechts aus Art. 38 I 2 GG nicht ausgeschlossen werden kann.

VI. Antragsform

Der Antrag entspricht den Formvorgaben der §§ 23 I, 64 II BVerfGG, vgl. Frage 1 A. VII. entsprechend.

---

[47] Sehr abgekürzter Gutachtenstil.

[48] Vgl. *Hillgruber/Goos*, Verfassungsprozessrecht, 3. Aufl. 2011, Rn. 343; mit Blick besonders auf Art. 38 I 1 GG: *Umbach*, in: ders. et al. (Hrsg.), BVerfGG-Mitarbeiterkommentar, 2. Aufl. 2005, §§ 63, 64, Rn. 26, 128 f. Diesen Gesichtspunkt hätte man auch schon innerhalb der Frage 1 ansprechen können. Statthafte Verfahrensart zur Verteidigung von Grundrechten ist im Übrigen die (Individual-)Verfassungsbeschwerde nach Art. 93 I Nr. 4a GG, §§ 13 Nr. 8a, 90 ff. BVerfGG.
Zur Verdeutlichung: Ein Organstreitverfahren dient der Verteidigung von solchen Rechten, die Ausdruck einer bestimmten *staatlichen* Organstellung sind, also von Rechten, die im Innenverhältnis des Staates zwischen Organen wirken. Die Verfassungsbeschwerde hingegen schützt Grundrechte, die also im Außenverhältnis Staat-Bürger Anwendung finden. Problematisch ist die Abgrenzung im Bereich der *Mandatsbewerbung*: Ist ein bestimmtes Recht noch für jedermann gewährt oder schon zum Schutz des Abgeordneten? Vgl. dazu *Umbach*, in: ders. et al. (Hrsg.), BVerfGG-Mitarbeiterkommentar, 2. Aufl. 2005, §§ 63, 64, Rn. 25 ff.; *Hillgruber/Goos*, Verfassungsprozessrecht, 3. Aufl. 2011, Rn. 347 ff.

VII. Antragsfrist

Maßgeblicher Zeitpunkt ist die Fraktionssitzung vom 17.7.2012. Die Antragsfrist läuft gem. § 187 I BGB analog ab dem 18.7.2012 und endet gem. § 64 III BVerfGG i. V. m. § 188 II BGB am 17.1.2013. A hat den Antrag am 26.10.2012 also fristwahrend gestellt.

VIII. Rechtsschutzbedürfnis

Anhaltspunkte dafür, dass das indizierte Rechtsschutzbedürfnis entfällt, sind nicht ersichtlich.

IX. Zwischenergebnis

Der Antrag des A ist zulässig.[49]

B. Begründetheit

Der Antrag ist begründet, wenn die X-Fraktion in ihrer Sitzung vom 17.7.2012 A in seinen grundgesetzlichen Rechten aus Art. 38 I 2 GG verletzt und dadurch gegen eine Bestimmung des GG verstoßen hat, vgl. §§ 67 S. 1 i. V. 64 I BVerfGG.

I. Verletzung des Rechts aus Art. 38 I 2 GG

Fraglich ist, ob A dadurch in seinen Rechten verletzt worden ist, dass er hinsichtlich einer Frage zur Neuregelung von embryonenverbrauchender Stammzellenforschung verschiedenen Formen der Einwirkung der X-Fraktion ausgesetzt gewesen ist. Fraglich ist, ob dies das Recht des A aus Art. 38 I 2 GG auf Ausübung eines freien Mandats verletzt. Dabei sind die unterschiedlichen Einwirkungen einzeln zu bewerten.[50]

1. Verletzung durch rechtlich verbindliche Weisung

Die Einwirkung auf A, in einer bestimmter Weise abzustimmen, könnte eine Weisung i. S. v. Art. 38 I 2 GG darstellen. Wie unter Frage 1 C. I. festgestellt, sind davon nur *rechtlich* verbindliche Weisungen erfasst.

Dafür, dass die Fraktionslinie rechtlich verbindlich ist, könnte sprechen, dass A über eine Landesliste der X-Partei in den Bundestag eingezogen ist (vgl. §§ 1 II 2. Var., 6 BWahlG). Wenn daraus folgen würde, dass die Partei die eigentliche Inhaberin aller Listenwahl-Mandate wäre und der einzelne Abgeordnete damit quasi nur ihr Stellvertreter, könnte man möglicherweise die Annahme einer

---

[49] In der Klausurpraxis ist diese Kurzformulierung zu verwenden.
[50] Dies ist der entscheidende Punkt dieses Abschnitts – wer hier eine unklare Gemengelage verschiedener Einflüsse prüft, kann zu keiner sauberen Bewertung gelangen. „Gesamtpakete" aufschnüren zu können ist ganz allgemein eine der zentralen Fähigkeiten guter Juristen. Der Gutachtenstil hilft dabei.

rechtlichen Bindung an deren Willen bzw. den Willen der „Partei im Bundestag" (Fraktion)[51] entsprechend § 164 I 1 BGB annehmen.

Dem ist mit Blick auf Art. 38 I 2 GG entgegenzuhalten, dass die Abgeordneten Vertreter des ganzen Volkes sind. Das Volk als Souverän (Art. 20 II 1 GG) *legitimiert* die Mitglieder des Bundestages *unmittelbar* durch die Bundestags*wahl*[52]. Damit wird jedes Mitglied des Bundestages mit einem gleichen Maß an Legitimität durch die Wahl ausgestattet, unabhängig davon, ob der Abgeordnete ein Direktmandat errungen oder das Mandat über die Landeslisten erworben hat. A ist damit nicht das Mandat durch die Partei verliehen worden, diese ist nicht die „eigentliche" Inhaberin des Mandats. A ist folglich auch nicht der Stellvertreter der Partei oder der Fraktion, deren „Anweisungen" stellen folglich keine rechtsverbindliche Vorgabe der Vertretungsmacht entsprechend § 164 I BGB dar.

Somit wurde A mit dem Verweis auf die Einheit der Fraktion und die Parteilinie keiner *rechtlichen* Weisung unterworfen. Art. 38 I 2 GG wurde insoweit nicht verletzt.

2. Verletzung durch Hinwirken auf eine einheitliche Fraktionslinie

Die Fraktion könnte aber die freie Mandatsausübung dadurch verletzt haben, dass sie *überhaupt* eine Fraktionslinie angestrengt hat.

Hierfür ist schon die Rolle der Parteien für den politischen Meinungsbildungsprozess miteinzubeziehen. Das GG erkennt ihre konstruktive Funktion für die politische Willensbildung ausdrücklich in Art. 21 I 1 GG an. Folglich ist auch die Fortsetzung parteilicher Arbeit im Bundestag (Fraktion als „Partei im Bundestag") grundsätzlich anzuerkennen.

Das Interesse an der Bündelung von Meinungen, also einer internen Willensbildung, die nach außen möglichst geschlossen vertreten wird, ist damit anzuerkennen, somit auch das entsprechende Fortwirken im Bundestag. Das Bestreben einer Fraktion an einem möglichst einheitlichen und geordneten Auftreten ist folglich legitim. Die verschiedenen Formen, die hierfür verwendet werden, sind als Hinwirken zur sog. **Fraktionsdisziplin** grundsätzlich anzuerkennen.[53] Daraus resultierender Druck ist somit prinzipiell als Teil der parlamentarischen Auseinandersetzung hinzunehmen.

---

[51] Gegen den Begriff „Partei im Parlament" *Ipsen*, Rechtsschutz gegen Fraktionsausschluss, NVwZ 2005, 361 (362).

[52] BVerfGE 77, 1 (40) – Neue Heimat; dem folgend *Kretschmer*, in: Schmidt-Bleibtreu et al. (Hrsg.), GG, 12. Aufl. 2011, Art. 38, Rn. 59.

[53] *Klein*, in: Maunz/Dürig (Hrsg.), GG, Loseblatt, Stand: Oktober 2010, Art. 38, Rn. 203, 214 ff.; *Kretschmer*, in: Schmidt-Bleibtreu et al. (Hrsg.), GG, 12. Aufl. 2011, Art. 38, Rn. 81 ff.; kritisch mangels klarer Trennbarkeit von zulässiger Fraktionsdisziplin und unzulässigem Fraktionszwang *Achterberg/Schulte*, in: v. Mangoldt/Klein/Starck (Hrsg.), GG, Bd. 2, 6. Aufl. 2010, Art. 38, Rn. 41; *Schneider*, in: Benda et al. (Hrsg.) Handbuch des Verfassungsrechts der Bundesrepublik Deutschland – Studienausgabe Teil 1, 2. Aufl. 1995, § 13 Das parlamentarische System, Rn. 53 (vgl. aber die insgesamt letztlich zustimmenden Ausführungen in Rn. 51 ff.); wohl auch *Sendler*, Abhängigkeiten der unabhängigen Abgeordneten, NJW 1985, 1425 (1427 f., 1430).

Allein eine (auch robuste) Einwirkung auf den A, sich der Fraktionslinie anzuschließen, kann als solche nicht als Verletzung qualifiziert werden. Markige Parolen der Art „Wer nicht [...] für uns ist, ist wohl gegen uns.", wie sie in der Sitzung vom 17.7.2012 gefallen sind, mögen schlechten politischen Stil darstellen, verletzen aber nicht die freie Mandatsausübung des A.

Somit greift es grundsätzlich nicht in die freie Mandatsausübung ein, dass sich A überhaupt einer Fraktionslinie gegenübersieht.

3. Verletzung durch Hinwirken auf einheitliche Fraktionslinie bei ethisch bedeutsamer Entscheidung

Anders könnte dies bei einer Abstimmung über embryonenverbrauchende Stammzellenforschung der Fall sein, dem Gegenstand der Debatte vom 17.7.2012. Dabei handelt es sich um eine Frage, die in besonderer Weise von ethischen, religiösen, weltanschaulichen, philosophischen, gesellschaftlichen oder kulturellen Grundüberzeugungen geprägt sein kann. Die Fraktion könnte hier verpflichtet sein, dezidiert *keine* fraktionsinterne Abstimmung vorzunehmen.[54]

Wenn es sich dabei aber um eine *Rechts*pflicht handeln soll, stellt sich die Frage nach der Justiziabilität[55]. Rechtliche Vorgaben dürfen nämlich nicht in jenen Kernbereich übergreifen, der vollständig der politischen Ausgestaltung zugewiesen ist. Würde man also rechtlich definieren, wann eine ausdrückliche Nicht-Festlegung einer gemeinsamen Linie zu erfolgen hat, würde dies die freie Auseinandersetzung empfindlich beeinträchtigen. Dies spricht gegen eine Rechtspflicht zur ausdrücklichen Nicht-Festlegung einer Fraktionslinie – erst recht, bedenkt man die Vielzahl von Bereichen, in denen ethische usw. Vorstellungen eine Rolle spielen mögen.

Es könnte allerdings eine Verletzung darstellen, A zu einem Verhalten bewegen zu wollen, das seinem *Gewissen* widerspricht.[56] Die Gewissensfreiheit ge-

---

[54] Dies ist auch parlamentarische Praxis, allerdings nur für grundlegende ethische, geradezu existenzielle Fragen, etwa über die Regelung der Präimplantationsdiagnostik (PID), vgl. Redaktion beck-aktuell Meldung vom 27.10.2010, becklink 1006581; die Verbindlichkeit von Patientenverfügungen, vgl. die Meldung vom 29.3.2007 des Fachdiensts Erbrecht, FD-ErbR 2007, 219784; die Reform des Abtreibungsrechts, vgl. den Hinweis von *Sabine Leutheusser-Schnarrenberger* in der Meldung vom 18.10.2010, Redaktion beck-aktuell, becklink 1006171; weitere Beispiele etwa in einem Artikel der FAZ vom 7.7.2011: *Mihm*, Momente der Stille, Augenblicke der Empörung, http://www.faz.net/artikel/C30189/praeimplantationsdia-gnostik-die-abgeordneten-folgen-ihrem-gewissen-nicht-dem-fraktionszwang-momente-der-stille-augenblicke-der-empoerung-30458725.html (zuletzt abgerufen am 2.9.2011). Dass die politische Praxis wie auch die genannten Beck-Redaktionsmitglieder oft von der „Aufhebung des Fraktionszwangs" sprechen, ist rechtlich unzutreffend, gemeint ist die Aufhebung der Fraktionsdisziplin.
[55] Wichtiges Konzept: gerichtliche Überprüfbarkeit, also die Frage, ob ein Gericht eine solche Maßnahme überhaupt kontrollieren darf. Problematisch ist die Justiziabilität beispielsweise bei politischen Prognoseentscheidungen, Gnadenakten oder kirchlichen Vorgängen.
[56] Nochmals zur Verdeutlichung: Es handelt sich hierbei *nicht* um die Gewissensfreiheit i. S. v. Art. 4 I, II GG, sondern i. S. v. Art. 38 I 2 GG.

währleistet dabei eine Ausübung des Mandats nach eigenen Erkenntnissen und in eigener Verantwortung.[57]

A muss sich als Abgeordneter jedoch *stets* an seinem Gewissen orientieren. Es steht also keine durch Fraktionsdisziplin begründete gewissensgebundene Mandatsausübung in manchen Fällen einer gewissensfreien in anderen Fällen gegenüber.[58] Fraktionsdisziplin darf also *nie* die Gewissensausübung unmöglich machen: in diesem Fall würde verfassungswidriger **Fraktionszwang**[59] vorliegen.[60]

Die Verantwortung, die das freie Mandat A auferlegt, führt damit dazu, dass er nicht nur seine Entscheidungen stets mit seinem Gewissen vereinbaren können muss. Er muss dies auch fraktionsintern kommunizieren und vertreten.[61] Er könnte sich etwa dafür stark machen, dass in diesem Fall ausdrücklich auf die Herstellung einer Fraktionslinie verzichtet wird. Setzt er sich damit nicht durch, ist es ihm jedenfalls zuzumuten, mit seinem Gewissen gegen die Fraktionslinie zu stimmen. Diese Grundspannung, die jeden Abgeordneten trifft, verletzt das freie Mandat des A auch dann nicht, wenn es sich um eine begründbar ethisch besonders sensible Frage wie die Regelung embryonenverbrauchender Stammzellenforschung handelt.

4. Verletzung durch Drohung mit Verschlechterung des zukünftigen Listenplatzes

Eine Verletzung von Art. 38 I 2 GG könnte allerdings darin liegen, dass die Fraktion A bedeutet hat, ein Abweichen von der Fraktionslinie könne zu einer Verschlechterung seines Listenplatzes bei den nächsten Wahlen führen. Damit könnte die Grenze von zulässigem Hinwirken auf Fraktionsdisziplin zu unzulässigem Fraktionszwang überschritten worden sein.

Regelmäßig hat ein Abgeordneter großes Interesse an seiner Wiederwahl. Wird er für die nächste Wahl auf keine Landesliste gesetzt bzw. auf einen hinteren Listenplatz, stellen sich die Chancen für die Wiederwahl selbst im besten Fall als erheblich verschlechtert dar. Besonderes Gewicht könnte dies heute haben, da viele Abgeordnete „Politik als Beruf" betreiben.[62]

---

[57] *Kretschmer*, in: Schmidt-Bleibtreu et al. (Hrsg.), GG, 12. Aufl. 2011, Art. 38, Rn. 62.
[58] *Kretschmer*, in: Schmidt-Bleibtreu et al. (Hrsg.), GG, 12. Aufl. 2011, Art. 38, Rn. 62; *Achterberg/Schulte*, in: v. Mangoldt/Klein/Starck (Hrsg.), GG, Bd. 2, 6. Aufl. 2010, Art. 38, Rn. 41.
[59] Wichtiges Schlagwort, konzeptioneller Gegenbegriff zur Fraktionsdisziplin.
[60] Vgl. zu dieser terminologischen Unterscheidung kritisch, aber in der Sache ebenso *Achterberg/Schulte*, in: v. Mangoldt/Klein/Starck (Hrsg.), GG, Bd. 2, 6. Aufl. 2010, Art. 38, Rn. 41.
[61] Vgl. als erfahrenen Beobachter: *Sendler*, Abhängigkeiten der unabhängigen Abgeordneten, NJW 1985, 1425 (1428): die zahlreichen fraktionsinternen Diskussionen zeigen, dass nicht etwa die Fraktionsvorsitzenden Befehle erteilen, die dann in der Abstimmung ausgeführt werden.
[62] „Politik als Beruf" ist der Titel eines Vortrages des Soziologen *Max Weber* (1864-1920) von 1919 aus seiner Redenreihe „Geistige Arbeit als Beruf". Dessen Inhalt hat mit dem Thema dieses Falles zwar nichts zu tun hat, dennoch sollte jeder diesen kurzen Klassikertext einmal lesen (eine Online-Fassung findet sich unter http://de.wikisource.org/wiki/Politik_als_Beruf, zuletzt abgerufen am 2.9.2011).

Gegen die Annahme von Fraktionszwang in diesem Fall spricht zunächst die Tatsache, dass nicht die Fraktion über die Aufstellung des A entscheidet. Bewirbt sich A für die nächste Wahl wieder um einen Platz auf einer Landesliste,[63] entscheidet über seine Platzierung gem. §§ 27 V i. V. m. 21 I 1 BWahlG die Mitglieder- oder Vertreterversammlung des Landesverbandes, für dessen Landesliste A kandieren will. Der Einfluss der X-Fraktion beschränkt sich also ohnehin auf einen informalen und indirekten Einfluss.

Sachlich gewichtiger gegen die Annahme von Fraktionszwang im Falle der „Drohung" mit der Verschlechterung des Listenplatzes spricht jedoch, dass die zeitlich begrenzte Legislaturperiode (vgl. Art. 39 I 1 GG) grundlegend irgendeinem anerkennenswerten Vertrauen auf Wiederwahl entgegensteht. Dass selbstverständlich die Abgeordnetentätigkeit eine hohe persönliche Belastung mit entsprechenden Opfern darstellt, die Nicht-Wiederwahl daher eine empfindliche Zäsur bedeuten kann, ändert daran nichts. Die Unmöglichkeit mittelfristiger Planung ist ein wesentliches Element der parlamentarischen Demokratie. Das Risiko der Nicht-Wiederwahl ist damit gerade ein Charakteristikum jeder Abgeordnetentätigkeit. „Droht" die Fraktion also damit, dass ein Abweichen von der Fraktionslinie Folgen für die Platzierung auf der nächsten Wahlliste haben kann, bringt sie den Abgeordneten in keine Situation, in der er sich nicht ohnehin befindet.

Somit greift der Hinweis auf mögliche Folgen eines bestimmten Abstimmungsverhaltens hinsichtlich der Platzierung auf einer Liste für die nächste Wahl nicht in die freie Mandatsausübung ein.[64]

5. Verletzung durch Drohung mit Fraktionsausschluss

Die Drohung mit dem Fraktionsausschluss könnte aber unzulässigen Fraktionszwang darstellen.

Der Fraktion kommen in der parlamentarischen Arbeit viele Rechte zu, wie es ihrer Bedeutung als strukturierende Gliederung des Bundestages auch entspricht.[65] Die GO-BT enthält dementsprechend zahlreiche Mitwirkungs- und Gestaltungsmöglichkeiten, die nur der Fraktion zukommen, darunter § 35 II GO-BT (Replik auf Bundesregierung oder Bundestag), § 42 GO-BT (Antrag auf Ausübung des Zitierungsrechts), § 45 II 1 GO-BT (Antrag auf Feststellung der Beschlussunfähig-

---

Die Frage nach dem soziopolitischen Leitbild des Abgeordneten war relevant für die Entscheidung des BVerfG über die Offenlegungspflicht der Einkünfte von Abgeordneten, BVerfGE 118, 277 – Abgeordnetengesetz.

[63] *Wahlkreiskandidat* einer Partei wird man übrigens, indem man von Parteimitgliedern seines Wahlkreises dazu gewählt wird; zu diesen sog. Kreiswahlvorschlag näher §§ 20 f. BWahlG. Zu weiteren Gesichtspunkten und Problemen bei der Kandidatenaufstellung vgl. *Ipsen*, Gesetzesrecht und Satzungsrecht bei der Kandidatenaufstellung politischer Parteien – Probleme des Vorschlagsrechts nach EuWG und BWahlG, DVBl 2004, 532.

[64] So auch *Klein*, in: Maunz/Dürig (Hrsg.), GG, Loseblatt, Stand: Oktober 2010, Art. 38, Rn. 216, m. w. N.; *Butzer*, in: Epping/Hillgruber (Hrsg.), Beck'scher Online-Kommentar GG, Stand: 1.7.2011, Art. 38, Rn. 95, m. w. N.; vgl. auch *Sendler*, Abhängigkeiten der unabhängigen Abgeordneten, NJW 1985, 1425 (1429).

[65] Vgl. auch BVerfGE 80, 188 (219 f.) – Wüppesahl.

keit). Mit der Fraktionszugehörigkeit profitiert der einzelne Abgeordnete von diesen Fraktionsrechten, etwa bei der Verteilung von Fraktionskontingenten (beispielsweise § 6 I 1 GO-BT [Benennung der Mitglieder des Ältestenrates]). Der fraktionslose Abgeordnete ist von der parlamentarischen Arbeit zwar nicht völlig ausgeschlossen, aber seine Gestaltungschancen sind deutlich reduziert.[66]

Der Fraktionsausschluss könnte also verfassungswidrig sein, folglich auch schon die Drohung damit. Aus dem Grundsatz des freien Mandats folgt zwar das Recht, sich mit anderen Abgeordneten zu einer Fraktion zusammenzuschließen;[67] umgekehrt bedeutet diese Freiheit allerdings auch, keine Abgeordneten in dem Zusammenschluss dulden zu müssen, deren Zugehörigkeit als unzumutbar empfunden wird und empfunden werden darf.[68] Damit ist der Fraktionsausschluss, wenngleich auch eine schwerwiegende Beeinträchtigung der Parlamentstätigkeit, als solcher nicht verfassungswidrig.

Folglich könnte auch die Drohung mit dem Fraktionsausschluss hinzunehmen sein. Bedenkt man die empfindlichen Folgen, die ein Fraktionsausschluss hat, müsste man gerade argumentieren, dass quasi als „Warnung" dem Abgeordneten vor einem Ausschluss konkret mitgeteilt wird, wenn ein bestimmtes Verhalten als unzumutbar empfunden wird. Anderenfalls *müsste* der Fraktionsausschluss den Abgeordneten notwendigerweise stets überraschen, was die Mandatsausübung noch empfindlicher berühren würde. Es ist nun denkbar, dass die Frage der embryonenverbrauchenden Stammzellenforschung die Grundsätze der politischen Ausrichtung der X-Fraktion berührt. Die abweichende Auffassung des A könnte damit gegebenenfalls den Ausschluss des A aus der X-Fraktion rechtfertigen.[69] Damit würde eine vorherige Warnung, als die die „Drohung" zu verstehen sein könnte, nicht grundsätzlich das Recht auf Ausübung des freien Mandats verletzen.[70]

---

[66] Zum fraktionslosen Abgeordneten (und für eine Stärkung von dessen Rechten) ausführlich *Achterberg/Schulte*, in: v. Mangoldt/Klein/Starck (Hrsg.), GG, Bd. 2, 6. Aufl. 2010, Art. 38, Rn. 62 ff.
[67] Vgl. etwa BVerfGE 80, 188 (218).
[68] M. w. N. *Kretschmer*, in: Schmidt-Bleibtreu et al. (Hrsg.), GG, 12. Aufl. 2011, Art. 38, Rn. 82.
[69] Vgl. dazu *Klein*, in: Maunz/Dürig (Hrsg.), GG, Loseblatt, Stand: Oktober 2010, Art. 38, Rn. 252.
[70] Zu widersprechen ist daher den kategorischen Ausführungen von *Klein*, in: Maunz/Dürig (Hrsg.), GG, Loseblatt, Stand: Oktober 2010, Art. 38, Rn. 216: „Unzulässig ist mithin die Androhung (und folgeweise der Vollzug) des *Fraktionsausschlusses* im Zusammenhang mit einem konkreten Verhalten des Abgeordneten im parlamentarischen Entscheidungsprozess [...]." Es kann nämlich das konkrete Verhalten die Grundsätze der Fraktion betreffen. Wenn etwa eine Fraktion, die sich als ein zentrales Ziel den Atomausstieg gesetzt hat, mit Fraktionsausschluss droht, falls ein Abgeordneter gegen den Atomausstieg stimmt und sich darin eine grundsätzliche Verschiedenheit der Ziele von Abgeordnetem und Fraktion zeigt, ist nicht ersichtlich, dass eine Drohung hier gegen Art. 38 I 2 GG verstoßen würde. Nach dieser Interpretation liegt darin auch kein Sanktion, sondern ein dem Ausschluss vorhergehender Hinweis auf sich zeigende Fundamentaldifferenzen.
Kleins Ausführung ist auch deshalb fraglich, weil sie in Spannung zu seinen Ausführungen zum Fraktionsausschluss stehen. Dabei heißt unter Rn. 252: „Daraus folgt, dass die Fraktionen jedenfalls bis zu einem gewissen Grade abweichende Meinungen und deren öffentliche Äußerung – bis hin zu *gelegentlich* [Hervorhebung von mir, LO] abweichendem Stimmverhalten – ihrer Mitglieder zu tolerieren haben." Wenn also im Umkehrschluss schon ein mehr als gelegentlich abweichendes Stimmverhalten den Ausschluss rechtfertigen kann, muss es erlaubt sein, frühzeitig den

Gegen eine Verletzung spricht weiter die Rechtsschutzmöglichkeit, die jedem Abgeordneten gegen einen Fraktionsausschluss zur Verfügung steht.[71] A wäre also dem Ausschluss (für den sich im Übrigen ja erst einmal eine qualifizierte Mehrheit in einer Fraktionsvollversammlung finden lassen müsste[72]) nicht hilflos ausgeliefert, was auch dafür spricht, dass er einer Drohung standhalten muss, diese also nicht die Rechte des A verletzt.

Für die Verletzung von Art. 38 I 2 GG spricht allerdings, dass nicht erkennbar ist, dass die abweichende Auffassung des A zur Frage der embryonenverbrauchenden Stammzellenforschung Grundsätze der X-Fraktion berührt. Es wird mit der Drohung auch nicht ausgeführt, dass es sich um den Hinweis auf grundsätzliche, unüberbrückbare Gegensätze in der Gesamthaltung von X-Fraktion und A handelt. Damit liegt lediglich ein Fall der innerfraktionellen Meinungspluralität vor, der sich in den Grenzen des Normalen hält. A wird in diesem „Normalfall" mit dem Fraktionsausschluss als Sanktion für das Abweichen gedroht. Damit verknüpft die Fraktion einen an sich zulässigen Zweck (Geschlossenheit der Fraktion) mit einem an sich ebenfalls zulässigen Mittel (Drohung mit Fraktionsausschluss) zu einer unzulässigen Zweck-Mittel-Relation, nämlich der Drohung mit Fraktionsausschluss als „Strafe" für ein abweichendes Stimmverhalten in einer nichtgrundsätzlichen Sachfrage. Dies verstößt gegen die freie Mandatsausübung des A.[73] A muss die verfassungswidrige Drohung auch nicht etwa deshalb hinnehmen, weil sich sein Status erst dann ändert, wenn er tatsächlich aus der Fraktion ausgeschlossen wird (wogegen er sich gerichtlich wehren kann); vielmehr darf er schon die Drohung abwehren.

II. Zwischenergebnis

Die Drohung mit dem Fraktionsausschluss als Sanktion für abweichendes Abstimmungsverhalten in der Sitzung vom 17.7.2012 hat das Recht des A auf Ausübung eines freien Mandats i. S. d. Art. 38 I 2 GG verletzt.

C. Ergebnis

A hat mit seinem zulässigen Antrag festzustellen, dass die X-Fraktion ihn in ihrer Sitzung vom 17.7.2012 in seinem Recht aus Art. 38 I 2 GG verletzt und somit gegen eine Bestimmung des GG verstoßen habe, Erfolg.

---

abweichenden Abgeordneten mit Blick auf konkretes Verhalten auf die sich abzeichnende Entfremdung hinzuweisen. Noch treffender wäre es sogar, dafür eine „Warn*pflicht*" anzunehmen.

[71] Die h. M. erlaubt ein Organstreitverfahren gegen den Fraktionsausschluss, vgl. *Degenhart*, Staatsrecht I, 27. Aufl. 2011, Rn. 633 und die Nachweise in *Ipsen*, Rechtsschutz gegen Fraktionsausschluss, NVwZ 2005, 361 (363). *Ipsen* selbst (ibid., S. 364) ist anderer Auffassung, er hält allenfalls eine Überprüfung durch die ordentlichen Gerichte entsprechend der Kontrolle von *Partei*ausschlussentscheidungen für möglich.

[72] *Ipsen*, Rechtsschutz gegen Fraktionsausschluss, NVwZ 2005, 361 (364, mit Verweis auf weitere Nachweise in Fn. 35).

[73] Vgl. *Klein*, in: Maunz/Dürig (Hrsg.), GG, Loseblatt, Stand: Oktober 2010, Art. 38, Rn. 216, m. w. N., darunter ein *obiter dictum* aus BVerfGE 10, 4 (15) – Redezeit, wobei es auch hier ausdrücklich um den Strafcharakter des Fraktionsausschlusses geht.

Klausur 2: Der Computer Nr. 3

Sachverhalt

Der Bundestag beschließt formell verfassungsgemäß eine Ergänzung des Bundeswahlgesetzes (BWahlG). Um mit der Zeit zu gehen, erlaubt § 35a BWahlG nunmehr den Einsatz von sog. „rechnergesteuerten Wahlgeräten", die umgangssprachlich als Wahlcomputer bezeichnet werden.

§ 35a BWahlG bestimmt ein Wahlcomputer-Modell, bei dem die Stimmabgabe ausschließlich auf einem elektronischen Speicher im Geräteinneren festgehalten wird. Die Stimmabgabe wird also nur auf dem Speicher dokumentiert, und zwar so, wie dies von der entsprechenden Software programmiert ist. Die auf dem Chip gespeicherten Stimmen werden nach Schließung der Wahllokale durch den Wahlcomputer elektronisch ausgezählt, können aber auch in Form eines entsprechend angekreuzten Stimmzettels ausgedruckt werden. Alle relevanten Teile des Wahlcomputers sind versiegelt, zudem werden die Geräte außerhalb des Einsatzes immer verschlossen aufbewahrt.

Am Sonntag, dem 13.5.2012, findet die Bundestagswahl statt. Dafür werden in Übereinstimmung mit § 35a BWahlG Wahlcomputer in bestimmten Wahlbezirken in Bayern, Niedersachsen und Bremen eingesetzt.

Walter Hallstein (H) hat im Wahlkreis 290 (Tübingen, Baden-Württemberg) gewählt. Er ist allerdings der Meinung, dass es bei dieser Wahl nicht mit rechten Dingen zugegangen ist und verfasst deswegen einen Einspruch an den Bundestag, der diesem am 4.6.2012 zugeht. Er kritisiert: Der Einsatz von Wahlcomputern sei rechts- und insb. verfassungswidrig. Es könne ja kein Mensch nachvollziehen, ob die abgegebenen Stimmen auch richtig gespeichert und ausgewertet worden seien. Es müsse doch aber für einen normalen Bürger möglich sein, die Wahl nachzuvollziehen, was aber ausgeschlossen sei, wenn man bloß einen Computerchip als Ergebnis der Wahl vorliegen habe. Stimmzettel könne man notfalls nachzählen, aber die Daten auf einem Chip könne man doch gar nicht lesen. Da würden die Bürger doch entmündigt. Außerdem habe der Chaos Computer Club e.V. gezeigt, wie einfach Manipulationen bei der Stimmabgabe zu bewerkstelligen seien. Im besten Falle sei man auf Ausdrucke verwiesen, die allerdings auch nur die Stimmen so wiedergäben, wie sie gespeichert seien. Eine wirksame Kontrolle durch Öffentlichkeit und Wahlvorstand werde somit verhindert, da ein wesentlicher Teil der Wahlhandlung und die Ermittlung und Feststellung des Wahlergebnisses im Innern des Wahlgeräts stattfänden; das Verfahren sei demnach undemokratisch. Es gebe zwar keine konkreten Anhaltspunkte für Fehler oder Manipulationen, aber man müsse schließlich den Anfängen wehren.

Der Bundestag weist den Einspruch des H am 13.9.2012 formell rechtmäßig als zulässig, aber unbegründet zurück, gestützt auf eine entsprechende Beschlussempfehlung des Wahlprüfungsausschusses.

Am 29.9.2012 geht daraufhin beim BVerfG eine schriftliche, begründete und mit Angabe der erforderlichen Beweismittel versehene Beschwerde des H gegen den Bundestagsbeschluss ein, der 512 weitere Wahlberechtigte formgerecht beigetreten sind. Inhaltlich entspricht sie im Wesentlichen seinem Einspruch.

Das BVerfG gibt daraufhin dem Bundestag Gelegenheit zur Äußerung. Dieser führt aus: Die Öffentlichkeit der Stimmenauszählung sei gewährleistet. Jeder könne kontrollieren, wie das vom Wahlgerät ermittelte Ergebnis des Wahlbezirks nach Abschluss der Wahlhandlung vom Wahlvorstand ausgedruckt und in die Wahlniederschrift übernommen werde. Darüber hinaus sei die Bewirkung der öffentlichen Kontrolle nicht schrankenlos gewährleistet. Sie stehe in einem Spannungsverhältnis zu dem Ziel, möglichst schnell eine handlungsfähige Volksvertretung zu bilden. Das BWahlG messe in verfassungsmäßiger Weise diesem Ziel eine größere Bedeutung bei als der minutiösen Kontrolle durch die Öffentlichkeit. Die Verfassungsanforderungen an die öffentliche Kontrolle würden auch überspannt, wenn gefordert werde, dass jeder das gesamte Wahlgeschehen einschließlich der Wahlvorbereitung bis in die Verästelungen der technischen Details nachvollziehen können müsse. Und mit Blick auf die Manipulierbarkeit brauche man sich auch keine Sorgen zu machen, die Rechner würden ja immer abgeschlossen aufbewahrt.

Frage: Hat die Beschwerde des H Erfolg?

Auf alle aufgeworfenen Rechtsfragen ist einzugehen, ggf. in einem Hilfsgutachten. Die echte Normierung des Einsatzes von Wahlcomputer in § 35 BWahlG ist bei der Bearbeitung außer Acht zu lassen; maßgeblich ist allein der fiktive § 35a BWahlG, wie er in dieser Klausur bestimmt ist.
Maßgeblicher Zeitpunkt für die Beurteilung sei der 29.9.2012.

Hinweis: Der Fall kann in drei Zeitstunden gelöst werden.

Lösung

Lösungshinweise

Problemschwerpunkte: Verfassungsmäßigkeit von Wahlcomputern – Grundsatz der Öffentlichkeit der Wahl: demokratische, republikanische, rechtsstaatliche Wurzeln – Aufbau einer Wahlprüfungsbeschwerde (Art. 41 II GG, §§ 13 Nr. 3, 48 BVerfGG)

I. Die Klausur beruht auf dem Urteil des Zweiten Senats des BVerfG vom 3.3.2009[1]. Sie stellt im Umfang einmal das dar, was tatsächlich in einer Anfängerklausur erwartet werden kann. Der ausnahmsweise auf nur ein materielles Problem konzentrierte Fall soll dabei insb. den Umgang mit einigen typischen Konstellationen verfassungsrechtlicher Klausuren schulen: Erstens ist ein zentraler Prüfungsmaßstab, nämlich der Grundsatz der *Öffentlichkeit der Wahl*, nicht ausdrücklich im GG genannt.[2] Wer den Fall kennt und das Schlagwort einbringen kann, hat zwar einen erheblichen Vorteil, muss aber dennoch die dahinter stehende Konzeption (demokratische, republikanische, rechtsstaatliche Wurzeln) zur normativen Fundierung einbringen. Wer den Fall bzw. das Schlagwort nicht kennt (und das ist in Verfassungsrechtsklausuren nicht selten), hat auch nicht verloren. Es kann sogar von Vorteil sein, denn nun muss sich der Bearbeiter auf die rechtliche Herleitung durch eigene Argumentation konzentrieren anstatt zu versuchen, „die" Lösung aus dem Gedächtnis zu rekonstruieren.

Das bedeutet, zweitens – und ganz zentral – für die verfassungsrechtliche Klausur: Die Fundamentalbestimmungen des GG (etwa die Staatsstrukturprinzipien in Art. 20 GG) müssen fruchtbar gemacht werden. Das ist natürlich nicht einfach: Zum einen vergisst der Bearbeiter oftmals, überhaupt nach weiteren Normen (hier etwa außerhalb des Art. 38 GG) zu suchen. Die Lösung: Sie müssen sich frühzeitig angewöhnen, systematisch zu denken und sich immer zu fragen: „Womit könnte die einschlägige Rechtsnorm verbunden sein?" Dabei können das Inhaltsverzeichnis des Gesetzes und das Schlagwortverzeichnis am Ende vieler Textsammlungen hilfreich sein. Zum anderen existieren für die grundlegenden Prinzipien des GG („Demokratie", „Rechtsstaat", „Republik", „Bundesstaat" usw.) keine einfachen „Definitionen". Sie sind vielmehr in ihren Grundgedanken zu verstehen und für den konkreten Fall anwendbar zu machen, müssen dann also wiederum im Lichte des ganzen GG ausgelegt werden. Wer das anerkennt und das Augenmerk auf diese Anhaltspunkte lenkt, muss nicht verzweifeln, wenn es nötig wird, „Demokratie" oder „Rechtsstaatlichkeit" in die Argumentation einzubeziehen.

---

[1] BVerfGE 123, 39 – Wahlcomputer; online verfügbar unter http://www.bverfg.de/entscheidungen/cs20090303_2bvc000307.html (zuletzt abgerufen am 4.4.2011).

[2] Dieser Grundsatz wurde im Übrigen nicht erst in der Entscheidung BVerfGE 123, 39 entwickelt, vgl. schon BVerfGE 121, 266 (291 ff.) – negatives Stimmgewicht.

Im Übrigen muss der Text des GG jedes Mal aufs Neue sorgsam gelesen werden, um die einzelnen Elemente etwa von Art. 20 GG herauszuarbeiten. Regelmäßig (und besonders im Verfassungsrecht) lesen Studenten den Gesetzestext nicht (genügend): anfangs noch nicht, weil sie die Normen nicht sofort finden, und recht bald nicht mehr, „weil sie die Norm ja kennen" – eine fatale Fehleinschätzung! Das Denken von der Rechtsnorm her und alle methodischen Ausführungen setzen immer wieder die Lektüre der Norm an den Anfang der Erwägungen. Auch wenn der Bearbeiter die Norm schon unzählige Male gelesen hat, muss er sie immer wieder erneut lesen und durchdenken!

Für die Klausur wird (wie vermerkt) eine Bearbeitungszeit von drei Stunden vorgeschlagen. Darin ist ausreichend Zeit zum Nachdenken einkalkuliert, um das zentrale Problem rund um die Grundlagen der Öffentlichkeit der Wahl zu erarbeiten. Die Bedeutung des Demokratieprinzips im Zusammenhang mit Wahlcomputern muss für das Bestehen der Klausur gesehen werden, die des republikanischen und des Rechtsstaatsprinzips sind für den zweistelligen Punktebereich relevant.

II. Um Verwirrung beim etwaigen Nacharbeiten des Originalfalls zu vermeiden: Der „echte" § 35 BWahlG gestattet den Einsatz von Wahlcomputern, legt aber kein konkretes Wahlcomputer-Modell fest. Dies geschieht vielmehr durch Zulassung eines bestimmten Modells durch das Bundesinnenministerium, wenn es bestimmten Anforderungen einer Rechtsverordnung i. S. v. Art. 80 I 1 GG (Bundeswahlgeräteverordnung) genügt.[3] Das BVerfG hat in seinem Urteil den Einsatz *bestimmter* Modelle für verfassungswidrig erklärt, nicht aber Wahlcomputer *als solche*. Unter engen Voraussetzungen (Wahrung der Öffentlichkeit der Wahl) ist ihre Verwendung also verfassungsmäßig.

III. Die Wahlprüfung ist nach dem GG zweistufig ausgestaltet: Zunächst erfolgt aufgrund eines Einspruchs (etwa eines Wahlberechtigten) eine parlamentarische Selbstprüfung (vgl. Art. 41 I 1 GG, Art. 41 III i. V. m. §§ 1 I, 2 *Wahlprüfungsgesetz*).[4] Auf der zweiten Stufe kann der Wahlberechtigte gegen das Ergebnis in die-

---

[3] Zu Rechtsverordnungen (Art. 80 GG) vgl. auch Klausur 9: School's Out, insb. Fragen 5 und 6 (S. 447 ff.). Ganz kurz an dieser Stelle: Rechtsverordnungen sind Normen, die in der Normenhierarchie im Rang unterhalb von (formellen, also Parlaments-)Gesetzen stehen. Sie werden (anders als formelle Gesetze) nicht von der Legislative, sondern der Exekutive erlassen, wozu die Exekutive allerdings durch formelles Gesetz ermächtigt werden muss. Beispiel: § 35 III Nr. 2 BWahlG ermächtigt das Bundesinnenministerium zum Erlass einer Rechtsverordnung, die das Verfahren für die amtliche Zulassung der Bauart von Wahlcomputern regelt.

[4] Allerdings prüft der Bundestag im Rahmen des Einspruchsverfahrens nur die korrekte Anwendung des einfachen Wahlrechts, insb. des BWahlG, und nicht auch dessen Verfassungsmäßigkeit. Dies überlässt er dem BVerfG, das als einziges Organ (im Rahmen einer Wahlprüfungsbeschwerde) über die Verfassungsmäßigkeit des *einfachen* Wahlrechts entscheidet (Nachweise bei *Ortmann*, Probleme der Wahlprüfungsbeschwerde nach § 48 BVerfGG, ThürVBl. 2006, 169 [170]; *Hillgruber/Goos*, Verfassungsprozessrecht, 3. Aufl. 2011, Rn. 754, oder für die entsprechende Bundestagspraxis etwa BT-Drucks. 17/4600, S. 27). Allerdings gibt der Bundestag eine Einschätzung hinsichtlich der Verfassungsmäßigkeit ab (vgl. etwa BT-Drucks. 17/4600, S. 27); dennoch dürfte eine Klausureinkleidung in Form der Bewertung eines Einspruchs nicht in Frage kommen.

sem Einspruchsverfahren eine Wahlprüfungsbeschwerde vor dem BVerfG erheben (vgl. Art. 41 II, III GG i. V. §§ 13 Nr. 3, 48 BVerfGG)[5]. Es ist dabei auf die Verwendung der richtigen Begriffe zu achten: die parlamentarische Selbstprüfung erfolg aufgrund eines *Einspruchs*; das BVerfG wird aufgrund einer Wahlprüfungs*beschwerde* tätig, so dass etwa nach der *Beschwerde*frist (und nicht der *Antrags*- oder *Klage*frist) zu fragen ist.[6]

IV. Es ist nicht ganz einfach, in dieser Klausur die statthafte Verfahrensart zu bestimmen, da die Wahlprüfungsbeschwerde nicht zu den typischen Verfahren in Staatsorganisationsrechtsklausuren gehört. Viele Bearbeiter nehmen daher die Verfassungsbeschwerde nach Art. 93 I Nr. 4a, §§ 13 Nr. 8a, 90 ff. BVerfGG an, die hier (obgleich letztlich nicht statthaft) doch nicht abwegig ist, da dort Art. 38 GG als verfassungsbeschwerdefähiges Recht aufgeführt ist.[7]

Findet sich die Bearbeiterin mit einer Klausur konfrontiert, deren statthafte Verfahrensart sie nicht eindeutig bestimmen kann, empfiehlt es sich, in Ruhe den Zuständigkeitskatalog des § 13 BVerfGG zu lesen – dieser ist nämlich (anders als Art. 93 GG!) vollständig. Dann findet sich auch schnell die Wahlprüfungsbeschwerde nach § 13 Nr. 3 BVerfGG, und das Inhaltsverzeichnis des BVerfGG zeigt, dass nähere Regelungen zu „Verfahren in den Fällen des § 13 Nr. 3" in § 48 BVerfGG aufgeführt sind.

Hinweise zum Europarecht: Das Wahlrecht für die Europawahl beruht auf dem Zusammenspiel unionsrechtlicher Vorgaben und einer Ausfüllung durch die Mitgliedstaaten, in Deutschland beispielsweise durch das Europawahlgesetz (EuWG).[8] Das führt dazu, dass Deutschland sich etwa für den Einsatz von Wahlcomputern für die Europawahl (§ 17 EuWG) entscheiden darf.[9]
Die 751 Abgeordneten des Europäischen Parlaments werden von den ca. 500 Mio. Unionsbürgern nach nationalen Kontingenten[10] in einer allgemeinen, unmittelbaren,

---

[5] Für eine ausführlichere Darstellung der verfassungsprozessualen Aspekte der hier einschlägigen Wahlprüfungsbeschwerde vgl. *Ortmann*, Probleme der Wahlprüfungsbeschwerde nach § 48 BVerfGG, ThürVBl. 2006, 169.

[6] Dazu schon oben S. 88.

[7] Allerdings wäre eine Verfassungsbeschwerde im konkreten Fall unzulässig, da H (Wähler in Baden-Württemberg) vom Einsatz der Wahlcomputer nicht selbst betroffen und damit schon nicht beschwerdebefugt ist. Zum Verhältnis von Wahlprüfungsbeschwerde und Verfassungsbeschwerde in anderen Konstellationen vgl. näher *Ortmann*, Probleme der Wahlprüfungsbeschwerde nach § 48 BVerfGG, ThürVBl. 2006, 169 (172 ff.).

[8] Dazu weiter *Frenz*, Handbuch Europa-Recht, Bd. 6: Institutionen und Politiken, 2011, Kapitel 2 Europäisches Parlament, § 2 Wahl und Zusammensetzung, S. 167 ff. Zu beachten ist, dass das BVerfG jüngst die Verfassungswidrigkeit und Nichtigkeit der Fünf-Prozent-Sperrklausel bei der Europawahl (§ 2 VII EuWG a. F.) erklärt hat, s. Urteil des Zweiten Senats vom 9.11.2011, - 2 BvC 4/10 -u.a., online verfügbar unter http://www.bverfg.de/entscheidungen/cs20111109_2bvc000410.html (zuletzt abgerufen am 25.11.2011).

[9] Vgl. die Vorgaben aus BVerfGE 123, 39 (39 f.) – Wahlcomputer.

[10] Deutschland als dem bevölkerungsreichsten Land der EU steht nach dem Vertrag von Lissabon das Maximalkontingent von 96 Abgeordneten zu.

freien und geheimen Wahl für eine Amtszeit von fünf Jahren[11] gewählt (Art. 14 Abs. 3 EUV). Im Vergleich zu den Wahlrechtsgrundsätzen des Art. 38 I 1 GG wird allerdings keine *gleiche* Wahl normiert, sondern im Gegenteil eine sog. degressiv proportionale Vertretung der Unionsbürger angeordnet (Art. 14 Abs. 2 UAbs. 1 S. 3 EUV). Degressiv proportional (also abfallend verhältnismäßig) bedeutet:[12] Einerseits besteht ein Verhältnis (Proportionalität) zwischen der Einwohnerzahl eines Landes und der Zahl der aus diesem Land entsandten Vertreter; andererseits ist dieses Verhältnis nicht linear (etwa: jeweils 400.000 Einwohner = 1 Abgeordneter), sondern wirkt sich abfallend (degressiv) zulasten einwohnerreicher Länder aus (etwa: 400.000 Einwohner = 1 Abgeordneter, 4.000.000 = 8 [statt 10] Abgeordnete). Dies führt dazu, dass beispielsweise einer in Malta abgegebenen Stimme ein ungefähr zwölffach höheres Gewicht zukommt als einer in Deutschland abgegebenen.[13] Dieses Verfahren dient dazu, dass auf der einen Seite jeder Mitgliedstaat mehrere Vertreter (mindestens sechs) in das Europäische Parlament entsenden kann und auf der anderen Seite dessen Größe auf ein vernünftiges Maß beschränkt ist.

Vgl. zu alledem weiter: *Haratsch* et al., Europarecht, 7. Aufl. 2010, Rn. 209 ff. und die Kommentierungen zu Art. 14 Abs. 2, 3 EUV, Art. 223 Abs. 1 AEUV.

Obiter dictum: Prof. Dr. Dr. h. c. mult. *Walter Hallstein* (1901-1982) war ein deutscher (Wirtschafts-)Rechtswissenschaftler und Politiker (CDU).[14] Von Bundeskanzler *Adenauer* 1951 zum Staatssekretär des Auswärtigen Amts berufen, war er in dieser Funktion maßgeblich an der Erarbeitung der sog. Hallstein-Doktrin beteiligt, mittels derer die Bundesrepublik andere Staaten vor der Aufnahme diplomatischer Beziehungen mit der Deutschen Demokratischen Republik (DDR) warnte.[15] 1957 wurde *Hallstein* zum ersten Präsidenten der Kommission der neu gegründeten Europäischen Wirtschaftsgemeinschaft (EWG) berufen und übte dieses Amt von 1958 bis 1967 aus. Auch sein theoretisches Wirken hat teilweise bis heute Bedeutung, etwa sein Buch „Der unvollendete Bundesstaat" (1969)[16] und die zentrale Konzeption der (heutigen) EU als „Rechtsgemeinschaft"[17].

---

[11] Die Wahlperiode eines Bundestages beträgt demgegenüber vier Jahre, Art. 39 I 1 GG.
[12] Dazu weiter *Hölscheidt*, in: Grabitz et al. (Hrsg.), Das Recht der Europäischen Union, Loseblatt, Stand: Juli 2010, Art. 14 EUV, Rn. 43 ff.
[13] Dazu weiter BVerfGE 123, 267 (370 ff.) – Lissabon.
[14] Quellen und weiterführende Hinweise: *M. Kilian*, Walter Hallstein: Jurist und Europäer, JöR n. F. Bd. 53 (2005), 369 ff.; *Pernice*, Walter Hallstein – Erbe und Verpflichtung, in: Zuleeg (Hrsg.), Der Beitrag Walter Hallsteins zur Zukunft Europas – Referate zu Ehren von Walter Hallstein, 2003, S. 110 ff.; *Ramonat*, Rationalist und Wegbereiter: Walter Hallstein, in: Jansen/Mahncke (Hrsg.), Persönlichkeiten der Europäischen Integration – Vierzehn biographische Essays, 1981, S. 337 ff.; Loth et al. (Hrsg.), Walter Hallstein – Der vergessene Europäer?, 1995; mit Schwerpunkt auf *Hallsteins* wissenschaftlichem Wirken: *Kübler*, Walter Hallstein, in: Diestelkamp/Stolleis (Hrsg.), Juristen an der Universität Frankfurt am Main, 1989, S. 268 ff. Weitere Hinweise und Dokumente finden sich unter http://www.whi-berlin.eu/hallenstein-archiv.html (zuletzt abgerufen am 6.9.2011).
[15] Dazu ausführlich *W. Kilian*, Die Hallstein-Doktrin – Der diplomatische Krieg zwischen der BRD und der DDR 1955-1973, 2001, passim, zur Entstehung S. 13 ff.
[16] In späteren Auflagen „Die Europäische Gemeinschaft" betitelt, dazu *M. Kilian*, Walter Hallstein: Jurist und Europäer, JöR n. F. Bd. 53 (2005), 369 (376).
[17] Dazu *Pernice*, Der Beitrag Walter Hallsteins zur Zukunft Europas – Begründung und Konsolidierung der Europäischen Gemeinschaft als Rechtsgemeinschaft, in: Zuleeg (Hrsg.), Der Beitrag Walter Hallsteins zur Zukunft Europas – Referate zu Ehren von Walter Hallstein, 2003, S. 56 ff. und online als WHI Paper 09/01 unter http://www.whi-berlin.eu/documents/whi-paper0901.pdf (zuletzt abgerufen am 6.9.2011).

Nach diesem visionären Europäer wurde das 1997 gegründete Walter Hallstein-Institut für Europäisches Verfassungsrecht (WHI) an der Juristischen Fakultät der Humboldt-Universität zu Berlin benannt (www.whi-berlin.eu).

Lösungsskizze

OS: Beschwerde hat Erfolg, wenn sie zulässig und begründet ist

A. Zulässigkeit
  I. Statthafte Verfahrensart und Zuständigkeit des BVerfG
     - Begehr: Prüfung der Wahl
       o möglich: Verfassungsbeschwerde nach Art. 93 I Nr. 4a, §§ 13 Nr. 8a, 90 ff. BVerfGG, da Art. 38 GG zu den beschwerdefähigen Rechten gehört
       o aber: Wahlprüfungsbeschwerde vor dem BVerfG gem. Art. 41 II, III GG i. V. m. §§ 13 Nr. 3, 48 BVerfGG ist jdf. die speziellere Verfahrensart, damit hier statthaft
     - statthaft nur gegen Beschluss des Bundestages, Art. 41 II, III GG i. V. m. §§ 13 Nr. 3, 48 I 1. Hs. BVerfGG: Beschluss vom 13.9.2012: (+)
     - BVerfG-Zuständigkeit für Wahlprüfungsbeschwerde: Art. 41 II GG, § 13 Nr. 3 BVerfGG
  II. Beschwerdeberechtigung
     - § 48 I 1. Hs. BVerfGG
     - Beschwerdeführer:
       o P: H hat in baden-württembergischem Wahlbezirk abgestimmt, ist somit von Wahlcomputern nicht selbst betroffen
       o Auslegung Wortlaut: jeder Wahl*berechtigte*, keine potenzielle Betroffenheit nötig; damit: (+)
     - Einspruch des Beschwerdeführers verworfen, § 48 I 1. Hs. BVerfGG? BT-Beschluss: 13.9.2012: (+)
     - formgerechter Beitritt (§ 48 II BVerfGG) von mind. 100 weiteren Wahlberechtigten, § 48 I 1. Hs. BVerfGG? 512 Wahlberechtigte formgerecht beigetreten, d. h. (+)
     - ZwE: Beschwerdeberechtigung (+)
  III. Beschwerdegegenstand und Beschwerdeumfang
     - zurückweisender BT-Beschluss, § 48 I 1. Hs. BVerfGG, daher Begrenzung auf die Beanstandungen aus dem Einspruchsverfahren: BT-Beschluss vom 13.9.2012: (+)
  IV. Beschwerdeform
     - schriftlich, Angabe der Beweismittel und hinreichend substantiierte Darlegung des schon im Einspruchsverfahren behaupteten Wahlfehlers: §§ 23 I 1, 2, 48 I 2. Hs. BVerfGG (+)
  V. Beschwerdefrist
     - § 48 I 1. Hs. BVerfGG
     - maßgeblicher Zeitpunkt: BT-Beschluss vom 13.9.2012
     - Beginn der Wahlbeschwerdefrist: § 187 I BGB analog: 14.9.2012
     - Ablauf der Zwei-Monats-Frist gem. § 188 II BGB analog: 13.11.2012
     → Beschwerde vom 29.9.2012 = fristgemäß
  VI. Klarstellungsinteresse
     - noch laufende Legislaturperiode: (+)
     - andere Zweifel am öffentlichen Interesse: (-)
  VII. Zwischenergebnis
     - Wahlprüfungsbeschwerde zulässig

B. Begründetheit

OS: Erfolg, wenn BT-Beschluss vom 13.9.2012 rechtswidrig
Prüfungsumfang und -maßstab: Prüfung des angegriffenen BT-Beschlusses in formeller und materieller Hinsicht
  - keine Bedenken gegen Beschluss in formeller Hinsicht geltend gemacht

- Prüfung in materieller Hinsicht hinsichtlich Vereinbarkeit mit gesamtem Wahlrecht inkl. Verfassungsrecht
I. Vereinbarkeit des Bundestagsbeschlusses mit einfachem Recht
   - Einsatz von Wahlcomputern am 13.5.2012 mit § 35a BWahlG vereinbar
   → Beschluss mit einfachem Recht vereinbar
II. Vereinbarkeit des Bundestagsbeschlusses mit Verfassungsrecht
   - § 35a BWahlG verfassungsmäßig?
   - fraglich: Verfassungsvorgaben mit Relevanz für Wahlcomputer
   1. Geheimheit der Wahl
      - Art. 38 I 1 GG
      - Def: Stimmabgabe darf keinem bekannt werden
      - Subs: keine Programmierung der nach § 35a BWahlG zugelassenen Wahlcomputer in einer Form, dass Stimmabgabe Wähler zugewiesen werden kann; derartige Manipulation auch nicht ersichtlich
      → keine Verletzung der Geheimheit der Wahl
   2. Unmittelbarkeit der Wahl
      - Art. 38 I 1 GG
      - Def: Verbot einer Instanz, die sich zwischen Wähler und Wahlbewerber nach Wahlhandlung schiebt, die Abgeordneten nach ihrem Ermessen auswählt und damit einzelnen Wähler die Möglichkeit nimmt, die zukünftigen Abgeordneten durch die Stimmabgabe selbsttätig zu bestimmen
      - Subs:
        o Software tritt grundsätzlich nicht zwischen Stimmabgabe und Stimmzuordnung
        o aber: manipulierte/fehlerhafte Software würde zwischen Stimmabgabe und -zuordnung treten, damit die Unmittelbarkeit verletzen, dafür liegen aber keine Anhaltspunkte vor; P: bloße Möglichkeit derartiger Software ist keine Frage der Unmittelbarkeit, sondern fragt nach Kontrollierbarkeit der Stimmzuordnung
      → keine Verletzung der Unmittelbarkeit der Wahl
   3. Öffentlichkeit der Wahl
      a) Verfassungsrechtliche Maßstäbe
         - P: Def/rechtlichen Maßstab gewinnen
           o Art. 20 II 2 GG: Wahlen als Ausdruck der Volkssouveränität (Art. 20 II 1 GG); enge Verknüpfung mit Art. 38 GG
           o ebenso möglicherweise hilfreich: Prinzipien der Republik (vgl. Art. 20 I GG) und des Rechtsstaats (vgl. Art. 20 II 2 GG)
         → Art. 38 GG i. V. m. Prinzipien von Demokratie, Republik, Rechtsstaat führen möglicherweise zu ungeschriebenem Wahlrechtsgrundsatz der Öffentlichkeit der Wahl
         aa) Demokratie
            - Kontrolle, um Vertrauen des Souveräns zu legitimieren
         bb) Republik
            - Kontrolle durch die Bürger selbst, nicht nur durch Spezialisten
         cc) Rechtsstaat
            - Öffentlichkeit, Transparenz
      b) Zwischenergebnis: Verfassungsanforderungen an die Öffentlichkeit der Wahl
         - Def-Ergebnis: verfassungsrechtlich geboten: Wahlverfahren, in dem Wähler zuverlässig nachvollziehen kann, ob seine Stimme unverfälscht erfasst und in die Ermittlung des Wahlergebnisses einbezogen ist, und wie die insgesamt abgegebenen Stimmen zugeordnet und gezählt werden
      c) Prüfung von § 35a BWahlG mit Blick auf die Öffentlichkeit der Wahl
         - Maßstab: Grenzen des gesetzgeberischen Entscheidungsspielraums
         - Stimmabgabe nur auf Chip
         - Ausdruck der Chipdaten ist nicht die ursprüngliche Willensabgabe
         - Manipulationsgefahr des Chips
         - dagegen: Chips sind versiegelt und verschlossen

- aber: Kontrolle nicht für jedermann ohne Weiteres möglich; keine transparente Überprüfung
→ Beeinträchtigung des Grundsatzes der Öffentlichkeit der Wahl
  d) Rechtfertigung
     - Ausnahme von der Öffentlichkeit der Wahl wegen schnellstmöglich benötigtem Ergebnis?
       o pro: Art. 39 II GG
       o contra: aber nicht sofort nach der Wahl benötigt, sondern gem. Art. 39 II GG nur so schnell, dass BT am dreißigsten Tage zusammentreten kann, Erfüllung von Art. 39 II GG auch mit konventionellen Methoden kein Problem
     - Rechtfertigung wegen Versiegelung und Verschluss der Wahlcomputer?
       o contra: nicht geeignet, Kontrollierbarkeit (z.B. von Fehleranfälligkeit) zu gewährleisten
  e) Zwischenergebnis
     - gesetzgeberischer Entscheidungsspielraum überschritten; § 35a BWahlG = verfassungswidriger Einsatz von Wahlcomputern
     - damit haben auch Wahlcomputer, die am 13.5.2012 eingesetzt worden sind, nicht der Verfassung entsprochen

III. Folgen des verfassungswidrigen Einsatzes von Wahlcomputern
  - Verletzung des Grundsatzes der Öffentlichkeit der Wahl
  - aber: Abwägung von Bestandsschutz des Bundestages mit Auswirkung des Wahlfehlers
  - Mandatsrelevanz: schonendste Lösung; hier: Wahlcomputer nur in einigen Bezirken; kein Verdacht auf Manipulation
  → keine Auflösung des BT

C. Ergebnis

Wahlprüfungsbeschwerde als zulässig, aber unbegründet zurückzuweisen, hat damit keinen Erfolg

Lösungsvorschlag

Die Beschwerde des H hat Erfolg, wenn sie zulässig und begründet ist.

A. Zulässigkeit

I. Statthafte Verfahrensart und Zuständigkeit des BVerfG

H begehrt eine Überprüfung der Verfassungsmäßigkeit des Wahlcomputereinsatzes am 13.5.2012. Statthafte Verfahrensart hierfür könnte die Verfassungsbeschwerde nach Art. 93 I Nr. 4a GG, §§ 13 Nr. 8a, 90 ff. BVerfGG sein, da dort Art. 38 GG als verfassungsbeschwerdefähiges (grundrechtsgleiches) Recht aufgeführt ist. Für die Wahlprüfung sind gem. Art. 41 GG jedoch spezielle Kontrollverfahren vorgesehen. Nach Art. 41 I 1 GG kontrolliert zunächst der Bundestag die Gültigkeit der Wahl, wobei dessen Beschluss wiederum mittels einer Wahlprüfungsbeschwerde vor dem BVerfG überprüft werden kann gem. Art. 41 II, III GG i. V. m. §§ 13 Nr. 3, 48 BVerfGG. Die Wahlprüfungsbeschwerde entspricht damit dem Begehren des H und ist gegenüber der Verfassungsbeschwerde das speziellere Verfahren, damit statthafte Verfahrensart.

Eine Wahlprüfungsbeschwerde ist gem. Art. 41 II, III GG i. V. m. §§ 13 Nr. 3, 48 I 1. Hs. BVerfGG nur gegen die Entscheidung des Bundestages i. S. v. § 13 I 1 WahlprüfG statthaft.[18] Der Bundestag hat am 13.9.2012 einen Beschluss gem. § 13 I 1 WahlprüfG gefasst, also eine Entscheidung i. S. v. Art. 41 II GG getroffen. Hiergegen ist eine Wahlprüfungsbeschwerde statthaft, für die das BVerfG gem. Art. 41 II, III GG i. V. m. § 13 Nr. 3 BVerfGG zuständig ist.

II. Beschwerdeberechtigung

Beschwerdeführer kann gem. § 48 I 1. Hs. BVerfGG ein Wahlberechtigter sein, dessen Einspruch vom Bundestag verworfen worden ist, wenn ihm mindestens einhundert Wahlberechtigte beitreten.

Fraglich ist, ob H aber überhaupt Beschwerdeführer sein kann. Er hat nämlich in einem baden-württembergischen Wahlbezirk gewählt, in dem Wahlcomputer gar nicht zum Einsatz gekommen sind. Damit ist von vornherein ausgeschlossen, dass ein subjektives (Wahl-)Recht des H verletzt worden sein könnte. Nach dem Wortsinn von § 48 I 1. Hs. BVerfGG darf allerdings *jeder* Wahl*berechtigte* Beschwerde erheben. Auf eine mögliche Rechtsverletzung kommt es daher nicht an.[19] Es ist davon auszugehen, dass H wahlberechtigt ist; somit kann er auch Beschwerde führen.

---

[18] *Ortmann*, Probleme der Wahlprüfungsbeschwerde nach § 48 BVerfGG, ThürVBl. 2006, 169 (174). Konsequenterweise überprüft das BVerfG auch nicht die Wahl direkt, sondern nur indirekt über die Kontrolle des Bundestagsbeschlusses.

[19] Vgl. auch *Aderhold*, in: Umbach et. al. (Hrsg.), BVerfGG-Mitarbeiterkommentar, 2. Aufl. 2005, § 48, Rn. 25 und *Ortmann*, Probleme der Wahlprüfungsbeschwerde nach § 48 BVerfGG, ThürVBl. 2006, 169 (176 f.): selbst der Nichtwähler könnte (Einspruch und) Wahlprüfungsbeschwerde einlegen.

§ 48 I 1. Hs. BVerfGG setzt zudem voraus, dass der Beschwerdeführer beim Bundestag Einspruch gegen die Wahl eingelegt hat, und der Bundestag diesen Einspruch verworfen hat;[20] „verworfen" meint dabei eine Endentscheidung des Plenums.[21]

H hat am 4.6.2012 Einspruch eingelegt. Das Bundestagsplenum hat am 13.9.2012 seinen Einspruch zurückgewiesen[22], also verworfen i. S. d. § 48 I 1. Hs. BVerfGG.

Es sind auch 512 weitere Wahlberechtigte, also mehr als die von § 48 I 1. Hs. BVerfGG geforderten einhundert, der Beschwerde formgerecht (§ 48 II BVerfGG) beigetreten.[23]

H ist damit berechtigt Wahlprüfungsbeschwerde zu führen.

III. Beschwerdegegenstand und Beschwerdeumfang

Beschwerdegegenstand einer Wahlprüfungsbeschwerde ist der Beschluss des Bundestages, der den Einspruch zurückweist. Beschwerdegegenstand ist daher der zurückweisende (vgl. A. II.) Bundestagsbeschluss vom 13.9.2012.

Der Beschwerdeumfang ist dabei sachlich auf diejenigen Beanstandungen beschränkt, die der Einspruchsführer im Einspruchsverfahren vor dem Bundestag geltend gemacht hat.[24] Sachlich beanstandet H im Schriftsatz an das BVerfG denselben Wahlfehler wie in seinem Einspruch beim Bundestag. Ein unzulässiges Nachschieben von Gründen, die außerhalb des Beschwerdeumfangs liegen würden, liegt damit nicht vor.[25] Das Vorbringen des H kann damit vollumfänglich geprüft werden.

Die Frage nach einer persönlichen Betroffenheit wäre ohnehin eine Frage der „Beschwerdebefugnis" und nicht der Beschwerdeberechtigung (Beteiligtenfähigkeit). Eine Beschwerdebefugnis (mögliche Rechtsverletzung) ist innerhalb einer Wahlprüfungsbeschwerde jedoch gerade nicht zu prüfen, da § 48 I 1. Hs. BVerfGG dies nicht fordert. Die Wahlprüfungsbeschwerde hat somit (insb. nach dem BVerfG) objektiven Charakter, stellt also kein subjektives Rechtsschutzverfahren dar; dazu und zu Konsequenzen *Ortmann*, Probleme der Wahlprüfungsbeschwerde nach § 48 BVerfGG, ThürVBl. 2006, 169 (172 ff., 176 f.).

20 Hierin liegt auch der Unterschied zur Statthaftigkeit (oben I.): dort genügt das Bestehen eines Beschlusses des Bundestags, hier kann nur derjenige Beschwerdeführer sein, *dessen eigener* Einspruch zurückgewiesen worden ist. Zur notwendigen Personenidentität von Einspruchsführer und Beschwerdeführer s. auch den Beschluss des Zweiten Senats des BVerfG vom 12.4.2011, - 2 BvC 12/10 -, Rn. 4 ff., online verfügbar unter http://www.bverfg.de/entscheidungen/cs20110412_2bvc001210.html (zuletzt abgerufen am 6.2.2012).

21 *Aderhold*, in: Umbach et. al. (Hrsg.), BVerfGG-Mitarbeiterkommentar, 2. Aufl. 2005, § 48, Rn. 19, m. w. N.

22 Zu den Termini: Nach seiner Diktion *verwirft* der Bundestag unzulässige und unbegründete Einsprüche nicht, sondern *weist* sie *zurück* (vgl. etwa BT-Drucks. 17/4600, S. 1 und § 19 I 1 WahlprüfG).

23 Zur praktischen Bedeutung und der Verfassungsmäßigkeit des Beitrittserfordernisses *Ortmann*, Probleme der Wahlprüfungsbeschwerde nach § 48 BVerfGG, ThürVBl. 2006, 169 (175 f.).

24 Vgl. *Ortmann*, Probleme der Wahlprüfungsbeschwerde nach § 48 BVerfGG, ThürVBl. 2006, 169 (177).

25 Vgl. dazu *Ortmann*, Probleme der Wahlprüfungsbeschwerde nach § 48 BVerfGG, ThürVBl. 2006, 169 (177).

IV. Beschwerdeform

H hat die Beschwerde schriftlich eingereicht, den behaupteten Wahlfehler hinreichend substantiiert begründet[26] und die erforderlichen Beweismittel angegeben, damit die Formvorschriften der §§ 23 I 1, 2, 48 I 2. Hs. BVerfGG gewahrt.[27] Der Antrag erfolgte damit formgerecht.

V. Beschwerdefrist

Die Beschwerde muss zur Fristwahrung gem. § 48 I 1. Hs. BVerfGG innerhalb von zwei Monaten seit der Beschlussfassung des Bundestages erhoben worden sein.

Der Bundestag hat am 13.9.2012 den Einspruch des H zurückgewiesen. Die Frist läuft somit gem. § 187 I BGB analog ab dem 14.9.2012 und endet gem. § 48 I 1. Hs. BVerfGG i. V. m. § 188 II BGB analog am 13.11.2012. H hat die Beschwerde am 29.9.2012 also fristgemäß erhoben.

VI. Klarstellungsinteresse

H greift den Beschluss eines Bundestages an, dessen Legislaturperiode noch nicht beendet ist. Die Beschwerde ist also nicht gegenstandslos geworden. Es sind auch keine anderen Gründe erkennbar, die das öffentliche Interesse entfallen lassen würde.[28] Damit besteht ein objektives Klarstellungsinteresse an der Wahlprüfungsbeschwerde.

VII. Zwischenergebnis

Die Wahlprüfungsbeschwerde des H ist somit zulässig.

B. Begründetheit

Die Wahlprüfungsbeschwerde wird Erfolg haben, wenn der Beschluss des Bundestages vom 13.9.2012 rechtswidrig war.[29]

Im Rahmen des Beschwerdeverfahrens überprüft das Bundesverfassungsgericht den angegriffenen Beschluss des Deutschen Bundestages in formeller[30] *und mate-*

---

[26] Dazu näher *Hillgruber/Goos*, Verfassungsprozessrecht, 3. Aufl. 2011, Rn. 773, m. w. N.; *Ortmann*, Probleme der Wahlprüfungsbeschwerde nach § 48 BVerfGG, ThürVBl. 2006, 169 (177 f.). Hier können durchaus weitere Ausführungen erfolgen, allerdings sind die Klausuranforderungen an das substantiierte Vorbringen allgemein niedrig.

[27] Das Formerfordernis des § 48 II BVerfGG bezieht sich auf die Beitrittserklärungen, ist also im Rahmen der Beschwerdeberechtigung zu prüfen.

[28] Dazu näher *Aderhold*, in: Umbach et. al. (Hrsg.), BVerfGG-Mitarbeiterkommentar, 2. Aufl. 2005, § 48, Rn. 35 f.; *Hillgruber/Goos*, Verfassungsprozessrecht, 3. Aufl. 2011, Rn. 778.

[29] Nochmals, da wichtig: Die Wahl wird nur indirekt über die Rechtskontrolle des Bundestagsbeschlusses über den Einspruch kontrolliert.

[30] Also Fragen von Zuständigkeit, Verfahren und Form des Beschlusses.

rieller Hinsicht.[31] Allerdings können Verfahrensfehler nur dann beachtlich sein, *wenn sie wesentlich sind und [der Beschluss-]Entscheidung die Grundlage entziehen.*[32]

H macht keine formellen Fehler des Bundestagsbeschlusses geltend. Das BVerfG prüft den Beschluss also nur in materieller Hinsicht, d. h. auf seine Vereinbarkeit mit dem gesamten Wahlrecht einschließlich des Verfassungsrechts.[33]

I. Vereinbarkeit des Bundestagsbeschlusses mit einfachem Recht

Der Einsatz von Wahlcomputern am 13.5.2012 ist in Übereinstimmung mit § 35a BWahlG erfolgt; weitere einfachrechtliche Bedenken sind nicht ersichtlich. Der Bundestagsbeschluss ist insoweit rechtmäßig.

II. Vereinbarkeit des Bundestagsbeschlusses mit Verfassungsrecht

Fraglich ist, ob die Bestimmung des Einsatzes bestimmter Wahlcomputer nach § 35a BWahlG verfassungsmäßig ist. *Das Bundesverfassungsgericht hat [nämlich] im Rahmen einer Wahlprüfungsbeschwerde [...] nicht nur die Einhaltung der Vorschriften des Bundeswahlrechts durch die zuständigen Wahlorgane und den Deutschen Bundestag zu gewährleisten, sondern prüft auch, ob die Vorschriften des Bundeswahlgesetzes mit den Vorgaben der Verfassung in Einklang stehen.*[34]

Fraglich ist, welche Verfassungsvorgaben für den Einsatz von Wahlcomputern bestehen.[35]

1. Geheimheit der Wahl

Der Einsatz von Wahlcomputern könnte den Grundsatz der Geheimheit der Wahl gem. Art. 38 I 1 GG verletzen.[36] Danach darf die Stimmabgabe des Wählers keinem anderen bekannt werden.[37] Dieser Grundsatz wäre möglicherweise verletzt, wenn die Person des Wählers mit der im Wahlcomputer als Datensatz gespeicherten Stimmabgabe in Verbindung gebracht werden könnte und damit keine Anonymität hinsichtlich der abgegebenen Stimme bestünde. Eine derartige Program-

---

[31] BVerfGE 123, 39 (65) – Wahlcomputer. Kurz und umfassend zur verfassungsgerichtlichen Prüfung in materieller Hinsicht: BVerfGE 122, 304 (307) – Wahlprüfungsbeschwerde nach Bundestagsauflösung.

[32] BVerfGE 123, 39 (65, m. w. N.). Zu dieser hohen Hürde weiter *Ortmann*, Probleme der Wahlprüfungsbeschwerde nach § 48 BVerfGG, ThürVBl. 2006, 169 (177).

[33] Vgl. BVerfGE 123, 39 (68). Wie immer ist zu Beginn der Begründetheitsprüfung der Prüfungsmaßstab zu nennen. Das ist bei der Wahlprüfungsbeschwerde deshalb wichtig, weil das BVerfG hier (ausnahmsweise) auch am Maßstab von *einfachem* Recht (BWahlG, BWahlO) prüft, also nicht nur (wie sonst regelmäßig) anhand des GG.

[34] BVerfGE 123, 39 (68).

[35] Eine gelungene Klausurbearbeitung muss sich gleichsam normativ „vortasten": Zunächst sind ausdrückliche Bestimmungen heranzuziehen; erst wenn diese zu keinem tragfähigen Ergebnis führen, sind weitere verfassungsrechtliche Prinzipien miteinzubeziehen.

[36] Das BVerfG führt zu einer möglichen Verletzung der Geheimheit der Wahl nichts aus.

[37] *Achterberg/Schulte*, in: v. Mangoldt/Klein/Starck (Hrsg.), GG, Bd. 2, 6. Aufl. 2010, Art. 38, Rn. 151.

mierung liegt dem nach § 35a BWahlG eingesetzten Wahlcomputer jedoch nicht zugrunde. Es ist auch nicht ersichtlich, dass die Software in dieser Weise manipuliert werden kann.

Der Einsatz der Wahlcomputer am 13.5.2012 hat folglich nicht gegen den Grundsatz der geheimen Wahl verstoßen.

2. Unmittelbarkeit der Wahl

Weiter könnte der Einsatz von Wahlcomputern den Grundsatz der Unmittelbarkeit der Wahl verletzen, wie er in Art. 38 I 1 GG garantiert wird.[38] Danach ist jedes Wahlverfahren ausgeschlossen, *bei dem sich zwischen Wähler und Wahlbewerber nach der Wahlhandlung eine Instanz einschiebt, die nach ihrem Ermessen die Abgeordneten auswählt und damit dem einzelnen Wähler die Möglichkeit nimmt, die zukünftigen Abgeordneten durch die Stimmabgabe selbsttätig zu bestimmen*[39].

Wahlcomputer des eingesetzten Typs halten grundsätzlich die Stimmabgabe lediglich so fest wie es dem Willen des Wählers entspricht. Folglich tritt grundsätzlich keine (durch Menschen in bestimmter Weise programmierte) Software zwischen Stimmabgabe und Auswahlentscheidung. Der Wahlcomputer dient hier nur als Speichermedium. In diesem Fall ist die Unmittelbarkeit der Wahl nicht verletzt.

Fraglich ist, ob sich im Fall einer Manipulation oder eines schlichten Fehlers der Software etwas ändert. Denkbar wäre, dass eine Stimme nicht der Kandidatin bzw. nicht der Partei zugerechnet wird, für die sie der Wähler abgegeben hat, sondern aufgrund der manipulierten bzw. fehlerhaften Programmierung einer anderen Kandidatin bzw. einer anderen Partei. Die Gewährleistung der Unmittelbarkeit kann allerdings nicht nur bedeuten, dass keine *bewusste* Entscheidung zwischen Stimmabgabe und Stimmenwertung treten darf (wie bei einer Wahlpersonenversammlung oder einer manipulierten Programmierung), sondern sie schützt auch vor einem Verfahren, das aufgrund eines technischen Fehlers Stimmen anders zuordnet als vom Wähler intendiert.[40]

Wären bei der Wahl vom 13.5.2012 also Wahlcomputer mit fehlerhafter oder manipulierter Programmierung eingesetzt worden, würde dies gegen den Grundsatz der Unmittelbarkeit der Wahl verstoßen. Es liegen aber keine Anhaltspunkte dafür vor, dass derartige Computer tatsächlich verwendet worden sind. Das Problem der *Möglichkeit* einer manipulierten bzw. fehlerhaften Programmierung ist jedoch nicht eines der Unmittelbarkeit der Wahl, sondern der Kontrollierbarkeit der Stimmerfassung.

Der Einsatz der Wahlcomputer am 13.5.2012 hat folglich nicht gegen den Grundsatz der Unmittelbarkeit der Wahl verstoßen.

---

[38] Das BVerfG führt zu einer möglichen Verletzung der Unmittelbarkeit der Wahl nichts aus.
[39] Etwa BVerfGE 7, 63 (68 f.) – Listenwahl; m. w. N. *Achterberg/Schulte*, in: v. Mangoldt/Klein/Starck (Hrsg.), GG, Bd. 2, 6. Aufl. 2010, Art. 38, Rn. 123.
[40] Vgl. BVerfGE 121, 266 (307 f.) – negatives Stimmgewicht.

3. Öffentlichkeit der Wahl

Verfassungsrechtliche Vorgaben zur Kontrollmöglichkeit der Stimmerfassung finden sich nicht ausdrücklich im GG. Es sind aber weitere Verfassungsnormen darauf zu überprüfen, ob sie diesbezüglich eine implizite Aussage treffen, und ggf. ob § 35a BWahlG diesen Anforderungen genügt.

a) Verfassungsrechtliche Maßstäbe

Fraglich ist zunächst, welche verfassungsrechtlichen Maßgaben für die Kontrollmöglichkeit bestehen. Art. 20 II 2 GG normiert, dass die Wahl eine der Formen ist, in der sich die Volkssouveränität (Art. 20 II 1 GG) ausdrückt. Damit wird die enge Verknüpfung bestimmter Staatsstrukturentscheidungen des Art. 20 GG mit Art. 38 GG deutlich. Verfassungsrechtliche Grundentscheidungen des Art. 20 GG, nämlich das Demokratieprinzip (vgl. Art. 20 I GG), die Staatsform der Republik (vgl. Art. 20 I GG: Bundes*republik*) und das Rechtsstaatsprinzip (vgl. Art. 20 II 2[41] GG) i. V. m. der Ausgestaltung der Wahl in Art. 38 GG führen möglicherweise zur Anerkennung eines weiteren, ungeschriebenen Wahlrechtsgrundsatzes[42], nämlich des **Grundsatzes der Öffentlichkeit der Wahl**.[43] Fraglich ist daher, ob Demokratie-, Republik- und Rechtsstaatsprinzip[44] die Öffentlichkeit der Wahl fordern und welchen Gehalt dieser Grundsatz dann aufweisen müsste.[45]

aa) Demokratie

Die Wahl der Volksvertretung stellt in der repräsentativen Demokratie den grundlegenden Legitimationsakt dar. [...] Die demokratische Legitimität der Wahl verlangt nach Kontrollierbarkeit des Wahlvorgangs, damit Manipulation ausgeschlossen oder korrigiert und unberechtigter Verdacht widerlegt werden kann. Nur dies ermöglicht begründetes Vertrauen des Souveräns in die Ordnungsmäßigkeit der Bildung des Repräsentationsorgans. [...] Nur wenn sich das Wahlvolk zu-

---

[41] Ein weiteres Rechtsstaatsprinzip, das jedoch für den Grundsatz der Öffentlichkeit der Wahl keine Relevanz hat, findet sich in Art. 20 III GG (Verfassungs- und Gesetzesbindung).

[42] Vgl. BVerfGE 123, 39 (68).

[43] Eine Prüfung mit Blick auf das Bundesstaatsprinzip scheidet von vornherein aus: zwar sind die Wahlcomputer nur in manchen Ländern eingesetzt worden, dies weist aber keinen Bezug zur Kontrollierbarkeit des Wahlergebnisses auf.

[44] *Achterberg/Schulte*, in: v. Mangoldt/Klein/Starck (Hrsg.), GG, Bd. 2, 6. Aufl. 2010, Bd. 2, Art. 38, Rn. 154.

[45] Der Grundsatz der Öffentlichkeit der Wahl kann nicht etwa aus § 31 S. 1 BWahlG hergeleitet werden: erstens ist dort nur von der Öffentlichkeit der Wahlhandlung die Rede, während der Grundsatz der Öffentlichkeit in dem hier interessierenden Sinne umfassend ist und insb. die Kontrollierbarkeit des Ergebnisses umfasst; zweitens und viel wichtiger können Verfassungsbestimmungen, um die es hier geht, nicht aus dem einfachen Recht abgeleitet werden (beachte allerdings die differenzierteren Ausführung in Klausur 5: Hans im Pech, S. 277) – Art. 38 III GG darf dabei nicht etwa dahingehend missverstanden werden, dass das BWahlG dadurch am Verfassungsrang teilnimmt. Solche Vorschriften „Das Nähere bestimmt ein Bundesgesetz." sind reine Kompetenzzuweisung an den Bund, ein darauf begründetes Bundesgesetz hat lediglich den Rang eines einfachen Gesetzes.

verlässig selbst von der Rechtmäßigkeit des Übertragungsaktes überzeugen kann, wenn die Wahl also „vor den Augen der Öffentlichkeit"[...] durchgeführt wird, kann das für das Funktionieren der Demokratie und die demokratische Legitimität staatlicher Entscheidungen notwendige Vertrauen des Souveräns in die dem Wählerwillen entsprechende Besetzung des Parlaments gewährleistet werden [...].[46]

Damit ist die Öffentlichkeit der Wahl zur Gewährleistung von deren Kontrolle ein Gebot der Demokratie.

bb) Republik

Weiter ist in einer *Republik [...] die Wahl Sache des ganzen Volkes und gemeinschaftliche Angelegenheit aller Bürger. Dem entspricht es, dass auch die Kontrolle des Wahlverfahrens eine Angelegenheit und Aufgabe der Bürger sein muss. Jeder Bürger muss die zentralen Schritte der Wahl ohne besondere technische Vorkenntnisse zuverlässig nachvollziehen und verstehen können.*[47]

cc) Rechtsstaat

Die Öffentlichkeit der Wahl ist auch im Rechtsstaatsprinzip angelegt. Rechtsstaatlich begründete Öffentlichkeit dient der Transparenz und Kontrollierbarkeit staatlicher Machtausübung. Sie setzt voraus, dass die Handlungen der staatlichen Organe von den Bürgern zur Kenntnis genommen werden können. Dies gilt auch hinsichtlich der Tätigkeit der Wahlorgane.[48]

b) Zwischenergebnis: Verfassungsanforderungen an die Öffentlichkeit der Wahl

Daraus ergibt sich: *Die Öffentlichkeit der Wahl [gem. Art. 38 i. V. m. 20 I, II GG] ist Grundvoraussetzung für eine demokratische politische Willensbildung. Sie sichert die Ordnungsgemäßheit und Nachvollziehbarkeit der Wahlvorgänge und schafft damit eine wesentliche Voraussetzung für begründetes Vertrauen der Bürger in den korrekten Ablauf der Wahl. Die Staatsform der parlamentarischen Demokratie, in der die Herrschaft des Volkes durch Wahlen mediatisiert, also nicht dauernd unmittelbar ausgeübt wird, verlangt, dass der Akt der Übertragung der staatlichen Verantwortung auf die Parlamentarier einer besonderen öffentlichen Kontrolle unterliegt.*[49]

Der Grundsatz der Öffentlichkeit der Wahl gebietet [damit], dass alle wesentlichen Schritte der Wahl öffentlicher Überprüfbarkeit unterliegen, soweit nicht andere verfassungsrechtliche Belange eine Ausnahme rechtfertigen. Dabei kommt der Kontrolle der Wahlhandlung und der Ermittlung des Wahlergebnisses eine besondere Bedeutung zu.

---

[46] BVerfGE 123, 39 (68 f.), Hervorhebung von mir, LO.
[47] BVerfGE 123, 39 (69).
[48] BVerfGE 123, 39 (69 f.).
[49] BVerfGE 123, 39 (68).

Ein Wahlverfahren, in dem der Wähler nicht zuverlässig nachvollziehen kann, ob seine Stimme unverfälscht erfasst und in die Ermittlung des Wahlergebnisses einbezogen wird und wie die insgesamt abgegebenen Stimmen zugeordnet und gezählt werden, schließt zentrale Verfahrensbestandteile der Wahl von der öffentlichen Kontrolle aus und genügt daher nicht den verfassungsrechtlichen Anforderungen.[50]

c) Prüfung von § 35a BWahlG mit Blick auf die Öffentlichkeit der Wahl

Fraglich ist, ob der Einsatz von Wahlcomputern, wie ihn § 35a BWahlG bestimmt, diesen Prinzipien der Öffentlichkeit der Wahl genügt.

Dabei ist freilich der Maßstab der verfassungsgerichtlichen Prüfung zu beachten. *Dem Gesetzgeber steht bei der Konkretisierung der Wahlrechtsgrundsätze ein weiter Entscheidungsspielraum zu, innerhalb dessen er entscheiden muss, ob und inwieweit Abweichungen von einzelnen Wahlrechtsgrundsätzen im Interesse der Einheitlichkeit des ganzen Wahlsystems und zur Sicherung der mit ihm verfolgten staatspolitischen Ziele gerechtfertigt sind [...]. Das Bundesverfassungsgericht prüft nur nach, ob der Gesetzgeber sich in den Grenzen des ihm vom Grundgesetz eingeräumten Gestaltungsspielraums gehalten oder ob er durch Überschreitung dieser Grenzen gegen einen verfassungskräftigen Wahl[rechts]grundsatz verstoßen hat. Es ist nicht Aufgabe des Gerichts, darüber zu befinden, ob der Gesetzgeber innerhalb seines Ermessensbereichs zweckmäßige oder rechtspolitisch erwünschte Lösungen gefunden hat [...].*[51]

Das BWahlG bestimmt für den Wahleinsatz ein Rechnermodell, bei dem die Stimmabgabe *ausschließlich* auf einem Speicherchip festgehalten wird.[52] Die Willensentäußerung beim Wahlakt wird somit nicht anders als in elektronischer Form auf dem Chip dokumentiert, es erfolgt keine zusätzliche Dokumentation in Papierform. Zwar können die auf dem Speicherchip vorhandenen Informationen ausgedruckt werden. Allerdings handelt es sich dabei nicht um die *ursprüngliche* Willensbekundung der Wähler, sondern um den Ausdruck der Informationen, so wie sie auf dem Chip gespeichert sind.

Beim Einsatz [von Wahlcomputern] müssen die wesentlichen Schritte von Wahlhandlung und Ergebnisermittlung zuverlässig und ohne besondere Sachkenntnis überprüft werden können.[53] Ausfluss demokratischer und republikanischer Wertungen ist es, dass die Überprüfung des Wahlakts theoretisch durch jedermann erfolgen können muss. Wären dazu nur Experten in der Lage, entstünde eine unerträgliche Abhängigkeit, der Wähler würde sich seiner grundlegenden Mitwirkungsrechte begeben. Die Idee transparenter Kontrollmöglichkeit ist zudem

---

[50] BVerfGE 123, 39 (70).
[51] BVerfGE 123, 39 (71).
[52] Nochmals: Hierin liegt der zentrale Unterschied zum Ausgangsurteil, vgl. BVerfGE 123, 39 (81). Der „echte" § 35 I BWahlG schließt nämlich nicht aus, dass beispielsweise Wahlcomputer zum Einsatz kommen, die die Stimmabgabe elektronisch auf einem Speicherchip *und* auf Papier dokumentieren.
[53] BVerfGE 123, 39 (71).

ein Kernelement des Rechtsstaatsprinzips. *Die Notwendigkeit einer solchen Kontrolle ergibt sich nicht zuletzt im Hinblick auf die Manipulierbarkeit und Fehleranfälligkeit elektronischer Wahlgeräte. Bei diesen beruht die Entgegennahme der Wählerstimmen und die Berechnung des Wahlergebnisses auf einem Rechenvorgang, der von außen und für Personen ohne informationstechnische Spezialkenntnisse nicht überprüfbar ist. [...]*
Der Wähler selbst muss [aber] – auch ohne nähere computertechnische Kenntnisse – nachvollziehen können, ob seine abgegebene Stimme als Grundlage für die Auszählung oder – wenn die Stimmen zunächst technisch unterstützt ausgezählt werden – jedenfalls als Grundlage einer späteren Nachzählung unverfälscht erfasst wird. Es reicht nicht aus, wenn er darauf verwiesen ist, ohne die Möglichkeit eigener Einsicht auf die Funktionsfähigkeit des Systems zu vertrauen. [...] Daraus folgt, dass die Stimmen nach der Stimmabgabe nicht ausschließlich[54] auf einem elektronischen Speicher abgelegt werden dürfen. Der Wähler darf nicht darauf verwiesen werden, nach der elektronischen Stimmabgabe alleine auf die technische Integrität des Systems zu vertrauen.[55]

Bei den Rechnern, die gem. § 35a BWahlG eingesetzt worden sind, kann die richtige Stimmerfassung weder bei der Stimmabgabe noch nachträglich kontrolliert werden. Ohne besondere Sachkenntnis ist die Kontrolle ausgeschlossen. Fehler bzw. Manipulationen der Software können damit nicht festgestellt werden.

Es ist daher auch ohne Bedeutung, dass die Wahlcomputer außerhalb ihres Einsatzes immer verschlossen aufbewahrt werden. Dies ändert nämlich nichts an der fehlenden Kontrollierbarkeit des Wahlvorgangs.[56]

Somit hat der Einsatz der Wahlcomputer gem. § 35a BWahlG am 13.5.2012 den Grundsatz der Öffentlichkeit der Wahl beeinträchtigt.[57]

d) Rechtfertigung

Der Gesetzgeber kann [allerdings] in begrenztem Umfang Ausnahmen vom Grundsatz der Öffentlichkeit zulassen, um anderen verfassungsrechtlichen Belangen, insbesondere den geschriebenen Wahlrechtsgrundsätzen aus Art. 38 [I 1] GG, Geltung zu verschaffen.[58] Fraglich ist, ob das Interesse an schnellstmöglicher Wahlergebnisermittlung diese Beeinträchtigung rechtfertigen kann.

Es besteht zwar ein Interesse am rechtzeitigen Zusammentritt des neuen Bundestages (vgl. Art. 39 II GG). Dies bedeutet aber nicht, dass das Wahlergebnis

---

[54] Vgl. oben Fn. 52.
[55] BVerfGE 123, 39 (71 ff.).
[56] BVerfGE 123, 39 (74).
[57] Mangels genauen Wortlauts des fiktiven § 35a BWahlG scheidet der Versuch einer verfassungskonformen Auslegung aus, wie ihn das BVerfG im Originalfall hinsichtlich der Rechtsgrundlage für den Einsatz der Wahlcomputer in BVerfGE 123, 39 (83 ff.) prüft.
[58] BVerfGE 123, 39 (75); Beispiel dort: Beschränkungen der öffentlichen Kontrolle der Stimmabgabe bei der Briefwahl (§ 36 BWahlG) zur Ermöglichung möglichst umfassender Wahlbeteiligung (Allgemeinheit der Wahl). Im Urteil wurden weitere Möglichkeiten der Rechtfertigung angesprochen, vgl. BVerfGE 123, 39 (75 ff.).

unmittelbar nach Schluss der Wahllokale vorliegen muss. Eine Gefährdung für den rechtzeitigen Zusammentritt des neuen Bundestages hat auch bisher unter Einsatz der herkömmlichen Mittel nicht vorgelegen; auch ohne Wahlcomputer kann innerhalb weniger Stunden ein Ergebnis ermittelt werden. Eine Rechtfertigung scheidet damit aus.[59]

Eine Rechtfertigung dadurch, dass die relevanten Teile der Wahlcomputer versiegelt und die Wahlcomputer außerhalb des Einsatzes verschlossen aufbewahrt werden, scheidet schon deshalb aus, weil dies nicht geeignet ist, die Kontrollierbarkeit der Wahlergebnisse (beispielsweise hinsichtlich aufgetretener Fehler) zu gewährleisten.

e) Zwischenergebnis

§ 35a BWahlG überschreitet damit den Entscheidungsspielraum, der dem Gesetzgeber bei der Gestaltung des Wahlrechts zukommt. § 35a BWahlG ist mit dem Grundsatz der Öffentlichkeit der Wahl gem. Art. 38 i. V. m. Art 20 I, II GG unvereinbar.

Damit haben auch die Wahlcomputer, die für die Bundestagswahl am 13.5.2012 eingesetzt worden sind, nicht der Verfassung entsprochen.

III. Folgen des verfassungswidrigen Einsatzes von Wahlcomputern

Fraglich ist, was der verfassungswidrige Einsatz von Wahlcomputern nach § 35a BWahlG für die Zusammensetzung des Bundestages bedeutet. *Grundsätzlich ist das Erfordernis des Bestandsschutzes einer gewählten Volksvertretung [...] mit den Auswirkungen des festgestellten Wahlfehlers abzuwägen. Wahlbeeinflussungen einfacher Art und ohne jedes Gewicht führen daher nicht zur Ungültigkeit einer Wahl. Der Eingriff in die Zusammensetzung einer gewählten Volksvertretung durch eine wahlprüfungsrechtliche Entscheidung muss vor dem Interesse an der Erhaltung der gewählten Volksvertretung gerechtfertigt werden [...].*[60]

Daraus folgt: Entscheidend für die Beurteilung der Folgen eines Wahlfehlers ist dessen **Mandatsrelevanz**. Auch bei einem mandatsrelevanten Wahlfehler gilt jedoch: *In den Fällen, in denen ein Wahlfehler sich auf die Mandatsverteilung im Bundestag ausgewirkt haben kann, unterliegt die Wahlprüfungsentscheidung des Bundesverfassungsgerichts dem Gebot des geringstmöglichen Eingriffs. Die Entscheidung darf nur so weit gehen, wie es der festgestellte Wahlfehler verlangt.*[61]

---

[59] BVerfGE 123, 39 (77).
[60] BVerfGE 123, 39 (87).
[61] BVerfGE 123, 39 (87). Das Kriterium der Mandatsrelevanz für die Beurteilung der Fehlerfolgen ergibt sich aus dem vom BVerfG überwiegend objektiv gedeuteten Charakter der Wahlprüfungsbeschwerde, dazu näher *Ortmann*, Probleme der Wahlprüfungsbeschwerde nach § 48 BVerfGG, ThürVBl. 2006, 169 (171 f., 179); *Hillgruber/Goos*, Verfassungsprozessrecht, 3. Aufl. 2011, Rn. 781 f. Allerdings kann selbst ein mandatsrelevanter Wahlfehler nach der Rechtsprechung des BVerfG kaum das Interesse am Bestand des Bundestages überwinden, vgl. BVerfGE 121, 266 (310 ff.) – negatives Stimmgewicht, und entsprechend für die in Deutschland gewählten Europaabgeordneten das Urteil des Zweiten Senats vom 9.11.2011, - 2 BvC 4/10 - u.a.; online verfügbar

Bei der Bundestagswahl 2012 sind die Wahlcomputer nur in einigen Wahlbezirken zum Einsatz gekommen; es sind auch keine Anzeichen für Fehler oder Manipulationen erkennbar. Unabhängig von der Mandatsrelevanz überwiegt jedenfalls das *Interesse am Bestandsschutz der im Vertrauen auf die Verfassungsmäßigkeit [von § 35a BWahlG] zusammengesetzten Volksvertretung [...] die festgestellten Wahlfehler.*[62]

C. Ergebnis

Damit weist das BVerfG die zulässige Wahlprüfungsbeschwerde des H trotz des verfassungswidrigen Einsatzes von Wahlcomputern als unbegründet zurück, H hat damit keinen Erfolg.[63]

---

unter http://www.bverfg.de/entscheidungen/cs20111109_2bvc000410.html, Rn. 137 ff. (zuletzt abgerufen am 25.11.2011).

Weil es sich um keine subjektive Rechtskontrolle handelt, ist hinzunehmen, dass ein Wahlfehler festgestellt wird, der aber letztlich ohne Konsequenz bleibt. Die verfassungswidrige Wahl führt also nicht ohne Weiteres zur Begründetheit der Wahlprüfungsbeschwerde, sondern nur, wenn der Fehler mandatsrelevant ist. Allerdings: auch wenn die Mandatsrelevanz verneint wird, werden die notwendigen Auslagen des Beschwerdeführers erstattet, vgl. BVerfGE 123, 39 (88). Damit reduziert sich das finanzielle Risiko, das ein Beschwerdeführer mit der Erhebung der Wahlprüfungsbeschwerde eingeht.

[62] BVerfGE 123, 39 (87 f.).
[63] Das BVerfG würde in einer vollständigen Tenorierung (nach der nicht gefragt ist) dennoch die Nichtigkeit bzw. die Unvereinbarkeit der verfassungswidrigen Norm (hier § 35a BWahlG) mit dem GG erklären, vgl. BVerfGE 123, 39 (39 f.).

Klausur 3: Rio im Glück

Sachverhalt

Rio I. (R) hat es geschafft: Er ist zwar nicht König, aber immerhin Bundespräsident von Deutschland. Statt der erhofften Gestaltung des Fernsehprogramms muss er sich freilich mit seinem Teil der Gesetzgebungsarbeit befassen. So liegt nun auf seinem Schreibtisch das vom Bundestag beschlossene „Gesetz zur Änderung des Bundeswahlgesetzes (BWahlGÄndG)", das er ausfertigen soll.

Das BWahlGÄndG soll das bisherige Bundeswahlgesetz (BWahlG) ändern, wie es für die Bundestagswahl 2010 angewendet worden ist. Das BWahlG lautet an den einschlägigen Stellen bisher:

§ 1 Zusammensetzung des Deutschen Bundestages und Wahlrechtsgrundsätze

(1) Der Deutsche Bundestag besteht vorbehaltlich der sich aus diesem Gesetz ergebenden Abweichungen aus 598 Abgeordneten. [...]

(2) Von den Abgeordneten werden 299 nach Kreiswahlvorschlägen in den Wahlkreisen und die übrigen nach Landeswahlvorschlägen (Landeslisten) gewählt.

§ 4 Stimmen

Jeder Wähler hat zwei Stimmen, eine Erststimme für die Wahl eines Wahlkreisabgeordneten, eine Zweitstimme für die Wahl einer Landesliste.

§ 5 Wahl in den Wahlkreisen

In jedem Wahlkreis wird ein Abgeordneter gewählt. Gewählt ist der Bewerber, der die meisten Stimmen auf sich vereinigt. [...]

§ 6 Wahl nach Landeslisten

(1) Für die Verteilung der nach Landeslisten zu besetzenden Sitze werden die für jede Landesliste abgegebenen Zweitstimmen zusammengezählt. [...]

(2) Die [grundsätzlich 598] Sitze werden auf die Landeslisten auf der Grundlage der [...] Zweitstimmen wie folgt verteilt. Jede Landesliste erhält so viele Sitze, wie sich nach Teilung der Summe ihrer im Wahlgebiet erhaltenen Zweitstimmen durch einen Zuteilungsdivisor ergeben. [...] [Zur Bestimmung des Zuteilungsdivisors] wird zunächst die Gesamtzahl der Zweitstimmen aller zu berücksichtigenden Landeslisten durch die Gesamtzahl der [grundsätzlich 598] Sitze geteilt. [...]

(4) Von der für jede Landesliste so ermittelten Abgeordnetenzahl wird die Zahl der von der Partei in den Wahlkreisen des Landes errungenen Sitze abgerechnet. Die restlichen Sitze werden aus der Landesliste in der dort festgelegten Reihenfolge besetzt. [...]

(5) In den Wahlkreisen errungene Sitze verbleiben einer Partei auch dann, wenn sie die nach [Absatz 2] ermittelte Zahl übersteigen. In einem solchen Falle erhöht sich die Gesamtzahl der Sitze (§ 1 Abs. 1) um die Unterschiedszahl; eine erneute Berechnung nach den Absätzen 2 und 3 findet nicht statt.

§ 7 Listenverbindung

(1) Landeslisten derselben Partei gelten [grundsätzlich] als verbunden [...].

(2) Verbundene Listen gelten bei der Sitzverteilung im Verhältnis zu den übrigen Listen als eine Liste.

(3) Die auf eine Listenverbindung entfallenden Sitze werden auf die beteiligten Landeslisten entsprechend § 6 Abs. 2 verteilt. § 6 Abs. 4 und 5 gilt entsprechend.

Das hat für die Sitzverteilung bei der Bundestagswahl 2010 bedeutet: Zunächst ist der Zweitstimmenanteil einer Partei durch die Addition aller Zweitstimmen ermittelt worden, die für eine der (16 als verbunden geltenden) Landeslisten dieser Partei abgegeben worden sind. Aus diesem Zweitstimmenanteil hat sich der Anteil dieser Partei an allen zu vergebenden Bundestagssitzen ergeben. Die Mandate, die diesem Anteil entsprochen haben, hat die Partei dann auf die Landeslisten verteilt, und zwar nach dem Anteil der Zweitstimmen einer jeden Landesliste zu den Zweitstimmen der Partei insgesamt.

Das BWahlGÄndG soll nun das bisherige BWahlG ändern, wie es für die Bundestagswahl 2010 angewendet worden ist. Für das BWahlGÄndG hat sich insb. der Bundestagsabgeordnete Carlo Schmid eingesetzt: mit diesem Gesetz sollen zukünftig zwei Probleme gelöst werden, die bei der Bundestagswahl 2010 aufgetreten sind und in der Bevölkerung für Aufregung gesorgt haben.

Zum einen hieß es in vielen Zeitungen, die X-Partei habe zu viele Mandate erhalten. Für sie seien 50% aller Zweitstimmen abgegeben worden. Damit dürfe sie folglich 299 der 598 Abgeordneten (vgl. § 1 I 1 BWahlG) stellen. Tatsächlich seien aber 306 Kandidaten der X-Partei in den Bundestag eingezogen. Dies sei darauf zurückzuführen, dass die X-Partei in einem Bundesland 15 Wahlkreise gewonnen habe, nach ihrem Zweitstimmenanteil aber nur acht Sitze hätte besetzen dürfen. Dieser Überschuss sei gegenüber den anderen Parteien nicht ausgeglichen worden. Mit 306 von 605 Abgeordneten seien nun aber 50,57% der Bundestagsabgeordneten als X-Partei-Kandidaten in den Bundestag eingezogen, obwohl die X-Partei eben nur 50% der Zweitstimmen erhalten habe. Damit hätten jene Wählerstimmen, die zu dieser Situation geführt hätten, ein (wenngleich nur minimal) höheres Gewicht als die anderen Wählerstimmen. Auch wenn in einem Land mehr Wahlkreise gewonnen würden als Sitze nach dem Zweitstimmenanteil zu vergeben seien, müsse eine strenge Gleichheit gelten und eine Lösung gefunden werden. Andere Zeitungen hielten dieser Auffassung entgegen, man solle sich nicht so anstellen, das sei doch alles ein alter Hut. Dieses Phänomen sei ein zwar nicht bezweckter, aber hinzunehmender Nebeneffekt im Wahlsystem, weil man einmal errungene Wahlkreismandate doch nicht wieder entziehen könne; sonst würden die Wähler dieses Wahlkreises ja „ihren" Abgeordneten verlieren. Das Wahlsystem sei eben ein Mischsystem, zu irgendwelchen Nebeneffekten werde es also immer kommen. Eine Kompensation durch Ausgleich sei zwar denkbar, im BWahlG jedoch nun einmal nicht vorgesehen und auch verfassungsrechtlich nicht erforderlich. Außerdem argumentieren diese Zeitungen (jeweils zutreffend): Die Wahlberechtigten verteilten sich annähernd gleich auf die 299 Wahlkreise, so dass jeder Wahlberechtigte die gleiche Chance habe, zu einem Extra-Mandat beizutragen. Sieben zusätzliche Mandate bedeuteten, gemessen an der Normalstärke des Bundestages von 598 Abgeordneten, nur eine Erhöhung von etwa 1,2%. Diese Erhöhung sei ohne große Bedeutung, zudem bewege sich die Verzerrung zwischen Zweitstimmenzahl und Mandaten im Bereich dessen, was bei der Umrechnung der Zweitstimmen auf die Sitzplatzverteilung ohnehin mathematisch unvermeidbar entstehe. Und zuletzt hätten sich in den vergangenen fünf Wahlperioden die Zusatzmandate stets in diesem Mengenbereich gehalten.

Das andere große Thema der Zeitungen hat die Y-Partei betroffen. Im Bundesland B hatte nämlich eine Nachwahl in einem Wahlkreis stattgefunden. Dabei waren viele Zweitstimmen für die Y-Partei abgegeben worden. Dieser Zweitstimmengewinn hat aber nicht zu *mehr* Bundestagsmandaten geführt, sondern zu einem Mandat *weniger*. Dazu kam es folgendermaßen: Auch die Y-Partei konnte mehr Abgeordnete in den Bundestag entsenden als es ihrem Zweitstimmenanteil entsprach. In B hatte die Y-Partei nämlich ein Wahlkreismandat mehr errungen als ihr nach dem Zweitstimmenanteil dort zustand. Der Zweitstimmenzuwachs bei der Nachwahl führte allerdings dazu, dass sich die Wahlkreissiege und die Zahl der Mandate nach Zweitstimmenanteil entsprachen. Allerdings durfte die Y-Partei im Bundesland A nun *weniger* Kandidaten in den Bundestag entsenden, obwohl sich dort ja gar nichts verändert hatte. Insgesamt hatte die Y-Partei nach der Nachwahl also mit mehr Zweitstimmen ein Mandat weniger als zuvor.

Traugott Wemske ist Beamter im Bundespräsidialamt. R legt ihm folgende Fragen zum BWahlG in seiner bisherigen Fassung vor:

Frage 1 (40% der Gesamtbewertung): Ist die Mandatsbesetzung der X-Partei bei der Bundestagswahl 2010 rechtmäßig erfolgt?

Frage 2 (20% der Gesamtbewertung): a) Bitte benennen Sie das Phänomen, von dem die Y-Partei bei der Bundestagswahl 2010 betroffen war, und erklären Sie am Beispiel der Y-Partei, wie es rechtlich dazu kommen konnte. **b)** Ist die bisherige Rechtslage, unter der es zu diesem Phänomen kommen kann, verfassungsgemäß?

Eine Wiederholung dieser Situation möchte der Bundestag durch das BWahlGÄndG zukünftig verhindern. R sieht sich aber aus verschiedenen Gründen daran gehindert, dieses Gesetz auszufertigen. In seinen Augen hätte es rechtspolitisch vorzugswürdigere Möglichkeiten gegeben, einen Mandatsverlust, wie ihn die Y-Partei erlebte, zu vermeiden. Anstatt aber eine echte Wahlreform anzugehen, die das bestehende Wahlsystem grundlegend ändere, sei das BWahlGÄndG nur Flickwerk, das bloß den politischen Druck von einer echten Reform nehme. Er für seinen Teil möchte an solch schlechter Gesetzgebung nicht beteiligt sein.

Außerdem ist er der Meinung, der Bundesrat hätte dem BWahlGÄndG zustimmen müssen, was nicht geschehen sei; außerdem sei der Bund zum Erlass des BWahlGÄndG gar nicht kompetent.

Zuletzt ist er der Auffassung, dass das BWahlGÄndG gegen das Bundesstaatsprinzip (Art. 20 I GG) verstößt. Es gebe nach der Neuregelung nämlich keine Landeslisten mehr, sondern nur noch eine Bundesliste. Das aber sei mit den Verfassungsvorgaben zum föderalen Aufbau unvereinbar. Seine Rechtsauffassung sei vielleicht nicht gerade über jeden Zweifel erhaben, aber durchaus vertretbar.

Frage 3 (40% der Gesamtwertung): Darf R aufgrund eines oder mehrerer dieser Bedenken die Ausfertigung verweigern, unterstellt, sie treffen jeweils zu?

Hinweis: Sie sind Traugott Wemske. Der Fall kann in vier Zeitstunden gelöst werden. Auf die Fragen 1 und 2 entfallen dabei drei Stunden und eine Stunde auf die Frage 3.

Lösung

Lösungshinweise

> *Problemschwerpunkte*: Überhangmandate (Gleichheit der Wahl; Verhältniswahl, Mehrheitswahl, Zählwertgleichheit, Erfolgswertgleichheit; Erfolgschancengleichheit) – negatives Stimmgewicht (Entstehung; Gleichheit der Wahl; Unmittelbarkeit der Wahl; Freiheit der Wahl) – politisches, formelles und insb. materielles Prüfungsrecht des Bundespräsidenten (Art. 82 I 1 GG)

I. Wahlrecht gehört zu den komplexesten Teilen des Staatsorganisationsrechts. Dies folgt aus dem Zusammenspiel der Wahlrechtsgrundsätze des Art. 38 I 1 GG[1], den für das Wahlrecht relevanten weiteren Verfassungsvorgaben (etwa das Demokratieprinzip[2]) und der ihrerseits komplizierten einfachrechtlichen Ausgestaltung der Wahl (insb. §§ 6, 7 BWahlG). Um dem Anfänger eine realistische Erwartungshaltung zu vermitteln: Fragen 1 und 2 können ohne Vorkenntnisse nicht gelöst werden. Zudem ist selbst die hier angebotene Form gegenüber den Ausführungen im Urteil vereinfacht. Wenn Überhangmandate und negatives Stimmgewicht in diesem Buch dennoch behandelt werden, dann deshalb, weil Sie diese bekannten Probleme einmal gehört haben sollten und jedenfalls Frage 1 in einer Klausur nicht unwahrscheinlich ist. Wer hier aber vieles auf Anhieb nicht versteht, sei also beruhigt.

II. Gegenstand von Frage 1 ist die Verfassungsmäßigkeit von Überhangmandaten – ein Standardproblem, das beherrscht werden muss (für Einzelheiten, wie Überhangmandate entstehen, s. Exkurs I). Die zentrale Entscheidung hierzu ist das Urteil des Zweiten Senats des BVerfG vom 10.4.1997[3]. Der Senat war damals 4:4 gespalten, was gem. § 15 IV 3 BVerfGG[4] dazu führt, dass die Verfassungs*widrigkeit nicht* festgestellt werden kann (das Gesetz also verfassungsmäßig ist).

Für eine argumentative Auseinandersetzung (und damit den Erfolg der Klausur) sind drei Gesichtspunkte entscheidend:

(1) Das Verhältnis einer Wählerstimme zum Erfolg unterscheidet sich nach dem zugrunde liegenden Wahlsystem (Mehrheitswahl und Verhältniswahl).

---

[1] Die Grunddefinitionen der fünf (inkl. des ungeschriebenen Grundsatzes der Öffentlichkeit der Wahl: sechs) Wahlrechtsgrundsätze *müssen* auswendig gelernt werden.
[2] Vgl. etwa die Herleitung des Grundsatzes der Öffentlichkeit der Wahl in Klausur 2: Der Computer Nr. 3, S. 182 ff.
[3] BVerfGE 95, 335 – Überhangmandate II; online verfügbar unter http://www.servat.unibe.ch/dfr/bv095335.html (zuletzt abgerufen am 4.4.2011).
[4] § 15 III 3 BVerfGG a. F.

(2) Daraus folgt: Die Wahlgleichheit ist zu differenzieren nach *Zählwertgleichheit*, *Erfolgschancengleichheit* in der Mehrheitswahl und *Erfolgswertgleichheit* in der Verhältniswahl (manche Lehrbüchern verkürzen hier, wenn es heißt, Wahlgleichheit bedeute „Zählwertgleichheit und Erfolgswertgleichheit"[5]).

BVerfGE 95, 335 (353) ist allerdings in seiner allgemeinen Definition ungenau:

„Aus dem Grundsatz der Wahlgleichheit (Art. 38 Abs. 1 GG) folgt für das Wahlgesetz, da[ss] die Stimme eines jeden Wahlberechtigten den gleichen Zählwert und die gleiche rechtliche Erfolgschance haben mu[ss]."[6]

Heute sind die beiden Elemente Erfolgschancengleichheit und Erfolgswertgleichheit in die Definition des BVerfG aufgenommen (soll heißen: nebeneinander gestellt). Die Definition von Wahlgleichheit lautet nach dem BVerfG daher:

„Aus dem Grundsatz der Wahlgleichheit folgt für das Wahlgesetz, dass die Stimme eines jeden Wahlberechtigten grundsätzlich den gleichen Zählwert und die gleiche rechtliche Erfolgschance haben muss. Alle Wähler sollen mit der Stimme, die sie abgeben, den gleichen Einfluss auf das Wahlergebnis haben. Dieser Maßstab wirkt sich in den Systemen der Mehrheits- und der Verhältniswahl unterschiedlich aus. [...] Die Wahlgleichheit fordert [bei der Mehrheitswahl] über den gleichen Zählwert aller Stimmen hinaus nur, dass bei der Wahl alle Wähler auf der Grundlage möglichst gleich großer Wahlkreise und von daher mit annähernd gleichem Stimmgewicht am Kreationsvorgang teilnehmen können [...] Hingegen bedeutet Wahlgleichheit bei der Verhältniswahl, dass jeder Wähler mit seiner Stimme den gleichen Einfluss auf die Zusammensetzung der Vertretung haben muss [...] Zur Zählwertgleichheit tritt im Verhältniswahlrecht die Erfolgswertgleichheit hinzu."[7]

(3) Das Auftreten von Überhangmandate muss in das Wahlsystem nach dem BWahlG eingeordnet werden: Sind Überhangmandate Ausdruck einer (der Verhältniswahl) vorgeschalteten Mehrheitswahl, so ist grundsätzlich der Maßstab der Erfolgs*chancen*gleichheit anzuwenden. Sind Überhangmandate hingegen Ausnahmen von einer (maßgeblichen) Verhältniswahl, so ist der Maßstab der Erfolgs*wert*gleichheit anzuwenden.

Der Sachverhalt ist so konstruiert, dass der Bearbeiter letztlich mangels Erheblichkeit keine Entscheidung treffen muss. Legt man der Fallbearbeitung die Auffassung der vier das Urteil tragenden Richter zugrunde, sind Überhangmandate nicht verfassungswidrig, weil einerseits die Wahlkreiseinteilung verfassungsmäßig ist[8] und andererseits Überhangmandate nicht über das (angedeutete) Maximum

---

[5] In dieser Klausur wird eine saubere Differenzierung entlang der Linien Zählwert-, Erfolgswert- und Erfolgschancengleichheit vorgenommen, wie es zutreffend in Teilen der Literatur geschieht, s. etwa *Ehlers/Lechleitner*, Die Verfassungsmäßigkeit von Überhangmandaten, JZ 1997, 761 (761); *Klein*, in: Maunz/Dürig (Hrsg.), GG, Loseblatt, Stand: Oktober 2010, Art. 38, Rn. 120 (dessen Analyse der Rechtsprechung diese präzisiert); *Schreiber*, BWahlG, 8. Aufl. 2009, § 1, Rn. 114.

[6] Gegen die Ungenauigkeit schon die abweichende Auffassung der Richter und Richterinnen *Limbach, Graßhof, Sommer* und *Hassemer* in BVerfGE 95, 335/367 (371 f.), ebenso *Ehlers/Lechleitner*, Die Verfassungsmäßigkeit von Überhangmandaten, JZ 1997, 761 (761, m. w. N.).

[7] BVerfGE 121, 266 (295) – negatives Stimmgewicht; Urteil des Zweiten Senats des BVerfG vom 9.11.2011, - 2 BvC 4/10 - u.a., online verfügbar unter http://www.bverfg.de/entscheidungen/cs20111109_2bvc000410.html, Rn. 78 f. (zuletzt abgerufen am 25.11.2011).

[8] Vgl. BVerfGE 95, 335 (353, 358).

von 5% der regulären Abgeordnetenzahl hinaus angefallen sind[9]. Und auch nach der Auffassung der vier abweichenden Richter sind in diesem Fall die Überhangmandate nicht verfassungswidrig, da sich die Zweitstimmenverzerrung im Rahmen dessen hält, was bei jeder mathematischen Umrechnung notwendig anfällt[10]. Es genügt für die Klausur also, das rechtliche Problem aufzubereiten. Im Originalfall führten die unterschiedlichen Auffassungen hingegen zu unterschiedlichen Ergebnissen.

Zur Zukunft der ausgleichslosen Überhangmandate sei bemerkt: Das BVerfG befasst sich zum Zeitpunkt des Abschlusses der Arbeiten an diesem Buch erneut mit deren Verfassungsmäßigkeit.[11] Eine in BVerfGE 122, 304 (310 ff.) zu erkennende „Hoffnung", dass die wegen BVerfGE 121, 266 (266 f.) nötige Wahlrechtsreform zu einem Wahlsystem führen werde, das keine ausgleichslosen Überhangmandate mehr kennt, hat sich nach dem Neunzehnten Gesetz zur Änderung des Bundeswahlgesetzes nicht erfüllt.[12] Dabei sprechen gute Gründe dafür, dass sich das BVerfGG von der Kritik an der Auffassung der BVerfGE 95, 335 tragenden Richter überzeugen lassen wird, ausgleichslose Überhangmandate also für verfassungswidrig erklären wird[13].

III. Frage 2 fordert die Erklärung, wie es zu negativem Stimmgewicht kommt und wie dieses verfassungsrechtlich zu bewerten ist. Diese Fragen waren Gegenstand des Urteils des Zweiten Senats des BVerfG vom 3.7.2008[14]. Dieses Phänomen zu verstehen liegt jenseits dessen, was vom Studienanfänger erwartet werden kann.[15] Selbst das BVerfG spricht beim Auftreten von negativem Stimmgewicht (recht euphemistisch) von einer „nicht ganz einfach nachzuvollziehenden Paradoxie des [damals] geltenden Bundeswahlgesetzes"[16]. Es empfiehlt sich, nur in groben Zügen zu lernen, wie es dazu kommt, und von diesem Ergebnis her die verfassungsrechtlichen Probleme (Grundsätze der Gleichheit und der Unmittelbarkeit der Wahl) aufbereiten zu können. Dem Gesetzgeber war vom BVerfG ohnehin aufgegeben worden, bis zum 30.6.2011 eine gesetzliche Lösung zu schaffen, die das Problem vermeidet.[17]

---

[9] Vgl. BVerfGE 95, 335 (359 ff., 366 f.). Zur aktuellen Situation: Bei der Bundestagswahl 2009 sind 24 Überhangmandate angefallen, was zwar gegenüber den bisherigen Wahlen einen deutlichen Ausreißer nach oben darstellt (http://www.bundeswahlleiter.de/de/glossar/texte/Ueberhangmandate.html, zuletzt abgerufen am 18.5.2011), sich jedoch deutlich in Richtung der wohl bestehenden Fünf-Prozent-Grenze (30 Mandate) bewegt.

[10] BVerfGE 95, 335/367 (395 ff.).

[11] Im Rahmen eines abstrakten Normenkontrollverfahrens, das das Neunzehnte BWahlGÄndG zum Gegenstand hat (die entsprechenden Anträge sind eingegangen, vgl. Meldung des Handelsblatts vom 6.12.2011, S. 12).

[12] Vgl. Fn. 20 und Lösungshinweis III.

[13] Vgl. die Nachweise in Fn. 85.

[14] BVerfGE 121, 266 – negatives Stimmgewicht; online verfügbar unter http://www.bundesverfassungsgericht.de/entscheidungen/cs20080703_2bvc000107.html (zuletzt abgerufen am 4.4.2011).

[15] M. E. ist es auch nicht nötig... Wer sich dennoch damit befassen möchte, findet dazu Literaturangaben (freilich nicht aktualisiert) unter http://www.wahlrecht.de/systemfehler/literatur.html (zuletzt abgerufen am 21.9.2011).

[16] BVerfGE 121, 266 (313).

[17] BVerfGE 121, 266 (266 f.).

Wenn das Problem des negativen Stimmgewichts in dieser Klausur mit Bezug auf die alte Rechtslage behandelt wird, dann zunächst deshalb, weil interessante Rechtskonstellationen auch nach den „drei berichtigenden Worten des Gesetzgebers"[18] ein Leben nach dem Tod führen. In einer mündlichen Prüfung könnte es etwa heißen: „Frau Kollegin, wir hatten ja gerade eine Wahlrechtsreform. Können Sie uns sagen, was sich geändert hat? Was wollte man damit bezwecken?" Zudem **kann auch nach dem neuen Wahlrecht negatives Stimmgewicht auftreten**, wenngleich (teilweise) aufgrund anderer Konstellationen.[19] Das bedeutet: Neues Wahlrecht lässt (teilweise) neue Formen von negativem Stimmgewicht entstehen, die verfassungsrechtliche Würdigung in Frage 2 b) kann daher entsprechend übertragen werden.

Diese Frist hatte der Gesetzgeber allerdings missachtet – ein unerhörter Rechtsbruch (vgl. § 31 I BVerfGG)! –, bevor der Bundestag einige Monate nach Fristablauf denn doch noch das (auf einem Entwurf von CDU/CSU und FDP beruhende) Neunzehnte Gesetz zur Änderung des Bundeswahlgesetzes beschlossen hat.[20] Trotz Kritik daran hat der Bundesrat beschlossen, den Vermittlungsausschuss nicht anzurufen.[21] Das Gesetz ist gem. seinem Art. 2 am 3.12.2011 in Kraft getreten. Zu den Änderungen s. unten Exkurs I B. S. 203 ff. Frage 2 selbst wird mit dem alten Wahlrecht (Abdruck im Sachverhalt) gelöst.

IV. Frage 3 verbindet den Ausgangsfall mit einem Standardproblem des Staatsorganisationsrechts: die Gesetzesprüfung durch den Bundespräsidenten vor der Ausfertigung. Normativer Anknüpfungspunkt ist Art. 82 I 1 GG, welcher der Verweigerung der Ausfertigung wegen lediglich politischer Bedenken eindeutig entgegensteht. Unstrittig ist weiter, dass der Bundespräsident die formelle Verfassungsmäßigkeit eines Gesetzes (jedenfalls in bestimmtem Umfang) prüfen darf, dass ihm also ein „formelles Prüfungsrecht" zukommt. Diese beiden Konstellationen werden jedenfalls nach den Anfangssemestern kaum noch Gegenstand einer Klausur sein.

---

[18] *Julius von Kirchmann*, Die Werthlosigkeit der Jurisprudenz als Wissenschaft, 1. Aufl. 1848, S. 23: „Indem die [Jurisprudenz als Rechts-]Wissenschaft das zufällige [nämlich das Gesetz] zu ihrem Gegenstande macht, wird sie selbst zur Zufälligkeit; drei berichtigende Worte des Gesetzgebers, und ganze Bibliotheken werden zu Makulatur."

[19] *Holste*, Die Reform des Bundestagswahlrechts: Wiedervorlage in Karlsruhe!, NVwZ 2012, 8 (10); dieser Aufsatz stellt zudem die Neuregelungen des BWahlG dar und übt weitere Kritik.

[20] Gesetz vom 25.11.2011, BGBl. I, 2313. Entwurf von CDU/CSU und FDP: BT-Drucks. 17/6290 vom 28.6.2011, geändert im Innenausschuss, vgl. die Beschlussempfehlung BT-Drucks. 17/7069 vom 22.9.2011. Mit dieser Änderung des BWahlG soll nicht nur das Problem des negativen Stimmgewichts, sondern auch jenes um die sog. Berliner Zweitstimmen gelöst, vgl. dazu etwa BT-Drucks. 17/7069, S. 2. Die Mehrheit des Bundestages ist der Empfehlung des Innenausschusses in der Sitzung am 29.9.2011 gefolgt, s. Plenarprotokoll BT-Drucks. 17/130, S. 15319 f., nach heftiger Debatte, s. ibid., S. 15292 ff.
Der Bundestag hat damit die alternativen Entwürfe zur Änderung des BWahlG abgelehnt: Entwurf der Bundestagsfraktion BÜNDNIS 90/DIE GRÜNEN BT-Drucks. 17/4694 vom 9.2.2011 (Wegfall von Überhangmandaten durch Anrechnung von Direktmandaten bei der Oberverteilung); Entwurf der SPD-Fraktion BT-Drucks. 17/5895 vom 24.5.2011 (insb. Ausgleichsmandate); Entwurf der Fraktion DIE LINKE BT-Drucks. 17/5896 vom 25.5.2011 (Wegfall von Überhangmandaten durch Anrechnung von Direktmandaten bei der Oberverteilung, ggf. Ausgleichsmandate zur Vermeidung von negativem Stimmgewicht sowie weitere Wahlrechtsreformvorschläge).

[21] BR-Plenarprotokoll vom 14.10.2011, S. 484 f. – unter Hinweis auf das angekündigte abstrakte Normenkontrollverfahren, s. oben Fn. 11. Für eine erste kurze Einschätzung der Wahlrechtsreform s. *Anger*, „Das Wahlrecht bekommt keinen Segen", Handelsblatt vom 2./3.12.2011, mit der Kritik von *Hans Meyer* (einem der profiliertesten Experten des deutschen Wahlrechts).

Die Prüfungskompetenz hinsichtlich der materiellen Verfassungsmäßigkeit eines Gesetzes, also das „materielle Prüfungsrecht" des Bundespräsidenten[22], ist hingegen umstritten.[23] Da dieses Problem seit vielen Jahren jedoch argumentativ erschöpft ist, sollte man in der Klausur konzentriert die wesentlichen Argumente (unter Bezug auf die jeweils zugrunde gelegte Auslegungsmethode!) nennen und zügig fortfahren. Der Korrektor weiß, dass hier Wissen „abgespult" wird und dafür werden kaum Punkte vergeben. Es wäre also irrig anzunehmen, dies stelle den zentralen Schwerpunkt einer Klausur dar.[24]

Ein weiteres Problem ist durch die Fragestellung in diesem Fall („Darf R verweigern?") ausgeklammert: *Muss* er prüfen und muss er dann ggf. verweigern? Also: Kommt ihm bloß ein Prüfungs*recht* oder eine Prüfungs*pflicht* zu? Die Lösung muss sein: Den Bundespräsidenten trifft eine *Prüfungspflicht* und (grundsätzlich)[25] ggf. eine *Ausfertigungsverweigerungspflicht*.

Der Begriff „Prüfungsrecht" ist insoweit missverständlich.[26] Da im Verfassungsstaat Organrechte mit Pflichten einhergehen, ist festzustellen: Den Bundespräsidenten trifft zunächst eine Prüfungs*pflicht* nach Art. 82 I 1 GG; ergibt sich nach seiner Prüfung (die nach zutreffender Auffassung ja lediglich eine Evidenzkontrolle ist), dass ein Gesetz nicht „nach den Vorschriften dieses Grundgesetzes zustande" gekommen ist, trifft ihn weiter (grundsätzlich) eine Ausfertigungsverweigerungs*pflicht*. Ergibt die Prüfung hingegen, dass zwar verfassungsrechtliche Bedenken bestehen, aber kein evidenter Verfassungsverstoß vorliegt, *muss* der Bundespräsident ausfertigen;[27] zugleich steht es ihm (der Staatspraxis entsprechend) natürlich frei, eine (rechtlich nicht bindende) Empfehlung[28] abzugeben.[29]

Nebenbei bemerkt: Die Frage nach dem „materiellen Prüfungsrecht des Bundespräsidenten" wirft ein grundsätzliches verfassungstheoretisches Problem auf: *wer* (also welches Organ) bestimmt eigentlich, was verfassungsmäßig ist? Der deutsche Jurist antwortet: „Das BVerfG natürlich!" Dass ein (nicht gewähltes!) Gericht über die Verfassungsmäßigkeit von Staatshandeln entscheidet, scheint heute selbstverständlich, ist es ideengeschichtlich aber keineswegs. Verfassungspolitisch steckt dahinter der Siegeszug des Modells des *Supreme Court of the United States* (*Supreme Court* – nicht: *Constitutional Court*). Dieses Gericht

---

[22] Die Bezeichnung „formelles" bzw. „materielles Prüfungsrecht" ist in mehrfacher Hinsicht sprachlich unglücklich. Leider firmieren diese Probleme unter diesen Bezeichnungen, weshalb sie auch hier entsprechend so genannt werden.

[23] Vgl. für eine Zusammenstellung der Argumente etwa *Hebeler*, 40 Probleme aus dem Staatsrecht, 2. Aufl. 2008, S. 165 ff. (38. Problem), sowie *Schoch*, Die Prüfungskompetenz des Bundespräsidenten im Gesetzgebungsverfahren, Jura 2007, 354.

[24] Die historische Auslegung (vgl. Art. 70 WRV als Vorgängernorm zu Art. 82 I 1 GG und Art. 48 I, II WRV im Allgemeinen) ist im Lösungsvorschlag übrigens so kurz gehalten, wie es in einer Klausur (anders in einer Hausarbeit) erwartet wird.

[25] Dabei ist allerdings der Kontext des besonderen Gesetzes zu beachten, etwa die Folgen einer Ausfertigungsverweigerung: *Nierhaus*, in: Sachs (Hrsg.), GG, 6. Aufl. 2011, Art. 82, Rn. 14, m. w. N.; *Brenner*, in: v. Mangoldt/Klein/Starck (Hrsg.), GG, Bd. 2, 6. Aufl. 2010, Art. 82, Rn. 27a.

[26] Zutreffend spricht *Schoch*, Die Prüfungskompetenz des Bundespräsidenten im Gesetzgebungsverfahren, Jura 2007, 354 (357) daher von einer Prüfungs*kompetenz*. Vgl. m. w. N. auch *Bauer*, in: Dreier (Hrsg.), GG, Bd. II, 2. Aufl. 2006, Art. 82, Rn. 12 in Fn. 65.

[27] Im Ergebnis wie hier auch *Schoch*, Die Prüfungskompetenz des Bundespräsidenten im Gesetzgebungsverfahren, Jura 2007, 354 (361); *Brenner*, in: v. Mangoldt/Klein/Starck (Hrsg.), GG, Bd. 2, 6. Aufl. 2010, Art. 82, Rn. 23, 27a.

[28] Etwa zur Einleitung eines abstrakten Normenkontrollverfahrens.

[29] Dazu und zur Verfassungspraxis vgl. die Nachweise bei *Schoch*, Die Prüfungskompetenz des Bundespräsidenten im Gesetzgebungsverfahren, Jura 2007, 354 (355 f.).

hatte sich 1803 in seiner wegweisenden Entscheidung *Marbury v. Madison* selbst das Recht auf eine die anderen Gewalten bindende Verfassungskontrolle zugesprochen, was letztlich Anerkennung gefunden hat.[30] Die äußerst starke Stellung des deutschen BVerfG (vgl. Art. 93 f. GG, insb. Art. 94 II 1 GG) ist eine (extreme) Spielart dieses Modells.

V. Dass im Sachverhalt die wesentlichen Normen des BWahlG abgedruckt sind und sogar kurz umrissen wird, wie die Mandatszuteilung erfolgt, ist eine Hilfestellung für Anfänger. Schon bald wird jedoch erwartet, dass der Student die Normen selbst findet (und versteht). Daher: Es ist unerlässlich, von Anfang an die Suche nach den einschlägigen Normen zum festen Bestandteil der Klausurbearbeitung zu machen.

VI. *Last not least*: Die Fragen sind ernst zu nehmen: (1) Es ist hier nicht nach einer verfassungsprozessualen Einkleidung gefragt! (2) Die Prüfung der Rechtmäßigkeit (Frage 1) ist von der Prüfung der Verfassungsmäßigkeit (Frage 2) zu unterscheiden. Verfassungsmäßig ist ein Akt, der mit dem GG vereinbar ist, rechtmäßig ein Akt, der mit dem Recht *jeder* Hierarchiestufe vereinbar ist. Jeder verfassungswidrige Akt ist also zugleich rechtswidrig, aber nicht jeder rechtswidrige Akt auch verfassungswidrig. Bei Frage 1 ist folglich die Vereinbarkeit von Überhangmandaten mit dem einfachen Recht (BWahlG, BWahlO) *und* dem GG zu prüfen. (3) Frage 3 zielt darauf ab, den Prüfungsmaßstab bei Unterstellung der genannten Bedenken festzusetzen. Verfehlt wäre es daher gewesen, entgegen dem ausdrücklichen Bearbeiterhinweis zu prüfen, ob das BWahlGÄndG mit dem Bundesstaatsprinzip vereinbar ist (wozu ohnehin keine weiteren Anhaltspunkte vorliegen), ob dem Bund die Gesetzgebungskompetenz zukommt (was nach Art. 38 III GG der Fall ist) usw.

> *Hinweise zum Europarecht*: Bei der Wahl der Europaabgeordneten, die in Deutschland gewählt werden (nach dem Vertrag von Lissabon: 96),[31] kann es *nicht* zu Überhangmandaten kommen (folglich auch nicht zum Auftreten von negativem Stimmgewicht). Verfahrenstechnisch ergibt sich dies aus dem Wahlsystem des EuWG, wonach jeder Wähler nur *eine* Stimme hat, die er im Rahmen einer *Verhältniswahl* abgibt (§ 2 I 1, 3 EuWG), materiell aus der Unionsvorgabe, die das deutsche Kontingent an der Europaabgeordneten verbindlich festlegt und keine mitgliedstaatlich begründete Erweiterung gestatten würde.
>
> Ein aktuelles Problem ist aber die Verfassungsmäßigkeit der Fünf-Prozent-Sperrklausel in § 2 VII EuWG, dessen Nichtigkeit das BVerfGG nunmehr erklärt hat.[32] Danach sind Parteien bei der Sitzverteilung nur berücksichtigt worden, wenn sie mindestens 5% der Stimmen erhalten haben. Solche Sperrklauseln gibt es übrigens im deutschen Wahlrecht für verschiedene Wahlen, ihre Rechtfertigung (sie beeinträchtigen nämlich die

---

[30] Einen sehr lesenswerten (kritischen) Überblick über diesen *landmark case* (grundlegende Entscheidung) bietet *Brugger*, Kampf um die Verfassungsgerichtsbarkeit: 200 Jahre Marbury v. Madison, JuS 2003, 320.
[31] Vgl. dazu die Hinweise zum Europarecht in Klausur 2: Der Computer Nr. 3, S. 171 f.
[32] S. das Urteil des Zweiten Senats des BVerfG vom 9.11.2011, - 2 BvC 4/10 - u.a., online verfügbar unter http://www.bverfg.de/entscheidungen/cs20111109_2bvc000410.html (zuletzt abgerufen am 25.11.2011). 1979 hat das BVerfG die Europawahl-Sperrklausel hingegen noch für verfassungsmäßig erachtet (BVerfGE 51, 222).

Wahlgleichheit) besteht jeweils darin, eine übermäßige Zersplitterung des Parlaments in zu viele (kleine) Parteien zu verhindern.[33]

Obiter dictum: Prof. Dr. iur. Dres. h.c. *Carlo Schmid* (1896-1979) war ein hochgebildeter Rechtswissenschaftler und nach dem Zweiten Weltkrieg ein bedeutender SPD-Politiker.[34] *Schmid* hatte vor dem Krieg einige Erfahrung als Anwalt und Richter gesammelt und sich als Staats- und Völkerrechtler einen Namen gemacht. Aufgrund der Erfahrungen während des NS-Regimes beschritt er nach 1945 den „Weg aus dem Elfenbeinturm"[35] und wurde (partei-)politisch aktiv.[36] Große Bedeutung hatte sein Wirken im Parlamentarischen Rat (der 1948/49 das GG erarbeitet hat). *Schmid* zählt dabei zu den bedeutendsten „Vätern des Grundgesetzes"[37] (er war etwa Vorsitzender des Hauptausschusses des Parlamentarischen Rats); sein Engagement dort galt besonders der deutschen Einheit, den Grundlagen für ei-

---

[33] Vgl. die Fünf-Prozent-Sperrklauseln (auch: Fünf-Prozent-Hürden) für die Bundestagswahl, § 6 VI 1 1. Var. BWahlG, und für ein Landesparlament, z. B. Art. 39 II Verfassung von Berlin, § 18 1. Hs. BerlWahlG. Ihre Verfassungsmäßigkeit ist immer wieder Gegenstand verfassungsgerichtlicher Kontrollen: (1) Für die *Bundestagswahl* ist die Sperrklausel nach dem BVerfG verfassungsmäßig, vgl. BVerfGE 5, 77 (83, m. w. N.) sowie die Nachweise bei *Hebeler*, 40 Probleme aus dem Staatsrecht, 2. Aufl. 2008, S. 122, wobei jeweils auch auf *landes*rechtliche Fünf-Prozent-Sperrklauseln Bezug genommen worden ist. Teile der Literatur kritisieren dies mit Blick auf die veränderte demokratische und parlamentarische Kultur, vgl. *Achterberg/Schulte*, in: v. Mangoldt/Klein/Starck (Hrsg.), GG, Bd. 2, 6. Aufl. 2010, Art. 38, Rn. 136 f., sowie weitere Nachweise bei *Hebeler*, 40 Probleme aus dem Staatsrecht, 2. Aufl. 2008, S. 123. Die Frage ist ein klausurrelevanter Klassiker, die wesentlichen Argumente sollten bekannt sein. (2) Für die *Kommunalwahl* hingegen hat das BVerfG (damals als Landesverfassungsgericht für Schleswig-Holstein, vgl. Art. 99 GG, §§ 13 Nr. 10, 73-75 BVerfGG) eine Fünf-Prozent-Sperrklausel für (landes-)verfassungswidrig erklärt (BVerfGE 120, 82).
Entscheidend ist bei der Bewertung jeder Sperrklausel die konkrete Situation (Europaparlament, Bundestag, Landesparlament, Kommunalvertretung): Pauschalwertungen (Sperrklausel stets/nie verfassungswidrig) wären in der Klausur unvertretbar.

[34] Die Darstellung stützt sich auf folgende Werke: Kurzbiographie von *Weber*, Schmid, Carlo, in: Historische Kommission bei der Bayerischen Akademie der Wissenschaften/Bayerische Staatsbibliothek (Hrsg.), Neue Deutsche Biographie, Bd. 23 (2007), S. 151 f., online verfügbar unter http://daten.digitale-sammlungen.de/~db/0001/bsb00019558/images/index.html?id=00019558&fip=eayasdaseayaxdsydeneayaxdsydeayaeayaeayaxs&no=1&seite=171 (zuletzt abgerufen am 1.12.2011); Schroeder, Vom Sachsenspiegel zum Grundgesetz – Eine deutsche Rechtsgeschichte in Lebensbilder, 2. Aufl. 2011, S. 225 ff. (Carlo Schmid [1896-1979] – Vordenker der Bundesrepublik Deutschland; m. w. N. S. 252); *Schmids* Bedeutung für Europa (insb. die Möglichkeit der Kompetenzübertragung von Hoheitsrechten auf inter-/supranationale Organisationen) steht im Vordergrund bei *Schroeder*, Carlo Schmid (1896-1979) – Ein deutscher Europäer, in: Beckmann et al. (Hrsg.), Eine Verfassung für Europa, 2. Aufl. 2005, S. 21 ff.

[35] *Carlo Schmid*, Erinnerungen, 1979, S. 213.

[36] Höchst eindrucksvoll die Auseinandersetzung mit sich selbst: Er und seinesgleichen seien Schuld daran, dass sich das Volk 1933 habe täuschen lassen, weil sie sich zu gut für aktive (partei-)politische Arbeit gewesen seien: „Wenn du nicht wieder schuldig werden willst, sagte ich mir, wirst du dein Leben ändern müssen. [...] Ich werde also in die Politik gehen müssen." Denn: „Pure Betrachtung gibt dem Leben keinen Sinn. Sinn ist allein, wo einer das durch Betrachtung Begriffene ergreift und nach den Notwendigkeiten der Zeit in Taten umsetzt, die die Nöte der Zeit zu wenden vermögen." Freilich: „Ich wußte, daß politische Arbeit für Deutschland mich auf ein steiniges Feld führen würde, das die Musen bei uns zulande meiden und die Menschen nicht achten. [...] Aber es ist der Bauplatz, auf dem ein Volk so in Verfassung gebracht werden kann, daß es den Mut zu sich selber, den Mut, zur Nation zu werden, zu finden vermag. [...] So wird man zum Patrioten und Weltbürger zugleich." *Carlo Schmid*, Erinnerungen, 1979, S. 216 ff.

[37] Zu den vier „Müttern" s. das *obiter dictum* zu *Elisabeth Selbert* m. w. N. in Klausur 9: School's Out, S. 415.

ne stabile parlamentarische Demokratie und der europäischen Integration. Auch nach dieser Zeit blieb er bundespolitisch aktiv (Bundestagsabgeordneter 1949-1972; Bundesminister 1966-1969), wobei ihm die europäische Einbindung Deutschlands und die Aussöhnung mit Israel, Frankreich und Polen besonders am Herzen lagen.
Aus vielerlei Gründen lesenswert sind seine *Erinnerungen* (1979)[38].

Exkurs I: Die Mandatsverteilung nach dem BWahlG, oder: Wie Überhangmandate entstehen

A. Nach dem BWahlG in der bis zum 2.12.2011 geltenden Fassung

Um zu begreifen, wie Überhangmandate entstehen, muss die Mandatsverteilung nach dem BWahlG verstanden werden[39]. Gem. § 1 I 2 BWahlG wird der Bundestag gewählt nach den „Grundsätzen einer mit Personenwahl verbundenen Verhältniswahl". Es werden also zwei Wahltypen kombiniert: (Personenwahl nach einer) Mehrheitswahl und Verhältniswahl. Diese Kombination wird dadurch umgesetzt, dass gem. § 4 BWahlG jeder Wähler zwei Stimmen hat: die Erststimme für einen Wahlkreiskandidaten (einfache Mehrheitswahl, vgl. § 5 BWahlG), die Zweitstimme für die (Landes-)Liste einer Partei (Verhältniswahl, vgl. § 6 II 1 BWahlG). Nun werden aber nicht etwa 299 Abgeordnete per Mehrheitswahl und 299 Abgeordnete per Verhältniswahl gewählt (das wäre das sog. Grabensystem). Vielmehr findet eine Verhältniswahl statt, die grundsätzlich die *Zahl* der Mandate einer Partei bestimmt; nur über die personelle Zusammensetzung der (im Idealfall) Hälfte dieser Mandate (vgl. § 1 II BWahlG) wird in Form einer Mehrheitswahl entschieden. Anders formuliert: Mit der Zweitstimme bestimmt man, *wie viele* Mandate eine Partei erhält, mit der Erststimme bei der Hälfte der zu vergebenden Mandate, *wer (welches Parteimitglied)* eines davon erhält.

Vereinfacht (u. a. unter Ausblendung der Fünf-Prozent-Sperrklausel und der Grundmandatsklausel, § 6 VI 1 1. bzw. 2. Var. BWahlG) läuft die Verteilung der Mandate wie folgt ab:[40]

Oberverteilung Schritt 1: Der Wähler gibt sein Zweitstimme zwar für die *Landesliste* einer Partei ab (§ 4 BWahlG), die einzelnen Landeslisten einer Partei gelten allerdings grundsätzlich als verbunden, § 7 I BWahlG a. F. (Quasi-Bundesliste). Nun werden alle Zweitstimmen, die für die Quasi-Bundesliste einer Partei abgegeben worden sind, zusammengezählt, §§ 7 I, II i. V. m. 6 I 1 BWahlG a. F.

---

[38] *Carlo Schmid*, Erinnerungen (Bd. 3 der Gesammelten Werke), 1979.
[39] Vgl. auch die Darstellungen von *Ipsen*, Staatsrecht I, 23. Aufl. 2011, Rn. 107 ff.; BVerfGE 121, 266 (270 ff.) – negatives Stimmgewicht und *Schreiber*, BWahlG, 8. Aufl. 2009, § 6, Rn. 4 ff.
[40] Nochmals: Darstellung nach dem alten Wahlrecht!

Diese Addition wird für jede Partei-Listenverbindung vorgenommen. Addiert man zuletzt die jeweilige Zweitstimmenzahl aller Parteien, ergibt sich daraus die Gesamtzahl der zu berücksichtigenden Zweitstimmen.

> **Beispiel:** 2.000.000 Zweitstimmen für die Y-Partei aus Baden-Württemberg plus 3.000.000 Zweitstimmen für die Y-Partei aus Nordrhein-Westfalen, plus [...];
> 1.000.000 Zweitstimmen für die Z-Partei aus Baden-Württemberg plus 1.000.000 Zweitstimmen für die Z-Partei aus Nordrhein-Westfalen, plus [...].
> Ergebnis: die Quasi-Bundesliste der Y-Partei kommt auf 9.000.000 Zweitstimmen; die Quasi-Bundesliste der Z-Partei kommt auf 7.000.000 Zweitstimmen, usw. Insgesamt wurden für alle Parteien 40.000.000 Zweitstimmen abgegeben.

Oberverteilung Schritt 2: Man weiß also bisher: es sind 598 Mandate (§ 1 I 1 BWahlG) auf eine Gesamt-Zweitstimmenanzahl von 40.000.000 zu verteilen. Teilt man die Gesamt-Zweitstimmenzahl durch 598, ergibt sich, wie viele Zweitstimmen für ein Mandat benötigt werden, vgl. §§ 7 I, II i. V. m. 6 II BWahlG a. F.[41] Diesen „Zuteilungsdivisor" kann man als *Oberverteilungs-Divisor* bezeichnen.

> **Beispiel:** 40.000.000 Gesamt-Zweitstimmen geteilt durch 598 = (gerundet) 66.890 (Oberverteilungs-Divisor)

Oberverteilung Schritt 3: Nun wird die Gesamtzahl der Mandate einer Partei auf Quasi-Bundesebene berechnet (sog. Bundesproporz): Die Gesamt-Zweitstimmenzahl der Y-Partei wird durch den Oberverteilungs-Divisor geteilt, um die Gesamtzahl der Mandate zu bestimmen, §§ 7 I, II i. V. m. 6 II BWahlG a. F.

> **Beispiel:** 9.000.000 Zweitstimmen geteilt durch den Oberverteilungs-Divisor von 66.890 = (abgerundet) 135 Mandate, die der Y-Partei als Bundesproporz zustehen. Dasselbe wird auch für Z-Partei durchgeführt usw.

Unterverteilung Schritt 1: Nun wird dieser Bundesproporz jeder Partei auf ihre (als verbunden geltenden) Landeslisten verteilt (§§ 7 III 1 i. V. m. 6 II BWahlG a. F.). Dazu wird ein neuer Zuteilungsdivisor gebildet, indem die Gesamtzahl aller Zweitstimmen der Partei geteilt wird durch die Zahl der Mandate nach Bundesproporz. Man kann hier von *Unterverteilungs-Divisor* sprechen.

---

[41] Dieses mathematische Verfahren wird als Divisorverfahren (oder auch: Sainte-Laguë/Schepers-Verfahren) bezeichnet. Dazu und zu alternativen Berechnungsmethoden *Schreiber*, BWahlG, 8. Aufl. 2009, § 6, Rn. 8 ff.

> **Beispiel:** 9.000.000 Stimmen für die Y-Partei geteilt durch 135 Mandate (Bundesproporz) = (gerundet) 66.667 (Unterverteilungs-Divisor)

Unterverteilung Schritt 2: Nun wird der Anteil jeder Landesliste am Bundesproporz (sog. Landesproporz) berechnet, indem die Zahl der Zweitstimmen jeder Landesliste durch den Unterverteilungs-Divisor geteilt wird, vgl. §§ 7 III 1 i. V. m. 6 II BWahlG a. F.

> **Beispiel:** In Baden-Württemberg sind für die Landesliste der Y-Partei 2.000.000 Zweitstimmen abgegeben worden, geteilt durch den Unterverteilungs-Divisor von 66.667 = (aufgerundet) 30 Mandate: die baden-württembergische Y-Partei darf also 30 Abgeordnete in den Bundestag entsenden.
>
> In Nordrhein-Westfalen wurden 3.000.000 Zweitstimmen für die Y-Partei abgegeben, geteilt durch 66.667 = (aufgerundet) 45 Sitze, usw.

Unterverteilung Schritt 3: Nun wird ermittelt, welche Personen in den Bundestag gewählt worden sind: Zunächst wird von der Zahl des Landesproporzes die Zahl der erfolgreichen Wahlkreiskandidaten der Partei in diesem Land abgezogen, §§ 7 III 2 i. V. m. 6 IV 1 BWahlG a. F.: Diese Wahlkreisabgeordneten haben ihr Mandat ja schon errungen, gehören also schon dem Kontingent (Landesproporz) an. Die verbleibende Zahl ergibt die Zahl der Mandate, die von der Landesliste besetzt werden, §§ 7 III 2 i. V. m. 6 IV 2 BWahlG a. F.

> **Beispiel:** In Baden-Württemberg haben zehn Wahlkreiskandidaten der Y-Partei gesiegt. Damit kann die Y-Partei in Baden-Württemberg noch 20 Mandate besetzen (30 Mandate nach Unterverteilung Schritt 2 minus 10 Wahlkreismandate = 20 Mandate). Diese werden an die Kandidaten auf der Landesliste nach ihrer Reihenfolge verteilt.

Dabei kann es unter folgenden Umständen zu einem **Überhangmandat** kommen:

> **Beispiel:** In Nordrhein-Westfalen haben *46* Wahlkreiskandidaten der Y-Partei gesiegt. Nach Unterverteilung Schritt 2 darf die nordrhein-westfälische Y-Partei allerdings eigentlich nur *45* Sitze besetzen. Das bedeutet: Die nordrhein-westfälische Y-Partei hat ein Wahlkreismandat mehr erhalten als ihr nach ihrem Landesproporz zusteht. Eine Lösungsmöglichkeit bestünde darin, einen Wahlkreissieger *nicht* in den Bundestag einziehen zu lassen, damit der Landesproporz (und damit der Bundesproporz, d. h. das Verhältnis aller Parteien zueinander, gemessen am jeweiligen Zweitstimmenergebnis) gewahrt bleibt. Das BWahlG hat sich in §§ 7 III 2 BWahlG a. F. i. V. m. 6 V BWahlG gegen diese Lösung entschieden: der zusätzliche Sitz *verbleibt* der Y-Partei als **Überhangmandat**!
>
> Im Beispiel ziehen alle 46 Wahlkreissieger der Y-Partei in den Bundestag (allerdings *kein* weiterer Kandidat über die nordrhein-westfälische Y-Partei-Landesliste). Scheidet einer der nordrhein-westfälischen Y-Abgeordneten später aus dem Bundestag aus, darf kein Kandidat von der Landesliste nach-

rücken, da mit dem Ausscheiden das Verhältnis aller Zweitstimmen zueinander erreicht ist. Es darf also kein neues Überhangmandat geschaffen werden, s. § 48 I 2 BWahlG[42].

B. Nach dem BWahlG in der seit dem 3.12.2011 geltenden Fassung

Das Verfahren der Mandatsverteilung hat sich durch das Neunzehnte Gesetz zur Änderung des Bundeswahlgesetzes vom 25.11.2011 grundlegend verändert. Allerdings findet nach wie vor ein zweistufiges Verfahren Anwendung. Möchte man nach wie vor von Oberverteilung und Unterverteilung sprechen, stellt sich das Verteilungsverfahren zukünftig dar wie folgt:

Oberverteilung: Die Zweitstimmen, die für alle Parteien in einem Land abgegeben worden sind, werden ins Verhältnis zu allen Zweitstimmen insgesamt gesetzt. Bei der Oberverteilung konkurrieren also nicht mehr die Parteien, sondern die Länder miteinander.

Unterverteilung: Die Mandate, die ein Land nach der Oberverteilung „landesintern" verteilen kann, werden nach dem Zweitstimmenanteil bestimmt, die jede Landesliste einer Partei erhalten hat. Auch dabei können Überhangmandate entstehen.

Im Einzelnen erfolgt die Berechung dabei wie folgt.

Oberverteilung Schritt 1: Der Wähler gibt sein Zweitstimme nach wie vor für die *Landes*liste einer Partei ab (§ 4 BWahlG). Die Zweitstimmen aller Landeslisten werden nun addiert, § 6 I 3 BWahlG. Daraus ergibt sich die Gesamtzahl der zu berücksichtigenden Zweitstimmen.

> **Beispiel:** 2.000.000 Zweitstimmen für die Y-Partei aus Baden-Württemberg plus 1.000.000 Zweitstimmen für die Z-Partei aus Baden-Württemberg plus [...];
> 3.000.000 Zweitstimmen für die Y-Partei aus Nordrhein-Westfalen plus 1.000.0000 Zweitstimmen für die Z-Partei aus Nordrhein-Westfalen plus [...].
> Ergebnis: Insgesamt wurden für alle Landeslisten in allen Ländern 40.000.000 Zweitstimmen abgegeben, davon 10.000.000 für baden-württembergische Landeslisten, 5.000.000 für nordrhein-westfälische Landeslisten usw.

Oberverteilung Schritt 2: Man weiß also bisher: es sind 598 Mandate (§ 1 I 1 BWahlG) auf eine Gesamt-Zweitstimmenanzahl von 40.000.000 zu verteilen. Teilt man die Gesamt-Zweitstimmzahl durch 598, ergibt sich, wie viele Zweitstimmen für ein Mandat benötigt werden, vgl. §§ 6 I 1 i. V. m. II 2-7 BWahlG. Diesen „Zuteilungsdivisor" kann man nach wie vor als *Oberverteilungs-Divisor* bezeichnen.

---

[42] Positivierung von BVerfGE 97, 317 (317) – Nachrücken bei Überhangmandat.

> **Beispiel:** 40.000.000 Gesamt-Zweitstimmen geteilt durch 598 = (gerundet) 66.890 (Oberverteilungs-Divisor)

Oberverteilung Schritt 3: Nun wird die Gesamtzahl der Mandate berechnet, die ein *Land* nach seinem Zeitstimmenanteil besetzen darf: Die Gesamt-Zweitstimmenzahl aller Landeslisten eines Landes wird durch den Oberverteilungs-Divisor geteilt, um die Gesamtzahl der Mandate zu bestimmen, § 6 I 1 i. V. m. 6 II BWahlG.

> **Beispiel:** Baden-Württemberg: 10.000.000 Zweitstimmen geteilt durch den Oberverteilungs-Divisor von 66.890 = (abgerundet) 149 Mandate, die Baden-Württemberg besetzen darf. Dasselbe wird auch für Nordrhein-Westfalen durchgeführt usw.

Unterverteilung Schritt 1: Nun werden die Mandate, die jedes Land besetzen darf, an die jeweiligen Landeslisten verteilt. Dazu wird ein neuer Zuteilungsdivisor gebildet, indem die Gesamtzahl aller Zweitstimmen des Landes geteilt wird durch die Zahl der Mandate, die dieses Land nach der Oberverteilung vergeben darf, § 6 II BWahlG. Man kann hier von *Unterverteilungs-Divisor* sprechen.

> **Beispiel:** 10.000.000 Zweitstimmen in Baden-Württemberg geteilt durch 149 Mandate = (gerundet) 67.114 (Unterverteilungs-Divisor)

Unterverteilung Schritt 2: Nun wird der Anteil jeder Landesliste berechnet, indem die Zweitstimmen jeder Landesliste durch den Unterverteilungs-Divisor geteilt wird, § 6 II BWahlG.

> **Beispiel:** In Baden-Württemberg sind für die Landesliste der Y-Partei 2.000.000 Zweitstimmen abgegeben worden, geteilt durch den Unterverteilungs-Divisor von 67.114 = (aufgerundet) 30 Mandate: die baden-württembergische Y-Partei darf also 30 Abgeordnete in den Bundestag entsenden.
>
> In Baden-Württemberg sind für die Landesliste der Z-Partei 1.000.000 Zweitstimmen abgegeben worden, geteilt durch den Unterverteilungs-Divisor von 67.114 = (aufgerundet) 15 Mandate: die baden-württembergische Z-Partei darf also 15 Abgeordnete in den Bundestag entsenden.

Unterverteilung Schritt 3: Nun wird ermittelt, welche Personen in den Bundestag gewählt worden sind: Zunächst wird von der Zahl der Mandate, die eine Partei in einem Land nach Unterverteilung Schritt 2 besetzen darf, die Zahl der erfolgreichen Wahlkreiskandidaten der Partei in diesem Land abgezogen, § 6 IV 1 BWahlG: diese Wahlkreisabgeordneten haben ihr Mandat ja schon errungen, gehören also schon dem Landeskontingent der Partei an. Die verbleibende Zahl ergibt die Zahl der Mandate, die von der Landesliste besetzt werden, § 6 IV 2 BWahlG.

> **Beispiel:** In Baden-Württemberg haben zehn Wahlkreiskandidaten der Y-Partei gesiegt. Damit kann die Y-Partei in Baden-Württemberg noch 20 Mandate besetzen (30 Mandate nach Unterverteilung Schritt 2 minus 10 Wahlkreismandate = 20 Mandate). Diese werden an die Kandidaten auf der Landesliste nach ihrer Reihenfolge verteilt.
> Dasselbe wird auch für die anderen Parteien in Baden-Württemberg durchgeführt.

Dabei kann es nach wie vor unter folgenden Umständen zu einem **Überhangmandat** kommen, vgl. § 6 V BWahlG:

> **Beispiel:** Die Z-Partei hat in Baden-Württemberg in 16 Wahlkreisen gesiegt. Nach Unterverteilung Schritt 2 darf die Z-Partei allerdings eigentlich nur 15 Sitze besetzen. Der zusätzliche Sitz verbleibt ihr gem. § 6 V BWahlG aber als Überhangmandat. Die Z-Partei kann in Baden-Württemberg also auch hier keinen Kandidaten der Landesliste nach Berlin entsenden. Auch § 48 I 2 BWahlG gilt unverändert.

Exkurs II: Die Entstehung von negativem Stimmgewicht

Mit „negativem Stimmgewicht" (oder inversivem Erfolgswert) bezeichnet man ein paradoxes Phänomen: Der Zweitstimmen*zuwachs* einer Partei in einem Bundesland führt zu einem Mandats*verlust* derselben Partei in einem anderen Bundesland. Folglich erleidet die Partei *insgesamt* einen Mandatsverlust.[43] Umgekehrt kann auch ein Verlust an Zweitstimmen zu einem Zuwachs an Mandaten führen.[44]

Dazu ist es nach dem bis zum 2.12.2011 geltenden BWahlG gekommen aufgrund der in § 7 BWahlG a. F. angeordneten Verbindung der Landeslisten der Parteien i. V. m. der zweistufigen Mandatsverteilung, die das Entstehen von ausgleichslosen Überhangmandaten zulässt (§§ 7 I, II i. V. m. 6 BWahlG; §§ 7 III i. V. m. 6 II, IV, V BWahlG a. F.).

Diese Paradoxie verletzt nach BVerfGE 121, 266 die Grundsätze der Gleichheit und der Unmittelbarkeit der Wahl.[45]

Es folgt eine Darstellung, wie es zu negativem Stimmgewicht nach dem alten Wahlrecht gekommen ist, unterstützt durch eine Graphik. Dabei wird zur Vereinfachung davon ausgegangen, dass die Bundesrepublik nur aus zwei Bundesländern (A und B) besteht. Die Graphik ist sinnvollerweise zu lesen in der Reihenfolge: Oberverteilung *vor* der Nachwahl; Oberverteilung *nach* der Nachwahl; Unterverteilung ohne Überhangmandat *vor* der Nachwahl; Unterverteilung ohne Überhangmandat *nach* der Nachwahl; Unterverteilung mit Überhangmandat *vor* der Nachwahl; Unterverteilung mit Überhangmandat *nach* der Nachwahl.

---

[43] Den Juristen wurde dieses Phänomen aufgezeigt von *Hans Meyer*, Der Überhang und anderes Unterhaltsame aus Anlaß der Bundestagswahl 1994, KritV 1994, 312 (321 f.).
[44] Die folgende Darstellung beschränkt sich auf die erste Konstellation. Zum Entstehen von negativem Stimmgewicht s. auch die Darstellung bei BVerfGE 121, 266 (274 ff.).
[45] Zur rechtlichen Bewertung ausführlich die Beantwortung von Frage 2 b).

206 Klausur 3

Vor der Nachwahl

Oberverteilung:

a) Oberverteilungs-Divisor[46] finden:
Zweitstimmen aller Parteien geteilt durch 598 zu vergebende Sitze

Beispiel: 2.990.000 Zweitstimmen aller Parteien geteilt durch 598 → Oberteilungs-Divisor = 5.000

b) Berechnung der Mandate einer Partei, quasi auf Bundesebene (Bundesproporz): alle Zweitstimmen dieser Partei geteilt durch den Oberverteilungs-Divisor

Beispiel: Bundesproporz der Y-Partei: 1.200.000 Zweitstimmen der Y-Partei aus der Addition von 1.000.000 Y-Partei-Zweitstimmen aus dem Land A plus 200.000 aus dem Land B
→ 1.200.000 geteilt durch 5.000 = 240 Sitze (von 598)

2.990.000 Zweitstimmen insgesamt	davon 1.200.000 Zweitstimmen für die Y-Partei
598 Sitze insgesamt	davon 240 Sitze für die Y-Partei

Nach der Nachwahl

Es findet nun in Land B eine Nachwahl statt. Dabei erhält (nur) die Y-Partei 4.000 weitere Stimmen.

Oberverteilung:

a) Oberverteilungs-Divisor finden

Beispiel: 2.994.000 Zweitstimmen aller Parteien geteilt durch 598 → Oberteilungs-Divisor = 5.006,68

b) Bundesproporz aller Parteien

Beispiel: Bundesproporz der Y-Partei: 1.204.000 geteilt durch 5.006,68 = 240 Sitze (von 598)

2.994.000 Zweitstimmen insgesamt	davon 1.204.000 Zweitstimmen für die Y-Partei
598 Sitze insgesamt	davon 240 Sitze für die Y-Partei

Wichtig: Die Gesamtzahl der Sitze, die der Y-Partei auf der Quasi-Bundesebene bei der Oberverteilung zustehen, hat sich hier nicht verändert. Das liegt an der notwendigen Vergrößerung, die entsteht, wenn mehr Stimmen als Sitze vorhanden sind (also immer).

---

[46] Der Oberverteilungs-Divisor gibt an, wie viele Zweitstimmen die X-Partei erhalten haben muss, um eines der Mandate zu erringen, das der Bundestag zu vergeben hat.

[47] Der Unterverteilungs-Divisor gibt an, wie viele Zweitstimmen die X-Partei eines Landes erhalten haben muss, um eines der Mandate zu erringen, die die Partei nach der Oberverteilung zu vergeben hat.

Unterverteilung:

a) Unterverteilungs-Divisor[47] finden: alle Zweitstimmen einer Partei geteilt durch die Anzahl der nach Bundesproporz zustehenden Sitze

Beispiel: 1.200.000 geteilt durch 240 → Unterverteilungs-Divisor = 5.000

b) Berechnung der Mandate der Y-Partei des Landes A (Landesproporz): Zweitstimmen einer Partei eines Landes geteilt durch den Unterverteilungs-Divisor

Beispiel: 1.000.000 Y-Zweitstimmen in A geteilt durch 5.000 = 200 Sitze (von 240); 200.000 Y-Zweitstimmen in B geteilt durch 5.000 = 40 Sitze (von 240)

240 Sitze der Y-Partei insgesamt	
200 Sitze der Y-Partei in A	40 Sitze der Y-Partei in B

Unterverteilung bei Vorliegen eines Überhangmandats

Nun sei die Situation gegeben, dass in B die Y-Partei 1 Überhangmandat erhalten hat: Obwohl der Y-Partei also nach Zweitstimmen insgesamt nur 240 Mandate zustehen, kann sie nun 241 Sitze besetzen. Das ist das allgemeine Problem der Überhangmandate, vgl. § 6 V 1 BWahlG. Damit stellt sich die Situation dar wie folgt.

240 Sitze der Y-Partei insgesamt		
200 Sitze der Y-Partei in A	40 Sitze der Y-Partei in B	1 ÜM in B

Ergebnis: Mit 1.200.000 Zweitstimmen erhält die Y-Partei infolge der Überhangmandats-Zulässigkeit **241 Sitze**.

Unterverteilung:

a) Unterverteilungs-Divisor finden

Beispiel: 1.204.000 geteilt durch 240 → Unterverteilungs-Divisor = 5.016,66

b) Berechnung der Landesproporze der Y-Partei

Beispiel: 1.000.000 Y-Zweitstimmen in A geteilt durch 5.016,66 = 199 Sitze (von 240); 204.000 Y-Zweitstimmen in B geteilt durch 5.016,66 = 41 Sitze (von 240)

240 Sitze der Y-Partei insgesamt	
199 Sitze der Y-Partei in A	41 Sitze der Y-Partei in B

Soweit hat sich *im Ergebnis* also nichts verändert. Des einen Landes Gewinn ist des anderen Landes Verlust: in A wurden die errungenen Zweitstimmen eben durch einen größeren Divisor geteilt, damit hat eben das Land A relativ weniger zu den gesamten Zweitstimmen der Y-Partei beigetragen.

Unterverteilung bei Vorliegen eines Überhangmandats und negativem Stimmgewicht

Bei der Nachwahl tritt nun das Problem des negativen Stimmgewichts auf: Das Überhangmandat der Y-Partei in B „verschwindet". Der Landesproporz in B beträgt nämlich 41 statt wie bisher 40 Sitze. Das 41. Mandat ist also kein zusätzliches Mandat (Überhangmandat) mehr wie vor der Nachwahl, sondern ein „reguläres", das dem Landesproporz entspricht. Zugleich werden aus A aber nur noch 199 Abgeordnete mandatiert.

240 Sitze der Y-Partei insgesamt	
199 Sitze der Y-Partei in A	41 Sitze der Y-Partei in B

Ergebnis: Mit 1.204.000 Stimmen, also mehr Zweitstimmen als vor der Nachwahl, erhält die Y-Partei „nur"[48] **240 Sitze**. Da die Y-Partei in Land B zwar ein weiteres reguläres Mandat besetzen darf, ihr Überhangmandat aber verloren hat und zugleich auch das Land A wegen des nun höheren Unterverteilungs-Divisors einen Sitz verloren hat, verliert die Y-Partei *insgesamt* einen Sitz. Wer dies vor der Nachwahl berechnet und die Y-Partei fördern möchte, sollte als Nachwähler in B die Y-Partei aus wahlrechtstaktischen Gründen *nicht* wählen.

---

[48] Es entbehrt nicht einer gewissen Ironie, dass die Y-Partei ja nun genau so viele Mandate besetzen darf, wie ihr nach dem Zweitstimmenverhältnis eigentlich zukommt. Insoweit besteht ja eigentlich der gewünschte Zustand. Nur stellt es eben eine Verschlechterung gegenüber dem *status quo ante* dar, bei dem die X-Partei in den Genuss von Überhangmandaten gekommen ist...

Lösungsskizze

Frage 1

OS mit Prüfungsmaßstab: Mandatsverteilung rechtmäßig, wenn kein Verstoß gegen Wahlrecht irgendeiner Stufe (untergesetzliche Vorschriften/BWahlO, einfaches Gesetz/BWahlG, GG)

A. Verstoß gegen einfaches Recht
- OS: 50% aller abgegebenen Stimmen erhalten, aber 50,57% der Mandate: möglicher Verstoß gegen einfaches Wahlrecht
- BWahlO enthält keine eigenen Vorgaben, § 78 I 3, 4 BWahlO verweist nur auf BWahlG, damit kein Verstoß gegen BWahlO
- Verstoß gegen §§ 7 III 1 i. V. m. 6 II 1, 2, 5-7 BWahlG, da Landesproporz überschritten? aber: Umrechnung nach §§ 7 III 2 i. V. m. 6 V 1, 2 2. Hs. BWahlG; § 6 V 2 1. Hs. BWahlG ordnet Verbleib der überzähligen Mandate an: Überhangmandat, kein Verstoß gegen BWahlG
→ kein Verstoß gegen einfaches Recht

B. Verstoß gegen Verfassungsrecht
- ausgleichslose Überhangmandate könnten verfassungswidrig sein

I. Verletzung der Gleichheit der Wahl
- Stimme, die zu Überhandmandat beiträgt, hat größeres Gewicht als Stimme, die das nicht tut
- mögliche Verletzung der Gleichheit der Wahl nach Art. 38 I 1 GG
- fraglich: welche Vorgaben macht Art. 38 I 1 GG; jdf.: Gleichheit im strengen und formalen Sinn
- aber: Art. 38 III GG: gesetzgeberische Gestaltungsfreiheit des Wahlsystems → keine abstrakte Vorgabe, was Wahlgleichheit erfordert, sondern nur in Bezug zum konkreten Wahlsystem zu bestimmen
1. Wahlsystem nach dem BWahlG
   - § 1 I 2 BWahlG: Kombination von Elementen von Personenwahl (durch Mehrheitswahl) und Verhältniswahl
   a) Mehrheitswahl
      - § 5 S. 2 BWahlG: Stimmen für nicht siegreichen Wahlbewerber haben keinen Erfolg
      - P: zeitigt Mehrheit der Stimmen keinen Erfolg = undemokratisch, damit verfassungswidrig?
        o Art. 38 I 2, 21 I 3 GG: verfassungsrechtliche Legitimität wegen Betonung der Persönlichkeit des Bewerbers: Mehrheitswahl daher demokratisch
   b) Verhältniswahl
      - Zweitstimmenverhältnis entscheidet, (§ 7 III 1 i. V. m.) § 6 II BWahlG
      - verfassungsrechtlich legitimiert wegen Art. 21 I 1 GG (Parteienunterstützung)
      - aber: mathematisch notwendige Umrechnungsunschärfe besteht, damit haben manche Stimmen keinen Erfolgsanteil
2. Dimensionen der Wahlgleichheit
   - weder bei Mehrheits- noch bei Verhältniswahl hat jede Stimme den exakt gleichen Anteil an einem Mandat; dies hat Bedeutung für die Bestimmung der Wahlgleichheit
   → *Zählwert*gleichheit gilt für jede Stimme
   - hinsichtlich des Erfolgs ist nach Wahlsystemen zu unterscheiden: Erfolgs*chancen*gleichheit bei *Mehrheitswahl*, Erfolgs*wert*gleichheit bei *Verhältniswahl*
3. Wahlgleichheit bei ausgleichslosen Überhangmandaten
   - Zählwertgleichheit gewahrt
   - P: sind Überhangmandate an Erfolgschancengleichheit oder Erfolgswertgleichheit zu messen?

a) Überhangmandate als Ausdruck eines echten Mischsystems
   aa) Einordnung von Überhangmandaten in ein echtes Mischsystem
      – vorgeschaltete Mehrheitswahl (§§ 7 III 2 i. V. m. 6 IV 1 BWahlG) könnte Verhältniswahlsystem derart modifizieren, dass nicht mehr alleinig die Erfolgswertgleichheit anzuwenden ist
      – mit dieser Norm hat Gesetzgeber sich dafür entschieden, Zweitstimmenanteil nicht zum alleinigen Maßstab für das Verteilungssystem zu machen
      – Überhangmandat resultiert dann als Direktmandat aus einer (dem Verhältnisausgleich) vorgeschalteten Mehrheitswahl
   bb) Verfassungsmäßigkeit von Überhangmandaten
      – Mehrheitswahl = Erfolgschancengleichheit; gleiche Erfolgschance nur, wenn alle Wahlkreise annähernd gleich groß sind; geltendes Wahlrecht: (+)
      – Verstoß gegen Erfolgschancengleichheit wegen mehrfacher Erfolgsmöglichkeit bei Überhangmandat? dagegen: jeder hat gleiche Chance, zu Überhangmandat beizutragen → keine Gleichheitsverletzung
      – quantitative Grenze der Überhangmandate: wenn Mandatsverteilung nicht mehr den Grundcharakter der in § 1 I 2 BWahlG angeordneten Verhältniswahl wahrt; mögliche Grenze: fünfprozentige Abweichung (vgl. § 6 VI 1 1. Var. BWahlG); wie für Wahl 2010 zu erwarten: 1,2% Überhangmandate, deutlich unter Grenze
   cc) Zwischenergebnis
      – nach dieser Qualifizierung der Überhangmandate verstoßen die Überhangmandate der Wahl 2010 nicht gegen die Gleichheit der Wahl
b) Überhangmandate als Ausdruck einer Ausnahme vom Verhältniswahlsystem
   – andere Auslegung des BWahlG: Mehrheitswahl schafft kein Mischsystem, sondern ist als Ausnahme von der Verhältniswahl zu qualifizieren
   aa) Einordnung von Überhangmandaten in ein Verhältniswahlsystem
      – Überhang ergibt sich nicht aus Wahlkreisabgeordneten (deren Zahl liegt unverändert bei 299), sondern aus Landesliste → Überhangmandat = außerhalb des Proporzes zugeteiltes Listenmandat
   bb) Verfassungsmäßigkeit von Überhangmandaten
      – Überhangmandate werden damit weder nach Regeln der Mehrheitswahl noch nach Regeln der Verhältniswahl vergeben
      – aber: jeder Wähler hat gleiche Chance, zu Überhangmandat beizutragen; contra: (1) keine Rechtfertigung für Erfolgs*wert*ungleichheit; (2) es geht um Stimmengleichgewicht, nicht gleiches Stimmenungleichgewicht
      → Verstoß gegen (strenge und formale) Wahlgleichheit
      – Rechtfertigung nur durch besonderen, sachlich legitimierten „zwingenden" Grund möglich
         (1) Rechtfertigung wegen besonderer Wahlkreisbindung
            – grundsätzlich ist besondere Verbindung von Abgeordnetem und Wähler wegen Art. 38 I 2 GG anzuerkennen
            – aber: Anreiz kann nicht in die Wahlgleichheit verletzendem Überhangmandat liegen; außerdem Ausgleichsmandate denkbar, so dass Wahlkreisverbindung erhalten bleibt und Proporz genügt wird
            → keine Rechtfertigung
         (2) Zulässigkeit wegen quantitativer Entsprechung der notwendigen Umrechnungsunschärfe
            – Umrechnung der Zweitstimmen auf kleinere Anzahl von Mandaten führt zu (ausgleichsloser) mathematisch notwendiger Umrechnungsunschärfe
            – im selben Verzerrungsumfang sind Überhangmandate hinzunehmen
            – Subs: Überhangmandate halten sich, wie zu erwarten war, in diesem Bereich
   cc) Zwischenergebnis
      – sieht man Überhangmandate als Ausnahme von einem Verhältniswahlsystem, sind (wie zu erwarten war) Überhangmandate dennoch nur in einer hin-

zunehmenden Zahl aufgetreten; sie verletzten damit nicht die Erfolgswertgleichheit
- c) Zwischenergebnis: Verfassungsmäßigkeit von Überhangmandaten nach den beiden Qualifikationen des Wahlrechts
  - beide Qualifikationen des BWahlG hinsichtlich der Überhangmandate führen im Ergebnis dazu, dass ausgleichslose Überhangmandate (wie zu erwarten) bei der Wahl 2010 in einer Zahl angefallen sind, die hinzunehmen ist
  - ausgleichslose Überhangmandate verstoßen daher nicht gegen den Grundsatz der Gleichheit der Wahl
- II. Verletzung der Unmittelbarkeit der Wahl
  - Def: Verbot einer Instanz zwischen Wähler und Wahlbewerber nach Wahlhandlung, die nach ihrem Ermessen die Abgeordneten auswählt
  - Subs: Überhangmandate entstehen durch vorher festgelegtes Wahlverfahren
  - ZwE: keine Verletzung der Unmittelbarkeit der Wahl

C. Ergebnis

Auftritt von Überhangmandaten bei der Bundestagswahl 2010 verfassungsmäßig, damit Mandatsverteilung insgesamt rechtmäßig

Frage 2 a)

- negatives Stimmgewicht/inverser Erfolgswert: Paradoxie, bei der Zweitstimmenzuwachs für eine Partei in einem Land zu Mandatsverlust derselben Partei in einem anderen Land führt
- Grund: Verbindung der Landeslisten einer Partei i. V. m. zweistufiger Mandatsverteilung nach BWahlG (§§ 7 I, II i. V. m. 6 BWahlG; §§ 7 III i. V. m. 6 II, IV, V BWahlG)
- Bsp.: Nachwahl (§ 43 BWahlG) in B, bei der Y-Partei Zweitstimmenzuwachs erhält:
  - Oberverteilung: alle Landeslisten der Y-Partei gelten als verbunden (§ 7 I BWahlG) und als eine Liste (§ 7 II BWahlG); Bundesproporz ergibt sich aus Verhältnis aller Zweitstimmen der Y-Partei zu den Zweitstimmen aller Parteien insgesamt (§§ 7 I, II i. V. m. 6 II BWahlG); trotz Zweitstimmenzuwachses erhält Y-Partei aber nicht mehr Mandate bei der Oberverteilung
  - Unterverteilung: Verteilung der Mandate auf die Landeslisten (§§ 7 III i. V. m. 6 II, IV, V BWahlG); Landesproporz: Verhältnis der Landes-Zweitstimmen der Y-Partei zu Y-Partei-Zweitstimmen insgesamt (§§ 7 III 2 i. V. m. 6 II BWahlG)
    - vor der Nachwahl: Überhangmandate in B, §§ 7 III 2 i. V. m. 6 V 1 BWahlG
    - nach der Nachwahl: erhöhter Unterverteilungsdivisor wegen Zweitstimmenzuwachses; Mandatsgewinn in B, aber dort wegen des schon zuvor bestehenden Überhangmandats nicht mehr Mandate; Mandatsverlust in A
- → insgesamt verliert die Y-Partei ein Mandat

Frage 2 b)

OS: fraglich, ob mögliches Auftreten von negativem Stimmgewicht verfassungsmäßig ist

- A. Vereinbarkeit von negativem Stimmgewicht mit dem Grundsatz der Gleichheit der Wahl
  - I. Eingriff in den Grundsatz der Gleichheit der Wahl
    - Def: Art. 38 I 1 GG: strenge und formale Gleichheit: Zählwertgleichheit und Erfolgschancen- bzw. Erfolgswertgleichheit
    1. Verstoß gegen die Erfolgswertgleichheit
       - Def: Erfolgswertgleichheit, d. h. muss *positive* Wirkung entfalten können
       - tritt negatives Stimmgewicht auf, wirkt Stimme *gegen* die Partei, *für* die sie abgegeben wird

- widersinniger Effekt, wenn Stimme in ihrer Wirkung in ihr Gegenteil verkehrt wird → Beeinträchtigung der Erfolgswertgleichheit
2. Verstoß gegen die Erfolgschancengleichheit
   - Erfolgschancengleichheit erlaubt, dass Stimmen nicht zu Erfolg führen, aber keine *Miss*erfolgschance → Beeinträchtigung der Erfolgschancengleichheit
3. Zwischenergebnis und verfassungskonforme Auslegung
   - angesichts des eindeutigen Wortsinns ausgeschlossen

II. Rechtfertigung des Eingriffs
   - besonderer, sachlich legitimierter, „zwingender" Grund: von Verfassung legitimierter Grund, der Wahlgleichheit vom Gewicht die Waage halten kann; Grenze: Eignung und Erforderlichkeit
   1. „Zwingender" Grund aufgrund des Bundesstaatsprinzips
      - negatives Stimmgewicht = Folge der Wahl des Bundestages aufgrund von Landes-Parteilisten, zur Wahrung des föderalen Proporzes; dahinter steht Bundesstaatsprinzip (vgl. Art. 20 I GG), das als „zwingender" Grund in Frage kommt
      - dagegen: schwerwiegende Folge, wenn negatives Stimmgewicht entsteht: Stimmabgabe ins Gegenteil verkehrt, undemokratisch, beeinträchtigt die Integrations- und Legitimationsfunktion der Wahl
      - dagegen weiter: Bundestag ist unitarisches Vertretungsorgan des Bundesvolkes, föderale Aspekte daher nicht verbindlich; i. Ü. bleiben weitere föderale Aspekte im BWahlG, z. B. die Wahlkreiseinteilung nach § 3 I 1 Nr. 1 BWahlG
      → föderale Belange haben kein derart hohes Gewicht, dass Verstoß gegen Wahlrechtsgleichheit gerechtfertigt wäre
   2. „Zwingender" Grund aus der Konstruktion einer mit Personenwahlelementen verbundenen Verhältniswahl
      - auch Grabensystem (Bundestag hälftig nach Mehrheitswahl und hälftig nach Verhältniswahl besetzt) würde die gesetzgeberische Entscheidung für ein Kombinationssystem wahren; negatives Stimmgewicht ist damit keine zwangsläufige Folge der Entscheidung für ein Kombinationssystem, dieses kann also keine Rechtfertigung darstellen
   3. Zwischenergebnis
      - kein „zwingender" Grund zur Rechtfertigung des Ungleichgewichts von Stimmen beim Auftreten von negativem Stimmgewicht, damit keine Rechtfertigung

III. Ergebnis
   - negatives Stimmgewicht verletzt die Gleichheit der Wahl, ist somit verfassungswidrig

B. Vereinbarkeit von negativem Stimmgewicht mit dem Grundsatz der Unmittelbarkeit der Wahl

- Def: Art. 38 I 1 GG: Verbot der Instanz zwischen Wähler und Wahlbewerber, wobei es egal sein muss, ob diese Instanz eine bewusst persönliche Entscheidung (Wahlpersonen) oder ein unberechenbares Wahlverfahren ist; gefordert ist Möglichkeit der positiven Beeinflussung des Wahlergebnisses durch Stimme
- negatives Stimmgewicht: Gegenteil dessen, was Wähler bezweckt; Wähler kann nicht erkennen, ob seine Stimme zum Erfolg oder Misserfolg der gewählten Partei beiträgt → Unmittelbarkeit beeinträchtigt
- verfassungskonforme Auslegung scheidet entsprechend A. I. 3. aus
- Rechtfertigung scheidet entsprechend A. II. 1., 2. aus
- ZwE: negatives Stimmgewicht verletzt die Unmittelbarkeit der Wahl, ist somit verfassungswidrig

C. Vereinbarkeit von negativem Stimmgewicht mit dem Grundsatz der Freiheit der Wahl

- Def: Art. 38 I 1 GG: kein Zwang und keine unzulässige Beeinflussung von außen; Maßnahme darf nicht objektiv tauglich und konkret wirksam sein, Wähler zu bestimmten Verhalten zu veranlassen oder Entscheidungsfreiheit trotz des Wahlgeheimnisses zu beeinträchtigen

- negatives Stimmgewicht könnte von Wahl der Partei abhalten, deren Unterstützung Wähler ausdrücken möchte; grundsätzlich zwar zum Zeitpunkt der Wahl nicht erkennbar, anders im Fall der Nachwahl: hier objektiv taugliche und wirksame Beeinträchtigung der Wahlfreiheit
- Möglichkeit von negativem Stimmgewicht kann davon abhalten, *überhaupt* zu wählen; auch Freiheit der Wahlteilnahme ist von Art. 38 I 1 geschützt und hier beeinträchtigt
- verfassungskonforme Auslegung scheidet entsprechend A. I. 3. aus
- Rechtfertigung scheidet entsprechend A. II. 1., 2. aus
- ZwE: negatives Stimmgewicht verletzt die Freiheit der Wahl, ist somit verfassungswidrig

D. Ergebnis
- Möglichkeit des Auftretens von negativem Stimmgewicht verletzt Grundsätze der Gleichheit, Unmittelbarkeit und Freiheit der Wahl nach Art. 38 I 1 GG, ist damit verfassungswidrig

Frage 3

OS: fraglich, ob R Ausfertigung verweigern darf

A. Politische Einschätzung des BWahlGÄndG
- Qualifizierung des BWahlGÄndG als „schlechtes" Gesetz = politische Bedenken
- politisches Prüfungsrecht?
    o GG kennt keine politische Mitwirkungsmöglichkeit des Bundespräsidenten in Gesetzgebung
    o Maßstab: Art. 82 I 1 GG: nur „Vorschriften dieses Grundgesetzes" können Prüfungsmaßstab sein, also keine politischen Erwägungen
    → R darf BWahlGÄndG nicht aus politischen Gründen verweigern

B. Prüfung der formeller Verfassungsmäßigkeit des BWahlGÄndG
- Bundesratszustimmung, Gesetzgebungskompetenz = Fragen der formellen Verfassungsmäßigkeit: von Prüfungsrecht umfasst?
    I. Gesetzgebungsverfahren
    - Art. 82 I 1 GG: „zustande gekommen": Wortsinn: Gesetzgebungsverfahren; Systematik: gehört dem VII. Abschnitt an, wie auch die anderen Normen des Gesetzgebungsverfahrens (insb. Art. 76 ff. GG)
    - Bundesratszustimmungsverfahren = Art. 77 IIa GG, also Teil des Gesetzgebungsverfahrens
    → R darf Bundesratszustimmung prüfen und ggf. Ausfertigung verweigern
    II. Gesetzgebungskompetenz
    - fraglich, ob R auch Gesetzgebungskompetenz prüfen darf
        o contra: „zustande gekommen" bezieht sich nach dem Wortsinn nur auf die Essentialia des Gesetzesbeschlusses, zu der die (oftmals str.) Gesetzgebungskompetenz nicht zählt
        o pro: systematische Auslegung: Art. 82 I 1 GG = VII. Abschnitt, Bezug daher auf den gesamten VII. Abschnitt, also auch auf Art. 70 ff. GG
        o pro: systematisch-teleologisch: Gesetzgebungskompetenz und -verfahren bilden Einheit, Trennung würde sinnlosen Kontrollrest belassen
    → R darf Gesetzgebungskompetenz prüfen und ggf. Ausfertigung verweigern

C. Prüfung der materiellen Verfassungsmäßigkeit des BWahlGÄndG
- Bundesstaatsprinzip = Frage der materiellen Verfassungsmäßigkeit: von Prüfungsrecht umfasst?
- eA: Prüfungsrecht ist umfassend und unbeschränkt; Subs: damit dürfte R wegen materieller Verfassungswidrigkeit verweigern
- aA$_1$: Bundespräsident hat kein materielles Prüfungsrecht; Subs: damit dürfte R nicht wegen materieller Verfassungswidrigkeit verweigern

- aA$_2$: BPräs darf bei evidenten materiellen Verfassungsverstößen verweigern; Subs: R selbst hält seine Auffassung nur für „vertretbar", damit kein evidenter Verfassungsverstoß, damit dürfte R nicht wegen Verstößen verweigern → (-)
- → damit unterschiedliche Ergebnisse → Streitentscheid
- Argumentation:
  - pro aA$_1$: „Zustandekommen" bezieht sich nach Wortsinn nur auf Gesetzgebungsverfahren
  - pro aA$_1$: wenn Nichtigkeitserklärung von Gesetzen durch BVerfG ausdrücklich geregelt ist (Art. 94 II 1 GG), müsste materielles Prüfungsrecht mit derselben Wirkung ebenso deutlich angeordnet sein
  - contra aA$_1$: Zustandekommen nach den Vorschriften „dieses GG", also sind alle Normen des GG Prüfungsmaßstab
  - contra aA$_1$: Folge der Nicht-Ausfertigung so klar, dass keine deutlichere Normierung des Prüfungsrechts zu fordern ist
  - contra eA: zu starke Stellung des Bundespräsidenten, Veto-Spieler
  - pro eA: es bleibt bei der Rechtskontrolle, Bundespräsident wird damit nicht über seine Stellung hinaus aufgewertet
  - pro eA: Amtseid (Art. 56 S. 1 GG), Präsidentenanklage (Art. 61 I 1 GG)
  - contra eA: diese Normen sind nicht kompetenzbegründend, daher Zirkelschluss
  - pro eA: Bindung aller Organe an das GG, Art. 20 III, 1 III GG: Kompetenzbegründung
- → Wortsinn und Systematik sprechen für materielles Prüfungsrecht, aA$_1$ ist abzulehnen
- → es bestehen aber Bedenken bzgl. der Vereinbarkeit mit den Kompetenzen von Legislative und BVerfG
  - Einschätzung des demokratisch legitimierten Gesetzgebers hinsichtlich der Verfassungsmäßigkeit gilt grundsätzlich, bis BVerfG anderes feststellt; freilich spricht identische Kontrolle von Bundespräsident und BVerfG nicht *per se* gegen Prüfungsrecht
  - aber: legislative Einschätzungsprärogative und Kontrolle des BVerfG sind zu wahren
- → Prüfungsumfang: umfassend; Prüfungstiefe: beschränkt auf evidenten Verfassungsverstoß
- → aA$_2$ überzeugt
- → R darf damit Ausfertigung nicht verweigern

Lösungsvorschlag

Frage 1

Die Mandatsbesetzung nach der Bundestagswahl 2010 ist rechtmäßig erfolgt, wenn sie nicht gegen Wahlrecht irgendeiner Stufe verstößt. Prüfungsmaßstab sind daher alle Ebenen der Normenhierarchie, also untergesetzliche Vorschriften (BWahlO), einfaches Gesetz (BWahlG) und Verfassungsrecht (GG).[49]

A. Verstoß gegen einfaches Recht

Fraglich ist, ob eine Sitzverteilung, nach der die X-Partei mit 50% aller Zweitstimmen 306 von 305 Bundestagsabgeordneten stellen darf (also 50,57%), gegen einfaches Wahlrecht verstößt.

Die BWahlO enthält keine Vorgaben zur Sitzverteilung, sondern verweist in § 78 I 3, 4 nur auf die §§ 6, 7 BWahlG. Ein Verstoß gegen die BWahlO scheidet damit aus.

Die Sitzverteilung könnte aber gegen §§ 7 III 1 i. V. m. § 6 II 1, 2, 5-7 BWahlG verstoßen. Danach entspricht die Zahl der Sitze einer Partei dem Anteil ihrer Zweitstimmen an der Zahl aller abgegebenen Zweitstimmen. In der Diskrepanz (50,57% der Sitze bei 50% der Zweitstimmen) könnte also ein Umrechnungsfehler liegen.

Allerdings hat die X-Partei in einem Bundesland sieben Wahlkreissitze mehr errungen als ihr nach dem dortigen Landesproporz gem. §§ 7 III 1 i. V. m. 6 II BWahlG zustehen. Für diesen Fall ordnen §§ 7 III 2 i. V. m. 6 V 1 BWahlG jedoch an, dass diese Sitze der Partei verbleiben. Damit erhöht sich die Zahl der Bundestagsmandate gem. §§ 7 III 2 i. V. m. 6 V 2 1. Hs. BWahlG um derartige **Überhangmandate** (ohne dass dafür **Ausgleichsmandate** vorgesehen sind).

Folglich entspricht die Sitzverteilung des Bundestages dem BWahlG und damit einfachem Recht insgesamt.

B. Verstoß gegen Verfassungsrecht

Ausgleichslose Überhangmandate nach §§ 7 III 2 i. V. m. 6 V BWahlG könnten aber verfassungswidrig sein. Bedenken bestehen hinsichtlich der Wahrung der Gleichheit und der Unmittelbarkeit der Wahl nach Art. 38 I 1 GG.

I. Verletzung der Gleichheit der Wahl

Die Anerkennung von ausgleichslosen Überhangmandaten könnte mit dem **Grundsatz der Gleichheit der Wahl** nach Art. 38 I 1 GG unvereinbar sein. Bedenken bestehen insoweit als eine Stimme, die zu einem Überhangmandat bei-

---

[49] Der Prüfungsmaßstab muss auch hier am Anfang genannt werden. Hier ist die Normenpyramide sinnvollerweise „von unten nach oben" zu prüfen, es ist also bei der konkretesten Norm (unten) zu beginnen.

trägt,[50] zu mehr Sitzen für die begünstigte Partei führt als es dem bloßen Zweitstimmengewicht der Stimme zukommt. Damit hat eine solche Stimme einen relativ größeren Anteil an den Sitzen als eine Stimme, die nicht zu einem Überhangmandat beiträgt.

Fraglich ist, welche Vorgaben die Wahlgleichheit für die Ausgestaltung des Wahlsystems macht. Die Gleichheit der Wahl verlangt ganz allgemein, *dass alle Staatsbürger das aktive und passive Wahlrecht in formal möglichst gleicher Weise ausüben können*[51]. Maßstab ist also eine Gleichheit **im strengen und formalen Sinne**[52]. Welche Voraussetzungen aber an das jeweils „gleiche" Verhältnis einer Stimme zu ihrem „Erfolg" zu stellen sind, kann nicht abstrakt aus dem GG abgeleitet werden. Der Gesetzgeber ist nämlich gem. Art. 38 III GG zur Ausgestaltung des Wahlsystems ermächtigt. Diese grundsätzliche Gestaltungsfreiheit für das Wahlsystem ist daher bei einer verfassungsrechtlichen Bestimmung dessen, was die Wahlgleichheit fordert, zu beachten.[53] Zur Bestimmung der Wahlgleichheit muss also zunächst die einfachgesetzliche Ausgestaltung des Wahlrechts (insb. hinsichtlich des Zusammenhangs jeweils zwischen Stimme und Mandatserfolg) analysiert werden.

1. Wahlsystem nach dem BWahlG

Gem. § 1 I 2 BWahlG werden zwei Wahltypen kombiniert, nämlich Elemente einer Personenwahl und einer Verhältniswahl.

a) Mehrheitswahl

Bei der Personenwahl siegt gem. § 5 S. 2 BWahlG derjenige Kandidat, der die meisten Stimmen in einem Wahlkreis auf sich vereinigt. Es handelt sich also um eine (einfache) **Mehrheitswahl**. Systemische Folge ist, dass alle Stimmen, die für einen nicht erfolgreichen Kandidaten abgegeben werden, keinen Erfolg zeitigen.

Somit kann sogar die Mehrheit aller Stimmen erfolglos sein. Eine Mehrheitswahl könnte daher undemokratisch und folglich verfassungswidrig sein. Allerdings steht bei der Personenwahl die Persönlichkeit des Wahlbewerbers und dessen Beziehung zu den Menschen in seinem Wahlkreis im Vordergrund; dies kann sich verfassungsrechtlich auf Art. 38 I 2 GG (Abgeordneter als Vertreter des ganzen Volkes) und Art. 21 I 3 GG (Gebot der innerparteilichen Demokratie) stützen.[54] Damit ist die Entscheidung für die Mehrheitswahl nicht undemokratisch,

---

[50] Genau, aber umständlich wäre es festzustellen, dass „die Kombination von Erst- und Zweitstimme" ein Überhangmandat herbeiführt und folglich diese Kombination anhand der Wahlrechtsgrundsätze zu prüfen ist, vgl. *Ehlers/Lechleitner*, Die Verfassungsmäßigkeit von Überhangmandaten, JZ 1997, 761 (762).
[51] BVerfGE 124, 1 (18, m. w. N.) – Nachwahl.
[52] Vgl. BVerfGE 95, 335 (353) – Überhangmandate II.
[53] Vgl. etwa BVerfGE 121, 266 (303 f.).
[54] BVerfGE 95, 335 (352 f.).

sondern mit der Ausformung der parlamentarischen Demokratie nach dem GG vereinbar.[55]

b) Verhältniswahl

Bei der **Verhältniswahl** werden gem. §§ 7 III 1 i. V. m. 6 II BWahlG alle zu berücksichtigenden (Zweit-)Stimmen zueinander ins Verhältnis gesetzt. Da mit der Zweitstimme die Landesliste einer Partei gewählt wird (§ 4 BWahlG), steht statt der Wahl einer Person die Wahl einer Partei im Vordergrund. Somit wird das Parlament zum Spiegelbild der Parteienunterstützung in der Bevölkerung; dies ist verfassungsrechtlich durch Art. 21 I 1 GG legitimiert.[56]

Jede Stimme weist damit grundsätzlich den gleichen Erfolgsanteil an einem Landeslistenmandat auf. Allerdings entstehen durch die Umlegung der Zweitstimmenzahl auf eine kleinere Zahl von Bundestagssitzen mathematisch notwendig Umrechnungsunschärfen. Zweitstimmen, die unter eine solche Umrechnungsunschärfe fallen, haben keine Bedeutung für das Landeslistenmandat.

2. Dimensionen der Wahlgleichheit

Die Auslegung der Wahlgleichheit muss die durch Art. 38 III GG legitimierte gesetzgeberische Wahlrechtsgestaltung berücksichtigen. Da wie gezeigt weder bei der Personenwahl noch bei der Landeslistenwahl jede Stimme den exakt gleichen Erfolgsanteil an einem Mandat hat, sind verschiedene Dimensionen der Wahlgleichheit zu unterscheiden.

Die Wahlgleichheit muss zum einen garantieren, dass jede Stimme mit dem gleichen Stimmgewicht wie jede andere Stimme gezählt wird (**Zählwertgleichheit**).

Hinsichtlich des Erfolgs (also des Beitrags zu einem Mandat) ist nach den beiden Wahlsystemen zu unterscheiden: Da bei einer *Mehrheitswahl* alle für unterlegene Wahlbewerber abgegebenen Stimmen keinen Erfolgsanteil am Mandat haben, kann in diesem System nur gefordert werden, dass jede Stimme die gleiche rechtliche Erfolgs*chance* hat wie jede andere Stimme (**Erfolgschancengleichheit**). Für die *Verhältniswahl* hingegen ist zu fordern, dass jeder Wähler mit seiner Stimme den gleichen Einfluss auf die parteipolitische Zusammensetzung des Parlaments haben kann[57] (**Erfolgswertgleichheit**).[58]

---

[55] Vgl. BVerfGE 95, 335 (349, m. w. N.): der Gesetzgeber darf ein reines Mehrheitswahl-, ein reines Verhältniswahl- oder ein Mischwahlsystem wählen, muss aber die *jeweiligen* Wahlgleichheitsanforderungen wahren, vgl. BVerfGE 95, 335 (354).
[56] BVerfGE 95, 335 (352).
[57] BVerfGE 95, 335 (353).
[58] Vgl. BVerfGE 121, 266 (295) – negatives Stimmgewicht; Urteil des Zweiten Senats des BVerfG vom 9.11.2011, - 2 BvC 4/10 - u.a., online verfügbar unter http://www.bverfg.de/entscheidungen/cs20111109_2bvc000410.html, Rn. 78 f. (zuletzt abgerufen am 25.11.2011) und oben die Lösungshinweis II., S. 193 ff.

3. Wahlgleichheit bei ausgleichslosen Überhangmandaten

Fraglich ist, ob ausgleichslose Überhangmandate mit diesen Maßstäben vereinbar sind. Beurteilungspunkt ist die Situation vor der Bundestagswahl 2010 (*ex ante*-Perspektive).

Jede für die Bundestagswahl abgegebene Stimme fließt mit gleichem Gewicht in die Zählung ein. Eine Beeinträchtigung der Zählwertgleichheit scheidet damit aus. Problematisch ist allerdings die Vereinbarkeit ausgleichsloser Überhangmandate mit der Erfolgschancengleichheit bzw. der Erfolgswertgleichheit. Dabei stellt sich die Frage, an *welchem* Maßstab Überhangmandate zu messen sind.

a) Überhangmandate als Ausdruck eines echten Mischsystems[59]

Überhangmandate könnten Ausdruck eines im BWahlG angeordneten Mischsystems sein. Dies hätte Auswirkung auf die Bestimmung des Gleichheitsmaßstabs.

aa) Einordnung von Überhangmandaten in ein echtes Mischsystem

Nach § 1 I 2 BWahlG hat sich der Gesetzgeber hinsichtlich des Wahlsystems für eine „mit der Personenwahl [verbundene] Verhältniswahl" entschieden. Der eindeutige Wortsinn zeigt zwar, dass der *Grundcharakter* der Wahl als Verhältniswahl gewahrt bleiben muss.[60] Man könnte das BWahlG allerdings so auslegen, dass die vorgeschaltete Mehrheitswahl (vgl. §§ 7 III 2 i. V. m. 6 IV 1 BWahlG) das Verhältniswahlsystem derart modifiziert, dass sich ein echtes Mischsystem bildet. Dieses könnte folglich nicht mehr am Maßstab einer „reinen" Verhältniswahl gemessen werden.[61]

Dafür spricht, dass nach der gesetzgeberischen Entscheidung in §§ 7 III 2 i. V. m. 6 V BWahlG der *Proporz nach Zweitstimmen nicht zum ausschließlichen Verteilungssystem erhoben [ist]. Das Wahlsystem ist darauf angelegt, da[ss] die Ergebnisse der vorgeschalteten Mehrheitswahl erhalten bleiben. Der in § 6 [IV BWahlG] angeordnete Verhältnisausgleich geht nur soweit, als er die durch die Mehrheitswahl errungenen Mandate aufnehmen kann. Der Gesetzgeber hat die Verhältniswahl von vornherein mit Elementen der Mehrheitswahl verbunden, die nicht nur für die personelle Auswahl unter den Wahlkreiskandidaten von Bedeutung sind, sondern auch infolge der systembedingten Möglichkeit des Anfalls von Überhangmandaten die parteipolitische Zusammensetzung des Bundestages beeinflussen können.*[62]

---

[59] Die Darstellung gibt die Auffassung der vier das Urteil tragenden Richter wieder.
[60] Im Grundsatz unstr. innerhalb des Senats, vgl. BVerfGE 95, 335 (358, 365 f.) einerseits und BVerfGE 95, 335/367 (379) andererseits. Die Frage war nur, in welchem Maße Abweichungen vom Grundsatz hinzunehmen sind.
[61] Vgl. BVerfGE 95, 335 (357 ff.).
[62] BVerfGE 95, 335 (356 f.).

Der Gesetzgeber hat sich nach dieser Auslegung also gerade *nicht* für ein reines Verhältniswahlsystem entschieden.[63] Er hat die Elemente der Mehrheitswahl gerade *nicht* darauf begrenzt, dass sie nur im strikten Rahmen des (Zweitstimmen-)Verhältnisses wirken, sondern angeordnet, dass das Ergebnis der Personenwahl in die Sitzverteilung nach den Zweitstimmenverhältnissen *hinein*wirkt und im Falle von Überhangmandaten sogar darüber *hinaus* wirkt. Die Ergebnisse der Personalwahl sollen in jedem Fall erhalten bleiben.[64] Danach ist das Wahlsystem als echtes Mischsystem zu betrachten.

Nach diesem Verständnis ist ein Überhangmandat als **Direktmandat** aus einer vorgeschalteten Mehrheitswahl zu qualifizieren.[65]

bb) Verfassungsmäßigkeit von Überhangmandaten

Diese Systementscheidung ist für die Bestimmung der Gleichheitsanforderungen zu beachten.

Resultieren Überhangmandate aus einer vorgeschalteten Mehrheitswahl, muss bei ihrem Entstehen die *Erfolgschancen*gleichheit gewahrt sein. Dies verlangt, dass jede Stimme die gleiche Chance hat, in ein Mandat zu münden. Dazu müssen *alle Wähler auf der Grundlage möglichst gleichgroßer Wahlkreise, bemessen nach der Zahl der in ihnen zusammengefa[ss]ten deutschen Bevölkerung, und damit mit annähernd gleichem Stimmgewicht am Kreationsvorgang teilnehmen können*[66]. Das Wahlrecht sieht eine derartige Wahlkreiseinteilung vor, so dass die Erfolgschancengleichheit insoweit gewahrt ist.

Bedenken bestehen aber weiter mit Bezug darauf, dass ein Stimmverhalten, das zu einem ausgleichslosen Überhangmandat führt, größeren Einfluss auf die parteipolitische Zusammensetzung des Bundestages hat als ein Stimmverhalten, das zu keinem ausgleichslosen Überhangmandat beiträgt. Darin könnte ein „mehrfacher" Erfolg derartiger Stimmen liegen (Erfolgsanteil an einem Überhangmandat und Erfolgsanteil an einem Listenmandat). Allerdings hat jeder Wähler die gleiche Chance, zu einem Überhangmandat beizutragen: die Erzielung des Überhangmandats ist nicht Gegenstand der Wahlentscheidung, sondern ergibt sich aus dem Zu-

---

[63] BVerfGE 95, 335 (356 f.).
[64] Vgl. BVerfGE 95, 335 (358).
[65] BVerfGE 95, 335 (357).
[66] BVerfGE 95, 335 (353, vgl. auch 363 f.). Beim Mehrheitswahlrecht haben die einzelnen Stimmen im Wahlkreis, aber auch im Vergleich zu anderen Wahlkreisen nur eine gleiche Erfolgschance, aber einen unterschiedlichen Erfolgswert. Dies hängt von der Wahlbeteiligung und der Zahl der Kandidaten ab. Beispiel: Im Wahlkreis A geben von 1.000 Wahlberechtigten nur 100 Personen ihre Stimme (alle für denselben Kandidaten) ab, im gleich großen Wahlkreis B alle 1.000 Personen (ebenfalls jeweils für denselben Kandidaten). Bezogen auf das Mandat hat eine Stimme in A ein 10fach höheres Gewicht als eine Stimme in B. Im Wahlkreis C kandidieren zwei Bewerber: Numa gewinnt mit 51 von 100 Stimmen, Pompilius verliert mit 49 von 100 Stimmen. In Wahlkreis D stehen drei Kandidaten zur Wahl: dort gewinnt Lucius mit (nur) 40 von 100 Stimmen, während Iunius und Brutus mit je 30 verlieren. Hier hat eine Stimme im Wahlkreis D einen größeren Anteil am Mandat als eine Stimme im Wahlkreis C. Darin liegt jedoch kein Gleichheitsverstoß, es handelt sich vielmehr gerade um eine systemische Folge des Mehrheitswahlrechts.

sammenhang mit dem Wahlverhalten der anderen Wähler.[67] Ein Verstoß gegen die Wahlgleichheit liegt damit nicht vor.

Zuletzt müssen ausgleichslose Überhangmandate mit dem Grundcharakter einer Verhältniswahl vereinbar sein. Eine *ex ante* zu erwartende Verzerrung von Zweitstimmenergebnis und Gesamtzahl der Mandate derart, dass das Gesamtbild einer Verhältniswahl zerstört würde, wäre damit unvereinbar.[68] Als Obergrenze der Zahl der Überhangmandate könnte die Fünf-Prozent-Sperrklausel des § 6 VI 1 1. Var. BWahlG herangezogen werden.[69] Damit würde der Grundcharakter einer Wahl aufgehoben, wenn die Zahl der Überhangmandate 5% der regulären Sitzzahl übersteigt.

Nach den bisherigen Wahlergebnissen (*ex ante*) war eine Anzahl von sieben Überhangmandaten (wie bei der Bundestagswahl 2010 angefallen) zu erwarten, was (gemessen an der regulären Sitzzahl von 598 Abgeordneten, § 1 I 1 BWahlG) einer Erhöhung von 1,2% entspricht. Eine Fünf-Prozent-Grenze (also 30 Abgeordnete) ist damit 2010 deutlich unterschritten, dies war nach den früheren Erfahrungen mit Überhangmandaten auch nicht anders zu erwarten. Damit hat sich keine Situation eingestellt, nach welcher der Grundcharakter der Wahl als Verhältniswahl denaturiert wäre.

cc) Zwischenergebnis

Charakterisiert man das Wahlsystem des BWahlG als echtes Mischsystem, bei dem die Personenwahlergebnisse bis zur Grenze des Grundcharakters der Verhältniswahl erhalten bleiben müssen, verstößt die Anerkennung von ausgleichslosen Überhangmandaten bei der Bundestagswahl 2010 nicht gegen das Gebot der Gleichheit der Wahl.

b) Überhangmandate als Ausdruck einer Ausnahme vom Verhältniswahlsystem[70]

Man könnte das Wahlsystem des BWahlG demgegenüber als ein Wahlsystem qualifizieren, in dem zwar eine Personenwahl der Wahlkreiskandidaten stattfindet, der Grundcharakter als Verhältniswahl jedoch dadurch nicht modifiziert wird.[71] Damit käme es durch die Mehrheitswahl nicht zu einem Mischsystem. Überhangmandate wären danach Ausdruck einer im BWahlG angeordneten Ausnahme vom Grundsatz der Verhältniswahl. Dies müsste bei der Bestimmung des Gleichheitsmaßstabs beachtet werden: maßgeblich ist nach dieser Auffassung die *Erfolgswert*gleichheit.

---

[67] BVerfGE 95, 335 (362).
[68] Vgl. BVerfGE 95, 335 (365 f.).
[69] Vgl. BVerfGE 95, 335 (365 f.). Diese Übertragung ist freilich überhaupt nicht überzeugend (a. A. wohl *Klein*, in: Maunz/Dürig [Hrsg.], GG, Loseblatt, Stand: Oktober 2010, Art. 38, Rn. 130a), vgl. auch BVerfGE 95, 335/367 (392) und wird hier nur wegen der Ausführung im Originalfall genannt.
[70] Die Darstellung gibt die Auffassung der vier abweichenden Richter wieder.
[71] BVerfGE 95, 335/367 (379, m. w. N., 384 f.).

aa) Einordnung von Überhangmandaten in ein Verhältniswahlsystem

Nach unter B. I. 2. a) dargestellten Verständnis sind Überhangmandate Direktmandate, die der Proporzverteilung vorausgehen. Dem ist entgegenzuhalten, dass die Anzahl der Wahlkreismandate auch bei Überhangmandaten unverändert bei 299 (§ 1 II BWahlG) bleibt. Wenn sich also gem. § 6 V 2 1. Hs. BWahlG der Bundestag vergrößert, dann nicht aufgrund von zusätzlichen Wahlkreismandaten. Die Vergrößerung folgt demnach daraus, dass ein Überhang an (Landes-)Listenkandidaten besteht. Folglich sind nach diesem Verständnis ausgleichslose Überhangmandate als außerhalb des Zweitstimmenproporzes zugeteilte Listenmandate zu qualifizieren.[72]

bb) Verfassungsmäßigkeit von Überhangmandaten

Nach dieser Auffassung werden ausgleichslose Überhangmandate weder nach den Regeln der Mehrheitswahl noch nach Proporz vergeben.[73] Die Erfolgswertgleichheit ist damit beeinträchtigt.

Dem ließe sich mit den Argumenten aus B. I. 2. a) entgegenhalten, dass jeder Wähler dieselbe *Chance* hat, zu einem Überhangmandat beizutragen. Mit der Erfolgs*chancen*gleichheit kann aber schon nicht die hier geforderte Erfolgs*wert*gleichheit begründet werden. Außerdem besteht nur die gleiche Chance auf Stimmen*un*gleichgewicht; die Wahlgleichheit fordert jedoch die Chancengleichheit im Sinne eines Stimmen*gleich*gewichts.[74] Somit liegt ein Eingriff in die Erfolgswertgleichheit vor.

Dieser kann nur durch einen **besonderen, sachlich legitimierten, „zwingenden" Grund**[75] gerechtfertigt werden. „Zwingend" können Gründe sein, *die durch die Verfassung legitimiert und von einem Gewicht sind, das der Wahlgleichheit die Waage halten kann. [...] Hierzu zählt insbesondere die Verwirklichung der mit der Wahl verfolgten Ziele. Dazu gehören die Sicherung des Charakters der Wahl als eines Integrationsvorgangs bei der politischen Willensbildung des Volkes und die Gewährleistung der Funktionsfähigkeit der zu wählenden Volksvertretung [...].*[76] Allerdings sind derartige Differenzierungen nur insoweit verfassungsgemäß, als sie geeignet und erforderlich sind.[77]

---

[72] BVerfGE 95, 335/367 (379 ff.).
[73] BVerfGE 95, 335/367 (381).
[74] Vgl. BVerfGE 95, 335/367 (376).
[75] BVerfGE 121, 266 (297, m. w. N.) – negatives Stimmgewicht.
[76] BVerfGE 121, 266 (297 f.). Weitere Gründe bzw. Formulierungen: BVerfGE 95, 335/367 (376 f.); Urteil des Zweiten Senats des BVerfG vom 9.11.2011, - 2 BvC 4/10 - u.a., online verfügbar unter http://www.bverfg.de/entscheidungen/cs20111109_2bvc000410.html, Rn. 88 (zuletzt abgerufen am 25.11.2011). Ein „zwingender" Grund kann etwa in der Auflösung einer Kollision des Grundsatzes der Wahlgleichheit mit den übrigen Wahlrechtsgrundsätzen oder mit Grundrechten liegen.
[77] BVerfGE 95, 335/367 (377, 386 f.); 121, 266 (298, 304); Urteil des Zweiten Senats des BVerfG vom 9.11.2011, - 2 BvC 4/10 - u.a., online verfügbar unter http://www.bverfg.de/entscheidungen/cs20111109_2bvc000410.html, Rn. 89 (zuletzt abgerufen am 25.11.2011).

(1) Rechtfertigung wegen besonderer Wahlkreisbindung

Ein zwingender Grund könnte darin liegen, dass mit den Elementen der Mehrheitswahl eine besondere Verbindung zwischen Wähler und Wahlkreis ermöglicht werden soll (vgl. Art. 38 I 2 GG).[78]
Es darf jedoch kein Anreiz dafür geschaffen werden, ein Mandat außerhalb des Proporzes zu erlangen: damit würde gezielt die Verletzung der Erfolgswertgleichheit als Prämie für besonders intensive Wahlkreisarbeit ausgesetzt.[79] Darüber hinaus könnte die besonders enge Verbindung des Wahlkreisabgeordneten zu „seinen" Wählern auch dann erhalten werden, wenn die Überhangmandate ausgeglichen würden: damit wäre die besondere Verbindung erhalten und doch der Proporz gewahrt.[80] Folglich kann aus Art. 38 I 1 GG kein „zwingender" Grund abgeleitet werden, der ausgleichslose Überhangmandate rechtfertigen würde.

(2) Zulässigkeit wegen quantitativer Entsprechung der notwendigen Umrechnungsunschärfe

Überhangmandate könnten aber dennoch hinzunehmen sein, wenn sich ihre Zahl im Rahmen der Unschärfen hält, die ohnehin zwingend bei der Umrechnung (der Stimmen auf die Sitze) auftreten.[81] Ausgleichslose Überhangmandate könnten dabei aufgrund eines Vergleichs mit anderen gerechtfertigten Ungleichbehandlungen hinzunehmen sein.[82] Die Erfolgswertgleichheit kann nämlich ohnehin nicht vollkommen gewährleistet werden: Die Umrechnung der Zweitstimmen auf eine kleinere Anzahl an Mandaten führt wegen der mathematischen Operation zu notwendigen Vergröberungen, ohne dass hierfür ein Ausgleich zu fordern wäre. Bewegt sich die Anzahl der Überhangmandate im Rahmen dieser mathematisch notwendigen Unschärfe, liegt zwar keine Rechtfertigung wegen eines „zwingenden" Grundes vor; die Differenzierung ist aber dennoch hinzunehmen.[83]

Angesichts der letzten Wahlergebnisse war auch *ex ante* zu erwarten, dass sich das Verzerrungsverhältnis zwischen Zweitstimmen und der Zahl der Überhangmandate in demjenigen Bereich halten würde, der auch bei der notwendigen Umrechnung anfällt.[84] Es ist nicht ersichtlich, dass sich für die Bundestagswahl 2010 anderes abgezeichnet hätte.

---

[78] BVerfGE 95, 335/367 (393).
[79] Vgl. BVerfGE 95, 335/367 (393).
[80] BVerfGE 95, 335/367 (394 f.).
[81] BVerfGE 95, 335/367 (376, 392).
[82] Dass die vier abweichenden Richter in BVerfGE 95, 335/367 (395 ff.) von einem „zwingenden" Grund" sprechen, ist nicht überzeugend. Der Abweichungsgrad mag hinzunehmen sein, aber seine quantitative Entsprechung mit der (aus völlig anderen „zwingenden" Gründen) mathematischen Unschärfe ist kein eigener „zwingender" Grund.
[83] Vgl. BVerfGE 95, 335/367 (392 ff.). Die vier tragenden Richter lehnen diese Größe als *Grenze* für Überhangmandate freilich ab, vgl. BVerfGE 95, 335 (359, 360 f.).
[84] S. Sachverhalt.

cc) Zwischenergebnis

Auch wenn Überhangmandate als Mandate qualifiziert werden, die weder der Mehrheits- noch der Verhältniswahl entstammen und die Erfolgswertgleichheit verletzen, so sind sie angesichts ihrer geringen Zahl doch nicht als verfassungswidrig zu bewerten.

c) Zwischenergebnis: Verfassungsmäßigkeit von Überhangmandaten nach den beiden Qualifikationen des Wahlrechts

Die unterschiedlichen Auslegungen des BWahlG hinsichtlich der Natur der Überhangmandate führen zu unterschiedlichen verfassungsrechtlichen Anforderungen. Sie kommen dennoch zum gleichen Ergebnis. *Ex ante* betrachtet ist die Ausgestaltung des BWahlG nach beiden Auffassungen nicht verfassungswidrig. Ein Streitentscheid kann und muss daher unterbleiben.[85]

Die Anerkennung ausgleichsloser Überhangmandate bei der Bundestagswahl 2010 verstößt damit nicht gegen den Grundsatz der Gleichheit der Wahl.

II. Verletzung der Unmittelbarkeit der Wahl

Ausgleichslose Überhangmandate könnten aber den Grundsatz der Unmittelbarkeit der Wahl verletzen. Dieser schließt jedes Wahlverfahren aus, *bei dem sich zwischen Wähler und Wahlbewerber nach der Wahlhandlung eine Instanz einschiebt, die nach ihrem Ermessen die Abgeordneten auswählt und damit dem einzelnen Wähler die Möglichkeit nimmt, die zukünftigen Abgeordneten durch die Stimmabgabe selbsttätig zu bestimmen*[86]. Nach diesem engen Verständnis wäre jedenfalls eine indirekte Wahl (etwa über Wahlpersonen) verfassungswidrig.

Legt man die Anforderungen weiter aus, ist zudem ein Wahlverfahren zu fordern, *in dem der Wähler vor dem Wahlakt erkennen kann, welche Personen sich*

---

[85] Also viel Lärm um nichts? In der verfassungsrechtlich-politischen Praxis keineswegs, da in der Originalentscheidung Überhangmandate in einer Zahl angefallen sind, die über der mathematischen Unschärfemarge lagen (Maßstab der abweichende Meinung), aber unter der Fünf-Prozent-Grenze der Bundestagsgesamtgröße (Maßstab der vier das Urteil tragenden Richter). Damit waren die unterschiedlichen Maßstäbe ergebnisrelevant. Die Rechtsauffassung der vier das Urteil tragenden Richter hat zwar teilweise Zustimmung erfahren (in diese Richtung wohl *Badura*, Anmerkung zum Urteil, JZ 1997, 681 [683]), aber überwiegend Kritik (passim kritisch wegen unklarer Ausführungen *Ehlers/Lechleitner*, Die Verfassungsmäßigkeit von Überhangmandaten, JZ 1997, 761; *Achterberg/Schulte*, in: v. Mangoldt/Klein/Starck [Hrsg.], GG, Bd. 2, 6. Aufl. 2010, Art. 38, Rn. 140: ohne Argumente Anschluss an das die abweichende Meinung des BVerfG *Pieroth*, in: Jarass/Pieroth, GG, 11. Aufl. 2011, Art. 38, Rn. 22b, m. w. N.: ohne Argumente Anschluss an die abweichende Meinung des BVerfG, aber kritisch hinsichtlich der Unklarheit des Maximums an Überhangmandaten *Kretschmer*, in: Schmidt-Bleibtreu et al. [Hrsg.], GG, 12. Aufl. 2011, Art. 38, Rn. 56). Eine angedeutete Distanzierung von dieser Auffassung ist auch in BVerfGE 121, 266 (297) – negatives Stimmgewicht und insb. BVerfGE 122, 304 (310 ff.) – Wahlprüfungsbeschwerde nach Bundestagsauflösung zu sehen.

[86] Etwa BVerfGE 7, 63 (68 f.) – Listenwahl; m. w. N. *Achterberg/Schulte*, in: v. Mangoldt/Klein/Starck (Hrsg.), GG, Bd. 2, 6. Aufl. 2010, Art. 38, Rn. 123.

um ein Abgeordnetenmandat bewerben und wie sich die eigene Stimmabgabe auf Erfolg oder Misserfolg der Wahlbewerber auswirken kann[87].
Fraglich ist, ob Überhangmandate mit diesen Anforderungen vereinbar sind. Sie entstehen nicht aus einer Entscheidung von Wahlpersonen, sondern aus der Anwendung eines vorher festgelegten und in seiner Struktur erkennbaren Wahlverfahrens. Der Unmittelbarkeitsgrundsatz fordert aber nur, dass etwaige überzählige Sitze aufgrund des Wählerverhaltens besetzt werden; nicht gefordert ist hingegen, dass der Wähler die Zahl aller Mandate vorher erkennen kann.[88] Damit verletzt die Möglichkeit von ausgleichslosen Überhangmandaten nicht die Unmittelbarkeit der Wahl.

C. Ergebnis

Die Bundestagsbesetzung aufgrund der Wahl 2010 ist mit einfachem Recht vereinbar, das seinerseits verfassungsmäßig ist. Sie ist damit rechtmäßig erfolgt.[89]

Frage 2 a)

Die Mandatsverteilung der Y-Partei ist von sog. **negativem Stimmgewicht** (oder **inversem Erfolgswert**[90]) betroffen.

Damit bezeichnet man eine Paradoxie, die im (**dieser** Klausur zugrunde liegenden) Wahlrecht[91] auftreten kann: Der Zweitstimmen*zuwachs* einer Partei in einem Bundesland führt zu einem Mandats*verlust* derselben Partei in einem anderen Bundesland. Folglich erleidet die Partei *insgesamt* einen Mandatsverlust. Umgekehrt kann auch ein Verlust an Zweitstimmen zu einem Zuwachs an Mandaten führen.[92] Dazu kommt es aufgrund der in § 7 I BWahlG angeordneten Verbindung der Landeslisten der Parteien i. V. m. einer zweistufigen Mandatsverteilung, die das Entstehen von ausgleichslosen **Überhangmandaten** zulässt (§§ 7 I, II i. V. m. 6 BWahlG; §§ 7 III i. V. m. 6 II, IV, V BWahlG).

Dies sei am Beispiel einer Nachwahl im Bundesland B nach § 43 BWahlG dargestellt, bei der weitere Zweitstimmen für die B-Landesliste der Y-Partei abgegeben werden.[93]

---

87 BVerfGE 95, 335 (350); BVerfGE 121, 266 (307).
88 So BVerfGE 95, 335/367 (391), und ibid., (391 f.) gegen eine andere (von den vier das Urteil tragenden Richtern zugrunde gelegte), weite Auslegung der Unmittelbarkeitsanforderung.
89 Anders die abweichende Meinung im Originalfall aufgrund des anders gelagerten Sachverhalts.
90 Diese Bezeichnung stammt wohl von *Ehlers/Lechleitner*, Die Verfassungsmäßigkeit von Überhangmandaten, JZ 1997, 761 (762).
91 Nach der Fassung des BWahlG in der bis zum 2.12.2011 geltenden Fassung, vgl. dazu oben S. 195 f.
92 Die folgende Darstellung beschränkt sich auf die erste Konstellation. Zum Entstehen von negativem Stimmgewicht s. auch die Darstellung in BVerfGE 121, 266 (274 ff.).
93 Das Auftreten von negativem Stimmgewicht ist nicht auf die Nachwahlsituation beschränkt, vielmehr kann es stets auftreten. Allerdings kann regelmäßig erst *ex post* berechnet werden, wo es zu negativem Stimmgewicht gekommen ist. Anders ist dies etwa bei einer Nachwahl (vgl. § 43 BWahlG, § 82 I BWahlO): Hier sind die Stimmen aller anderen Wahlkreise schon ausgezählt,

Gem. § 7 I BWahlG gelten alle Landeslisten der Y-Partei als verbunden und gem. § 7 II BWahlG als eine Liste. Nach der durch §§ 7 I, II i. V. m. 6 BWahlG normierten sog. **Oberverteilung** bestimmt sich, wie viele Mandate eine Partei *insgesamt* besetzen darf (**Bundesproporz**). Entscheidend ist gem. §§ 7 I, II i. V. m. 6 II BWahlG das Verhältnis aller Zweitstimmen der Y-Partei im Verhältnis zu allen abgegebenen Zweitstimmen. Im Beispiel sei angenommen, dass der Zweitstimmenzuwachs bei der Nachwahl in B aber nicht dazu führt, dass der Y-Partei ein weiteres Mandat zukomme; der Bundesproporz verändert sich also nicht.

§§ 7 III i. V. m. 6 II, IV, V BWahlG ordnen die Verteilung der Y-Partei-Mandate auf die Landeslisten an (sog. **Unterverteilung**). Dabei wird der jeweilige **Landesproporz** berechnet, der sich gem. §§ 7 III 2 i. V. m. 6 II BWahlG aus dem Zweitstimmenverhältnis jeder Y-Partei-Landesliste zu allen für die Y-Partei abgegebenen Zweitstimmen ergibt.

Vor der Nachwahl überstieg die Zahl der von der Y-Partei in B gewonnenen Wahlkreise ihren Landesproporz. Diese Mandate verbleiben der Y-Partei aber gem. §§ 7 III 2 i. V. m. 6 V 1 BWahlG als Überhangmandate. Damit übersteigt die Mandatszahl der Y-Partei den Landesproporz in B und damit zugleich den Bundesproporz.

Nach der Nachwahl erhöht sich aufgrund des Zweitstimmenzuwachses die Zahl der Stimmen, die bei der Unterverteilung für ein Mandat aufzubringen sind (Unterverteilungs-Divisor). Die in B errungenen Zweitstimmen führen dabei zu einem höheren Landesproporz für die dortige Y-Partei, so dass sie ein Mandat mehr besetzen darf als vor der Nachwahl. Das bisher den Landesproporz übersteigende Überhangmandat wandelt sich folglich in ein „reguläres" Mandat. Damit bleibt die Zahl der Abgeordnete, die die Y-Partei in B in den Bundestag entsenden darf, gleich.

Im Bundesland A verringert sich aufgrund des höheren Unterverteilungs-Divisors der Landesproporz der Y-Partei. Sie darf daher einen Abgeordneten *weniger* in den Bundestag entsenden als vor der Nachwahl.

Die zusätzlichen Zweitstimmen haben folglich dafür gesorgt, dass die Y-Partei ein Überhangmandat und damit ein Mandat überhaupt verloren hat. Sie haben also mit „negativem Stimmgewicht" gewirkt.

---

daher wird das Phänomen des negativen Stimmgewichts berechenbar (oder auch: das Ergebnis „manipulierbar"), vgl. BVerfGE 121, 266 (276 ff.).

Frage 2 b)

Fraglich ist, ob das mögliche Auftreten von negativem Stimmgewicht verfassungsmäßig ist.

A. Vereinbarkeit von negativem Stimmgewicht mit dem Grundsatz der Gleichheit der Wahl

Das Phänomen des negativen Stimmgewichts könnte den Grundsatz der Gleichheit der Wahl nach Art. 38 I 1 GG verletzen.

I. Eingriff in den Grundsatz der Gleichheit der Wahl

Der Grundsatz der Gleichheit der Wahl verlangt, dass jede Stimme grundsätzlich den gleichen Zählwert und den gleichen Erfolgswert bzw. die gleiche Erfolgschance haben muss. Bedenken bestehen bei negativem Stimmgewicht nur hinsichtlich der Wahrung der Erfolgswert- bzw. Erfolgschancengleichheit.

1. Verstoß gegen die Erfolgswertgleichheit

Die Erfolgswertgleichheit fordert, dass der Erfolgswert jeder Stimme, für welche Partei sie auch immer abgegeben wurde, gleich ist. Dies bedeutet auch, dass sie für die Partei, für die sie abgegeben wurde, positive *Wirkung entfalten können muss.*[94]

Negatives Stimmgewicht führt aber nicht etwa nur dazu, dass eine Stimme keinen Erfolg zeitigt.[95] Vielmehr entfaltet eine solche Stimme Wirkung *gegen* die Partei, *für* die sie abgegeben wird. *Die Erfolgswertgleichheit ist aber verletzt, wenn die beabsichtigten positiven Wirkungen der Stimmabgabe in ihr Gegenteil verkehrt werden. Ein Wahlsystem, auf dem die Mandatsverteilung beruht, muss grundsätzlich frei von willkürlichen und widersinnigen Effekten sein [...]. Ein Berechnungsverfahren, das dazu führt, dass eine Wählerstimme für eine Partei eine Wirkung gegen diese Partei hat, widerspricht [...] Sinn und Zweck einer demokratischen Wahl.*[96]

Damit führt das Auftreten von negativem Stimmgewicht zu einer Beeinträchtigung der Erfolgswertgleichheit der Wählerstimmen.

2. Verstoß gegen die Erfolgschancengleichheit

Fraglich ist weiter, wie negatives Stimmgewicht mit Blick auf die Erfolgschancengleichheit zu bewerten ist.[97]

Beim Auftreten von negativem Stimmgewicht werden die betroffenen Stimmen allerdings nicht nur nicht gezählt, sondern können zu einem Mandatsverlust bei-

---

[94] BVerfGE 121, 266 (299), Hervorhebung von mir, LO.
[95] Wie etwa Zweitstimmen für Parteien, die an der Fünf-Prozent-Sperrklausel scheitern.
[96] BVerfGE 121, 266 (300).
[97] Vgl. BVerfGE 121, 266 (300 f.).

tragen.[98] *Der Erfolgschance steht damit eine* Misserfolgsmöglichkeit *gegenüber, die anders als die bloße Nichtwertung einer Stimme zu behandeln ist. Die Erfolgschancengleichheit erlaubt zwar, dass – wie zum Beispiel im Mehrheitswahlrecht – Stimmen nicht gewertet werden, nicht aber, dass einer Wahlstimme neben der Chance, zum beabsichtigten Erfolg beizutragen, auch die Gefahr, dem eigenen Wahlziel zu schaden, innewohnt. Eben diese Gefahr realisiert sich mit dem Effekt des negativen Stimmgewichts.*[99]

Somit führt das Auftreten von negativem Stimmgewicht auch zu einer Erfolgschancenungleichheit.

3. Zwischenergebnis und verfassungskonforme Auslegung

Wo negatives Stimmgewicht auftreten kann, verletzt dies sowohl die Erfolgswertgleichheit als auch die Erfolgschancengleichheit der Stimmen, so dass auf eine Festlegung auf einen der Maßstäbe verzichtet werden kann.

Eine verfassungskonforme Auslegung der §§ 7 III 2 i. V. m. 6 IV, V BWahlG scheidet angesichts des eindeutigen Wortsinns aus.[100]

II. Rechtfertigung des Eingriffs

Diese Beeinträchtigung könnte aber gerechtfertigt sein. Die Wahlgleichheit fordert kein absolutes Differenzierungsverbot. Allerdings bedürfen Differenzierungen zu ihrer Rechtfertigung stets eines **besonderen, sachlich legitimierten, „zwingenden" Grundes**.[101] „Zwingend" können Gründe sein, *die durch die Verfassung legitimiert und von einem Gewicht sind, das der Wahlgleichheit die Waage halten kann. [...] Hierzu zählt insbesondere die Verwirklichung der mit der Wahl verfolgten Ziele. Dazu gehören die Sicherung des Charakters der Wahl als eines Integrationsvorgangs bei der politischen Willensbildung des Volkes und die Gewährleistung der Funktionsfähigkeit der zu wählenden Volksvertretung [...].*[102] Allerdings sind derartige Differenzierungen nur insoweit verfassungsgemäß, als sie geeignet und erforderlich sind.

---

[98] BVerfGE 121, 266 (300).
[99] BVerfGE 121, 266 (300 f.), Hervorhebung von mir, LO.
[100] BVerfGE 121, 266 (308 ff.). Tatsächlich macht das BVerfG weitere Ausführungen, wohl weil eine Mindermeinung der Literatur sich für eine verfassungskonforme Auslegung ausspricht. Dies kann hier nicht erwartet werden, allzumal der Sachverhalt keinen Anlass zur Problematisierung dieser Frage bietet.
Was aber wichtig ist (Wiederholung.): **Kommen rechtliche Bewertungen zunächst zum Ergebnis der Verfassungswidrigkeit von staatlichem Handeln, ist (zur „Rettung" dieses Handelns) *stets* die Möglichkeit einer verfassungskonformen Auslegung zu prüfen** (vgl. oben S. 40 f.).
[101] Vgl. zur Rechtfertigung die Nachweise auf S. 220, Fn. 76.
[102] BVerfGE 121, 266 (297 f.).

1. „Zwingender" Grund aufgrund des Bundesstaatsprinzips

Negatives Stimmgewicht ergibt sich aus der Entscheidung des BWahlG, die *Bundes*tagswahl auf der Basis von *Landes*-Parteilisten zu organisieren und den föderalen Proporz zu wahren.[103] Diese Aspekte sind dem Bundesstaatsprinzip zuzuordnen, dem Verfassungsrang zukommt (vgl. nur Art. 20 I GG). Damit kommen sie grundsätzlich als „zwingender" Grund für eine Ungleichgewichtung in Betracht.[104]

Gegen eine Rechtfertigung spricht jedoch die schwerwiegende Folge von negativem Stimmgewicht: Das gewählte Wahlsystem führt nicht nur zur Nicht-Beachtung von Stimmen, sondern zur Umkehrung ihrer beabsichtigten Wirkung. Dies ist willkürlich[105] und berührt das Grundprinzip aller demokratischen Vorstellungen. Somit beeinträchtigt negatives Stimmgewicht die **Integrations- und Legitimationsfunktion der Wahl** tiefgreifend.[106]

Fraglich ist, ob föderale Erwägungen dies ausgleichen können. Dagegen spricht zum einen, dass der zu wählende **Bundestag** ein **unitarisches Vertretungsorgan des Bundesvolkes** ist; damit ist die Beachtung föderaler Aspekte nicht verpflichtend.[107] Außerdem enthält das BWahlG neben §§ 7 III 2 i. V. m. 6 IV, V BWahlG[108] weitere Bezugnahmen auf die Länder, etwa die Wahlkreiseinteilung nach Landesgrenzen in § 3 I 1 Nr. 1 BWahlG.[109] Damit enthält das Bundestagswahlrecht föderale Gesichtspunkte auch dann noch, wenn die §§ 7 III 2 i. V. m. 6 IV, V BWahlG entfallen.

Somit haben die legitimen *föderalen Belange [...] kein derart hohes Gewicht, dass sie den durch den Effekt des negativen Stimmgewichts verbundenen erheblichen Eingriff in die Wahlrechtsgleichheit rechtfertigen könnten*[110].

2. „Zwingender" Grund aus der Konstruktion einer mit Personenwahlelementen verbundenen Verhältniswahl

Negatives Stimmgewicht könnte aber eine zwangsläufige Folge einer mit Elementen der Personenwahl verbundenen Verhältniswahl (vgl. § 1 I 2 BWahlG) sein, damit einen „zwingenden" rechtfertigenden Grund darstellen.

Denkbar wäre aber auch eine Kombination beider Wahltypen durch die Besetzung des Bundestages hälftig nach Verhältnis- und hälftig nach Mehrheitswahl (sog. Grabensystem). Damit wäre negatives Stimmgewicht ausgeschlossen und die gesetzgeberische Grundsatzentscheidung dennoch gewahrt. Negatives Stimmgewicht ist also keine zwangsläufige Folge der gesetzgeberischen Entscheidung für

---

[103] BVerfGE 121, 266 (302).
[104] Vgl. BVerfGE 121, 266 (303).
[105] BVerfGE 121, 266 (304).
[106] BVerfGE 121, 266 (305).
[107] BVerfGE 121, 266 (305).
[108] Woraus sich negatives Stimmgewicht ergeben kann.
[109] BVerfGE 121, 266 (304, m. w. Beispielen).
[110] BVerfGE 121, 266 (304).

ein Kombinationsmodell.[111] Somit kann die gesetzgeberische Systementscheidung kein „zwingender" Grund sein.

3. Zwischenergebnis

Damit liegt insgesamt kein „zwingender" Grund für die Ungleichgewichtung der Stimmen vor, wie sie bei negativem Stimmgewicht anfällt.[112] Eine Rechtfertigung scheidet aus.

III. Ergebnis

Das Auftreten von negativem Stimmgewicht verletzt die Gleichheit der Wahl nach Art. 38 I 1 GG und ist folglich verfassungswidrig.

B. Vereinbarkeit von negativem Stimmgewicht mit dem Grundsatz der Unmittelbarkeit der Wahl

Das Auftreten von negativem Stimmgewichts könnte auch den Grundsatz der Unmittelbarkeit der Wahl nach Art. 38 I 1 GG verletzen.

Dieser Grundsatz schließt jedenfalls ein Wahlverfahren aus, *bei dem sich zwischen Wähler und Wahlbewerber nach der Wahlhandlung eine Instanz einschiebt, die nach ihrem Ermessen die Abgeordneten auswählt und damit dem einzelnen Wähler die Möglichkeit nimmt, die zukünftigen Abgeordneten durch die Stimmabgabe selbsttätig zu bestimmen*[113]. Allerdings kann sich die Gewähr der unmittelbaren Wahl aus teleologischen Gründen nicht im Verbot einer indirekten Wahl erschöpfen. Ob sich zwischen Stimmabgabe und Erfolg(-schance) eine Instanz schiebt, die eine eigene Ermessensentscheidung trifft, oder ob eine andere „Instanz" ein aus Sicht des Wählers unberechenbares Ergebnis produziert, kann nicht von Bedeutung sein. Gefordert ist also *ein Wahlverfahren, in dem der Wähler vor dem Wahlakt erkennen kann, welche Personen sich um ein Abgeordnetenmandat bewerben und wie sich die eigene Stimmabgabe auf Erfolg oder Misserfolg der Wahlbewerber auswirken kann [...]. Für den Grundsatz der Unmittelbarkeit der Wahl ist zwar nicht entscheidend, dass die Stimme tatsächlich die vom Wähler beabsichtigte Wirkung entfaltet.*[114] Es genügt vielmehr, wenn die Möglichkeit einer positiven Beeinflussung des Wahlergebnisses besteht.[115]

Wird eine Stimme mit negativem Stimmgewicht abgegeben, bewirkt sie das Gegenteil dessen, was der Wähler bezweckt. Damit führen §§ 7 III 2 i. V. m. 6 IV, V BWahlG dazu, dass sich zwischen Stimmabgabe und Wirkung ein (unberechenbares) Verfahren drängt, dass die Zielrichtung der Stimme in ihr Gegenteil verkehrt. *Der Wähler kann [...] nicht erkennen, ob sich seine Stimme stets für die*

---

[111] BVerfGE 121, 266 (306 f.).
[112] Für einen weiteren denkbaren Grund s. BVerfGE 121, 266 (306).
[113] Etwa BVerfGE 7, 63 (68 f.) – Listenwahl; m. w. N. *Achterberg/Schulte*, in: v. Mangoldt/Klein/Starck (Hrsg.), GG, Bd. 2, 6. Aufl. 2010, Art. 38, Rn. 123.
[114] BVerfGE 121, 266 (307, teils m. w. N.).
[115] BVerfGE 121, 266 (307).

zu wählende Partei und deren Wahlbewerber positiv auswirkt, oder ob er durch seine Stimme den Misserfolg eines Kandidaten seiner eigenen Partei verursacht.[116] Dies beeinträchtigt den Grundsatz der Unmittelbarkeit der Wahl.
Eine verfassungskonforme Auslegung der §§ 7 III 2 i. V. m. 6 IV, V BWahlG scheidet entsprechend A. I. 3. aus. Eine über A. II. 1., 2. hinausgehende Rechtfertigung ist nicht ersichtlich.
Damit verletzt das Phänomen des negativen Stimmgewichts die Unmittelbarkeit der Wahl und ist verfassungswidrig.

C. Vereinbarkeit von negativem Stimmgewicht mit dem Grundsatz der Freiheit der Wahl

Das Auftreten von negativem Stimmgewicht könnte auch gegen den Grundsatz der Freiheit der Wahl nach Art. 38 I 1 GG verstoßen.

Freiheit der Wahl bedeutet, dass jeder Wähler *sein Wahlrecht ohne Zwang oder sonstige unzulässige Beeinflussung von außen ausüben können muss.*[117] *Da jeder Wähler [jedoch] in der einen oder anderen Weise Einflüssen und Beeinflussungsversuchen unterliegt oder Abhängigkeiten ausgesetzt ist und die Beeinflussung der Wähler durch die am öffentlichen Meinungsbildungsprozess Beteiligten notwendiger Bestandteil einer freien Wahl ist, wird die Freiheit der Wahl [allerdings] nur durch solche Maßnahmen beeinträchtigt, die objektiv tauglich und konkret wirksam sind, um den Wähler zu einem bestimmten Verhalten zu veranlassen und die geeignet sind, seine Entscheidungsfreiheit trotz bestehenden Wahlgeheimnisses ernstlich zu beeinträchtigen*[118].

Dass seine Stimme möglicherweise mit negativem Stimmgewicht wirkt, könnte einen Wähler davon abhalten, sie für die Partei abzugeben, deren Unterstützung er ausdrücken möchte. Allerdings kann negatives Stimmgewicht regelmäßig erst *ex post* berechnet werden. Zum Zeitpunkt der Wahl ist regelmäßig nicht ersichtlich, wie das bisherige Wahlrecht zu einer bestimmen Stimmabgabe veranlassen könnte. Anders ist dies im Fall der Nachwahl: Hier kann berechnet werden, wie die Stimmabgabe wirkt. Somit wirkt objektiv ein Einfluss auf den Wähler, auf eine bestimmte Weise zu wählen (bzw. nicht zu wählen). Er wird damit zu einem bestimmten Verhalten veranlasst, die Wahlfreiheit somit beeinträchtigt.

Zudem kann ein mögliches Auftreten von negativem Stimmgewicht die Entscheidung beeinflussen, *überhaupt* zu wählen.[119] Um die der Wahl einer bestimmten Person/Partei überhaupt zu ermöglichen, muss Art. 38 I 1 GG auch die vorgelagerte Freiheit der Wahlbeteiligung schützen. Diese Freiheit ist dann beeinträchtigt, wenn das Wahlrecht nicht garantiert, dass eine abgegebene Stimme jedenfalls nicht den *gegenteiligen* als den gewünschten Effekt entfalten kann.

---

[116] BVerfGE 121, 266 (308).
[117] BVerfGE 124, 1 (24, m. w. N.) – Nachwahl.
[118] BVerfGE 124, 1 (24).
[119] So ein Beschwerdeführer zutreffend, vgl. BVerfGE 121, 266 (280).

Eine verfassungskonforme Auslegung der §§ 7 III 2 i. V. m. 6 IV, V BWahlG scheidet entsprechend A. I. 3. aus. Eine über A. II. 1., 2. hinausgehende Rechtfertigung ist nicht ersichtlich.

Damit verletzt das Auftreten von negativem Stimmgewicht die Freiheit der Wahl und ist verfassungswidrig.[120]

D. Ergebnis

Das aufgrund von §§ 7 III 2 i. V. m. 6 IV, V BWahlG mögliche Auftreten von negativem Stimmgewicht verletzt die Grundsätze der Gleichheit, der Unmittelbarkeit und der Freiheit der Wahl nach Art. 38 I 1 GG und ist folglich verfassungswidrig.

Frage 3

Zu prüfen ist, ob R die Ausfertigung des BWahlGÄndG verweigern darf.[121]

A. Politische Einschätzung des BWahlGÄndG

Zu prüfen ist, ob R berechtigt ist, die Ausfertigung mit der Begründung zu verweigern, beim BWahlGÄndG handele es sich um ein „schlechtes" Gesetz („Flickwerk") und andere Lösungen zur Vermeidung des negativen Stimmgewichts seien vorzugswürdig.

Derartige Beurteilungen sind als (rechts-)politische Einwände zu qualifizieren. Der politischen Bewertung eines Gesetzes durch den Bundespräsidenten misst das GG aber keine Bedeutung bei.[122] Die Rolle des Bundespräsidenten beschränkt sich im Gesetzgebungsverfahren gem. Art. 82 I 1 GG auf die Kontrolle, ob ein Gesetz nach den „Vorschriften dieses Grundgesetzes" zustande gekommen ist. Damit kommt dem Bundespräsidenten nur ein rechtliches, kein politisches Prüfungsrecht im Gesetzgebungsverfahren zu.[123]

Folglich darf R die Ausfertigung des BWahlGÄndG nicht mit Hinweis auf seine andere politische Auffassung verweigern.

---

[120] Unverständlich insoweit BVerfGE 121, 266: dort wird dieses (von den Beschwerdeführern angesprochene) Problem der Freiheit der Wahl nicht aufgegriffen.
[121] Dazu oben Lösungshinweis IV., S. 196 ff.
[122] Denkbar wäre z. B. ein Veto-*Recht*, mit dem der Bundespräsident seinen politischen Überzeugungen rechtliche Wirkung verleihen könnte, wie es etwa für den US-Präsidenten im Präsidialsystem der U.S. Constitution besteht, vgl. art. I, § 7, cl. 2.
[123] Unstr., vgl. nur *Brenner*, in: v. Mangoldt/Klein/Starck (Hrsg.), GG, Bd. 2, 6. Aufl. 2010, Art. 82, Rn. 22; *Schoch*, Die Prüfungskompetenz des Bundespräsidenten im Gesetzgebungsverfahren, Jura 2007, 354 (357); *Nierhaus*, in: Sachs (Hrsg.), GG, 6. Aufl. 2011, Art. 82, Rn. 5.

B. Prüfung der formellen Verfassungsmäßigkeit des BWahlGÄndG

R könnte aber berechtigt sein, die Bundesratszustimmung für das BWahlGÄndG und die Gesetzgebungskompetenz des Bundes zu prüfen und ggf. die Ausfertigung des Gesetzes zu verweigern. Zu prüfen ist, ob diese Fragen der formellen Verfassungsmäßigkeit Prüfungsgegenstand nach Art. 82 I 1 GG sein können.

I. Gesetzgebungsverfahren

Art. 82 I 1 GG weist dem Bundespräsidenten die Prüfung zu, ob das auszufertigende Gesetz nach den Vorschriften des GG „zustande gekommen" ist. Zustande kommen nach dem Wortsinn nur Gesetze, die das Gesetzgebungsverfahren verfassungsmäßig durchlaufen haben. Zudem ergibt eine systematische Auslegung, dass im VII. Abschnitt des GG („Die Gesetzgebung des Bundes") sowohl Art. 82 I 1 GG als auch Art. 76 ff. GG (Gesetzgebungsverfahren) verortet sind. Damit ist der Bundespräsident berechtigt, die Ausfertigung von Gesetzen zu verweigern, die nicht nach dem grundgesetzlichen Gesetzgebungsverfahren zustande gekommen sind.

Das Verfahren der Bundesratszustimmung nach Art. 77 IIa GG gehört zum Gesetzgebungsverfahren. R darf damit prüfen, ob der Bundesrat dem BWahlGÄndG zugestimmt hat. Unterstellt, die erforderliche Bundesratszustimmung sei unterblieben, muss R die Ausfertigung verweigern.

II. Gesetzgebungskompetenz

Fraglich ist weiter, ob R auch die Gesetzgebungskompetenz prüfen darf.

Die Formulierung „zustande gekommen[e] Gesetze" i. S. v. Art. 82 I 1 GG könnte nach dem Wortsinn allein die Essentialia des Gesetzesbeschlusses umfassen und dabei die Gesetzgebungskompetenz ausschließen.[124]

Gegen diese Interpretation spricht eine systematische Auslegung des Art. 82 I 1 GG. Dieser beendet den VII. Abschnitt, so dass „nach den Vorschriften dieses Grundgesetzes zustande [gekommen]" sich jedenfalls auf die vom Verfassungsgeber im selben Abschnitt zusammengefassten Regelungen beziehen muss. Damit sind die Kompetenzregelungen der Art. 70 ff. GG umfasst.

Darüberhinaus könnte eine systematisch-teleologische Auslegung für die Prüfung der Gesetzgebungskompetenz sprechen. Die Gesetzgebungskompetenz ist notwendige Voraussetzung für ein verfassungsmäßiges Gesetzgebungsverfahren nach Art. 76 ff. GG.[125] Könnte der Bundespräsident die Gesetzgebungskompetenz nicht überprüfen, wäre seiner Kontrolle des Gesetzgebungsverfahrens die Grund-

---

[124] MM der Literatur (in verschiedenen Ausprägungen): *Linke*, Der Bundespräsident als Staatsnotar oder das vermeintliche „formelle" und „materielle" Prüfungsrecht, DÖV 2009, 434 (442); *Lücke*, in: Sachs (Hrsg.), GG, 3. Aufl. 2003, Art. 82, Rn. 3 (anders die Neubearbeitung in diesem Kommentar von *Nierhaus* seit der 4. Aufl. 2007, Art. 82, Rn. 6; vgl. auch Fn. 127); weitere Nachweise bei *Schoch*, Die Prüfungskompetenz des Bundespräsidenten im Gesetzgebungsverfahren, Jura 2007, 354 (357).

[125] Etwa *Schoch*, Die Prüfungskompetenz des Bundespräsidenten im Gesetzgebungsverfahren, Jura 2007, 354 (357).

lage entzogen. So wäre etwa eine auf das äußerliche Bundesrats-Zustimmungsverfahren beschränkte Kontrollkompetenz sinnlos, wenn nicht zugleich geprüft wird, ob die Zustimmung verfassungsrechtlich überhaupt notwendig ist.[126] Eine sinnvolle Trennung von Gesetzgebungsverfahren und -kompetenz ist daher nicht möglich.

Wortsinn, Systematik und Zweck des Art. 82 I 1 GG führen also zu einer Auslegung, wonach die Prüfungskompetenz des Bundespräsidenten auch die Gesetzgebungskompetenz umfasst.[127]

R darf damit prüfen, ob der Bund zum Erlass des BWahlGÄndG kompetent ist. Unterstellt, die Bundeskompetenz liege nicht vor, darf (bzw. muss) R die Ausfertigung verweigern.[128]

C. Prüfung der materiellen Verfassungsmäßigkeit des BWahlGÄndG

Fraglich ist, ob R die Ausfertigung des BWahlGÄndG verweigern darf, wenn er zum Schluss kommt, das Gesetz verstoße nach seiner „vertretbaren" Auffassung gegen das Bundesstaatsprinzip. Es stellt sich also die Frage, ob auch die materielle Verfassungsmäßigkeit[129] eines Gesetzes Prüfungsgegenstand nach Art. 82 I 1 GG sein kann.

Es ließe sich einerseits vertreten, der Bundespräsident habe das auszufertigende Gesetz am Maßstab des *ganzen* GG zu prüfen, also auch hinsichtlich materiell-verfassungsrechtlicher Fragen.[130] Kommt dem R somit ein „**materielles Prüfungsrecht**" zu, darf er auch föderale Gesichtspunkte prüfen.

Demgegenüber könnte man die Auffassung vertreten, die Prüfung des Bundespräsidenten sei auf die formelle Verfassungsmäßigkeit beschränkt.[131] Kommt R al-

---

[126] A. A. *Linke*, Der Bundespräsident als Staatsnotar oder das vermeintliche „formelle" und „materielle" Prüfungsrecht, DÖV 2009, 434 (442).

[127] H. M., s. nur BVerfGE 34, 9 (23); *Schoch*, Die Prüfungskompetenz des Bundespräsidenten im Gesetzgebungsverfahren, Jura 2007, 354 (357 f., m. w N.); *Brenner*, in: v. Mangoldt/Klein/Starck (Hrsg.), GG, Bd. 2, 6. Aufl. 2010, Art. 82, Rn. 23, m. w. N. in Fn. 63; *Bauer*, in: Dreier (Hrsg.), GG, Bd. II, 2. Aufl. 2006, Art. 82, Rn. 12, m. w. N.; beachtlich ist insb. die Neukommentierung von *Nierhaus*, aktuell in: Sachs (Hrsg.), GG, 6. Aufl. 2011, Art. 82, Rn. 6, in der *Nierhaus* die gegenteilige frühere Auffassung von *Lücke* in diesem Kommentar (vgl. oben Fn. 124) aufgegeben hat.

[128] Wiederholung, um Missverständnisse zu vermeiden: Der Bund *hat* natürlich gem. Art. 38 III GG das Recht zur Regelung des Bundeswahlrechts.

[129] Also etwa die Vereinbarkeit mit Grundrechten, dem Bundesstaats- und Demokratieprinzip.

[130] H. L., vgl. nur (jeweils m. w. N.) *Bauer*, in: Dreier (Hrsg.), GG, Bd. II, 2. Aufl. 2006, Art. 82, Rn. 13; *Brenner*, in: v. Mangoldt/Klein/Starck (Hrsg.), GG, Bd. 2, 6. Aufl. 2010, Art. 82, Rn. 25, 27; *Sannwald*, in: Schmidt-Bleibtreu et al. (Hrsg.), GG, 12 Aufl. 2011, Art. 82, Rn. 16; weitere Nachweise bei *Hebeler*, 40 Probleme aus dem Staatsrecht, 2. Aufl. 2008, S. 166, 168 (38. Problem).

Das BVerfG hat sich zum „materiellen Prüfungsrecht" des Bundespräsidenten noch nicht ausdrücklich geäußert, es aber mehrfach erwähnt, vgl. die Nachweise bei *Brenner*, in: v. Mangoldt/Klein/Starck (Hrsg.), GG, Bd. 2, 6. Aufl. 2010, Art. 82 Rn. 25, Fn. 67.

[131] So eine MM der Literatur, vgl. die Nachweise bei *Hebeler*, 40 Probleme aus dem Staatsrecht, 2. Aufl. 2008, S. 167; bei *Bauer*, in: Dreier (Hrsg.), GG, Bd. II, 2. Aufl. 2006, Art. 82, Rn. 13, Fn. 70; sowie bei *Nierhaus*, in: Sachs (Hrsg.), GG, 6. Aufl. 2011, Art. 82, Rn. 7. Neuerdings auch

so nur ein „**formelles Prüfungsrecht**" zu, darf er Fragen des Bundesstaatsprinzips nicht zum Gegenstand seiner Prüfung machen, folglich auch nicht ggf. die Ausfertigung verweigern.

Gleichsam vermittelnd könnte man argumentieren, dem Bundespräsidenten stehe zwar ein „materielles Prüfungsrecht" zu, der umfassende Prüfungs*umfang* gehe jedoch mit einer beschränkten Prüfungs*tiefe/-intensität* einher. Das würde bedeuten, dass R zwar die Wahrung des Bundesstaatsprinzips prüfen, die Ausfertigung jedoch nur bei offensichtlicher (evidenter) materieller Verfassungswidrigkeit verweigern darf.[132] R sieht im BWahlGÄndG „vertretbar", allerdings nicht „über jeden Zweifel erhaben" eine Verletzung des Bundesstaatsprinzips. Er bewertet dessen Verfassungswidrigkeit somit nicht als evident, sondern nur als vertretbar. Nach dieser Auffassung darf R das BWahlGÄndG zwar hinsichtlich der Wahrung des Bundesstaatsprinzips prüfen, aber nicht die Ausfertigung verweigern.

Folglich führen die drei Auffassungen zu unterschiedlichen Ergebnissen, eine Streitentscheidung ist also erforderlich.

Für eine Ablehnung des materiellen Prüfungsrechts kann der Wortsinn des Art. 82 I 1 GG angeführt werden, der vom „Zustandekommen" von Gesetzen spricht. Hiermit wird sprachlich das Verfahren des Zustandekommens in Bezug genommen, das gegen eine Anerkennung auch eines materiellen Prüfungsrechts sprechen könnte.[133] Aus einem systematischen Vergleich ergibt sich weiter, dass die Nicht-Ausfertigung dieselbe Wirkung hat wie eine Nichtigkeitserklärung durch das BVerfG. Die Verwerfungskompetenz des BVerfG erkennt das GG allerdings ausdrücklich an (Art. 94 II 1 GG). Man könnte für die Kompetenz zur Nicht-Ausfertigung daher eine ebenso ausdrückliche und eindeutige Anordnung fordern, die im GG aber fehlt.[134] Zudem könnte die systematische Stellung des

---

(allerdings mit noch eingeschränkterem Prüfungsumfang) *Linke*, Der Bundespräsident als Staatsnotar oder das vermeintliche „formelle" und „materielle" Prüfungsrecht, DÖV 2009, 434.

[132] Wohl h. L. innerhalb der h. L.: *Brenner*, in: v. Mangoldt/Klein/Starck (Hrsg.), GG, Bd. 2, 6. Aufl. 2010, Art. 82 Rn. 27, m. w. N.; *Pieroth*, in: Jarass/Pieroth, GG, 11. Aufl. 2011, Art. 82, Rn. 3; *Degenhart*, Staatsrecht I, 27. Aufl. 2011, Rn. 735; *Ipsen*, Staatsrecht I, 23. Aufl. 2011, Rn. 499; weitere Nachweise: bei *Linke*, Der Bundespräsident als Staatsnotar oder das vermeintliche „formelle" und „materielle" Prüfungsrecht, DÖV 2009, 434, (435, Fn. 8), der freilich selbst kein materielles Prüfungsrecht anerkennt, bei *Schoch*, Die Prüfungskompetenz des Bundespräsidenten im Gesetzgebungsverfahren, Jura 2007, 354 (360), der sich allerdings ibid., (360 f.) gegen die „Evidenzkontrolle" ausspricht, sowie bei *Hebeler*, 40 Probleme aus dem Staatsrecht, 2. Aufl. 2008, S. 168. *Hebelers* Charakterisierung als „nur formell, aber auch evidente materielle Verfassungsverstöße" ist in dieser Form unzutreffend. Nach der hier vertretenen Auffassung überzeugt nur eine Konstruktion als „materiell minus", nicht als „formell plus". Vgl. dazu auch *Schoch*, Die Prüfungskompetenz des Bundespräsidenten im Gesetzgebungsverfahren, Jura 2007, 354 (358).

[133] *Linke*, Der Bundespräsident als Staatsnotar oder das vermeintliche „formelle" und „materielle" Prüfungsrecht, DÖV 2009, 434 (437); weitere Argumente für ein (eingeschränktes) nur „formelles" Prüfungsrecht: Entstehungsgeschichte und Stellung des Bundespräsidenten im Verfassungsgefüge, *Linke*, ibid., (437 ff.).

[134] Vgl. *Hebeler*, 40 Probleme aus dem Staatsrecht, 2. Aufl. 2008, S. 168; *Linke*, Der Bundespräsident als Staatsnotar oder das vermeintliche „formelle" und „materielle" Prüfungsrecht, DÖV 2009, 434 (440).

Art. 82 I 1 GG im VII. Abschnitt so zu verstehen sein, dass sich die Kontrolle nur auf die Normen dieses Abschnitts (also Art. 70-82 GG) erstreckt.

Gegen diese Erwägungen spricht allerdings der Wortsinn des Art. 82 I 1 GG: dort ist zwar vom Zustandekommen die Rede, jedoch vom Zustandekommen der Gesetze „nach den Vorschriften dieses Grundgesetzes". Der Wortsinn enthält keine Beschränkung, umfasst also *sämtliche* Normen des GG. Damit verbinden sich Gesetzgebungsverfahren und die übrigen Normen des GG (vgl. auch Art. 20 III GG). Die Wirkung der Nicht-Ausfertigung ist offensichtlich, so dass eine darauf bezogene ausdrückliche Kompetenzanordnung nicht zu fordern ist. Im Übrigen unterscheiden sich die Stellungen von BVerfG (das ggf. mit Gesetzeskraft ein bestehendes Gesetz aufhebt) und Bundespräsident (der am Gesetzgebungsverfahren mitwirkt) derart, dass es keiner Art. 94 II 1 GG entsprechenden Formulierung bedarf.

Gegen ein materielles Prüfungsrecht könnte aber sprechen, dass dieses die Stellung des Bundespräsidenten übermäßig aufwerten könnte.[135] Das GG begründet kein Präsidialsystem, sondern kehrt sich vielmehr bewusst vom Semipräsidialsystem der Weimarer Reichsverfassung ab. Durch ein „materielles Prüfungsrecht" könnte der Bundespräsident aber im Widerspruch dazu faktisch die Rolle eines Veto-Spieler im Gesetzgebungsverfahren erhalten.

Dieses Argument kann aber insoweit nicht überzeugen, als das „materielle Prüfungsrecht" (wie auch das „formelle") auf eine *Rechts*kontrolle beschränkt ist. Eine politische Kontrolle, die den Bundespräsidenten über die vorgesehen Rolle hinaus aufwerten würde, bleibt damit ausgeschlossen (vgl. oben A.).

Die Argumente, auf die sich der Ausschluss des materiellen Prüfungsrechts stützt, können damit nicht überzeugen. *Für* ein materielles Prüfungsrecht könnten darüber hinaus in systematischer Hinsicht der Amtseid auf Wahrung des GG (Art. 56 S. 1 GG) und die mögliche Folge der Präsidentenanklage (Art. 61 I 1 GG) sprechen.[136] Diese Normen binden den Bundespräsidenten jedoch nur soweit als das GG dies bestimmt; sie sind nicht kompetenz*begründend*. Fraglich ist hier aber gerade, *ob* das GG ein materielles Prüfungsrecht anordnet. Würde das GG kein solches Recht kennen, so wäre der Bundespräsident auch nicht an seine Beachtung gebunden. Damit würde er seinen Eid nicht verletzen und könnte auch nicht angeklagt werden. Diese Argumentation setzt also schon voraus, was sie erst beweisen will, führt also zu einem Zirkelschluss.[137]

Für ein materielles Prüfungsrecht spricht aber die Bindung aller staatlichen Gewalt, also auch des Bundespräsidenten, an das GG (Art. 20 III, 1 III GG).[138]

---

[135] Vgl. die Nachweise bei *Hebeler*, 40 Probleme aus dem Staatsrecht, 2. Aufl. 2008, S. 167 f.
[136] Vgl. *Hebeler*, 40 Probleme aus dem Staatsrecht, 2. Aufl. 2008, S. 166. Grundsätzlich ist es bei einer Streitdarstellung wichtig, nicht nur die Argumente einer Meinung zu *widerlegen*; vielmehr muss der Bearbeiter auch Argumente *für* die von ihm bevorzugte Auffassung aufführen.
[137] *Schoch*, Die Prüfungskompetenz des Bundespräsidenten im Gesetzgebungsverfahren, Jura 2007, 354 (358 f., m. w. N); *Nierhaus*, in: Sachs (Hrsg.), GG, 6. Aufl. 2011, Art. 82, Rn. 11.
[138] S. nur *Brenner*, in: v. Mangoldt/Klein/Starck (Hrsg.), GG, Bd. 2, 6. Aufl. 2010, Art. 82, Rn. 25; *Schoch*, Die Prüfungskompetenz des Bundespräsidenten im Gesetzgebungsverfahren, Jura 2007, 354 (359 f.); *Nierhaus*, in: Sachs (Hrsg.), GG, 6. Aufl. 2011, Art. 82, Rn. 10, 12; *Bauer*, in: Dreier

Anders als Art. 56 S. 1, 61 I 1 GG verweist die Verfassungsbindung nicht auf eine schon bestehende Bindung, sondern ordnet sie selbst an und wirkt damit pflichtbegründend. Dieses Argument unterliegt also keinem Zirkelschluss.[139] Damit ergibt eine an Wortsinn und Systematik des GG orientierte Auslegung gewichtige Argumente für ein „materielles Prüfungsrecht". Bedenken bestehen aber in systematischer Hinsicht insoweit als dieses Prüfungsrecht mit den Kompetenzen der anderen Organe vereinbar sein muss, die an der Entstehung und Kontrolle von Gesetzen beteiligt sind. Das Prüfungsrecht darf also nicht die Rolle der Legislativorgane und die Rechtskontrolle durch das BVerfG unterminieren.

Die zentralen, demokratisch dazu legitimierten Akteure im Gesetzgebungsverfahren sind Bundestag und Bundesrat. Ihre Einschätzung der Verfassungsmäßigkeit eines Gesetzes soll daher grundsätzlich gelten, bis das Rechtskontrollorgan BVerfG in einem spezifisch angelegten Kontrollsystem anderes feststellt. Das kann andererseits nicht bedeuten, dass die gesetzgeberische Einschätzung in jedem Fall auch den am Gesetzgebungsverfahren beteiligten Bundespräsidenten bindet; anderenfalls wäre sein gesamtes (also auch formelles) Prüfungsrecht sinnlos. Auch spricht eine (möglicherweise) identische Kontrolle von Bundespräsident und BVerfG nicht *per se* gegen ein materielles Prüfungsrecht.[140]

Will man also eine funktionsgerechte Organstruktur wahren, muss einerseits die legislative Einschätzungsprärogative beachtet und andererseits der ausdifferenzierten Kontrolle vor dem BVerfG sinnvoller Raum gegeben werden[141]. Dies wird durch die Einschränkung der Kontroll*tiefe* möglich. Während also hinsichtlich des Prüfungsumfangs die Argumente für eine materielle Prüfungskompetenz überzeugen, spricht die Stellung des Bundespräsidenten mit Blick auf Bundestag/Bundesrat und BVerfG dafür, die Prüfungstiefe der materiellen Prüfung auf Fälle evidenter Verfassungswidrigkeit zu beschränken.[142]

(Hrsg.), GG, Bd. II, 2. Aufl. 2006, Art. 82, Rn. 13; *Hofmann*, in: Schmidt-Bleibtreu et al. (Hrsg.), GG, 12. Aufl. 2011, Art. 1, Rn. 75 (Grundrechtsbindung des Bundespräsidenten nach Art. 1 III GG).

[139] So jdf. die h. M., s. *Schoch*, Die Prüfungskompetenz des Bundespräsidenten im Gesetzgebungsverfahren, Jura 2007, 354 (359 f.); *Nierhaus*, in: Sachs (Hrsg.), GG, 6. Aufl. 2011, Art. 82, Rn. 9.

[140] Mit weiteren Ausführungen: *Schoch*, Die Prüfungskompetenz des Bundespräsidenten im Gesetzgebungsverfahren, Jura 2007, 354 (359); vgl. auch die Darstellung bei *Hebeler*, 40 Probleme aus dem Staatsrecht, 2. Aufl. 2008, S. 167 und 169.

[141] Vgl. auch die Darstellung bei *Hebeler*, 40 Probleme aus dem Staatsrecht, 2. Aufl. 2008, S. 169; *Nolte/Tams*, Das Gesetzgebungsverfahren nach dem Grundgesetz, Jura 2000, 158 (164).

[142] A. A. ist natürlich vertretbar. Kein Gegenargument ist der Hinweis darauf, dass ein solch evidenter Verfassungsverstoß kaum vorkommt. Die zutreffende Meinung macht also nicht eine „staatsrechtliche Fabel" zu ihrem Bezugspunkt (so aber *Linke*, Der Bundespräsident als Staatsnotar oder das vermeintliche „formelle" und „materielle" Prüfungsrecht, DÖV 2009, 434 [437]), sondern akzeptiert die Konsequenzen einer organgerechten Verteilung der Prüfungsaufgaben. Zwei Anmerkungen: (1) Die genannten Argumente müssen m. E. gleichermaßen für das „formelle" wie das „materielle" Prüfungsrecht gelten; a. A. aber die h. L., vgl. nur *Lutze*, Ein präsidiales Missverständnis über die formelle Prüfungskompetenz, NVwZ 2003, 323 (324 f.); *Schoch*, Die Prüfungskompetenz des Bundespräsidenten im Gesetzgebungsverfahren, Jura 2007, 354 (358); *Nierhaus*, in: Sachs (Hrsg.), GG, 6. Aufl. 2011, Art. 82, Rn. 6. Demgegenüber (also wie hier) steht die Praxis mehrerer Bundespräsidenten, s. Nachweise bei *Lutze*, Ein präsidiales Missverständnis über die formelle Prüfungskompetenz, NVwZ 2003, 323 (324); *Bauer*, in: Dreier (Hrsg.), GG,

Danach darf R aufgrund einer von ihm für vertretbar, aber nicht offenkundig gehaltenen Verletzung des Bundesstaatsprinzips die Ausfertigung des BWahlGÄndG nicht verweigern.

Bd. II, 2. Aufl. 2006, Art. 82, Rn. 12, Fn. 69. Die Ausfertigung darf also nach meiner Auffassung auch dann nur unterbleiben, wenn etwa ein Gesetzgebungskompetenz- oder Verfahrensverstoß offensichtlich ist. Wer eine derartige, einheitliche Konstruktion der Prüfungskompetenz mit der h. L. ablehnt, bleibt die Erklärung schuldig, woher beim materiellen Prüfungsrecht eine Evidenzbeschränkung kommen soll (was ja von manchen tatsächlich abgelehnt wird, etwa *Schoch*, Die Prüfungskompetenz des Bundespräsidenten im Gesetzgebungsverfahren, Jura 2007, 354 [360 f.]). (2) Der Maßstab für einen evidenten Verfassungsverstoß darf m. E. nicht starr verstanden werden, sondern ergibt sich aus der Beachtung verschiedener Gesichtspunkte wie etwa der Schwere eines Eingriffs, den gesetzgeberischen Einschätzungen etc. (teilweise in diese Richtung auch *Brenner*, in: v. Mangoldt/Klein/Starck [Hrsg.], GG, Bd. 2, 6. Aufl. 2010, Art. 82, Rn. 27a). Somit könnte sich der Bundespräsident beispielsweise daran orientieren, wie das BVerfG seine Rechtskontrolle unter größtmöglicher Wahrung der gesetzgeberischen Entscheidung ausübt.

Klausur 4: Legitimation durch Verfahren

Sachverhalt

Etwas ist faul im Staate Deutschland. Die „Finanzkrise" hat Deutschland getroffen, und es muss sofort gehandelt werden – so äußern sich jedenfalls viele Politiker. Eine Ursache für die Krise, so meinen viele, liege darin, dass einige Banker „zu viel Geld für schlechte Arbeit" erhalten würden.

Auch Bundesfinanzministerin Astrid Avara (A) von der X-Fraktion ist der Meinung, dass nun etwas getan werden müsse. Sie weist ihre Ministerialbeamten daher an, eine Gesetzesvorlage für ein Bankerbonusbegrenzungs-Gesetz (B-G) zu erarbeiten. Dieses sieht Höchstgrenzen für die Boni vor, die Banken ihren Angestellten vertraglich in Aussicht stellen dürfen. Damit sollen finanzielle Anreize verhindert werden, die zu Fehlentscheidungen und schweren gesamtwirtschaftlichen Nachteilen führen. A bringt diesen Entwurf in die Bundeskabinettssitzung vom 12.9.2012 ein, in der ihre Idee Unterstützung findet. Alle Minister sowie Bundeskanzler K sind sich über die Eilbedürftigkeit eines B-G einig und beschließen, dass K (der zugleich Bundestagsmitglied ist) es in die Hand nehmen solle, den B-G-Entwurf aus der Mitte des Bundestages einzubringen. K unterzeichnet daher am 13.9.2012 die Gesetzesvorlage, wegen der Eile allerdings nur zusammen mit 23 weiteren Abgeordneten. In Übereinstimmung mit der GO-BT wird die Vorlage gedruckt, verteilt und auf die Tagesordnung für die Plenarsitzung am 27.9.2012 gesetzt. Die X-Fraktion hat dabei rechtzeitig eine allgemeine Aussprache über die Vorlage beantragt.

In der Sitzung am 27.9.2012 sind 450 der 600 Mitglieder des Bundestages anwesend. Als in der allgemeinen Aussprache die Grundsätze des B-G besprochen werden, ist unter dem (Ein-)Druck der Medien sogar ein Großteil der Opposition vom B-G-Entwurf überzeugt. Die oppositionelle Y-Fraktion stellt daher gem. § 29 I GO-BT einen Antrag zur Geschäftsordnung des Inhalts, über das Gesetz „gleich die Schlussabstimmung" abzuhalten; sie begründet das damit, dass „über das Gesetz keine sachliche Debatte nötig ist, die Vor- und Nachteile liegen auf der Hand". 320 der in der Plenarsitzung anwesenden Abgeordneten stimmen für diesen Antrag. Daher erfolgt unmittelbar im Anschluss an die allgemeine Aussprache die Schlussabstimmung. Dabei stimmen 297 Abgeordnete für den Entwurf, 150 dagegen, 3 enthalten sich.

Der Bundestagspräsident leitet den Beschluss am 28.9.2012 dem Bundesrat zu, der ihm in einer Sondersitzung am 5.10.2012 zustimmt und das Gesetz am selben Tag dem Bundespräsidenten zuleitet. Dieser fertigt es nach verfassungsmäßiger Gegenzeichnung am 8.10.2012 aus. Am 10.10.2012 wird es im Bundesgesetzblatt verkündet. Als Zeitpunkt seines Inkrafttretens bestimmt das B-G den 1.11.2012.

Die Landesregierung von B-W ist mit dem Ablauf dieses Gesetzgebungsverfahrens nicht einverstanden. Sie beantragt daher mit formgerechtem Schriftsatz, der dem BVerfG am 12.10.2012 zugeht, eine Kontrolle des B-G, gerichtet auf die Feststellung, dass das B-G mit dem GG unvereinbar sei. Die Landesregierung führt darin aus: Sie zweifele daran, dass das Gesetz den Formvorgaben des GG entspreche. Um eine Klärung dieser Frage herbeizuführen, könne sie auch nicht warten, bis das B-G in Kraft trete. Ihre Bedenken begründet sie wie folgt: Zunächst hätten nur ziemlich wenige Abgeordnete den Antrag eingebracht. Auch beanstandet sie, dass nicht die Bundesregierung die Vorlage eingebracht habe, sondern einige Bundestagsabgeordnete. Eine solche Umgehung des eigentlich vorgesehenen Verfahrens sei nicht hinnehmbar. Außerdem hätte der Bundestag trotz aller Eilbedürftigkeit über das Gesetz mehr als nur einen Tag beraten müssen. Selbst die Verfahrensvorgaben, die sich der Bundestag selbst gegeben habe, seien verletzt, in jedem Fall aber die verfassungsrechtliche Garantie einer parlamentarisch-demokratischen Auseinandersetzung. Übrigens könne das alles dahinstehen – es habe sich nämlich im Bundestag keine Mehrheit für das B-G gefunden, da nur 297 von 600 Abgeordneten für das B-G gestimmt hätten.

Frage: Entspricht das BVerfG dem Antrag der Landesregierung?

Von einer Prüfung des B-G hinsichtlich seiner materiellen Vereinbarkeit mit dem GG ist abzusehen.

Auf alle aufgeworfenen Rechtsfragen ist einzugehen, ggf. in einem Hilfsgutachten.
Beim B-G handelt es sich um ein Zustimmungsgesetz.
Maßgeblicher Zeitpunkt für die Beurteilung sei der 12.10.2012.

Hinweis: Der Fall kann in vier Zeitstunden gelöst werden.

Lösung

Lösungshinweise

Problemschwerpunkte: abstraktes Normenkontrollverfahren gem. Art. 93 I Nr. 2 GG, §§ 13 Nr. 6, 76-79 BVerfGG (Kontrolle von verkündetem, aber noch nicht in Kraft getretenem Gesetz; Antragsgrund Zweifel vs. Für-nichtig-Halten) – Mindestquorum für Einbringung einer Gesetzesvorlage aus der Mitte des Bundestages – „verkappte Regierungsvorlage" als Umgehung des Bundesrates – Gesetzesberatung an nur einem Tag (Demokratieprinzip) – Beschlussfähigkeit des Bundestages – Mehrheiten im Bundestag – Gesetzgebungsverfahren im GG und in der GO-BT

I. Drei Bereiche aus dem Staatsorganisationsrecht bleiben auch nach der Anfängervorlesung bis zur Ersten Juristischen Prüfung besonders klausurrelevant: Gesetzgebungskompetenzen[1], Gesetzgebungsverfahren und Verwaltungskompetenzen (was eine intensive Befassung mit diesen Themen zu Beginn des Studiums rechtfertigt!). In dieser Klausur wird nun das (äußere) Gesetzgebungsverfahren[2] schwerpunktmäßig behandelt und geht auf Standardprobleme ein, die Ihnen unbedingt bekannt sein müssen!

Die einschlägigen GG-Artikel sind verhältnismäßig umfangreich und ausführlich – genaues Arbeiten ist daher angezeigt! Noch detaillierter regeln die Geschäftsordnungen der beteiligten Organe das Gesetzgebungsverfahren.[3] Sind also die Art. 76 ff. GG klausurrelevant, muss automatisch die GO-BT in die Überlegungen miteinbezogen werden! Allerdings: nicht jeder Verstoß gegen die GO-BT ist zugleich ein Verstoß gegen das GG – und nur ein solcher ist in der Klausur in aller Regel zu prüfen.

Exkurs: Jeder Bundestag gibt sich gem. Art. 40 I 2 GG seine eigene Geschäftsordnung. Allerdings wird in der Praxis einfach die bisherige Fassung der GO-BT übernommen und (ggf.) geändert. In der Klausur wird die GO-BT ohne Weiteres in der Fassung zitiert, die in

---

[1] Die Gesetzgebungskompetenzen werden in diesem Fall nur kursorisch behandelt, für eine ausführliche Darstellung sei auf Klausur 7: Skandal!, S. 334 ff., 348 ff. verwiesen.

[2] Mit äußerem Gesetzgebungsverfahren bezeichnet man das in Art. 76 ff. GG niedergelegte Verfahren. Im GG finden sich aber keine Aussagen der politischen Dimension des Gesetzgebungsverfahrens, etwa: Woher kommt der sachliche Anstoß zu einer bestimmten (Änderungs-)Regelung? Wer wirkt auf die inhaltliche Gestaltung ein? Was kennzeichnet ein „gutes" Gesetz? Vgl. zu diesen Fragen des sog. inneren Gesetzgebungsverfahrens auch S. 414.
Überblicksdarstellung des äußeren Gesetzgebungsverfahrens finden sich etwa bei *Nolte/Tams*, Das Gesetzgebungsverfahren nach dem Grundgesetz, Jura 2000, 158. Lesenswert auch *Frenzel*, Das Gesetzgebungsverfahren – Grundlagen, Problemfälle und neuere Entwicklungen, JuS 2010, 27 und 119. Er setzt das Gesetzgebungsverfahren ins Verhältnis zu anderen Strukturen des GG. Dies und die Anreicherung mit politisch-legistischen Hintergründen helfen dem Anfänger, ein isoliertes und *black letter law*-Denken zu verhindern.

[3] GO-BT, GO-BR, GO-BReg, GO-VermA. In der Klausur meist irrelevant, aber für die Praxis von Bedeutung: die Gemeinsame Geschäftsordnung der Bundesministerien (GGO), die aber in vielen Normsammlungen fehlt (insb. in der Sammlung Sartorius I).

der Gesetzessammlung abgedruckt ist, allzumal die wenigen einschlägigen Normen kaum geändert werden.

II. Hinsichtlich der Folgen eines Verfassungsverstoßes ist im abstrakten Normenkontrollverfahren zu beachten:

> „Während bei inhaltlichen Fehlern [einschließlich der inhaltlichen Überschreitung von Kompetenzbegrenzungen] die Nichtigkeit die regelmäßige Folge des Verfassungsverstoßes bildet, führt ein Verfahrensfehler nur dann zur Nichtigkeit der Norm, wenn er evident ist. Das gebietet die Rücksicht auf die Rechtssicherheit."[4]

Fehler im Gesetzgebungs*verfahren* haben also oftmals keine Folgen für die Geltung eines Gesetzes.[5] Verletzt der Verfassungsverstoß allerdings zugleich ein subjektives Recht, ist freilich ein *Organstreitverfahren* erfolgreich.[6]

III. Bei einer abstrakten Normenkontrolle ist die Vereinbarkeit der Norm mit (hier) dem GG nicht nur hinsichtlich der Punkte, die der Antragsteller rügt, sondern umfassend zu prüfen (Offizial- statt Dispositionsmaxime).[7] Öffentlichrechtliche Klausuren sind aber insoweit bearbeiterfreundlich, als sie Probleme selten „verschweigen": Was diskutiert werden soll, ist im Sachverhalt angelegt, wenn auch nicht immer umfassend. In dieser Klausur wird beispielsweise zwar auf die §§ 76 ff. GO-BT indirekt hingewiesen, aber nicht detailliert (so wird etwa nichts zur Beschlussfähigkeit des Bundestages ausgeführt). Auf die Gesetzgebungskompetenz wird gar nicht eingegangen, daran muss der Bearbeiter von selbst denken. Solche Aspekte entscheiden nicht über das Bestehen der Klausur, erlauben aber Notendifferenzierungen.

Zur Wiederholung: Bei einem abstrakten Normenkontrollverfahren gibt es keinen Antragsgegner, keine Antragsbefugnis und keine Antragsfrist.[8] Diese Aspekte werden also in der Klausur nicht angesprochen – streng verboten ist es, derartiges Lehrbuchwissen in der Klausur niederzuschreiben (also nicht: „Da das abstrakte

---

[4] Etwa BVerfGE 91, 148 (175) – Umlaufverfahren. Weitere Nachweise bei *Meßerschmidt*, Gesetzgebungsermessen, 2000, S. 854, dort in kritischer Würdigung verschiedener Ansätze, gesetzgeberische Verfahrenssorgfalt als Verfassungspflichten zu konstruieren (ibid., § 9 Gesetzgebungsermessen und Verfahrensrationalität, S. 817 ff., insb. S. 846 ff.).

[5] Beispiel: BVerfGE 91, 148 (175): eine Rechtsverordnung kann zwar nicht im sog. Umlaufverfahren erlassen werden, ein Verstoß führt dennoch nicht zu Nichtigkeit der Rechtsverordnung (da das Umlaufverfahren bis dahin unbestrittene Staatspraxis war); demgegenüber BVerfGE 106, 310 (329 f., 336): eine uneinheitliche Stimmabgabe eines Landes im Bundesrat führt zur Nichtwertung dieser Stimmen (beachte aber das Sondervotum der Richterinnen *Osterloh* und *Lübbe-Wolff* BVerfGE 106, 310/337 [341], in dem die Evidenz der Nicht-Zustimmung des Bundesrates verneint wurde).

[6] Vgl. für einen etwaigen Organstreit des Bundesrats gegen „verkappte Regierungsvorlagen" *Masing*, in: v. Mangoldt/Klein/Starck (Hrsg.), GG, Bd. 2, 6. Aufl. 2010, Art. 76, Rn. 102.

[7] Vgl. *Kunze*, in: Umbach et al. (Hrsg.), BVerfGG-Mitarbeiterkommentar, 2. Aufl. 2005, Vor §§ 17 ff., Rn. 18.

[8] Ausführlicher S. 113 ff.

Normenkontrollverfahren keinen Antragsgegner kennt, ist nunmehr der Antragsgegenstand zu prüfen.").

Der Bearbeiterhinweis schneidet materielle Verfassungsfragen wie etwa eine grundrechtliche Prüfung der Berufsfreiheit nach Art. 12 I GG ab. Es sei an dieser Stelle nochmals betont: Bearbeiterhinweise sind unbedingt ernst zu nehmen und durchzuarbeiten!

Klausurhinweis: Als maßgeblicher Zeitpunkt für die Klausurbearbeitung ist der 12.10.2012 angegeben, damit der Antragsgegenstand ein verkündetes, aber noch nicht in Kraft getretenes Gesetz ist. Oftmals fehlt in Klausuren ein solcher Hinweis, dann gilt der Tag der Klausurausgabe als maßgeblicher Zeitpunkt.

Hinweise zum Europarecht: Das EU-Rechtsetzungsverfahren hat sich durch den Vertrag von Lissabon entscheidend verändert. Insb. gibt es nunmehr ein *ordentliches Gesetzgebungsverfahren* (vgl. Art. 289 Abs. 1, 294 AEUV), das zu einem Bedeutungszuwachs des Europäischen Parlaments als Gesetzgebungsorgan führt.[9] Im Übrigen ist das Rechtsetzungsverfahren im Mehrebenensystem notwendigerweise noch komplexer als das deutsche. Eine Besonderheit liegt etwa darin, dass nicht nur das Europäische Parlament, sondern auch der Rat (*Regierungs*vertreter der Mitgliedstaaten) als Legislativorgan auftritt (Art. 16 Abs. 1 S. 1 EUV).[10] Vgl. als kurze Einführung in das EU-Rechtsetzungsverfahren etwa *Haratsch* et al., Europarecht, 7. Aufl. 2010, Rn. 324 ff.

Obiter dictum: „Legitimation durch Verfahren" ist der Titel eines Frühwerks (Erstauflage 1969) des Soziologen *Niklas Luhmann* (1927-1998). Darin argumentiert er, dass judikative oder legislative Verfahrensergebnisse nicht durch das Herausarbeiten von „Wahrheit" legitimiert werden können, sondern durch das Verfahren (mit den entsprechenden Partizipationschancen für die Beteiligten) als solches. *Luhmann* ist einer der zentralen Gesellschaftstheoretiker des 20. Jahrhunderts, seine Ausprägung der *Systemtheorie* hat für viele Wissenschaften (auch für die Rechtswissenschaft) Bedeutung.

---

[9] Für eine graphische Darstellung s. *Frenz*, Handbuch Europarecht, Bd. 6: Institutionen und Politiken, 2011, Rn. 1904.

[10] Freilich ist dies nicht so verschieden von der Mitwirkung des Bundesrates an der deutschen Gesetzgebung.

Lösungsskizze

OS: BVerfG entspricht dem Antrag der Landesregierung von B-W, wenn er zulässig und begründet ist

A. Zulässigkeit

I. Statthafte Verfahrensart und Zuständigkeit des BVerfG
   - Begehr: abstrakte Normenkontrolle → statthaft gem. Art. 93 I Nr. 2 GG i. V. m. §§ 13 Nr. 6, 76 I Nr. 1 BVerfGG
   - BVerfG-Zuständigkeit: Art. 93 I Nr. 2 GG, § 13 Nr. 6 BVerfGG

II. Antragsberechtigung
   - Landesregierung von B-W: § 76 I BVerfGG: (+)

III. Antragsgegenstand und Prüfungsmaßstab
   - § 76 I Nr. 1 BVerfGG: Bundesrecht oder Landesrecht
   - Def: Bundes- oder Landesrecht jeder Hierarchiestufe; B-G als einfaches Gesetz (entstanden nach Art. 76 ff. GG) grds. (+)
   - P: B-G am 10.10.2012 verkündet, aber noch nicht in Kraft getreten
     o teleologische Auslegung: Recht muss schon existent sein, damit BVerfG-Kontrolle nicht sinnlos ist (keine präventive Normenkontrolle)
     o Verkündung schließt Gesetzgebungsverfahren ab, Inkrafttreten hingegen ist Teil der normativen Regelung
   - → rechtliche Existenz mit Verkündung; B-G damit rechtlich existent, somit statthafter Antragsgegenstand
   - Prüfungsmaßstab für einfaches Bundesgesetz B-G gem. § 76 I Nr. 1 BVerfGG = GG

IV. Antragsgrund
   - Problem: Wortsinnunterschied zwischen Art. 93 I Nr. 2 GG („Meinungsverschiedenheiten oder Zweifel") und § 76 I Nr. 1 BVerfGG („für nichtig hält")
   - Subs: Landesregierung zweifelt, hält das B-G aber nicht für nichtig
   - → Art. 93 I Nr. 2 GG (+); § 76 I Nr. 1 BVerfGG (-) → Entscheidung nötig
     o pro § 76 I Nr. 1 BVerfGG: konkretisierende Verfahrensvorschrift, Ausgestaltungsvorbehalt des Art. 94 II 1 GG
     o contra: klarer Wortsinn des Art. 93 I Nr. 2 GG, Wortsinngrenze gilt auch für den Ausgestaltungsvorbehalt des Art. 94 II 1 GG
     o contra: entfallen Zweifel, kann Antragstellerin Antrag zurückziehen; selbst dann kann Normenkontrolle aus überwiegendem öffentlichen Interesse weitergeführt werden → Überzeugung von der Nichtigkeit für Normenkontrolle nicht nötig
     o contra: systematische Auslegung: GG fordert bei Art. 100 I 1 GG Für-verfassungswidrig-Halten (entspricht Für-nichtig-Halten), nennt also unterschiedliche Hürden; damit unterschiedliche Grade der Überzeugung von der Verfassungswidrigkeit im GG anerkannt, die erhalten bleiben müssen → Einheit des GG
   - → Zweifel genügen
   - verfassungskonforme Auslegung von § 76 I Nr. 1 BVerfGG, wonach auch hier Zweifel genügen? klarer Wortsinn: (-)
   - → § 76 I Nr. 1 BVerfGG teilnichtig, direkter Rückgriff auf Art. 93 I Nr. 2 GG, d. h. Zweifel genügen → Antragsgrund (+)

V. Form des Antrags, § 23 I BVerfGG: (+)

VI. Objektives Klarstellungsinteresse
   - indiziert, Zweifel nicht erkennbar
   - → (+)

VII. Zwischenergebnis
   - zulässig

B. Begründetheit

OS: Prüfungsmaßstab: fraglich, ob B-G förmlich mit GG vereinbar ist (Art. 93 I Nr. 2 GG, §§ 13 Nr. 6, 76 I Nr. 1 BVerfGG) → Prüfung von Gesetzgebungskompetenz und Gesetzgebungsverfahren

I. Gesetzgebungskompetenz
   - Grds.: Länderkompetenz, Art. 70 I GG
   - Bundeskompetenz aufgrund von konkurrierender Gesetzgebung?
     o Kompetenztitel: Arbeitsrecht, Art. 74 I Nr. 12 GG: Arbeitsverträge unselbstständiger Angestellter, d. h. Arbeitsrecht; keine Voraussetzung der Inanspruchnahme nach Art. 72 II GG → Bundeskompetenz jdf. nach Art. 74 I Nr. 12 i. V. m. 72 I GG (+)
   → Bundeskompetenz (+)

II. Gesetzgebungsverfahren
   1. Gesetzesinitiative
      - Art. 76 I GG
      - K und 23 andere Bundestagsabgeordnete haben B-G-Vorlage eingebracht; fraglich, ob sie initiativberechtigt sind
      a) Gesetzesvorlage der Bundesregierung
         - Kollegialorgan (Art. 62 GG)
         - Gesetzesvorlage muss als Kollegialbeschluss gefasst werden, §§ 15 I lit. a, 20 I, 24 GO-BReg
         - Subs: kein Kabinettsbeschluss, K soll B-G-Entwurf gerade aus Mitte des Bundestages einbringen
         → (-)
      b) Gesetzesvorlage aus der Mitte des Bundestages
         - P: Bestimmung eines Mindestquorums?
            o Art. 76 I GG: allenfalls Absage an völlig aussichtslose Splitterinitiative, was 24 Abgeordnete nicht sind; darüber hinaus keine Vorgaben
            o aber: § 76 I GO-BT: bei 600 Abgeordneten bedeutet 5%-Quorum 30 Abgeordnete; hier nur 24 Abgeordnete, also (-)
         - Rechtsfolge? P: Verstoß gegen § 76 I GO-BT auch zugleich Verfassungsverstoß (vgl. Prüfungsmaßstab)? pro: Konkretisierung nimmt am Verfassungsrang teil; contra: GG macht bezüglich Quorum keine verfassungsrechtlichen Vorgaben, damit keine Teilnahme am Rang; contra: teleologisch: Ressourcenbindung hat schon stattgefunden
         → Initiative aus der Mitte des Bundestages (+)
   2. Umgehung des Bundesrates
      - P: materielle Anregung und Formulierung = Bundesregierung, formale Einbringung aber „aus der Mitte des Bundestages"
      → verfassungswidriges Vorgehen, weil Bundesrat um den sog. ersten Durchgang (vgl. Art. 76 II GG) gebracht worden ist? Vorlage könnte sachlich als „Vorlage der Bundesregierung" zu qualifizieren sein → Art. 76 II GG
         o „Vorlage der Bundesregierung" könnte materielle Autorschaft meinen
         o dagegen: oft viele Mitwirkende an Vorlage, keine eindeutige materielle Autorschaft möglich
         o aber: Anknüpfen an Kabinettsbeschluss schafft Klarheit
         o dagegen: „Vorlage" meint nach Wortsinn den Akt des Vorlegens; entscheidend also, wer seine Autorität hinter Gesetzesentwurf stellt → Art. 76 II 1 GG knüpft dann an Art. 76 I GG: formelle Autorschaft
         o aber: damit kann die ausdifferenzierte Initiativstruktur unterlaufen werden: Bundesrat kann nicht auf Willensbildung des Bundestages außerhalb des Vermittlungsverfahrens einwirken, Erschwerung der internen Willensbildung, kein Ausgleich des Wissensvorsprungs der Bundesregierung
         o allerdings: immerhin gibt es diese Möglichkeit im zweiten Durchgang, ggf. eben Vermittlungsausschuss

- o zudem: GG sieht eben uneinheitliches Initiativverfahren vor: die Gegenargumente würden auch auf „echte" Vorlage aus der Mitte des Bundestages zutreffen
- → Einbringung des B-G-Entwurfs aus der Mitte des BT keine verfassungswidrige Umgehung
3. Gesetzesbeschluss innerhalb einer Plenarsitzung
    - P: Beschluss in nur einer Plenarsitzung am 27.9.2012
    a) Verfahrenvorgaben für konkreten Ablauf
        - GG, insb. Art. 77 I GG: (-)
        - aber: §§ 76 ff. GO-BT → GO-BT zwar kein direkter Maßstab, aber GO-BT-Verstoß kann zugleich GG-Verstoß sein → Frage stellt sich nicht, wenn schon kein GO-BT-Verstoß
    b) Ablauf gemäß der GO-BT
        - erste Beratung mit allgemeiner Aussprache, §§ 78 I 1 i. V. m. 79 S. 1 GO-BT: (+)
        - aber: danach keine Ausschussüberweisung (§ 80 I 1 GO-BT), sondern gleich Schlussabstimmung
        - Abweichung von GO-BT könnte aber gem. § 126 GO-BT gerechtfertigt sein; Voraussetzungen: Antrag von Fraktion, Beschluss von Zweidrittelmehrheit der anwesenden Mitglieder und kein Verstoß gegen GG
        aa) Antrag und Beschluss nach § 126 GO-BT
            - Geschäftsordnungsantrag (§ 29 I GO-BT) zur Abweichung durch Y-Fraktion: (+)
            - zwei Drittel der anwesenden 450 Abgeordneten = 300 Abgeordnete: Zustimmung von 320 Abgeordneten = Zweidrittelmehrheit
        bb) Beschlussfähigkeit des Bundestages
            - § 45 I GO-BT: Hälfte aller BT-Mitglieder
            - aber: § 45 II 1 GO-BT: Beschluss*un*fähigkeit muss festgestellt werden, Beschlussfähigkeit demnach (verfassungsmäßig anerkennenswert) vermutet
            - → keine Feststellung der Beschlussunfähigkeit am 27.9.2012
            - → Bundestag beschlussfähig
        cc) Verfassungsmäßigkeit des Beschlusses
            - parlamentarisch-demokratisches Prinzip, vor Schlussabstimmung drei Beratungen durchzuführen?
            - contra: anders als in manchen Landesverfassungen keine Vorgaben im GG, damit beredtes Schweigen: kein Gebot von drei Beratungen
            - parlamentarisch-demokratisches Prinzip hinreichender Beratung verletzt?
                o Art. 20 I i. V. m. 38 I 2 i. V. m. 42 I 1 GG: Recht auf Verhandlung
                o aber: Recht des einzelnen Abgeordneten auszugleichen mit Recht der Bundestagsmehrheit, Interesse an zügiger Behandlung
                o Subs für B-G: nur allgemeine Aussprache; Antrag auf Schlussabstimmung, da keine weitere Behandlung nötig → äußerst reduzierte Verhandlung
                o aber: Zweidrittelmehrheit für § 126 GO-BT erforderlich, d. h. Minderheitenschutz gewahrt? dagegen: kleine Oppositionsfraktion bilden keine Sperrminorität, Abschneiden der Artikulationsfunktion
            - → B-G: sachliche Befassung erschöpft sich in allgemeiner Aussprache, kein „Verhandeln"→ Verstoß gegen Art. 20 I i. V. m. 38 I 2 i. V. m. 42 I 1 GG
    c) Zwischenergebnis
        - Beratung an nur einem Tag bei bloßer allgemeiner Aussprache = Verfassungsverstoß, der aber nicht zur Nichtigkeit des B-G führt
    d) Mehrheit bei Schlussabstimmung
        - 297 von 600 Abgeordneten = Mehrheit?
        - Beschlussfähigkeit: wie unter B. II. 3. b) bb): (+)
        - Mehrheit gem. Art. 42 II 1 GG = grds. Mehrheit der abgegebenen Stimmen (d. h. Ja-Stimmen überwiegen die Nein-Stimmen)

- Art. 77 I 1 GG bestimmt nichts anderes
→ 297 von 350 abgegebenen Stimmen = einfache Abstimmungsmehrheit
4. Mitwirkung des Bundesrates
   - Zuleitung an Bundesrat: 28.9.2012 gem. Art. 77 I 2 GG
   - Bundesratszustimmung am 5.10.2010: B-G gem. Art. 78 1. Var. GG zustande gekommen
   → B-G = nach Mitwirkung des Bundesrates zustande gekommen
5. Mitwirkung des Bundespräsidenten
   - Gegenzeichnung, Ausfertigung am 8.10.2012, damit Art. 82 I 1 GG (+)
6. Verkündung
   - im BGBl. am 10.10.2012, Art. 82 I 1 GG (+)
7. Zwischenergebnis
   - B-G verstößt gegen Gesetzgebungsverfahren, insoweit Beratung an nur einem Tag bei bloßer allgemeiner Aussprache
   - ansonsten förmlich mit GG vereinbar

C. Rechtsfolgenausspruch und Ergebnis

Rechtsfolgen des Verfassungsverstoßes (Behandlung an nur einem Tag)
- Def: Nichtigkeit nur, wenn inhaltlicher Fehler oder evidenter Verfahrensfehler
- Verstoß gegen parlamentarisch-demokratisches Prinzip = inhaltlicher Fehler? (-), da Verfahrensfehler
- Verfassungsverstoß: GO-BT-konform; ergibt sich nur aus unbestimmten Begriff der Demokratie
  → nicht offensichtlicher Fehler
→ keine Nichtigkeitsfolge
BVerfG entspricht dem Antrag daher nicht

Lösungsvorschlag

Das BVerfG entspricht dem Antrag der Landesregierung von B-W, wenn er zulässig und begründet ist.

A. Zulässigkeit

I. Statthafte Verfahrensart und Zuständigkeit des BVerfG

Der Antrag des Landesregierung B-W ist auf die Kontrolle des B-G gerichtet. Die Landesregierung trägt vor, das B-G sei förmlich mit dem GG unvereinbar. Damit ist ein abstraktes Normenkontrollverfahren statthaft gem. Art. 93 I Nr. 2 GG i. V. m. §§ 13 Nr. 6, 76 I Nr. 1 BVerfGG. Das BVerfG ist dafür gem. Art. 93 I Nr. 2 GG, § 13 Nr. 6 BVerfGG zuständig.[11]

II. Antragsberechtigung

Die Landesregierung B-W ist antragsberechtigt, vgl. § 76 I Nr. 1 BVerfGG.[12]

III. Antragsgegenstand und Prüfungsmaßstab

Fraglich ist, ob das B-G tauglicher Antragsgegenstand ist. Dazu müsste es sich gem. § 76 I Nr. 1 BVerfGG um Bundesrecht oder Landesrecht handeln.

Das B-G ist nach dem in Art. 76 ff. GG vorgesehenen Verfahren erlassen worden, es handelt sich also um ein jedenfalls formelles Bundesgesetz,[13] damit um Bundesrecht i. S. v. § 76 I Nr. 1 BVerfGG.

Fraglich ist aber, ob das B-G am 12.10.2012 schon „Recht" in diesem Sinne ist. Zulässiger Prüfungsgegenstand einer abstrakten Normenkontrolle kann nur **existentes** Recht sein; eine präventive Normenkontrolle ist ausgeschlossen.[14]

Am 12.10.2012 ist das B-G zwar schon gem. Art. 82 I 1 GG im Bundesgesetzblatt verkündet, aber noch nicht in Kraft getreten. Dies soll entsprechend der gesetzgeberischen Entscheidung (vgl. Art. 82 II 1 GG) erst am 1.11.2012 geschehen. Damit könnte das B-G am 12.10.2012 noch nicht „Recht" i. S. v. § 76 I Nr. 1 BVerfGG sein.

Für die rechtliche Existenz, die Voraussetzung einer sinnvollen Kontrolle durch das BVerfG ist, kann es nur darauf ankommen, dass der Entstehungsprozess eines Gesetzes abgeschlossen ist, was mit der Verkündung eintritt. Das Inkrafttreten be-

---

[11] Wiederholung: Liegt kein Problem vor, sind Bemerkungen zur statthaften Verfahrensart und zur Zuständigkeit kurz zu halten.
[12] Hier wäre jede weitere Bemerkung etwa zur Prozessfähigkeit dieses Kollegialorgans überflüssig – Problemschwerpunkte setzen!
[13] Zum dualistischen Gesetzesbegriff (formelles Gesetz – materielles Gesetz) s. unten S. 438, Fn. 112.
[14] M. w. N.: *Graßhof*, in: Umbach et al. (Hrsg.), BVerfGG-Mitarbeiterkommentar, 2. Aufl. 2005, § 76, Rn. 17.

stimmt den zeitlichen Geltungsbereich eines Gesetzes und verhilft ihm somit zur Wirksamkeit, ist folglich Teil der normativen Regelung und nicht (mehr) des Gesetzgebungsverfahrens.[15] Ein verkündetes Gesetz ist damit rechtlich existent und kann Gegenstand eines abstrakten Normenkontrollverfahrens sein.[16]
Folglich ist das verkündete B-G statthafter Antragsgegenstand.
Prüfungsmaßstab für das B-G (einfaches Bundesgesetz) ist gem. § 76 I Nr. 1 BVerfGG das GG.

IV. Antragsgrund

Die Landesregierung „zweifelt" daran, dass das B-G förmlich mit dem GG vereinbar ist. Fraglich ist, ob **Zweifel** einen hinreichenden Antragsgrund für ein abstraktes Normenkontrollverfahren bilden.

Art. 93 I Nr. 2 GG und § 13 Nr. 6 BVerfGG fordern von der Antragstellerin „Meinungsverschiedenheiten oder Zweifel" an der Vereinbarkeit der zu prüfenden Norm mit dem GG. Aus den Darlegungen der Landesregierung von B-W ergibt sich, dass ihr die Gültigkeit der Norm aus bestimmten Rechtsgründen unklar erscheint, die Gewissheit ihrer Gültigkeit also ernstlich erschüttert ist, sie also zweifelt i. S. v. Art. 93 I Nr. 2 GG.[17]

§ 76 I Nr. 1 BVerfGG erfordert mit abweichendem Wortsinn demgegenüber, dass die Antragstellerin die Norm „für nichtig hält".[18] Im Gegensatz zu Art. 93 Nr. 2 GG müssen sich die Zweifel danach zur *Überzeugung* von der Nichtigkeit verdichtet haben.[19] Der klare Wortsinn der Einlassung der Landesregierung zeigt, dass sie nicht derart überzeugt ist. Damit mangelt es nach § 76 I Nr. 1 BVerfGG an einem Antragsgrund. Die unterschiedlichen Formulierungen führen somit zu unterschiedlichen Ergebnissen, damit muss eine Entscheidung erfolgen.[20]

Es ließe sich einerseits argumentieren, § 76 I Nr. 1 BVerfGG konkretisiere Art. 93 I Nr. 2, wie dies Art. 94 II 1 GG zulässt.[21] Damit würde auch keine wesentliche Erschwerung einer Normenkontrolle eintreten, da der Zweck des § 76 I Nr. 1 BVerfGG letztlich nur darin läge, dass sich die Antragstellerin über ihre

---

[15] BVerfGE 42, 263 (283) – Contergan-Stiftung.
[16] **Achtung:** Es wäre „Lehrbuchstil", würde man hier einfließen lassen, dass eine Ausnahme für Zustimmungsgesetze gilt (vgl. S. 115). Das B-G ist offensichtlich kein Zustimmungsgesetz, ein „Abladen von Wissen" mag hier verlockend sein, muss aber unbedingt unterbleiben!
[17] Vgl. *Rozek*, in: Maunz et al. (Hrsg.), BVerfGG, Loseblatt, Stand: Juni 2001, § 76, Rn. 44.
[18] Wiederholung: Ein Auseinanderfallen des GG und BVerfGG an anderer Stelle liegt in der Beteiligtenfähigkeit des einzelnen Abgeordneten als Antragsteller (Art. 93 I Nr. 1 vs. § 63 BVerfGG) in Klausur 1: Der unbequeme Abgeordnet, S. 149.
[19] *Rozek*, in: Maunz et al. (Hrsg.), BVerfGG, Loseblatt, Stand: Juni 2001, § 76, Rn. 45.
[20] Vgl. auch oben S. 116 f., m. w. N.
Wiederholung: Bestehen unterschiedliche Auffassungen, muss zuerst jede jeweils dargestellt und geprüft werden (Definition-Subsumtion-Zwischenergebnis). Kommen verschiedene Auffassungen zum selben Ergebnis, kann der Streit „dahinstehen", Argumente für die eine oder andere Seite müssen dann unterbleiben.
[21] *Hillgruber/Goos*, Verfassungsprozessrecht, 3. Aufl. 2011, Rn. 515, m. w. N.

Rechtsauffassung klar werden muss, ihre „Zweifel" also in die eine oder andere Richtung zu einem Ergebnis bezüglich der Verfassungswidrigkeit bringt.[22]

Gegen diese Auffassung spricht der eindeutige Wortsinn des Art. 93 I Nr. 2 GG. Diese Norm lässt es genügen, dass die Antragstellerin Zweifel hat; eine endgültige, entschiedene Haltung fordert sie nicht. Dagegen kann auch nicht Art. 94 II 1 GG angeführt werden: Ausgestaltungsspielraum kann nur dort bestehen, wo das GG schweigt oder auslegungsfähige Begriffe verwendet. Dies ist bei „Zweifel" nicht der Fall. Eine endgültige Entscheidung der Antragstellerin über ihre Rechtsauffassung ist auch nicht etwa wesensnotwendig für die Normenkontrolle: Sollten die Zweifel der Antragstellerin im Laufe des Verfahrens entfallen und sie nunmehr von der Verfassungs*mäßigkeit* überzeugt sein, kann sie den Antrag zurückziehen. Selbst in diesem Fall, wenn also nicht einmal mehr Zweifel der Antragstellerin bestehen, kann die Kontrolle jedoch wegen überwiegenden öffentlichen Interesses an einer Klärung fortgeführt werden.[23] Das zeigt ebenfalls, dass die Überzeugung von der Verfassungswidrigkeit der zu überprüfenden Norm keine notwendige Grundlage für das Kontrollverfahren sein kann.

Gegen eine mögliche „Konkretisierung" des Art. 92 I Nr. 2 GG durch § 76 I Nr. 1 BVerfGG spricht auch eine systematische Auslegung. Das GG kennt verschiedene Stufen der Überzeugung, die der Kontrollbegehrende von der Verfassungswidrigkeit der Norm haben muss: Während Art. 93 I Nr. 2 GG für die abstrakte Normenkontrolle „Zweifel oder Meinungsverschiedenheiten" verlangt, fordert Art. 100 I 1 GG für die konkrete Normenkontrolle, dass das vorlegende Gericht die Norm „für verfassungswidrig [hält]" (was sprachlich dem Überzeugungsgrad von Für-nichtig-Halten entspricht).[24] Wenn das GG aber diese Abstufungen kennt, verbietet eine *systematische Auslegung im Sinne der Einheit des GG*, die Bedeutungsunterschiede in den verschiedenen Formulierungen des GG einzuebnen. Genau dies würde aber geschehen, wenn man die Konkretisierung von „Zweifel" hin zu „Für-nichtig-Halten" zuließe.

Überzeugend ist daher die Auffassung, bloße Zweifel als Antragsgrund anzuerkennen. Fraglich bleibt, ob § 76 I Nr. 1 BVerfGG *verfassungskonform* so *ausgelegt* werden kann, dass er mit Art. 93 I Nr. 2 GG vereinbar ist.[25] Dem steht aber der klare Wortsinn des § 76 I Nr. 1 BVerfGG entgegen, der die Grenze einer verfassungskonformen Auslegung bildet.

Damit ist § 76 I Nr. 1 BVerfGG als teilnichtig zu bewerten,[26] als Antragsgrund genügen unter unmittelbarer Anwendung von Art. 93 I Nr. 2 GG Zweifel an der Verfassungsmäßigkeit der zu kontrollierenden Norm. Solche Zweifel drückt die

---

[22] *Hillgruber/Goos*, Verfassungsprozessrecht, 3. Aufl. 2011, Rn. 515.
[23] *Kunze*, in: Umbach et al. (Hrsg.), BVerfGG-Mitarbeiterkommentar, 2. Aufl. 2005, Vor §§ 17 ff., Rn. 18, m. w. N.
[24] *Fleury*, Verfassungsprozessrecht, 8. Aufl. 2009, Rn. 103; *Voßkuhle*, in: v. Mangoldt/Klein/Starck (Hrsg.), GG, Bd. 3, 6. Aufl. 2010, Art. 93, Rn. 123.
[25] Zur verfassungskonformen Auslegung s. oben S. 40 f. Der Bearbeiter muss sich unbedingt angewöhnen, nach der Feststellung „eigentlich" der Verfassungswidrigkeit einer Norm ihre „Rettung" durch verfassungskonforme Auslegung zu versuchen!
[26] Vgl. die Nachweise oben S. 116.

Landesregierung von B-W aus, damit ist der Antragsgrund für ein abstraktes Normenkontrollverfahren gegeben.

V. Form des Antrags

Der Antrag entspricht den Formvorgaben des § 23 I BVerfGG.

VI. Objektives Klarstellungsinteresse

Der Antragsgrund indiziert das objektive Klarstellungsinteresse. Gesichtspunkte, die das objektive Klarstellungsinteresse in Frage stellen, sind nicht ersichtlich.

VII. Zwischenergebnis

Der Antrag der Landesregierung B-W ist zulässig.

B. Begründetheit

Fraglich ist, ob das B-G förmlich[27] mit dem GG vereinbar ist (vgl. Art. 93 I Nr. 2 GG, §§ 13 Nr. 6, 76 I Nr. 1 BVerfGG).[28] Solche Formvorgaben stellen die Gesetzgebungskompetenz des Bundes und die Einhaltung des grundgesetzlichen Gesetzgebungsverfahrens dar.

I. Gesetzgebungskompetenz

Fraglich ist, ob der Bund zum Erlass des B-G kompetent ist, ob ihm also die Verbandskompetenz[29] für diese Materie zusteht. Grundsätzlich sind die Länder gem. Art. 70 I GG zur Gesetzgebung kompetent, eine Bundeskompetenz kann sich folglich gem. Art. 70 I GG nur aus einem entsprechenden Kompetenztitel ergeben.

Für das B-G kommt die konkurrierende Gesetzgebungskompetenz nach Art. 74 I Nr. 12 GG (Recht der Arbeit) in Betracht. Das Arbeitsrecht ist das Sonderrecht der unselbstständigen Arbeitnehmer.[30] Gegenstand des B-G ist die Begrenzung von „Bankerboni". Dabei werden die Möglichkeiten der Ausgestaltung bestimmter Arbeitsverträge für Bankangestellte geregelt. Somit gehört der Regelungsbereich des B-G zum Recht der Arbeit i. S. v. Art. 74 I Nr. 12 GG. Der Bund ist befugt, nach Art. 72 I GG Regelungen ohne weitere Voraussetzungen auf diese Kompetenz zu stützen (*e contrario* Art. 72 II GG).

---

[27] Vgl. Bearbeitervermerk.
[28] Wiederholung: Am Anfang der Begründetheit ist stets der Prüfungsmaßstab zu nennen. Der Prüfungsmaßstab wurde schon unter A. III. festgestellt, darauf kann zurückgegriffen werden.
[29] Das (öffentliche) Recht kennt zwei Arten von Kompetenzen: die Verbandskompetenz (also die Zuständigkeit der Ebene, z. B. des Bundes) und die Organkompetenz (die Zuständigkeit eines bestimmten Organs auf dieser Ebene, z. B. die Bundesregierung, der Bundesrat etc. für den Bund).
[30] *Pieroth*, in: Jarass/Pieroth, GG, 11. Aufl. 2011, Art. 74, Rn. 32.

Die Gesetzgebungskompetenz zur Regelung von „Bankerboni" im B-G besteht also jedenfalls gem. Art. 74 I Nr. 12 i. V. m. 72 I GG.[31]

II. Gesetzgebungsverfahren[32]

Fraglich ist, ob das Gesetzgebungsverfahren, das das B-G durchlaufen hat, mit dem GG vereinbar ist.

1. Gesetzesinitiative

Das B-G muss durch eine verfassungsmäßige Gesetzesinitiative gem. Art. 76 I GG in den Bundestag eingebracht worden sein. Fraglich ist, ob die von K und 23 weiteren Bundestagsabgeordnete am 13.9.2012 unterzeichnete Gesetzesvorlage für ein B-G eine verfassungsmäßige Gesetzesinitiative darstellt.

a) Gesetzesvorlage der Bundesregierung

Es könnte sich um die Vorlage der Bundesregierung handeln.

Die Bundesregierung ist gem. Art. 62 GG ein Kollegialorgan. Bundeskanzler K vertritt nicht etwa die Bundesregierung rechtsgeschäftlich, so dass sein Handeln der Bundesregierung zugerechnet würde. Folglich muss einer Gesetzesvorlage der Bundesregierung auch ein Kabinettsbeschluss zugrunde liegen (vgl. auch §§ 15 I lit. a, 20 I, 24 GO-BReg[33]).

Ein entsprechender Kabinettsbeschluss ist für die B-G-Vorlage nicht gefasst worden. Vielmehr hat das Kabinett gerade beschlossen, K solle die Gesetzesvorlage aus der Mitte des Bundestages einbringen. Folglich liegt keine Gesetzesinitiative der Bundesregierung vor.

b) Gesetzesvorlage aus der Mitte des Bundestages

Die Gesetzesvorlage könnte aber durch die 24 Abgeordneten aus der Mitte des Bundestages[34] eingebracht worden sein. Fraglich ist jedoch, ob die Einbringung

---

[31] „Jedenfalls"-Argumente sind eine Möglichkeit, Schwerpunkte zu setzen: Wenn mehrere Voraussetzungen zum selben Ergebnis führen würden, aber schon das Vorliegen *einer* Voraussetzung zu diesem Ergebnis führt, kann man diese eine Voraussetzung nennen und damit die Entscheidung „jedenfalls" nach dieser Voraussetzung begründen – und im Übrigen offenlassen. Im konkreten Fall umgeht man die Prüfung, ob das B-G sich auch auf Art. 74 I Nr. 11 GG (Recht der Wirtschaft: Bankwesen) i. V. m. Art. 72 II GG stützen könnte, was sich wegen des Umgehens der Erforderlichkeitsprüfung (Art. 72 II GG) anbietet. Allerdings ist bei der „Jedenfalls"-Taktik Vorsicht geboten: *Schwerpunkte* einer Klausur erfordern eine umfassende Prüfung, also beispielsweise die Prüfung aller in Betracht kommenden Kompetenzen. Ist sich der Bearbeiter unsicher, ob etwas einen Schwerpunkt darstellt, sollte er vorsichtshalber eher zu viel als zu wenig prüfen. In dieser Klausur wäre daher auch die Prüfung von Art. 74 I Nr. 11 i. V. m. Art. 72 II GG gut möglich gewesen. Kurz: Der Anfänger sollte jedenfalls „Jedenfalls"-Argumente wohlüberlegt einsetzen.
[32] Hier liegt erkennbar der Schwerpunkt der Klausur – die Ausführungen müssen sich daher in der Klausur auch quantitativ von den unproblematischen Aspekten abheben.
[33] Vgl. für weitere Details Kapitel 6 der GGO (Rechtsetzung).
[34] Richtige Termini verwenden: nicht „der Bundestag".

einer Vorlage „aus der Mitte des Bundestages" eine Mindestanzahl von Abgeordneten (Quorum) erfordert.

Eine Wortsinnauslegung des Art. 76 I GG ergibt, dass Mitglieder des Bundestages überhaupt zur Gesetzesinitiative berechtigt sind.[35] Darüber hinaus macht das GG keine direkten näheren Angaben über ein Quorum. Denkbar ist allenfalls, dass mehr als ein einzelner Abgeordneter und mehr als eine völlig aussichtslose Splitterinitiative nötig sind.[36] Die Vorlage zum B-G ist von 4% der Bundestagsabgeordneten unterzeichnet, so dass diese Voraussetzungen erfüllt sind.

Die GO-BT hingegen legt in § 76 ein Quorum von 5% der Mitglieder des Bundestages fest.[37] Bei einer gesetzlichen Mitgliederzahl von 600 Abgeordneten[38] besteht also ein Quorum von 30 Abgeordneten. Das B-G haben jedoch nur 24 Abgeordnete unterzeichnet, das Quorum des § 76 I GO-BT ist somit verfehlt worden.

Prüfungsmaßstab für das B-G ist aber gem. § 76 I Nr. 1 BVerfGG nur das GG. Ein Verstoß gegen die GO-BT ist also unbeachtlich, wenn damit nicht zugleich gegen die Verfassung verstoßen worden ist. Denkbar ist einerseits, dass § 76 I GO-BT den Art. 76 I GG konkretisiert und so an dessen Verfassungsrang teilnimmt.[39] Allerdings erlaubt die Geschäftsordnungsautonomie nach Art. 40 I 2 GG dem Bundestag zwar, den Ablauf des Gesetzgebungsverfahrens festzulegen. Dies ist allerdings nur dort möglich, wo das GG gerade keine Vorgabe macht; ein solcher Bereich ist also verfassungsrechtlich neutral: weder steht das GG einer Regelung entgegen noch kann sich die Regelung als Konkretisierung verstehen.

Daraus folgt für § 76 I GO-BT: Will man ihn nicht schon wegen Unvereinbarkeit mit Art. 38 I 2 GG für verfassungswidrig halten,[40] nimmt die Norm jedenfalls nicht am Verfassungsrang des Art. 76 I GG teil. Ein Verstoß gegen § 76 I GO-BT ist somit im Rahmen eines abstrakten Normenkontrollverfahrens unbeachtlich.[41]

---

[35] *Kretschmer*, in: Schmidt-Bleibtreu et al. (Hrsg.), GG, 12. Aufl. 2011, Art. 76, Rn. 38.
[36] S. nur *Stettner*, in: Dreier (Hrsg.), GG, Bd. II, 2. Aufl. 2006, Art. 76, Rn. 18.
[37] Die Norm ist genau zu lesen – § 76 I GO-BT spricht von 5% der Mitglieder des Bundestages, nicht etwa der Anwesenden (in der ersten Variante indirekt über § 10 I 1 GO-BT, in der zweiten Variante direkt).
[38] Vgl. insb. §§ 1 I 1 i. V. m. 6 V 2 1. Hs. BWahlG.
[39] MM: *Nolte/Tams*, Das Gesetzgebungsverfahren nach dem Grundgesetz, Jura 2000, 158 (159).
[40] So *Kersten*, in: Maunz/Dürig (Hrsg.), GG, Loseblatt, Stand: Januar 2011, Art. 76, Rn. 111, 48; vgl. dazu weiter *Masing*, in: v. Mangoldt/Klein/Starck (Hrsg.), GG, Bd. 2, 6. Aufl. 2010, Art. 76, Rn. 35. Denkbar, aber nicht zu empfehlen ist es, zunächst die Verfassungsmäßigkeit von § 76 I GO-BT zu prüfen. Wäre § 76 I GO-BT nämlich verfassungswidrig, wäre ein Verstoß im Ergebnis unbeachtlich. Das wäre aber eine unglückliche Schwerpunktsetzung, insb. weil ein Verstoß gegen § 76 I GO-BT nach h. M. unbeachtlich ist – was viel schneller festzustellen ist als die Verfassungsmäßigkeit/-widrigkeit des § 76 I GO-BT.
[41] H. M. (zumeist freilich ohne Argumente), s. etwa *Kretschmer*, in: Schmidt-Bleibtreu et al. (Hrsg.), GG, 12. Aufl. 2011, Art. 76, Rn. 38; *Frenzel*, Das Gesetzgebungsverfahren – Grundlagen, Problemfälle und neuere Entwicklungen, JuS 2010, 119 (120), allerdings unklar (besteht doch ein verfassungsrechtliches Quorum, ein Verstoß ist aber heilbar?); wohl auch *Stettner*, in: Dreier (Hrsg.), GG, Bd. II, 2. Aufl. 2006, Art. 76, Rn. 18, und *Pieroth*, in: Jarass/Pieroth, GG, 11. Aufl. 2011, Art. 40, Rn. 9. **A. A.** *Nolte/Tams*, Das Gesetzgebungsverfahren nach dem Grundgesetz, Jura 2000, 158 (159): § 76 I GO-BT konkretisiert Art. 76 GG, so dass ein Verstoß gegen § 76 I GO-BT zugleich gegen Art. 76 GG verstößt (wer dieser Auffassung folgt, muss Ausführungen zu den Fehlerfolgen machen, vgl. oben. Lösungshinweis II.).

Dieses Ergebnis wird durch teleologische Erwägungen gestützt: Dient § 76 I GO-BT dazu, eine sinnlose Bindung von Bundestagsressourcen an aussichtlose Initiativen zu verhindern,[42] entfällt dieser Zweck dann, wenn die Ressourcen eingesetzt worden sind und das Gesetz zustande gekommen ist.

Damit ist es ohne Bedeutung, dass die Vorlage für das B-G unter Missachtung des Quorums nach § 76 I GO-BT eingebracht worden ist. Hierin liegt kein Verfassungsverstoß.

2. Umgehung des Bundesrates

Fraglich ist aber, ob die Einbringung des B-G aus der Mitte des Bundestages gegen Art. 76 II 1 GG verstößt. Der Entwurf des B-G wurde nämlich sachlich im Bundesfinanzministerium ausgearbeitet, die Bundesregierung hat ihn zudem in der Kabinettssitzung vom 12.9.2012 inhaltlich unterstützt. Sie zeigte damit den Willen, ein entsprechendes Gesetz zu initiieren. Dazu wäre sie auch *selbst* berechtigt gewesen, was gem. Art. 76 II 1 GG zum sog. ersten Durchgang des Bundesrates geführt hätte. Durch die Einbringung formal aus der Mitte des Bundestages ist dieser erste Durchgang entfallen, da Art. 76 GG in diesem Fall keinen ersten Durchgang anordnet.[43] Hierin könnte eine verfassungswidrige Umgehung des Bundesrats liegen, wenn nämlich die Vorlage zum B-G sachlich als „Vorlage der Bundesregierung" zu bewerten ist.

„Vorlage der Bundesregierung" nach Art. 76 II GG könnte sich auf die **materielle Autorschaft** beziehen, also daran anknüpfen, wer die Vorlage erarbeitet hat. Dem ließe sich entgegenhalten, dass oft viele Akteure auf den Entwurf einwirken. Ein eindeutiger Autor lässt sich deshalb oftmals nicht erkennen bzw. jedenfalls nicht ermitteln.[44] Gerade bei der engen Verflechtung der Bundestagsmehrheit und der von ihr getragenen Bundesregierung sind (informelle) Kooperationen und Beiträge so häufig, dass ein Konzept einer materiellen Autorschaft unweigerlich dazu führt, Nachforschungen über die Entstehung betreiben zu müssen und zu unklaren Rekonstruktionen inhaltlicher Beiträge zu gelangen. Allerdings lässt sich beim B-G-Entwurf die materielle Autorschaft durch Bezug auf den formellen Kabinettsbeschluss der Bundesregierung klar erkennen.[45] Somit könnte doch eine Art. 76 II 1 GG vorgelagerte materielle Autorschaft überzeugend zur Bestimmung des „richtigen" Gesetzesinitianten sein.

Gegen diese Auffassung spricht aber der Wortsinn von Art. 76 II 1 GG. Im natürlichen Sprachgebrauch meint Vorlage nichts anderes als den Akt des Vorle-

---

[42] Vgl. *Masing*, in: v. Mangoldt/Klein/Starck (Hrsg.), GG, Bd. 2, 6. Aufl. 2010, Art. 76, Rn. 35.
[43] Solche „materiellen" Regierungsvorlagen, die „formal" aus der Mitte des Bundestages eingebracht werden, bezeichnet man (mit entsprechend negativer Konnotation) auch als „verkappte Regierungsinitiativen", s. beispielsweise *Masing*, in: v. Mangoldt/Klein/Starck (Hrsg.), GG, Bd. 2, 6. Aufl. 2010, Art. 76, Rn. 97.
[44] *Schürmann*, Die Umgehung des Bundesrates im sog. „Ersten Durchgang" einer Gesetzesvorlage, AöR 1990, 45 (57, m. w. N.).
[45] Vgl. *Masing*, in: v. Mangoldt/Klein/Starck (Hrsg.), GG, Bd. 2, 6. Aufl. 2010, Art. 76, Rn. 101.

gens, also etwas nach außen bekannt machen.⁴⁶ Über den Autor des Vorgelegten wird sprachlich keine Aussage getroffen. Art. 76 II 1 GG könnte daher als Konzept der **formellen Autorschaft** zu deuten sein: Entscheidend ist daher, wer sich das Geschaffene zu eigen macht, also seine Autorität dahinter stellt und die Vorlage formal einbringt. Damit würde Art. 76 II 1 GG an den formalen Akt der Einbringung nach Art. 76 I GG anknüpfen.

Dagegen lässt sich aber teleologisch argumentieren, dass die komplexe grundgesetzliche Ausgestaltung des Initiativverfahrens unterlaufen wird, wenn der „materielle" Autor den ersten Durchgang dadurch vermeiden kann, dass sich formal ein anderer die Vorlage zu eigen macht.⁴⁷ Ein Konzept der formellen Autorschaft würde die Beteiligungs*rechte* der einzelnen Organe zur Disposition der anderen Organe stellen. Im Falle einer „verkappten Regierungsvorlage" wird insb. verhindert, dass der Bundesrat über seine Stellungnahme auf die Willensbildung des Bundestages einwirken kann:⁴⁸ Im „zweiten Durchgang" (vgl. Art. 77 I 2 GG) kann der Bundesrat zwar seine Meinung äußern. Eine gestaltende Wirkung kann er aber allenfalls noch in einem Verfahren im Vermittlungsausschuss erreichen. Zudem wird eine frühzeitige interne Willensbildung im Bundesrat zumindest erschwert, und der Wissensvorsprung der Bundesregierung kann kaum noch eingeholt werden.⁴⁹ Allerdings verlieren diese Argumente viel an Gewicht, bedenkt man, *dass* dem Bundesrat immerhin im zweiten Durchgang diese Möglichkeiten zur Verfügung stehen.⁵⁰

Darüber hinaus können verbleibende Bedenken nicht darüber hinweghelfen, dass das GG ein uneinheitliches Initiativverfahren vorsieht. Auch bei einer „echten" Vorlage aus der Mitte des Bundestages wird den genannten Anliegen des Bundesrates nicht entsprochen. Dies ist als Folge der verfassungsgebenden Entscheidung hinzunehmen.

Somit ist nicht ersichtlich, dass das GG den „materiellen Autoren" und ihn allein dazu verpflichtet, sich auch formal hinter den Entwurf zu stellen. Daher kann Art. 76 II 1 GG nach überzeugender Auffassung nur daran anknüpfen, wer sich einen Entwurf zu eigen macht und ihn einbringt (formelle Autorschaft), ohne dass dies eine verfassungswidrige Umgehung darstellen würde.⁵¹

---

46 *Schürmann*, Die Umgehung des Bundesrates im sog. „Ersten Durchgang" einer Gesetzesvorlage, AöR 1990, 45 (57).
47 *Masing*, in: v. Mangoldt/Klein/Starck (Hrsg.), GG, Bd. 2, 6. Aufl. 2010, Art. 76, Rn. 100.
48 *Schürmann*, Die Umgehung des Bundesrates im sog. „Ersten Durchgang" einer Gesetzesvorlage, AöR 1990, 45 (59).
49 *Schürmann*, Die Umgehung des Bundesrates im sog. „Ersten Durchgang" einer Gesetzesvorlage, AöR 1990, 45 (58 f., mit weiteren Aspekten, insb. dem Aspekt der **Organtreue**, 61 ff.).
50 Vgl. *Schürmann*, Die Umgehung des Bundesrates im sog. „Ersten Durchgang" einer Gesetzesvorlage, AöR 1990, 45 (60 f.).
51 Wohl h. M. (und Staatspraxis): *Schürmann*, Die Umgehung des Bundesrates im sog. „Ersten Durchgang" einer Gesetzesvorlage, AöR 1990, 45 (63); *Kersten*, in: Maunz/Dürig (Hrsg.), GG, Loseblatt, Stand: Januar 2011, Art. 76, Rn. 113 („Es liegt überhaupt keine Umgehung vor."); *Sannwald*, in: Schmidt-Bleibtreu et al. (Hrsg.), GG, 12. Aufl. 2011, Art. 76, Rn. 39; *Ipsen*, Staatsrecht I, 23. Aufl. 2011, Rn. 226; *Degenhart*, Staatsrecht I, 27. Aufl. 2011, Rn. 210; *Schneider*, Gesetzgebung, 3. Aufl. 2002, Rn. 117; weitere Nachweise bei *Masing*, in: v. Mangoldt/Klein/Starck

Die Vorlage des B-G aus der Mitte des Bundestages ist damit verfassungsmäßig erfolgt.[52]

3. Gesetzesbeschluss innerhalb einer Plenarsitzung

Fraglich ist, ob auch das Beschlussverfahren im Bundestag verfassungsmäßig abgelaufen ist. Bedenken bestehen zunächst dahingehend, dass in der Plenarsitzung am 27.9.2012 die Vorlage zum B-G erstmals auf der Tagesordnung stand und über sie abschließend noch am selben Tag abgestimmt worden ist.[53]

a) Verfahrensvorgaben für den konkreten Ablauf

Fraglich ist, welche Anforderungen an den genauen Ablauf (und damit die Dauer) des Gesetzgebungsverfahrens bestehen. Im GG heißt es in Art. 77 I 1 GG nur, dass Gesetze beschlossen werden. Folglich bestehen keine expliziten Vorgaben zum Ablauf und zur Dauer des Gesetzgebungsverfahrens.

Detaillierte Vorgaben finden sich aber in der GO-BT, insb. in §§ 78 ff.[54] Fraglich ist, ob das B-G in Übereinstimmung mit der GO-BT beschlossen wurde. Die GO-BT ist zwar nicht direkter Maßstab in diesem Verfahren (vgl. § 76 I Nr. 1 BVerfGG), aber ein GO-BT-Verstoß kann zugleich einen Verfassungsverstoß darstellen. Diese Frage stellt sich allerdings dann schon nicht, wenn das B-G in Übereinstimmung mit der GO-BT zustande gekommen ist.[55]

(Hrsg.), GG, Bd. 2, 6. Aufl. 2010, Art. 76, Rn. 99, Fn. 10. Zur Haltung des **BVerfG**: BVerfGE 30, 250 (261) wird von manchen Autoren „wohl" der h. M. zugerechnet (so etwa *Sannwald*, in: Schmidt-Bleibtreu et al. [Hrsg.], GG, 12. Aufl. 2011, Art. 76, Rn. 39). Dem kann nicht zugestimmt werden: Dem Fall lag zwar eine „verkappte Regierungsvorlage" zugrunde (BVerfGE 30, 250 [253]), aber im Schweigen des BVerfG kann kein Aussagegehalt gesehen werden; so auch *Masing*, in: v. Mangoldt/Klein/Starck (Hrsg.), GG, Bd. 2, 6. Aufl. 2010, Art. 76, Rn. 98.
A. A. (so z. B. *Masing*, in: v. Mangoldt/Klein/Starck [Hrsg.], GG, Bd. 2, 6. Aufl. 2010, Art. 76, Rn. 102) ist natürlich vertretbar. Ein Teil der a. A. will für „verkappte Regierungsvorlagen" Art. 76 II GG analog anwenden, etwa *Masing*, ibid., Rn. 101; weitere Nachweise bei *Kersten*, in: Maunz/Dürig (Hrsg.), GG, Loseblatt, Stand: Januar 2011, Art. 76, Rn. 113, Fn. 4. Die analoge Anwendung lehnt die h. L. allerdings ab, vgl. die dezidierte Auseinandersetzung von *Kersten*, in: Maunz/Dürig (Hrsg.), GG, Loseblatt, Stand: Januar 2011, Art. 76, Rn. 113.

[52] Wer der in Fn. 51 genannten a. A. folgt, müsste sich mit den Folgen des Verstoßes gegen Art. 76 II 1 GG befassen. Str. ist, ob der Verstoß gegen Art. 76 II 1 GG zur Nichtigkeit führt (so *Degenhart*, Staatsrecht I, 27. Aufl. 2011, Rn. 209) oder nicht (so *Masing*, in: v. Mangoldt/Klein/Starck [Hrsg.], GG, Bd. 2, 6. Aufl. 2010, Art. 76, Rn. 102, m. w. N.), ob es sich also (s. Lösungshinweis II.) um einen materiellen Fehler oder einen Verfahrensfehler handelt (der nach der Rechtsprechung des BVerfG nur bei Evidenz zur Nichtigkeit des Gesetzes führt); s. zu diesem Problem auch *Nolte/Tams*, Das Gesetzgebungsverfahren nach dem Grundgesetz, Jura 2000, 158 (159 f.).

[53] Zum Problem eiliger Gesetzesverfahren aus legistischer Sicht *Brandner*, Parlamentarische Gesetzgebung in Krisensituationen – Zum Zustandekommen des Finanzmarktstabilisierungsgesetzes, NVwZ 2009, 211.

[54] Es empfiehlt sich, diese Normen einmal zu lesen. Im Einzelnen ist das Verfahren nicht ganz einfach; so müssen insb. Fristen gewahrt werden. Ausführlich: *Masing*, in: v. Mangoldt/Klein/Starck (Hrsg.), GG, Bd. 2, 6. Aufl. 2010, Art. 77, Rn. 25 ff.

[55] Vertretbar, aber unklug wäre es, die Frage nach der Vereinbarkeit des Vorgehens mit der GO-BT zu umgehen und gleich am Verfassungsmaßstab zu prüfen. Unklug wäre dies, weil man damit unter den vieldeutigen Begriff der parlamentarischen Demokratie subsumieren müsste, was für kon-

b) Ablauf gemäß der GO-BT

§ 78 I 1 1. Var. GO-BT sieht für Gesetzesentwürfe grundsätzlich drei Beratungen vor.[56] Zunächst müsste also eine erste Beratung des B-G stattgefunden haben, vgl. §§ 78 I 1 i. V. m. 79 GO-BT. Für den 27.9.2012 ist der B-G-Entwurf auf die Tagesordnung gesetzt und aufgerufen worden. Danach hat entsprechend dem rechtzeitigen Antrag der X-Fraktion eine allgemeine Aussprache i. S. d. § 79 S. 1 GO-BT stattgefunden.

Nach dem Regelverfahren müsste am Schluss der ersten Beratung der B-G-Entwurf gem. § 80 I 1 1. Hs. GO-BT an einen Ausschuss überwiesen worden sein. Dies ist nicht geschehen, vielmehr hat unmittelbar auf Antrag der Y-Fraktion hin die Schlussabstimmung stattgefunden. Diese Abweichung könnte aber gem. § 126 GO-BT zulässig sein. Danach sind Abweichungen gestattet, wenn ein entsprechender Geschäftsordnungsantrag gestellt wird,[57] eine Zweidrittelmehrheit der anwesenden Mitglieder des Bundestages dem zustimmt und keine Bestimmungen des GG entgegenstehen.[58]

aa) Antrag und Beschluss nach § 126 GO-BT

Die Y-Fraktion hat beantragt, von der GO-BT dahingehend abzuweichen, dass über das B-G gleich zu Schlussabstimmung stattfinden solle. Dazu ist sie nach § 29 I GO-BT berechtigt.

Dem Antrag der Y-Fraktion müssten zwei Drittel der 450 *anwesenden* Abgeordneten (am 27.9.2012 also 300 Abgeordnete) zugestimmt haben. Zugestimmt haben dem Antrag 320 Abgeordnete, die qualifizierte Mehrheit ist damit erreicht.

Damit konnte der Bundestag gem. § 126 GO-BT von dem regulären weiteren Ablauf für das B-G abweichen und gleich zur Schlussabstimmung übergehen, falls der Beschluss rechtmäßig ist.

bb) Beschlussfähigkeit des Bundestages

Für einen wirksamen Beschluss müsste der Bundestag überhaupt beschlussfähig gewesen sein. Das GG trifft allerdings keine explizite Aussage über die Beschluss-

---

krete Einzelfragen immer schwierig ist; unklug wäre es auch, weil der Klausursteller die Frage nach der GO-BT angelegt hat – der Bearbeiter sollte versuchen, die angedeuteten Problemfelder zu erkennen und zu bearbeiten, nicht, ihnen auszuweichen („Probleme schaffen, nicht wegschaffen").

56 Überwiegend wird von drei *Lesungen* (Erste, Zweite und Dritte Lesung) gesprochen, vgl. nur BVerfGE 1, 144 (151). Wenn in dieser Klausur von Beratungen gesprochen wird, dann deshalb, um immer wieder auf die genaue Lektüre von Rechtsnormen und der Orientierung an deren Terminologie hinzuwirken. Außerdem evoziert „Beratung" sprachlich eher das Ideal einer parlamentarischen Auseinandersetzung als „Lesung"...

57 *Roll*, Geschäftsordnung des Deutschen Bundestages, 2001, § 126, Rn. 1.

58 § 126 GO-BT ist *lex generalis* für die Abweichung von der GO-BT. Es finden sich daneben zahlreiche *leges speciales*: so hätte mit entsprechenden Anträgen und Beschlüssen beispielsweise auch die Ausschussüberweisung am Ende der ersten Beratung ausgelassen werden können (§ 80 II 1 GO-BT).

fähigkeit (insb. nicht in Art. 42 II 1 GG),[59] anders als die GO-BT. Dort ist der Bundestag gem. § 45 I GO-BT beschlussfähig, wenn mehr als die Hälfte seiner Mitglieder im Sitzungssaal anwesend ist. Es könnte danach darauf abzustellen sein, dass am 27.9.2012 mehr als 300 der 600 Bundestagsmitglieder anwesend gewesen sein müssen.[60]

Aus § 45 II 1 GO-BT ergibt sich jedoch, dass nicht die Beschlussfähigkeit, sondern die Beschluss*un*fähigkeit in einem Verfahren nach § 45 II 1 GO-BT festgestellt werden muss. Im Umkehrschluss ergibt sich also, dass die Beschlussfähigkeit grundsätzlich **vermutet** wird. Da sich hierin der faktische Zwang zur Arbeitsteilung im Parlament widerspiegelt und das Erfordernis der Repräsentation letztlich dadurch gewahrt bleibt, dass diese in den Ausschüssen stattfindet, ist diese Vermutung verfassungsrechtlich grundsätzlich auch nicht zu beanstanden.[61]

In der Sitzung am 27.9.2012 wurde kein Antrag auf Feststellung der Beschlussunfähigkeit des Bundestages gestellt. *E contrario* § 45 II 1 GO-BT wird damit dessen Beschlussfähigkeit vermutet. Der Beschluss, nach der ersten Beratung unmittelbar zur Schlussabstimmung überzugehen, ist damit nicht mangels Beschlussfähigkeit des Bundestages rechtswidrig.

c) Verfassungsmäßigkeit des Beschlusses

Die erstmalige Beratung und der Beschluss des B-G an nur einem Tag könnte die verfassungsrechtliche Grenze der Geschäftsordnungsautonomie des Bundestages überschreiten, die ihm gem. Art. 40 I 2 GG erlaubt, sein parlamentsinternes Verfahren bestimmen zu dürfen.[62] Fraglich ist somit, ob ein Beratungs- und Entscheidungsverfahren innerhalb nur einer einzigen Plenarsitzung verfassungsmäßig ist.[63]

Ein Prinzip der parlamentarischen Demokratie könnte sein, Gesetzesvorlagen in drei Beratungen zum Gegenstand parlamentarischer Befassung zu machen. Dagegen spricht, dass das GG keine Mindestanforderungen zur Behandlung von Entwürfen im Bundestag trifft. Ein Vergleich mit manchen Landesverfassungen, die derartige Mindestanforderungen vorgeben (etwa Art. 59 IV 1 Verfassung von

---

[59] *Kretschmer*, in: Schmidt-Bleibtreu et al. (Hrsg.), GG, 12. Aufl. 2011, Art. 42, Rn. 12, m. w. N.
[60] Was hier der Fall war. Aber: Wer an dieser Stelle darauf abstellt, zeigt, dass er das Verhältnis von vermuteter Beschlussfähigkeit und der in der GO-BT angeordneten Feststellung der Beschlussunfähigkeit nicht verstanden hat.
[61] BVerfGE 44, 308 (314 ff.) – Beschlussfähigkeit; das BVerfG nimmt dazu etwas ausführlicher Stellung, vgl. auch *Nolte/Tams*, Das Gesetzgebungsverfahren nach dem Grundgesetz, Jura 2000, 158 (161). Die Vermutung der Beschlussfähigkeit wird auch von der Literatur anerkannt, vgl. *Klein*, in: Maunz/Dürig (Hrsg.), GG, Loseblatt, Stand: Juli 2001, Art. 42, Rn. 88, m. w. N.; *Achterberg/Schulte*, in: v. Mangoldt/Klein/Starck (Hrsg.), GG, Bd. 2, Art. 42, Rn. 33. Wenn dieser Aspekt im Sachverhalt problematisiert würde, müssten hier einige weitere Ausführungen erfolgen.
[62] Vgl. *Masing*, in: v. Mangoldt/Klein/Starck (Hrsg.), GG, Bd. 2, 6. Aufl. 2010, Art. 77, Rn. 21.
[63] Es ist immer zu fragen, ob eine angewandte Rechtsgrundlage mit höherrangigem Recht vereinbar ist. Zur umgekehrten Konstellation, in der ein Vorgehen der GO-BT, aber nicht der Verfassung widerspricht, s. oben S. 250 ff. (Einbringung der Gesetzesvorlage durch weniger Abgeordneten als nach § 76 I GO-BT vorgeschrieben).

Berlin, Art. 55 II Verfassung Mecklenburg-Vorpommern[64]) zeigt, dass das GG hier beredt schweigt. Ein Verfassungsgebot dreier Beratungen existiert damit nicht.[65]

Die parlamentarisch-demokratischen Prinzipien einer hinreichenden Beratung, wie sie aus Art. 20 I i. V. m. 38 I 2 GG herrühren, könnten aber verletzt sein. Ein Abgeordneter hat *im Gesetzgebungsverfahren nicht nur das Recht, im Bundestag abzustimmen (zu „beschließen", vgl. Art. 42 [II] GG). Er hat vielmehr auch das Recht zu beraten (zu „verhandeln", vgl. **Art. 42 [I 1] GG**). Öffentliches Verhandeln von Argument und Gegenargument, öffentliche Debatte und öffentliche Diskussion sind wesentliche Elemente des demokratischen Parlamentarismus.*[66]

Was jedoch eine hinreichende Beratung darstellt, muss grundsätzlich dem Bundestag selbst überlassen sein. Allerdings kommt es hier zu Spannungen zwischen dem Beratungsinteresse des einzelnen Abgeordneten (Art. 38 I 2 GG) einerseits und den Interessen einer Bundestagsmehrheit an einer besonders zügigen Behandlung einer Gesetzesvorlage andererseits[67].

Mit Blick auf die Beratung des B-G folgt daraus: Über dessen Inhalt hat nur eine allgemeine Aussprache stattgefunden. Ausweislich des Antrags der Y-Fraktion wurde eine weitere sachliche Debatte nicht für nötig befunden, da die Vor- und Nachteile auf der Hand lägen. Dabei handelt es sich um die politische Einschätzung einer zwar qualifizierten Mehrheit, aber dennoch eben nur *eine* Einschätzung. Entfallen wie hier bis auf eine allgemeine Aussprache *sämtliche* regulären Gesetzgebungsverfahrensschritte (§§ 80 ff. GO-BT), liegt eine äußerst reduzierte Verhandlung i. S. v. Art. 42 I 1 GG vor. Die Rechte des einzelnen Abgeordneten

---

[64] Zu Art. 55 II Verfassung Mecklenburg-Vorpommern vgl. Verfassungsgericht Mecklenburg-Vorpommern, Urteil vom 7.7.2005, Az.: 8/04 = juris, LS 1: „Die in Art 55 [II Landesverfassung] vorgesehenen Beratungen eines Gesetzes in zwei Lesungen bezwecken den Schutz der Abgeordneten und Fraktionen sowie die Einbeziehung der Öffentlichkeit in den demokratischen Meinungsbildungsprozess. Ein Verstoß gegen die Pflicht zur Beratung in zwei Lesungen führt grundsätzlich zur Nichtigkeit des Gesetzes."

[65] BVerfGE 1, 144 (151) – Geschäftsordnungsautonomie. Unzutreffend die Darstellung des Urteils bei *Roll*, Geschäftsordnung des Deutschen Bundestages, 2001, § 78, Rn. 1: das BVerfG hat keineswegs dort festgestellt, dass „auch eine Beratung ausreichen würde", sondern nur, dass *drei* Lesungen nicht gefordert seien – es hatte sich nämlich mit dem Fall zu befassen, dass die erste Lesung entfallen war, mithin aber noch *zwei* Lesungen verblieben. Bestätigt in BVerfGE 29, 221 (234).

[66] BVerfGE 70, 324 (355). Noch weitergehend BVerfGE 112, 363 (366) – Verfassungsvertrag: „Mit der zweiten und dritten Beratung erfüllt der Antragsgegner die im parlamentarischen Binnenrecht vorgesehenen Voraussetzungen (vgl. § 20 [I] in Verbindung mit §§ 78 ff. [GO-BT]) eines ordnungsgemäßen Gesetzgebungsverfahrens. Zugleich ermöglicht er die von der Verfassung formulierte Erwartung, dass sich die Abgeordneten des Deutschen Bundestages in der öffentlichen Beratung (vgl. Art. 42 [I 1] 1 GG) eine Meinung über den Gesetzentwurf bilden können. Erst die freie Debatte im Deutschen Bundestag verbindet das rechtstechnische Gesetzgebungsverfahren mit einer substantiellen, auf die Kraft des Arguments gegründeten Willensbildung, die es dem demokratisch legitimierten Abgeordneten ermöglicht, die Verantwortung für seine Entscheidung zu übernehmen."

[67] Vgl. BVerfGE 29, 221 (233) und *Nolte/Tams*, Das Gesetzgebungsverfahren nach dem Grundgesetz, Jura 2000, 158 (161, m. w. N.).

gem. Art. 38 I 2 i. V. m. 42 I 1 GG sind damit besonders empfindlich beschnitten.[68]

Dem könnte man entgegenhalten, dass § 126 GO-BT eine qualifizierte Mehrheit von zwei Dritteln der anwesenden Abgeordneten erfordert. Eine Minderheit von einem Drittel der Anwesenden kann also eine Verhandlung der Gesetzesvorlage im regulären Verfahren erzwingen. Allerdings sind damit kleine Oppositionsfraktionen als Sperrminorität ausgeschlossen. Die „großen" Fraktionen hätten es damit in der Hand, die Mitwirkung und v. a. die Darstellung der Auffassung kleiner Fraktionen (sog. Artikulationsfunktion) auszuschließen.

Bei den Beratungen des B-G hat überhaupt keine sachliche Befassung mit dem Gegenstand des Gesetzes stattgefunden, von einer allgemeinen Aussprache abgesehen. Eine Debatte ist damit unterbunden worden. Die Schutzbedürftigkeit des einzelnen Abgeordneten bzw. kleiner Fraktionen ist dabei besonders hoch. Dieser Schutzbedürftigkeit wird auch das Erfordernis einer qualifizierten Mehrheit nach § 126 GO-BT nicht gerecht. Ein etwaiger Ausgleich, der die Interessen des einzelnen Abgeordneten bzw. kleiner Fraktionen wahren würde, ist nicht ersichtlich.

Damit verstößt die konkrete Verhandlung des B-G innerhalb einer einzigen Plenarsitzung in lediglich einer allgemeinen Aussprache gegen Art. 20 I i. V. m. 38 I 2 i. V. m. 42 I 1 GG.[69]

c) Zwischenergebnis

Die Beratung und der Beschluss des B-G an nur einem Tag sind mit dem GG unvereinbar.

d) Mehrheit bei der Schlussabstimmung

Fraglich ist weiter, ob in der Schlussabstimmung eine Mehrheit den Gesetzesvorschlag des B-G beschlossen hat; für den Vorschlag haben nämlich nur 297 der insgesamt 600 Mitglieder des Bundestages gestimmt.

Damit ein Beschluss des Bundestages wirksam ist, muss der Bundestag zunächst einmal beschlussfähig sein. Anders insoweit als unter B. II. 3. b) bb) geht es hier zwar um das *grundgesetzliche* Erfordernis der Beschlussfähigkeit, zu dem Art. 42 II 1 GG schweigt. Das Prinzip der repräsentativen Demokratie verlangt aber implizit die Beschlussfähigkeit des Bundestages. Aus den unter B. II. 3.

---

[68] Vgl. BVerfGE 29, 221 (233): „Es stand jedem Gesetzgebungsorgan frei, die Gesetzesvorlage abzulehnen, wenn es sich durch den Zeitdruck in der sachgemäßen Behandlung behindert fühlte." Diese Freiheit fordert das BVerfG also.

[69] A. A. vertretbar, so etwa auch das Ergebnis im Fall von *Nolte/Tams*, Das Gesetzgebungsverfahren nach dem Grundgesetz, Jura 2000, 158 (161), wobei dort (anders als hier) eine „engagierte Debatte" stattgefunden hat; vgl. für einen tatsächlichen Fall den Nachweis bei *Roll*, Geschäftsordnung des Deutschen Bundestages, 2001, § 78, Rn. 4. Wichtig ist zu verstehen, dass die Beratung an nur einem Tag nicht *stets* verfassungswidrig ist. Unter Wahrung der Verhandlungsrechte auch des einzelnen Abgeordneten bzw. einer Minderheit kann dies im Einzelfall verfassungsmäßig sein. Zu den Problemen um die drei Lesungen s. auch *Masing*, in: v. Mangoldt/Klein/Starck (Hrsg.), GG, Bd. 2, 6. Aufl. 2010, Art. 77, Rn. 21 ff.

b) bb) genannten Gründen ist die vermutete Beschlussfähigkeit nach § 45 I, II 1 GO-BT verfassungsrechtlich letztlich nicht zu beanstanden.[70] Der Bundestag ist danach auch zum Zeitpunkt der Schlussabstimmung beschlussfähig.

Eine Mehrheit für einen Bundestagsbeschluss erfordert gem. Art. 42 II 1 GG die Mehrheit[71] der abgegebenen Stimmen[72], soweit das GG nichts anderes bestimmt[73]. Eine solche **einfache Abstimmungsmehrheit**[74] liegt vor, wenn die Zahl der (von den Anwesenden abgegebenen) Ja-Stimmen die Zahl der Nein-Stimmen übersteigt; Enthaltungen werden dabei also nicht berücksichtigt.[75]

Art. 77 I 1 GG bestimmt nichts anderes als eine einfache Abstimmungsmehrheit, somit benötigt ein erfolgreicher Beschluss zum B-G die Mehrheit der abgegebenen Stimmen. Die 297 in der Schlussabstimmung für das B-G abgegeben Stimmen überwiegen dabei die 150 Nein-Stimmen.

Damit ist das B-G mit einer einfachen Abstimmungsmehrheit beschlossen worden.

4. Mitwirkung des Bundesrates

Am B-G müsste weiter der Bundesrat verfassungsgemäß beteiligt gewesen sein.

Entsprechend Art. 77 I 2 GG ist der Beschluss des Bundestages unverzüglich am 28.9.2012 dem Bundesrat zugeleitet worden. Der Bundesrat hat am 5.10.2012 dem Beschluss zugestimmt, was wegen dessen Charakter als Zustimmungsgesetz auch erforderlich ist.[76] Das Gesetz ist damit nach verfassungsmäßiger Bundesratsbeteiligung gem. Art. 78 1. Var. GG zustande gekommen.

5. Mitwirkung des Bundespräsidenten

Der Bundespräsident hat am 8.10.2012 nach verfassungsmäßiger Gegenzeichnung[77] das B-G gem. Art. 82 I 1, 58 S. 1 GG ausgefertigt.

---

[70] Vgl. die Nachweise in Fn. 61.
[71] Also 50% der Stimmen plus eine Stimme.
[72] Das GG kennt verschiedene Bezugsgrößen bei Mehrheitsvorgaben: die Anzahl der anwesenden Abgeordneten (z. B. Art. 42 II 1 GG) einerseits, die „Mehrheit der Mitglieder des Bundestages" andererseits (z. B. Art. 79 I GG). Die „Mehrheit der Mitglieder des Bundestages" wird in Art. 121 GG definiert und meint die Gesamtzahl aller Abgeordneten (sog. gesetzliche Mitgliederzahl).
[73] Vgl. etwa Art. 79 II GG i. V. m. Art. 121 GG.
[74] Zu den Mehrheitsformen ausführlich: *Klein*, in: Maunz/Dürig (Hrsg.), GG, Loseblatt, Stand: Juli 2001, Art. 42, Rn. 83 ff.
[75] *Pieroth*, in: Jarass/Pieroth, GG, 11. Aufl. 2011, Art. 42, Rn. 4; *Nolte/Tams*, Das Gesetzgebungsverfahren nach dem Grundgesetz, Jura 2000, 158 (161). Zu den Abstimmungsregeln vgl. auch § 48 GO-BT.
[76] Grundsätzlich ist jedes Bundesgesetz ein Einspruchsgesetz. Nur, wenn dass GG anderes anordnet (wenn also im GG etwa steht „mit Zustimmung des Bundesrates"), handelt es sich um ein Zustimmungsgesetz. Ein Katalog dieser GG-Anordnungen findet sich etwa bei *Sannwald*, in: Schmidt-Bleibtreu et al. (Hrsg.), GG, 12. Aufl. 2011, Art. 78, Rn. 11.
[77] Die Gegenzeichnung (Contrasignatur) erfolgt durch den Bundeskanzler und/oder den sachentsprechenden Bundesminister, nicht etwa durch den Bundespräsidenten. Mit der Gegenzeichnung übernimmt die Bundesregierung die parlamentarische Verantwortung für die Ausfertigung durch den

6. Verkündung

Das B-G wurde entsprechend Art. 82 I 1 GG am 10.10.2012 im Bundesgesetzblatt verkündet.

7. Zwischenergebnis

Das B-G verstößt insoweit gegen grundgesetzliche Vorgaben des Gesetzgebungsverfahrens, als die parlamentarische Beratung im Bundestag auf eine allgemeine Aussprache beschränkt war und an nur einem Tag stattfand. Im Übrigen ist das B-G förmlich mit dem GG vereinbar.

C. Rechtsfolgenausspruch und Ergebnis

Fraglich ist, was aus dem Verstoß gegen das demokratische Erfordernis einer hinreichenden Verhandlung des B-G folgt. Bei Verfassungsverstößen ist dabei zu unterscheiden: *Während bei inhaltlichen Fehlern [einschließlich der inhaltlichen Überschreitung von Kompetenzbegrenzungen] die Nichtigkeit die regelmäßige Folge des Verfassungsverstoßes bildet, führt ein Verfahrensfehler nur dann zur Nichtigkeit der Norm, wenn er evident[78] ist. Das gebietet die Rücksicht auf die Rechtssicherheit.*[79]

Der Verstoß gegen parlamentarisch-demokratische Grundsätze könnte als inhaltlicher Fehler gewertet werden. Allerdings wirkt er sich im Gesetzgebungs*verfahren* aus. Die Verkürzung des Gesetzgebungsverfahrens auf eine Plenarsitzung entspricht dabei der GO-BT, so dass die Abgeordneten mit Blick auf die den parlamentarischen Alltag bestimmenden Normen von einem rechtmäßigen Vorgehen ausgehen durften. Dessen Verfassungswidrigkeit ergibt sich nur aus unbestimmten Konzepten (Demokratie, Abgeordnetenrechte, Verhandlungsminimum). Damit ist die Verkürzung der Beratung nicht offensichtlich verfassungswidrig. Somit führt der Verfahrensfehler nicht zur Nichtigkeit des B-G.[80]

Das BVerfG entspricht dem Antrag der Landesregierung folglich nicht.

Bundespräsidenten, s. *Brenner*, in: v. Mangoldt/Klein/Starck (Hrsg.), GG, Bd. 2, 6. Aufl. 2010, Art. 82, Rn. 17. Ausführlich und anschaulich zum Prozess der Ausfertigung ibid., Rn. 15 ff.

[78] Offensichtlich.
[79] Etwa BVerfGE 91, 148 (175) – Umlaufverfahren; s. weiter oben Fn. 4.
[80] A. A. vertretbar, wenn man die BVerfG-Definition (Evidenz) um die Berücksichtigung eines materiellen Schweregrads erweitert. Dann hätte ein Verstoß gegen die Demokratie auch in verfahrensrechtlicher Hinsicht Bedeutung und könnte zur Nichtigkeit des B-G führen.

Klausur 5: Hans im Pech

Sachverhalt

Hans Hasdrubal (H) ist (Bundes-)Parteivorsitzender der X-Partei. Diese existiert als juristische Person in Form eines eingetragenen Vereins zwar seit Jahrzehnten und ist im Bundestag vertreten, hat aber bei den letzten Bundestagswahlen immer weniger Stimmen errungen. Ihre Zweitstimmenanteile haben sich dabei zwischen 8 und 15% eingependelt.

2012 wird der Bundestag neu gewählt; H will dafür alle Register ziehen. Er wird als Spitzenkandidat der X-Partei aufgestellt. Obwohl die Annahme, dass H tatsächlich Bundeskanzler wird, empirisch nicht begründet ist, will er sich doch auf Augenhöhe mit den Spitzenkandidatinnen der A-Partei und der B-Partei präsentieren. Diese beiden Parteien haben alle bisherigen Bundeskanzler gestellt; ihre prognostizierten Stimmenanteile jeweils um 40% lassen auch für die Wahl 2012 erwarten, dass entweder die Spitzenkandidatin der A-Partei oder die der B-Partei Bundeskanzlerin wird.

Das ZDF will am 14.10.2012, zwei Wochen vor der Wahl, das „TV-Duell der Kanzlerkandidatinnen" ausstrahlen. Dabei sollen die beiden Spitzenkandidatinnen der A-Partei und der B-Partei zu bestimmten politischen Fragen Stellung nehmen, damit den Zuschauern ein direkter Vergleich zwischen den potenziellen Bundeskanzlerinnen ermöglicht wird.

Die Bitte der X-Partei, auch ihren Spitzenkandidaten H dazu einzuladen, lehnt das ZDF am 31.1.2012 ab. Die öffentlich-rechtliche Rundfunkanstalt begründet das damit, dass nach dem journalistischen Sendekonzept nur diejenigen Spitzenkandidaten mitwirken sollten, die ernsthafte Chancen hätten, das Amt des Bundeskanzlers zu übernehmen. Es sei aber geradezu ausgeschlossen, dass H zum Bundeskanzler gewählt werde. Dem ZDF sei bewusst, dass § 5 I PartG gebiete:

> Wenn ein Träger öffentlicher Gewalt den Parteien Einrichtungen zur Verfügung stellt oder andere öffentliche Leistungen gewährt, sollen alle Parteien gleichbehandelt werden. Der Umfang der Gewährung kann nach der Bedeutung der Parteien bis zu dem für die Erreichung ihres Zweckes erforderlichen Mindestmaß abgestuft werden. Die Bedeutung der Parteien bemißt sich insbesondere auch nach den Ergebnissen vorausgegangener Wahlen zu Volksvertretungen. [...]

Aber das könne ja nicht dazu führen, dass jegliche journalistische Differenzierung unterbleiben müsse, sobald auch nur irgendeine politische Partei in ein Sendungsformat einbezogen sei. Wenn das Format „die Kanzlerkandidaten" heiße und nicht „die Spitzenkandidaten", dürfe das nicht missachtet werden. Immerhin habe auch die Rundfunkanstalt Grundrechte, die sie schützten. Die X-Partei sei, was zutrifft, zu anderen ZDF-Sendungen eingeladen, bei denen alle an der Bundestagswahl teilnehmenden Parteien sich und ihre Spitzenkandidaten präsentieren können; aber das TV-Duell vom 14.10.2012 verfolge hingegen ein anderes journalistisches Konzept.

Die X-Partei will ihren Spitzenkandidaten aber auch im TV-Duell sehen. Sie klagt vor dem zuständigen Verwaltungsgericht mit dem Antrag, das ZDF zur Zulassung des H als Kandidaten der X-Partei zu verpflichten. Das Verwaltungsgericht weist die Klage am 16.4.2012 jedoch ab. Hiergegen legt die X-Partei eine zugelassene Sprungrevision zum Bundesverwaltungsgericht (BVerwG) ein (§§ 134 I, II 1, 2 i. V. m. 132 II Nr. 1, 49 Nr. 2 VwGO). Das BVerwG lässt der X-Partei am 14.7.2012 sein Urteil zustellen, in dem es die Revision als unbegründet zurückweist. Im Urteil heißt es: Das „TV-Duell" sei ein journalistisches Format und keine Wahlwerbung. Damit stelle es keine „öffentliche Leistung" i. S. v. § 5 I 1 PartG dar. Eine andere Auslegung ergebe sich auch nicht aufgrund eines behaupteten Gleichbehandlungsrechts der X-Partei mit der A- und der B-Partei, denn dieser Anspruch auf Gleichbehandlung könne sich nur auf diejenigen Parteien beziehen, die sachlich in dieses Sendungsformat fallen würden; dies sei bei der X-Partei nicht der Fall.

Da der fachgerichtliche Rechtsweg erschöpft ist, wendet sich die X-Partei, ordnungsgemäß vertreten durch H, formgerecht am 30.7.2012 an das BVerfG und beantragt, die Entscheidung des BVerwG zu prüfen und aufzuheben.

Sie führt aus: Sie sehe zwar ein, dass H keine ernsthaften Chancen habe, Bundeskanzler zu werden. Aber das Urteil verletze ihr Recht, gleich der A-Partei und der B-Partei behandelt zu werden. § 5 I PartG müsse so ausgelegt werden, dass sich eine Gleichbehandlung ergebe. Sonst könne sich ihre Lage ja niemals ändern, wenn die „herrschenden Parteien derart ihre Stellung zementieren und den Wählern damit suggeriert wird, dass die X-Partei nicht ernstzunehmen ist".

Frage 1: Hat das Verfahren der X-Partei Aussicht auf Erfolg? Es ist davon auszugehen, dass nach der Satzung der X-Partei H als Vorstandsvorsitzender alleinvertretungsbefugt ist.

Auch an anderer Stelle läuft es für H einige Zeit später nicht gut. Die X-Partei hält als Alleingesellschafterin 100% der Anteile der Y-GmbH. Die Y-GmbH ist eine juristische Person des Privatrechts (vgl. § 13 I 1. Hs. GmbHG), die ihrerseits Anteile an verschiedenen Medien (Zeitungen und Rundfunk) hält, darunter 2% der Anteile des privaten Z-Rundfunksenders (der ebenfalls in der Form einer GmbH verfasst ist). Der Z-Sender unterliegt dem Privatrundfunkgesetz des Landes S (PRG). Danach darf privater Rundfunk nur gesendet werden, wenn eine Zulassung durch die „S-Landesanstalt für privaten Rundfunk" erteilt wird. Die Zulassung war bisher auch erteilt worden, die mittelbare Beteiligung der X-Partei am Z-Sender stellte kein Problem dar.

Das Gesetz ist durch das „Gesetz zur Änderung des Privatrundfunkgesetzes des Landes S vom 21.11.2012" nun aber geändert worden. § 6 II PRG n. F. lautet nunmehr:

Eine Zulassung zum privaten Rundfunk darf Vereinigungen, an denen politische Parteien beteiligt sind, nicht erteilt werden.

Das Gesetz wird damit begründet, dass ein offener und fairer Meinungswettbewerb im Rundfunk keinen Einfluss von Parteien zulasse; sonst sei zu befürchten, dass mit diesem höchst suggestiven Medium parteiliche Propaganda betrieben werde.

H sieht daher auf die X-Partei Probleme zukommen. Er ist aber von der materiellen Verfassungswidrigkeit des Gesetzes überzeugt, da es Grundrechte der X-Partei verletze. Er sieht zwar ein, dass man Parteien keine umfassende Kontrolle über den Rundfunk einräumen sollte; die Verzerrung eines pluralistischen Meinungswettbewerbs sei durchaus zu befürchten. Gerade die X-Partei als kleinere Partei mit begrenzten finanziellen Mitteln verstehe das. Aber der kategorische Ausschluss sei nun auch zuviel des Guten, gerade bei einer mittelbaren Minderheitsbeteiligung von 2% („Zwerganteil") wie hier könne ja keine ernsthafte Beeinträchtigung des Meinungswettbewerbs vorliegen.

Frage 2: Prüfen Sie, ob § 6 II PRG n. F. die Rundfunkfreiheit (Art. 5 I 2 GG) der X-Partei verletzt.

Auf alle aufgeworfenen Rechtsfragen ist einzugehen, ggf. in einem Hilfsgutachten.
Maßgeblicher Zeitpunkt für die Beurteilung von Frage 1 sei der 30.7.2012.

Hinweis: Der Fall kann in vier Zeitstunden gelöst werden; dabei entfallen 2,5 Stunden auf Frage 1 und 1,5 Stunden auf Frage 2. Beide Fragen können unabhängig voneinander bearbeitet werden.

Lösung

Lösungshinweise

Problemschwerpunkte: Verfassungsrechtsschutz politischer Parteien (Organstreitverfahren oder Verfassungsbeschwerde?) – Verfassungsbeschwerde (Prüfungsaufbau; Prüfungsmaßstab) – Wettbewerbs- und Chancengleichheit politischer Parteien – Prüfung eines Gleichheitsgrundrechts – Rundfunkfreiheit einer öffentlich-rechtlichen Anstalt – Auftrag zur Gestaltung des Rundfunks – Staatsfreiheit des Rundfunks

I. Im Zentrum der Klausur stehen verfassungsrechtliche Fragen rund um politische Parteien. Wenn heute Parteien oftmals keinen guten Ruf genießen,[1] hat das Tradition – in deren Folge ist auch die (verfassungs-)rechtliche Anerkennung der Parteien und die Ausgestaltung ihrer Rechtsverhältnisse relativ jung, nämlich ein Produkt der Nachkriegszeit.[2]

Wer sich der verfassungsrechtlichen Stellung politischer Parteien nähern will, muss sich deren sozialer Bedeutung bewusst sein.[3] Das Wirken von Parteien verbindet nämlich Gesellschaft und Staat. Mit den Worten des BVerfG: Parteien sind „frei gebildete, im gesellschaftlich-politischen Bereich wurzelnde Gruppen, [die] dazu berufen [sind], bei der politischen Willensbildung des Volkes mitzuwirken und in den Bereich der institutionalisierten Staatlichkeit hineinzuwirken"[4]. Art. 21

---

[1] Vgl. nur das Ergebnis einer Umfrage von Infratest dimap von 2009, online verfügbar unter http://www.infratest-dimap.de/de/service/presse/aktuell/vertrauen-der-buerger-in-die-politik-gestiegen (zuletzt abgerufen am 2.10.2011).

[2] In der Weimarer Reichsverfassung (1919) etwa wurden Parteien nur in Art. 130 I erwähnt: „Die Beamten sind Diener der Gesamtheit, nicht einer Partei." Zur Entwicklung der Parteien in der Verfassung *Menger*, Zur verfassungsrechtlichen Stellung der deutschen politischen Parteien, AöR 78 (1952/1953), S. 149 ff.; *Rixen*, in: Kersten/Rixen (Hrsg.), Parteiengesetz (PartG) und Europäisches Parteienrecht, 2009, Einl. PartG. Lesens- und bemerkenswert ist Abschnitt IX der Verfassung für das Land Baden von 1947 (ibid., Rn. 20), der detaillierte Vorgaben über die Rolle von Parteien macht, und zwar in ihrer Funktion als Koalitions- und als Oppositionspartei.
Einen Überblick über das aktuelle Parteienrecht (i. w. S.) bietet *Ipsen*, Grundgesetz und politische Parteien, DVBl. 2009, 552.

[3] Für eine verfassungstheoretische Begründung s. *Hesse*, Die verfassungsrechtliche Stellung der politischen Parteien im modernen Staat, in: VVDStRL 17 (1959), S. 11 (12 ff., 15 f.). Für konkrete Fragen vgl. etwa die Beiträge in den Heften „Parteiendemokratie" in APuZ 35-36/2007 (online verfügbar unter http://www.bpb.de/publikationen/Y76BS5,0,0,Parteiendemokratie.html) oder „Parteien" in APuZ B 10/2001 (online verfügbar unter http://www.bpb.de/publikationen/94JXEW,0,0,Parteien.html; jeweils zuletzt abgerufen am 1.10.2011).
Nebenbei: Die APuZ (Aus Politik und Zeitgeschichte) wird von der bpb, der **Bundeszentrale für politische Bildung**, herausgegeben. Die bpb bietet eine Vielzahl an (kostenloser bzw. sehr günstiger) gesellschaftswissenschaftlicher Literatur an. Es lohnt sich sehr, ihre Publikationen (etwa über den Newsletter der bpb) im Blick zu behalten!

[4] BVerfGE 20, 56 (101) – Parteienfinanzierung I.

GG hat dabei die Bedeutung der Parteien ausdrücklich anerkannt und sie damit „in den Rang einer verfassungsrechtlichen Institution"[5] erhoben.[6]

Politische Parteien gehen also aus der Gesellschaft, nicht aus dem Staat hervor.[7] Sie üben aber nach der Rechtsprechung des BVerfG „wenn sie an der politischen Willensbildung des Volkes mitwirken, Funktionen eines Verfassungsorgans"[8] aus. Damit stehen Parteien als Mittler zwischen dem Einzelnen, gesellschaftlichen Gruppen und dem Staat, verbinden Volk und Regierung, wirken an der Meinungsbildung des Volkes durch ihr gesellschaftliches Handeln mit und vermitteln zugleich gesellschaftliche Meinungen auf die staatliche Ebene.[9]

Wenn die Bundesrepublik allerdings mit *Gerhard Leibholz* (1901-1982) als „Parteienstaat" bezeichnet wird, ist dies eine zumindest missverständliche Formulierung.[10] Die Parteien spielen eine wichtige Rolle in der Verfassungsordnung der Bundesrepublik und werden in ihrer konstruktiven Wirkung auch verfassungsrechtlich anerkannt. Dadurch wird die Bundesrepublik aber (in jedem Fall nicht normativ) zum Parteienstaat.[11] Dass das BVerfG in seinen Entscheidungen aus jüngerer Zeit diese Formulierung vermeidet,[12] ist daher zu begrüßen. Somit wird in der Literatur zu recht dafür argumentiert, den Begriff „Parteienstaat" durch „Parteiendemokratie" zu ersetzen.[13]

II. Die Scharnierstellung der Parteien, das Oszillieren zwischen Gesellschaft und Staat muss in der Klausurbearbeitung aufgefangen werden. Ein (verfassungsprozessuales) Standardproblem betrifft dabei die Frage des Rechtsschutzes: Kann die Partei ihre Rechte nur per Verfassungsbeschwerde oder auch per Organstreitver-

---

[5] BVerfGE 20, 56 (100).
[6] Beachte auch die einfachrechtliche [!] Ausgestaltung in § 1 PartG: Verfassungsrechtliche Stellung und Aufgaben der Parteien.
[7] Das unterscheidet Parteien von Fraktionen, die als ständige Gliederung des Bundestages (vgl. nur BVerfGE 2, 143 [160] – EVG-Vertrag) Teil der organisierten Staatlichkeit sind.
[8] BVerfGE 20, 56 (100). Kritisch *Hesse*, Die verfassungsrechtliche Stellung der politischen Parteien im modernen Staat, in: VVDStRL 17 (1959), S. 11 (40 f.).
[9] Vgl. BVerfGE 20, 56 (101).
[10] Zum Begriff (im gesellschaftlichen Kontext) und der Kritik vgl. nur *Streinz*, in: v. Mangoldt/Klein/Starck (Hrsg.), GG, Bd. 2, 6. Aufl. 2010, Art. 21, Rn. 8 ff., 24 ff., 30. Die frühere Rechtsprechung des BVerfG übernimmt den Begriff, s. BVerfGE 7, 63 (68) – Listenwahl (unter dem Einfluss insb. seines Richters *Leibholz*, s. *Lamprecht*, Ich gehe bis nach Karlsruhe. Eine Geschichte des Bundesverfassungsgerichts, 2011, S. 29), ebenso wie Teile der Literatur, s. etwa *Röhrich*, Der Parteienstaat der Bundesrepublik Deutschland, NJW 1981, 2674 oder Spielarten wie die „parteienstaatliche Demokratie" (*Degenhart*, Staatsrecht I, 27. Aufl. 2011, Rn. 613).
[11] Deutlich *Kersten*, in: ders./Rixen (Hrsg.), Parteiengesetz (PartG) und Europäisches Parteienrecht, 2009, § 1, Rn. 19: es „konstituiert das Grundgesetz keinen Parteienstaat im verfassungsrechtlich[en] Sinn".
[12] Einzige Ausnahme seit Jahren: Beschluss des Zweiten Senats vom 19.8.2011, - 2 BvG 1/10 - (Schuldenbremse), Rn. 62; online verfügbar unter http://www.bverfg.de/entscheidungen/gs 20110819_2bvg000110.html (zuletzt abgerufen am 2.10.2011).
[13] *Streinz*, in: v. Mangoldt/Klein/Starck (Hrsg.), GG, Bd. 2, 6. Aufl. 2010, Art. 21, Rn. 30 f.; *Ipsen*, Grundgesetz und politische Parteien, DVBl. 2009, 552 (553). Allerdings darf auch der Begriff der „Parteiendemokratie" nicht so verstanden werden, dass demokratische Mitwirkungsmöglichkeiten allein im Rahmen von Parteiarbeit bestehen würden oder sollten.

fahren verteidigen? Die Kernpunkte (näher dazu unten S. 275 f.): Andere als *Statusrechte*[14] wie Grundrechte (etwa die Meinungsäußerungsfreiheit nach Art. 5 I 1 GG) kann die Partei unstrittig nur mittels Verfassungsbeschwerde verteidigen. Bei Statusrechten ist hingegen strittig, ob auch hier nur die Verfassungsbeschwerde statthaft ist oder ob hier ein Organstreitverfahren statthaft sein kann.

III. Frage 1 ist dem Beschluss der 2. Kammer des Zweiten Senats des BVerfG vom 30.8.2002[15] nachgebildet. Der FDP-Politiker *Guido Westerwelle* war dabei der „Hans im Pech".

Zum Aufbau der in Frage 1 statthaften Verfassungsbeschwerde s. die Hinweise oben S. 127 ff. Verfassungsbeschwerden werden erst in der Grundrechtsvorlesung schwerpunktmäßig behandelt; Unsicherheiten im ersten Semester sollten Sie nicht beunruhigen.

Zum Beschwerdegegenstand: Die X-Partei hat sich ausdrücklich gegen das Urteil des BVerwG gewendet. Damit entfällt die Frage, ob die belastenden Einzelakte, an deren Ende erst das letztinstanzliche Urteil steht (zuvor bestehende Belastungen etwa durch: die gesetzliche Grundlage; den Verwaltungsakt; die erstinstanzliche gerichtliche Entscheidung; die Rechtsmittelentscheidung des Gerichts bzw. der Gerichte), mehrere Verfassungsbeschwerden bilden[16] oder eine Verfassungsbeschwerde mit mehreren Beschwerdegegenständen[17]. Leider wird dies in vielen Klausuren nicht hinreichend deutlich. Ich empfehle, in diesem Fall (so keine Nachfrage möglich ist) davon auszugehen, dass sich der Beschwerdeführer nur gegen den letzten Hoheitsakt wehrt. Weitere Beschwerdegegenstände kosten nur Zeit und Mühe, ohne dass sich inhaltlich viel Neues ergibt – es ist nicht anzunehmen, dass der Klausursteller hierzu Ausführungen sehen möchte, ohne dies hinreichend deutlich zu machen.

Zum verfahrensrechtlichen Hintergrund: Die Klausur ist insoweit vereinfacht, als in dieser kurzen Zeit (weniger als ein Jahr) sowohl das VG als auch das BVerwG in der Hauptsache entschieden haben. Die reale Verfahrensdauer ist bedeutend länger, so dass die X-Partei in der Praxis wegen des Zeitdrucks *einstweiligen Rechtsschutz* vor den Verwaltungsgerichten nach § 123 VwGO begehrt hätte. Wäre ihr dieser verweigert worden, hätte sie gegen die letztinstanzliche Verweigerung des einstweiligen Rechtsschutzes Verfassungsbeschwerde einlegen können; ihr hätte nämlich wegen des Zeitdrucks ein Abwarten der fachgerichtlichen Hauptsacheentscheidungen nicht zugemutet werden können – wenn *nach* den

---

[14] Statusrechte der politischen Parteien ergeben sich aus der Statusbestimmung in Art. 21 GG und sind folglich Sonderrechte der Parteien, die anderen gesellschaftlichen Gruppen nicht zustehen. Zu diesen Sonderrechten zählen die Gründungs-, Betätigungs- und die Chancengleichheit der Parteien. Daneben können sich Parteien auch auf (Grund-)Rechte berufen, die jeder gesellschaftlichen Vereinigung zukommen. Das Verhältnis von Art. 21 GG zu den Grundrechten ist dabei für jeden Einzelfall festzustellen, vgl. Frage 2 für den Zusammenhang von Art. 5 I 2 GG und Art. 21 I GG.
[15] Online verfügbar unter http://www.bverfg.de/entscheidungen/rk20020830_2bvr133202.html (zuletzt abgerufen am 2.10.2011). Die Entscheidung ist nicht in der amtlichen Entscheidungssammlung abgedruckt, aber (in Auszügen) etwa in NJW 2002, 2939.
[16] So etwa *Hillgruber/Goos*, Verfassungsprozessrecht, 3. Aufl. 2011, Rn. 92 f., m. w. N.
[17] So etwa *Bethge*, in: Maunz et al. (Hrsg.), BVerfGG, Loseblatt, Stand: März 2010, § 90, Rn. 183, m. w. N.

Wahlen festgestellt worden wäre, dass H am TV-Duell hätte teilnehmen dürfen, hätte die X-Partei davon auch nichts mehr gehabt... Da möglicherweise auch die Verfassungsbeschwerde gegen den verweigerten fachgerichtlichen einstweiligen Rechtsschutz zu spät gekommen wäre, hätte die X-Partei sinnvollerweise vom BVerfG auch eine einstweilige Anordnung nach § 32 I BVerfGG begehrt. Dies sind aber schon so vertiefte prozessuale Kenntnisse, dass sie vom Anfänger nicht verlangt werden können, weshalb die Klausur einfacher gehalten ist.

IV. Der Sachverhalt, der Frage 1 zugrunde liegt, könnte in einem späteren Semester in verwaltungsrechtlicher Gestalt wiederkehren. Dann müsste der Bearbeiter aus Sicht des Verwaltungsgerichts beispielsweise die Frage beantworten, ob die X-Partei einen Anspruch auf Teilnahme am TV-Duell hat – womit (anders als hier) auch das einfache Recht geprüft werden muss. Wichtig ist, dass der Bearbeiter dann das Zusammenspiel dreier Normwerke darstellt: der speziellen rundfunkrechtlichen Grundlage, des PartG und des GG.

Die spezielle rundfunkrechtliche Grundlage bemisst sich danach, welches Anliegen eine Partei gegen welchen Sender richtet. Geht es etwa um Wahlwerbung einer Partei für den Bundestag, kommt ein Anspruch auf ein sog. Drittsendungsrecht in Frage: gegenüber einem bundesweit verbreiteten privaten Sender aus § 42 II 1, III Staatsvertrag für Rundfunk und Telemedien (RStV)[18] i. V. m. der landesrechtlichen Umsetzung; gegenüber dem ZDF aus § 11 I 1 ZDF-Staatsvertrag; gegenüber Landessendern aus Regelungen in den Landesmediengesetzen. Im Einzelnen ist es also nicht ganz einfach, die rundfunkrechtliche Grundlage für ein Drittsendungsrecht oder einen Anspruch auf Teilnahme an redaktionell gestalteten Programmbeiträgen zu finden.[19] Auf diese Normen strahlt § 5 PartG ggf. aus (dieses Bundesgesetz verpflichtet jeden Träger öffentlicher Gewalt, also auch die Länder[20]), ebenso wie Art. 21 I GG. Kommt in einer Klausur (oder eher Hausarbeit) später also die Frage nach einem Zugangsrecht der Parteien auf, kann die Bearbeiterin zeigen, dass sie das Zusammenspiel der Normen verstanden hat.

V. Frage 2 ist angelehnt an das Urteil des Zweiten Senats des BVerfG vom 12.3.2008[21]. Dabei steht das Spezialproblem der Parteibeteiligung am Rundfunk als Beispiel für die Stellung von politischen Parteien zwischen Gesellschaft und

---

[18] Der RStV ist ein (immer wieder geänderter) Staatsvertrag zwischen den Ländern (Rundfunkrecht ist Ländersache). Wie jeder Vertrag zwischen Staaten, muss er erst von den Parteien (hier: den Ländern) ratifiziert werden, um Außenwirkung zu entfalten; erst dann kann sich etwa eine Partei auf ihn berufen. Vgl. *Vesting*, in: Hahn/Vesting (Hrsg.), Rundfunkrecht, 2. Aufl. 2008, § 1, Rn. 36.
[19] Zu den Drittsendungsrechten der Parteien s. *Flechsig*, in: Hahn/Vesting (Hrsg.), Rundfunkrecht, 2. Aufl. 2008, § 42, insb. Rn. 5, 6 ff., 14 ff.
[20] *Augsberg*, in: Kersten/Rixen (Hrsg.), Parteiengesetz (PartG) und Europäisches Parteienrecht, 2009, § 5, Rn. 29.
[21] BVerfGE 121, 30 – Parteibeteiligung an Rundfunk, online verfügbar unter http://www.bverfg.de/entscheidungen/fs20080312_2bvf000403.html (zuletzt abgerufen am 6.4.2011).

Staat.[22] Die Entscheidung ist darüber hinaus aber auch lesenswert, da sie zahlreiche Grundsätze zum staatlichen Gestaltungsauftrag für den Rundfunk (Fernsehen, Radio) enthält, einen stark durch das BVerfG geprägten Rechtsbereich.

Im Übrigen war in diesem Fall auch die Gesetzgebungskompetenz für die Regelung der Rundfunkbeteiligung von Parteien strittig; das BVerfG entschied, dass es sich um Rundfunkrecht (Landeskompetenz) und nicht um Parteienrecht (Bundeskompetenz, Art. 21 III GG) handele.[23]

Hinweise zum Europarecht: Auch auf EU-Ebene existieren politische Parteien.[24] Zur Rolle europäischer Parteien heißt es in Artikel 10 Abs. 4 EUV: *Politische Parteien auf europäischer Ebene tragen zur Herausbildung eines europäischen politischen Bewusstseins und zum Ausdruck des Willens der Bürgerinnen und Bürger der Union bei.*[25]

Die Funktion der europäischen Parteien als Mittlerinnen zwischen Unionsorganen und den Unionsbürgern (eine Mittlertätigkeit in beide Richtungen!) entspricht der mitgliedstaatlichen Rolle.[26] Während die verfassungsrechtliche Anerkennung der Parteien in Deutschland ihrer tatsächlichen politischen Bedeutung allerdings einst hinterherhinkte, eilt die verfassungsrechtliche Anerkennung der Parteien in Europa der politischen Realität voraus: In der öffentlichen Debatte spielen europäische Parteien keine große Rolle. Dies liegt auch am vielfach diskutierten Problem der (noch defizitären) Europäischen Öffentlichkeit.[27]

Obiter dictum: Der Titel der Klausur spielt natürlich auf das Märchen „Hans im Glück" an. Die Klausur hat freilich nichts mit dessen Inhalt zu tun, in dem der Protagonist durch eine Reihe wirtschaftlich nachteiliger, von ihm aber als glücklich machender und damit vorteilhaft empfundener Tauschgeschäfte einen Klumpen Gold über mehrere Geschäfte letztlich in gewöhnliche Schleifsteine tauscht (die er dann auch noch verliert). Man kann diesen Schwank auch als „Fall" *rechtlich* analysieren, etwa: Müssen wir uns Hans nicht

---

[22] Dazu und zur Beteiligung an der Presse auch *Sannwald*, in: Schmidt-Bleibtreu et al. (Hrsg.), GG, 12. Aufl. 2011, Art. 21, Rn. 60 ff., m. w. N.

[23] BVerfGE 121, 30 (46 ff.). Dazu, wie Regelungen Kompetenzen zugeordnet werden, wenn mehrere Kompetenzgrundlagen in Frage kommen (diese aber verschiedenen Verbänden zustehen), s. ibid., S. 47 f.

[24] Zu europäischen Parteien: *Maurer/Mittag*, Europäische Parteien, in: Weidenfeld/Wessels (Hrsg.), Europa von A-Z, 12. Aufl. 2011, S. 174 ff.; *Frenz*, Handbuch Europarecht, Bd. 6: Institutionen und Politiken, 2011, Rn. 248 ff. („V. Europäische Parteien"). Beachte auch (noch zur Vorgängernorm) *Kersten*, in: ders./Rixen (Hrsg.), Parteiengesetz (PartG) und Europäisches Parteienrecht, 2009, Art. 191 EGV (S. 604 ff.).

[25] (Bedauernd) zur Neuformulierung gegenüber der Vorgängernorm im EGV *Kersten*, in: ders./Rixen (Hrsg.), Parteiengesetz (PartG) und Europäisches Parteienrecht, 2009, Art. 191 EGV, Rn. 43, 38.

[26] *Frenz*, Handbuch Europarecht, Bd. 6: Institutionen und Politiken, 2011, Rn. 248.

[27] Vgl. dazu die Sammlung europapolitischer Reden etwa von *Margot Wallström, Thomas von Danwitz* u. a. in: Pernice/Otto (Hrsg.), Europa vermitteln im Diskurs – Entstehung einer Europäischen Öffentlichkeit, Forum Constitutionis Europae – Band 11, 2010, sowie als Übersicht *Pernice/Otto*, Einführung: Elemente einer Europäischen Öffentlichkeit, in: ibid., S. 7 ff.
Bei aller Kritik an der (defizitären) Europäischen Öffentlichkeit ist stets zu beachten: Öffentlichkeit wird nicht bloß vorgefunden, sondern ist Voraussetzung und Produkt zugleich, also allen Beteiligten zur dynamischen Gestaltung aufgegeben.

als Opfer betrügerischer Handlungen vorstellen und weshalb wird Hans zum Opfer (viktimologische Sicht)?[28]

Allgemein kann das Verhältnis von Literatur und Recht (interdisziplinär) fruchtbar gemacht werden (über die rechtliche Bedeutung von Märchen hinaus). Insb. seit den 1970ern kam es dazu unter den Schlagworten „Law and Literature" in den USA zu einer ganzen Reihe von Ansätzen.[29] Zwei Perspektiven werden dabei unterschieden: es können rechtliche Bezüge *in* literarischen Primärquellen untersucht werden (*law in literature*)[30]; und es können Rechtstexte (Gesetze, Urteile usw.) *als* Literatur verstanden werden und literaturwissenschaftliche Methoden (also Sekundärliteratur) *auf* diese Rechtstexte angewendet werden (*law as literature*)[31]. Wen „Recht" über das Klausurenlösen hinaus interessiert, sei trotz deren begrenzter Bedeutung auf diese „Bewegung" hingewiesen.

---

[28] Dazu *Lüderssen*, dargestellt bei *Laeverenz*, Märchen und Recht – Eine Darstellung verschiedener Ansätze zur Erfassung des rechtlichen Gehalts der Märchen, 2001, S. 155 f.
[29] Für einen Überblick s. *Schramm*, Law and Literature, JA 2007, 581.
[30] Es besteht ein ganzer Kanon klassischer *law in literature*-Texte; zu denken ist etwa an *Heinrich von Kleists* (1777-1811) „Der Zerbrochne Krug" (1806); an *Friedrich Schillers* (1759-1805) Werke „Don Karlos" (1783-87) und „Wilhelm Tell" (1803-04) (vgl. zu beiden Werken *Schillers* sowie *Rainer Maria Rilkes* [1875-1926] Gedicht „Der Panther" [1902] *Kloepfer*, Dichtung und Recht, 2008). Für den kritischen (d. h.: guten) Juristen ist m. E. etwa Pflichtlektüre *Franz Kafkas* (1883-1924) „Der Prozess" (unvollendet; verfasst 1914) und „Das Schloss" (unvollendet; verfasst 1922): um sich ganz plastisch-bedrückend der Verantwortung bewusst zu werden, die jeder Jurist mit der Ausübung seines Handelns übernimmt.
[31] Vgl. *Lachenmaier*, Die Law as Literature-Bewegung: Entstehung, Entwicklung und Nutzen, 2008.

Lösungsskizze

Frage 1:

OS: Verfahren hat Aussicht auf Erfolg, wenn es zulässig und begründet ist

A. Zulässigkeit
   I. Statthafte Verfahrensart
      - P: Art. 93 I Nr. 4a GG, §§ 13 Nr. 8a, 90 ff. BVerfGG (Vb.) oder Art. 93 I Nr. 1 GG, §§ 13 Nr. 5, 63 ff. BVerfGG (Organstreitverfahren)?
        o eA: Partei = gesellschaftlicher Bereich → ausschließlich „jedermann" i. S. d. Vb.
           → eA: Vb.
        o aA: Partei = wegen herausgehobener Stellung (Art. 21 GG) dem gesellschaftlichen Bereich entwachsen → Vb. nur, wenn nicht Verteidigung von Statusrechten, für Statusrechte ist Organstreitverfahren statthaft (Partei als „andere Beteiligte" i. S. d. Art. 93 I Nr. 1 GG) → Organstreit und Vb. möglich, abhängig davon, welche Rechte verteidigt werden
           ▪ Grds.: hier: Statusrechte → Organstreit
           ▪ Ausnahme: wenn Organstreit aus anderen Gründen unstatthaft wäre → dann Vb., sonst Rechtsschutzlücke
           ▪ Subs: jdf. wäre BVerwG kein beteiligtenfähiger Antragsgegner für Organstreitverfahren, d. h.: Ausnahme (+)
        → aA: Vb.
      → Streit kann offen bleiben, Vb. nach beiden Auffassungen (+)
   II. Zuständigkeit des BVerfG
      - § 13 Nr. 8a BVerfGG: (+)
   III. Beschwerdefähigkeit
      - § 90 I BVerfGG: „jedermann", soweit er geltend machen kann, Träger eines Grundrechts zu sein, dessen Verletzung er rügt
      - P: Parteien
        o gerügt: Verletzung der Wettbewerbsgleichheit und Chancengleichheit der Parteien, d. h. (möglicherweise) von Art. 3 I i. V. m. 21 I GG
        o subjektives Recht möglich? normative Herleitung: möglicherweise aus Art. 3 I GG i. V. m. Art. 21 I GG: (+)
      → „jedermann" i. S. v. Art. 3 I GG i. V. m. Art. 21 I GG = jede politische Partei
      - Def.: Partei im Sinne des GG: zwar nicht im GG definiert, aber Konkretisierung in § 2 I PartG: dauerhafte Struktur; Ernsthaftigkeit; Zielsetzung, in einem Parlament vertreten zu sein
      - Subs: X-Partei: (+)
      → (+)
   IV. Verfahrensfähigkeit
      - keine explizite Regelung im BVerfGG
      - X-Partei = rechtsfähiger Verein: rechtsfähig als juristische Person gem. § 21 BGB
      - str., ob juristische Personen prozessfähig sein können; irrelevant, da sie jdf. durch ihre gesetzlichen Vertreter handeln
      - gesetzliche Vertretung: gem. Satzung der X-Partei ist H als Vorstand alleinvertretungsbefugt; gem. § 11 III 2 PartG i. V. m. § 26 I 2 BGB vertritt er die X-Partei daher
   V. Beschwerdegegenstand
      - § 90 I BVerfGG: „durch die öffentliche Gewalt [...] verletzt"
      - Def: alle Maßnahmen der deutschen Staatsgewalt
      - BVerwG-Urteil = unmittelbares judikatives Staatshandeln: (+)

VI. Beschwerdebefugnis
- § 90 I BVerfGG
- Def: wer hinreichend substantiiert eine Grundrechtsverletzung behauptet, wenn 1. die behauptete Grundrechtsverletzung nicht von vornherein auszuschließen ist und 2. der Beschwerdeführer durch den Beschwerdegegenstand selbst, gegenwärtig und unmittelbar betroffen ist
- mögliches Recht auf Wettbewerbsgleichheit und Chancengleichheit der Parteien gem. Art. 3 I GG i. V. m. Art. 21 I GG, s. A. III
- X-Partei vom persönlichen Schutzbereich umfasst, s. o. A. III
- gerichtliche Nicht-Aufhebung der ZDF-Entscheidung mögliche Verletzung der Chancengleichheit
- Urteil betrifft die X-Partei selbst, gegenwärtig und unmittelbar
- → (+)

VII. Erschöpfung des Rechtswegs und Subsidiarität
- Erschöpfung, § 90 II 1 BVerfGG: fachgerichtlicher Instanzenzug: zurückweisendes Revisionsurteil des BVerwG (§§ 134 I, II 1 i. V. m. 132 II Nr. 1, 49 Nr. 2 VwGO) = letztes fachgerichtliches Urteil: (+)
- Subsidiarität (entnommen Art. 94 II 2 GG, § 90 II 1 BVerfGG): weitere Rechtsschutzmöglichkeiten nicht gegeben: (+)

VIII. Beschwerdeform
- formgerecht, d. h. §§ 23 I, 92 BVerfGG (+)

IX. Beschwerdefrist
- Fristbeginn (gem. § 93 I 2 BVerfGG): gem. 187 I BGB analog: 15.7.2012
- Fristablauf der Monatsfrist (§ 93 I BVerfG) gem. § 188 II BGB analog: 14.8.2012
- → Eingang der Verfassungsbeschwerde am 30.7.2012 = fristwahrend

X. Rechtsschutzbedürfnis
- keine Aspekte, die indiziertes Rechtsschutzbedürfnis als zweifelhaft erscheinen lassen

XI. Zwischenergebnis
- zulässig

B. Begründetheit

OS: begründet, wenn X-Partei durch Urteil des BVerwG in ihren grundgesetzlichen Rechten verletzt ist (vgl. §§ 90 I, 95 I 1 BVerfGG)

I. Prüfungsmaßstab
- Verletzung von spezifischem Verfassungsrecht; BVerfG ist keine Superrevisionsinstanz
- Prüfung das Urteils nur insoweit, ob darin eine grundsätzlich unrichtige Anschauung von der Bedeutung des grundgesetzlichen Rechts liegt

II. Verstoß gegen die Wettbewerbs- und Chancengleichheit aller Parteien durch die Anwendung und Auslegung von § 5 I 1 PartG
1. Wettbewerbs- und Chancengleichheit politischer Parteien
   a) Verfassungsrechtliche Grundlage
      - nicht explizit im GG
      - Art. 21 GG direkt oder Art. 21 I 1, 2 GG i. V. m. 20 I, II, 28 I 1 GG (Demokratieprinzip)? Gleichheitsrecht dann aber nicht genügend betont
      - Art. 21 I 1, 2 GG i. V. m. 38 I 1 GG oder i. V. m. 3 I GG: Gleichheitsrecht betont; Art. 38 I 1 GG aber zu spezifisch
      - → Grundlage: Art. 3 I i. V. m. 21 I 1, 2 GG
   b) Gleichheitsmaßstab
      - denkbar: formale Gleichheit, wie sie die Wahlrechtsgleichheit (Art. 38 I 1 GG) vorgibt; damit wäre keinerlei Ungleichbehandlung zu rechtfertigen

- materielle Gleichheit, wie sie der allgemeine Gleichheitssatz (Art. 3 I GG) vorgibt; damit wäre Ungleichbehandlung bei sachgerechten Gründen zulässig
- aber: beides zu unspezifisch; daher: Chancengleichheit der Parteien als spezieller Gleichheitssatz; Inhalt: Gleichheit im Prinzip streng und formal (d.h. grundsätzliche Orientierung an der formalen Gleichheit)

2. Gleichheitsverstoß durch die Anwendung und Auslegung von § 5 I 1 PartG
   - fraglich, ob Verkennung der Wettbewerbs- und Chancengleichheit bei Auslegung und Anwendung von § 5 I 1 PartG mit dem Ergebnis, dass Kandidat der X-Partei nicht „TV-Duell" teilnehmen darf
   a) Ungleichbehandlung
      - Spitzenkandidat der X-Partei wird anders behandelt als Spitzenkandidatinnen der A- und der B-Partei
   b) Rechtfertigung
      - Sendungsformat: Kanzler-, nicht Spitzenkandidaten
      - aber: Zuschnitt des Sendungsformats nur auf die Kanzlerkandidatinnen könnte wegen Wahlwerbeeffekt der Sendung Verletzung der Chancengleichheit darstellen und könnte dann keine Ungleichbehandlung rechtfertigen
      aa) Grundrechtlich geschütztes Sendungsformat „TV-Duell"
         - aber: möglicher Grundrechtsschutz des Sendungszuschnitts; P: ist ZDF als öffentlich-rechtliche Rundfunkanstalt grundrechtsberechtigt?
            o juristische Personen des öffentlichen Rechts grundsätzlich nicht grundrechtsberechtigt, sondern -verpflichtet (Art. 1 III GG)
            o aber: Ausnahme, wenn juristische Personen des öffentlichen Rechts unmittelbar dem durch die Grundrechte geschützten Lebensbereich zuzuordnen ist; dann besteht nämlich grundrechtstypische Gefährdungslage
            o hier: ZDF als öffentlich-rechtliche Rundfunkanstalt kann sich auf Rundfunkfreiheit gem. Art. 5 I 2 GG berufen
            o Sendung = schlüssiges und folgerichtig umgesetztes journalistisches Konzept, sachlich von Art. 5 Abs. 1 Satz 2 GG geschützt
      bb) Ausgleich der grundrechtlich geschützten Positionen
         - sog. praktische Konkordanz: Vereinbarung beider grundrechtlicher Positionen: redaktionelles Konzept muss Rücksicht auf Wahlwettbewerb nehmen
         - aber: in Gesamtheit der wahlbezogenen Sendungen des ZDF ist X-Partei ihrer Bedeutung gemäß berücksichtigt worden; konkordanter Ausgleich
         - Ungleichbehandlung (Teilnahme der X-Partei nur bei Spitzenkandidaten-TV-Formaten, nicht bei Kanzlerkandidaten-TV-Formaten) ist nur Folge der bestehenden politischen Kräfteverhältnisse und somit hinzunehmen
   c) Zwischenergebnis
      - „TV-Duell"-Zuschnitt verfassungsmäßig, Ausschluss des H folgerichtig
      - Ungleichbehandlung ist keine Verletzung des Rechts auf Wahrung der Chancengleichheit → keine grundsätzliche Verkennung des grundgesetzlichen Rechts bei der gerichtlichen Auslegung (damit auch keine verfassungskonforme Auslegung nötig)

C. Ergebnis

Beschwerde zulässig, hat aber mangels Begründetheit keine Aussicht auf Erfolg

Frage 2

OS: fraglich, ob § 6 II PRG n. F. Rundfunkfreiheit der X-Partei (Art. 5 I 2 GG) verletzt; PRG = Landesgesetz, Grundrechte des GG gem. Art. 1 III GG dennoch anwendbar

A. Verletzung der Rundfunkfreiheit durch § 6 II PRG n. F.
  I. Sperrung des Grundrechts durch Statusrecht nach Art. 21 I 1 GG
    – würde sich Rundfunkfreiheit aus Art. 21 I 1 GG ergeben, wäre möglicherweise Art. 5 I 2 GG gesperrt
    – aber: Rundfunkbetätigung zwar große Bedeutung für Meinungsbildung i. S. v. Art. 21 I 1 GG; der Schutz wurzelt aber in Art. 5 I 2 GG, Art. 21 I 1 GG tritt nur als besondere Prägung hinzu
    → Art. 5 I 2 GG nicht gesperrt
  II. Eröffnung des Schutzbereichs von Art. 5 I 2 (i. V. m. 21 I) GG
    1. Eröffnung des persönlichen Schutzbereichs
      – Art. 19 III GG (inländische juristische Person und Grundrecht dem Wesen nach anwendbar)
      – X-Partei = rechtsfähiger Verein, damit inländische juristische Person nach einfachem Recht, damit erst recht i. S. v. Art. 19 III GG
      – Rundfunkfreiheit nach Art. 5 I 2 GG auf politische Partei dem Wesen nach anwendbar?
        o contra: Staatsfreiheit des Rundfunks: Parteien weisen Staatsnähe auf
        o pro: Berücksichtigung der Staatsfreiheit = Frage der konkreten Ausgestaltung, also des sachlichen Schutzbereiches der Rundfunkfreiheit für Parteien
        o pro: Kommunikationsfreiheiten ergänzen die besondere, durch den Mitwirkungsauftrag des Art. 21 I 1 GG geprägte Funktion der Parteien
      → Wesen der Rundfunkfreiheit steht grundsätzlicher Anwendung auf die Parteien nicht entgegen
      → Eröffnung des persönlichen Schutzbereichs
    2. Eröffnung des sachlichen Schutzbereichs
      – Def: alle Tätigkeiten, die zur Gewinnung und rundfunkspezifischen Verbreitung von Nachrichten und Meinungen im weitesten Sinne gehören; auch: Zusammenschluss von Gesellschaftern zum Betrieb eines Rundfunkunternehmens
      – Art. 5 I 2 GG sachlich eröffnet, da X-Partei sich nicht des Rundfunks bedienen kann
      – Art. 21 I GG: Funktionsbereich der Parteien nach Art. 21 I GG erlaubt Mitwirkung an politischer Meinungsbildung auf die von ihr gewählte Weise: ebenfalls sachlich erfasst
  III. Verfassungsmäßigkeit von § 6 II PRG n. F.
    1. § 6 II PRG n. F. als Eingriff oder Ausgestaltung
      – § 6 II PRG n. F.: absolutes Beteiligungsverbot für Parteien; möglicherweise verfassungswidrig
      – denkbar: da X-Partei vom Rundfunk ausgeschlossen wird, wird durch rechtsförmigen Vorgang ihre Rundfunkfreiheit hinreichend unmittelbar und gezielt (final) durch staatliches Verbot (imperativ) verkürzt, also: Eingriff; Rechtfertigung dann nur durch Art. 5 II GG
      – aber: besondere Struktur der Rundfunkordnung: Gestaltungsauftrag des Staates nach Art. 5 I 2 GG zur Sicherung der Meinungsvielfalt, der sich nicht an Art. 5 II GG messen lassen muss
      – Subs: § 6 II PRG n. F. soll Parteipropaganda verhindern → funktionssichernde Vorschrift der Grundrechtsausgestaltung
    2. Verfassungsmäßige Gestaltung der Rundfunkfreiheit
      – fraglich, ob § 6 II PRG n. F. verhältnismäßig ist
      a) Spezifisches legitimes Ziel
        – Zielvorgabe: Gewährleistung einer freien, umfassenden und wahrheitsgemäßen individuellen und öffentlichen Meinungsbildung

- Ziel von § 6 II PRG n. F.: Ausschluss von bestimmendem Einfluss von Parteien auf Rundfunk = Sicherung von Staatsfreiheit und Meinungsvielfalt: legitimes Ziel des Gestaltungsauftrags
  b) Eignung
     - Def: wenn Erfolg gefördert werden kann
     - im Fall geringster Beteiligung nicht ohne Weiteres erkennbar, wie bei Kleinstbeteiligung ein bestimmender Einfluss auf das Programm ausgeübt werden soll
     - allerdings: auch Minderheit kann über gesellschaftsrechtliche Mittel (insb. durch Zusammenschluss von Minderheitsgesellschaftern) Einfluss ausüben
     → Eignung daher zwar kaum ersichtlich, aber auch nicht im Einzelfall auszuschließen; wegen hohen Schutzguts und gesetzgeberischem Gestaltungsspielraum Eignung vertretbar
  c) Erforderlichkeit
     - Def: kein ebenso wirksames milderes Mittel darf gegeben sein
     - Reglementierung von Minderheitsrechten und Veröffentlichung von Beteiligungen zur Verhinderung des Minderheitenzusammenschlusses = ebenso wirksame Verhinderung eines bestimmenden Einflusses, aber weniger eingriffsintensiv
     → absolutes Beteiligungsverbot daher nicht erforderlich
3. Zwischenergebnis
   - § 6 II PRG n. F. nicht erforderlich, damit unverhältnismäßig

B. Ergebnis

§ 6 II PRG n. F. verletzt X-Partei in Rundfunkfreiheit aus Art. 5 I 2 GG i. V. m. Art. 21 I GG

Lösungsvorschlag

Frage 1

Das Verfahren der X-Partei hat Aussicht auf Erfolg, wenn es zulässig und begründet ist.[32]

A. Zulässigkeit
I. Statthafte Verfahrensart[33]

Fraglich ist, welches Verfahren für das Begehren der X-Partei statthaft ist. Die Partei sieht ihre Verfassungsrechte dadurch verletzt, dass ihr Kandidat H nicht zum TV-Duell des ZDF zugelassen worden ist, anders als die Kandidatinnen der A-Partei und der B-Partei. Für die Verteidigung ihrer Rechte kommt daher einerseits eine Verfassungsbeschwerde nach Art. 93 I Nr. 4a, §§ 13 Nr. 8a, 90 ff. BVerfGG in Frage, andererseits ein Organstreitverfahren nach Art. 93 I Nr. 1, §§ 13 Nr. 5, 63 ff. BVerfGG.[34]

Parteien sind vom GG als im gesellschaftlich-politischen Bereich wurzelnde Gruppen anerkannt.[35] Daher könnte man vertreten, dass eine Partei ihre Rechte *ausschließlich* als „jedermann" i. S. v. Art. 93 I Nr. 4a, §§ 13 Nr. 8a, 90 I BVerfGG mittels Verfassungsbeschwerde verteidigen kann.[36] Auch für das Begehren der X-Partei ist nach dieser Auffassung allein die Verfassungsbeschwerde statthaft.

Andererseits ließe sich vertreten, dass Parteien mit Blick auf ihre herausgehobene Stellung (Art. 21 GG) dem gesellschaftlichen Bereich, aus dem sie entstammen, soweit entwachsen sind, dass sie im Rang einer verfassungsrechtlichen Institution stehen.[37] Soweit es also darum geht, die aus dieser Stellung (des Art. 21 GG) erwachsenden sog. **Statusrechte** zu verteidigen, könnte das Organstreitver-

---

[32] Obwohl die Formulierung „hat Aussicht auf Erfolg" grundsätzlich zu vermeiden ist (s. oben S. 74 f.), trifft sie im Bereich der Verfassungsbeschwerde einmal tatsächlich zu. Zwischen Zulässigkeit/Begründetheit und Erfolg ist nämlich gem. § 93a I BVerfGG ein Annahmeverfahren geschaltet. Dabei kann es geschehen, dass eine zulässige und begründete Verfassungsbeschwerde nicht angenommen wird und daher letztlich keinen Erfolg hat; vgl. *Gehle*, in: Umbach et al. (Hrsg.), BVerfGG-Mitarbeiterkommentar, 2. Aufl. 2005, § 93a, Rn. 34 ff.

[33] Wiederholung: Verfassungsbeschwerden sind im Staatsorganisationsrecht selten. Wenn sie einmal statthaft sind, sind ausnahmsweise einmal längere Ausführungen zur Statthaftigkeit nötig.

[34] Diese Frage ist ein Klassiker. Vgl. dazu die Darstellungen von *Streinz*, in: v. Mangoldt/Klein/Starck (Hrsg.), GG, Bd. 2, 6. Aufl. 2010, Art. 21, Rn. 145 ff.; *Hebeler*, 40 Probleme aus dem Staatsrecht, 2. Aufl. 2008, S. 178 ff. (40. Problem).

[35] BVerfGE 20, 56 (101) – Parteienfinanzierung.

[36] *Streinz*, in: v. Mangoldt/Klein/Starck (Hrsg.), GG, Bd. 2, 6. Aufl. 2010, Art. 21, Rn. 145, m. w. N. in Fn. 834; *Ipsen*, Staatsrecht I, 23. Aufl. 2011, Rn. 170, 886; *ders.*, Grundgesetz und politische Parteien, DVBl. 2009, 552 (555 f.); *Schlaich/Korioth*, Das Bundesverfassungsgericht, 8. Aufl. 2010, Rn. 92; weitere Nachweise bei *Hebeler*, 40 Probleme aus dem Staatsrecht, 2. Aufl. 2008, S. 179 f.

[37] Vgl. BVerfGE 20, 56 (100).

fahren statthaft sein.[38] Die Partei wäre dann eine „andere Beteiligte" i. S. d. Art. 93 I Nr. 1 GG. Nach dieser Auffassung kann dies freilich nur soweit reichen, als die übrigen Voraussetzungen des Organstreitverfahrens gegeben sind, anderenfalls entstünde eine Rechtsschutzlücke.[39]

Für das Verfahren der X-Partei bedeutet das: Sie wendet sich gegen ein Urteil des BVerwG.[40] Gerichte sind aber nicht im Organstreitverfahren beteiligtenfähig, vgl. Art. 93 I Nr. 1 GG, §§ 13 Nr. 5, 63 BVerfGG.[41] Selbst wenn die X-Partei also Statusrechte verteidigt, ist zur Vermeidung einer Rechtsschutzlücke auch nach dieser Auffassung allein die Verfassungsbeschwerde für die X-Partei statthaft. Folglich unterscheiden sich beide Meinungen im Ergebnis nicht, ein Streitentscheid kann und muss damit dahinstehen.

Für das Begehren der X-Partei ist somit die Verfassungsbeschwerde statthaft.

II. Zuständigkeit des BVerfG

Für die Individualverfassungsbeschwerde ist das BVerfG gem. § 13 Nr. 8a BVerfGG zuständig.

III. Beschwerdefähigkeit

Fraglich ist, ob die X-Partei beschwerdefähig ist. Dies ist gem. § 90 I BVerfGG „jedermann", soweit er geltend machen kann, Träger eines von ihm als verletzt gerügten Grundrechts zu sein.[42]

Die X-Partei macht geltend, sie sei anders als die A- und die B-Partei behandelt worden. Es könnte damit eine Gleichheitsverletzung vorliegen, und zwar in der besonderen Gestalt der **Wettbewerbs- und Chancengleichheit der Parteien**. Diese folgt möglicherweise aus Art. 3 I GG i. V. m. Art. 21 I GG.[43] Träger dieser grundrechtlichen Berechtigung ist jede Partei i. S. v. Art. 21 GG. Jedermann i. S. v. § 90 I BVerfGG meint hier also jede politische Partei.

---

[38] So insb. das BVerfG; Nachweise der Rechtsprechung sowie weitere Vertreter bei *Hebeler*, 40 Probleme aus dem Staatsrecht, 2. Aufl. 2008, S. 178 f.

[39] M. w. N.: *Hebeler*, 40 Probleme aus dem Staatsrecht, 2. Aufl. 2008, S. 178 f.; a. A.: *Hillgruber/Goos*, Verfassungsprozessrecht, 3. Aufl. 2011, Rn. 316, 352 (in Fortführung von ibid., Rn. 55 ff.): Art. 21 GG wird nicht in Art. 93 I Nr. 4a GG aufgezählt, eine Ergänzung der verteidigungsfähigen Rechte mittels „Art. 21 GG in Verbindung mit einem Grundrecht" überzeuge nicht, damit komme nur das Organstreitverfahren in Betracht; lägen dessen Zulässigkeitsvoraussetzungen nicht vor, bleibe es dennoch beim Organstreitverfahren als einzig statthafter Verfahrensart, dieses sei nur eben unzulässig – die Verfassungsbeschwerde bleibe kategorisch ausgeschlossen.

[40] Zum Beschwerdegegenstand s. unten S. 278. Hierbei handelt es sich um unvermeidliche Vorgriffe.

[41] Hier ist es vorzuziehen, dies ohne jegliche Subsumtion festzustellen, um das Problem nicht unnötig auszubreiten.

[42] Str., aber zutreffend. Vgl. für Nachweise und eine Auseinandersetzung oben S. 128.

[43] Näher unter S. 281 f.

Was eine Partei i. S. d. Art. 21 GG ist, bestimmt das GG nicht näher; eine Definition muss allerdings die Mitwirkung der Parteien an der öffentlichen Meinungsbildung berücksichtigen (was nach Art. 20 II 2 GG insb. in Wahlen seinen Ausdruck findet), wie sie sich aus Art. 21 I 1 GG ergibt.[44] Es könnte aber die einfachrechtliche Definition von „Partei" in § 2 I PartG zur Auslegung des verfassungsrechtlichen Parteienbegriffs fruchtbar zu machen sein. Diese Norm fordert die dauerhafte Struktur der Vereinigung, ihre Ernsthaftigkeit und ihre Zielsetzung, in einem Parlament vertreten zu sein.[45] Hierin ist eine verfassungsmäßige Konkretisierung des in Art. 21 I 1 (i. V. m. 20 II 2) GG gemeinten Parteienbegriffs zu sehen.[46]

Folglich ist zu prüfen, ob diese drei Merkmale auf die X-Partei zutreffen. Sie besteht seit Jahrzehnten, weist damit eine dauerhafte Struktur auf. Es bestehen keine Zweifel daran, dass sie nach den tatsächlichen Verhältnissen in der Lage ist, auf die politische Willensbildung des Volkes Einfluss zu nehmen, also eine ernsthafte Partei ist:[47] ihr Erfolg bei den Bundestagswahlen ist als Ausdruck erfolgter politischer Willensbildung zu verstehen. Mit der tatsächlichen Vertretung der X-Partei im Bundestag ist die geforderte intendierte Vertretung in einem Parlament erst recht gegeben.

Die X-Partei ist damit Partei i. S. d. Art. 21 GG und nach dem oben Ausgeführten jedermann i. S. v. § 90 I BVerfGG.[48] Sie ist somit beschwerdefähig.

IV. Verfahrensfähigkeit

Fraglich ist, ob die X-Partei auch verfahrensfähig, also fähig ist, Prozesshandlungen selbst oder durch selbst bestellte Vertreter wirksam vorzunehmen oder entgegenzunehmen.[49] Ausdrückliche Vorgaben zur Verfahrensfähigkeit finden sich im BVerfGG nicht. Daher sind die Prinzipien anderer Prozessordnungen heranzuziehen und ggf. zu modifizieren, wo das GG dies erfordert.

---

[44] BVerfGE 24, 260 (264).
[45] *Streinz*, in: v. Mangoldt/Klein/Starck (Hrsg.), GG, Bd. 2, 6. Aufl. 2010, Art. 21, Rn. 52 ff.
[46] BVerfGE 24, 260 (264); m. w. N.: *Sannwald*, in: Schmidt-Bleibtreu et al. (Hrsg.), GG, 12. Aufl. 2011, Art. 21, Rn. 11; näher: *Wißmann*, in: Kersten/Rixen (Hrsg.), Parteiengesetz (PartG) und Europäisches Parteienrecht, 2009, § 2, Rn. 10 ff. An dieser Stelle muss sorgfältig formuliert werden, damit nicht der Eindruck steht, man halte die Definition in § 2 I PartG ohne Weiteres für eine Definition des grundgesetzlichen Parteienbegriffs (Normenhierarchie!). Hier muss vielmehr das Zusammenspiel von verfassungsrechtlichen Vorgaben und einem Konkretisierungsspielraum durch einfaches Recht dargelegt werden.
[47] Vgl. BVerfGE 91, 262 (271) – Parteienbegriff; *Sannwald*, in: Schmidt-Bleibtreu et al. (Hrsg.), GG, 12. Aufl. 2011, Art. 21, Rn. 13, m. w. N.
[48] Es ist hier irrelevant, dass sie zugleich Partei i. S. d. § 2 I PartG ist; dies darf daher auch nicht erwähnt werden.
[49] Vgl. *Weth*, in: Musielak (Hrsg.), ZPO, 8. Aufl. 2011, § 51, Rn. 2.

Die X-Partei ist als eingetragener Verein eine juristische Person gem. § 21 BGB und als solche rechtsfähig.[50] Ob juristische Personen prozessfähig sind oder nicht,[51] kann dahinstehen, da sie jedenfalls (nur) durch ihre gesetzlichen Vertreter handeln können.[52] Gesetzlicher Vertreter einer Partei ist gem. § 11 III 2 PartG i. V. m. § 26 I 2 BGB deren Vorstand. Die Satzung der X-Partei räumt H als Vorstandsvorsitzendem zulässigerweise[53] Alleinvertretungsbefugnis ein. Unabhängig von der Frage, ob die X-Partei prozessfähig ist, handelt jedenfalls H wirksam als ihr Vertreter.

V. Beschwerdegegenstand

Die X-Partei müsste gem. § 90 I BVerfGG durch eine Maßnahme der öffentlichen Gewalt in ihren Rechten verletzt sein. Dies umfasst alle Maßnahmen der deutschen Staatsgewalt.[54]

Die X-Partei fühlt sich durch das Urteil des BVerwG, also des obersten Gerichtshof der Verwaltungsgerichtsbarkeit (vgl. Art. 95 I GG)[55], in ihren Rechten verletzt.[56] Dieser gehört als Organ der Rechtsprechung der öffentlichen Gewalt an. Das Urteil ist somit als judikatives Staatshandeln zu qualifizieren und bildet damit einen tauglichen Beschwerdegegenstand.

VI. Beschwerdebefugnis

Fraglich ist, ob die X-Partei beschwerdebefugt ist, also entsprechend § 90 I BVerfGG hinreichend substantiiert behauptet, in einem ihrer Grundrechte durch den Beschwerdegegenstand verletzt zu sein. Dies ist der Fall, wenn eine Grundrechtsverletzung nicht von vornherein auszuschließen ist und der Beschwerdeführer durch den Beschwerdegegenstand selbst, gegenwärtig und unmittelbar betroffen ist.[57]

---

[50] Also fähig, Träger von Rechten und Pflichten zu sein, etwa als politische Partei Arbeitsverträge schließen und eine Parteizentrale mieten zu können. Parteien existieren in den Formen des rechtsfähigen und des nicht-rechtsfähigen Vereins i. S. d. Zivilrechts. Heute sind sie jedoch unabhängig von ihrer Organisationsform rechtsfähig und parteifähig. S. dazu ausführlich *Reffken*, Die Rechts-, Partei- und Grundbuchfähigkeit politischer Parteien, NVwZ 2009, 1131.
[51] Zur Prozessfähigkeit juristischer Personen: *Weth*, in: Musielak (Hrsg.), ZPO, 8. Aufl. 2011, § 51, Rn. 6 ff., zur Vertretung des Vereins Rn. 10.
[52] *Weth*, in: Musielak (Hrsg.), ZPO, 8. Aufl. 2011, § 51, Rn. 6.
[53] Vgl. *Wißmann*, in: Kersten/Rixen (Hrsg.), Parteiengesetz (PartG) und Europäisches Parteienrecht, 2009, § 11, Rn. 14.
[54] S. nur *Schlaich/Korioth*, Das Bundesverfassungsgericht, 8. Aufl. 2010, Rn. 213.
[55] Diese Formulierung ist ein Beispiel für den in Teil 1 dieses Buches (S. 9 ff.) angesprochenen „Juristenjargon". Ob diese Formulierung hier so steht oder nur etwa „dieses Gericht", macht sachlich keinen Unterschied. Es zeigt der Korrektorin aber subtil: „Ich spreche juristisch". Solche Kleinigkeiten können einen Eindruck in die eine oder andere Richtung prägen, ihre aktive Verwendung sollte daher frühzeitig erlernt werden. Freilich: die Grenze zum „Abladen" von irrelevantem Wissen ist schnell erreicht.
[56] Vgl. dazu oben den Lösungshinweis III., S. 266.
[57] Nachweise S. 132.

Es wurde schon unter A. III. festgestellt, dass der X-Partei möglicherweise ein Recht aus Art. 3 I i. V. m. Art. 21 I GG auf Wahrung der Wettbewerbsgleichheit und Chancengleichheit aller Parteien zukommt. Hierbei handelt es sich um eine grundrechtliche Position i. S. v. § 90 I BVerfGG. Dieses besondere Gleichheitsrecht kommt dem persönlichen Schutzbereich nach politischen Parteien zu, zu denen die X-Partei zählt (A. III.). Die gerichtlich sanktionierte Nicht-Einladung des Kandidaten der X-Partei zum TV-Duell stellt möglicherweise eine Ungleichbehandlung gegenüber der A-Partei und der B-Partei dar; eine etwaige Rechtfertigung ist jedenfalls nicht offensichtlich gegeben. Damit ist nicht von vornherein auszuschließen, dass das BVerwG ein mögliches grundgesetzliches Recht der X-Partei verletzt hat.

Weiter muss der Beschwerdegegenstand die Beschwerdeführerin selbst, gegenwärtig und unmittelbar treffen. Die X-Partei ist Beteiligte im Prozess vor dem BVerwG gewesen, das Urteil trifft sie also als „Adressatin", mithin selbst.[58] Weiter betrifft es die Rechtstellung der X-Partei aktuell, also gegenwärtig.[59] Zuletzt bedarf es auch keines weiteren Vollzugsaktes, um die Rechtsstellung der X-Partei zu verändern, das Urteil wirkt also unmittelbar.[60]

Die X-Partei ist damit beschwerdebefugt.

VII. Erschöpfung des Rechtswegs und Subsidiarität

Ist gegen den Beschwerdegegenstand der Rechtsweg zulässig, muss dieser gem. § 90 II 1 BVerfGG erschöpft sein. Es darf also kein fachgerichtliches Rechtsmittel mehr gegen die behauptete Grundrechtsverletzung zur Verfügung stehen.

Das BVerwG hat die Sprungrevision der X-Partei (§§ 134 I, II 1, 2 i. V. m. 132 II Nr. 1, 49 Nr. 2 VwGO) nach § 144 II VwGO zurückgewiesen. Nach der VwGO ist damit der verwaltungsgerichtliche Instanzenzug erschöpft.

Über das Gebot der Rechtswegerschöpfung (im engeren Sinne) hinaus erfordert der ungeschriebene (Art. 94 II 2 GG, § 90 II 1 BVerfGG entnommene[61]) Grundsatz der **Subsidiarität**[62] der Verfassungsbeschwerde, dass der Beschwerdeführer alle ihm zur Verfügung stehenden prozessualen Möglichkeiten ergreifen muss, um eine Korrektur der geltend gemachten Verfassungsverletzung zu erwirken.[63] Derartige Möglichkeiten sind hier jedoch nicht erkennbar. Damit ist auch die Subsidiarität der Verfassungsbeschwerde gewahrt.

---

[58] Vgl. BVerfGE 102, 197 (206 f.) – Spielbankengesetz Baden-Württemberg; näher *Hillgruber/Goos*, Verfassungsprozessrecht, 3. Aufl. 2011, Rn. 193 ff.
[59] Vgl. BVerfGE 102, 197 (207); näher *Hillgruber/Goos*, Verfassungsprozessrecht, 3. Aufl. 2011, Rn. 198 ff.
[60] Vgl. BVerfGE 102, 197 (207); näher *Hillgruber/Goos*, Verfassungsprozessrecht, 3. Aufl. 2011, Rn. 202 ff.
[61] So etwa *Hillgruber/Goos*, Verfassungsprozessrecht, 3. Aufl. 2011, Rn. 207; ablehnend *Schlaich/Korioth*, Das Bundesverfassungsgericht, 8. Aufl. 2010, Rn. 244.
[62] Auch: „Rechtswegerschöpfung im weiteren Sinne" genannt, so BVerfGE 107, 27 (44) nach *Schlaich/Korioth*, Das Bundesverfassungsgericht, 8. Aufl. 2010, Rn. 244, Fn. 942.
[63] BVerfGE 115, 81 (91 f., m. w. N.).

VIII. Beschwerdeform

Die Beschwerde wurde formgerecht i. S. v. §§ 23 I, 92 BVerfGG erhoben.[64]

IX. Beschwerdefrist

Die Verfassungsbeschwerde muss fristgerecht erhoben und begründet worden sein.

Maßgeblicher Zeitpunkt für die vorliegende Urteilsverfassungsbeschwerde ist gem. § 93 I 2 BVerfGG die Zustellung des Urteils (vgl. § 116 I 2 VwGO), also der 14.7.2012. Gem. § 187 I BGB analog läuft die Monatsfrist des § 93 I 1 BVerfGG ab dem 15.7.2012 und endet gem. § 188 II BGB analog am 14.8.2012. Mit Eingang der Verfassungsbeschwerde beim BVerfG am 30.7.2012 ist die Frist somit gewahrt.[65]

X. Rechtsschutzbedürfnis

Es sind keine Anhaltspunkte dafür ersichtlich, die das indizierte Rechtsschutzbedürfnis bezweifeln lassen. Damit ist das Rechtsschutzbedürfnis der X-Partei gegeben.

XI. Zwischenergebnis

Die Verfassungsbeschwerde der X-Partei ist zulässig.

B. Begründetheit

Die Verfassungsbeschwerde ist begründet, wenn die X-Partei durch das Urteil des BVerwG in ihren Grundrechten verletzt ist (vgl. §§ 95 I 1, 90 I BVerfGG).

I. Prüfungsmaßstab[66]

Das Urteil des BVerwG ist nur daraufhin zu prüfen, ob es **spezifisches Verfassungsrecht** verletzt. Die Auslegung von einfachem Rechts ist Sache der Fachgerichte, das BVerfGG ist keine **Superrevisionsinstanz**, das die angegriffene Entscheidung vollumfänglich prüft. Die verfassungsgerichtliche Überprüfung ist damit auf die Kontrolle beschränkt, ob das Urteil des BVerwG bei der Anwendung des einfachen Rechts Auslegungsfehler aufweist, die auf einer grundsätzlich unrichtigen Auffassung von Bedeutung und Tragweite des in Anspruch genommenen Grundrechts, insb. vom Umfang seines Schutzbereichs beruhen.[67]

---

[64] S. Sachverhalt.
[65] Details zum fristgerechten Eingang bei *Heusch/Sennekamp*, in: Umbach et al. (Hrsg.), BVerfGG-Mitarbeiterkommentar, 2. Aufl. 2005, § 93, Rn. 96.
[66] Wie mehrfach angemerkt, muss der Prüfungsmaßstab zu Beginn *jeder* Begründetheitsprüfung genannt werden. Bei der (insb. Urteils-)Verfassungsbeschwerde ist das besonders wichtig. Die Begriffe „spezifisches Verfassungsrecht" und „keine Superrevisionsinstanz" müssen fallen.
[67] Nachweise auf S. 134. Der Prüfungsumfang erstreckt sich auch auf eine Willkürkontrolle. Willkürlich ist ein Urteil, wenn es unter keinem rechtlichen Aspekt rechtlich vertretbar ist und sich da-

II. Verstoß gegen die Wettbewerbs- und Chancengleichheit aller Parteien durch die Anwendung und Auslegung von § 5 I 1 PartG

Das BVerwG könnte die Bedeutung und Tragweite des Gleichheitsrechts, das politische Parteien nach dem GG genießen, verkannt haben, indem es § 5 I 1 PartG in einer Art ausgelegt hat, nach der H als Kandidat der X-Partei nicht am TV-Duell der Kanzlerkandidaten des ZDF teilnehmen darf.

Fraglich ist hierfür zunächst, auf welche verfassungsrechtliche Grundlage sich dieses Gleichheitsrecht stützt und welcher Maßstab sich hieraus ergibt.

1. Wettbewerbs- und Chancengleichheit politischer Parteien

a) Verfassungsrechtliche Grundlage[68]

Die **Wettbewerbs- und Chancengleichheit aller Parteien** ist nicht explizit im GG genannt oder bestimmt. Sie könnte sich aber direkt aus Art. 21 I GG ergeben, da dort die Stellung der Partei grundlegend normiert ist, oder aufgrund des Auftrags der Parteien zur Mitwirkung an den politischen Meinungsbildung der Parteien aus Art. 21 I 1, 2 GG i. V. m. dem Demokratieprinzip (Art. 20 I, II, 28 I 1 GG). Damit ist das Gleichheitsmoment jedoch nicht hinreichend betont, so dass eine Bezugnahme auf ein Gleichheitsgrundrecht nötig erscheint.[69]

Hierfür kommen der allgemeine Gleichheitssatz des Art. 3 I GG sowie die Wahlrechtsgleichheit des Art. 38 I 1 GG in Betracht. Allerdings normiert Art. 38 I 1 GG einen sehr spezifischen Fall mit daraus folgenden sehr spezifischen Gleichheitsanforderungen, der keine Öffnung für die Wertungen des Art. 21 GG erkennen lässt.[70] Art. 3 I GG erscheint in seiner allgemeinen Form hingegen hinreichend offen, um einen konstruktiven Rahmen für die Besonderheiten des Art. 21 GG zu bilden.[71]

---

her der Schluss aufdrängt, dass es auf sachfremden Erwägungen beruht, so BVerfGE 89, 1 (13); dazu näher *Kenntner*, in: Umbach et al. (Hrsg.), BVerfGG-Mitarbeiterkommentar, 2. Aufl. 2005, A II. 1, Rn. 32 ff. Willkürliche Urteile wird man in Klausuren kaum antreffen, die Schwelle liegt sehr hoch. Ich würde diesen Punkt (der sogar strafbares Verhalten nahelegt, vgl. § 339 StGB) nur ansprechen, wenn der Sachverhalt dies andeutet.

[68] *Streinz*, in: v. Mangoldt/Klein/Starck (Hrsg.), GG, Bd. 2, 6. Aufl. 2010, Art. 21, Rn. 119 ff. zählt die verschiedenen Konstruktionen der verfassungsrechtlichen Grundlagen auf, insb. auch die unterschiedlichen Ansätze des BVerfG.

[69] A. A. *Hillgruber/Goos*, Verfassungsprozessrecht, 3. Aufl. 2011, Rn. 352, 316, 55 f.; weitere Nachweise bei *Streinz*, in: v. Mangoldt/Klein/Starck (Hrsg.), GG, Bd. 2, 6. Aufl. 2010, Art. 21, Rn. 119. Wer dieses zugegebenermaßen eher schwache Argument ablehnt, verneint die Verfassungsbeschwerdefähigkeit der Wettbewerbs- und Chancengleichheit von Parteien (vgl. die in Art. 93 I Nr. 4a GG aufgezählten Rechte). Wer dies etwa mit *Hillgruber/Goos*, ibid., tun möchte, muss dann konsequent die Klausur anders aufbauen: dann ist das Organstreitverfahren die statthafte Verfahrensart, hier aber unzulässig (das BVerwG kann nicht Antragsgegner sein). Die Begründetheitsprüfung müsste dann per Hilfsgutachten erfolgen.

[70] *Streinz*, in: v. Mangoldt/Klein/Starck (Hrsg.), GG, Bd. 2, 6. Aufl. 2010, Art. 21, Rn. 122, m. w. N.

[71] Überzeugend daher *Streinz*, in: v. Mangoldt/Klein/Starck (Hrsg.), GG, Bd. 2, 6. Aufl. 2010, Art. 21, Rn. 122. Im Ergebnis ist die konkrete verfassungsrechtliche Grundlage irrelevant, solange

Somit bilden Art. 3 I i. V. m. 21 I 1, 2 GG die verfassungsrechtliche Grundlage der Chancengleichheit von politischen Parteien.

b) Gleichheitsmaßstab

Fraglich ist, welche inhaltlichen Anforderungen sich daraus für diese Gleichheit der Parteien ergeben.

In Frage kommt einerseits der Maßstab einer strengen formalen Gleichheit, wie sie die Wahlgleichheit (Art. 38 I 1 GG) vorgibt; damit wäre eine Ungleichbehandlungen nur bei zwingenden Gründen zu rechtfertigen.[72] Demgegenüber könnte man an den allgemeinen Gleichheitssatz nach Art. 3 I GG anknüpfen, der eine **materielle Gleichheit** ausdrückt, also Ungleichbehandlungen aus sachgerechten Gründen zulässt.[73]

Eine Festlegung auf eines dieser Prinzipien wird aber den Besonderheiten der Chancengleichheit der Parteien, wie sie Art. 21 GG vorgibt, nicht in jedem Fall gerecht: die strenge formale Gleichheit als Maßstab würde die tatsächlich bestehenden Unterschiede in der (gesellschaftlich-politischen) Bedeutung der Parteien regelmäßig einebnen und damit einen staatlichen Eingriff in die Freiheit der Parteien darstellen; die materielle Gleichheit als Maßstab würde die Gefahr bergen, dass die Mehrheitsparteien Regelungen schaffen, die diese Mehrheit zu Lasten der Minderheitsparteien auch zukünftig sichert.[74]

Überzeugend ist es daher, dass die Chancengleichheit der Parteien als spezieller Gleichheitssatz **im Prinzip streng und formal** gelten muss.[75] Nur so wird eine Ordnung geschaffen, die Art. 21 GG entspricht und einen fairen Parteienwettbewerb erlaubt, in dem die bestehenden Unterschiede zwischen den Parteien weder durch staatliche Handlungen vergrößert noch durch ausnahmslos an formeller Gleichheit orientierten Maßnahmen aufgehoben (nivelliert) werden.[76]

---

die Gleichheit der Parteien damit verfassungsbeschwerdefähig wird. Entscheidend ist der *Inhalt* der Chancengleichheit.

[72] Vgl. *Ipsen*, Staatsrecht I, 23. Aufl. 2011, Rn. 161.

[73] Vgl. *Ipsen*, Staatsrecht I, 23. Aufl. 2011, Rn. 161. Dabei handelt es sich freilich um eine Verkürzung; der Prüfungsmaßstab reicht von einer bloßen Willkürkontrolle zu einer Verhältnismäßigkeitprüfung, s. nur *Kannengießer*, in: Schmid-Bleibtreu et al. (Hrsg.), GG, 12. Aufl. 2011, Art. 3, Rn. 14 ff.

[74] *Ipsen*, Staatsrecht I, 23. Aufl. 2011, Rn. 161.

[75] *Streinz*, in: v. Mangoldt/Klein/Starck (Hrsg.), GG, 6. Aufl. 2010, Art. 21, Rn. 123. Eine allgemeine Definition von Seiten des BVerfG liegt nicht vor, dort haben nämlich die jeweiligen Umstände Niederschlag in der Definition gefunden, s. *Streinz*, in: v. Mangoldt/Klein/Starck (Hrsg.), GG, Bd. 2, 6. Aufl. 2010, Art. 21, Rn. 120 f.; *Augsberg*, in: Kersten/Rixen (Hrsg.), Parteiengesetz (PartG) und Europäisches Parteienrecht, 2009, § 5, Rn. 5 ff. Erst jüngst hat das BVerfG aber wieder den „engen Zusammenhang" von Wahlrechtsgleichheit und Chancengleichheit der Parteien betont, s. Urteil des Zweiten Senats vom 9.11.2011, - 2 BvC 4/10 - u.a., online verfügbar unter http://www.bverfg.de/entscheidungen/cs20111109_2bvc000410.html, Rn. 86 f. (zuletzt abgerufen am 25.11.2011).

[76] *Streinz*, in: v. Mangoldt/Klein/Starck (Hrsg.), GG, Bd. 2, 6. Aufl. 2010, Art. 21, Rn. 124; *Pieroth*, in: Jarass/Pieroth, GG, 11. Aufl. 2011, Art. 21, Rn. 16 f., m. w. N. (insb. aus der Rechtsprechung des BVerfG).

2. Gleichheitsverstoß durch die Auslegung von § 5 I 1 PartG

Das BVerwG könnte das Gleichheitsrecht der X-Partei dadurch verletzt haben, dass es das ZDF nicht verpflichtet hat, H als dem Spitzenkandidaten der Partei die Teilnahme am „TV-Duell" zu ermöglichen.

Das Gericht hat dabei entschieden, das „TV-Duell" des ZDF sei ein journalistisches Format und keine Wahlwerbung. Damit stelle die Sendung keine „öffentliche Leistung" i. S. v. § 5 I 1 PartG dar. Hierbei handelt es sich um die Auslegung von einfachem Recht, die das BVerfG nur insoweit überprüfen kann, als dabei Bedeutung und Tragweite von Art. 3 I i. V. m. Art. 21 I 1, 2 GG verkannt worden sind. Eine solche Verkennung könnte darin liegen, dass ein möglicherweise verfassungs-, weil gleichheitswidriger Ausschluss der X-Partei vom „TV-Duell" vom BVerwG nicht hinreichend bei einer (etwaig notwendigen verfassungskonformen) Auslegung des Begriffs der „öffentlichen Leistung" berücksichtigt worden ist. Fraglich ist daher, ob der Ausschluss mit der im Prinzip strengen und formalen Chancengleichheit der Parteien vereinbar ist.[77]

a) Ungleichbehandlung

Der Spitzenkandidat der X-Partei wird anders behandelt als die Spitzenkandidatinnen der A-Partei und der B-Partei. Darin liegt eine Ungleichbehandlung.

b) Rechtfertigung

Diese Ungleichbehandlung könnte aber gerechtfertigt sein. Sie erfolgte nämlich aufgrund des vom ZDF gewählten Sendungsformats, in dem sich nicht die *Spitzen*kandidaten, sondern die *Kanzler*kandidaten präsentieren sollen. Nach diesem Konzept scheidet eine Teilnahme des H aus, da er (unbestritten) keine realistische Aussicht hat, das Amt des Bundeskanzlers zu übernehmen. Diese Tatsache ist von der X-Partei als Folge der bestehenden politischen Kräfteverhältnisse hinzunehmen.[78]

Allerdings könnte die Wahl des Sendungsformats gegen die Chancengleichheit aller Parteien verstoßen. Der Präsentation der beiden Kandidatinnen der A-Partei und der B-Partei als mögliche Kanzlerinnen wohnt nämlich ein Wahlwerbeeffekt inne, der über die bloße Kanzlerfrage hinausreicht.[79] Die Wählerstimmen, die für eine „Kanzlerin" abgegeben werden, sind nämlich wahlrechtlich betrachtet Stimmen für die entsprechenden Parteien. Der formale Zuschnitt des Sendungsformats durch das ZDF nur auf die Kanzlerkandidatinnen könnte damit die gebotene staatliche Neutralität verletzen und damit als Rechtfertigung der Ungleichbehandlung ausscheiden.

---

[77] Keine Relevanz kommt in dieser Klausur der Frage zu, ob die in § 5 I 2 PartG angeordnete sog. abgestufte Chancengleichheit verfassungsmäßig ist, wie es das BVerfG bejaht; dazu *Streinz*, in: v. Mangoldt/Klein/Starck (Hrsg.), GG, Bd. 2, 6. Aufl. 2010, Art. 21, Rn. 125 ff.; *Ipsen*, in: ders. (Hrsg.), Parteiengesetz, 2008, § 5, Rn. 12 ff. (Sendezeiten).
[78] Vgl. BVerfG, NJW 2002, 2939 (2939) – TV-Duell.
[79] Offengelassen vom BVerfG, NJW 2002, 2939 (2939).

aa) Grundrechtlich geschütztes Sendungsformat „TV-Duell"

Dem könnte entgegengehalten werden, dass der Formatzuschnitt des „TV-Duells" möglicherweise grundrechtlichen Schutz nach Art. 5 I 2 GG genießt. Dazu müsste das ZDF als öffentlich-rechtliche Rundfunkanstalt zunächst grundrechtsberechtigt sein.

Als Anstalt (damit juristische Person) des öffentlichen Rechts gehört das ZDF der mittelbaren Staatsverwaltung an. Grundsätzlich können sich juristische Personen des öffentlichen Rechts trotz Art. 19 III GG nicht auf Grundrechte berufen, da sie grundrechtsverpflichtet (Art. 1 III GG), aber nicht grundrechtsberechtigt sind.[80] Etwas anderes gilt, wenn die betreffende juristische Person des öffentlichen Rechts unmittelbar dem durch die Grundrechte geschützten Lebensbereich zuzuordnen ist;[81] in diesem Fall befindet sie sich nämlich in einer **grundrechtstypischen Gefährdungslage**.[82] Die Anerkennung ihrer Grundrechtsberechtigung ermöglicht dabei die vermittelte Grundrechtsausübung Privater im entsprechenden Schutzbereich.[83]

Rundfunkanstalten sind direkt dem Schutzbereich des Art. 5 I 2 GG zuzuordnen; rundfunkrechtliche Regelungen treffen sie also in einer grundrechtstypischen Gefährdungslage. Mit der Anerkennung ihrer Grundrechtsberechtigung wird den Bürgern auch erst der Genuss der Rundfunkfreiheit ermöglicht. Für eine öffentlich-rechtliche Rundfunkanstalt wie das ZDF ist damit der persönliche Schutzbereich des Art. 5 I 2 GG eröffnet.[84]

Sachlich umfasst die Rundfunkfreiheit *alle Tätigkeiten und Verhaltensweisen, die zur Gewinnung und rundfunkspezifischen Verbreitung von Nachrichten und Meinungen im weitesten Sinne gehören.*[85] Das „TV-Duell" stellt ein schlüssiges journalistisches Konzept dar, das ohne Weiteres diesem Schutzbereich zuzurechnen ist.[86]

bb) Ausgleich der grundrechtlichen Positionen

In folgerichtiger Umsetzung des „TV-Duell"-Formats ist H als aussichtslosem Kanzlerkandidaten die Teilnahme daran verwehrt. Die daraus folgende Ungleichbehandlung der X-Partei gegenüber der A-Partei und der B-Partei könnte aber als

---

[80] Vgl. nur BVerfGE 45, 63 (78, m. w. N.) sowie weitere Nachweise aus der Rechtsprechung des BVerfG bei *Hofmann*, in: Schmidt-Bleibtreu et al. (Hrsg.), GG, 12. Aufl. 2011, Art. 19, Rn. 22.
[81] BVerfGE 31, 314 (322) für Rundfunkanstalten; m. w. N. etwa BVerfGE 45, 63 (79) und *Hofmann*, in: Schmidt-Bleibtreu et al. (Hrsg.), GG, 12. Aufl. 2011, Art. 19, Rn. 23.
[82] Etwa BVerfGE 45, 63 (79).
[83] Näher zur Grundrechtsberechtigung juristischer Personen des öffentlichen Rechts *Huber*, in: v. Mangoldt/Klein/Starck (Hrsg.), GG, Bd. 1, 6. Aufl. 2010, Art. 19 Rn. 254 ff.
[84] Vgl. BVerfGE 31, 314 (322).
[85] BVerfGE 121, 30 (58, m. w. N.) – Parteibeteiligung an Rundfunkunternehmen; dazu weiter *Jarass*, in: ders./Pieroth, GG, 11. Aufl. 2011, Art. 5, Rn. 39 f.
[86] Vgl. BVerfG, NJW 2002, 2939 (2939).

Freiheitsausübung des ZDF gerechtfertigt sein.[87] Die Rundfunkfreiheit des ZDF kann aber nicht unbegrenzt gelten. Vielmehr müssen den konfligierenden grundrechtlichen Positionen jeweils Grenzen gesetzt werden, so dass beide in praktischer Konkordanz zu optimaler Wirksamkeit gelangen.[88]

Die Konzeptfreiheit des ZDF kann danach nicht unbegrenzt gelten. Die Sendeanstalt darf *ein redaktionelles Konzept, das die Erfolgsaussichten von Beteiligten am Wahlwettbewerb nachhaltig mindern kann, nicht ohne Rücksicht auf diesen Umstand durchsetzen.*[89]

Das ZDF strahlt jedoch im Vorfeld der Bundestagswahl andere Sendungsformate aus, zu denen die X-Partei eingeladen ist. Dabei kann sie auch ihren Spitzenkandidaten H vorstellen. Somit ist das „TV-Duell" nicht die einzige Präsentation von Kandidaten, was deren Bedeutung für den Wahlwettbewerb reduziert. In der Gesamtheit der wahlbezogenen Sendungen des ZDF kann sich die X-Partei damit als Partei mit Bedeutung für die Bundestagswahl als solche präsentieren, allerdings nicht als „Kanzlerpartei". Dies entspricht jedoch ihrer gesellschaftlich-politischen Bedeutung.[90]

c) Zwischenergebnis

Ein Ausgleich in Form praktischer Konkordanz zwischen der Chancengleichheit der X-Partei und der Rundfunkfreiheit des ZDF erlaubt den Ausschluss der X-Partei aus dem „TV-Duell" der Kanzlerkandidaten. Damit ist die Ungleichbehandlung der X-Partei verfassungsrechtlich gerechtfertigt.

Wenn das BVerwG also zum Ergebnis kommt, dass § 5 I 1 PartG nicht die Teilnahme der X-Partei am „TV-Duell" gebietet, führt das zu keinem verfassungswidrigen Ergebnis, das die Frage nach einer etwaigen Korrektur der einfachrechtlichen Interpretation durch eine verfassungskonforme Auslegung aufwerfen würde. Eine Verkennung von Bedeutung und Tragweite des Gleichheitsrechts politischer Parteien liegt damit nicht vor.

C. Ergebnis

Die zulässige Verfassungsbeschwerde der X-Partei hat mangels Begründetheit keine Aussicht auf Erfolg.

---

[87] Zum Problem, wie Grundrechte zwischen Privaten (die ja nicht grundrechtsverpflichtet sind, Art. 1 III GG) wirken, vgl. *Starck*, in: v. Mangoldt/Klein/Starck (Hrsg.), GG, Bd. 1, 6. Aufl. 2010, Art. 1, Rn. 303 ff.

[88] *Hesse*, Grundzüge des Verfassungsrechts der Bundesrepublik Deutschland, 20. Aufl. 1995, Rn. 72: „[V]erfassungsrechtlich geschützte Rechtsgüter müssen in der Problemlösung einander so zugeordnet werden, daß jedes von ihnen Wirklichkeit gewinnt. Wo Kollisionen entstehen, darf nicht [...] eines auf Kosten des anderen realisiert werden [Fn. ausgelassen]. Vielmehr stellt das Prinzip der Einheit der Verfassung die Aufgabe einer Optimierung: *beiden* Gütern müssen Grenzen gesetzt werden, damit beide zu optimaler Wirksamkeit gelangen können."

[89] BVerfG, NJW 2002, 2939 (2940).

[90] Vgl. BVerfG, NJW 2002, 2939 (2940).

Frage 2

Fraglich ist, ob § 6 II PRG n. F. die Rundfunkfreiheit der X-Partei nach Art. 5 I 2 GG verletzt.[91] Bei dieser Norm handelt es sich zwar um ein Landesgesetz, aber Art. 1 III GG ordnet die Grundrechtsbindung *aller* staatlichen Gewalt an, also auch der Legislative der Länder.[92] § 6 II PRG n. F. muss damit Art. 5 I 2 GG genügen.

A. Verletzung der Rundfunkfreiheit durch § 6 II PRG n. F.

I. Sperrung des Grundrechts durch Statusrecht nach Art. 21 I 1 GG

Die grundrechtliche Rundfunkfreiheit könnte der X-Partei versagt sein, da sie eine politische Partei i. S. v. Art. 21 I 1 GG ist. Würde die Rundfunkfreiheit als Statusrecht politischer Parteien bestehen, bliebe ihr möglicherweise der Rückgriff auf Art. 5 I 2 GG versagt.

Die Rundfunkbetätigung hat zwar große Bedeutung für die öffentliche Meinungsbildung i. S. v. Art. 21 I 1 GG. Dennoch wurzelt der Schutz dieser kommunikativen Freiheit allein in den Grundrechten, auch wenn er durch Art. 21 I 1 GG eine besondere Prägung erfährt. Der Schutz von Art. 5 I 2 GG ist der X-Partei also nicht versagt.

II. Eröffnung des Schutzbereichs von Art. 5 I 2 (i. V. m. 21 I) GG

§ 6 II PRG n. F. könnte eine Verletzung der Rundfunkfreiheit der X-Partei gem. Art. 5 I GG darstellen. Hierzu müssen der persönliche und der sachliche Schutzbereich eröffnet sein.[93]

1. Eröffnung des persönlichen Schutzbereichs

Fraglich ist, ob sich die X-Partei auf die Rundfunkfreiheit berufen kann. Als politische Partei ist sie keine natürliche Person, so dass sich ihre Grundrechtsberechtigung nach Art. 19 III GG bestimmt. Es müsste sich also bei der X-Partei um eine inländische juristische Person handeln und die Rundfunkfreiheit nach Art. 5 I 2 GG ihrem Wesen nach auf eine Partei anwendbar sein.

Der Begriff der inländischen juristischen Person i. S. d. Art. 19 III GG geht als Begriff mit spezifischem Verfassungsgehalt über das hinaus, was im einfachen

---

[91] In Frage 1 wurde also ein Gleichheitsgrundrecht geprüft, hier nun ein Freiheitsgrundrecht. Das Prüfungsschema lautet (vgl. auch S. 135): I. Eröffnung des Schutzbereichs; II. Beeinträchtigung (meist Eingriff); III. Rechtfertigung.
[92] Vgl. *Herdegen*, in: Maunz/Dürig (Hrsg.), GG, Loseblatt, Stand: Februar 2005, Art. 1 Abs. 3, Rn. 93.
[93] Der Schutzbereich von Freiheitsgrundrechten wird unterteilt in den persönlichen Schutzbereich (wer ist geschützt?) und den sachlichen Schutzbereich (was ist geschützt?). Für eine grundsätzliche Übertragung auf Gleichheitsgrundrechte *Jarass*, in: ders./Pieroth, GG, 11. Aufl. 2011, Vorb. vor Art. 1, Rn. 15.

Recht als juristische Person anerkannt ist.⁹⁴ Die X-Partei ist als (deutscher) eingetragener Verein verfasst, damit gem. § 21 BGB rechtsfähig, folglich inländische juristische Person nach einfachem Recht und somit erst recht nach Art. 19 III GG. Fraglich ist dagegen, ob die Rundfunkfreiheit ihrem Wesen nach auf Parteien anwendbar ist. Dagegen könnte der Grundsatz der **Staatsfreiheit des Rundfunks**⁹⁵ sprechen.

Art. 5 I 2 GG enthält nämlich *einen Auftrag zur Gewährleistung der Rundfunkfreiheit, der auf eine Ordnung zielt, die sicherstellt, dass die Vielfalt der bestehenden Meinungen im Rundfunk in möglichster Breite und Vollständigkeit Ausdruck findet.*⁹⁶ Damit wäre es unvereinbar, wenn der Staat unmittelbar oder mittelbar ein Rundfunkunternehmen beherrschen würde. Die Staatsfreiheit des Rundfunks erschöpft sich aber nicht in diesem **Beherrschungsverbot**, sondern gebietet darüber hinaus aber den Ausschluss jeglicher politischen Instrumentalisierung des Rundfunks.⁹⁷

Parteien könnten aus dem persönlichen Schutzbereich des Art. 5 I 2 GG aufgrund dieses Gebots der Staatsfreiheit des Rundfunks ausgeschlossen sein. Obwohl sie nämlich zwar *nicht dem Staat zuzuordnen [sind,] besteht [...] eine gewisse Staatsnähe der Parteien, die eine Beachtung des Grundsatzes der Staatsfreiheit des Rundfunks für die Ausgestaltung von Parteibeteiligungen an Rundfunkveranstaltern notwendig macht.*⁹⁸ Wann eine Parteibeteiligung allerdings die Staatsfreiheit gefährdet, ist eine Frage der konkreten Ausgestaltung dieser Beteiligung. Die Berufung auf die Rundfunkfreiheit ist danach politischen Parteien nicht schlechthin verwehrt. Für die Eröffnung des persönlichen Schutzbereichs spricht hingegen, dass die Kommunikationsfreiheiten aus Art. 5 I GG die besondere, durch den Mitwirkungsauftrag des Art. 21 I 1 GG geprägte Funktion der Parteien ergänzen.⁹⁹

Folglich können sich Parteien gem. Art. 19 III GG grundsätzlich auch auf die Rundfunkfreiheit nach Art. 5 I 2 (i. V. m. Art. 21 I 1) GG berufen.¹⁰⁰ Der persönliche Schutzbereich ist für die X-Partei damit eröffnet.

2. Eröffnung des sachlichen Schutzbereichs

Fraglich ist weiter, ob auch der sachliche Schutzbereich eröffnet ist. Dieser *umfasst alle Tätigkeiten und Verhaltensweisen, die zur Gewinnung und rundfunkspezifischen Verbreitung von Nachrichten und Meinungen im weitesten Sinne gehö-*

---

94 Vgl. *Hofmann*, in: Schmidt-Bleibtreu et al. (Hrsg.), GG, 12. Aufl. 2011, Art. 19, Rn. 27 f.
95 Dieser Begriff darf nicht als kategorisch (miss-)verstanden werden. Präziser spricht das BVerfG daher davon, es handele sich „eher [um] ein System der Staatsferne", vgl. BVerfGE 121, 320 (66 f., 53).
96 BVerfGE 121, 30 (50).
97 BVerfGE 121, 30 (52 f.).
98 BVerfGE 121, 30 (53, näher zur „gewissen Staatsnähe" 53 ff.).
99 BVerfGE 121, 30 (57).
100 BVerfGE 121, 30 (57).

ren [...]. *Hierzu gehört auch die Freiheit, sich als Gesellschafter gemeinsam mit anderen zum Betrieb eines Rundfunkunternehmens zusammenzuschließen.*[101]

Aus § 6 II PRG n. F. ergibt sich, dass sich die X-Partei nicht (auch nicht mit anderen Gesellschaftern zusammen) des Rundfunks zur Kommunikation bedienen kann. Damit ist der sachliche Schutzbereich des Art. 5 I 2 GG eröffnet.

Die Beteiligung an einem Rundfunksender kann darüber hinaus dem Funktionsbereich der Parteien nach Art. 21 I GG zugeordnet werden, weil sich ihnen in Rundfunkunternehmen eine Möglichkeit zur Mitwirkung an der politischen Meinungsbildung bietet.[102] Innerhalb dieses von den Parteien vermittelten Prozesses der Beeinflussung der Menschen einerseits und der Weitergabe von deren Auffassungen andererseits steht es den Parteien frei, ob und, wenn ja, welcher Medien sie sich zur Erfüllung dieses Auftrags innerhalb der verfassungsrechtlich gesetzten Grenzen bedienen wollen.[103] Dieses in Art. 21 I 1 GG geschützte Recht tritt also ergänzend und spezifizierend zu Art. 5 I 2 GG hinzu.

Damit ist auch der sachliche Schutzbereich der Rundfunkfreiheit für die X-Partei nach Art. 5 I 2 (i. V. m. Art. 21 I) GG eröffnet.

III. Verfassungsmäßigkeit von § 6 II PRG n. F.

1. § 6 II PRG n. F. als Eingriff oder Ausgestaltung

Nach § 6 II PRG n. F. unterliegen alle politischen Parteien einem absoluten Rundfunkbeteiligungsverbot. Dies könnte einen Eingriff in die Rundfunkfreiheit darstellen.

Die X-Partei hält mittelbar 2% der Anteile des Z-Rundfunksenders. Eine Auslegung des § 6 II PRG n. F. ergibt, dass auch solche Kleinstbeteiligungen dazu führen, dass dieser Sender zukünftig keine Zulassung mehr für den Rundfunk erhalten wird. Man könnte also argumentieren, die Rundfunkfreiheit der X-Partei würde durch rechtsförmigen Vorgang hinreichend unmittelbar und gezielt (final) durch ein vom Staat verfügtes Verbot (imperativ) verkürzt. Dies würde einen Eingriff darstellen, der nur durch Art. 5 II GG gerechtfertigt sein könnte.[104]

Dies allein würde aber die besondere Struktur der Rundfunkfreiheit nicht hinreichend berücksichtigen. Die besondere technische Situation des Rundfunks sowie seine besonders eindrucksvolle Wirkung auf die Rezipienten führen dazu, dass der Staat den Rundfunk nicht „sich selbst" bzw. dem Wettbewerb des Marktes überlassen darf. Anderenfalls wäre die Freiheit der öffentlichen und privaten Meinungsbildung gefährdet. Diese Freiheit aber *hat hohes Gewicht. Sie ist für ein*

---

[101] BVerfGE 121, 30 (58). Der Vollständigkeit halber: Rundfunk ist die Veranstaltung und Verbreitung von Darbietungen aller Art für einen unbestimmten Personenkreis mit Hilfe *elektromagnetischer Schwingungen*, s. *Jarass*, in: ders./Pieroth, GG, 11. Aufl. 2011, Art. 5, Rn. 36, m. w. N.

[102] BVerfGE 121, 30 (60).

[103] BVerfGE 121, 30 (57).

[104] Vgl. BVerfGE 105, 279 (300) – Osho; m. w. N. *Jarass*, in: ders./Pieroth, GG, 11. Aufl. 2011, Vorb. vor Art. 1, Rn. 27. Zu anderen Formen der Beeinträchtigung ibid., Rn. 26 ff.

demokratisches Gemeinwesen schlechthin konstitutiv.[105] Somit enthält Art. 5 I 2 GG einen **Gestaltungsauftrag** an den Staat: ihn trifft der *Auftrag zur Gewährleistung der Rundfunkfreiheit, der auf eine Ordnung zielt, die sicherstellt, dass die Vielfalt der bestehenden Meinungen im Rundfunk in möglichster Breite und Vollständigkeit Ausdruck findet.*[106] *Bei der Bestimmung und Gewichtung von Gefahren für die Verwirklichung der Rundfunkfreiheit und der Festlegung der für ihre Herstellung und Erhaltung zu wählenden Mittel hat der Gesetzgeber einen Einschätzungs- und Ermessensspielraum.*[107]

Gestaltet der Staat die Rundfunkordnung, *sichert er die Rundfunkfreiheit und greift nicht in sie ein.* Zwar muss auch diese Ausgestaltung verfassungsmäßig sein, muss sich aber nicht an Art. 5 II GG messen lassen.[108]

Fraglich ist somit, ob § 6 II PRG n. F. das Rundfunksystem ausgestaltet oder in die ausgestaltete Ordnung eingreift. Nach dem Willen des Gesetzgebers soll die Norm eine propagandistische Verzerrung des Rundfunks durch parteipolitische Vereinnahmung verhindern. Somit dient § 6 II PRG n. F. dazu, den Rahmen für einen Rundfunk zu schaffen, der die Grundsätze der Meinungsvielfalt im Rundfunk wahrt und einer parteipropagandistischen Vereinnahmung entgegenwirkt. *Es handelt sich daher um eine funktionssichernde Vorschrift, die der Kategorie der* **Grundrechtsausgestaltung** *zuzuordnen ist.*[109]

§ 6 II PRG n. F. ist unter Anerkennung des gesetzgeberischen Einschätzungs- und Ermessensspielraums als Gestaltung des Rundfunks und nicht als Eingriff zu qualifizieren.

2. Verfassungsmäßige Gestaltung der Rundfunkfreiheit durch § 6 II PRG n. F.

Fraglich ist, ob der absolute Ausschluss jeglicher Beteiligung von Parteien an Rundfunkunternehmen eine verfassungsmäßige Ausgestaltung der Rundfunkordnung ist. Bedenken bestehen dabei hinsichtlich der Verhältnismäßigkeit des § 6 II PRG n F. Dabei sind die für die politischen Parteien eintretenden Nachteile unter Berücksichtigung der weitreichenden Ausgestaltungsermächtigung des Gesetzgebers ins Verhältnis zu setzen zum Maß der Förderung der mit der Regelung verfolgten Ziele.[110] *Die Ausgestaltung des Rundfunks muss sich [dabei] am Ziel der Gewährleistung einer freien, umfassenden und wahrheitsgemäßen individuel-*

---

[105] BVerfGE 121, 30 (63 f.).
[106] BVerfGE 121, 30 (50).
[107] BVerfGE 121, 30 (63 f.).
[108] Vgl. BVerfGE 73, 118 (166) – 4. Rundfunkurteil, und weiter *Jarass*, in: ders./Pieroth, GG, 11. Aufl. 2011, Art. 5, Rn. 42 ff., 45.
[109] BVerfGE 121, 30 (58 f.).
[110] BVerfGE 121, 30 (63 f.). Zur Verhältnismäßigkeit allgemein (im Kontext einer Schranken-Schranken-Prüfung) vgl. etwa BVerfGE 115, 320 (345) – Rasterfahndung: „Dieser [Grundsatz] verlangt, dass der Staat mit dem Grundrechtseingriff einen legitimen Zweck mit geeigneten, erforderlichen und angemessenen Mitteln verfolgt." Die Erörterung dort ab S. 345 ff. ist eine geradezu schulmäßige Verhältnismäßigkeitsprüfung mit den nötigen Definitionen.

len und öffentlichen Meinungsbildung orientieren. [...] Kommunikations- und rundfunkbezogene Vorschriften, die den rechtlichen Rahmen der Rundfunkfreiheit regeln, sind am Maßstab des Art. 5 [I 2] GG nicht zu beanstanden, wenn sie geeignet sind, das Ziel der Rundfunkfreiheit zu fördern, und die von Art. 5 [I 2] GG geschützten Interessen angemessen berücksichtigen.[111]

a) Spezifisches legitimes Ziel

Fraglich ist, ob die Verhinderung von parteilichem Einfluss auf Rundfunkunternehmen nach dem Gestaltungsauftrag anzuerkennen ist.

Könnten Parteien als Rundfunkveranstalter unmittelbar oder durch entsprechende Beteiligungen mittelbar *bestimmenden* Einfluss auf Programmgestaltung oder Programminhalte nehmen, würde dies eine politische Instrumentalisierung des Rundfunks bedeuten.[112] Angesichts einer gewissen Staatsnähe der Parteien würde damit eine staatsnahe Einflussnahme auf die inhaltliche Programmgestaltung ausgeübt.[113] Darin erkennt der Gesetzgeber offensichtlich eine Gefahr sowohl für die Meinungsvielfalt als auch die Staatsfreiheit des Rundfunks. Genau deren Sicherungen sind jedoch Kerne des Gestaltungsauftrags in Art. 5 I 2 GG.[114] Es sind auch keine Gründe ersichtlich, weshalb diese Einschätzung unzutreffend sein könnte.

Das Ziel des § 6 II PRG n. F., jede nur denkbare Gefährdung der öffentlichen Meinungsvielfalt und -freiheit durch die (direkte oder indirekte) Beteiligung politischer Parteien zu verhindern, ist damit verfassungsrechtlich anzuerkennen.

b) Eignung

Fraglich ist aber, ob § 6 II PRG n. F. auch geeignet ist, dieses Ziel zu erreichen. *Ein Gesetz ist [dann] zur Zweckerreichung geeignet, wenn mit seiner Hilfe der erstrebte Erfolg gefördert werden kann.*[115] Es stellt sich also die Frage, ob das Verbot *jeglicher* Beteiligung einer Partei an einem Rundfunkbetreiber, und sei die Beteiligung noch so gering, das Ziel zu fördern geeignet ist, bestimmenden Parteieinfluss auf Rundfunkunternehmen zu verhindern.

In einem Fall geringster Beteiligung ist nicht ohne Weiteres erkennbar, wie ein bestimmender Einfluss gesellschaftsrechtlich oder tatsächlich auf das Programm ausgeübt werden soll. Allerdings hält das Gesellschaftsrecht eine Reihe von Minderheitsrechten vor (Verhinderung von qualifizierten Mehrheitsbeschlüssen, Gesellschafterklagen in einer *actio pro socio* u. a. m.), die zu Einwirkungsmöglichkeiten auch von Minderheitsgesellschaftern führen können; insb. könnten sich Minderheitengesellschafter auch (verdeckt) zusammenschließen und verstärkten

---

[111] BVerfGE 121, 30 (59).
[112] Vgl. BVerfGE 121, 30 (61).
[113] BVerfGE 121, 30 (61).
[114] Vgl. BVerfGE 121, 30 (55).
[115] BVerfGE 115, 320 (345).

Einfluss ausüben.[116] Insgesamt ist ein Beitrag des *absoluten* Beteiligungsverbotes zur Sicherung der Meinungsvielfalt und Verwirklichung der Staatsfreiheit zwar kaum denkbar; allerdings ist er in Einzelfällen auch nicht schlechthin auszuschließen, weshalb unter Berücksichtigung des hohen Schutzguts der Freiheit der öffentlichen und privaten Meinungsbildung und des legislativen Beurteilungsspielraums eine Eignung nicht verneint werden kann.[117]

c) Erforderlichkeit

Problematisch erscheint aber die Erforderlichkeit des § 6 II PRG n. F. Es stellt sich also die Frage, ob kein ebenso wirksames, aber milderes Mittel zur Erreichung der gesetzgeberischen Ziels ersichtlich ist.[118]

Sieht man die Gefahr in der Ausübung bestimmter Minderheitspositionen, ist es denkbar, deren Ausübung zu reglementieren. Die Ausübung bestimmter Gesellschafterrechte könnte beispielsweise beschränkt werden. Sind Absprachen von Minderheitsgesellschaftern zu befürchten, kann dem durch entsprechende Transparenzvorschriften (Gebot der Veröffentlichung aller Beteiligungen) begegnet werden.[119] Damit wären ebenso wirksam Meinungsvielfalt und Staatsfreiheit des Rundfunks gewährleistet, die Gesellschafter könnten dabei aber lediglich bestimmte Rechte nicht ausüben bzw. sie würden Mitwirkungspflichten treffen. Diese sind als geringere Eingriffe als der Ausschluss jeglicher Parteibeteiligung an Rundfunkunternehmen zu werten.

Ein absolutes Beteiligungsverbot ist damit nicht erforderlich.

3. Zwischenergebnis

§ 6 II PRG n. F. ist danach eine unverhältnismäßige Ausgestaltung der Rundfunkordnung.

B. Ergebnis

§ 6 II PRG n. F. verletzt die X-Partei in ihrer Rundfunkfreiheit aus Art. 5 I 2 (i. V. m. Art. 21 I) GG.

---

[116] BVerfGE 121, 30 (63).
[117] Vgl. BVerfGE 121, 30 (63 f.).
[118] Vgl. BVerfGE 115, 320 (345).
[119] Vgl. BVerfGE 121, 30 (67 f.).

Klausur 6: Highway to Hell

Sachverhalt

Bundesverkehrsministerin Petra Pedes (P) kommt aus Mössingen in B-W. Sie nimmt daher die Situation der Bundesstraßen in diesem Land besonders gründlich unter die Lupe. Als Ergebnis ihrer Untersuchung verfasst sie folgendes Schreiben an Reinhold Maier (M), der Verkehrsminister in B-W und somit nach Landesrecht oberste Landesstraßenbaubehörde ist:

Berlin, 13.2.2012

Sehr geehrter Herr M,

ich habe mich entschlossen, den Status zweier Bundesstraßen, die durch B-W führen, zu verändern.

Ich möchte Sie bitten, die Bundesstraße 27 (B 27) zur Bundesautobahn aufzustufen.

Zudem möchte ich Sie bitten, die Bundesstraße 28 (B 28) in eine Straßenklasse nach Landesrecht (Landesstraße) umzustufen. Die Verkehrsbedeutung der B 28 hat sich geändert hat, sie ist nicht mehr weiträumigem Verkehr zu dienen bestimmt. Als Landesstraße wird sie hingegen noch sinnvollen Zwecken dienen.

Sollten Sie in dieser Sache Bedenken haben, bitte ich Sie um Ihre Stellungnahme.

Mit freundlichen Grüßen

P.

Einige Wochen später erhält sie folgendes Schreiben:

S, 16.4.2012

Sehr geehrte Frau P,

ich fürchte, ich kann Ihrem Wunsch nach Umstufung der beiden Straßen nicht entsprechen.

Die B 27 ist überhaupt nicht geeignet, zur Bundesautobahn aufgestuft zu werden: die Straßenführung und der Straßenbelag sind technisch für Schnellverkehr nicht geeignet. Die Voraussetzungen von § 1 III FStrG lassen die Aufstufung also gar nicht zu.

Und zur B 28: Diese Straße können Sie nicht zur Landesstraße umstufen, da dies außerhalb Ihrer Kompetenz liegt.

Mit freundlichen Grüßen

M.

Einige Zeit später erhält M folgende Reaktion:

Berlin, 15.5.2012

Sehr geehrter Herr M,

ich habe Ihre Argumente sorgfältig erwogen, teile Ihre Rechtsauffassungen aber nicht.

Hinsichtlich der Aufstufung der B 27 haben Sie in Ihren sachlichen Einlassungen recht, aber ich kann mich Ihrer rechtlichen Folgerung nicht anschließen. Nach meiner Rechtsauffassung kann die B 27 nämlich trotz der von Ihnen beschriebenen Fahrbahnsituation rechtmäßig zur Autobahn aufgestuft werden. Die Entscheidung hierüber müssen Sie schon dem Bund überlassen.

Hinsichtlich der Umstufung der B 28 ist in der Sache nichts zu ergänzen. Die B 28 ist eine Bundesstraße, ihr rechtliches Schicksal liegt somit vollumfänglich in den Händen des Bundes.

Ich habe die Interessen Ihres Landes in meine Erwägungen miteinbezogen, komme aber zu keiner anderen Entscheidung als in meinem Schreiben vom 13.2.2012 und hoffe, dass Sie meinen Forderungen Folge leisten, ohne dass ich von meinem grundgesetzlichen Weisungsrecht Gebrauch machen muss.

Mit freundlichen Grüßen

P.

Wiederum einige Zeit später geht ihr folgendes Antwortschreiben zu:

S, 4.6.2012

Sehr geehrte Frau M,

ich bedaure, dass Sie sich meiner Rechtsauffassung nicht anschließen mögen. Ich halte Ihre Anordnungen für verfassungswidrig und kann ihnen daher nicht Folge leisten.

Hinsichtlich der B 27 haben Sie zwar grundsätzlich das Recht, über deren Status nach Bundesrecht zu bestimmen. Aber das muss dort seine Grenze finden, wo Sie dieses Bundesrecht offensichtlich rechtswidrig anwenden – und genau ein solcher Fall liegt vor. Zu einer derartigen Ausführung kann ich nicht verpflichtet sein. Sie verletzen mit Ihrem Ansinnen das Recht des Landes B-W, nur zu rechtmäßiger Verwaltung herangezogen zu werden. Als Bundesbehörde können Sie mich zwar anweisen, aber nur, soweit sich die Anweisung im Rahmen des geltenden Rechts hält. Ihre geplante Missachtung von § 1 III FStrG überschreitet den Rahmen, innerhalb dessen ich zur Befolgung Ihrer Forderungen verpflichtet bin. Bedenken Sie bitte die gemeingefährlichen Konsequenzen Ihrer Aufforderung: Unfälle mit Gefahr für Leib und Leben sind doch geradezu vorprogrammiert! Und immerhin trifft uns als Staat doch eine Schutzpflicht für die körperliche Unversehrtheit der Menschen (vgl. Art. 2 II 1 GG).

Hinsichtlich der B 28 ist zu bemerken: Dass diese Bundesstraße ist, führt nach dem GG nicht dazu, dass der Bund über deren rechtliches Schicksal in jeder Hinsicht entscheiden kann. Der Rahmen, innerhalb dessen Sie für den Bund entscheiden können, ist mit Ihrem Ansinnen überschritten.

Mit freundlichen Grüßen

M.

P reagiert darauf mit folgenden Schreiben, das M am 20.6.2012 zugeht:

Berlin, 18.6.2012

Sehr geehrter Herr M,

in den beiden Auftragsangelegenheiten zur B 27 und zur B 28, dargestellt in meinen Schreiben vom 13.2.2012 und vom 15.5.2012, habe ich Ihnen meine Rechtsauffassungen mitgeteilt und Ihnen bestimmte Aufträge erteilt. Nachdem mit Ihnen leider keine Übereinstimmung hinsichtlich der Einstufung der Bundesstraßen zu erzielen war, sehe ich mich (wie im Schreiben vom 15.5.2012 angekündigt) veranlasst, von meinem Weisungsrecht Gebrauch zu machen.

Nach meiner Auffassung verstoßen Sie gegen die Verwaltungskompetenzverteilung, die das GG anordnet. Ich weise Sie daher nach Art. 85 III GG an, die B 27 zur Bundesautobahn aufzustufen und die B 28 zur Landesstraße umzustufen.

Mit freundlichen Grüßen

P.

M stuft im Folgenden aber weder die B 27 auf noch die B 28 ab, sondern unternimmt gar nichts. Am 15.10.2012 geht ihm daraufhin folgendes Schreiben der P zu:

Berlin, 11.10.2012

Sehr geehrter Herr M,

Ihr Verhalten ist untragbar für unsere verfassungsmäßige Ordnung. Ihre Weigerung, im Sinne meines Schreibens vom 18.6.2012 zu handeln, ist verfassungswidrig. Ich fordere Sie dringend auf, sich verfassungsmäßig zu verhalten. Anderenfalls zwingen Sie mich, Bundeszwang nach Art. 37 I GG auszuüben. Dies wäre in der bundesrepublikanischen Geschichte einmalig und würde erheblichen Schaden für unsere durch Recht geordnete Bundesstaatlichkeit darstellen. Ich möchte Sie dringend dazu anhalten, es nicht dazu kommen zu lassen.

Mit freundlichen Grüßen

P.

Daraufhin geht P am 24.10.2012 folgende Reaktion zu:

S, 22.10.2012

Sehr geehrte Frau P,

nicht mein Verhalten, sondern Ihre Forderungen sind verfassungswidrig. Ich werde ihnen auch weiterhin keine Folge leisten. Anderenfalls würde ich ja gerade dann den Boden des Grundgesetzes verlassen. Wenn Sie Ihre Kompetenzen überschreiten wollen, dann soll dies für alle sichtbar sein. Wenden Sie Bundeszwang an, wenn Sie dies für richtig halten – Karlsruhe wird unsere Rechte gegen derlei Machenschaften zu verteidigen wissen.

Mit freundlichen Grüßen

M.

P sieht ein, dass weitere Kommunikation mit M keinen Erfolg verspricht. Sie trägt ihre Situation dem Bundeskabinett vor. Dieses entscheidet mit Kabinettsbeschluss vom 7.11.2012, verfassungsgerichtlich gegen das Land B-W vorzugehen und sendet einen formgerechten Schriftsatz (mit Datum vom 27.12.2012) an das BVerfG, der dort am 31.12.2012 eingeht. Darin beantragt die Bundesregierung als Vertreterin des Bundes festzustellen, dass B-W die grundgesetzlichen Rechte des Bundes dadurch verletzt habe, dass M den Weisungen der P vom 18.6.2012 keine Folge geleistet habe.

Frage 1 (60%): Hat der Antrag der Bundesregierung hinsichtlich der Weisung der P, die B 27 zur Bundesautobahn aufzustufen, Erfolg?

Frage 2 (40%): Ist ein entsprechendes Verfahren hinsichtlich der Weisung, die B 28 zur Landesstraße umzustufen, begründet?

Auf alle aufgeworfenen Rechtsfragen ist einzugehen, ggf. in einem Hilfsgutachten. Beim FStrG handelt es sich um ein verfassungsmäßiges Bundesgesetz. Maßgeblicher Zeitpunkt für die Beurteilung sei der 31.12.2012.

Hinweis: Der Fall kann in drei Zeitstunden gelöst werden; dabei entfallen zwei Stunden auf Frage 1 und eine Stunde auf Frage 2.

Anhang: Auszüge aus dem Bundesfernstraßengesetz (FStrG)

§ 1 Einteilung der Bundesstraßen des Fernverkehrs

(1) Bundesstraßen des Fernverkehrs (Bundesfernstraßen) sind öffentliche Straßen, die ein zusammenhängendes Verkehrsnetz bilden und einem weiträumigen Verkehr dienen oder zu dienen bestimmt sind. [...]

(2) Sie gliedern sich in
1. Bundesautobahnen,
2. Bundesstraßen [...].

(3) Bundesautobahnen sind Bundesfernstraßen, die nur für den Schnellverkehr mit Kraftfahrzeugen bestimmt [...] sind [...].

§ 2 Widmung, Umstufung, Einziehung

(1) Eine Straße erhält die Eigenschaft einer Bundesfernstraße durch Widmung.

(6) Über Widmung, Umstufung [Aufstufung und Abstufung] und Einziehung entscheidet die oberste Landesstraßenbaubehörde. [...]

§ 22 Zuständigkeit

(4) Soweit nach diesem Gesetz die Zuständigkeit von Landesbehörden begründet ist, bestimmen die Länder die zuständigen Behörden. [...]

Lösung

Lösungshinweise

Problemschwerpunkte: Bund-Länder-Streit (insb.: Fristbeginn bei Unterlassen) – Auftragsverwaltung, Art. 85 GG (Art. 90 II GG [Bundesstraßen]) – Weisungsrecht, Art. 85 III GG – bundesfreundliches Verhalten – Recht des Landes aus Art. 85 III GG auf (einfach-)rechtmäßige Weisung (Trennung Sach- und Wahrnehmungskompetenz) – Grenze der Gesetzgebungskompetenz des Bundes als Grenze des Weisungsrechts

I. Das Zusammenspiel von Bund und Ländern bei der Ausführung von Bundesgesetzen nach Art. 83 ff. GG ist ein zentraler Aspekt des klausurrelevanten bundesrepublikanischen Föderalismus. Dieser Bereich ist (ebenso wie die Verteilung der Gesetzgebungskompetenzen) durch die sog. Föderalismusreform I von 2006[1] erheblich verändert worden. Der für diese Klausur relevante Art. 85 GG wurde dabei allerdings nur an einer hier nicht bedeutsamen Stelle verändert.[2]

Zu den für Klausuren relevanten Art. 84 und 85 GG: Beide regeln die Ausführung von *Bundes*gesetzen durch *Landes*verwaltung.[3] Wenn die in Art. 85 GG geregelte Verwaltung oftmals Bundesauftragsverwaltung genannt wird, ist das also missverständlich:[4] Es handelt sich ja gerade nicht um *Bundes*verwaltung, sondern um *Landes*verwaltung im *Auftrag* des *Bundes*.[5] Der Empfehlung kritischer Stimmen folgend[6] wird in dieser Klausur der in Art. 85 GG normierte Verwaltungstyp daher *Auftragsverwaltung* genannt. Hinsichtlich des Verwaltungstyps der Art. 83, 84 GG bleibt es bei der gebräuchlichen Bezeichnung als *Landeseigenverwaltung*.[7]

---

[1] BGBl. 2006 I, 2034; vgl. auch die Gesetzesbegründung in BT-Drucks. 16/813. Große rechtliche Neuerungen haben eine lange Halbwertszeit für Prüfungen; es empfiehlt sich daher, den (politischen und rechtlichen) *status quo ante* grob zu kennen. Die schwere Geburt und das Ergebnis der Föderalismusreform I sind vielfach dargestellt worden und nunmehr auch in die gängigen Lehrbücher und Kommentare eingearbeitet. Einen kurzen Überblick über die Neuerungen und die frühere Rechtslage bieten z. B. *Ipsen*, Die Kompetenzverteilung zwischen Bund und Ländern nach der Föderalismusnovelle, NJW 2006, 2801 und *Degenhart*, Die Neuordnung der Gesetzgebungskompetenzen durch die Föderalismusreform, NVwZ 2006, 1209. Vgl. näher dazu auch die Lösungshinweise in Klausur 7: Skandal!, S. 324 ff.
[2] Es wurde ein neuer Art. 85 I 2 GG eingefügt.
[3] Ausführung von Bundesgesetzen durch den Bund (Bundesverwaltung) regelt Art. 86 GG; Ausführung von Landesgesetzen durch die Landesbehörden regelt nicht das GG, sondern das jeweilige Landes(verfassungs)recht.
[4] S. *Henneke*, in: Schmidt-Bleibtreu et al. (Hrsg.), GG, 12. Aufl. 2011, Vorb. zu Art. 83, Rn. 10, und *Pieroth*, in: Jarass/Pieroth, GG, 11. Aufl. 2011, Art. 85, Rn. 2.
[5] Man sollte daher, wenn überhaupt, Bundesauftrags-Verwaltung schreiben.
[6] Vgl. etwa *Henneke*, in: Schmidt-Bleibtreu et al. (Hrsg.), GG, 12. Aufl. 2011, Art. 85, Randbeschriftung bei Rn. 1; *Pieroth*, in: Jarass/Pieroth, GG, 11. Aufl. 2011, Überschrift zu Art. 85.
[7] Vgl. nur *Pieroth*, in: Jarass/Pieroth, GG, 11. Aufl. 2011, Überschrift zu Art. 84.

II. Frage 1 greift einen Klassiker des Staatsorganisationsrechts auf: Besteht ein Recht der Länder, nur solchen Weisungen i. S. v. Art. 85 III GG unterworfen zu werden, die mit dem einfachen Recht übereinstimmen? Das BVerfG hat dies in seinem zentralen Urteil des Zweiten Senats des BVerfG vom 22.5.1990[8] verneint und damit begründet, dass bei der Auftragsverwaltung *Sachkompetenz* und *Wahrnehmungskompetenz* zu unterscheiden seien:

> Demgemäß können die Länder durch eine Weisung des Bundes nur dann in ihrem Recht auf Wahrnehmung der eigenen Kompetenz verletzt sein, wenn gerade die *Inanspruchnahme der Weisungsbefugnis* – sei es als solche [...] oder in ihren Modalitäten [...] – gegen die Verfassung verstößt. Dagegen können die Länder nicht geltend machen, der Bund übe seine im Einklang mit der Verfassung in Anspruch genommene Weisungsbefugnis inhaltlich rechtswidrig aus. In diesem Fall wird in eine eigene Sachkompetenz der Länder nicht eingegriffen. [...] Die dem Land in einem solchen Falle verbleibende Wahrnehmungskompetenz begründet keine entgegenstehende Rechtsposition, denn sie wird von einer rechtswidrigen Weisung nicht betroffen.[9]

In späteren Entscheidungen hat das Gericht dies bestätigt und weitergeführt. Zwar muss der Bund im Rahmen der Auftragsverwaltung seine Sachkompetenz, die ihm nach der Konstruktion in Art. 85 GG „nur in Form einer ‚Reservezuständigkeit'" verliehen ist, „erst aktualisieren, indem er diese ausdrücklich oder konkludent auf sich überleitet."[10] Nach dieser Überleitung auf sich darf der Bund jedoch „alle Aktivitäten entfalten, die er für eine effektive und sachgerechte Vorbereitung und Ausübung seines grundsätzlich unbeschränkten Direktions- und Weisungsrechts für erforderlich hält, soweit er dadurch die Wahrnehmungskompetenz der Länder nicht verletzt."[11] Zu diesen Aktivitäten gehören auch unmittelbare Kontakte nach außen, einschließlich etwaiger informaler Absprachen.[12] Die Ausübung der Sachkompetenz findet erst dort ihre Grenzen, wo die Wahrnehmungskompetenz beeinträchtigt ist; dies ist etwa der Fall, wenn der Bund gleichsam ein Selbsteintrittsrecht ausüben würde, indem er gegenüber Dritten quasi rechtsverbindlich tätig wird.[13]

---

[8] BVerfGE 81, 310 – Kalkar II; online verfügbar unter http://www.servat.unibe.ch/dfr/bv081310.html (zuletzt abgerufen am 30.11.2011).
[9] BVerfGE 81, 310 (332 f.), Hervorhebung im Original.
[10] Beide Zitate aus BVerfGE 104, 249 (265) – Biblis A.
[11] BVerfGE 104, 249 (265).
[12] BVerfGE 104, 249 (275 f.).
[13] BVerfGE 104, 249 (266 f.); die Wahrnehmungskompetenz schon früher verletzt sehen in ihrem abweichenden Votum die Richter *Di Fabio* und *Mellinghoff*, BVerfGE 104, 249/273, und etwa *Gröpl*, in: Maunz/Dürig (Hrsg.), GG, Loseblatt, Stand: März 2007, Art. 90, Rn. 63.

Es ist zudem festzustellen, dass der im Kalkar II-Urteil betonte Grundsatz des bundesfreundlichen Verhaltens[14] im Bereich von Art. 85 GG keine einschränkende Wirkung entfaltet hat.[15]

III. Zum Zulässigkeitsaufbau in Frage 1: Die Zulässigkeitsprüfung eines Bund-Länder-Streits unterscheidet sich je danach, ob sich der Streit im Bereich der Landeseigenverwaltung oder der Auftragsverwaltung bewegt. Wird ein Gesetz in Landeseigenverwaltung statt in Auftragsverwaltung ausgeführt, sind innerhalb der Antragsbefugnis andere Einwirkungsmöglichkeiten des Bundes zu thematisieren (Art. 84 III, IV GG statt Art. 85 III, IV GG), woraus sich andere möglicherweise verletzte Rechte ergeben; zudem ist ein besonderes Vorverfahren mit einer speziellen Fristenregelung vorgeschrieben (vgl. Art. 84 IV GG, § 70 BVerfGG). Überzeugend ist es m. E. daher, die Frage nach dem zugrunde liegenden Verwaltungstyp schon in der Zulässigkeit aufzuwerfen und zu entscheiden und nicht erst im Rahmen der Begründetheit.

IV. Frage 2 lehnt sich an das Urteil des Zweiten Senats vom 3.7.2000[16] an. Zentral für die Klausurbearbeitung ist, dass einerseits die Gesetzgebungs- und die Verwaltungskompetenzen verschiedene Aspekte sind. Bei der Ausführung eines Bundesgesetzes durch die Landesverwaltung sind beide Bereiche andererseits aber doch insoweit doch verbunden, als die Verwaltungskompetenz des Bundes nicht weiter reicht als die Gesetzgebungskompetenz, die dem auszuführenden Bundesgesetz zugrunde liegt.[17] In der Klausur muss damit inzident die Gesetzgebungskompetenz geprüft werden.

V. Der im Sachverhalt angesprochene Bundeszwang nach Art. 37 GG bildet die *ultima ratio*, mittels derer der Bund verfassungskonformes Länderverhalten erzwingen kann (ein umgekehrtes Instrument, also zum Zwang des Bundes, gibt es übrigens nicht). Bundeszwang musste in der Bundesrepublik noch nie ausgeübt werden. Die verfassungshistorischen Vorgängerermächtigungen (zu sog. Bundes-

---

[14] Zu diesem Aspekt kurz *Sommermann*, in: v. Mangoldt/Klein/Starck (Hrsg.), GG, Bd. 2, 6. Aufl. 2010, Art. 20, Rn. 37 ff., und ausführlich die Habilitationsschrift von *Hartmut Bauer*, Die Bundestreue – Zugleich ein Beitrag zur Dogmatik des Bundesstaatsrechts und zur Rechtsverhältnislehre, 1992.

[15] Zum einen, weil er nach BVerfGE 104, 238 (247 f.) kein eigenes Recht darstellt, sondern nur akzessorisch wirkt, also sich an ein durch *andere* Rechte begründetes materielles Verfassungsrechtsverhältnis anschließt. Zum anderen, weil der Grundsatz heute als *Bundes*treue und nicht als *Bündnis*treue (also Bundestreue plus Ländertreue) verstanden wird, so *Ossenbühl*, Abschied von der Ländertreue?, NVwZ 2003, 53 (der insb. die einseitige Auflösung der Bündnistreue hin nur zur Bundestreue im Gorleben-Beschluss angreift); vgl. zu den Begriffen und ihren Gehalten auch Fn. 44.

[16] BVerfGE 102, 167 – B 75; online verfügbar unter http://www.bverfg.de/entscheidungen/gs20000703_2bvg000196.html (zuletzt abgerufen am 7.10.2011).

[17] Vgl. zum Verhältnis von Gesetzgebungs- und Verwaltungskompetenzen auch S. 329 ff.

bzw. Reichsexekutionen) kamen allerdings zum Einsatz.[18] Zu besonderer Bedeutung gelangte die Reichsexekution gegen das Land Preußen 1932, die als „Preußenschlag" in die Geschichte eingegangen ist.[19]

VI. Zuletzt einige *Klausurtipps*. Erstens ist es stets ratsam, den Sachverhalt graphisch aufzubereiten, insb. die Personenverhältnisse festzuhalten und eine Zeitleiste anzufertigen.[20] So kann man sich etwa in dieser Klausur später ohne Zeitverlust den Ablauf der Auseinandersetzung zwischen P und M in Erinnerung rufen. Außerdem muss die Analyse der jeweiligen Schreiben die unterschiedlichen Streitigkeiten (B 27 und B 28) trennen.

Zweitens waren die Fallfragen genau zu lesen: In Frage 2 war *nur* nach der Begründetheit eines Bund-Länder-Streits gefragt (um dem Bearbeiter ein recht sinnloses Wiederholen der Zulässigkeitsprüfung mit Verweisen auf Frage 1 zu ersparen).

Drittens erfolgt der Einstieg in Klausuren im öffentlichen Recht nicht selten über eine den meisten Bearbeitern unbekannte Rechtsmaterie (hier das FStrG), wenngleich nicht gar so häufig im Verfassungsrecht. Keine Panik – die Klausur ist dann so konzipiert, dass die unbekannte Materie nur der Einkleidung der Klausur dient und bewältigt werden kann und der Schwerpunkt in vertrauten Gefilden (hier also im GG) liegt.

Viertens zeigt diese Klausur wieder einmal, wie wichtig die Bestimmung des verfassungsgerichtlichen Prüfungsmaßstabs ist. Allzu leicht gerät man in dieser Klausur sonst in Gefahr, die Weisung der P unmittelbar (prinzipal) anhand von einfachem Recht zu prüfen – das ist aber nicht Gegenstand des verfassungsgerichtlichen Verfahrens. Falsch wäre es daher, im Kern das FStrG prüfen zu wollen – Sie schreiben eine Klausur im Verfassungsrecht, nicht im Besonderen Verwaltungsrecht! Nicht nur bei Verfassungsbeschwerden ist also die Bestimmung und Anwendung des richtigen Prüfungsmaßstabs von großer Bedeutung.

---

[18] Nachweise bei *v. Danwitz*, in: v. Mangoldt/Klein/Starck (Hrsg.), GG, Bd. 2, 6. Aufl. 2010, Art. 37, Rn. 3.

[19] Der von Reichspräsident *v. Hindenburg* angeordnete „Preußenschlag" hob die Eigenständigkeit des Staates Preußen *de facto* auf, indem die bis dahin geschäftsführende Regierung Preußens unter dem SPD-Politiker *Otto Braun* durch eine Kommissariatsregierung (also eine vom Reich eingesetzte Regierung) ersetzt wurde. Die preußische Regierung wehrte sich dagegen nicht mit Waffengewalt (insb. den bewaffneten Polizisten dieses größten deutschen Landes), sondern durch eine Klage vor dem Staatsgerichtshof (die auch wegen der prominenten juristischen Vertreter beachtlich bleibt). Trotz teilweisen Obsiegens blieb Preußen als eigenes Land ausgeschaltet, was die Zentralisierung des Reiches unter *Hitler* erheblich vereinfachte. Dazu kurz die Darstellung auf den Seiten des Deutschen Historischen Museums unter http://www.dhm.de/lemo/html/weimar/innenpolitik/preussenschlag/index.html (zuletzt abgerufen am 11.10.2011); die zentralen juristischen Dokumente sind die Verordnung des Reichspräsidenten betreffend die Wiederherstellung der öffentlichen Sicherheit und Ordnung im Gebiet des Landes Preußen vom 20.7.1932, RGBl. I, 377, und die Entscheidung des Staatsgerichtshofs, veröffentlicht in RGZ 138, Anhang, 1. Vertiefend: *Grund*, „Preußenschlag" und Staatsgerichtshof im Jahre 1932, 1976; *Seiberth*, Anwalt des Reiches: Carl Schmitt und der Prozess „Preußen contra Reich" vor dem Staatsgerichtshof, 2001.

[20] Vgl. schon S. 66.

Hinweise zum Europarecht: Der föderale Verbund der EU und ihrer Mitgliedstaaten hat hinsichtlich der Ausführung von EU-Recht zur Entstehung eines Europäischen Verwaltungsverbundes geführt. So, wie Bundesrecht nach dem GG überwiegend von den Bundesländern ausgeführt wird und nur ausnahmsweise vom Bund selbst, wird EU-Recht überwiegend durch mitgliedstaatliche (z. B. deutsche) Behörden ausgeführt (*indirekter Vollzug*, wobei sich die „interne" Verteilung der Verwaltungsaufgaben in Deutschland wiederum aus Art. 83 ff. GG [ggf. analog] ergibt) und nur ausnahmsweise durch eigene EU-Behörden (*direkter Vollzug*). Unter den verschiedenen unionsrechtlichen Einflüssen verändert sich dabei das deutsche Verwaltungsrecht. Vgl. zum Europäischen Verwaltungsrecht kurz etwa die Einführung von *Haratsch* et al., Europarecht, 7. Aufl. 2010, Rn. 455 ff., und vertiefend die Handbücher *Terhechte* (Hrsg.), Verwaltungsrecht der Europäischen Union, 2011; *v. Danwitz*, Europäisches Verwaltungsrecht, 2008; *Schwarze*, Europäisches Verwaltungsrecht, 2. Aufl. 2005.

Obiter dictum: Dr. iur. *Reinhold Maier* (1889-1971) war der erste Ministerpräsident Baden-Württembergs.[21] Der liberale Politiker war ein bedeutender Landespolitiker und einer der „Väter des Südweststaats" Baden-Württemberg.

1932/33 war *Maier* Reichstagsabgeordneter für die liberale Deutsche Staatspartei (DStP), und obwohl er in den Wahlkämpfen als Gegner der Nationalsozialisten aufgetreten war, stimmte er 1933 trotz seiner „ernsten Bedenken"[22] für das Ermächtigungsgesetz, wohl in der Annahme, damit die Existenz des Reichstags retten zu können. 1933 wurde *Maier* das Reichstagsmandat aberkannt, er war daraufhin während der NS-Zeit als Anwalt tätig. 1945 setzte ihn der amerikanische Militärgouverneur als Ministerpräsident des neugegründeten Landes Württemberg-Baden ein. 1946 wurde *Maier*, mittlerweile Mitglied der Demokratischen Volkspartei (später ein Landesverband der FDP), vom ersten gewählten Landtag in seinem Amt bestätigt. Er blieb Ministerpräsident auch im 1952 neu gegründeten Südweststaat Baden-Württemberg bis zu seinem Rücktritt 1953. Obwohl bundespolitisch auch danach aktiv (Bundestagsmitglied; FDP-Vorsitzender), konnte er keine besondere Bedeutung mehr erlangen.

---

[21] Die Angaben entstammen *Matz*, Maier, Reinhold, in: Historische Kommission bei der Bayerischen Akademie der Wissenschaften/Bayerische Staatsbibliothek (Hrsg.), Neue Deutsche Biographie, Bd. 15 (1987), S. 697 ff., online verfügbar unter http://daten.digitale-sammlungen.de/0001/bsb00016333/images/index.html?seite=713 (zuletzt abgerufen am 11.10.2011).
Eine geistvolle Polemik *Maiers* gegen *Adenauer* findet sich bei *Clausnizer*, Originelle Juristen und Juristenoriginale in Württemberg, AnwBl 1993, 284 (284): 1957 schrieb er *Adenauer* folgendes Telegramm: „Sehr geehrter Herr Bundeskanzler, nach Zeitungsmeldungen haben [S]ie ‚als frommer Katholik' der von den Düsseldorfern irregeleiteten FDP ‚einige Jahre Fegefeuer' gewünscht. Als guter Protestant wünsche ich, daß es Ihnen noch reicht, Ihre Sünden wider die Demokratie im Diesseits abzubüßen. Das ist ein nicht minder frommer Wunsch. Denn dann ist [I]hnen ein sehr, sehr langes Leben beschieden. Ihr sehr ergebener Reinhold Maier."
[22] Verhandlungen des Reichstags, Stenographischer Bericht vom 23.3.1933, S. 38; online verfügbar unter http://www.reichstagsprotokolle.de/Blatt2_w8_bsb00000141_00042.html (zuletzt abgerufen am 30.11.2011).

Lösungsskizze

Frage 1

OS: Antrag hat Erfolg, wenn er zulässig und begründet ist

A. Zulässigkeit

I. Statthafte Verfahrensart und Zuständigkeit des BVerfG
   - Begehr des Bundes: Feststellung, dass B-W mit der Missachtung der Weisung vom 18.6.2012 das Weisungsrecht des Bundes verletzt hat
   - möglicherweise: allgemeine Leistungsklage, vgl. §§ 43 II 1, 111 VwGO als öffentlich-rechtliche Streitigkeit nichtverfassungsrechtlicher Art zwischen Bund und B-W
   - aber: Streit um die Reichweite *grundgesetzlicher* Rechte, damit Streit verfassungsrechtlicher Art; für Verletzung derartiger Rechte ist ausschließlich Bund-Länder-Streit vor dem BVerfG gem. Art. 93 I Nr. 3 GG, §§ 13 Nr. 7, 76 ff. BVerfGG statthaft
   - Zuständigkeit des BVerfG: Art. 93 I Nr. 3 GG; § 13 Nr. 7 BVerfGG

II. Parteifähigkeit des Antragstellers und Vertretung
   - Bund = parteifähiger Antragsteller gem. § 68 BVerfGG
   - Vertretung durch Bundesregierung?
     o erforderlich: Beschluss der Bundesregierung als Kollegialorgan
     o Kabinettsbeschluss vom 7.11.2012, Wahrung von § 35 II GGO, § 24 GO-BReg ist zu unterstellen
   → Bundesregierung = prozessfähig

III. Parteifähigkeit des Antragsgegners und Vertretung
   - Land B-W = parteifähig, vertreten durch Landesregierung von B-W

IV. Antragsgegenstand
   - §§ 69 i. V. m. 64 I BVerfGG: „Maßnahme oder Unterlassung des Antragsgegners"
   - angegriffen wird die Nichtbefolgung der Weisung der P, die B 27 zur Bundesautobahn aufzustufen (Unterlassen)
   - Unterlassen muss rechtserheblich sein, um tauglichen Antragsgegenstand zu bilden; aber: abstrakte Rechtsbefolgungspflicht besteht, damit ist Unterlassen rechtserheblich: (+)

V. Antragsbefugnis
   - §§ 69 i. V. m. 64 I BVerfGG: wenn Bund möglicherweise in durch GG übertragenem Recht verletzt oder unmittelbar gefährdet ist
   - Bestimmung eines Rechts des Landes → abhängig von Art der Ausführung des Gesetzes, das dem Streit zugrunde liegt (FStrG)
     o B 27 = Bundesstraße = Bundesfernstraße, vgl. §§ II Nr. 2 i. V. m. 1 I 1 FStrG
     o gem. Art. 90 II GG obligatorische Auftragsverwaltung → Rechte bestimmen sich nach Art. 85 GG
     o Bund nimmt Weisungsrecht in Anspruch, Art. 85 III 1 GG; kompetenzielles Recht im Rahmen der Art. 85 GG unterfallenden Verwaltung, das Bund und Länder in ein materielles Verfassungsrechtsverhältnis zueinander bringt
   - Verletzung des Weisungsrechts durch weisungswidriges Verhalten des M, damit des Landes, nicht von vornherein ausgeschlossen
   → Antragsbefugnis (+)

VI. Antragsform
   - formgerechter Antrag, d. h. Wahrung von §§ 23 I, 69 i. V. m. 64 II BVerfGG

VII. Antragsfrist
   - P: Antragsgegenstand = Unterlassen: Fristbeginn bei Unterlassen? spätestens dann, wenn sich der Antragsgegner erkennbar weigert, in der ihm angesonnenen und nach dem verfassungsrechtlichen Rechtsverhältnis gebotenen Weise tätig zu werden

- Schreiben vom 22.10.2012 (Zugang am 24.10.2012): deutlich, dass Weisung nicht ausgeführt werden wird; daher: Fristbeginn 24.10.2012
- Ende der sechsmonatigen (§§ 69 i. V. m. 64 III BVerfGG) Frist gem. § 187 I BGB analog am 24.4.2013
- Zugang des Antrags beim BVerfG am 31.12.2012 damit fristwahrend

VIII. Rechtsschutzbedürfnis
- Zweifel an indiziertem Rechtsschutzbedürfnis wegen Möglichkeit der Ausübung von Bundeszwang gem. Art. 37 GG zur Erzwingung von weisungskonformem Verhalten?
- dagegen:
    o nichtkongruente Mittel: Bundeszwang und Bund-Länder-Streit nebeneinander
    o Anrufung des BVerfG als milderes Mittel darf nicht ausgeschlossen sein
- → Rechtsschutzbedürfnis (+)

IX. Zwischenergebnis
- Antrag zulässig

B. Begründetheit

- OS: begründet, wenn das Land B-W dadurch, dass M die Weisung der Aufstufung der B 27 zur Bundesautobahn nicht befolgt hat, Rechte des Bundes verletzt und so gegen eine Bestimmung des Grundgesetzes verstoßen hat (vgl. §§ 69 i. V. m. 67 S. 1 i. V. m. 64 I BVerfGG)

  I. Verfassungsmäßige Weisung des Bundes
  - OS: Weisungsrecht des Bundes aus Art. 85 III GG könnte verletzt worden sein; dazu müsste Weisung vom 18.6.2012 aber verfassungsmäßig erfolgt sein
    1. Formelle Verfassungsmäßigkeit der Weisung vom 18.6.2012
       - Ausführung des FStrG in Auftragsverwaltung, damit steht Bund grds. Weisungsrecht zu
       - fraglich, ob verfassungsmäßig ausgeübt
       a) Weisungsberechtigter und Adressat
          - Art. 85 III 1 GG: weisungsberechtigt = oberste Bundesbehörde, d. h. zuständige Bundesministerin, also P
          - Art. 85 III 2 GG: Adressat = oberste Landesbehörde
          - M = Landesminister = oberste Landesbehörde, nach Landesrecht damit oberste Landesstraßenbaubehörde: (+)
       b) Gebot der Weisungsklarheit
          - ungeschriebener Grds.: Weisungscharakter und Inhalt erkennbar?
          - Weisung nutzt Fachtermini (Aufstufung), bestimmt Ziel des Verwaltungshandelns (Aufstufung der B 27 von Bundesstraße zu Bundesautobahn) und macht klar, dass es sich um Weisung i. S. v. Art. 85 III GG handelt: (+)
       c) Formelle Dimensionen des bundesfreundlichen Verhaltens
          - Def: zumutbare Rücksicht auf das Gesamtinteresse des Bundesstaates und auf die Belange der Länder
          - B-W wurde Gelegenheit zur Stellungnahme gegeben (Schreiben vom 13.2.2012) und auch genutzt (16.4.2012, 4.6.2012); Gebrauch von Weisungsrecht angekündigt (15.5.2012); Stellungnahme des M in Erwägung einbezogen (15.5.2012)
          - → zumutbare Rücksichtnahme: (+)
       d) Zwischenergebnis
          - Weisung formell verfassungsmäßig
    2. Materielle Verfassungsmäßigkeit der Weisung vom 18.6.2012
       a) Verfassungsrechtliche Dimension des Streits
          - M macht geltend, Aufstufung verstoße gegen § 1 III 1 FStrG (i. V. m. §§ 2 VI 1 i. V. m. 22 IV 1 FStrG)

- dies ist aber eine einfachrechtliche Frage; BVerfG kann dabei also nur spezifisches Verfassungsrecht prüfen
- daher Prüfungsgegenstand: würde die Weisung der P verfassungswidrig gegen Art. 85 III GG verstoßen, wenn sie von M einfachrechtswidriges Handeln verlangen würde?

b) Grenze des Weisungsrechts bei einfachrechtswidrigen Weisungen
- eA: ja, inhaltlich rechtswidrige Weisung verletzt das Land zugleich in seinem subjektiven Recht aus Art. 20 I i. V. m. 30, 85 GG → Rechtsverletzung durch Weisung vom 18.6.2012, wenn diese rechtswidrig ist (+)
- aA: bei Auftragsverwaltung hat Land nur die Wahrnehmungskompetenz; die Sachkompetenz darüber, was Recht ist, liegt letztlich beim Bund → Rechtsverletzung durch Weisung vom 18.6.2012, wenn diese rechtswidrig ist (-)
- → Streitentscheidung notwendig
- Argumente:
  o pro eA:
    - Gebot der Gesetzmäßigkeit der Verwaltung, Art. 20 III GG, mit besonderer Bedeutung wegen der Grundrechtsdimensionen des Art. 2 II 1 GG
  o contra eA:
    - Gesetzmäßigkeit der Verwaltung gilt im Außenverhältnis Behörde-Bürger
    - hier geht es um die Kompetenz zu bestimmen, was gesetzmäßiges Handeln ist; darüber sagt Art. 20 III GG nichts aus
  o pro eA:
    - systematische Auslegung: Art. 85 III 2 GG (Weisungsadressat ist oberste Landesbehörde und nicht die regelmäßig sachlich regelmäßig zuständige untergeordnete) sonst sinnlos
  o contra eA:
    - Art. 85 III 2 GG = schonender Ausgleich von Weisungsrecht und möglichst unberührter Landesbehördenhierarchie
  o pro eA:
    - teleologische Auslegung von Art. 30 GG: Länder sollen bei Verwaltung eigenen Handlungsspielraum haben, bei Rechtsstreit muss BVerfG entscheiden
  o contra eA und pro aA:
    - systematische Auslegung: Art. 30 GG durch spezielleren Art. 85 GG modifiziert
    - systematischer Vergleich: Bund hat bei Landeseigenverwaltung nur Rechtsaufsicht (Art. 84 III 1 GG), aber bei Auftragsverwaltung Rechts- und Fachaufsicht (Art. 85 IV 1 GG); damit hat er die umfassende Sachkompetenz (und Land nur Wahrnehmungskompetenz); Land hat Sachkompetenz nur unter dem Vorbehalt, dass Bund seine Sachkompetenz nicht per Weisung ausübt → bei der Auftragsverwaltung gibt es keine eigene Sachkompetenz der Länder, in der Bund mit einer inhaltlich rechtswidrigen Weisung eingreifen könnte
  o contra aA:
    - aus rechtsstaatlichen Gründen kann niemand für rechtswidrige Weisungen „sachkompetent" sein; Bestehen eines Weisungsrecht nach Art. 85 III GG schließt subjektives Recht der Länder zur Achtung der Rechtsordnung nicht aus
  o pro aA:
    - Frage aber, was rechtmäßig ist; Entscheidung hierüber ist nach Art. 85 III GG dem Bund zugewiesen

- allerdings anzuerkennen: äußerstes Korrektiv: wo unverantwortbare Rechtsgutsverletzung droht, d. h. wo eine Bundesbehörde das Land unter grober Missachtung der ihr obliegenden Obhutspflicht zu einem Tun oder Unterlassen anweist, welches im Hinblick auf die damit einhergehende allgemeine Gefährdung oder Verletzung bedeutender Rechtsgüter schlechterdings nicht verantwortet werden kann
    → aA mit dieser Modifikation überzeugend
  c) Verfassungsmäßigkeit der Weisung vom 18.6.2012
     - B 27 nicht für den Schnellverkehr geeignet, Unfälle mit Lebensgefahr drohen
     → grobe Missachtung der Obhutspflichten für Leben der Autofahrer, schlechterdings nicht zu verantworten
  II. Zwischenergebnis
     - Weisung, die B 27 aufzustufen, stellt eine verfassungswidrige Weisung i. S. v. Art. 85 III GG dar

C. Ergebnis

BVerfG weist den Antrag des Bundes als zulässig, aber unbegründet zurück

Frage 2

- OS: begründet, wenn das Land B-W dadurch, dass M die Weisung der Umstufung der B 28 zur Landesstraße nicht befolgt hat, Rechte des Bundes verletzt und so gegen eine Bestimmung des Grundgesetzes verstoßen hat (vgl. §§ 69 i. V. m. 67 S. 1 i. V. m. 64 I BVerfGG)
- Prüfungsmaßstab: GG

A. Verfassungsmäßigkeit der Weigerung
- OS: Weisungsrecht des Bundes aus Art. 85 III GG (B 28 = Bundesfernstraße; Vollziehung des FStrG durch Auftragsverwaltung gem. Art. 90 II GG, Frage 1 B. V.) könnte verletzt worden sein; dazu müsste Weisung vom 18.6.2012 aber verfassungsmäßig erfolgt sein
  I. Formelle Verfassungsmäßigkeit der Weisung vom 18.6.2012
     - entsprechend Frage 1 B. I. 1. a)-c): (+)
  II. Materielle Verfassungsmäßigkeit der Weisung vom 18.6.2012
     - Grenze der Verwaltungsbefugnisse könnte überschritten sein
     - zwar Trennung von Gesetzgebungs- und Verwaltungskompetenzen
     - aber: Gesetzgebungskompetenz = äußerste Grenzen für Verwaltungskompetenz, die die Ausführung dieses Gesetzes regelt → Verwaltungszuständigkeit für „Bundesautobahnen und sonstige Bundesstraßen des Fernverkehrs" (Art. 90 II GG) reicht jedenfalls nicht weiter als die dem FStrG zugrunde liegende Gesetzgebungskompetenz des Bundes für „den Bau und die Unterhaltung von Landstraßen für den Fernverkehr" (Art. 74 I Nr. 22 GG)
     - Subs: P verlangt (1) Herausnahme der B 28 aus Bundesstraßen-Kategorie = von Art. 74 I Nr. 22 GG umfasst; (2) Einstufung als Landesstraße; Landesstraßen gehören zu Landesstraßenrecht, sind also Landessache, Einstufung als Landesstraße daher nicht von Art. 74 I Nr. 22 GG umfasst
     → überschreitet damit auch Verwaltungskompetenz nach Art. 85 III i. V. m. Art. 90 II GG
     → Weisungsteil, der Einstufung als Landesstraße fordert, überschreitet Weisungsrecht gem. Art. 85 III GG
  III. Teilung der Weisung
     - teilverfassungswidrige Weisung des Bundes; für jedenfalls diesen Teil besteht keine Rechtspflicht des Landes zur Befolgung, somit auch keine korrespondierende Rechtsverletzung des Bundes

- B-W könnte aber aus Grundsatz des bundesfreundlichen Verhaltens dazu verpflichtet sein, die Entwidmung als Bundesstraße auszuführen; dagegen: Weisung der P = Gesamtentscheidung, Trennung greift in Entscheidungsbereich der P ein
→ keine Pflicht von B-W, B 28 aus Klasse der Bundesstraßen herauszunehmen

B. Ergebnis

Weisung vom 18.6.2012 materiell verfassungswidrig, damit keine Pflicht zu Befolgung; Antrag somit erfolglos, weil unbegründet

Lösungsvorschlag

Frage 1

Der Antrag des Bundes auf Feststellung, dass die Weigerung des Landes B-W, die B 27 zur Bundesautobahn aufzustufen, verfassungswidrig ist, hat Erfolg, wenn er zulässig und begründet ist.[23]

A. Zulässigkeit
I. Statthafte Verfahrensart und Zuständigkeit des BVerfG

Die statthafte Verfahrensart bestimmt sich nach dem Begehren des Antragstellers. Die Bundesregierung hat für den Bund mit Schriftsatz vom 27.12.2012 beim BVerfG beantragt, festzustellen, dass B-W die Rechte des Bundes dadurch verletzt habe, dass M den Weisungen der P vom 18.6.2012 keine Folge geleistet hat. Statthafte Verfahrensart für dieses Begehren könnte ein Bund-Länder-Streit gem. Art. 93 I Nr. 3 GG sein.

Demgegenüber könnte eine allgemeine Leistungsklage statthaft sein, wie sie das Verwaltungsprozessrecht kennt, vgl. §§ 43 II 1, 111 VwGO.[24] Die Unterscheidung bemisst sich nach der Rechtsnatur des zugrunde liegenden Rechtsverhältnisses. Bund und B-W streiten um Umfang und Grenzen der Verbindlichkeit der am 18.6.2012 erteilten Weisung. Das zugrunde liegende Weisungsrecht folgt dabei unmittelbar aus Art. 85 III GG. Somit wird um kompetenzielle Rechte gestritten, die sich unmittelbar aus dem GG ergeben. Folglich liegt eine *verfassungs*rechtliche Streitigkeit vor, die nur in Form eines Bund-Länder-Streits geltend gemacht werden kann.[25]

Für das begehrte Verfahren ist damit ein Bund-Länder-Streit statthaft. Dafür ist das BVerfG gem. Art. 93 I Nr. 3 GG, § 13 Nr. 7 BVerfGG zuständig.

II. Parteifähigkeit des Antragstellers und Vertretung

Nach überzeugender Ansicht statuiert § 68 BVerfGG die Parteifähigkeit des Bundes, vertreten durch die Bundesregierung, und nicht etwa die Parteifähigkeit der Bundesregierung in Prozessstandschaft für den Bund.[26] Parteifähiger Antragsteller ist somit der Bund.

---

[23] Auch die Kurzfassung wird in Klausuren akzeptiert: Der Antrag hat Erfolg, wenn er zulässig und begründet ist.
[24] Gem. § 50 I Nr. 1 VwGO wäre dann das Bundesverwaltungsgericht zuständig.
[25] Vgl. BVerfGE 84, 25 (30) – Schacht Konrad. Beachte auch § 50 III VwGO: Wird das BVerwG angerufen, hält die Streitigkeit aber für verfassungsrechtlich, muss es dem BVerfG vorlegen. Zum Verhältnis der Kontrolle einer Weisung vor dem BVerwG nach § 50 I Nr. 1 VwGO und vor dem BVerfG (Bund-Länder-Streit) vgl. *Schlaich/Korioth*, Das Bundesverfassungsgericht, 8. Aufl. 2010, Rn. 101. Die Zuständigkeitsfrage hat Auswirkungen auf die Fristen, vgl. dazu BVerfGE 109, 1 (und dazu *Hillgruber/Goos*, Verfassungsprozessrecht, 3. Aufl. 2011, Rn. 468).
[26] Dazu S. 123 f., m. w. N.

Gem. § 68 BVerfGG wird der Bund durch die Bundesregierung (gem. Art. 62 GG als **Kollegialorgan**) vertreten. Es bedarf also eines entsprechenden Kabinettsbeschlusses der Bundesregierung,[27] wie er ohne Weiteres im Beschluss vom 7.11.2012 zu sehen ist. Es ist auch davon auszugehen, dass er den Formvorgaben der § 35 II GGO, § 24 GO-BReg entspricht.[28]
Damit ist der Bund parteifähiger Antragsteller, wirksam vertreten durch die Bundesregierung.

III. Parteifähigkeit des Antragsgegners und Vertretung

Antragsgegner gem. § 68 BVerfGG ist das Land B-W, vertreten durch die Landesregierung von B-W.

IV. Antragsgegenstand

Antragsgegenstand in einem Bund-Länder-Streit können gem. §§ 69 i. V. m. 64 I BVerfGG nur eine Maßnahme oder Unterlassung des Antragsgegners sein.

Der Bund greift die Weigerung des Landes B-W an, der Weisung des Bundes nach Art. 85 III GG vom 18.6.2012 Folge zu leisten. Angegriffen wird damit die Unterlassung weisungsgemäßen Handelns. Eine solche Unterlassung stellt einen tauglichen Antragsgegenstand aber nur dann dar, wenn sie rechtserheblich ist, also nicht ausgeschlossen werden kann, dass (abstrakt betrachtet) eine verfassungsrechtliche Pflicht zur Vornahme der unterlassenen Maßnahme besteht.[29]

Weisungsrechte des GG korrespondieren mit Befolgungspflichten des Angewiesenen. Die Weigerung weisungsgemäßen Verhaltens ist damit rechtserheblich.

Die Unterlassung des weisungskonformen Verhaltens durch B-W stellt damit einen tauglichen Antragsgegenstand dar.

V. Antragsbefugnis

Fraglich ist, ob der Bund antragsbefugt ist. Hierzu muss er gem. §§ 69 i. V. m. 64 I BVerfGG geltend machen können, in seinen ihm durch das Grundgesetz übertragenen Rechten und Pflichten verletzt oder unmittelbar gefährdet zu sein. Dabei muss ihm die behauptete Rechtsposition zustehen und nur deren Verletzung möglich erscheinen.[30]

Das weisungswidrige Verhalten des Landes B-W könnte das Weisungsrecht des Bundes nach Art. 85 III GG verletzen. Dieses Recht steht dem Bund hinsichtlich der Ausführung von Bundesgesetzen zu, die von den Ländern im Auftrag des Bundes i. S. v. Art. 85 GG vollzogen werden.[31] Der Bund und das Land B-W

---

[27] BVerfGE 6, 309 (323) – Reichskonkordat.
[28] Vgl. § 35 GGO allgemein für das Handeln der Bundesregierung in Verfahren vor dem BVerfG.
[29] *Umbach*, in: ders. et al. (Hrsg.), BVerfGG-Mitarbeiterkommentar, 2. Aufl. 2005, §§ 63, 64, Rn. 141. Dazu näher S. 107 ff.
[30] Vgl. BVerfGE 81, 310 (329) – Kalkar II.
[31] Vgl. auch die abstrakten Ausführungen zur Auftragsverwaltung in BVerfGE 81, 310 (331 f.).

streiten um die Aufstufung der B 27, gem. §§ 1 II Nr. 2 i. V. m. 1 I 1 FStrG eine Bundesfernstraße. Bundesfernstraßen werden gem. Art. 90 II GG obligatorisch[32] von den Ländern im Auftrag des Bundes verwaltet. Die Ausführung des FStrG, das dem Streit zwischen Bund und B-W zugrunde liegt, erfolgt also in Auftragsverwaltung nach Art. 85 GG. Dem Bund steht damit ein Weisungsrecht nach Art. 85 III GG zu. Damit besteht ein den Bund und das Land B-W umschließendes **materielles Verfassungsverhältnis**.[33] Dass das Weisungsrecht des Bundes durch die weisungswidrige Unterlassung des Landes B-W verletzt worden ist, ist nicht von vornherein auszuschließen, also möglich.

Der Bund ist damit antragsbefugt.[34]

VI. Antragsform

Der Antrag ist formgerecht, also unter Wahrung der §§ 23 I, 69 i. V. m. 64 II BVerfGG, eingereicht worden.

VII. Antragsfrist

Fraglich ist, ob der Antrag dem BVerfG am 31.12.2012 fristwahrend zugeht. Dafür ist zu bestimmen, ab wann die Frist bei einem angegriffenen Unterlassen läuft; das BVerfGG enthält hierfür nämlich keine ausdrückliche Regelung. Um die Spannung zwischen rechtlicher (Ausschluss-)Frist[35] und politischer Auseinandersetzung jedoch nicht einseitig zulasten der politischen, ggf. zeitintensiven Auseinandersetzung aufzulösen, ist es angemessen, die Frist (erst) *spätestens dann laufen zu lassen, wenn sich der Antragsgegner erkennbar weigert, in der ihm angesonnenen und nach dem verfassungsrechtlichen Rechtsverhältnis gebotenen Weise tätig zu werden*[36].

---

[32] Materien werden entweder obligatorisch (Art. 90 II, 104a III 2, 108 III GG) oder fakultativ (Art. 87b II, 87c, 87d II, 89 II 3 und 4, 120a I 1 GG) durch die Auftragsverwaltung ausgeführt, s. die Zusammenstellung von *Pieroth*, in: Jarass/Pieroth, GG, 11. Aufl. 2011, Art. 85, Rn. 1.

[33] Vgl. etwa BVerfGE 81, 310 (329, m. w. N.) und oben S. 124.

[34] Problematisch wäre dies in der umgekehrten Konstellation, wenn sich also das Land B-W gegen die Weisung wehren wollte (so etwa im Originalfall BVerfGE 81, 310). Da es nach der Rechtsprechung des BVerfG kein Recht auf einfachrechtmäßige Weisung gibt (BVerfGE 81, 310 [333]), könnte man in diesem Fall schon die Antragsbefugnis verneinen (so *Hillgruber/Goos*, Verfassungsprozessrecht, 3. Aufl. 2011, Rn. 450). Dies ist aber für eine Klausurbearbeitung unzutreffend: Zum einen muss diese Rechtsaussage erst hergeleitet werden und kann nicht vorausgesetzt werden (was allein wegen des Umfangs im Rahmen der Begründetheit erfolgen muss); zum anderen kann die Reichweite des Weisungsrechts eine komplizierte Frage sein, die im Rahmen der Begründetheit zu erörtern ist (vgl. etwa BVerfGE 104, 249 [264] – Biblis A, und der Streit der Reichweite zwischen den die Entscheidung tragenden und den abweichenden Richtern). Der Bearbeiter sollte daher mit BVerfGE 81, 320 (330) auch in der umgekehrten Konstellation das Bestehen „kompetenzieller Rechte" genügen lassen, die Antragsbefugnis bejahen und weitere Ausführungen über den Umfang in die Begründetheit verschieben.

[35] *Schlaich/Korioth*, Das Bundesverfassungsgericht, 8. Aufl. 2010, Rn. 95.

[36] So im Ergebnis BVerfGE 118, 244 (256) – ISAF-Afghanistan-Einsatz; weitere Nachweise auf S. 111. *Die Definition zum Fristbeginn beim Unterlassen muss auswendig gelernt werden!*

M unterlässt ein weisungsgemäßes Verhalten seit dem Zugang der Weisung am 20.6.2012. P versucht dennoch durch weiteres politisches Wirken (Schreiben vom 11.10.2012) Druck auf M auszuüben; es ist nicht ersichtlich, dass ihr zu diesem Zeitpunkt die Fruchtlosigkeit ihres Tuns klar hätte sein müssen. Erst mit dem Schreiben des M vom 22.10.2012 ist für sie (und damit für den Bund) erkennbar, dass sich M nicht in der ihm angesonnenen und aus Sicht der P verfassungsrechtlich gebotenen Weise verhalten würde. Der Zugang dieses Schreibens bei P am 24.10.2012 ist damit der maßgebliche Zeitpunkt der Berechnung der Antragsfrist.

Die sechsmonatige (§§ 69 i. V. m. 64 III BVerfGG) Frist läuft gem. § 187 I GB analog ab dem 25.10.2012 und endet gem. § 188 II BGB analog am 24.4.2013. Damit ging der Antrag des Bundes am 31.12.2012 fristwahrend beim BVerfG ein.

VIII. Rechtsschutzbedürfnis

Zweifel am indizierten Rechtsschutzbedürfnis des Bundes bestehen insoweit als er auch versuchen könnte, seine Weisung mittels Bundeszwangs gem. Art. 37 GG durchzusetzen.

Dagegen spricht, dass das GG Bundeszwang und Bund-Länder-Streit unterschiedlich ausgestaltet; insb. bedarf es gem. Art. 37 I GG für die Ausübung von Bundeszwang (nicht aber für die Einleitung eines Bund-Länder-Streits) der Zustimmung des Bundesrates. Beide Institute stehen also alternativ nebeneinander.[37] Zudem ist die Ausübung von Bundeszwang *ultima ratio* im föderalen Verhältnis, der Bund-Länder-Streit mithin das mildere Mittel, dessen Einsatz dem Bund daher nicht verwehrt sein darf.[38]

Das Rechtsschutzbedürfnis des Bundes ist folglich zu bejahen.

IX. Zwischenergebnis

Der Antrag des Bundes ist zulässig.

B. Begründetheit

Der Antrag des Bundes ist begründet, wenn die (dem Land B-W zuzurechnende) Weigerung des M, die B 27 gemäß der Weisung vom 18.6.2012 zur Bundesautobahn aufzustufen, ein grundgesetzliches Recht des Bundes verletzt, vgl. §§ 69 i. V. m. 67 S. 1 i. V. m. 64 I BVerfGG.

Das Weisungsrecht des Bundes aus Art. 85 III GG[39] kann nur verletzt sein, wenn es vom Bund verfassungsmäßig ausgeübt worden ist und das Land B-W sich dennoch nicht weisungsgemäß verhalten hat.

---

[37] *Hopfauf*, in: Schmid-Bleibtreu et al. (Hrsg.), GG, 12. Aufl. 2011, Art. 93, Rn. 137.
[38] *Hillgruber/Goos*, Verfassungsprozessrecht, 3. Aufl. 2011, Rn. 471.
[39] Man knüpft hier also an die Ergebnisse der Prüfung der Antragsbefugnis an.

I. Verfassungsmäßige Weisung des Bundes

1. Formelle Verfassungsmäßigkeit der Weisung vom 18.6.2012

Fraglich ist, ob P dieses Recht formell verfassungsmäßig ausgeübt hat.

a) Weisungsberechtigter und Adressat

Weisungsberechtigt ist gem. Art. 85 III 1 GG die zuständige oberste Bundesbehörde, also die Bundesministerin, in deren Geschäftsbereich das zu vollziehende Gesetz fällt. P ist Bundesverkehrsministerin, damit zuständige oberste Bundesbehörde und folglich weisungsberechtigt.[40]

Adressat einer Weisung ist gem. Art. 85 III 2 GG die zuständige oberste Landesbehörde. P richtet die Weisung an den Landesverkehrsminister M. Dieser ist nach Landesrecht oberste Landesstraßenbaubehörde und damit richtiger Adressat.

b) Gebot der Weisungsklarheit

Die Weisung muss dem ungeschriebenen **Gebot der Weisungsklarheit** genügen.[41] *Die angewiesene Behörde mu[ss] erkennen können, da[ss] ihr gegenüber eine Weisung erteilt worden ist und welche Vorgaben für welches Verwaltungshandeln diese Weisung enthält.*[42] Dabei muss sie *unter Zuhilfenahme der ihr zu Gebote stehenden Erkenntnismöglichkeiten ihren objektiven Sinn ermitteln können*[43].

P hat im Schreiben vom 18.6.2012 ihre Aufforderung an M ausdrücklich als „Weisung" bezeichnet und sich dabei explizit auf Art. 85 III GG gestützt. M konnte damit erkennen, dass ihm eine Weisung in diesem Sinne erteilt worden ist. Die sachliche Aufforderung, die B 27 zu einer Bundesautobahn aufzustufen, macht dem M hinreichend klar, welches Verhalten von ihm gefordert wird. Dem Gebot der Weisungsklarheit wurde damit genügt.

c) Formelle Dimension des bundesfreundlichen Verhaltens

Anforderungen an die Weisung könnten sich weiter aus dem **ungeschriebenen Verfassungsgrundsatz bundesfreundlichen Verhaltens** ergeben.[44] *Diese Pflicht*

---

[40] Diese unproblematischen Aspekte müssen schnell in verkürztem Gutachtenstil abgehandelt werden.
[41] Dazu näher BVerfGE 81, 310 (336 f.).
[42] BVerfGE 81, 310 (336).
[43] BVerfGE 81, 310 (310, LS 3).
[44] Der Topos firmiert auch unter Bundestreue (gegen die Kritik an diesem Begriff dezidiert *Bauer*, Die Bundestreue – Zugleich ein Beitrag zur Dogmatik des Bundesstaatsrechts und zur Rechtsverhältnislehre, 1992, S. 254 ff.). Zur Sache: Die Bundestreue kann die formelle wie auch die materielle Ausübung des Weisungsrechts beeinflussen (vgl. BVerfGE 81, 310 [337]). Die Anforderungen, die der Grundsatz des bundesfreundlichen Verhaltens stellt, sollten daher immer am Ende der formellen bzw. der materiellen Verfassungsmäßigkeit der Weisung geprüft werden. Allerdings: Die Pflicht zu bundesfreundlichem Verhaltens ist akzessorischer Natur (BVerfGE 104, 238 [247]

verlangt, da[ss] sowohl der Bund als auch die Länder bei der Wahrnehmung ihrer Kompetenzen die gebotene und ihnen zumutbare Rücksicht auf das Gesamtinteresse des Bundesstaates und auf die Belange der Länder nehmen [...]. Der Bund verstößt aber gegen die Pflicht zu bundesfreundlichem Verhalten nicht schon dadurch, da[ss] er von einer ihm durch das Grundgesetz eingeräumten Kompetenz Gebrauch macht; vielmehr mu[ss] die Inanspruchnahme der Kompetenz [...] gegen prozedurale Anforderungen verstoßen, die aus diesem Grundsatz herzuleiten sind.[45]

Daraus ist zum einen abzuleiten, dass dem Land grundsätzlich die Gelegenheit zur Stellungnahme vor einer Weisung zu geben ist.[46] P hat schon im ersten Schreiben vom 13.2.2012 M ausdrücklich auf die Möglichkeit zur Stellungnahme hingewiesen, die dieser in den Schreiben vom 16.4.2012 und 4.6.2012 auch genutzt hat.

Darüber hinaus erfordert die Pflicht zur gegenseitigen Rücksichtnahme auch, dass der Bund ankündigt, er erwäge eine Weisung, um dem Land die Bedeutung des Konflikts vor Augen zu führen.[47] Genau dies hat P nachdrücklich im Schreiben vom 15.5.2012 getan.

Im Verfahren hat P insoweit zumutbare Rücksicht auf die Belange von B-W genommen. Ein Bemühen um Einvernehmen ist von ihr jedoch nicht zu fordern,[48] da das hierarchische Weisungsrecht andernfalls leerliefe. Auch ist nicht etwa ein der Weisung vorausgehendes besonderes Vorverfahren zu fordern, das den Vollzug der Weisungen sicherstellt.[49] Die vorgetragenen Standpunkte des Landes muss der Bund in seine Erwägung zwar miteinbeziehen; davon, dass er dies tut, ist grundsätzlich aber auszugehen.[50] Konkrete Anhaltspunkte für eine Missachtung der Stellungnahme liegen nicht vor; vielmehr ergibt sich aus dem Schreiben der P vom 15.5.2012, dass sie die Erwägungen des M in ihre Überlegungen einbezogen hat.

Damit wurde die Weisung in formeller Hinsicht bundesfreundlich ausgeübt.

d) Zwischenergebnis

P hat den M formell verfassungsmäßig angewiesen.

2. Materielle Verfassungsmäßigkeit der Weisung vom 18.6.2012

Fraglich ist weiter, ob der Bund über P dieses Recht materiell verfassungsmäßig ausgeübt hat.

– Gorleben), modifiziert also nur andere Rechte, stellt aber kein eigenständiges Recht dar.
[45] BVerfGE 81, 310 (337).
[46] BVerfGE 81, 310 (337).
[47] BVerfGE 81, 310 (338).
[48] Vgl. BVerfGE 81, 310 (337 f.).
[49] Vgl. BVerfGE 102, 167 (172) – B 75.
[50] BVerfGE 81, 310 (346 f.).

a) Verfassungsrechtliche Dimension des Streits

Es stellt sich die Frage, ob der Streit zwischen dem Bund und B-W hinsichtlich der Aufstufung der B 27 überhaupt verfassungsrechtliche Bedeutung hat. M macht nämlich geltend, die Aufstufung der B 27 zur Bundesautobahn verstoße gegen § 1 III 1 FStrG (i. V. m. §§ 2 VI 1 i. V. m. 22 IV 1 FStrG). Dies ist jedoch eine Frage des einfachen Rechts, für deren Beantwortung das BVerfG nicht zuständig ist.

Allerdings könnte eine etwaig einfachrechtswidrige Weisung die verfassungsrechtlichen Verwaltungskompetenzen des angewiesenen Landes verletzen. Hierbei handelt es sich um eine spezifisch verfassungsrechtliche Frage, die als solche vom BVerfG zu beantworten ist.

b) Grenze des Weisungsrechts bei einfachrechtswidrigen Weisungen[51]

Folglich ist zu prüfen, ob die Weisung vom 18.6.2012 Verfassungsrechte des Landes B-W verletzt, falls sie einfachrechtswidrig ist. Hierzu sind verschiedene Rechtsauffassungen denkbar.[52]

Es ließe sich einerseits vertreten, dass jede sachlich einfachrechtswidrige Weisung das Weisungsrecht des Art. 85 III GG überschreitet und damit das angewiesene Land im Rahmen der in Art. 30, 85 GG gewährleisteten Eigenstaatlichkeit (Art. 20 I GG)[53] verletzt.[54] Nach dieser Ansicht wäre die Weisung der P vom 18.6.2012 somit verfassungswidrig, falls sie mit dem FStrG unvereinbar ist.

Demgegenüber könnte man vertreten, dass bei der Auftragsverwaltung die **Sachkompetenz**[55] darüber, was Recht ist, in der Letztverantwortung allein beim Bund und nur die **Wahrnehmungskompetenz**[56] bei den Ländern liegt.[57] Eine

---

[51] Mit „rechtswidriger" Weisung ist im Folgenden jeweils eine einfachrechtswidrige Weisung gemeint.
[52] Das BVerfG hat zu dieser Frage in der Kalkar II-Entscheidung grundlegend dazu Stellung bezogen (BVerfGE 81, 310 [331 ff.]) und sich für die gleich darzustellende modifizierte zweite Auffassung entschieden. Die zu diesem Problem vertretenen Rechtsauffassungen und ihre Argumente sind zusammengestellt bei *Hebeler*, 40 Probleme aus dem Staatsrecht, 2. Aufl. 2008, S. 133 ff. (31. Problem).
Um das Problem zu begreifen, ist es wichtig zu verstehen, dass die Einfachrechtswidrigkeit der Weisung in diesen Fällen gerade strittig ist. Insoweit darf die oft zu lesende Fragestellung „Verletzt eine rechtswidrige Weisung ein Recht des Landes?" nicht missverstanden werden: Es geht nicht darum, dass der Bund dem Land geradezu rechtsmissbräuchlich ein von beiden anerkannt rechtswidriges Handeln aufzwingen will, sondern dass schlicht zwei Behörden (aus welchen Gründen auch immer) unterschiedlicher Rechtsauffassung sind. Eine präzise Frage müsste also lauten: „Ist das Land in seinen Rechten verletzt, wenn es einer Weisung unterworfen wird, deren Rechtmäßigkeit zwischen Bund und angewiesenem Land strittig ist?"
[53] Vgl. BVerfGE 81, 310 (330).
[54] Frühere MM der Literatur, vgl. *Hebeler*, 40 Probleme aus dem Staatsrecht, 2. Aufl. 2008, S. 133 f.
[55] Also die Kompetenz für die Sachbeurteilung und Sachentscheidung (BVerfGE 81, 310 [332]), also etwa die Frage: liegen die Voraussetzungen für die Einstufung einer Straße als Bundesautobahn vor?
[56] Also die Kompetenz zum Handeln und die Verantwortlichkeit nach außen, im Verhältnis zu Dritten (BVerfGE 81, 310 [332]).
[57] H. M.: BVerfG seit BVerfGE 81, 310 (332 ff.) und größerer Teil der Literatur, vgl. Nachweise bei

rechtswidrige (*sach*widrige) Weisung würde das Land damit nicht in seiner Wahrnehmungskompetenz verletzen, also insgesamt zu keiner Verletzung seiner Verfassungsrechte führen. Damit wäre das Land B-W auch dann nicht in seinen Rechten durch die Weisung vom 18.6.2012 verletzt, falls diese rechtswidrig sein sollte.

Beide Auffassungen kommen also zu unterschiedlichen Ergebnissen, somit muss eine Streitentscheidung erfolgen.

Für ein Recht des Landes auf rechtmäßige Weisung spricht das in Art. 20 III GG niedergelegte Rechtsstaatsgebot der **Gesetzmäßigkeit der Verwaltung**. Danach ist die Landesbehörde zu rechtmäßigem Handeln verpflichtet. Wenn eine Weisung allerdings das Land zu einfachrechtswidrigem Handeln anweisen würde, könnte dies eine Weisung zu einem verfassungswidrigen Handeln sein, vor der Art. 20 III GG das Land schützen könnte. Dies könnte hier umso mehr gelten, als sogar das Grundrecht auf körperliche Unversehrtheit (Art. 2 II 1 GG) berührt sein könnte.

Dagegen spricht aber, dass die Landesbehörde nur im Außenverhältnis, also gegenüber dem Bürger, zu rechtmäßigem Handeln verpflichtet ist. Der Kern des hier interessierenden Problems liegt demgegenüber darin festzulegen, wem die Bestimmungshoheit darüber zukommt, was genau ein rechtmäßiges Handeln darstellt; hierfür kann Art. 20 III GG nicht fruchtbar gemacht werden.

Für ein Recht auf rechtmäßige Weisung spricht aber weiter in systematischer Hinsicht Art. 85 III 2 GG: Weisungsadressat ist nämlich die oberste und nicht die regelmäßig sachlich zuständige untergeordnete Landesbehörde. Dies wäre sinnlos, wenn das angewiesene Land keine eigene Rechtskontrolle vornehmen sollte, sondern eine Weisung ohne Weiteres umsetzen sollte.[58]

Gegen dieses Argument spricht jedoch, dass der Sinn des Art. 85 III 2 GG besser darin zu sehen ist, dass das Weisungsrecht des Bundes auf möglichst schonende Weise mit der Behördenhierarchie des Landes verbunden wird. Da nach allen Rechtsauffassungen jedenfalls die Wahrnehmungskompetenz des Verwaltungshandelns beim Land verbleibt, ist es nur konsequent, die interne Umsetzung der Weisung vollständig beim Land zu belassen, damit insb. etwaige Weisungsrechte der obersten Landesbehörde gegenüber der zuständigen untergeordnete Landesbehörde unangetastet bleiben.

Möglicherweise lässt sich für ein Recht auf rechtmäßige Weisung aber eine Auslegung von Art. 30 GG fruchtbar machen, wonach dieser eine Funktionentrennung festlegt. Danach soll den Ländern nach dem Leitprinzip einer funktionalen Gewaltenteilung bei der Ausführung von Bundesgesetzen ein eigener Autonomiebereich mit entsprechendem Handlungsspielraum zukommen, der nur durch die

---

Hebeler, 40 Probleme aus dem Staatsrecht, 2. Aufl. 2008, S. 135. Ich habe diese h. M. allerdings für diese Klausur in ihre konstruktiven Bestandteile zerlegt, d. h: a) Grundsatz: Land hat nur Wahrnehmungskompetenz, muss Weisung daher stets befolgen, b) Ausnahme: es wird eine gemeinwohlgefährliche Weisung erteilt. Diese „Ausnahme" ist gewissermaßen als vermittelnde Position zu sehen, da darin bestimmte Argumente der ersten Auffassung anerkannt werden. Diese hier als „vermittelnd" dargestellte Meinung entspricht der h. M.

58 Vgl. *Hebeler*, 40 Probleme aus dem Staatsrecht, 2. Aufl. 2008, S. 135. *In concreto* liegt der Fall freilich wegen § 2 VI 1 FStrG anders.

*Rechts*ordnung eingeschränkt ist. Rechtwidrige Weisungen würden diesen Autonomiebereich verletzen. Besteht Streit über die Rechtmäßigkeit einer Weisung, könnte nach dieser Auffassung Klarheit durch die Anrufung des BVerfG gem. Art. 93 I Nr. 3 GG (Bund-Länder-Streit) geschaffen werden.[59]

Gegen diese Auslegung von Art. 30 GG spricht jedoch, dass dieser „Autonomiebereich" im Bereich der Auftragsverwaltung durch den spezielleren Art. 85 GG ausgestaltet ist; das eigenverantwortliche Handeln der Länder wird also durch die Weisungsbefugnis begrenzt.[60] Ein systematischer Vergleich der Einwirkungsmöglichkeiten des Bundes innerhalb der verschiedenen Ausführungstypen ergibt dabei: Während bei der Landeseigenverwaltung nach Art. 84 GG dem Bund nur die *Rechts*aufsicht zusteht (Art. 84 III 1 GG), steht das Land bei der Auftragsverwaltung gem. Art. 85 IV 1 GG unter der *Rechts*aufsicht *und* der *Fach*aufsicht des Bundes.[61] Über alle *Sach*fragen der Gesetzesausführungen (also Rechts- und Fachfragen) kann damit letztlich der Bund mittels des Weisungsrechts entscheiden. Dieses Recht ist auch nicht etwa auf Ausnahmefälle begrenzt oder weiter rechtfertigungsbedürftig; die Weisung ist vielmehr, wie Art. 85 III GG erkennen lässt, als reguläres Mittel vorgesehen.[62] Die Sachkompetenz steht damit von vornherein dem Land immer nur unter dem **Vorbehalt** zu, dass der Bund von der ihm zustehenden Sachkompetenz keinen Gebrauch macht.[63]

Daraus ergibt sich für die Auftragsverwaltung: Das GG weist dem Bund die Sachkompetenz zu; dem Land verbleibt damit nur eine Wahrnehmungskompetenz. Nimmt der Bund also seine Sachkompetenz wahr, verbleibt dem Land keine eigene Sachkompetenz mehr, in die der Bund mit einer rechtswidrigen Weisung eingreifen könnte.[64] Ein grundgesetzliches Recht des Landes wäre nach dieser Ansicht damit nur dann verletzt, wenn gerade die Inanspruchnahme der Weisungsbefugnis die Wahrnehmungskompetenz verletzt und damit gegen die Verfassung verstößt.[65]

Diesem Ergebnis könnte aber entgegengehalten werden, dass aus rechtsstaatlichen Gründen (Bindung an Recht und Gesetz, Art. 20 III GG) der Bund nicht für

---

[59] Vgl. *Hebeler*, 40 Probleme aus dem Staatsrecht, 2. Aufl. 2008, S. 134.
[60] Zu den möglichen Gegenständen einer Weisung s. BVerfGE 81, 310 (335 f.).
[61] Eine gelungene Bearbeitung muss auf die *systematische Auslegung* (Vergleich von Auftrags- und Landeseigenverwaltung) besonderen Wert legen.
[62] BVerfGE 81, 310 (332).
[63] Dazu BVerfGE 81, 310 (332 ff.) und die von *Hebeler*, 40 Probleme aus dem Staatsrecht, 2. Aufl. 2008, S. 135 nachgewiesenen Stimmen. Anders formuliert: Die Sachkompetenz steht dem Land immer nur insoweit zu, als sie der Bund nicht nutzt. Zur Verdeutlichung: In gewisser Form ist die Situation damit einer unteren Landesbehörde vergleichbar, der die Mittelbehörde mitteilt, § X sei so oder so zu verstehen oder die Genehmigung sei zu erteilen. In diesem Fall kann die untere Behörde dem auch nicht entgegenhalten, sie werde dies nicht tun, da sie eine andere Rechtsauffassung vertrete.
[64] Vgl. BVerfGE 81, 310 (333).
[65] BVerfGE 81, 310 (332 f.). Vgl. auch die Zusammenstellung der Situationen, wann ein Recht des Landes durch eine Weisung verletzt sein kann bei *Pieroth*, in: Jarass/Pieroth, GG, 11. Aufl. 2011, Art. 85, Rn. 7 (zu ergänzen um Konstellationen, in denen die Weisung die Wahrnehmungskompetenz verletzt, vgl. BVerfGE 81, 310 [333]).

rechtswidrige Weisungen „sachkompetent" sein kann. Das bloße Bestehen eines Weisungsrechts nach Art. 85 III GG schließt also nicht aus, dass der Sachkompetenz ein subjektives Recht der Länder gegenüber steht; dieses dient nämlich zur Achtung der Rechtsordnung.[66] Dieses Argument erweist sich jedoch als Zirkelschluss: Der Bund achtet nach seiner Rechtsauffassung gerade die Rechtsordnung, und es ist nach der Konzeption der Auftragsverwaltung seine Rechtsauffassung, die maßgeblich sein soll.[67]

Damit überzeugt grundsätzlich diejenige Rechtsauffassung, nach der ein angewiesenes Land durch eine (behauptete) einfachrechtswidrige Weisung nicht in seinen Verfassungsrechten verletzt ist. Das GG hat sich im Bereich der Auftragsverwaltung dafür entschieden, dass das zugrunde liegende Gesetz nach der Rechtsauffassung des Bundes ausgeführt werden soll. Das Land kann sich grundsätzlich also nicht gegen eine aus seiner Sicht rechtswidrige Weisung wehren.[68]

Diese Kompetenzverteilung findet allerdings dort ihre Grenzen, wo tieferliegende verfassungsrechtliche Prinzipien betroffen sind. Es muss daher Beachtung finden, dass Bund und Länder gemeinsame Verantwortung für den Bestand des Staates und seiner Verfassungsordnung sowie für die Abwehr kollektiver Existenzgefährdungen tragen.[69] Daher ist eine Grenze des Weisungsrechts (deren Überschreitung dann das Recht des Landes nach Art. 30 GG verletzt) dort zu sehen, wo eine Bundesbehörde das Land *unter grober Missachtung der ihr obliegenden Obhutspflicht zu einem Tun oder Unterlassen anweist, welches im Hinblick auf die damit einhergehende allgemeine Gefährdung oder Verletzung bedeutender Rechtsgüter schlechterdings nicht verantwortet werden kann.*[70]

Mit dieser Modifikation überzeugt die Auffassung, dass eine einfachrechtswidrige Weisung ein Recht des Landes grundsätzlich nicht verletzt.[71]

---

[66] Vgl. *Hebeler*, 40 Probleme aus dem Staatsrecht, 2. Aufl. 2008, S. 134.
[67] Vgl. die Anmerkung oben in Fn. 52.
[68] Dies gilt auch für (behauptete) grundrechtswidrige Weisungen, s. BVerfGE 81, 310 (333 f., 338 f.).
[69] BVerfGE 81, 310 (334). Ablehnend *Hillgruber/Goos*, Verfassungsprozessrecht, 3. Aufl. 2011, Rn. 452a mit der Begründung, dass auch in einem solchen Fall kein subjektives Recht des Landes bestehe. Dem ist nicht zuzustimmen: Es besteht ein konstruktives Regel-Ausnahme-Verhältnis subjektiver Rechte: Ein Land hat gem. Art. 30 GG das subjektive Recht, kraft seiner Eigenstaatlichkeit keiner Bundesweisung unterworfen zu sein (Grundsatz). Eine „Ausnahme" statuiert Art. 85 III GG. Wo dessen Grenzen erreicht sind, ist eine Ausnahme von der Ausnahme gegeben, so dass insoweit das ursprüngliche *subjektive* Recht aus Art. 30 GG wieder auflebt.
[70] BVerfGE 81, 310 (334). Freilich (ibid. [334 f.]): „Der grobe Verfassungsverstoß, die unmittelbare Gefährdung der Allgemeinheit in Leben und Gesundheit oder eine sonstige Überschreitung der Grenze des verantwortbaren Handelns müssen vom antragstellenden Land jedoch substantiiert dargelegt werden, soweit sie nicht ohne Weiteres nachvollziehbar zutage liegen."
[71] Dies entspricht der h. M. (Grundsatz + Ausnahme), vgl. Fn. 57. Die Unterscheidung der Grundsatzes und der Ausnahme der h. M. hat analytische wie klausurtaktische Gründe. Wegen der in dieser Klausur bejahten ausnahmsweisen Verletzung des Landes durch die Weisung kommt die h. M. (Grundsatz + Ausnahme) zum selben Ergebnis wie die MM der Literatur, damit müsste der Streit dahinstehen.

c) Verfassungsmäßigkeit der Weisung vom 18.6.2012

Nach der für zutreffend erkannten Auffassung muss die Frage dahinstehen, *ob* die Aufstufung der B 27 einfachrechtswidrig ist. Zu prüfen ist allein, ob P in ihrer Weisung vom 18.6.2012 das Land B-W unter grober Missachtung der ihr obliegenden Obhutspflicht zu einem Tun oder Unterlassen anweist, welches im Hinblick auf die damit einhergehende allgemeine Gefährdung oder Verletzung bedeutender Rechtsgüter schlechterdings nicht verantwortet werden kann. Nur in diesem Fall wären Verfassungsrechte des Landes verletzt.

Von P und M unbestritten ist die B 27 nach den technischen Voraussetzungen nicht für den Schnellverkehr geeignet. Wird dort dennoch Schnellverkehr zugelassen, sind Unfälle in großer Zahl mit Gefahr für Leib und Leben wahrscheinlich. Damit wären bedeutende Rechtsgüter (vgl. Art. 2 II 1 GG)[72] gefährdet. Hierin ist eine grobe Missachtung der Obhutspflichten der P für Leib und Leben der Autofahrer zu sehen, die schlechterdings unverantwortlich ist.[73]

II. Zwischenergebnis

P weist M mit ihrem Schreiben vom 18.6.2012 zu einem schlechterdings unverantwortlichen Handeln an, das bedeutende Rechtsgüter gefährdet. Sie überschreitet damit die verfassungsrechtlichen Grenzen ihres Weisungsrechts. Damit verletzt sie das im Rahmen der Art. 30, 85 (i. V. m. Art. 20 I) GG gewährleistete Recht des Landes B-W auf Eigenstaatlichkeit. An eine verfassungswidrige Weisung ist M aber nicht gebunden. Seine Weigerung, der Weisung nachzukommen, verletzt folglich auch nicht das sich aus Art. 85 III GG ergebende Recht des Bundes auf weisungsgemäßes Verhalten des angewiesenen Landes.

C. Ergebnis

Das BVerfG weist den Antrag des Bundes hinsichtlich der Weisung zur Aufstufung der B 27 als zulässig, aber unbegründet zurück. Der Antrag hat damit keinen Erfolg.

---

[72] Damit fließen doch wieder Grundrechte in die Betrachtung ein, vgl. Fn. 68.
[73] In die hier vertretene Richtung *Gröpl*, in: Maunz/Dürig (Hrsg.), GG, Loseblatt, Stand: März 2007, Art. 90, Rn. 64: Weisung zur Unterlassung von dringend erforderlichen Unterhaltungsmaßnahmen würde grobe Missachtung der Obhutspflicht darstellen; a. A. gut vertretbar, darauf kommt es an dieser Stelle auch nicht an. Die Missachtungshürde liegt freilich sehr hoch und wurde vom BVerfG bisher nie für überschritten erachtet. Im Ausgangsfall Kalkar II hatte das Land behauptet, im Kernkraftwerk in Kalkar könne ein ähnliches Versagen wie im Kernkraftwerk Tschernobyl eintreten (und hatte die Teilgenehmigung für das Kraftwerk verweigert). Das Bundesministerium hat sich anderslautenden Einschätzungen angeschlossen, was das BVerfG akzeptierte. Selbst bei derart gewichtigen Bedenken hielt es also die Grenze des schlechterdings Unverantwortlichen nicht für erreicht (BVerfGE 81, 310 [339]).

Frage 2

Der Antrag des Bundes ist begründet, wenn die (dem Land B-W zuzurechnende) Weigerung des M, die B 28 gemäß der Weisung der P vom 18.6.2012 zur Landesstraße umzustufen, ein grundgesetzliches Recht des Bundes verletzt, vgl. §§ 69 i. V. m. 67 S. 1 i. V. m. 64 I BVerfGG.

A. Verfassungsmäßigkeit der Weigerung

Da die B 28 als Bundesfernstraße gem. §§ 1 II Nr. 2 i. V. m. 1 I 1 FStrG nach Art. 90 II GG im Auftrag des Bundes verwaltet wird (entsprechend Frage 1 A. V.), bestimmt sich das Weisungsrecht des Bundes hinsichtlich der Verwaltung dieser Straße nach Art. 85 III GG. Dabei könnte dieses Recht durch die Weigerung des M, die B 28 zur Landesstraße umzustufen, verletzt sein. Dazu müsste die Weisung vom 18.6.2012 ihrerseits verfassungsmäßig gewesen sein.

I. Formelle Verfassungsmäßigkeit der Weisung vom 18.6.2012

Die Weisung, die B 28 zur Landesstraße umzustufen, erging verfassungsmäßig, vgl. Frage 1 B. II. 2 a)-c) entsprechend.[74]

II. Materielle Verfassungsmäßigkeit der Weisung vom 18.6.2012

Fraglich ist, ob P ihr Weisungsrecht materiell verfassungsmäßig ausgeübt hat. Bedenken bestehen hier insoweit als die Weisung über den Verwaltungskompetenzbereich „Verwaltung der Bundesfernstraßen" i. S. v. Art. 90 II GG hinausgehen könnte.

Das GG regelt zwar die **Gesetzgebungs- und Verwaltungskompetenzen** eigenständig (Art. 70 ff. GG bzw. Art. 83 ff. GG). Allerdings normiert Art. 85 GG die Ausführung eines Bundesgesetzes durch Auftragsverwaltung, womit sich die Gesetzgebungskompetenz des auszuführenden Gesetzes und die Verwaltungskompetenz berühren. Daraus folgt: *[N]ach der Systematik des Grundgesetzes bezeichnet die Gesetzgebungskompetenz des Bundes die äußerste Grenze für seine Verwaltungsbefugnisse [...]. Die Verwaltungszuständigkeit für „Bundesautobahnen und sonstige Bundesstraßen des Fernverkehrs" im Sinne von Art. 90 [II] GG reicht also jedenfalls nicht weiter als die damit korrespondierende Gesetzgebungskompetenz des Bundes für „den Bau und die Unterhaltung von Landstraßen für den Fernverkehr" nach Art. 74 [I] Nr. 22 GG.*[75]

Es ist zu prüfen, ob sich die Weisung der P umfänglich im Rahmen der Gesetzgebungskompetenz des Bundes hält. Dabei ist zu beachten, dass die Weisung, die B 28 in eine Straßenklasse nach Landesrecht einzustufen, *zwei* Weisungselemente

---

[74] Bei derartigen Verweisen gilt es, die kürzeste Form zu finden. Man muss also nicht etwa auf jeden Aspekt (Weisungsberechtigter, Adressat, etc.) einzeln verweisen.
[75] BVerfGE 102, 167 (174). Im Übrigen ist genau zu lesen: die Norm spricht von Land*s*traßen, nicht von Land*es*straßen!

verbindet: Erstens soll die B 28 ihre Widmung als Bundesstraße verlieren; und zweitens soll die Straße zur Landesstraße gewidmet werden.

Das rechtliche Schicksal der B 28 als Bundesstraße (erste Komponente) liegt innerhalb der Gesetzgebungskompetenz des Art. 74 I Nr. 22 GG. Eine Herausnahme der B 28 aus einer Klasse nach Bundesrecht steht also auf dem Boden dieser Kompetenz.[76]

Welche Straßen als *Landes*straßen eingestuft werden (zweite Komponente), fällt hingegen allein in die Gesetzgebungskompetenz des *Landes*. Damit überschreitet dieser Teil der Weisung die Gesetzgebungskompetenz für *Bundes*straßen (Art. 74 I Nr. 22 GG) und greift zugleich in die Verwaltungskompetenz des Landes B-W ein.

III. Teilung der Weisung

Somit liegt eine zumindest teilweise verfassungswidrige Weisung vor, an die das Land B-W jedenfalls teilweise nicht gebunden ist. Es könnte aber aus dem Grundsatz des bundesfreundlichen Verhaltens dazu verpflichtet sein, wenigstens die Herausnahme der B 28 aus dem Rang einer Bundesstraße zu bewirken.[77] Allerdings bilden nach der eindeutigen Weisung der P die beiden Komponenten eine integrale Einheit. Eine Auslegung des Willens der P lässt nicht erkennen, dass sie *jedenfalls* die Aufhebung der Einstufung als Bundesstraße bewirken wolle. Eine Zerlegung der Weisung in ihre beiden Bestandteile würde damit in die Entscheidungskompetenz übergreifen, die der P zukommt. Es ist ihr zu überlassen, ob und wie sie eine Neubewertung des Schicksals der B 28 vornehmen möchte.

Damit war M auch nicht verpflichtet, die Weisung der P teilweise zu erfüllen und die Aufhebung der Einstufung der B 28 als Bundesstraße zu bewirken.

B. Ergebnis

Die Weisung der P vom 18.6.2012, die B 28 zur Landesstraße umzustufen, ist materiell verfassungswidrig, das Land B-W folglich nicht daran gebunden. Die Nichtbeachtung der Weisung verletzt somit den Bund nicht in seinem Weisungsrecht aus Art. 85 III GG, ein Bund-Länder-Streit ist damit nicht begründet.

---

[76] Insoweit ist die Weisung verfassungsgemäß, s. BVerfGE 102, 167 (174 f.).
[77] Dieser Absatz soll wiederum daran erinnern, dass das BVerfG vor der (schwerwiegenden) Bewertung einer staatlichen Maßnahme als verfassungswidrig zunächst „rettende" Erwägungen treffen, insb. eine verfassungskonforme Auslegung oder die Feststellung „nur" der Teilverfassungswidrigkeit prüfen muss.

Klausur 7: Skandal!

Sachverhalt

Elisabeth Schwarzhaupt (S) ist Bundesministerin für Verbraucherschutz und entsetzt: Täglich werden neue Details über schadstoffbelastete Lebensmittel bekannt, in denen ein umgangssprachlich Dioxin genanntes hochgefährliches Gift angereichert ist; dieses kann schwere Gesundheitsschäden verursachen und sogar tödlich sein. Ein Bundesgesetz, das den Sachbereich der Lebensmittelbelastung regelt, existiert bisher nicht; allerdings gibt es seit einiger Zeit (sachlich unterschiedliche) Landesgesetze, die Dioxinhöchstbelastungen bestimmen. Dennoch haben sich in der jüngeren Vergangenheit Dioxinskandale gehäuft. Da die Bevölkerung trotz der Landesgesetze somit großer Gesundheitsgefahr ausgesetzt ist, erscheinen S das bisher bestehende Landeslebensmittelrecht und die sie ausführenden Lebensmittelkontrollen ungenügend.

Kurze Zeit später beschließt der Bundestag daher auf ihre Anregung hin nach verfassungsgemäßer Einbringung und Verabschiedung das Verbraucherschutzgesetz (VG). Darin heißt es u. a.:

§ 1: Begriffsbestimmungen

(2) Gegenstand dieses Gesetzes sind zum Verzehr durch den Menschen bestimmte Stoffe (Lebensmittel), die von oder aus Tieren hergestellt werden (Tierprodukte).

§ 4: Höchstbelastungen

(1) Tierprodukte dürfen pro Gramm Fettanteil höchstens folgende Belastungen aufweisen:
1.: Dioxin
- 1 Petagramm bei Schweinefleisch
- 2 Petagramm bei Geflügelfleisch
[...]

§ 17: Kontrolle

(1) In jeder mit der Lebensmittelkontrolle nach diesem Gesetz befassten Behörde ist mindestens eine volle Mitarbeiterplanstelle ausschließlich für die Kontrolle der Dioxinbelastung von Lebensmitteln zu besetzen.

(2) Die Betriebe, die Tierprodukte im Sinne dieses Gesetzes herstellen, sind folgenden Kontrollen zu unterziehen: [...] Eine vorherige Benachrichtigung darf dabei nicht erfolgen.

(7) Die Länder dürfen keine Regelungen treffen, die von den Vorschriften der Absätze 1 und 2 abweichen.

§ 17 VII VG ist dem Bundestag dabei besonders wichtig. Er hat eine solche Anordnung bisher in keinem anderen Gesetz getroffen, sieht aber im Sachanliegen des VG einen Ausnahmefall, der eine ausschließliche Bundesregelung der Gesetzesausführung verlangt. In der Gesetzesbegründung finden sich daher auch längere Begründungen dazu, dass und wie ein uneinheitlicher Vollzug des VG durch die Länder zu Gesundheitsgefahren für die Bevölkerung führen würde.

Nach dem Bundestagsbeschluss wird das VG dem Bundesrat zugeleitet. Dieser ist der Auffassung, zur Wirksamkeit des gesamten VG bedürfe es seiner Zustimmung. Vier Wochen nach Eingang des Gesetzesbeschlusses befasst er sich erstmals mit dem Gesetz. Allerdings sind die Haltungen der Länder zum VG gespalten. Von den 69 Stimmen des Bundesrates werden 32 für das VG abgegeben und 31 dagegen. Probleme gibt es dann aber bei der Abstimmung des Landes B-W (6 Stimmen im Bundesrat). Dort ist sich die Landeskoalition in ihrer Haltung zum VG uneins. Auf Verlangen des Landes B-W stimmt der Bundesrat nach § 29 I 2 GO-BR (Abstimmung durch Aufruf der Länder) ab. Als Bundesratspräsident Karl Arnold (A) das Land B-W zur Abstimmung aufruft und die Frage stellt: „Wie stimmt das Land B-W?", ruft Bundesratsmitglied Bertram Biberach (B), Ministerpräsident von B-W: „Das Land B-W stimmt für das VG!" Bundesratsmitglied Cornelius Calw (C), Landwirtschaftsminister von B-W, widerspricht dem, indem er ruft: „Das Land B-W stimmt gegen das VG!" A ist der Auffassung, das letzte Wort habe der Ministerpräsident, und wertet die Stimmen des Landes B-W daher als Zustimmung zum VG. Nach seinem Verständnis wurden somit 38 Stimmen für das VG abgegeben, der Bundesrat habe dem VG also zugestimmt.

Das VG wird danach dem Bundespräsidenten zugeleitet, der es ordnungsgemäß ausfertigt. Es wird im Bundesgesetzblatt verkündet und tritt am Tag nach seiner Verkündung in Kraft.

Viele Politiker im Land B sind empört. Nach ihrer Ansicht ist das Gesetz nicht einmal annähernd mit dem GG vereinbar. Kurze Zeit später geht daher beim BVerfG ein formgerechter Antrag der Landesregierung von B ein. Darin wird verlangt sie, das BVerfG möge etwas gegen die Verletzung der Rechte des Landes B tun; das Gericht solle die Verfassungswidrigkeit des VG beseitigen und das Gesetz aus der Welt schaffen, denn man sei von dessen Verfassungswidrigkeit überzeugt.

In der Sache wird geltend gemacht: Dem Bund fehle schon die Gesetzgebungskompetenz für das VG. Es bestehe nämlich kein Interesse an einer bundeseinheitlichen Ordnung der Materie. Es dürften nicht aus einem Skandal heraus die Länderinteressen übergangen werden. Aus Sicht des Landes B gebe es keine Notwendigkeit, im Lebensmittelrecht einheitliche Dioxinhöchstgrenzen festzusetzen. Dazu seien die Länder mindestens genauso gut, wegen der Kenntnis der örtlichen Situation sogar noch besser in der Lage.

Selbst wenn der Bund diese Materie aber habe regeln dürfen, habe er nicht auch noch Vorgaben zur Organisation der Behörden und zum Verwaltungsverfahren machen dürfen. Das sei Sache der Länder. Es lägen keine besonderen Gründe vor, warum nur noch die Bundesregelungen zur Behördenorganisation und zum

Verwaltungsverfahren gelten sollten. Jedenfalls aber habe der Bundesrat zustimmen müssen, was aber nicht geschehen sei. Wenn ein Land nämlich seine Stimmen uneinheitlich abgebe, könne dies nur dazu führen, dass dessen Stimmen überhaupt nicht gewertet werden dürften.

Der Bund hält dem entgegen: Die zahlreichen Skandale zeigten ohne Zweifel, dass sowohl hinsichtlich des materiellen Lebensmittelrechts in diesem Bereich als auch hinsichtlich dessen Ausführung nun der Bund die Sache in die Hand nehmen müsse. Die Defizite sprächen für sich. Weiter habe der Bundesrat dem gesamten Gesetz zugestimmt, das Wort des politisch und rechtlich verantwortlichen Ministerpräsidenten müsse bei einer uneinheitlichen Abstimmung den Ausschlag geben. Dabei bezieht sich der Bund auf die Richtlinienkompetenz des Ministerpräsidenten, die die Landesverfassung von B-W tatsächlich statuiert. Zuletzt macht der Bund geltend: Selbst wenn man die Stimmen des Landes B-W nicht habe zählen dürfen, könne dies allenfalls für die Wirksamkeit des § 17 VG Bedeutung haben. Die übrigen Paragraphen des VG hätten damit dennoch Geltung erlangt.

Frage: Wie entscheidet das BVerfG über das Begehren der Landesregierung von B? Was ordnet es hinsichtlich des rechtlichen Schicksals des VG an?

Die Prüfung ist auf die förmliche Vereinbarkeit des VG mit dem GG zu beschränken. Auf alle aufgeworfenen Rechtsfragen ist einzugehen, ggf. in einem Hilfsgutachten.

Hinweis: Der Fall kann in vier Zeitstunden gelöst werden.

Lösung

Lösungshinweise

Problemschwerpunkte: Prüfungsumfang und Entscheidungswirkung: abstrakte Normenkontrolle vs. Bund-Länder-Streit – Gesetzgebungskompetenzen (inkl. Prüfung der Erforderlichkeitsklausel, Art. 72 II GG) – Bundeskompetenz für Gesetzesvollzug (Behördeneinrichtung und Verwaltungsverfahren) nach Art. 83, 84 GG (insb. abweichungsfeste Regelungen) – Folgen der uneinheitlichen Stimmabgabe im Bundesrat – Zustimmungsbedürftigkeit zu Gesetz als Ganzem bei nur einer zustimmungsbedürftigen Norm (Einheits-/Trennungstheorie)

I. Der anspruchsvolle Fall kombiniert Standardprobleme aus dem Bereich von Gesetzgebungskompetenzen und -verfahren mit Fragen der Verwaltungskompetenzen.[1] Die Klausur weist mit insgesamt acht Ebenen eine komplexe, aber nicht ungewöhnliche Tiefenstruktur auf. Dies zeigt einmal mehr, dass das Anfertigen einer Lösungsskizze unerlässlich für eine gute Klausurbearbeitung ist – wer in dieser Klausur nicht genau weiß, was er warum auf welcher Ebene prüft, wird sich hoffnungslos verirren.

II. Die Prüfung von Gesetzgebungskompetenzen gehört zum Standardrepertoire öffentlich-rechtlicher Klausuren, gerade der Anfänger wird mit hoher Wahrscheinlichkeit damit konfrontiert werden. Dabei gilt: Großer Wert wird auf die vollständige Prüfung der möglicherweise einschlägigen Kompetenzgrundlagen gelegt. Man sollte sich in der Klausur also genügend Zeit nehmen, insb. die Kataloge der Art. 73, 74 GG *sorgfältig* durchzuarbeiten. Das bedeutet: Die Kataloge sind komplett zu lesen, einschließlich aller Tatbestandselemente der Nummern (also nicht nur die jeweils ersten drei Worte überfliegen)! Jenseits der Kompetenzkataloge befinden sich Bundeskompetenzen auch an anderen Stellen im GG verstreut; sie verbergen sich hinter Formulierungen wie „Das Nähere wird durch Bundesgesetz geregelt."[2] Alle in Betracht kommenden Kompetenzen sind dann in der Klausur zu prüfen.[3]

---

[1] Vgl. zu weiteren Problemen aus dem Bereich Gesetzgebungsverfahren Klausur 4: Legitimation durch Verfahren, S. 250 ff. Zu den Verwaltungskompetenzen vgl. schon die Lösungshinweise in Klausur 6: Highway to Hell, S. 298 ff. Wiederholung: Es ist entscheidend, sich das Verhältnis der Kompetenz des Bundes zum Erlass der sachlichen Regelungen zur Kompetenz der Ausführungsregelung klar zu machen. Beides sind zunächst einmal zu trennende Aspekte, ein unsauberes Verwischen wirkt in einer Klausur fatal.

[2] Dazu näher unten im Exkurs: Prüfungsaufbau der Gesetzgebungskompetenzen des Bundes, S. 334 ff.

[3] Angesichts der zahlreichen Kompetenztitel in Art. 73, 74 GG erwartet kein Korrektor, dass der Bearbeiter jede Definition kennt. Es genügt, die Definitionen einiger wichtiger Bereiche zu lernen (etwa die ohnehin wenig aussagekräftige Definition von Art. 74 I Nr. 11 GG); für die anderen Fälle muss man sich eine Umschreibung des Normtexts einfallen lassen (hier ist etwas Kreativität und

Dabei gehören die drei Varianten des Art. 72 II GG (Herstellung gleichwertiger Lebensverhältnisse im Bundesgebiet, Wahrung der Rechts- oder Wirtschaftseinheit im gesamtstaatlichen Interesse) zu den wenigen Definitionen im Staatsorganisationsrecht, die man *auswendig lernen muss*.

III. Zum rechtspolitischen Hintergrund der klausurrelevanten Gesetzgebungskompetenznormen: Art. 73, 74 und 72 GG sind durch die sog. Föderalismusreform I (2006)[4] strukturell grundlegend verändert worden. Die Inanspruchnahme von Kompetenztiteln der konkurrierenden Gesetzgebung stellt sich danach heute nach Art. 72 GG (n. F.) wie folgt dar:[5]

(1) Regelungen im Bereich der in Art. 72 II GG aufgezählten Materien des Art. 74 GG darf der Bund nur erlassen, wenn eine Bundesregelung erforderlich ist; die *Erforderlichkeitsklausel* selbst blieb textlich gegenüber Art. 72 II GG a. F. unverändert, nur dass diese Klausel *vor* der Föderalismusreform für *alle* Materien der konkurrierenden Gesetzgebung galt.[6]

(2) Im Bereich aller anderen Materien des Art. 74 I GG kann der Bund ohne weitere Voraussetzungen (also ohne einen Erforderlichkeitsnachweis) Regelungen nach Art. 72 I GG erlassen. Diese Kompetenzen kann man unterteilen in *Kernkompetenzen*[7] und

(3) *Abweichungskompetenzen*, für die Art. 72 III GG bestimmt, dass in diesen Bereichen die Länder von Bundesregelungen abweichen dürfen.

Sprachgefühl verlangt). Eine gutgemachte Klausur wird keinen Sachverhalt stellen, dessen Bearbeitung notwendig die genaue Kenntnis der Definition eines Kompetenztitels verlangt.

[4] Vgl. die Hin- und Nachweise in Klausur 6: Highway to Hell, S. 298, Fn. 1. Am Rande bemerkt: U. a. wurde damals die Gesetzesform der Rahmengesetzgebung nach Art. 75 GG a. F. gestrichen.

[5] S. auch unten den Exkurs: Aufbau der Prüfung der Gesetzgebungskompetenzen des Bundes, S. 334 ff.

[6] Diese *Erforderlichkeits*klausel ist ihrerseits das Ergebnis einer Reform (GG-Änderung von 1994, BGBl. I, 3146). Davor konnte der Bund sich konkurrierender Gesetzgebungskompetenzen bedienen, wenn (lediglich) ein *Bedürfnis* dafür bestand (sog. Bedürfnisklausel, Art. 72 II GG a. F., 1949-1994). Das BVerfG hatte die Klausel aber so ausgelegt, dass dieses Bedürfnis *de facto* injustiziabel wurde, vgl. *Oeter*, in: v. Mangoldt/Klein/Starck (Hrsg.), GG, Bd. 2, 5. Aufl. 2005 (*Vorauflage*), Art. 72, Rn. 28 ff.; *Hopfauf*, in: Schmidt-Bleibtreu et al. (Hrsg.), GG, 12. Aufl. 2011, Einl., Rn. 34; *Sannwald*, ibid., Art. 72, Rn. 41. Das bedeutete: Der Bund war kompetent, wenn er dies für sich in Anspruch nahm, indem er erklärte, es bestehe ein Bedürfnis nach einer Bundesregelung. Das BVerfG kontrollierte dies nicht, folglich konnten sich die Länder gegen eine solche Kompetenz(-anmaßung?) nicht verteidigen. Dies führte zu einer starken Reduzierung der Kompetenzen der Länder (die zum Ausgleich stärker über den Bundesrat auf die Bundesgesetze einwirkten).
Mit der „neuen" Erforderlichkeitsklausel des Art. 72 II GG (seit 1994) hat das BVerfG seine Rechtsprechung verändert: In einer grundlegenden Entscheidung urteilte der Zweiten Senat am 24.10.2002 (BVerfGE 106, 62 – Altenpflegegesetz), dass die Voraussetzungen nach Art. 72 II GG justiziabel seien und stellte konkrete Anforderungen für ihre Inanspruchnahme auf. Die Rechtsprechung wurde vom Ersten Senat bestätigt in seinem Urteil vom 16.3.2004 (BVerfGE 110, 141 – Kampfhunde).

[7] Etwa *Ipsen*, Staatsrecht I, 23. Aufl. 2011, vor Rn. 557.

Zur Verdeutlichung der Änderung des Art. 72 GG folgende Synopse[8]:

Art. 72 GG a. F. (außer Kraft getreten am 31.8.2006)	Art. 72 I GG n. F. (in Kraft getreten am 1.9.2006)
(1) Im Bereich der konkurrierenden Gesetzgebung haben die Länder die Befugnis zur Gesetzgebung, solange und soweit der Bund von seiner Gesetzgebungszuständigkeit nicht durch Gesetz Gebrauch gemacht hat.	(1) Im Bereich der konkurrierenden Gesetzgebung haben die Länder die Befugnis zur Gesetzgebung, solange und soweit der Bund von seiner Gesetzgebungszuständigkeit nicht durch Gesetz Gebrauch gemacht hat. *[unverändert]*
(2) Der Bund hat in diesem Bereich[9] das Gesetzgebungsrecht, wenn und soweit die Herstellung gleichwertiger Lebensverhältnisse im Bundesgebiet oder die Wahrung der Rechts- oder Wirtschaftseinheit im gesamtstaatlichen Interesse eine bundesgesetzliche Regelung erforderlich macht.	(2) Auf den Gebieten des Artikels 74 Abs. 1 Nr. 4, 7, 11, 13, 15, 19a, 20, 22, 25 und 26 hat der Bund das Gesetzgebungsrecht, wenn und soweit die Herstellung gleichwertiger Lebensverhältnisse im Bundesgebiet oder die Wahrung der Rechts- oder Wirtschaftseinheit im gesamtstaatlichen Interesse eine bundesgesetzliche Regelung erforderlich macht.
	(3) Hat der Bund von seiner Gesetzgebungszuständigkeit Gebrauch gemacht, können die Länder durch Gesetz hiervon abweichende Regelungen treffen über: 1. das Jagdwesen (ohne das Recht der Jagdscheine); 2. den Naturschutz und die Landschaftspflege (ohne die allgemeinen Grundsätze des Naturschutzes, das Recht des Artenschutzes oder des Meeresnaturschutzes); 3. die Bodenverteilung; 4. die Raumordnung; 5. den Wasserhaushalt (ohne stoff- oder anlagenbezogene Regelungen);

---

[8] „Zusammenschau", d. h. Gegenüberstellung von Texten, im juristischen Kontext zumeist von Normtexten in der alten und der neuen Form.
[9] D. h. in *jedem* der in (insb.) Art. 74 I GG a. F. aufgeführten Bereiche.

6. die Hochschulzulassung und die Hochschulabschlüsse.

Bundesgesetze auf diesen Gebieten treten frühestens sechs Monate nach ihrer Verkündung in Kraft, soweit nicht mit Zustimmung des Bundesrates anderes bestimmt ist. Auf den Gebieten des Satzes 1 geht im Verhältnis von Bundes- und Landesrecht das jeweils spätere Gesetz vor.

(3) Durch Bundesgesetz kann bestimmt werden, daß eine bundesgesetzliche Regelung, für die eine Erforderlichkeit im Sinne des Absatzes 2 nicht mehr besteht, durch Landesrecht ersetzt werden kann.

(4) Durch Bundesgesetz kann bestimmt werden, daß eine bundesgesetzliche Regelung, für die eine Erforderlichkeit im Sinne des Absatzes 2 nicht mehr besteht, durch Landesrecht ersetzt werden kann. *[bis auf die Neunummerierung des Absatzes unverändert]*

Für kleinere Übungsfälle zur Kompetenzverteilung s. *Patricia Sarah Stöbener*, Fälle zur Föderalismusreform, Jura 2008, 327.

IV. Die Probleme der Klausur hinsichtlich des durch die Föderalismusreform I ebenfalls geänderten Art. 84 I GG sind bei genauem Lesen der Norm ohne Weiteres ersichtlich. Zum Verständnis auch hier die Synopse:

Art. 84 I GG a. F. (außer Kraft getreten am 31.8.2006)

Art. 84 I GG n. F. (in Kraft getreten am 1.9.2006)

Führen die Länder die Bundesgesetze als eigene Angelegenheit aus, so regeln sie die Einrichtung der Behörden und das Verwaltungsverfahren, soweit nicht Bundesgesetze *mit Zustimmung des Bundesrates*[10] etwas anderes bestimmen.

Führen die Länder die Bundesgesetze als eigene Angelegenheit aus, so regeln sie die Einrichtung der Behörden und das Verwaltungsverfahren. Wenn Bundesgesetze etwas anderes bestimmen, können die Länder davon abweichende Regelungen treffen. Hat ein

---

[10] Hervorhebung von mir, LO. Dieses Zustimmungserfordernis war ein zentrales Thema der Föderalismusreform. Es hatte nämlich großen Anteil daran, dass 60% der Bundesgesetze nur als Zustimmungsgesetze entstehen konnten (BT-Drucks. 16/813, S. 14). Der reformierte Art. 84 I GG n. F. dreht nun das Regel-Ausnahmeverhältnis um, wodurch eine Quote von nur noch 35-40 % der Gesetze zustimmungspflichtig sein soll (BT-Drucks. 16/813, S. 14 f.). Art. 84 I GG n. F. ordnet nämlich nunmehr für die Landeseigenverwaltung an: *Regel*: Land darf Behördenorganisation und Verwaltungsverfahren regeln (S. 1). Bund darf *ebenfalls* Behördenorganisation und Verwaltungsverfahren regeln, *ohne* dass aber der Bundesrat zustimmen muss (S. 2). Zum Ausgleich dürfen die Länder aber von diesen Bundesregelungen abweichen (S. 2). *Ausnahme*: Der Bund darf (allerdings nur für das Verwaltungsverfahren und nicht auch für die Behördeneinrichtung) ein Abweichungs-

> Land eine abweichende Regelung nach Satz 2 getroffen, treten in diesem Land hierauf bezogene spätere bundesgesetzliche Regelungen der Einrichtung der Behörden und des Verwaltungsverfahrens frühestens sechs Monate nach ihrer Verkündung in Kraft, soweit nicht mit Zustimmung des Bundesrates anderes bestimmt ist. Artikel 72 Abs. 3 Satz 3 gilt entsprechend. In Ausnahmefällen kann der Bund wegen eines besonderen Bedürfnisses nach bundeseinheitlicher Regelung das Verwaltungsverfahren ohne Abweichungsmöglichkeit für die Länder regeln. Diese Gesetze bedürfen der Zustimmung des Bundesrates. Durch Bundesgesetz dürfen Gemeinden und Gemeindeverbänden Aufgaben nicht übertragen werden.

V. Ein Klassiker des Staatsorganisationsrechts ist in die Klausur eingebaut: die Folgen der uneinheitlichen Stimmabgabe im Bundesrat. Das Problem darf jedoch als gelöst gelten: Das BVerfG hat in seinem Grundsatzurteil des Zweiten Senats vom 18.12.2002[11] mit der schon zuvor h. M. entschieden, dass in einem solchen Fall alle Stimmen dieses Landes ungültig sind.[12]

Eine mit diesem Problem verbundene Frage ist nach dem Sachverhalt dieser Klausur (anders als im Originalfall) ausgeklammert: Kann eine zunächst uneinheitliche Stimmabgabe doch noch in eine einheitliche verwandelt werden, wenn der Bundesratspräsident die Frage wiederholt und das Land bei der Nachfrage dann die Stimmen einheitlich abgibt?[13]

VI. Am Ende der Klausur wird die (ebenfalls klassische) Frage erörtert, ob eine einzige zustimmungsbedürftige Norm ein Gesetz *als Ganzes* zustimmungsbedürftig macht. Nein, so eine von der Literatur vertretene Meinung, die sog. *Trennungs-*

---

verbot festlegen (S. 5), das dann aber zum Ausgleich der Zustimmung des Bundesrates bedarf (S. 6).

[11] BVerfGE 106, 310 – Zuwanderungsgesetz; online verfügbar unter http://www.bundesverfassungsgericht.de/entscheidungen/fs20021218_2bvf000102.html (zuletzt abgerufen am 22.10.2011).

[12] Zu den Argumenten dieser Debatte (Stand: vor der Entscheidung des BVerfG) s. *Schenke*, Die verfassungswidrige Bundesratsabstimmung, NJW 2002, 1318 (1320 ff.).

[13] Eine Darstellung (inkl. der Minderheitsvoten in der Originalentscheidung) findet sich bei *Hebeler*, 40 Probleme aus dem Staatsrecht, 2. Aufl. 2008, 146 ff. (34. Problem).

theorie.[14] Ja, so die (jedenfalls noch) h. M. (einschließlich des BVerfG), die sog. Einheitstheorie.[15]
Der Streit konnte bis zur Föderalismusreform als geklärt gelten, seitdem ist er wieder präsent. Er ist heute allerdings juristisch spannender geworden, da statt des bisherigen Schlagworts von der „gesetzgebungstechnischen Einheit" als Argument für die Einheitstheorie nunmehr mit (dem veränderten) Wortsinn und der (neuen) Systematik der jeweiligen Kompetenzen argumentiert werden kann.[16] Eine gelungene Klausurlösung muss dies aufgreifen, vgl. dazu den Lösungsvorschlag.

VII. Der Streit um Einheits- vs. Trennungstheorie setzt sich in zwei Folgefragen fort, die hier nicht behandelt werden: (1) Ist ein Änderungsgesetz eines per Einheitstheorie als Ganzem zustimmungsbedürftigen Ursprungsgesetzes auch dann zustimmungsbedürftig, wenn das Änderungsgesetz selbst keine Zustimmungsbedürftigkeit auslösen würde? Ja, so eine MM, die sog. Mitverantwortungstheorie; nein, so das BVerfG, es sei denn, das Gesetz würde inhaltlich völlig umgekehrt. Dazu ausführlich Klausur 9: School's Out, Frage 2, S. 408, 434 ff. (2) Darf der Bundestag ein Gesetz in einen zustimmungsfreien Teil und einen zustimmungspflichtigen Teil trennen, um damit jedenfalls den zustimmungsfreien Teil erlassen zu können (sog. *Splitting von Gesetzen*)? Ja, so die h. M. zutreffend.[17]

VIII. Exkurs zur Gesetzgebungskompetenz für Regelungen von Verwaltungsverfahren und Behördenorganisation: Auf ein Meinungswirrwarr trifft man mit der Frage, woraus sich eigentlich die Gesetzgebungskompetenz des Bundes zur Regelung der Gesetzesausführung (also zur gesetzlichen Regelung von Verwaltungsverfahren und Behördeneinrichtung) ergibt. Wer hier antwortet: „Aus den Art. 83 ff. GG!", hat praktisch und mit Blick auf die Klausurrelevanz gesprochen

---

[14] Für die Trennungstheorie hinsichtlich **Art. 84 I GG (a. F.)**: *Haghgu*, Die Zustimmung des Bundesrates nach Art. 84 Abs. 1 GG – Wider die sog. Einheitsthese, 2007, insb. S. 178 ff.; für die Trennungstheorie hinsichtlich **Art. 84 I GG n. F.**: *Pieroth*, in: Jarass/Pieroth, GG, 11. Aufl. 2011, Art. 84, Rn. 12, m. w. N.; *Trute*, in: v. Mangoldt/Klein/Starck (Hrsg.), GG, Bd. 3, 6. Aufl. 2010, Art. 84, Rn. 50; *Hennecke*, in: Schmid-Bleibtreu et al. (Hrsg.), GG, 12. Aufl. 2011, Art. 84, Rn. 6; für die Trennungstheorie hinsichtlich Art. 85 I 1, 87b I 4 1. Hs. GG: *Lehmann-Brauns*, Die Zustimmungsbedürftigkeit von Bundesgesetzen nach der Föderalismusreform, 2008, S. 210 ff., 416 f.

[15] S. nur BVerfGE 55, 274 (319, m. w. N.); 106, 310 (329 f.) und für die Literatur *Masing*, in: v. Mangoldt/Klein/Starck (Hrsg.), GG, Bd. 2, 6. Aufl. 2010, Art. 77, Rn. 51, m. w. N.; *Sannwald*, in: Schmidt-Bleibtreu et al. (Hrsg.), GG, 12. Aufl. 2011, Art. 78, Rn. 13, m. w. N.; für bestimmte Zustimmungstatbestände, insb. Art. 84 I 6 GG, bejaht von *Lehmann-Brauns*, Die Zustimmungsbedürftigkeit von Bundesgesetzen nach der Föderalismusreform, 2008, S. 207 ff., 416; weitere Nachweise und Streitdebatte bei *Hofmann* in: Schmidt-Bleibtreu et al. (Hrsg.), GG, 12. Aufl. 2011, Art. 50, Rn. 13, 15 f.

[16] S. dazu (mit dem Ergebnis, dass manche Zustimmungserfordernisse sich auf das ganze Gesetz und manche sich nur auf die jeweilige Norm beziehen) *Lehmann-Brauns*, Die Zustimmungsbedürftigkeit von Bundesgesetzen nach der Föderalismusreform, 2008, S. 207 ff., 416.

[17] Vgl. nur BVerfGE 114, 196 (230, m. w. N.) und für einen kurzen Überblick *Hofman*, in: Schmidt-Bleibtreu et al. (Hrsg.), GG, 12. Aufl. 2011, Art. 50, Rn. 17, m. w. N.; ausführlicher *Lehmann-Brauns*, Die Zustimmungsbedürftigkeit von Bundesgesetzen nach der Föderalismusreform, 2008, S. 226 ff.

recht. Wen das (etwas vereinfachte) konstruktive Fundament dieses Ergebnisses interessiert, möge weiterlesen.[18]

I. Ein Teil der Literatur sieht die Gesetzgebungskompetenz für die Gesetzesausführung in Art. 70 ff. GG direkt verortet,[19] ein etwas größerer als Annexkompetenz zu Art. 70 ff. GG.[20] Die Bedeutung der Art. 83 ff. GG liegt nach dieser Auffassung in der „Ergänzung" und „Modifikation" der in Art. 70 ff. GG begründeten Kompetenzen.[21] Gegen diese Auffassung wird v. a. eingewendet, dass sie historisch überkommen, heute vor der ausdifferenzierten geschriebenen Ordnung der Art. 83 ff. GG aber nicht mehr haltbar ist.[22]

Folge der Auffassung I: Führen die Art. 83 ff. GG zu keiner Bundeskompetenz, ist eine Anwendung der *leges generales* (Art. 70 ff. GG) möglich, soweit sie allerdings nicht dem Sinn der *leges speciales* (Art. 83 ff. GG) zuwiderläuft.

II. Die Bundeskompetenzen sind konstitutiv in Art. 83 ff. GG normiert.[23]

Folge der Auffassung II: Führen die Art. 83 ff. GG zu keiner Bundeskompetenz, besteht keine Bundeskompetenz; ein Rückgriff auf Art. 70 ff. GG scheidet aus.

In einem Fall kann man dieses Problem vertiefen, nämlich bei der Frage nach der **Bundeskompetenz der Regelung des Verwaltungsverfahrens in der Auftragsverwaltung, Art. 85 I 1 GG (Klassiker):** Nach dem Wortsinn darf nämlich nur die Einrichtung der Behörden, nicht aber das Verwaltungsverfahren vom Bund geregelt werden. BVerfGE 26, 338 (385) hat die Bundeskompetenz aus Art. 85 I GG [!] bejaht, gestützt auf einen Vergleich der Bundeskompetenz in der *Landeseigenverwaltung (Art. 84 I GG)*: wenn der Bund das Verwaltungsverfahren bei der Landeseigenverwaltung regeln darf, obwohl er geringere Einwirkungsrechte auf die Verwaltung hat (vgl. Art. 84 III, IV GG) als bei der Auftrags-

---

[18] Beachte auch den Überblick von *Hermes*, in: Dreier (Hrsg.), GG, Bd. III, 2. Aufl. 2008, Art. 83, Rn. 20 ff. Vgl. für weitere Nachweise auch *Lehmann-Brauns*, Die Zustimmungsbedürftigkeit von Bundesgesetzen nach der Föderalismusreform, 2008, S. 101 ff.

[19] Etwa (für manche Konstellationen) *Jarass*, Allgemeine Probleme der Gesetzgebungskompetenz des Bundes, NVwZ 2000, 1089 (1091); s. weitere Nachweise von *Hermes*, in: Dreier (Hrsg.), GG, Bd. III, 2. Aufl. 2008, Art. 83, Rn. 21.

[20] Etwa (für andere Konstellationen) *Jarass*, Allgemeine Probleme der Gesetzgebungskompetenz des Bundes, NVwZ 2000, 1089 (1091); s. weitere Nachweise von *Hermes*, in: Dreier (Hrsg.), GG, Bd. III, 2. Aufl. 2008, Art. 83, Rn. 21.

[21] *Hermes*, in: Dreier (Hrsg.), GG, Bd. III, 2. Aufl. 2008, Art. 83, Rn. 23 f.

[22] S. etwa *Trute*, in: v. Mangoldt/Klein/Starck (Hrsg.), GG, Bd. 3, 6. Aufl. 2010, Art. 83, Rn. 13, insb. mit Verweis auf die Darlegung von *Peter Lerche*.

[23] *Lerche*, in: Maunz/Dürig (Hrsg.), GG, Loseblatt, Stand: 26. Lfg. (ohne Datumsangabe), Art. 85, Rn. 27; *F. Kirchhof*, in: Maunz/Dürig (Hrsg.), GG, Loseblatt, Stand: Januar 2011, Art. 84, Rn. 13; *Trute*, in: v. Mangoldt/Klein/Starck (Hrsg.), GG, Bd. 3, 6. Aufl. 2010, Art. 83, Rn. 13; *Dittmann*, in: Sachs (Hrsg.), GG, 6. Aufl. 2011, Art. 84, Rn. 5 (in diesem Kontext sollten die Kompetenzen in den Art. 83 ff. GG allerdings nicht als „Annex" zu den sachlichen Gesetzgebungskompetenzen des Bundes bezeichnet werden, wenn damit nur gemeint ist, dass nur dort für Art. 83 ff. GG Raum ist, wo der Bund zur sachlichen Regelung kompetent ist); weitere Nachweise bei *Hermes*, in: Dreier (Hrsg.), GG, Bd. III, 2. Aufl. 2008, Art. 83, Rn. 22. Zwischen dieser und der Annex-Theorie: *Uhle*, in: Maunz/Dürig (Hrsg.), GG, Loseblatt, Stand: Oktober 2008, Art. 70, Rn. 73 f. (Art. 84, 85 GG als „positivierte Annexkompetenzen", damit als *leges speciales*) und *Pieroth*, in: Jarass/Pieroth, GG, 11. Aufl. 2011, Art. 83, Rn. 2 (Art. 83 ff. als *leges speciales* zu Art. 70 ff. GG, aber Ablehnung der Annexkonstruktion), die einem grundsätzlichen Rekurs auf Art. 70 ff. GG zur Begründung von Verwaltungskompetenzen nicht im Wege stehen würden, womit aber kaum ein Unterschied zur Konstruktion von *Hermes* (Fn. 22) besteht.

verwaltung (vgl. Art. 85 III, IV GG), dann muss er *erst recht* bei der Auftragsverwaltung das Verwaltungsverfahren regeln dürfen.

Dem studentischen Bearbeiter ist angesichts dieser im Ergebnis anerkannten Entscheidung allerdings zu empfehlen, im Klausurfall die Frage nach den unterschiedlichen konstruktiven Lösungen ruhen zu lassen und die Bundeskompetenz mit dem letztgenannten Argument anzunehmen.[24]

Eine Folgefrage ergibt sich dann hinsichtlich der **Zustimmungsbedürftigkeit** einer solchen Regelung des Verwaltungsverfahrens in der Auftragsverwaltung. Nach **h. M.** ist eine solche Regelung **zustimmungsfrei**,[25] da Art. 85 I 1 GG kein Zustimmungserfordernis anordne und insb. eine Konstruktion analog Art. 84 I GG a. F. ausscheide.[26] **M. E.** ist dies unzutreffend: eine Bundesregelung des Verwaltungsverfahren in der Auftragsverwaltung ist vielmehr **zustimmungsbedürftig**.[27]

---

[24] Im Ergebnis unstr., vgl. die Nachweise bei *Lehmann-Brauns*, Die Zustimmungsbedürftigkeit von Bundesgesetzen nach der Föderalismusreform, 2008, S. 264 f.

[25] BVerfGE 126, 77 (100, m. zahlr. w. N.) – Luftsicherheitsgesetz II; weitere Nachweise bei und dieser Auffassung selbst folgend *Lehmann-Brauns*, Die Zustimmungsbedürftigkeit von Bundesgesetzen nach der Föderalismusreform, 2008, S. 265 ff.

[26] BVerfGE 126, 77 (100 ff.).

[27] Dies ergibt sich aus einer konsequenten Fortführung der konstruktiven Erwägungen zur Gesetzgebungskompetenz des Bundes für die Regelung des Verwaltungsverfahrens bei der Auftragsverwaltung: Diese findet sich gerade *nicht* in Art. 85 I 1 GG, was sich das BVerfG nicht hinreichend deutlich in Erinnerung ruft, wenn es schreibt (BVerfGE 126, 77 [100]): „Nach dem Wortlaut des Art. 85 [I 1] GG sind nur Regelungen der Behördeneinrichtung, nicht dagegen auch Regelungen des Verwaltungsverfahrens zustimmungsbedürftig." Dies ist nicht falsch, aber ungenau, denn es suggeriert, Art. 85 I 1 GG enthalte eine ausdrückliche Bundeskompetenz für das Verwaltungsverfahren, für die aber die Zustimmung nicht angeordnet sei.
Richtig ist vielmehr: Die Bundeskompetenz ergibt sich aus Art. 85 GG **analog**. Die konstruktiven Anfänge zur Begründung der Bundeskompetenz sind dabei noch verhältnismäßig genau. BVerfGE 26, 338 (385) schreibt: „[Die Befugnis des Bundes, das Verwaltungsverfahren für die Auftragsverwaltung zu regeln] ergibt sich jedenfalls aus Art. 85 Abs. 1 GG, obwohl diese Bestimmung anders als Art. 84 Abs. 1 GG die Befugnis des Bundes zur Regelung des Verwaltungsverfahrens nicht ausdrücklich erwähnt." Die folgende Begründung (Erst-recht-Schluss durch Vergleich mit der Landeseigenverwaltung) hätte das Gericht damals schon darin münden lassen müssen, dass die Befugnis sich aus Art. 85 I 1 GG *analog* ergibt (seine Formulierung „nicht ausdrücklich" ist insoweit ungenau), in der Sache geschieht aber genau das.
Normativ *muss* sich die Bundeskompetenz für das Verwaltungsverfahren in der Auftragsverwaltung an Art. 85 I 1 GG orientieren (und nicht etwa an Art. 84 GG). Als speziellere Norm bietet sie die richtige Grundlage für eine Analogie: der Tatbestand der spezielleren Norm (Regelung der Bundeskompetenzen bei der Auftragsverwaltung, Art. 85 I 1 GG) wird ergänzt; der Vergleich der Bundesbefugnisse bei Art. 84 GG und Art. 85 GG dient dabei methodisch zutreffend zur Begründung, warum eine Analogie bzw. ein Erst-recht-Schluss aufgrund genügender Vergleichbarkeit zulässig ist. Dann gilt aber auch die **Rechtsfolge** des Art. 85 I 1 GG (eine Analogie ist ja die Übertragung einer Rechtsfolge auf einen nicht geregelten Tatbestand).
Daraus folgt: Die Bundeskompetenz zur Regelung des Verwaltungsverfahrens in der Auftragsverwaltung ergibt sich aus Art. 85 I 1 GG analog, der da lautet: „Führen die Länder die Bundesgesetze im Auftrage des Bundes aus, so bleibt die Einrichtung der Behörden *und das Verwaltungsverfahren* Angelegenheit der Länder, soweit nicht Bundesgesetze mit Zustimmung des Bundesrates etwas anderes bestimmen." Daraus ergibt sich dann auch die Zustimmungsbedürftigkeit einer solchen Regelung. Dagegen kann auch nicht eingewendet werden, dass damit das Enumerationsprinzip der Zustimmungsgesetze unterlaufen werde (in diese Richtung aber BVerfGE 126, 77 [100]).

Hinweise zum Europarecht: Die Verteilung der Verbandskompetenzen zur Rechtssetzung zwischen EU und Mitgliedstaaten ist einer der zentralen Dreh- und Angelpunkte des Europarechts; vgl. für einen kurzen Überblick etwa *Haratsch* et al., Europarecht, 7. Aufl. 2010, Rn. 149 ff.; kompakt, aber umfangreicher *Frenz*, Handbuch Europarecht, Bd. 6: Institutionen und Politiken, 2011, Kapitel 15 System der Unionspolitiken, Rn. 2183 ff. Zum Rechtssetzungsverfahren vgl. schon die Hinweise zum Europarecht in Klausur 4: Legitimation durch Verfahren, S. 241.

Wenn die EU zur Rechtsetzung kompetent ist, muss sie dafür legitimiert sein. Dies geschieht durch die Bürger Europas in doppelter Weise: Die Bürger Europas legitimieren einerseits als *Unionsbürger* (vgl. Art. 9 EUV, Art. 20 AEUV) die *EU-Organe*, die an der EU-Rechtsetzung mitwirken (Europäisches Parlament, Europäische Kommission); und als *Bürger eines Mitgliedstaats* legitimieren sie andererseits die *nationalen Organe*, die an der EU-Rechtsetzung mitwirken (insb. die Regierung, die im Ministerrat legislativ tätig ist,[28] und das nationale Parlament, das beispielsweise Mitwirkungspflichten zur Richtlinienumsetzung trifft[29] und die Einhaltung des Subsidiaritätsprinzips überwacht[30]).

Obiter dictum: Die Juristin Dr. *Elisabeth Schwarzhaupt* (1901-1986) war eine (CDU-)Politikerin. Sie wirkte als Bundestagsabgeordnete (1953-1969) und Bundesministerin für Gesundheitswesen von 1961-1966 in den Bundeskabinetten Adenauer IV und Erhard.[31] Damit war sie die erste Bundesministerin überhaupt. *Schwarzhaupt* hat sich neben der Gesundheitspolitik um die Familienpolitik verdient gemacht, dort insb. um die Verbesserung der rechtlichen Stellung von Ehefrauen und „nichtehelichen" Kindern – teilweise auch gegen die Mehrheitsmeinung ihrer eigenen Fraktion[32].

Karl Arnold (1901-1958) war ein Zentrums-, später CDU-Politiker. Sein politisches Fundament war die christliche Arbeiterbewegung, so dass *Arnold* mit der Zerschlagung der Gewerkschaften 1933 die Grundlage für weiteres öffentliches politisches Handeln entzogen wurde. 1944 verhaftete ihn die Gestapo im Zusammenhang mit dem Attentat vom 20.7.1944. Nach dem Krieg beteiligte er sich an der Gründung einer Einheitsgewerkschaft im Rheinland und einer interkonfessionellen Volkspartei (der späteren CDU). 1947 wurde *Arnold* zum Ministerpräsidenten von Nordrhein-Westfalen gewählt, was er bis 1956 blieb.

Vielmehr wird der föderalen Kompetenzverteilung entsprochen und damit das Enumerationsprinzip gerade gewahrt: die (gegenüber der Landeseigenverwaltung als Normalfall der Gesetzesausführung) stärkeren Einwirkungsrechte des Bundes werden bei der Auftragsverwaltung um den Preis der Bundesratszustimmung erkauft (dieser Kompensationsgedanke findet sich auch bei *Ipsen*, Staatsrecht I, 23. Aufl. 2011, Rn. 640). Systemwidrig hingegen wäre die Ausdehnung der Bundeskompetenzen durch Erst-recht-Schluss ohne die nach dem GG daran gekoppelte Zustimmungsbedürftigkeit.

[28] Diese Situation ist in gewisser Weise mit der Mitwirkung des Bundesrats bei der deutschen Gesetzgebung vergleichbar: auch dabei wirken Regierungsvertreter der Länder bei der Gesetzgebung des Bundes mit.

[29] Vgl. Art. 288 Abs. 3 AEUV.

[30] Vgl. im Lissabon-Vertrag insb. Protokoll (Nr. 1) über die Rolle der nationalen Parlamente in der Europäischen Union sowie Protokoll (Nr. 2) über die Anwendung der Grundsätze der Subsidiarität und der Verhältnismäßigkeit, dort. insb. die Möglichkeiten von Subsidiaritätsrüge (sog. „gelbe Karte") und Subsidiaritätsklage (sog. „orange Karte"). Zu Subsidiaritätsrüge und -klage näher *Haratsch* et al. Europarecht, 7. Aufl. 2010, Rn. 173, 175.

[31] Die Angaben entstammen *Mundzeck*, Elisabeth Schwarzhaupt, in: Deutscher Juristinnenbund e. V. (Hrsg.), Juristinnen in Deutschland – Die Zeit von 1900 bis 2003, 4. Aufl. 2003, S. 213 ff.; *Wilkens*, Elisabeth Schwarzhaupt wird 85 Jahre alt, FamRZ 1986, 25.

[32] Etwa in der Frage des Letztentscheidungsrechts des Ehemannes und Vaters in Ehe- und Familienfragen.

1949 wählte ihn der Bundesrat zu seinem ersten Präsidenten. In dieser Eigenschaft nahm er für einige Tage im September 1949 die Befugnisse des Bundespräsidenten wahr[33], bevor *Theodor Heuss* (1884-1963) zum ersten Bundespräsidenten gewählt wurde.[34]

---

[33] Entsprechend Art. 57 GG.
[34] Die Angaben entstammen *Hüwel/Rosorius* (Hrsg.), Der Politiker Karl Arnold – Ministerpräsident und Sozialreformer, 1982, S. 97 ff. (das Buch enthält insb. politische Würdigungen); *Herles*, Das Parlament der Regierenden: 40 Jahre Bundesrat – Eine Chronik seiner Präsidenten, 1989, S. 50 f.; für eine ausführliche (politische) Biographie s. *Hüwel*, Karl Arnold – Eine politische Biographie, 1980; beachte weiter *Sommer*, Der Bundesrat als außenpolitische Kontrollinstanz in den Anfangsjahren der Bundesrepublik Deutschland, ZParl 1992, 537, der die Rolle *Arnolds* bei der Etablierung des Bundesrats als selbstbewusstem Organ darstellt (S. 540 ff.) – angefangen bei der Wahl *Arnolds* zum Präsidenten anstatt *Adenauers* Wunschkandidaten. Für das Denken mit Blick auf Europa vgl. *Arnolds* Ansprache zur Eröffnung des Parlamentarischen Rats vom 1.9.1948: „Wir erstreben die deutsche Einheit in einem geeinten Europa, damit Friede, Fortschritt und Wohlfahrt erreicht werden können." (abgedruckt in: *Feldkamp* [Hrsg.], Die Entstehung des Grundgesetzes für die Bundesrepublik Deutschland 1949 – Eine Dokumentation, 1999, S. 71 [73]) sowie seine Universitätsansprache „Deutsche Beiträge zur Verwirklichung der Europa-Idee" (1951).

Exkurs: Prüfungsaufbau der Gesetzgebungskompetenzen des Bundes

Das Verständnis der Verteilung der Gesetzgebungskompetenzen gehört zu den Grundlagen des Staatsorganisationsrechts – Schwächen in der Klausur führen zu empfindlichstem Notenabzug!

Gesetzgebungskompetenzen sind umfassend zu prüfen. *Alle* in Betracht kommenden Kompetenzen sind also zu prüfen; ungenügend ist es, nach der Bejahung einer Gesetzgebungskompetenz (des Bundes) die Prüfung zu beenden, weil der Bund ja „jedenfalls" danach kompetent ist.

A. Konstruktiver Grundsatz: Ländergesetzgebungskompetenz
– Die Länder sind grundsätzlich zur Gesetzgebung kompetent;[35] dem Bund kommt die Gesetzgebungskompetenz hingegen nur zu, wenn ihn das GG hierzu ermächtigt (Art. 70 I GG).
– Dieser Grundsatz ist in der Klausur kurz festzuhalten.

B. Bundeskompetenz

I. Ausschließliche Kompetenz des Bundes (Art. 71 GG i. V. m. einem Kompetenztitel, insb. aus Art. 73 GG)
– Die Inanspruchnahme eines Titels ausschließlicher Bundeskompetenz unterliegt (anders als bei konkurrierender Kompetenz) keiner weiteren Anforderung.

1. Kompetenztitel in Art. 73 I GG
– Der umfangreiche Katalog ist sorgfältig durchzuarbeiten.

2. „Verstreute" ausdrückliche Kompetenztitel ausschließlicher Bundeskompetenz
– Außerhalb des Art. 73 I GG findet sich ein Kompetenztitel im GG, wenn es heißt, dass eine Materie durch „Bundesgesetz" zu regeln sei, etwa in der Formulierung: „Das Nähere regelt ein Bundesgesetz."[36]

---

[35] Allerdings ist der Bund *tatsächlich* zur Regelung der Mehrzahl aller Sachbereiche kompetent. Aber: Zum einen wäre die Annahme unzutreffend, die Länder hätten kaum noch Bedeutung als Gesetzgeber; vgl. für eine Übersicht über Länderkompetenzen *Sannwald*, in: Schmidt-Bleibtreu et al. (Hrsg.), GG, 12. Aufl. 2011, Art. 70, Rn. 20 ff., darunter: Rundfunk, Versammlungsrecht, Polizeirecht, Kultur, Staatskirchenrecht, bestimmte Steuerkompetenzen, Gaststättenrecht und Presserecht. Zum anderen könnte ein verzerrter Blick auf die Bedeutung von Landesrecht daraus folgen, dass an den Universitäten überwiegend Materien unterrichtet werden, für die Bundeskompetenzen bestehen; eine Ausnahme ist das Besondere Verwaltungsrecht, und dort hat der Student denn auch mit Landesrecht wie Polizeirecht, Bauordnungsrecht und Kommunalrecht zu tun.

[36] Etwa *Rozek*, in: v. Mangoldt/Klein/Starck (Hrsg.), GG, Bd. 2, 6. Aufl. 2010, Art. 70, Rn. 36; a. A. *Sannwald*, in: Schmidt-Bleibtreu et al. (Hrsg.), GG, 12. Aufl. 2011, Art. 71, Rn. 5, sowie Art. 72, Rn. 8: es sei auf den Einzelfall abzustellen, ob sich hinter dieser Formulierung die Ermächtigung zu ausschließlicher Bundeskompetenz oder nur zu konkurrierender Kompetenz ergebe; dagegen ist einzuwenden, dass im Falle konkurrierender Gesetzgebung auch die Länder zuständig sein müssten – und dann würde es sich nicht um eine „Bundesgesetz" handeln.

- Viele dieser Titel sind nicht klausurrelevant.
- *Relevant* können insb. sein:[37] Art. 21 III GG (Recht der politischen Parteien); Art. 22 I 3 GG (Berliner Hauptstadtangelegenheiten); Art. 23 I 2, Ia 3, III 3, VII (EU-Mitwirkung); Art. 24 I GG (Übertragung von Hoheitsrechten an zwischenstaatliche Einrichtungen); Art. 38 III GG (Bundestagswahlrecht); Art. 41 III GG (Wahlprüfung); Art. 48 III 3 GG (Abgeordnetenrechte); Art. 59 II 1 GG (Zustimmungsgesetze zu völkerrechtlichen Verträgen über Bundeskompetenzmaterien); Art. 84 V 1 GG[38] (Verwaltungskompetenzen bei Landeseigenverwaltung); Art. 85 I 1 GG[39] (Verwaltungskompetenzen bei Auftragsverwaltung); Art. 87 III GG (Einrichtung von Bundesoberbehörden und mittelbarer Bundesverwaltung); Art. 94 II 1 GG (BVerfGG); verschiedene Regelungen im Bereich der Steuergesetzgebungskompetenz (Art. 104a ff. GG)[40].

3. „Stillschweigend mitgeschriebene (implizite)"[41] Kompetenztitel ausschließlicher Bundeskompetenz

- Stillschweigend mitgeschriebene („ungeschriebene") Bundeskompetenzen verunsichern viele Studierende. Die gute Nachricht: Sie haben kaum praktische und Klausurrelevanz, werden aber in den Vorlesungen und Lehrbüchern behandelt (obwohl zugleich konzediert wird, dass für ihre Annahme kaum eine Notwendigkeit besteht und insb. die Abgrenzung von Kompetenz kraft Sachzusammenhangs und Annexkompetenz schwierig ist[42]). Stillschweigend mitgeschriebene Bundeskompetenzen sollten vom Studierenden daher als eine sehr spezielle Konstruktion verstanden werden. Längere Ausführungen in der Klausur, ob etwas als Annexkompetenz gedacht werden kann (und worin der Unterschied zur Kompetenz kraft Sachzusammenhangs besteht), sind selten angebracht. Wenn dies einmal gewünscht ist, wird das im Sachverhalt deutlich; nach einer kurzen Nennung der Schlagworte sollte man diese Untiefen rasch wieder verlassen. Dies gilt umso mehr, als die Kompetenz aus der Natur der Sache in der jüngeren Rechtsprechung des BVerfG gar nicht mehr auftaucht (über die wenigen Materien scheint also hinreichend entschieden zu sein), und

---

[37] Für weitere Kompetenzen s. *Uhle*, in: Maunz/Dürig (Hrsg.), GG, Loseblatt, Stand: Oktober 2008, Art. 70, Rn. 57 ff.

[38] Art. 84 I 2 GG sollte dagegen als konkurrierende Gesetzgebungskompetenz qualifiziert werden. Art. 84 I 5 GG kann allerdings als ausschließliche Bundeskompetenz begriffen werden.

[39] So jedenfalls die Qualifizierung von Art. 85 I 2 GG von beispielsweise *Uhle*, in: Maunz/Dürig (Hrsg.), GG, Loseblatt, Stand: März 2007, Art. 71, Rn. 26. Angesichts der in Art. 85 I 1 1. Hs. GG angeordneten Kompetenz der Länder überzeugt dies nicht, Art. 85 I 1 GG ordnet vielmehr eine konkurrierende Gesetzgebungskompetenz des Bundes an.

[40] Diese (nicht klausurrelevanten) Normen stellen *leges speciales* gegenüber Art. 70 I GG dar, s. *Rozek*, in: v. Mangoldt/Klein/Starck (Hrsg.), GG, Bd. 2, 6. Aufl. 2010, Art. 70, Rn. 9 mit kurzem Überblick.

[41] So die treffende Bezeichnung bei *Uhle*, in: Maunz/Dürig (Hrsg.), GG, Loseblatt, Stand: Oktober 2008, Art. 70, Rn. 62 in Fortführung der früheren Kommentierung. Oft werden diese Kompetenzen „ungeschriebene" genannt, was nicht falsch ist, aber im Gegensatz zu „stillschweigend mitgeschrieben" nicht verdeutlicht, dass diese Kompetenzen in irgendeiner Beziehung zu einer geschriebenen Bundeskompetenz/-aufgabe stehen müssen – was argumentativ darzulegen ist!

[42] Etwa *Ipsen*, Staatsrecht I, 23. Aufl. 2011, Rn. 553, 591, 595.

eine dogmatische Trennung zwischen Kompetenz kraft Sachzusammenhangs und Annexkompetenz schwierig ist – unabhängig davon, dass auch ihr kaum Bedeutung zukommt.

a) Kompetenz kraft Natur der Sache[43]

- Eine Kompetenz kraft Natur der Sache ist notwendig eine ausschließliche Bundeskompetenz.[44]
- Vom BVerfG wird eine Kompetenz aus der Natur der Sache *nur dann angenommen, wenn gewisse Sachgebiete, weil sie ihrer Natur nach eine eigenste, der partikularen Gesetzgebungszuständigkeit a priori entrückte Angelegenheit des Bundes darstellen, vom Bund und nur von ihm geregelt werden können*[45].
- Die Bundeskompetenz kraft Natur der Sache schließt sich (anders als die Annexkompetenz und die Kompetenz kraft Sachzusammenhangs) zwar nicht an einen geschriebenen Kompetenztitel an. Um die ausbalancierte geschriebene Kompetenzverteilung des GG aber nicht zu unterlaufen, muss die „Natur der Sache" mit normativen Begründungen als Bundesangelegenheit dargestellt werden können; vor allem darf sie nur äußerst restriktiv bejaht werden. Dies fällt umso leichter, als kaum Lücken im GG bestehen, die mit Rückgriff auf diese Kompetenz gefüllt werden müssten.[46]

b) Kompetenz kraft Sachzusammenhangs[47]

- Hierbei handelt es sich um keine selbstständige Kompetenz, sondern die akzessorische (abhängige) ungeschriebene Erweiterung eines geschriebenen Kompetenztitels. Eine solche Kompetenz kann daher nur angenommen werden, wenn ein ausdrücklicher Kompetenztitel zuvor dem Bund zugesprochen wurde – eine Kompetenz kraft Sachzusammenhangs hängt also nicht im luftleeren Rechtsraum.
- Als akzessorische Kompetenz teilt sie die Rechtsnatur der „Haupt"-Kompetenz, so dass es ausschließliche Kompetenzen des Bundes kraft Sachzusammenhangs und konkurrierende Kompetenzen des Bundes kraft Sachzusammenhangs gibt.[48]
- Als „Definition" formuliert das BVerfG, dass eine Zuständigkeit des Bundes kraft Sachzusammenhangs bejaht werden kann, *wenn eine dem Bund ausdrücklich zugewiesene Materie verständigerweise nicht geregelt werden kann, ohne da[ss] zugleich eine nicht ausdrücklich zugewiesene andere Materie mitgeregelt wird, wenn also ein Übergreifen in nicht ausdrücklich zugewiesene*

---

[43] Näher *Uhle*, in: Maunz/Dürig (Hrsg.), GG, Loseblatt, Stand: Oktober 2008, Art. 70, Rn. 75 ff.; vgl. insb. die Beispiele und Fallgruppenbildung in Rn. 78.
[44] *Uhle*, in: Maunz/Dürig (Hrsg.), GG, Loseblatt, Stand: Oktober 2008, Art. 70, Rn. 66, 75.
[45] BVerfGE 26, 246 (257, m. w. N.) – Berufsbezeichnung Ingenieur.
[46] *Ipsen*, Staatsrecht I, 23. Aufl. 2011, Rn. 553.
[47] Weiterführend etwa *Uhle*, in: Maunz/Dürig, GG, Loseblatt, Stand: Oktober 2008, Art. 70, Rn. 67 ff., Beispiele Rn. 70.
[48] *Uhle*, in: Maunz/Dürig, GG, Loseblatt, Stand: Oktober 2008, Art. 70, Rn. 66.

Materien unerlä[ss]liche Voraussetzung ist für die Regelung einer der Bundesgesetzgebung zugewiesenen Materie[49].

c) Annexkompetenz[50]
- Auch hierbei handelt es sich um keine selbstständige Kompetenz, sondern die akzessorische ungeschriebene Erweiterung eines geschriebenen Kompetenztitels. Eine solche Kompetenz kann daher nur angenommen werden, wenn ein ausdrücklicher Kompetenztitel zuvor dem Bund zugesprochen wurde – eine Annexkompetenz hängt also ebenfalls nicht im luftleeren Rechtsraum.
- Als akzessorische Kompetenz teilt sie die Rechtsnatur der „Haupt"-Kompetenz, so dass es ausschließliche Annexkompetenzen des Bundes und konkurrierende Annexkompetenzen des Bundes gibt.[51]
- Worin genau der Unterschied zur Kompetenz kraft Sachzusammenhangs besteht, ist umstritten.
  o Die h. M. argumentiert: Sachzusammenhang sei die mitgeschriebene Ausdehnung in *sachlicher* Hinsicht (Ausdehnung in die Breite), ein Annex hingegen die (punktuelle, ergänzende) Ergänzung einer Sachmaterie um *Vorbereitungs- und Durchführungsregelungen* (Ausdehnung in die Tiefe).[52]
  o Eine a. A. lehnt die Annexkompetenz als eigenständige Kompetenz neben der Kompetenz kraft Sachzusammenhangs ab.[53]

II. Konkurrierende Kompetenz des Bundes (Art. 72 i. V. m. einem Kompetenztitel, insb. aus Art. 74 I GG)

1. Kompetenz nach Art. 72 i. V. m. Art. 74 I GG

a) Kompetenztitel nach Art. 74 I GG
- Der umfangreiche Katalog ist sorgfältig durchzuarbeiten.

---

[49] BVerfGE 3, 407 (421); 26, 246 (256). Aus neuester Zeit BVerfGE 125, 260 (313 ff.) – Vorratsdatenspeicherung (§§ 113a, 113b TKG): für Telekommunikationsrecht besteht Bundeszuständigkeit, damit auch für Datenschutz im Bereich des Telekommunikationsrechts.
[50] Weiterführend etwa *Uhle*, in: Maunz/Dürig, GG, Loseblatt, Stand: Oktober 2008, Art. 70, Rn. 71 ff.
[51] *Uhle*, in: Maunz/Dürig, GG, Loseblatt, Stand: Oktober 2008, Art. 70, Rn. 66.
[52] *Uhle*, in: Maunz/Dürig, GG, Loseblatt, Stand: Oktober 2008, Art. 70, Rn. 65, 71; *Sannwald*, in: Schmidt-Bleibtreu et al. (Hrsg.), GG, 12. Aufl. 2011, Vorb. v. Art. 70, Rn. 29; *Degenhart*, Staatsrecht I, 27. Aufl. 2011, Rn. 177.
[53] Vgl. die Nachweise bei *Uhle*, in: Maunz/Dürig (Hrsg.), GG, Loseblatt, Stand: Oktober 2008, Rn. 65, Fn. 17, in zwei Spielarten: Annexkompetenz als Unterfall der Kompetenz kraft Sachzusammenhangs, oder Aufgabe einer Trennung überhaupt. Noch weiter geht *Ipsen*, Staatsrecht I, 23. Aufl. 2011, Rn. 595, der eine Bundeskompetenz für die Vorbereitungs- und Durchführungsmaßnahmen ablehnt.

b) Voraussetzungen seiner Inanspruchnahme nach Art. 72 GG
aa) Unterfällt der Kompetenztitel der sog. *Erforderlichkeitsklausel* nach Art. 72 II GG?[54] Dann darf der Bund nur unter einer der folgenden Bedingungen handeln:
   (1) Art. 72 II 1. Var. GG: (a) Herstellung gleichwertiger Lebensverhältnisse im Bundesgebiet, (b) wenn und soweit erforderlich
   (2) Art. 72 II 2. Var. GG: (a) Wahrung der Rechtseinheit im gesamtstaatlichen Interesse, (b) wenn und soweit erforderlich
   (3) Art. 72 II 3. Var. GG: (a) Wahrung der Wirtschaftseinheit im gesamtstaatlichen Interesse,[55] (b) wenn und soweit erforderlich

bb) Unterfällt der Kompetenztitel der sog. *Abweichungskompetenz* nach Art. 72 III GG?
   – keine Erforderlichkeitsklausel nach Art. 72 II GG als Bedingung für die Nutzung der Kompetenz
   – allerdings: Anforderungen an die Ausübung nach Art. 72 III GG sind zu beachten

cc) alle anderen Titel der konkurrierenden Konkurrenz: *Kernkompetenz*[56]
   – keine Erforderlichkeitsklausel nach Art. 72 III GG und auch keine anderen Vorgaben an die Nutzung

2. „Verstreute" Kompetenztitel konkurrierender Bundesgesetzgebung
– selten und kaum klausurrelevant[57] (vgl. aber Art. 115c I 1 GG, Regelung für den Verteidigungsfall)
– Voraussetzungen ihrer Inanspruchnahme bestehen nicht (*e contrario* Art. 72 II GG); ebenso wenig können die Länder in diesem Fall abweichende Regelungen erlassen (*e contrario* Art. 72 III GG)

---

[54] Beachte übrigens die (klausurirrelevante) verfassungsprozessuale Sonderform der abstrakten Normenkontrolle nach Art. 93 I Nr. 2a GG, deren Prüfungsgegenstand allein die Vereinbarkeit eines Bundesgesetzes mit Art. 72 II GG ist.

[55] H. M., vgl. BVerfGE 106, 62 (146) – Altenpflegegesetz; *Pieroth*, in: Jarass/Pieroth, GG, 11. Aufl. 2011, Art. 72, Rn. 22; *Degenhart*, in: Sachs (Hrsg.), GG, 6. Aufl. 2011, Art. 72, Rn. 12; *ders.*, Staatsrecht I, 26. Aufl. 2010, Rn. 174; **a. A.**: das gesamtstaatliche Interesse bezieht sich *nur* auf die Wahrung der *Rechts*einheit, so *Sannwald*, in: Schmidt-Bleibtreu et al. (Hrsg.), GG, 12. Aufl. 2011, Art. 72, Rn. 63; *Umbach/Clemens*, in: dies. (Hrsg.), GG-Mitarbeiterkommentar, Bd. II, 2002, Art. 72, Rn. 39. S. wohl auch *Oeter*, in: v. Mangoldt/Klein/Starck (Hrsg.), GG, Bd. 2, 6. Aufl. 2010, Art. 72, Rn. 111, wenn man davon ausgeht, dass ihm ein Flüchtigkeitsfehler unterlaufen ist und es heißen muss: „allein der ersten [nicht: zweiten] Tatbestandsalternative [...] zuordnet"); s. auch unten Fn. 87.

[56] So etwa Begriff bei *Ipsen*, Staatsrecht I, 23. Aufl. 2011, vor Rn. 557; *Pieroth*, in: Jarass/ Pieroth, GG, 11. Aufl. 2011, Art. 72, Rn. 1. Zu den Termini im Bereich der drei Kompetenztypen nach Art. 72 III GG weitere Begriffe bei *Pieroth*, in: Jarass/Pieroth, GG, 11. Aufl. 2011, Art. 72, Rn. 1.

[57] Nachweise bei *Uhle*, in: Maunz/Dürig (Hrsg.), GG, Loseblatt, Stand: Oktober 2008, Art. 70, Rn. 61; vgl. aber auch meine Anmerkungen oben in Fn. 38 und 39.

3. Stillschweigend mitgeschriebene (implizite) Kompetenztitel konkurrierender Bundeskompetenz

a) Kompetenz kraft Sachzusammenhangs
– wie oben; aufgrund der akzessorischen Natur der Kompetenz findet (ggf.) Art. 72 II, III GG Anwendung

b) Annexkompetenz
– wie oben; aufgrund der akzessorischen Natur der Kompetenz findet (ggf.) Art. 72 II, III GG Anwendung

4. Sonderfall: Gesetzgebungskompetenz bei geänderten Kompetenzregelungen

– Art. 125a I, II GG ordnet die Weitergeltung von Gesetzen an, die der Bund einst aufgrund konkurrierender Gesetzgebungskompetenz erlassen hat, nach den Änderungen des GG aber nicht mehr erlassen könnte.[58] Dann stellt sich die Frage, ob der Bund eine solche weitergeltende Bundesnorm ändern darf. Das BVerfG hat für dies für Art. 125a II 1 GG grundsätzlich bejaht mit folgender Maßgabe:

> Gilt ein Bundesgesetz gemäß Art. 125a [II 1 GG a. F.] als Bundesrecht fort, obwohl die Voraussetzungen des Art. 72 [II] GG [...] nicht erfüllt sind, bleibt der Bundesgesetzgeber zur Änderung einzelner Vorschriften zuständig. Eine *grundlegende Neukonzeption* ist ihm jedoch verwehrt.[59]

– Entsprechendes muss für Art. 125a I 1 GG gelten.[60]

---

[58] Im Klausurfall müsste man also theoretisch die Bundeskompetenz für eine Norm anhand veralteten Rechts prüfen, um zur Frage der Fortgeltung und Änderbarkeit zu gelangen. Dies wird dem Bearbeiter in der Klausur aber abgenommen, es heißt dann etwa: „§ 1 A-G ist 1992 verfassungsmäßig aufgrund von Art. 74 I Nr. 3 2. Var. GG a. F. i. V. m. Art. 72 II GG a. F. erlassen worden." Andere Normen der Art. 125a-c GG sind nicht klausurrelevant.

[59] BVerfGE 110, 10 (LS 1) – Ladenschlussgesetz; Hervorhebung von mir, LO.

[60] *Jarass*, in: ders./Pieroth, GG, 11. Aufl. 2011, Art. 125a, Rn. 7 mit Nachweisen auch der a. A.; dasselbe muss übrigens auch im umgekehrten Fall einer Landeskompetenz nach Art. 125a III 1 GG gelten, ibid., Rn. 13.

Lösungsskizze

OS: BVerfG entspricht dem Antrag, wenn er zulässig und begründet ist

A. Zulässigkeit

 I. Statthafte Verfahrensart
- Auslegung des Begehrens
- Sonderfall der abstrakten Normenkontrolle nach Art. 93 I Nr. 2a GG? aber: Landesregierung wünscht über Art. 72 II GG hinausgehende Kontrolle: (-)
- Bund-Länder-Streit nach Art. 93 I Nr. 3 GG? aber: Rechtsfolge nur Feststellung der Verfassungswidrigkeit (§§ 69 i. V. m. 67 S. 1 i. V. m. 64 I BVerfGG) und nicht Nichtigkeit (BVerfG soll „Verfassungswidrigkeit beseitigen") → (-)
- abstrakte Normenkontrolle gem. Art. 93 I Nr. 2 GG = umfassende Prüfung, Erklärung der Nichtigkeit als mögliche Rechtsfolge → statthafte Verfahrensart

 II. Zuständigkeit des BVerfG
- Art. 93 I Nr. 2 GG i. V. m. § 13 Nr. 6 BVerfGG: (+)

 III. Antragsberechtigung
- § 76 I BVerfGG: Landesregierung → (+)

 IV. Antragsgegenstand und Prüfungsmaßstab
- § 76 I Nr. 1 BVerfGG
- VG = in Kraft getretenes einfaches Bundesgesetz: (+)
- Prüfungsmaßstab daher förmliche Vereinbarkeit mit GG

 V. Antragsgrund
- § 76 I Nr. 1 BVerfGG: „überzeugt"→ (+), somit Art. 93 I Nr. 2 GG erst recht (+)

 VI. Form des Antrags
- § 23 I BVerfGG: (+)

 VII. Objektives Klarstellungsinteresse
- indiziert, keine Zweifel ersichtlicht → (+)

 VIII. Zwischenergebnis
- zulässig

B. Begründetheit

OS mit Prüfungsmaßstab: VG mit GG vereinbar, §§ 78 S. 1 i. V. m. 76 I Nr. 1 BVerfGG?

 I. Formelle Verfassungsmäßigkeit
  1. Gesetzgebungskompetenz
- Unterscheidung: Kompetenz für die einzelnen Regelungen des VG:
  - a) Vorgaben der Dioxin-Höchstbelastung in Tierprodukten (§§ 4 I Nr. 1 i. V. m. 1 II VG)
  - b) Vorgaben für Ausführung (§ 17 I, II, VII VG)
- a) Kompetenz für die Bestimmung der Dioxin-Höchstbelastung (§§ 4 I Nr. 1 i. V. m. 1 II VG)
  - Grundsatz: Landeskompetenz, Art. 70 I GG
  - aa) Ausschließliche Bundeskompetenz
    - Art. 73 I GG): (-)
    - Kompetenz anderswo im GG: (-)
    - Kompetenz kraft Natur der Sache: (-)
  - bb) Kompetenz des Bundes aus konkurrierender Zuständigkeit
    - Art. 72 i. V. m. Art. 74 I GG

(1) Art. 74 I Nr. 20 1. Var. GG (Lebensmittelrecht)
   (a) Kompetenztitel
      – Def: Lebensmittel = Stoffe, die zur Aufnahme durch den Menschen bestimmt sind; Vorverlagerung auf Tiere; Zweck: Gesundheits- und Verbraucherschutz
      – §§ 4 I Nr. 1 i. V. m. 1 II VG: Lebensmittel (+), Tiere (+)
      → Art. 74 I Nr. 20 1. Var. GG (+)
   (b) Gesetzgebungsbefugnis
      – Art. 74 I Nr. 20: Art. 72 II GG
      – justiziabel, d. h. kein von verfassungsgerichtlicher Kontrolle freier gesetzgeberischer Beurteilungsspielraum
      (aa) Herstellung gleichwertiger Lebensverhältnisse
         – Def: Ermächtigung zum Handeln des Bundes erst, wenn Herstellung gleichwertiger Lebensverhältnisse bedroht ist; das bundesstaatliche Rechtsgut gleichwertiger Lebensverhältnisse ist erst dann bedroht und der Bund erst dann zum Eingreifen ermächtigt, wenn sich die Lebensverhältnisse in den Ländern der Bundesrepublik in erheblicher, das bundesstaatliche Sozialgefüge beeinträchtigender Weise auseinander entwickelt haben oder sich eine derartige Entwicklung konkret abzeichnet
         – Subs: hohe Gesundheitsgefahr, Verunsicherung wegen häufiger Skandale, Gefühl unzureichenden Schutzes bedroht Sozialgefüge: Bundeshandeln erforderlich: (+); soweit (notwendiger Umfang): (+)
      (bb) Wahrung der Rechtseinheit
         – Def: nur, wenn Rechtszersplitterung mit problematischen Folgen vorliegt, die im Interesse sowohl des Bundes als auch der Länder nicht hingenommen werden kann, ist die Rechtseinheit bedroht; deren Vermeidung muss im gesamtstaatlichen Interesse, also nicht nur im Bundesinteresse liegen
         – Subs: Integrationsfunktion, bei Schutzrechten besonders hoch: erforderlich, gesamtstaatliches Interesse, soweit: jeweils (+)
      (cc) Wahrung der Wirtschaftseinheit
         – Def: Erhaltung der Funktionsfähigkeit des Wirtschaftsraums der Bundesrepublik durch bundeseinheitliche Rechtssetzung; Erlass von Bundesgesetzen zur Wahrung der Wirtschaftseinheit steht dann im gesamtstaatlichen, also im gemeinsamen Interesse von Bund und Ländern, wenn Landesregelungen oder das Untätigbleiben der Länder erhebliche Nachteile für die Gesamtwirtschaft mit sich bringen
         – Subs: VG will Verbraucherschutz und keinen Handelsschutz: (−)
   (c) Zwischenergebnis
      – Bund kompetent zum Erlass von §§ 4 I Nr. 1 i. V. 1 II VG gem. Art. 74 I Nr. 20 1. Var. i. V. m. Art. 72 II 1. und 2. Var. GG
(2) Art. 74 I Nr. 17 1. Var. GG (Förderung der landwirtschaftlichen Erzeugung)
   – Def: Förderung umfasst dabei nicht nur Leistungen an Landwirtschaft, sondern auch Setzung von Qualitätsstandards; Subs: (+)

- Umkehrschluss aus Art. 72 II GG: keine Voraussetzungen der Inanspruchnahme nötig
→ Bund kompetent zum Erlass von §§ 4 I Nr. 1 i. V. 1 II VG gem. Art. 74 I Nr. 17 1. Var. i. V. m. Art. 72 I GG
(3) Art. 74 I Nr. 17 2. Var. GG (Sicherung der Ernährung)
- Bevölkerung soll vor Lebensmitteln geschützt werden: (-)
(4) Art. 74 I Nr. 19 1. Var. GG (Maßnahmen gegen gemeingefährliche Krankheiten beim Menschen)
- Maßnahmen gegen gemeingefährliche Krankheiten
- Def: gemeingefährliche Krankheiten = pathologischer Zustand, schwerer Gesundheitsschaden, überindividuelle Betroffenheit anders als durch Übertragung; Subs: Dioxinvergiftung (+)
- Def: Maßnahme = repressive wie präventive Handlungen; Subs: VG will Produktion von vergifteten Lebensmitteln verhindern, Maßnahme in diesem Sinne
- keine weiteren Voraussetzungen der Inanspruchnahme der Kompetenz nach Art. 72 II GG
→ Bund kompetent zum Erlass von §§ 4 I Nr. 1 i. V. 1 II VG gem. Art. 74 I Nr. 19 1. Var. i. V. m. Art. 72 I GG
(5) Art. 74 I Nr. 17 letzte Var. GG (Recht der Gifte)
- Def: Recht der Gifte = gesamter Umgang (also Vertrieb, Handel, Verbrauch) mit Gift
- Subs: Dioxin zwar Gift, aber keine direkte Regelung von Dioxin, daher (-)
(6) Art. 74 I Nr. 20 letzte Var. GG (Tierschutz)
- Menschen-, nicht Tierschutz: (-)
(7) Art. 74 I Nr. 11 GG: Recht der Wirtschaft
- Def: alle Regeln, die sich in irgendeiner Form auf die Erzeugung, Herstellung und Verteilung von Gütern des wirtschaftlichen Bedarfs beziehen, darüber hinaus aber auch alle das wirtschaftliche Leben und die wirtschaftliche Betätigung als solche regelnden Normen und Gesetze mit wirtschaftsregulierendem oder wirtschaftslenkendem Inhalt
- Subs: Schwerpunkt Verbraucherschutz, daher (-)
(8) Schwerpunkt der §§ 4 I Nr. 1 i. V. m. 1 II VG
- Bund an sich zum Erlass nach Art. 74 I Nr. 20, Nr. 17, 19 GG befugt
- Bestimmung der Grundlage nach Regelungsgegenstand; kommen mehrere Kompetenzen in Frage → Schwerpunkt entscheidet
- aber: alle Kompetenzen = Bundeskompetenzen, Bund kann sich ihrer aller bedienen
→ Zuordnung nicht nötig
b) Zwischenergebnis hinsichtlich der Kompetenz für die Bestimmung der Dioxin-Höchstbelastung (§§ 4 I Nr. 1 i. V. m. 1 II VG)
- Bund kompetent für §§ 4 I Nr. 1 i. V. m. 1 II VG gem. Art. 74 I Nr. 20 i.V. m. Art. 72 II GG, Art. 74 I Nr. 17 i. V. m. Art. 72 I GG und Art. 74 I Nr. 19 i. V. m. Art. 72 I GG
c) Kompetenz für die Bestimmung der Gesetzesausführung (§ 17 I, II, VII VG)
- Kompetenz zur Regelung der Ausführung von Bundesgesetz?
aa) Typ der Gesetzesausführung und daraus folgende Gesetzgebungskompetenz
- Grundsatz: gem. Art. 83 GG Landeseigenverwaltung, wenn keine abweichende Regelung im GG
- abweichende Regelung: (-)
→ Ausführung des VG durch Landeseigenverwaltung

- Kompetenzgrundlage:
    - Art. 70 ff. GG (direkt oder Annex-Kompetenz) oder Art. 84 GG?
    - kein Unterschied im Ergebnis, Art. 84 GG ist jdf. spezieller
  bb) Bundeskompetenz für § 17 I, II, VII VG nach Art. 84 I GG
   (1) Art. 84 I 2 GG als Bundeskompetenz für § 17 I VG (Mitarbeiterstelle)
      - § 17 I VG = Behördeneinrichtung? Def: Errichtung und Einrichtung (Ausgestaltung, innere Organisation, Personal- und Sachmittelausstattung) sowie Festlegung des Aufgabenkreises der Behörden; Subs: (+)
      - Grundsatz: Kompetenz zur Regelung von Behördeneinrichtung bei Ländern, Art. 84 I 1 GG
      - aber: Bund darf Behördeneinrichtung abweichend regeln, Art. 84 I 2 GG → Bundeskompetenz für § 17 I VG gem. Art. 84 I 2 GG
   (2) Art. 84 I 2 GG als Bundeskompetenz für § 17 II VG (Kontrollvorgaben)
      - § 17 II VG = VwVf? Def: Tätigkeit der Verwaltungsbehörden im Blick auf die Art und Weise der Ausübung des Gesetzes einschließlich ihrer Handlungsformen, die Form der behördlichen Willensbildung, die Art der Prüfung und Vorbereitung der Entscheidung, deren Zustandekommen und Durchsetzung sowie verwaltungsinterner Mitwirkungs- und Kontrollvorgänge in ihrem Ablauf; Subs: (+)
      - Bundeskompetenz für § 17 I VG gem. Art. 84 I 2 GG
   (3) Abweichungsfeste Behördenorganisation nach § 17 I i. V. m. VII VG
      - Def: Art. 84 I 5 GG bezieht sich nur auf Verwaltungsverfahren, nicht auf die Behördeneinrichtung
      - → keine Bundeskompetenz
   (4) Abweichungsfestes Verwaltungsverfahren nach § 17 II i. V. m. VII VG
      - Art. 84 I 5 GG: für VwVf möglich
      - Ausnahmefall: erstes Gesetz mit solcher Klausel: (+)
      - P: „besonderes Bedürfnis"? Def: jedenfalls dann, wenn Sachkompetenz so eng mit Verwaltungsverfahren verknüpft, dass sie ohne bundeseinheitliche Regelung nicht zu regeln ist (Verknüpfung beider Regelungsteile durch Prozeduralisierung) → Durchgreifen der Erforderlichkeit von Art. 72 II GG bzw. Art. 72 I GG dem Gedanken nach
      - Subs: hohes Schutzgut, Sicherheitsdefizite: (+)
      - Erforderlichkeit indiziert; dazuhin: besondere Notwendigkeit muss begründet werden: (+)
      - ZwE: Bund kompetent gem. Art. 84 I 2, 5 GG (+)
  d) Zwischenergebnis hinsichtlich der Kompetenz für die Bestimmung der Gesetzesausführung (§ 17 I, II, VII VG)
     - Bund kompetent für § 17 I, II VG gem. 84 I 2 GG
     - Bund kompetent für § 17 VII i. V. m. II VG gem. 84 I 2, 5 GG
     - Bund nicht kompetent für § 17 I i. V. m. VII VG
2. Zwischenergebnis hinsichtlich der Gesetzgebungskompetenzen insgesamt
   - Bund kompetent für §§ 4 I Nr. 1 i. V. m. 1 II VG gem. Art. 74 I Nr. 20 i. V. m. Art. 72 II GG, Art. 74 I Nr. 17. V. m. Art. 72 I GG oder Art. 74 I Nr. 19 i. V. m. Art. 72 I GG
   - Bund kompetent für § 17 I, II VG gem. 84 I 2 GG
   - Bund kompetent für § 17 VII i. V. m. II VG gem. 84 I 2, 5 GG
   - Bund nicht kompetent für § 17 I i. V. m. VII VG

3. Gesetzgebungsverfahren
   a) Initiativverfahren, Bundestagsbeschluss: (+)
   b) Mitwirkung des Bundesrats
      – Def: Art. 78 GG: unterschiedliche Bundesratsbeteiligung, je nachdem ob VG Einspruchsgesetz (vgl. Art. 77 III, IV GG) oder Zustimmungsgesetz (vgl. Art. 77 IIa, II GG)
      aa) Zustimmungsbedürftigkeit des § 17 II i. V. m. VII VG und Bundesratszustimmung
         – jedenfalls § 17 II i. V. m. VII VG benötigt wegen Art. 84 I 6 GG Bundesratszustimmung
         – Bundesratsmehrheit (vgl. Art. 52 III 1 GG) von 35 Stimmen nur, wenn Land B-W seine Stimmen für VG abgegeben hat → P: Folge der uneinheitlichen Stimmabgabe im Bundesrat?
            o Art. 51 III 2 GG legt keine Folgen fest
            o eA: die Entscheidung des Stimmführers (hier: Ministerpräsident) zählt → Zustimmung zum VG
            o aA: alle Stimmen des Landes B-W sind ungültig → keine Zustimmung zum VG
            → Streitentscheidung nötig
            o pro eA: Ministerpräsident kann auch alleine Stimmen abgeben, Anwesenheit anderer Vertreter des Landes ist also unschädlich
            o contra eA: jeder Landesvertreter kann allein Stimmen abgeben, nicht nur der Ministerpräsident
            o pro aA: Wortsinnauslegung, systematische Auslegung: „Können" meint in diesem Sinne ein normatives Können
            o pro aA: systematische Auslegung: gleiche Rechtsfolge wie bei Abwesenheit; in diesem Fall ist Ungültigkeit unstritig
            o pro eA: Weisungsgebundenheit der Bundesratsmitglieder (*e contrario* Art. 77 II 3, 53a I 3 2. Hs. GG); Weisung kann sich nur aus Landesverfassung ergeben, damit landesrechtliche Sonderstellung (Richtlinienkompetenz) beachtlich
            o pro aA: Wortsinnauslegung, systematische Auslegung: Art. 51 GG kennt keine unterschiedliche Stellungen der Vertreter des Landes; Bundesrat = kollegiales Verfassungsorgan des Bundes, Landesrecht daher ohne Bedeutung
            o pro eA: Praxis der Stimmführerschaft
            o pro aA: dafür aber keine normative Grundlage im GG
            → aA überzeugt
      bb) Zwischenergebnis
         – BR hat jdf. § 17 II i. V. m. VII VG nicht zugestimmt
      cc) Zustimmungsbedürftigkeit zum VG als Ganzem
         – Folgen aus Nicht-Zustimmung zu § 17 II i. V. m. VII VG?
            o §§ 4 I Nr. 1 i. V. m. 1 II VG sowie § 17 I, II VG sind isoliert betrachtet zustimmungsfrei; isoliert betrachtet wären sie zustande gekommen nach Art. 78 2. Var. GG, da Frist des Art. 77 II 1 GG abgelaufen ist
            o P: musste BR dem VG als Ganzem oder nur § 17 II i. V. m. VII VG zustimmen? im ersten Fall ist nämlich ganzem VG nicht zugestimmt worden mangels Stimmmehrheit im Bundesrat
               ▪ eA (Trennungstheorie): Zustimmung nur zu § 17 II i. V. m. VII VG → §§ 4 I Nr. 1 i. V. m. 1 II, 17 I, II VG isoliert zu betrachten und damit gem. Art. 78 2. Var. GG zustande gekommen
               ▪ aA (Einheitstheorie) VG als Ganzem muss zugestimmt werden → §§ 4 I Nr. 1 i. V. m. 1 II, 17 I, II VG nicht zustande gekommen
               ▪ unterschiedliche Ergebnisse, Streitentscheidung nötig.
               ▪ pro eA: Wortsinn Art. 77 IIa 1, III 1 GG: Zustimmung nur „soweit"
               ▪ pro eA: systematische Auslegung: Beibehaltung der GG-Kompetenz, sonst Überdehnung der BR-Kompetenzen

- pro eA: telelogische Erwägung: Art. 84 I 6 GG = „Schutznorm", die nicht weiter reichen kann als der Schutz nötig ist
- pro aA: Wortsinn Art. 84 I 6 GG: „dieses Gesetz", d. h. Anknüpfen an gesetzgebungstechnische Einheit, vgl. *e contrario* Art. 85 I 1 GG: „soweit"
- pro aA: technische Probleme, etwa Teilverkündung durch Bundespräsidenten
- pro aA: Entscheidung des Gesetzgebers für Gesetz als gesetzgeberische Einheit; eigenverantwortliche parlamentarische Entscheidung; Art. 78 GG: Bezug auf das „Gesetz"

→ aA überzeugt

   c) Zwischenergebnis zur Mitwirkung des Bundesrats
- VG als Ganzes zustimmungspflichtig, Zustimmung aber (-)

II. Zwischenergebnis zur Verfassungsmäßigkeit des VG
- für § 17 I i. V. m. VII VG fehlt Gesetzgebungskompetenz des Bundes
- für übrige Normen des VG ist Bund zwar kompetent, aber die wegen Art. 84 I 6 GG notwendige Zustimmung des BR fehlt

C. Ergebnis
- Antrag auf abstrakte Normenkontrolle zulässig und begründet

D. Rechtsfolge
- zur Nichtigkeit führen nur inhaltliche Fehler (inkl. fehlender Gesetzgebungskompetenz) und grds. nur evidente Verfahrensfehler
- § 17 I i. V. m. VII VG = mangelnde Gesetzgebungskompetenz
- uneinheitliche Stimmabgabe = Verfahrensfehler, der aber darin mündet, dass Bundesratszustimmung zum übrigen VG fehlt, was aber schlechthin konstitutiv ist
- Grundsatz: VG mit GG unvereinbar und daher nichtig, § 78 S. 1 BVerfGG; Folge: *Nichtigkeit* wird *ex tunc* festgestellt, damit hat VG niemals die landesrechtlichen Gesetze zu den Dioxinhöchstbelastungen aufgehoben (Art. 31 GG), diese Landesgesetze gelten also noch
- aber (Ausnahme): Ergänzung des § 78 S. 1 BVerfGG um die Tenorierungsmöglichkeit der bloßen Unvereinbarkeitserklärung (vgl. die Anerkennung in §§ 79 I, 31 II 2, 3 BVerfGG), wenn bspw. Gemeinwohl gefährdet; hier: Gesundheitsgefahr für große Teile der Bevölkerung bei offensichtlich ungenügendem Lebensmittelschutz durch Landesgesetze gebietet möglichst schonenden Ausgleich: Unvereinbarkeitserklärung, verbunden mit Anordnung der Weitergeltung des VG und Vorgabe an Gesetzgeber, in angemessener Frist verfassungsmäßige Regelung zu schaffen

Lösungsvorschlag

Das BVerfG entspricht dem Begehren der Landesregierung von B, wenn ein entsprechendes Verfahren zulässig und begründet ist.

A. Zulässigkeit[61]

I. Statthafte Verfahrensart

Fraglich ist, welches Verfahren für das Begehren der Landesregierung statthaft ist. In Betracht kommen ein abstraktes Normenkontrollverfahren nach Art. 93 I Nr. 2 GG, dessen prozessualer Sonderfall nach Art. 93 I Nr. 2a GG[62] und ein Bund-Länder-Streit nach Art. 93 I Nr. 3 GG.[63]

Die somit notwendige Auslegung des Begehrens[64] muss den Prüfungsgegenstand und den möglichen Rechtsfolgenausspruch des BVerfG miteinbeziehen. Für ein Verfahren nach Art. 93 I Nr. 2a GG spricht zwar, dass die Regierung die Erforderlichkeit des VG angreift (vgl. Art. 72 II GG); allerdings wäre die verfassungsgerichtliche Kontrolle in diesem Verfahren auf diesen Aspekt beschränkt.[65] Die Regierung greift aber weitere Aspekte an, etwa die fehlende Kompetenz des Bundes zur Regelung auch des Verwaltungsverfahrens. Dies liegt jedoch jenseits des Prüfungsmaßstab dieses Verfahrens, vgl. Art. 93 I Nr. 2a GG. Dieses Verfahren entspricht damit nicht dem Begehren der Landesregierung.

Dem Begehren besser gerecht werden könnte ein Bund-Länder-Streit. Unabhängig vom ebenfalls begrenzten Kontrollumfang (nur Verteidigung von subjektiven Rechten des Landes) wäre der Entscheidungsausspruch dabei gem. §§ 69 i. V. m. 67 S. 1 i. V. m. 64 I BVerfGG auf die Feststellung der verfassungswidrigen Rechtsverletzung beschränkt; das VG würde also somit weiter gelten. Die Regierung möchte aber die „Verfassungswidrigkeit des VG beseitigen" und es „aus der Welt schaffen", also dem VG den (so ihre Sicht) Schein der rechtlichen Geltung entziehen. Dies kann sie mit einer die bloße Feststellung gem. §§ 69 i. V. m. 67 S. 1 i. V. m. 64 I BVerfGG nicht erreichen.

Ein darüber hinausgehender Rechtsfolgenausspruch ist die (grundsätzliche) Nichtigkeitserklärung der Norm gem. §§ 78 S. 1 i. V. m. 31 II 1 BVerfGG durch ein abstraktes Normenkontrollverfahren. Damit würde nämlich deklaratorisch der

---

[61] Von der Frage nach dem statthaften Verfahren abgesehen, stellt die Zulässigkeitsprüfung dieser Klausur ein Beispiel für eine knapp gehaltene gutachterliche Würdigung mit zahlreichen Verkürzungen dar – die Schwerpunkte müssen richtig gesetzt werden.

[62] *Materiell-rechtlich* stellt Art. 93 I Nr. 2a GG einen Sonderfall des Bund-Länder-Streits nach Art. 93 I Nr. 3 dar, so *Hopfauf*, in: Schmidt-Bleibtreu et al. (Hrsg.), GG, 12. Aufl. 2011, Art. 93, Rn. 117.

[63] In einer Konstellation wie dieser können also verschiedene Verfahren statthaft sein. *Ausnahmsweise*, weil im Sachverhalt erkennbar angelegt, sind daher weitere Ausführungen zur statthaften Verfahrensart angezeigt.

[64] Man kann, muss aber nicht, auf den Rechtsgedanken des § 133 BGB verweisen.

[65] Dazu würde zwar noch die Vorfrage gehören, ob überhaupt eine konkurrierende Gesetzgebungskompetenz vorliegt, aber eben keine umfassende Verfassungsüberprüfung, vgl. *Hopfauf*, in: Schmidt-Bleibtreu et al. (Hrsg.), GG, 12. Aufl. 2011, Art. 93, Rn. 120.

(von der Landesregierung so qualifizierte) Schein der Rechtsgeltung des VG beseitigt.[66] Zudem würde das VG in einem solchen Verfahren umfassend (also inkl. der Voraussetzungen des Art. 72 II GG) geprüft.

Folglich entspricht ein abstraktes Normenkontrollverfahren dem Begehren der Landesregierung und ist damit statthafte Verfahrensart.

II. Zuständigkeit des BVerfG

Für ein abstraktes Normenkontrollverfahren ist das BVerfG gem. Art. 93 I Nr. 2 GG i. V. m. § 13 Nr. 6 BVerfGG zuständig.

III. Antragsberechtigung

Die Landesregierung von B ist berechtigt, einen Antrag auf abstrakte Normenkontrolle zu stellen, vgl. § 76 I BVerfGG.

IV. Antragsgegenstand und Prüfungsmaßstab

Die Landesregierung begehrt, das VG zu überprüfen, ein verkündetes und in Kraft getretenes Bundesgesetz. Solches einfaches Bundesrecht ist tauglicher Antragsgegenstand i. S. v. § 76 I Nr. 1 BVerfGG.

Dieses ist entsprechend § 76 I Nr. 1 BVerfGG auf seine förmliche[67] Vereinbarkeit mit dem GG zu prüfen.

V. Antragsgrund

Die Landesregierung ist von der Verfassungswidrigkeit des VG „überzeugt", hält es also für nichtig i. S. v. § 76 I Nr. 1 BVerfGG. Damit liegt ein Antragsgrund nach § 76 I Nr. 1 BVerfGG vor, somit erst recht nach der weiter gefassten Formulierung des Art. 93 I Nr. 2 GG.

VI. Form des Antrags, § 23 I BVerfGG

Die Landesregierung hat den Antrag formgerecht gestellt.[68]

VII. Objektives Klarstellungsinteresse

Zweifel am objektiven Klarstellungsinteresse, dessen Vorliegen der Antragsgrund indiziert, sind nicht ersichtlich.

VIII. Zwischenergebnis

Der Antrag der Landesregierung von B ist zulässig.

---

[66] Vgl. *Heusch*, in: Umbach et al. (Hrsg.), BVerfGG-Mitarbeiterkommentar, 2. Aufl. 2005, § 31, Rn. 74.
[67] Vgl. den Bearbeiterhinweis.
[68] Wiederholung: keine Verweise auf den Sachverhalt wie „laut Sachverhalt", sondern die entsprechende Aussage schlicht feststellen.

B. Begründetheit

Der Antrag ist begründet, wenn das VG förmlich mit dem GG unvereinbar ist, vgl. § 78 S. 1 (i. V. m. § 76 I Nr. 1) BVerfGG.

I. Formelle Verfassungsmäßigkeit

1. Gesetzgebungskompetenz

Fraglich ist, ob der Bund kompetent für den Erlass des VG ist. Dies ist hinsichtlich dessen einzelnen Regelungskomplexen zu prüfen.

Eine Analyse des VG ergibt, dass es zwei verschiedene Regelungszusammenhänge enthält: Höchstwerte der Dioxinbelastung in Tierprodukten (§§ 4 I Nr. 1 i. V. m. 1 II VG) einerseits und Vorgaben für die Kontrolle der Belastungen, also Ausführungsregeln (§ 17 I, II, VII VG) andererseits. Entsprechend sind auch die Kompetenzen getrennt zu prüfen.[69]

a) Kompetenz für die Bestimmung der Dioxin-Höchstbelastung (§§ 4 I Nr. 1 i. V. m. 1 II VG)

Fraglich ist, ob dem Bund die Gesetzgebungskompetenz für die Festlegung von Dioxin-Höchstbelastung in Tierprodukten zusteht.[70] Grundsätzlich kommt den Ländern jede Gesetzgebungskompetenz zu (Art. 70 I GG), der Bund muss also zu gesetzgeberischem Handeln durch das GG ermächtigt sein (vgl. Art. 70 I, II GG).

aa) Ausschließliche Bundeskompetenz

Eine ausschließliche Kompetenz des Bundes (vgl. Art. 71 GG) findet sich weder im Katalog des Art. 73 I GG noch an anderer Stelle im GG noch ist eine Kompetenz kraft Natur der Sache ersichtlich.[71] Der Bund ist somit nicht ausschließlich kompetent zum Erlass der §§ 4 I Nr. 1 i. V. m. 1 II VG.

---

[69] **Wichtig:** Entscheidend ist der Inhalt, nicht die Verpackung. Das GG weist dem Bund Gesetzgebungskompetenzen zur Regelung bestimmter Sachbereiche zu. Irrelevant ist daher, in welcher gesetzgebungstechnischen Einheit (Gesetz als Verpackung) der Bund entsprechende Regelungen zusammenfasst. Der Bund kann also kompetent zum Erlass von § 1 A-G sein, aber nicht kompetent für den Erlass von § 2 A-G; oder § 1 A-G stützt sich auf eine andere Bundeskompetenz als § 2 A-G. Der Bearbeiter sollte sich daher von Anfang an eine analytische (also auflösende) Sichtweise angewöhnen.

[70] Nur, wenn der Bearbeiter einen genauen Obersatz bildet, gibt er der Suche nach der Kompetenz Ziel und Richtung vor. Demnach darf zwar der Obersatz auf oberster Stufe lauten: „Fraglich ist, ob dem Bund die Kompetenz für das VG zusteht." Auf der nächsten Gliederungsebene muss es dann aber beispielsweise heißen: „Fraglich ist, ob dem Bund die Kompetenz für die Festlegung von Dioxinhöchstbelastungen in Tierprodukten nach §§ 4 I Nr. 1 i. V. m. 1 II VG zukommt."

[71] So kann eine knappe, aber vollständige Prüfung aussehen.

bb) Kompetenz des Bundes aus konkurrierender Zuständigkeit

Der Bund könnte aber zum Erlass der §§ 4 I Nr. 1 i. V. m. 1 II VG aufgrund konkurrierender Gesetzgebungskompetenz gem. Art. 72 i. V. m. Art. 74 I GG befugt sein.[72]

(1) Art. 74 I Nr. 20 1. Var. GG (Lebensmittelrecht)

(a) Kompetenztitel

Die Befugnis könnte sich möglicherweise auf das Recht der Lebensmittel einschließlich der ihrer Gewinnung dienenden Tiere nach Art. 74 I Nr. 20 1. Var. GG stützen.[73]

Lebensmittel sind alle Stoffe oder Erzeugnisse, die dazu bestimmt sind oder von denen nach vernünftigem Ermessen erwartet werden kann, dass sie in verarbeitetem, teilweise verarbeitetem oder unverarbeitetem Zustand von Menschen aufgenommen werden.[74] Regelungszweck der Norm sind dabei Gesundheits- und Verbraucherschutz.[75]

§§ 4 I Nr. 1 II i. V. m. 1 II VG bestimmen Dioxinhöchstbelastungen in Tierprodukten, also Lebensmitteln im genannten Sinn. Sie legen also Dioxin-Belastungsgrenzen für Tiere fest, die der Gewinnung von Lebensmitteln dienen.

Folglich fällt der Regelungsgehalt der §§ 4 I Nr. 1 i. V. m. 1 II VG in den Sachbereich des Art. 74 I Nr. 20 1. Var. GG.

---

[72] Zum Prüfungsaufbau s. den „Exkurs: Aufbau der Prüfung der Gesetzgebungskompetenzen des Bundes" S. 334 ff., insb. die zweistufige Prüfung: (1) Kompetenztitel (2) Voraussetzung seiner Inanspruchnahme.

[73] Kommen mehrere Kompetenzen in Frage, sollte man die Reihenfolge anhand der Plausibilität (*prima facie* treffendste Norm zuerst) und nicht nach der numerischen Ordnung vornehmen.

[74] So die Definition in Art. 2 Abs. 1 der Verordnung (EG) Nr. 178/2002 vom 28.1.2002, zuletzt geändert durch Anh. Nr. 5.9 ÄndVO (EG) 596/2009 vom 18. 6. 2009, auf die das Lebensmittel-, Bedarfsgegenstände- und Futtermittelgesetzbuch (LFGB) in § 2 II auch verweist. Dass diese Konkretisierung mit dem GG nicht vereinbar wäre, ist nicht zu erkennen (vgl. *Oeter*, in: v. Mangoldt/Klein/Starck [Hrsg.], GG, Bd. 2, 6. Aufl. 2010, Art. 74, Rn. 145). Natürlich bestimmt nicht das einfache Recht grundgesetzliche Begriffsverständnisse (die Probleme durch die unionsrechtliche Dimension seien einmal außer Acht gelassen), sondern umgekehrt; aber das GG kann an eine einfachrechtliche Konkretisierung anknüpfen, vgl. schon oben in Klausur 5: Hans im Pech zum Parteienbegriff Art. 21 GG einerseits, § 2 I PartG andererseits, S. 277.
Bei der Auslegung von Gesetzgebungskompetenzen kann einfachem Recht aber eine besondere Bedeutung zukommen: Eine historische Auslegung zeigt, dass GG-Kompetenzbestimmungen oftmals mit Blick auf das vorgefundene einfache Recht entstanden sind; und die historische Auslegung wiederum hat eine besondere Bedeutung für die Auslegung von Gesetzgebungskompetenzen. Dennoch besteht auch in diesem Bereich natürlich keine unreflektierte Übernahme von Definitionen des einfachen Rechts. S. zu alledem *Rozek*, in: v. Mangoldt/Klein/Starck (Hrsg.), GG, Bd. 2, 6. Aufl. 2010, Art. 70, Rn. 49-52.
Zum LFGB: dieses Gesetzbuch hat das frühere Lebensmittel- und Bedarfsgegenständegesetz (LMBG) ersetzt (veraltet daher der Verweis auf § 1 LMBG bei *Sannwald*, in: Schmidt-Bleibtreu et al. [Hrsg.], GG, 12. Aufl. 2011, Art. 74, Rn. 264). Für einen (kritischen) Überblick über das LFGB s. *Meyer*, Das neue Lebensmittel- und Futtermittelgesetzbuch, NJW 2005, 3320.

[75] *Sannwald*, in: Schmidt-Bleibtreu et al. (Hrsg.), GG, 12. Aufl. 2011, Art. 74, Rn. 262.

(b) Gesetzgebungsbefugnis

Fraglich ist, ob der Bund befugt ist, die §§ 4 I Nr. 1 i. V. m. 1 II VG aufgrund von Art. 74 I Nr. 20 1. Var. GG zu erlassen. Gem. Art. 72 II GG ist der Bund zur Gesetzgebung in diesem Bereich nämlich nur berechtigt, wenn und soweit die Herstellung gleichwertiger Lebensverhältnisse im Bundesgebiet oder die Wahrung der Rechts- oder Wirtschaftseinheit eine bundesgesetzliche Regelung im gesamtstaatlichen Interesse erforderlich macht.[76] Diese Erfordernisse sind **justiziabel**, es besteht **kein von verfassungsgerichtlicher Kontrolle freier gesetzgeberischer Beurteilungsspielraum**.[77]

(aa) Herstellung gleichwertiger Lebensverhältnisse

Der Bund darf in einem solchen Bereich der konkurrierenden Gesetzgebung erst Regelungen erlassen, wenn die Gleichwertigkeit der Lebensverhältnisse bedroht ist. Das *bundesstaatliche Rechtsgut gleichwertiger Lebensverhältnisse ist [...] erst dann bedroht und der Bund erst dann zum Eingreifen ermächtigt, wenn sich die Lebensverhältnisse in den Ländern der Bundesrepublik in erheblicher, das bundesstaatliche Sozialgefüge beeinträchtigender Weise auseinander entwickelt haben oder sich eine derartige Entwicklung konkret abzeichnet*.[78]

Fraglich ist also, ob eine erhebliche, das bundesstaatliche Sozialgefüge beeinträchtigende Entwicklung zu befürchten ist, wenn die Länder für den Schutz vor Lebensmittel-Dioxinvergiftungen zuständig bleiben.

Bei Dioxin handelt es sich um eine hochgiftige Substanz, die schwere Gesundheitsschäden oder sogar den Tod herbeiführen kann. Zudem wird ist es in Massenlebensmitteln angereichert, womit ein besonders großer Teil der Bevölkerung gefährdet ist. Obwohl in jüngerer Vergangenheit immer wieder Dioxinskandale aufgedeckt worden sind, haben die Länder durch ihre Lebensmittelgesetze bisher keine effektive Abhilfe geschaffen. Die deutsche Bevölkerung kann damit nicht auf ein Mindestmaß an Schutz vertrauen. Das bisher bestehende ungenügende Schutzniveau gefährdet damit das bundesstaatliche Sozialgefüge. Das Handeln des Bundes rührt also nicht lediglich aus dem Wunsch her, eine bloße Verbesserung der Lebensverhältnisse zu leisten.[79] Vielmehr ist eine Bundesregelung zur Herstellung gleichwertiger Lebensverhältnisse in Form eines einheitlichen Schutzniveaus notwendig, also erforderlich.[80]

---

[76] Zum Hintergrund der sog. Erforderlichkeitsklausel vgl. oben Fn. 6.
[77] BVerfGE 106, 62 (142, 135, LS 2) – Altenpflegegesetz. „*Justiziabel*" bedeutet „gerichtlich überprüfbar".
[78] BVerfGE 106, 62 (144, LS 2), im Kontext dazu auch *Sannwald*, in: Schmidt-Bleibtreu et al. (Hrsg.), GG, 12. Aufl. 2011, Art. 72, Rn. 52 ff.
[79] Vgl. *Sannwald*, in: Schmidt-Bleibtreu et al. (Hrsg.), GG, 12. Aufl. 2011, Art. 72, Rn. 53.
[80] A. A. vertretbar, wozu der Sachverhalt aber wenig hergibt. Generell gilt: An derartigen Stellen ist das Ergebnis letztlich gleichgültig, solange überhaupt eine argumentative Auseinandersetzung erfolgt. Klausurtaktisch empfehlenswert ist jedoch eine Lösung, nach der die weitere Klausurbearbeitung der im Sachverhalt angelegten Probleme ohne Hilfsgutachten möglich ist.

Die §§ 4 I Nr. 1 i. V. m. 1 II VG müssten sich außerdem auf das notwendige Regelungsminimum beschränken (vgl. Art. 72 II GG: „soweit").[81] § 4 I Nr. 1 VG regelt die Dioxinhöchstbelastung. Das Ziel eines einheitlichen Schutzniveaus setzt dies zwingend voraus. Die Norm beschränkt den Umfang der Bundesregelung damit auf das notwendige Minimum und genügt auch insoweit Art. 72 II GG.

Damit ist der Bund zum Erlass der §§ 4 I Nr. 1 i. V. m. 1 II VG aufgrund von Art. 74 I Nr. 20 1. Var. GG zur Herstellung gleichwertiger Lebensverhältnisse befugt.[82]

(bb) Wahrung der Rechtseinheit

Die §§ 4 I Nr. 1 i. V. m. 1 II VG könnten dazuhin zur Wahrung der Rechtseinheit im gesamtstaatlichen Interesse erforderlich sein.[83]

Rechtsvielfalt als solche ist grundsätzlich kein Argument für ein Bundeshandeln, sondern gerade Ausdruck der Bundesstaatlichkeit.[84] Ein Bundeshandeln ist daher erst dann erforderlich, wenn die Rechtsvielfalt auf Länderebene eine *Rechtszersplitterung mit problematischen Folgen darstellt, die im Interesse sowohl des Bundes als auch der Länder [also im gesamtstaatlichen Interesse] nicht hingenommen werden kann*[85]. Die Rechtseinheit erfüllt dabei eine bundesstaatliche Integrationsfunktion.[86]

Die Länder haben unterschiedliche Lebensmittelgesetze zur Festlegung von Dioxin-Höchstbelastungen erlassen. Dennoch besteht, wie die Dioxinskandale zeigen, Gefahr für Leib und Leben der Verbraucher. Die körperliche Integrität der Bevölkerung ist ein hohes Rechtsgut (vgl. Art. 2 II 1 GG), das der Staat sogar zu schützen verpflichtet ist. Gerade da, wo die Rechtsordnung den *Schutz* empfindlicher und hochwertiger Rechtsgüter bewirken soll, ist ihre Integrationsleistung besonders hoch und umgekehrt Rechtsvielfalt besonders geeignet, das Vertrauen in den rechtlichen Schutz im Gesamtstaat zu gefährden. Eine derartige Rechtsvielfalt ist damit nicht mehr Ausdruck des Föderalismus, sondern eine Rechtszersplitterung, die weder im Interesse des Bundes noch der Länder liegt. Somit ist eine

---

[81] Wiederholung: Im Aufbau müssen zwei Prüfungsaspekte unterschieden werden: *ob* eine Regelung zur Erreichung des Ziels (einheitliche Lebensverhältnisse/Rechtseinheit/Wirtschaftseinheit) erforderlich ist („wenn"), und *wie weit* die Regelung dafür gehen darf („soweit").

[82] Hier wird also angenommen, dass Art. 74 I Nr. 20 1. Var. GG auch die „richtige" Kompetenz ist, also der Schwerpunkt der §§ 4 I Nr. 1 i. V. m. 1 II VG im Lebensmittelrecht liegt, was in dieser Klausur erst später geprüft wird. Eine dogmatisch „saubere" Lösung gibt es für dieses Problem nicht. Es scheint mir das geringste Übel, erst alle Kompetenzen durchzuprüfen und dann den Schwerpunkt festzustellen, wissend um die dogmatische Anfechtbarkeit.

[83] Grundsätzlich wichtig: Parallele Aspekte sind immer umfassend zu prüfen, also etwa alle in Betracht kommenden Gesetzgebungskompetenzen, Varianten des Art. 72 II GG usw. Denn: Der Korrektor (später: der Richter, der Kollege) könnte ja anderer Auffassung sein. Dann ist es wichtig, das Ergebnis auf eine weitere Prüfung stützen zu können.

[84] BVerfGE 106, 62 (146).

[85] BVerfGE 106, 62 (145, LS 2).

[86] *Sannwald*, in: Schmidt-Bleibtreu et al. (Hrsg.), GG, 12. Aufl. 2011, Art. 72, Rn. 55a.

bundeseinheitliche Regelung der Dioxinhöchstbelastungen in Lebensmitteln erforderlich.

Die §§ 4 I Nr. 1 i. V. m. 1 II VG beschränken sich auf den erforderlichen Regelungsumfang, vgl. entsprechend oben die Ausführungen unter B. I. 1. a) bb) (1) (a) (aa).

Somit ist der Bund zum Erlass der §§ 4 I Nr. 1 i. V. m. 1 II VG aufgrund von Art. 74 I Nr. 20 1. Var. GG zur Wahrung der Rechtseinheit im gesamtstaatlichen Interesse befugt.

(cc) Wahrung der Wirtschaftseinheit

Die §§ 4 I Nr. 1 i. V. m. 1 II VG könnten zudem zur Wahrung der Wirtschaftseinheit im gesamtstaatlichen Interesse[87] erforderlich sein. Das ist der Fall, *wenn es um die Erhaltung der Funktionsfähigkeit des Wirtschaftsraums der Bundesrepublik durch bundeseinheitliche Rechtssetzung geht. [...] Der Erlass von Bundesgesetzen zur Wahrung der Wirtschaftseinheit steht dann im gesamtstaatlichen, also im gemeinsamen Interesse von Bund und Ländern, wenn Landesregelungen oder das Untätigbleiben der Länder erhebliche Nachteile für die Gesamtwirtschaft mit sich bringen.*[88] Es ließe sich zwar begründen, dass mit dem bundeseinheitlichen Verbraucherschutz deren Vertrauen in den Markt gestärkt wird, der sonst gestört sein könnte (wenn etwa Produkte aus bestimmten Bundesländern boykottiert würden, weil die dortigen Lebensmittelregelungen von den Verbrauchern als ungenügend erachtet würden). Allerdings ist die Stoßrichtung des Gesetzes auf den Verbraucher- und nicht den Marktschutz gerichtet. Es sind auch keine hinreichenden Anhaltspunkte ersichtlich, um die Erforderlichkeit der Wahrung der Wirtschaftseinheit im gesamtstaatlichen Interesse bejahen zu können. Damit ist das VG nicht auch zur Wahrung der Wirtschaftseinheit erforderlich.[89]

(c) Zwischenergebnis

Der Bund ist zum Erlass der §§ 4 I Nr. 1 i. V. 1 II VG aufgrund von Art. 74 I Nr. 20 1. Var. GG befugt, da dies sowohl zur Herstellung gleichwertiger Lebensverhältnisse im Bundesgebiet als auch zur Wahrung der Rechtseinheit im gesamtstaatlichen Interesse i. S. v. Art. 72 II GG erforderlich ist.

---

[87] Ob sich das Erfordernis des gesamtstaatlichen Interesses auf die Rechtseinheit *und* die Wirtschaftseinheit bezieht, ist umstritten, wird vom BVerfG aber bejaht; s. nähere Nachweise unter Fn. 55.
Dieser Streit wird in wichtigen Lehrbüchern nicht dargestellt, vgl. etwa *Ipsen*, Staatsrecht I, 23. Aufl. 2011, Rn. 574; *Degenhart*, Staatsrecht I, 27. Aufl. 2011, Rn. 181. Es empfiehlt sich daher, diese Frage nicht zu problematisieren (zumal sich hier kaum juristische Fähigkeiten zeigen lassen), sondern ohne Weiteres (mit dem BVerfG) anzunehmen, dass sich das gesamtstaatliche Interesse auf die Wahrung der Rechtseinheit *und* der Wirtschaftseinheit bezieht.

[88] BVerfGE 106, 62 (146 f., LS 2).

[89] A. A. vertretbar.

(2) Art. 74 I Nr. 17 1. Var. GG (Förderung der landwirtschaftlichen Erzeugung)

Der Bund könnte zum Erlass der §§ 4 I Nr. 1 i. V. m. 1 II VG auch zur Förderung der landwirtschaftlichen Erzeugung (Art. 74 I Nr. 17 1. Var. GG) befugt ist. Dafür müsste dieser Kompetenztitel zunächst einmal den Regelungsgehalt dieser Normen decken.

Regelungsgegenstand sind aus Tieren gewonnene Produkte (§ 1 II VG), die also dem Bereich der landwirtschaftlichen Urproduktion zuzuordnen sind. „Förderung" meint also die Förderung dieser Urproduktion,[90] umfasst aber über Leistungen an die Landwirtschaft hinaus auch die Setzung von Qualitätsstandards.[91] §§ 4 I Nr. 1 i. V. m. 1 II VG können als Dioxin-Qualitätsstandards in diesem Sinne verstanden werden. Damit können sich §§ 4 I Nr. 1 i. V. m. 1 II VG auf Art. 74 I Nr. 17 1. Var. GG stützen.

Im Umkehrschluss aus Art. 72 II GG ergibt sich, dass der Bund keine weiteren Voraussetzungen für die Inanspruchnahme dieser Kompetenz darlegen muss, sondern die Kompetenz gem. Art. 72 I GG ausüben kann.

Damit ist der Bund befugt, die §§ 4 I Nr. 1 i. V. m. 1 II VG aufgrund von Art. 74 I Nr. 17 1. Var. GG zu erlassen.[92]

(3) Art. 74 I Nr. 17 2. Var. GG (Sicherung der Ernährung)

Die Sicherung der Ernährung i. S. v. Art. 74 I Nr. 17 2. Var. GG meint die Gewährleistung der Versorgung der Bevölkerung mit Nahrung.[93] §§ 4 I Nr. 1 i. V. m. 1 II VG dienen hingegen dazu, die Bevölkerung vor gefährlichen Lebensmitteln zu schützen. Diese Kompetenzgrundlage scheidet daher aus.

(4) Art. 74 I Nr. 19 1. Var. GG (Maßnahmen gegen gemeingefährliche Krankheiten bei Menschen)

Die §§ 4 I Nr. 1 i. V. m. 1 II VG könnten sich auch auf Art. 74 I Nr. 19 1. Var. GG stützen. Dann müsste das VG dazu dienen, Maßnahmen gegen gemeingefährliche Krankheiten bei Menschen anzuordnen.

---

[90] *Oeter*, in: v. Mangoldt/Klein/Starck (Hrsg.), GG, Bd. 2, 6. Aufl. 2010, Art. 74, Rn. 119.
[91] *Degenhart*, in: Sachs (Hrsg.), GG, 6. Aufl. 2011, Art. 74, Rn. 68; *Sannwald*, in: Schmidt-Bleibtreu et al. (Hrsg.), GG, 12. Aufl. 2011, Art. 74, Rn. 195.
[92] Rein formal hätte der Bearbeiterin eine Auseinandersetzung mit Art. 72 II GG im Zusammenhang mit Art. 74 I Nr. 20 GG mit dem Argument vermeiden können, dass der Bund zum Erlass §§ 4 I Nr. 1 i. V. m. 1 II VG *jedenfalls* nach Art. 74 I Nr. 17 1. Var. GG i. V. m. Art. 72 I GG befugt sei. Es wäre aber klausurtaktisch unklug, die Auseinandersetzung mit Art. 72 II GG auf diese Weise zu umgehen, da das Problem erkennbar im Sachverhalt angelegt ist. Außerdem wird in dieser Klausur verlangt, alle in Betracht kommenden Kompetenzen zu prüfen, da dies erkennbar einen Schwerpunkt bildet.
[93] *Oeter*, in: v. Mangoldt/Klein/Starck (Hrsg.), GG, Bd. 2, 6. Aufl. 2010, Art. 74, Rn. 121.

Gemeingefährliche Krankheiten sind solche, die einerseits zu schweren Gesundheitsschädigungen oder zum Tod führen können (ohne ansteckend zu sein[94]), und die andererseits eine überindividuelle Betroffenheit bewirken.[95]

Dioxinvergiftete Massenlebensmittel bewirken einen schweren, vom gesundheitlichen Normalzustand abweichenden Zustand (Gesundheitsschaden), ohne dabei ansteckend zu sein, und führen aufgrund ihrer Verbreitung zu überindividueller Betroffenheit; sie erfüllen damit die beiden Voraussetzungen der Gemeingefährlichkeit. Eine durch Massenlebensmittel hervorgerufene Dioxinvergiftung stellt damit eine gemeingefährliche Krankheit dar.

Problematisch aber ist die Definition von „Maßnahme". Man könnte diese auf nur repressiv wirkende Handlungen beschränken.[96] Damit würde der Regelungsgehalt aber weitgehend seiner Bedeutung beraubt, da oftmals eine Krankheitsbekämpfung ohne präventive Maßnahmen konzeptionell sinnlos ist. Eine überzeugende Auslegung ergibt daher, unter „Maßnahme" auch präventives Handeln zu fassen.[97]

Das VG möchte verhindern, dass überhaupt Tierprodukte hergestellt werden, die eine Dioxinvergiftung verursachen können. Es ist somit als präventives Handeln zu bewerten, damit als Maßnahmen gegen gemeingefährliche Krankheiten bei Menschen i. S. v. Art. 74 I Nr. 19 1. Var. GG.

Im Umkehrschluss aus Art. 72 II GG ergibt sich, dass der Bund keine weiteren Voraussetzungen für die Inanspruchnahme dieser Kompetenz darlegen muss.

Damit ist der Bund befugt, die §§ 4 I Nr. 1 i. V. m. 1 II VG aufgrund von Art. 74 I Nr. 19 1. Var. GG zu erlassen.

(5) Art. 74 I Nr. 19 letzte Var. GG (Recht der Gifte)

Der Bund könnte auch nach Art. 74 I Nr. 19 letzte Var. GG befugt sein, die §§ 4 I Nr. 1 i. V. m. 1 II VG zu erlassen.

Dioxin ist zwar ein Stoff, der aufgrund seiner Beschaffenheit schwere gesundheitliche Schäden oder den Tod herbeiführen kann, und damit ein Gift.[98] Das Recht der Gifte nach Art. 74 I Nr. 19 GG meint jedoch den gesamten Umgang mit Gift (Herstellung, Vertrieb, Verbrauch usw.).[99] Regelungsgegenstand des VG sind aber Lebensmittel, nicht Dioxin als solches. Die bloße Bezugnahme auf Dioxin kann damit nicht als Regelung des Umgangs mit dem Gift Dioxin qualifiziert werden. Damit kann der Bund die §§ 4 I Nr. 1 i. V. m. 1 II VG nicht auf Art. 74 I Nr. 19 letzte Var. GG stützen.

---

[94] Das wären nämlich „übertragbare" Krankheiten i. S. d. Art. 74 I Nr. 19 GG.
[95] *Oeter*, in: v. Mangoldt/Klein/Starck (Hrsg.), GG, Bd. 2, 6. Aufl. 2010, Art. 74, Rn. 135.
[96] In diese Richtung (zur Schonung der Länderkompetenzen) *Sannwald*, in: Schmidt-Bleibtreu et al. (Hrsg.), GG, 12. Aufl. 2011, Art. 74, Rn. 231.
[97] So im Ergebnis *Oeter*, in: v. Mangoldt/Klein/Starck (Hrsg.), GG, Bd. 2, 6. Aufl. 2010, Art. 74, Rn. 135; *Degenhart*, in: Sachs (Hrsg.), GG, 6. Aufl. 2011, Art. 74, Rn. 85; *Maunz*, in: ders./Dürig (Hrsg.), GG, Loseblatt, Stand: Lfg. 23 (ohne Datumsangabe), Art. 74, Rn. 213.
[98] Vgl. *Sannwald*, in: Schmidt-Bleibtreu et al. (Hrsg.), GG, 12. Aufl. 2011, Art. 74, Rn. 246, m. w. N.
[99] *Sannwald*, in: Schmidt-Bleibtreu et al. (Hrsg.), GG, 12. Aufl. 2011, Art. 74, Rn. 247, m. w. N.

(6) Art. 74 I Nr. 20 letzte Var. GG (Tierschutz)[100]

Eine Kompetenz nach Art. 74 I Nr. 20 letzte Var. GG scheidet aus, da alleiniger Regelungsgegenstand der §§ 4 I Nr. 1 i. V. m. 1 II VG Menschenschutz und nicht Tierschutz ist.

(7) Art. 74 I Nr. 11 (Recht der Wirtschaft)

Die §§ 4 I Nr. 1 i. V. m. 1 II VG könnten sich auch auf das Recht der Wirtschaft nach Art. 74 I Nr. 11 GG stützen.

Dieser Regelungsbereich ist weit zu fassen. Darunter fallen Regeln, *die sich auf die Erzeugung, Herstellung und Verteilung von Gütern des wirtschaftlichen Bedarfs beziehen,* darüber hinaus aber *auch alle das wirtschaftliche Leben und die wirtschaftliche Betätigung als solche regelnden Normen. Hierzu zählen Gesetze mit wirtschaftsregulierendem oder wirtschaftslenkendem Inhalt.*[101]

Die §§ 4 I Nr. 1 i. V. m. 1 II VG regulieren Dioxin-Belastungshöchstgrenzen für Tierprodukte. Damit schränken sie die Herstellung und den Vertrieb von belastetem Fleisch ein, entfalten also wirtschaftslenkende Wirkung. Da allerdings annähernd jede gesetzgeberische Maßnahme wirtschaftliche Bedeutung entfaltet, ist eine restriktive Auslegung von Art. 74 I Nr. 11 GG geboten, die die Grundidee der grundgesetzlichen Kompetenzverteilung wahrt. Der wirtschaftsregulierende oder -lenkende Inhalt muss damit im Vordergrund der Regelung stehen. Die §§ 4 I Nr. 1 i. V. m. 1 II VG sind aus dem Bestreben entstanden, Dioxinvergiftungen zu verhindern: Verbraucherschutz und Krankheitsbekämpfung stehen damit im Vordergrund dieser Normen. Art. 74 I Nr. 11 GG scheidet damit als Grundlage der §§ 4 I Nr. 1 i. V. m. 1 II VG aus.[102]

(8) Schwerpunkt der §§ 4 I Nr. 1 i. V. m. 1 II VG

Damit kann der Bund den Erlass der §§ 4 I Nr. 1 i. V. m. 1 II VG grundsätzlich auf verschiedene Kompetenzen stützen: erstens auf Art. 74 I Nr. 20 1. Var. i. V. m. 72 II GG; zweitens auf Art. 74 I Nr. 17 1. Var. i. V. m. 72 I GG; und drittens auf Art. 74 I Nr. 19 1. Var. i. V. m. 72 I GG. Fraglich ist, ob die §§ 4 I Nr. 1 i. V. m. 1 II VG einer dieser Kompetenz zugeordnet werden muss.

---

[100] Die Prüfung dieser Kompetenz kann die Bearbeiterin auch ohne Weiteres unterlassen, es ist fast offensichtlich, dass diese Kompetenz dem Bund keine Regelungsbefugnis verleiht.

[101] BVerfG 116, 202 (215 f.) – Tariftreueerklärung; weitere Nachweise von *Oeter*, in: v. Mangoldt/Klein/Starck (Hrsg.), GG, Bd. 2, 6. Aufl. 2010, Art. 74, Rn. 84. Kritisch dort auch zur Fassung des weiten Tatbestandes, Rn. 78 ff.

[102] Zum Verhältnis des Art. 74 I Nr. 11 GG zu anderen Kompetenztitel s. näher *Oeter*, in: v. Mangoldt/Klein/Starck (Hrsg.), GG, Bd. 2, 6. Aufl. 2010, Art. 74, Rn. 96 f. Die „Schwerpunkt"-Frage hat hier allerdings eine andere Bedeutung als die gleich zu behandelnde Frage der eindeutigen Zuordnung: Eine Norm kann schon nicht auf den weiten Tatbestand des Art. 74 I Nr. 11 GG gestützt werden, wenn es sich nicht um eine im Kern wirtschaftliche Regelung handelt. Anders ist das Verhältnis der Kompetenzen zueinander, die zwar jede für sich eine Regelung tragen könnten (anders als hier das Recht der Wirtschaft die §§ 4 I Nr. 1 i. V. m. 1 II VG), aber nicht alle den Schwerpunkt der Regelung bilden. Für beide Gesichtspunkte gilt aber: Ausführungen zu derartigen Fragen von **Gesetzgebungskonkurrenzen** werden vom Anfänger regelmäßig nicht erwartet.

Dabei geschieht die *Zuordnung einer bestimmten Regelung zu einer Kompetenznorm [...] anhand von unmittelbarem* **Regelungsgegenstand**[103]*, Normzweck, Wirkung und Adressat der zuzuordnenden Norm sowie der Verfassungstradition [...]. [...] Bei der Zuordnung einzelner Teilregelungen eines umfassenden Regelungskomplexes zu einem Kompetenzbereich dürfen die Teilregelungen nicht aus ihrem Regelungszusammenhang gelöst und für sich betrachtet werden. Kommt ihre Zugehörigkeit zu verschiedenen Kompetenzbereichen in Betracht, so ist aus dem Regelungszusammenhang zu erschließen, wo sie ihren* **Schwerpunkt**[104] *haben.*[105]

Die Regelung der §§ 4 I Nr. 1 i. V. m. 1 II VG kann sich auf verschiedene Kompetenzbereiche stützen. Allerdings handelt es sich beim Recht der Lebensmittel, der Förderung der Landwirtschaft und der Bekämpfung gemeingefährlicher Krankheiten jeweils im Bundeskompetenzen. Damit gehören die in Frage kommenden Kompetenzen keinen unterschiedlichen Kompetenzbereichen an, sondern einheitlich dem Kompetenzbereich „Bund". Weiter sind die Voraussetzungen ihrer jeweiligen Inanspruchnahme gegeben, so dass auch keine eindeutige Zuordnung aus diesem Grunde nötig ist.

Damit kann für die §§ 4 I Nr. 1 i. V. m. 1 II VG eine Zuordnung zu einem Schwerpunkt-Kompetenzbereich dahinstehen.

b) Zwischenergebnis hinsichtlich der Kompetenz für die Bestimmung der Dioxin-Höchstbelastung (§§ 4 I Nr. 1 i. V. m. 1 II VG)[106]

Der Bund ist kompetent für den Erlass der §§ 4 I Nr. 1 i. V. m. 1 II VG, entweder aufgrund von Art. 74 I Nr. 20 1. Var. i. V. m. Art. 72 II GG, oder Art. 74 I Nr. 17 1. Var. i. V. m. Art. 72 I GG, oder Art. 74 I Nr. 19 1. Var. i. V. m. Art. 72 I GG.

c) Kompetenz für die Bestimmung der Gesetzesausführung (§ 17 I, II, VII VG)

Fraglich ist, ob der Bund auch zur Regelung des § 17 I, II, VII VG befugt ist. Hierbei könnte es sich um Normen handeln, die zur Ausführung der sachlichen

---

[103] Entscheidend für eine Zuständigkeit ist also nicht etwa der vom Gesetzgeber gewählte Anknüpfungspunkt, sondern der Gesetzgebungsgegenstand, vgl. etwa BVerfGE 58, 137 (145) – Pflichtexemplar; 68, 319 (327 f.); 77, 308 (329).

[104] Die Idee, dass für die Prüfung einer Regelung (jdf. primär) die Norm zu suchen ist, zu der der stärkste Bezug besteht (Schwerpunkt), findet sich überall im Recht. So wird etwa auch der Schwerpunkt eines Eingriffs analysiert, um das maßgebliche Grundrecht zu bestimmen, vgl. BVerfGE 121, 317 (344 f.) – Gaststättenrauchverbot.

[105] BVerfGE 121, 30 (47 f., m. w. N.) – Parteienbeteiligung an Rundfunkunternehmen; weitere Nachweise bei *Sannwald*, in: Schmidt-Bleibtreu et al. (Hrsg.), GG, 12. Aufl. 2011, Art. 70, Rn. 29. Die beiden Ideen „Anknüpfen am Gesetzgebungsgegenstand" und „Schwerpunkt der gesetzlichen Regelung" sollten in der Kompetenzprüfung unbedingt eingebracht werden. Zur Auslegung von Gesetzgebungskompetenzen und Kriterien kompetenzrechtlicher Zuordnung näher *Rozek*, in: v. Mangoldt/Klein/Starck (Hrsg.), GG, Bd. 2, 6. Aufl. 2010, Art. 70, Rn. 49 ff.

[106] Gerade bei längeren Ausführungen zum selben Thema (hier: verschiedene Kompetenztitel) sind Zwischenergebnisse und Wiederholungen der Fragestellung wichtig, um dem Leser das Verständnis zu erleichtern.

Vorschriften des VG dienen. Die Gesetzgebungskompetenz würde in diesem Fall davon abhängen, auf welche Weise das VG ausgeführt wird.

aa) Typ der Gesetzesausführung und daraus folgende Gesetzgebungskompetenzen

Nach dem durch Art. 83 GG angeordneten Regel-Ausnahme-Verhältnis erfolgt die Ausführung von Bundesgesetzen in landeseigener Verwaltung, wenn sich aus dem Grundgesetz keine Zuweisung zur Auftragsverwaltung (Art. 85 GG) oder zur bundeseigenen Verwaltung (Art. 86 GG) ergibt.[107] Eine solche Zuweisung ist für die Sachmaterien aus Art. 74 I Nr. 20, 17, 19 GG nicht ersichtlich. Folglich wird das VG in der Form der Landeseigenverwaltung nach den Maßgaben des Art. 84 GG ausgeführt.

Damit stellt sich die Frage, wonach sich die Kompetenz zur Regelung der Ausführungsregelung von Gesetzen bestimmt, die in der Form der Landeseigenverwaltung vollzogen werden.[108] Die Kompetenz könnte sich einerseits schon aus Art. 74 I Nr. 20, 17, 19 GG ergeben (entweder direkt als Teil der Sachmaterie oder als mitgeschriebene Annexkompetenz dazu) oder andererseits konstitutiv aus Art. 84 I GG. Letzterer enthält eine differenzierte Kompetenzverteilung zwischen Bund und Ländern, die in jedem Fall vorrangig zu beachten ist. Folglich bestimmt sich die Kompetenzverteilung nach Art. 84 I GG unabhängig davon, ob es sich dabei um eine *lex specialis* zu den Art. 74 I Nr. 20, 17, 19 GG oder um eine konstitutive Kompetenznorm handelt.

bb) Bundeskompetenz für § 17 I, II, VII VG nach Art. 84 I GG

Fraglich also, ob der Bund nach Art. 84 I GG zum Erlass des § 17 I, II, VII VG kompetent ist.

(1) Art. 84 I 2 GG als Bundeskompetenz für § 17 I VG (Mitarbeitereinsatz)

Der Regelungsgehalt von § 17 I VG könnte eine Einrichtung von Behörden darstellen. Dies umfasst die Errichtung und Einrichtung (Ausgestaltung, innere Organisation, Personal- und Sachmittelausstattung) sowie die Festlegung des Aufgabenkreises der Behörden.[109] § 17 I VG schreibt den Mindesteinsatz von Personal bei der Dioxinkontrolle fest, macht also Vorgaben für die Allokation von Personalressourcen. Damit handelt es sich um eine Regelung der Einrichtung einer Behörde.

Die Kompetenz hierfür steht gem. Art. 84 I 1 GG grundsätzlich den Ländern zu. Der Bund darf jedoch gem. der Vollkompetenz des Art. 84 I 2 GG ebenfalls die Behördeneinrichtung bestimmen.[110] Damit besteht gem. Art. 84 I 2 GG eine Bundeskompetenz für § 17 I VG.

---

[107] Vgl. für diese Formulierung etwa BVerfGE 114, 196 (223) – Beitragssatzsicherungsgesetz.
[108] Dazu ausführlich oben Lösungshinweis VIII., S. 329 ff.
[109] *Pieroth*, in: Jarass/Pieroth, GG, 11. Aufl. 2011, Art. 84 Rn. 3; vertiefend *Lehmann-Brauns*, Die Zustimmungsbedürftigkeit von Bundesgesetzen nach der Föderalismusreform, 2008, S. 122 ff.
[110] Wovon dann wiederum die Länder grundsätzlich abweichen können usw. – Ping-Pong-Prinzip;

(2) Art. 84 I 2 GG als Bundeskompetenz für § 17 II VG (Kontrollvorgaben)

Bei § 17 II VG könnte es sich um eine Regelung des Verwaltungsverfahrens handeln. Darunter versteht man strukturierte Vorgänge der Informationsgewinnung,[111] genauer *die Tätigkeit der Verwaltungsbehörden im Blick auf die Art und Weise der Ausübung des Gesetzes einschließlich ihrer Handlungsformen, die Form der behördlichen Willensbildung, die Art der Prüfung und Vorbereitung der Entscheidung, deren Zustandekommen und Durchsetzung sowie verwaltungsinterner Mitwirkungs- und Kontrollvorgänge in ihrem Ablauf*[112]. § 17 II VG trifft Vorgaben darüber, auf welche Weise die Lebensmittelkontrolle durchzuführen ist. Diese Vorgaben beschreiben einen strukturierten Vorgang der Informationsgewinnung über die Dioxinbelastung in den untersuchten Proben. Dabei handelt es sich also um die Regelung des Verwaltungsverfahrens. Gem. Art. 84 I 2 GG ist der Bund dafür kompetent.

(3) Abweichungsfeste Behördenorganisation nach § 17 I i. V. m. VII VG

Fraglich ist, ob der Bund in § 17 VII VG verhindern darf, dass die Länder eine von § 17 I VG abweichende Regelung der Behördeneinrichtung zur Ausführung des VG treffen dürfen.

Die Befugnis zum Erlass einer *abweichungsfesten* Behördenorganisation könnte sich aus Art. 84 I 5 GG ergeben. Nach dem eindeutigen Wortsinn kann der Bund jedoch nur ein abweichungsfestes *Verwaltungsverfahren* normieren. Eine entsprechende Befugnis ist dort für die Behördenorganisation nicht festgelegt. Anhaltspunkte dafür, dass hier eine planwidrige Regelungslücke vorliegt (die durch eine Analogie zu schließen wäre), sind nicht ersichtlich.[113]

Damit fehlt dem Bund die Kompetenz zur abweichungsfesten Regelung der Behördeneinrichtung nach § 17 I i. V. m. VII VG.[114]

---

dazu auch *Hennecke*, in: Schmidt-Bleibtreu et al. (Hrsg.), GG, 12. Aufl. 2011, Art. 84, Rn. 3 ff.
[111] *Hennecke*, in: Schmidt-Bleibtreu et al. (Hrsg.), GG, 12. Aufl. 2011, Art. 84, Rn. 14.
[112] BVerfGE 75, 108 (152); 114, 196 (224, m. w. N.); weiter *Pieroth*, in: Jarass/Pieroth, GG, 11. Aufl. 2011, Art. 84, Rn. 4, m. w. N.; weiterführend *Lehmann-Brauns*, Die Zustimmungsbedürftigkeit von Bundesgesetzen nach der Föderalismusreform, 2008, S. 130 ff. (kritisch 145 f.,) und im Kontext der Kompetenzen *Jarass*, Allgemeine Probleme der Gesetzgebungskompetenz des Bundes, NVwZ 2000, 1089 (1091, m. w. N.).
[113] Es wäre falsch, hier einfach eine planwidrige Regelungslücke anzunehmen, wenn der Sachverhalt keine entsprechenden Angaben macht oder die Analogie nicht allgemein be- und anerkannt ist. Grundsätzlich aber: Jeder Bearbeiter muss sich angewöhnen, seine Kenntnisse aus der Methodenlehre einzubringen: Kann eine verfassungswidrige Norm etwa verfassungskonform ausgelegt werden? Ist ein Schweigen des Gesetzes eine beabsichtigte oder eine unbeabsichtigte Lücke? An solchen Ausführungen zeigt man, dass man wie ein guter Jurist denkt – mit entsprechenden Folgen für die Bewertung der Klausur.
[114] Vgl. *Pieroth*, in: Jarass/Pieroth, GG, 11. Aufl. 2011, Art. 84, Rn. 11; aus rechtspolitischen Gründen ablehnend *Lehmann-Brauns*, Die Zustimmungsbedürftigkeit von Bundesgesetzen nach der Föderalismusreform, 2008, S. 401, m. w. N. Allgemeine Wiederholung: Es gibt echte Rechtsprobleme, die der Student zu großen Teilen schlicht lernen muss. Dazu gehören verschiedene Theorien, Definitionen etc. Viele Probleme zeigen sich aber schon bei einer genauen Arbeit mit dem Gesetz – die Arbeit mit dem Gesetz (das aufgeschlagen und immer wieder ernsthaft gelesen werden muss) ist allein aus diesem Grund unerlässlich!

(4) Abweichungsfestes Verwaltungsverfahren nach § 17 II i. V. m. VII VG

Fraglich ist weiter, ob der Bund für die abweichungsfeste Regelung des Verwaltungsverfahrens gem. § 17 II i. V. m. VII VG kompetent ist. Hierzu könnte er nach Art. 84 I 5 GG befugt sein. Danach darf der Bund in Ausnahmefällen wegen eines besonderen Bedürfnisses nach bundeseinheitlicher Regelung das Verwaltungsverfahren ohne Abweichungsmöglichkeit für die Länder regeln.

§ 17 II i. V. m. VII VG müsste somit zunächst einen Ausnahmefall darstellen. Der Bund hat bisher in keinem anderen Gesetz ein abweichungsfestes Verwaltungsverfahren normiert. Die abweichungsfeste Regelung stellt damit in quantitativer Hinsicht einen Ausnahmefall dar.[115]

Fraglich ist weiter, ob für § 17 II i. V. m. VII VG ein derartiges besonderes Bedürfnis nach bundeseinheitlicher Regelung besteht. Dieses besondere Bedürfnis liegt jedenfalls dann vor, wenn die Sachkompetenz so eng mit dem Verwaltungsverfahren verknüpft ist, dass sie ohne bundeseinheitliche Regelung nicht zu regeln ist (Verknüpfung beider Regelungsteile durch Prozeduralisierung).[116] Dabei kann an die Vorgaben zur Inanspruchnahme der Gesetzgebungskompetenzen angeknüpft werden, hier also an Art. 72 GG. Wenn die Sachkompetenz nämlich ein Bundeshandeln verlangt und Sach- und Ausführungsentscheidung eng verknüpft sind, strahlt Art. 72 GG auf diese Weise auf Art. 84 I 5 GG aus.[117]

Als Indiz für ein besonderes Bedürfnis kann angeführt werden, dass schon der Verfassungsgeber für den Bereich des Art. 74 I Nr. 17, 19 GG eine Bundesrege-

---

[115] Zum Ausnahmefall *Trute*, in: v. Mangoldt/Klein/Starck (Hrsg.), GG, Bd. 3, 6. Aufl. 2010, Art. 84, Rn. 41 f.; *Pieroth*, in: Jarass/Pieroth, GG, 11. Aufl. 2011, Art. 84, Rn. 11, m. w. N. Ein anderes Verständnis des Ausnahmefalls findet sich bei *Lehmann-Brauns*, Die Zustimmungsbedürftigkeit von Bundesgesetzen nach der Föderalismusreform, 2008, S. 166 ff., 400 f.

[116] *Trute*, in: v. Mangoldt/Klein/Starck (Hrsg.), GG, Bd. 3, 6. Aufl. 2010, Art. 84, Rn. 38, m. w. N.; *Henneke*, in: Schmidt-Bleibtreu et al. (Hrsg.), GG, 12. Aufl. 2011, Art. 84, Rn. 9. Es werden hier also Art. 71 ff. GG und 83 ff. GG miteinander verknüpft. Zu einer anderen Verknüpfung, nämlich der Grenze der materiellen Gesetzgebungskompetenz als Grenze auch der Verwaltungskompetenz s. Klausur 6: Highway to Hell, Frage 2 (S. 300, 319 f.).

[117] *Trute*, in: v. Mangoldt/Klein/Starck (Hrsg.), GG, Bd. 3, 6. Aufl. 2010, Art. 84, Rn. 38, 40; *Henneke*, in: Schmidt-Bleibtreu et al. (Hrsg.), GG, 12. Aufl. 2011, Art. 84, Rn. 9; *Pieroth*, in: Jarass/Pieroth, GG, 11. Aufl. 2011, Art. 84, Rn. 11, m. w. N. Im Einzelnen ist noch ungeklärt, wie diese Bedürfnisklausel zu operationalisieren ist. Nach der Tendenz in der Literatur wird darauf verzichtet, dem „Bedürfnis" eine eigene Gestalt zu geben. Vielmehr wird darauf abgestellt, ob eine Verknüpfung von sachlicher Regelung und Ausführungsregelung besteht; in diesem Fall sollen nämlich die Kompetenzverteilungsgedanken nach Art. 71 ff. GG durchgreifen. Danach bestimmt etwa Art. 72 II GG auch das Bedürfnis i. S. v. Art. 84 I 5 GG (*Trute*, *Pieroth*); und für Kernkompetenzen nach Art. 72 I GG und ausschließliche Bundeskompetenzen stellt sich die Frage nach dem Bedürfnis i. S. v. Art. 84 I 5 GG als eigene Qualifikation letztlich gar nicht mehr. Auch die angeführte Pflicht zur Begründung des Bedürfnisses, die die Literatur statuiert, trägt im Ergebnis kaum zur Eingrenzung von Art. 84 I 5 GG bei, wenn die Begründung nur begrenzt gerichtlich überprüfbar ist (vgl. *Pieroth*, ibid., m. w. N.). Die qualitative Qualifikation des Art. 84 I 5 GG (vgl. *Trute*, ibid., Rn. 42) entfaltet damit kaum eigene Bedeutung, so dass der Fokus auf das Tatbestandsmerkmal des „Ausnahmefalls" rückt – der eigene Probleme aufwirft. Aber: Eine solche vertiefte Befassung mit Art. 84 I 5 GG wird vom Anfänger nicht erwartet. Es genügt, wenn der Bezug zwischen Art. 71 ff. und Art. 84 I 5 GG hergestellt wird.

lung für so wichtig gehalten hat, dass er keine weiteren Voraussetzungen für ihre Inanspruchnahme gemacht hat (Umkehrschluss aus Art. 72 II GG). Stützen sich die sachlichen Regelungen des VG hingegen auf Art. 74 I Nr. 20 GG, so ist oben unter B. I. 1. a) bb) (1) (b) (aa), (bb) ihre Erforderlichkeit i. S. v. Art. 72 II GG dargelegt worden. Art. 72 I bzw. II GG sprechen damit für die Erforderlichkeit auch einer bundeseinheitlichen Ausführung.

Allerdings obliegt darüber hinaus dem Bundesgesetzgeber eine erhöhte Darlegungslast.[118] Der Gesetzgeber hat ausführlich begründet, warum das VG keine abweichende Bestimmung der Länder über das Verwaltungsverfahren gestatten kann (Gesundheitsgefahr bei unterschiedlichem Gesetzesvollzug). Das hohe Schutzgut (vgl. Art. 2 II 1 GG) und die bisher bestehenden offensichtlichen Schutzdefizite lassen auch keine Anhaltspunkte erkennen, weshalb diese Einschätzung fehlerhaft sein sollte.

Damit besteht ein besonderes Bedürfnis nach bundeseinheitlicher Regelung des Verwaltungsverfahrens im VG ohne Abweichungsmöglichkeit für die Länder. Der Bund ist somit zum Erlass von § 17 II i. V. m. VII VG aufgrund von Art. 84 I 2, 5 GG befugt.

d) Zwischenergebnis hinsichtlich der Kompetenz für die Bestimmung der Gesetzesausführung (§ 17 I, II, VII VG)

Der Bund ist befugt zur Regelung des § 17 I, II VG aufgrund von Art. 84 I 2 GG. Er ist weiter befugt zum Erlass der abweichungsfesten Verwaltungsverfahrensvorschrift des § 17 II i. V. m. VII VG gem. Art. 84 I 2, 5 GG.

Ihm fehlt hingegen die Kompetenz zur Regelung von § 17 I i. V. m. VII VG.

2. Zwischenergebnis hinsichtlich der Gesetzgebungskompetenzen insgesamt

Der Bund ist kompetent für den Erlass der §§ 4 I Nr. 1 i. V. m. 1 II VG, entweder aufgrund von 74 I Nr. 20 i. V. m. Art. 72 II GG, Art. 74 I Nr. 17 i. V. m. Art. 72 I GG oder Art. 74 I Nr. 19 i. V. m. Art. 72 I GG.

Er ist zudem kompetent zur Regelung des § 17 I, II VG aufgrund von Art. 84 I 2 GG.

Weiterhin ist er befugt zum Erlass der abweichungsfesten Verwaltungsverfahrensvorschrift des § 17 II i. V. m. VII VG gem. Art. 84 I 2, 5 GG.

Ihm fehlt hingegen die Kompetenz zur Regelung von § 17 I i. V. m. VII VG.

---

[118] *Trute*, in: v. Mangoldt/Klein/Starck (Hrsg.), GG, Bd. 3, 6. Aufl. 2010, Art. 84, Rn. 38, m. w. N.; *Henneke*, in: Schmidt-Bleibtreu et al. (Hrsg.), GG, 12. Aufl. 2011, Art. 84, Rn. 9; *Pieroth*, in: Jarass/Pieroth, GG, 11. Aufl. 2011, Art. 84, Rn. 11, m. w. N.

3. Gesetzgebungsverfahren

Fraglich ist, ob das Gesetzgebungsverfahren verfassungsgemäß verlaufen ist.

a) Initiativverfahren, Bundestagsbeschluss

Das VG ist verfassungsgemäß eingebracht und beschlossen worden.[119]

b) Mitwirkung des Bundesrates

Die Voraussetzungen für das Zustandekommen des VG mit Blick auf die Bundesratsmitwirkung unterscheiden sich gem. Art. 78 GG danach, ob es sich um ein Einspruchsgesetz (vgl. Art. 77 III, IV GG) oder ein Zustimmungsgesetz (vgl. Art. 77 IIa, II GG) handelt. Gesetze ergehen dabei grundsätzlich als Einspruchsgesetze, wenn das GG nichts anderes bestimmt.[120]

aa) Zustimmungsbedürftigkeit des § 17 II i. V. m. VII VG und Bundesratszustimmung

§ 17 II i. V. m. VII VG normiert abweichungsfest ein bestimmtes Verwaltungsverfahren. Art. 84 I 6 GG ordnet hierfür die Zustimmung des Bundesrates an. Jedenfalls diese Norm bedarf also der Bundesratszustimmung.[121]

Der Bundesrat muss jedenfalls § 17 II i. V. m. VII VG mit der Mehrheit seiner insgesamt 69 Stimmen (also 35 Stimmen) zugestimmt haben (vgl. Art. 52 III 1 GG)[122]. Es wurden eindeutig 32 Ja-Stimmen für die Norm abgegeben. Fraglich ist, ob auch das Land B-W für das VG gestimmt hat, da seine Stimmen von B und C mit unterschiedlichen Bedeutungsgehalten abgegeben worden sind.

Art. 51 III 2 GG verlangt eine einheitliche Stimmabgabe, wie sie bezüglich des VG aber nicht stattgefunden hat. Die Norm regelt jedoch nicht ausdrücklich, zu welchen *Folgen* eine uneinheitliche Stimmabgabe führt.[123]

Denkbar wäre einerseits, alle Stimmen des Landes B-W als ungültig zu werten.[124] Damit wären für das VG und folglich auch für dessen § 17 II i. V. m. VII VG nur 32 Stimmen abgegeben und somit die Mehrheit verfehlt worden.

Demgegenüber ließe sich vertreten, dass im Falle einer uneinheitlichen Stimmabgabe die Entscheidung des **Stimmführers** (meist also des Landeskabinettsvor-

---

[119] S. Sachverhalt.
[120] Eine Zusammenstellung aller Normen, die die Zustimmungsbedürftigkeit auslösen, findet sich bei *Masing*, in: v. Mangoldt/Klein/Starck (Hrsg.), GG, Bd. 2, 6. Aufl. 2010, Art. 77, Rn. 48. Für eine ausführliche Darstellung s. *Lehmann-Brauns*, Die Zustimmungsbedürftigkeit von Bundesgesetzen nach der Föderalismusreform, 2008.
[121] Dazu, ob dem ganzen VG zugestimmt werden muss, sogleich.
[122] Vgl. auch die Regeln über die Abstimmung in §§ 28 ff. GO-BR.
[123] Eine Zusammenstellung der Argumente findet sich bei *Schenke*, Die verfassungswidrige Bundesratsabstimmung, NJW 2002, 1318 (1320 ff.), sowie in BVerfGE 106, 310 (330 ff.) – Zuwanderungsgesetz.
[124] H. M., s. *Schenke*, Die verfassungswidrige Bundesratsabstimmung, NJW 2002, 1318 (1320, m. w. N. in Fn. 10).

sitzenden[125]) entscheidet.[126] Maßgeblich wäre in diesem Fall also die Stimmabgabe des Ministerpräsidenten von B-W, also des B. Danach hat B-W *für* das VG gestimmt. Damit wären 38 Stimmen für das VG abgegeben und somit eine Mehrheit erzielt worden. Beide Auffassungen kommen zu unterschiedlichen Ergebnissen, damit muss eine Streitentscheidung erfolgen.[127]

Für die erste Auffassung spricht, dass ein allein anwesender Landeskabinettsvorsitzender als „Stimmführer" auch alleine entscheiden und alle Stimmen seines Landes abgeben könnte.[128] Gegen dieses Argument spricht aber, dass Art. 51 GG keine unterschiedlichen Stellungen der Landesvertreter kennt.[129] Dem Landeskabinettschef kommt also nach dem GG keine besondere Rolle zu. Vielmehr kann *jeder* anwesende Landesvertreter als „Stimmführer" alle Stimmen des Landes abgeben, nicht nur der Landeskabinettsvorsitzende.

Für dessen herausgehobene Stellung könnten aber die Art. 77 II 3, Art. 53a I 3 2. Hs. GG (Weisungsfreiheit bestimmter Organangehöriger) angeführt werden. Sie erlauben einen Umkehrschluss, wonach die Bundesratsmitglieder weisungsgebunden sind. Dieses Weisungsrecht kann sich aber nur aus dem Landesverfassungsrecht ergeben.[130] Danach würde die Richtlinienkompetenz des Ministerpräsidenten nach der Landesverfassung von B-W[131] in eine (Letzt-)Entscheidungskompetenz bei der Stimmabgabe im Bundesrat umschlagen.

Mit dieser Auffassung würde aber *Landes*recht auf die Entstehung von *Bundes*recht wirken. Dies kann nicht überzeugen, da der Bundesrat ein kollegiales Verfassungsorgan des *Bundes* ist (das lediglich aus Mitgliedern der Landesregierungen besteht).[132] Landes(verfassungs)recht kommt also für die Ausgestaltung des Wirkens dieses Bundesorgans keine Bedeutung zu. Selbst landesverfassungswidriges weisungswidriges Verhalten eines Landesvertreters im Bundesrat wäre nur relevant für die Situation innerhalb des Landes, nicht aber für den Bund.[133]

---

[125] D. h. Ministerpräsident, Regierender Bürgermeister (Berlin), Erster Bürgermeister (Hamburg) oder Bürgermeister (Bremen).
[126] Namhaft *Stern*, Das Staatsrecht der Bundesrepublik Deutschland, Bd. II, 1980, S. 137, und (wohl mit unterschiedlichen Begründungen) in Fernsehinterviews *Pestalozza* und *H. O. Schneider*, so *Schenke*, Die verfassungswidrige Bundesratsabstimmung, NJW 2002, 1318 (1320, Fn. 11 f.).
[127] Die Argumente orientieren sich an *Schenke*, Die verfassungswidrige Bundesratsabstimmung, NJW 2002, 1318 (1320 ff.). Es werden hier nur die wichtigsten Argumente genannt. Ausgelassen sind u. a. die historischen Argumente, die sich auf die Weimarer Situation beziehen und die konkludente Übernahme im Parlamentarischen Rat, dazu *Schenke*, Die verfassungswidrige Bundesratsabstimmung, NJW 2002, 1318 (1320).
[128] *Stern*, Das Staatsrecht der Bundesrepublik Deutschland, Bd. II, 1980, S. 137.
[129] *Schenke*, Die verfassungswidrige Bundesratsabstimmung, NJW 2002, 1318 (1320 f.).
[130] *Stern*, Das Staatsrecht der Bundesrepublik Deutschland, Bd. II, 1980, S. 138 f.
[131] Vgl. für die Bundesebene Art. 65 S. 1 GG entsprechend.
[132] BVerfGE 106, 310 (330, LS 1). Hier der Hinweis auf eine plastische Beschreibung von *Hans Hofmann*: Die Vertreter eines Landes im Bundesrat machen einen zweifachen Gewaltenwechsel durch bei der Fahrt in den Bundesrat: in Stuttgart, Thüringen oder Saarbrücken sind sie a) Vertreter der *Exekutive* eines b) *Landes* (Art. 51 I 1 GG) und wirken in Berlin als Teil der a) *Legislative* b) des *Bundes* (Art. 50 GG).
[133] Vgl. *Schenke*, Die verfassungswidrige Bundesratsabstimmung, NJW 2002, 1318 (1321).

Für die Nichtigkeit der Stimmen bei uneinheitlicher Stimmabgabe spricht weiter der Wortsinn des Art. 51 III 2 GG: „Können" kann sich in diesem Sinne nur auf ein normatives Können beziehen, denn selbstverständlich ist es möglich, dass die Repräsentanten des Landes sich *tatsächlich* unterschiedlich äußern „können". Soll das Wort „können" also eine sinnvolle Bedeutung haben, muss damit „dürfen" gemeint sein.[134]

Weiter könnte das Institut der Stimmführerschaft dafür angeführt werden, dass die Stimme des Landeskabinettschefs entscheidet. Dieses Institut erlaubt einem Bundesratsmitglied im Geschäftsalltag, alle Stimmen eines Landes abzugeben und erspart damit etwaigen weiteren Landesvertretern Zeit. Es ist aber keinerlei normative Grundlage ersichtlich, aus diesem Institut praktischer Verfahrensgestaltung normative Letztentscheidungskompetenzen abzuleiten.[135]

Aus systematischer Auslegung ergibt sich zuletzt, dass Art. 51 III 2 GG *zwei* Anforderungen an die Stimmabgabe stellt: einheitlich und durch anwesende Mitglieder. Die Rechtsfolgen bei Nichteinhaltung der Bedingungen müssen folglich dieselben sein. Unbestritten ist nun aber, dass die Stimmabgabe durch Abwesende (also etwa telefonisch) dazu führt, dass die Stimmen nicht gewertet werden. Dann kann für die Verletzung des Gebots der einheitlichen Stimmabgabe nichts anderes gelten.[136]

Somit sprechen die besseren Argumente gegen eine Letztentscheidung des „Stimmführers" und für die Ungültigkeit aller Stimmen eines Landes bei einer uneinheitlichen Stimmabgabe im Bundesrat.

bb) Zwischenergebnis

Somit hat der Bundesrat § 17 II i. V. m. VII VG nicht zugestimmt.

cc) Zustimmungsbedürftigkeit zum VG als Ganzem

Fraglich ist, zu welchen Konsequenzen die fehlende Bundesratszustimmung für die übrigen Normen des VG führt. Dessen materieller Teil (§§ 4 I Nr. 1 i. V. m. 1 II VG) ist ebenso wenig zustimmungsbedürftig wie § 17 I, II VG; insoweit handelt es sich also um ein Einspruchsgesetz. Der Bundesrat hat sich mit dem VG erstmals vier Wochen nach Eingang des Gesetzesbeschlusses befasst. Damit hat er nicht innerhalb der Drei-Wochen-Frist nach Art. 77 II 1 GG den Vermittlungsausschuss angerufen und konnte folglich auch keinen Einspruch einlegen (vgl. Art. 77 III 1 GG). Die zustimmungsfreien Teile des VG sind damit isoliert betrachtet nach Art. 78 2. Var. GG zustande gekommen.

Es ließe sich nun vertreten, dass das Zustandekommen der zustimmungsbedürftigen und der zustimmungsfreien Teile eines Gesetzes getrennt zu bewerten sind. Die fehlende Zustimmung des Bundesrates würde sich nach dieser Auffassung al-

---

[134] *Schenke*, Die verfassungswidrige Bundesratsabstimmung, NJW 2002, 1318 (1320).
[135] Vgl. *Schenke*, Die verfassungswidrige Bundesratsabstimmung, NJW 2002, 1318 (1321 f.).
[136] *Schenke*, Die verfassungswidrige Bundesratsabstimmung, NJW 2002, 1318 (1320).

so nur auf den zustimmungsbedürftigen Teil des VG (§ 17 II i. V. m. VII VG) beziehen. §§ 4 I Nr. i. V. m. 1 II, 17 I, II VG wären damit gem. Art. 78 2. Var. GG zustande gekommen.[137]

Demgegenüber ließe sich vertreten, das Gesetz bilde eine **gesetzgebungstechnische Einheit**[138], so dass eine einzige zustimmungsbedürftige Norm das Gesetz *als Ganzes* zustimmungsbedürftig macht.[139] Mangels Zustimmung würden damit auch §§ 4 I Nr. 1 i. V. m. 1 II, 17 I, II VG nicht zustande gekommen sein. Wegen der unterschiedlichen Ergebnisse muss eine Streitentscheidung erfolgen.[140]

Für die erste Auffassung könnte der Wortsinn der Art. 77 IIa 1, III 1 GG sprechen. Danach soll die Bundesratszustimmung nur nötig sein, „soweit" sie zu einem Gesetz erforderlich ist. Diese Beschränkung wird aufgehoben, wenn ein Gesetz als Ganzes zustimmungsbedürftig wird, nur weil eine einzige Norm zustimmungsbedürftig ist.

Für die erste Auffassung könnten weiter systematische Erwägungen sprechen, nämlich die Beibehaltung der grundgesetzlichen Kompetenzverteilung. Würden zustimmungsfreie Regelungen eines Gesetzes allein dadurch zustimmungsbedürftig, dass sie mit einer zustimmungsbedürftigen Norm in einem Gesetz zusammengefasst werden, würde dies die Zustimmungsbedürftigkeit und damit die Kompetenz des Bundesrates über das hinaus ausdehnen, was das GG angeordnet hat.[141] Obwohl der Bundesrat beim VG etwa nur über bestimmte Ausführungsregeln entscheiden soll, dürfte er nach der angegriffenen Rechtsauffassung auch über materiell-rechtliche Frage entscheiden.[142] Damit wird in die föderale Ordnung des GG eingegriffen und die Rolle des Bundesrates über seine grundgesetzliche Kompetenzen hinaus ausgedehnt.[143]

Dieses Verständnis könnte auch teleologisch gestützt werden: Art. 84 I 6 GG ist eine „Schutznorm" der Länder gegen die Auferlegung abweichungsfester Verwaltungsverfahrensregelungen. Sie kann daher nicht weiter reichen als der Schutzzweck (hier: Art. 84 I 5 GG).[144]

Gegen diese Rechtsauffassung spricht aber der Wortsinn des Art. 84 I 6 GG: Er schreibt die Bundesratszustimmung für „diese Gesetze" vor, bezieht sich also auf die gesetzgebungstechnische Einheit, zu der ein bestimmtes Vorhaben zusammen-

---

[137] Sog. Trennungstheorie, eine (jdf. noch) MM der Literatur; Nachweise s. oben unter Lösungshinweis VI., S. 328 f.
[138] So die Formulierung in BVerfGE 8, 274 (294 f., m. w. N.).
[139] Sog. Einheitstheorie, vertreten vom BVerfG und Teilen der Literatur; Nachweise s. oben unter Lösungshinweis VI., S. 328 f.
[140] Hier erfolgt die Auseinandersetzung einmal *en bloc* statt dialektisch.
[141] Vgl. die Nachweise bei *Lehmann-Brauns*, Die Zustimmungsbedürftigkeit von Bundesgesetzen nach der Föderalismusreform, 2008, S. 204 f.
[142] Vgl. (dies anerkennend) BVerfGE 55, 274 (319).
[143] Vgl. die Darstellung und Nachweise bei *Lehmann-Brauns*, Die Zustimmungsbedürftigkeit von Bundesgesetzen nach der Föderalismusreform, 2008, S. 204 ff.
[144] *Henneke*, in: Schmidt-Bleibtreu et al. (Hrsg.), GG, 12. Aufl. 2011, Art. 84, Rn. 6.

gefasst worden ist.¹⁴⁵ Folglich besteht auch keine Spannung zu Art. 77 IIa 1, III 1 GG, da sich das „soweit" in diesem Fall auf das ganze Gesetz bezieht. Dieses Ergebnis wird gestützt durch einen systematischen Vergleich mit Art. 85 I 1 GG, der die Bundesratszustimmung „soweit" anordnet als eine Regelung der Behördeneinrichtung erfolgt.¹⁴⁶

Weiter bestehen Bedenken gegen eine Trennung auch hinsichtlich ihrer praktischen Umsetzung, wie beispielsweise der Bundespräsident ein Gesetz teilweise verkünden könnte.¹⁴⁷

Entscheidend ist aber die Achtung der gesetzgeberischen Entscheidung für die Gestaltung eines Gesetzes.¹⁴⁸ Diese stellt einen zentralen Aspekt des politisch-parlamentarischen Wirkens dar und genießt daher besonderen Schutz. Auch das GG knüpft an das in Eigenverantwortung geschaffene Gesetz als Ganzes an, wenn es in Art. 78 GG vom Zustandekommen *des Gesetzes* spricht.¹⁴⁹ Wenn die gesetzgeberische Entscheidung für eine bestimmte Gesetzesgestaltung also dazu führt, dass Normen inkorporiert sind, die zu besonderen Folgen (Zustimmungsbedürftigkeit) führen, ist darin keine verfassungswidrige Ausdehnung der Wirkung dieser Normen zu erblicken. Vielmehr ergibt sich dieses Ergebnis aus der Befugnis des Gesetzgebers, Regelungen so zusammenfassen, wie es seiner politischen, demokratisch legitimierten Gestaltungsvorstellung entspricht.

Folglich überzeugt die Auffassung, ein Gesetz als gesetzgebungstechnische Einheit zu begreifen und es einheitlichen Anforderungen zu unterwerfen.¹⁵⁰

---

[145] *Lehmann-Brauns*, Die Zustimmungsbedürftigkeit von Bundesgesetzen nach der Föderalismusreform, 2008, S. 208. Art. 84 I GG a. F. lautete demgegenüber: „Führen die Länder die Bundesgesetze als eigene Angelegenheit aus, so regeln sie die Einrichtung der Behörden und das Verwaltungsverfahren, *soweit* [Hervorhebung von mir, LO] nicht Bundesgesetze mit Zustimmung des Bundesrates etwas anderes bestimmen."

[146] Vgl. *Lehmann-Brauns*, Die Zustimmungsbedürftigkeit von Bundesgesetzen nach der Föderalismusreform, 2008, S. 207 ff.

[147] *Maunz*, in: ders./Dürig (Hrsg.), GG, Loseblatt, Stand: Grundwerk (ohne Datumsangabe), Art. 77, Rn. 8, m. w. N.; dagegen und gegen weitere Argumente für die von anderer Seite behauptete praktische Notwendigkeit der Einheitstheorie *Lehmann-Brauns*, Die Zustimmungsbedürftigkeit von Bundesgesetzen nach der Föderalismusreform, 2008, S. 211 f.; *Haghgu*, Die Zustimmung des Bundesrates nach Art. 84 Abs. 1 GG – Wider die sog. Einheitsthese, 2007, insb. S. 256 ff., 300 ff.

[148] Nachweise bei *Lehmann-Brauns*, Die Zustimmungsbedürftigkeit von Bundesgesetzen nach der Föderalismusreform, 2008, S. 201.

[149] BVerfGE 8, 274 (295), seitdem st. Rspr., vgl. weitere Nachweise bei BVerfGE 55, 274 (319). Als grundsätzliches Argument lässt dies *Lehmann-Brauns*, Die Zustimmungsbedürftigkeit von Bundesgesetzen nach der Föderalismusreform, 2008, S. 209, m. w. N., nicht gelten, da die Norm keinen Hinweis auf den Umfang des Zustimmungsrechts enthalte.

[150] H. M., s. Nachweise oben Lösungshinweis VI., S. 328 f. Dass das BVerfG diese Rechtsprechung aufgeben wird (die Fortführung der Rechtsprechung wurde nämlich offengelassen in BVerfGE 105, 313 [339] – Lebenspartnerschaftsgesetz; dazu die Nachweise bei *Lehmann-Brauns*, Die Zustimmungsbedürftigkeit von Bundesgesetzen nach der Föderalismusreform, 2008, S. 202, Fn. 634), ist derzeit nicht ersichtlich, vgl. etwa das spätere, die Einheitstheorie anwendende Urteil in BVerfGE 106, 310 (329 f.). Seit Inkrafttreten der Föderalismusreform I ist auch keine Entscheidung des BVerfG über eine derartige Konstellation veröffentlicht worden, so dass derzeit von einem Fortgelten der Einheitstheorie ausgegangen werden kann.

Damit war das VG wegen des gem. Art. 84 I 6 GG zustimmungsbedürftigen § 17 II i. V. m. VII VG als Ganzes zustimmungsbedürftig.

c) Zwischenergebnis zur Mitwirkung des Bundesrats

Das VG ist als Ganzes zustimmungsbedürftig, hat mit 32 von 69 Stimmen aber keine Bundesratszustimmung erfahren.

II. Zwischenergebnis zur Verfassungsmäßigkeit des VG

Dem Bund fehlt die Gesetzgebungskompetenz zum Erlass von § 17 I i. V. m. VII VG.

Zum Erlass der übrigen Normen des VG ist er zwar kompetent. Mangels Bundesratszustimmung ist das VG aber nicht zustande gekommen.[151]

C. Ergebnis

Das abstrakte Normenkontrollverfahren ist zulässig und begründet.

D. Rechtsfolge

Fraglich ist, was aus der Verfassungswidrigkeit des VG folgt. Dabei ist zunächst zu prüfen, ob die fehlende Gesetzgebungskompetenz bzw. die fehlende Bundesratszustimmung im Ergebnis Bedeutung für den Bestand des VG haben.

Während bei inhaltlichen Fehlern [einschließlich der inhaltlichen Überschreitung von Kompetenzbegrenzungen] die Nichtigkeit die regelmäßige Folge des Verfassungsverstoßes bildet, führt ein Verfahrensfehler nur dann zur Nichtigkeit der Norm, wenn er evident ist. Das gebietet die Rücksicht auf die Rechtssicherheit.[152]

§ 17 I i. V. m. VII VG überschreitet die Gesetzgebungskompetenz des Bundes. Dieser Fehler ist folglich beachtlich.

Die uneinheitliche Stimmabgabe im Bundesrat ist zwar zunächst nur ein Verfahrensfehler, so dass an sich der Evidenzmaßstab einschlägig sein könnte. Dieses Verfahren führt aber zum Ergebnis der fehlenden Bundesratszustimmung. Diese ist für das Zustandekommen von Zustimmungsgesetzen aber derart konstitutiv, dass auch dieser Fehler beachtlich ist.

Da beide Verfassungsverstöße im Ergebnis somit beachtlich sind, erklärt das BVerfG grundsätzlich gem. § 78 S. 1 BVerfGG die Nichtigkeit des VG. Da diese gem. § 31 II 1 BVerfGG mit Gesetzeskraft ausgestattete Feststellung *ex tunc*

---

[151] Man könnte hier auch nochmals die jeweils einschlägigen GG-Normen nennen. Ich würde das nicht tun, da dies in den entscheidenden Zwischenergebnissen schon geschehen ist. Im Ergebnis empfiehlt sich eine kurze, d. h. übersichtliche, Darstellung.

[152] Etwa BVerfGE 91, 148 (175) – Umlaufverfahren; zur Gemeinwohlverträglichkeit etwa BVerfGE 91, 186 (207) – Kohlepfennig. Weitere Nachweise bei *Meßschmidt*, Gesetzgebungsermessen, 2000, S. 854, dort in kritischer Würdigung verschiedener Ansätze, gesetzgeberische Verfahrenssorgfalt als Verfassungspflichten zu konstruieren (ibid., § 9 Gesetzgebungsermessen und Verfahrensrationalität, S. 817 ff., insb. S. 846 ff.).

wirkt, hätte das VG damit niemals die landesrechtlichen Regelungen zum Schutz vor dioxinvergifteten Lebensmitteln nach Art. 31 GG aufgehoben. Diese Landesnormen würden nach einer Nichtigkeitserklärung also („wieder") gelten.
Nach den bisherigen Erfahrungen hat sich der landesrechtliche Schutz aber als ungenügend erwiesen. Die daraus resultierende Gefahr für die körperliche Integrität eines großen Teils der Bevölkerung würde eine schwere Gemeinwohlgefährdung darstellen. Ein schonender, gemeinwohlverträglicher Übergang darf daher nicht zur Nichtigkeitserklärung des VG führen.[153]

Das BVerfG erklärt vielmehr die Unvereinbarkeit des VG mit dem GG gem. § 78 S. 1 BVerfGG. Dieser Rechtsfolgenausspruch ist dort nicht ausdrücklich vorgesehen, vom BVerfGG aber anerkannt, wie ein Schluss aus § 31 II 2, 3 und § 79 I BVerfGG ergibt. Diese Unvereinbarkeitserklärung verbindet das BVerfG mit einer Fortgeltungsanordnung des VG (mit Ausnahme von § 17 I i. V. m. VII VG)[154] nach § 35 BVerfGG, womit eine vorübergehende Weitergeltung dieser Normen angeordnet wird. Zudem gibt es dem Gesetzgeber auf, innerhalb einer angemessenen Frist eine verfassungsmäßige Regelung zu schaffen.[155]

---

[153] Vgl. zur Gemeinwohlverträglichkeit etwa BVerfGE 91, 186 (207) – Kohlepfennig.
[154] Es ist nicht ersichtlich, dass die abweichungsfeste Behördenorganisation ein notwendiges Element für die Aufrechterhaltung des Gesundheitsschutzes der Bevölkerung darstellt. Auf ihre Weitergeltung kann daher verzichtet werden (a. A. vertretbar).
[155] Vgl. zu alledem *Heusch*, in: Umbach et al. (Hrsg.), BVerfGG-Mitarbeiterkommentar, 2. Aufl. 2005, § 31, Rn. 81 f., sowie weitere Ausführungen und Nachweise auf S. 119 ff. Eine solche Stellungnahme zur Tenorierung wird in Klausuren selten erwartet und ist, falls doch, wie hier in der Aufgabenstellung hinreichend deutlich angelegt.

Klausur 8: Alles ist hin – basta!

Sachverhalt

Die fetten Jahre sind vorbei. Die X-Fraktion stellt in Koalition mit der Y-Fraktion zwar die Mehrheit der Abgeordneten im Bundestag sowie den Bundeskanzler Siegfried Superbus (S). Die Koalitionsmehrheit ist mit 303 von 600 Stimmen jedoch hauchdünn. Die Opposition (A-Fraktion und B-Fraktion) verfügt nicht nur über 297 Sitze im Bundestag; darüber hinaus haben die A-/B-Landesregierungen auch die Mehrheit im Bundesrat. Nachdem die X-Partei seit dem Regierungsantritt des S eine Landtagswahlniederlage nach der anderen hinnehmen musste, haben nun auch viele Bundestagsabgeordnete der X-Fraktion das politische Vertrauen in S verloren.

Für S wird das Regieren im zweiten Jahr der Legislaturperiode zur Qual. Er glaubt sich zwar politisch auf dem richtigen Weg. Allerdings wird jede Abstimmung im Bundestag zum Balanceakt, weil die stets vorhandenen fraktionsinternen „Abweichler" angesichts der hauchdünnen Mehrheit jedes politische Projekt zum Scheitern bringen können. Von einer stabilen Kanzlermehrheit weit entfernt, müssen vor jeder Abstimmung zeitintensive Koordinierungen innerhalb der Fraktion erfolgen, um möglichst jeden an Bord zu holen und dort zu halten. Zwar sind die von S gewünschten Gesetze bisher letztlich immer beschlossen worden, aber die ständige Kritik und die Drohungen mit Fraktionsaustritten führen dazu, dass S viele Vorhaben schon gar nicht in den Bundestag einbringt. So sieht sich S unter dem Damoklesschwert des endgültigen Entzugs der Unterstützung seiner Fraktion.

Die Krise beginnt auf ihren Höhepunkt zuzusteuern, als der Bundestag am 13.2.2012 über das S-Gesetz (SG), ein Zustimmungsgesetz, abstimmt. Dieses wird zwar mit einer knappen Mehrheit verabschiedet und dem Bundesrat zugeleitet, der aber den Vermittlungsausschuss anruft. Dieser schlägt dem Bundestag eine Änderung des beschlossenen SG vor. Der Bundestagsabgeordnete Ulrich Ulfberht (U) und 20 weitere Abgeordnete sind darüber allerdings empört: Der Vermittlungsvorschlag habe mit dem, was bisher im Bundestag debattiert worden ist, gar nichts mehr zu tun. Zutreffend argumentiert er: Im Vorschlag geht es zwar nach wie vor um das gleiche Sachproblem, aber es wird eine völlig neue Lösung vorgeschlagen, die in den bisherigen Bundestagsdiskussionen überhaupt nicht debattiert worden ist. Daraus folgert er, dass der Änderungsvorschlag die Kompetenz des Vermittlungsausschusses überschreite und verfassungswidrig sei. Die Argumente des S, der Vermittlungsausschuss solle ja gerade eine politisch gangbare Lösung vorschlagen und eine Alternative aufzeigen, können U und die anderen Abgeordneten nicht überzeugen. Der Vermittlungsvorschlag findet daher keine Mehrheit bei der Bundestags-Beschlussfassung. Das SG geht somit im ursprünglichen Zustand in die Abstimmung des Bundesrates, der erwartungsgemäß seine Zustimmung verweigert. Das SG kommt damit nicht zustande.

S erscheint die ganze Angelegenheit typisch für die aktuelle politische Situation. Er sieht keine Chance mehr, noch ernsthaft regieren zu können. Eine Durchsetzung seiner politischen Vorhaben scheint ihm ausgeschlossen, wenn neben den politischen Widerständen im Bundesrat und im Bundestag von Seiten der Opposition auch „seine" Abgeordneten nur noch widerwillig seiner Führung vertrauen. Als kurz darauf in der Landtagswahl in B wieder die A- und die B-Partei siegen, verfügen diese Parteien über die entsprechenden Landesregierungen nun über zwei Drittel der Stimmen im Bundesrat. S sieht nun (bei einem so starken gegnerischen Bundesrat und einem Bundestag, der seinen politischen Kurs nicht unterstützt) keinen anderen Ausweg mehr, als am 29.3.2012 im Bundestag den Antrag zu stellen, ihm das Vertrauen auszusprechen. Davor hat er jedoch die Abgeordneten der X-Fraktion und der Y-Fraktion dazu aufgerufen, sich bei der Abstimmung zu enthalten. Nur so werde der Weg zu Neuwahlen frei, womit das Volk einem neuen Bundestag ein klares Mandat verleihen könne. Somit werde endlich wieder politische Stabilität hergestellt.

So findet denn der Antrag des S, ihm das Vertrauen auszusprechen, in der Sondersitzung des Bundestages vom 2.4.2012 auch nicht die Zustimmung der Mehrheit der Mitglieder des Bundestages. S ersucht daraufhin Bundespräsidentin Louise Schroeder (Sch), den Bundestag aufzulösen. Er legt ihr die Situation ausführlich dar und betont, dass er keine Chance dafür sehe, eine Situation politischer Gestaltbarkeit herbeizuführen. Nur die Neuwahl und die daraus folgenden klaren Verhältnisse könnten die Handlungsfähigkeit der Bundesregierung wieder herstellen. Sch überlegt sich die Sache reichlich, erkennt ihre verschiedenen Optionen und überdenkt die möglichen Folgen ihrer Entscheidung. Zuletzt trifft sie die Entscheidung, dass der Einschätzung des S nichts entgegenzuhalten ist und kommt zu dem Schluss, dass dem Wohl des Volkes am besten mit Neuwahlen gedient sei. Am 16.4.2012 löst sie daher den Deutschen Bundestag auf, lässt die Auflösungsanordnung am selben Tag dem Bundestagspräsidenten zugehen und setzt die Wahl für den nächsten Deutschen Bundestag auf den 13.5.2012 fest (vgl. § 16 BWahlG); beides wird vom Bundeskanzler gegengezeichnet und im Bundesgesetzblatt am nächsten Tag veröffentlicht.

Patricia Prüfgenau (P), eine Abgeordnete des aufgelösten Deutschen Bundestages, erfährt am 16.4.2012 von der Auflösungsanordnung und stellt am 18.4.2012 beim BVerfG einen formgerechten Antrag, gerichtet auf die Feststellung, dass die Bundespräsidentin sie mit der Auflösungsanordnung und der Festsetzung der Neuwahl in ihren Rechten verletzt habe. Sie habe ein Recht darauf, vier Jahre als Abgeordnete zu dienen, und darin sei sie durch die vorzeitige Auflösung verletzt worden. Es sei ja keineswegs sicher, dass sie wiedergewählt werde. Sch habe sich mit ihrer Entscheidung verfassungswidrig verhalten. Die Vertrauensfrage sei von S ja völlig pervertiert worden. Er habe sie nicht gestellt, damit ihm das Vertrauen ausgesprochen werde, wie es das GG vorsehe, sondern um eine Auflösung des Bundestages herbeizuführen. Dieses Ziel dürfe die Vertrauensfrage nach dem GG aber nicht verfolgen und ein Selbstauflösungsrecht des Bundestages existiere im GG nun einmal nicht. Die Bundespräsidentin habe zudem das Vorbringen des S nicht hinreichend geprüft, denn S hätte ja die Handlungsfähigkeit der Regierung jedenfalls durch bessere Politik ohne Weiteres wieder herstellen können. Damit sei S gar nicht handlungsunfähig gewesen, wie er behauptet habe.

Sch hält dem entgegen: Die Einschätzung der Handlungsfähigkeit könne sie nur grob überprüfen, sonst mische sie sich zu sehr in die politische Bewertung ein, was nicht ihre Kompetenz sei. Die Vertrauensfrage sei auch nicht missbraucht worden, auch wenn das Erreichen des Vertrauens erkennbar nicht das Ziel gewesen sei.

Frage 1 (70% der Bewertung): Hat der Antrag der P Erfolg?

Frage 2 (5% der Bewertung): Die bisher nicht im Bundestag vertretenen Ö-Partei fühlt sich durch die Bundestagsauflösung ebenfalls in ihren Rechten verletzt. Sie macht geltend, dass durch die unerwartete und damit verkürzte Zeit bis zur nächsten Wahl ihre Rechte aus Art. 21 I 1 i. V. m. Art. 38 I 1 GG verletzt worden seien: Eine Rechtsverordnung des Bundesinnenministers (auf Grundlage von § 52 III BWahlG) hat nämlich bestimmte Fristen für die Voraussetzungen verkürzt, die die Ö-Partei für die Zulassung zur Wahl erfüllen muss (etwa Unterstützungsunterschriften nach §§ 27 I 2 i. V. m. 18 II 1 BWahlG).

Ist die Ö-Partei befugt, ein gegen die Bundestagsauflösung gerichtetes Organstreitverfahren zu beantragen?

Frage 3 (10% der Bewertung): Weshalb hat S bei einer gegnerischen Zwei-Drittel-Mehrheit im Bundesrat überhaupt keine Chance mehr für den Erfolg der von ihm gewünschten Gesetze gesehen?

Frage 4 (15% der Bewertung): Trifft die Einschätzung des U zu, dass der Vermittlungsvorschlag des Vermittlungsausschusses zum SG die Grenze des verfassungsrechtlich Zulässigen überschreite?

Auf alle aufgeworfenen Rechtsfragen ist einzugehen, ggf. in einem Hilfsgutachten.
Maßgeblicher Zeitpunkt für die Beurteilung von Frage 1 sei der 18.4.2012.

Hinweis: Die Klausur kann in vier Zeitstunden gelöst werden. Dabei entfallen 2,5 Stunden auf Frage 1 (die auch als eigener Fall gelöst werden kann) und 1,5 Stunden auf Fragen 2-4.

Lösung

Lösungshinweise

Problemschwerpunkte: auflösungsgerichtete/negative/unechte Vertrauensfrage (Art. 68 I 1 GG) – Prüfungstiefe der Kontrollorgane (Bundespräsident, BVerfGG) – subjektives Recht einer nicht im Bundestag vertretenen Partei aus Art. 39 I 1 GG – Einflussmöglichkeiten des Bundesrates bei Einspruchs- und Zustimmungsgesetzen – Kompetenzgrenze der Änderungsvorschläge des Vermittlungsausschusses

I. Die auf die Auflösung des Bundestages gerichtete (sog. negative oder unechte[1]) Vertrauensfrage nach Art. 68 I 1 GG ist ein Klassiker des Staatsorganisationsrechts. Fünf Vertrauensfragen wurden bisher in der Bundesrepublik gestellt, drei davon zielten auf die Auflösung des Bundestages, um Neuwahlen herbeizuführen (vgl. Art. 39 I 4 GG).[2] Die beabsichtigte stabilisierende Wirkung hat Art. 68 GG dabei auf verschiedene Weise entfaltet: Im Vorfeld einer Krise wirkt die bloße Möglichkeit einer Vertrauensfrage integrierend und disziplinierend; in der Krise wirkt eine positive Vertrauensfrage quasi als strenger Ordnungs-/Verantwortungsruf, und erlaubt schließlich in der Form der negativen Vertrauensfrage, über Neuwahlen zu stabilen Mehrheitsverhältnissen in einem neuen Bundestag zu gelangen.[3]

Die Anforderungen an eine verfassungsmäßige negative Vertrauensfrage hat das BVerfG in zwei Entscheidungen formuliert:[4] im Urteil des Zweiten Senats vom 16.2.1983[5] (Beurteilung der Vertrauensfrage von *Kohl* 1982) und im Urteil des Zweiten Senats vom 25.8.2005[6] (Beurteilung der Vertrauensfrage von *Schröder* 2005).

Die beiden zentralen Rechtsaspekte sind dabei das ungeschriebene Tatbestandsmerkmal der Handlungsfähigkeit des Bundeskanzlers (dazu Näheres unter 1.) und die Frage, welches Organ (Bundeskanzler, Bundestag, Bundespräsident,

---

[1] Vgl. *Brockmeyer*, in: Schmidt-Bleibtreu et al. (Hrsg.), GG, 12. Aufl. 2011, Art. 68, Rn. 8.
[2] *Willy Brandt* 1972 (Auflösungsintention), *Helmut Schmidt* 1982 (Stabilisierung der Koalition), *Helmut Kohl* 1982 (Auflösungsintention), *Gerhard Schröder* 2001 (Stabilisierung der Koalition), *Gerhard Schröder* 2005 (Auflösungsintention), s. m. w. N. *Brockmeyer*, in: Schmidt-Bleibtreu et al. (Hrsg.), GG, 12. Aufl. 2011, Art. 68, Rn. 6. Für rechtshistorisch interessierte Leser: *Kleinhenz*, Königtum und parlamentarische Vertrauensfrage in England: 1689-1841, 1991.
[3] *Epping*, in: v. Mangoldt/Klein/Starck (Hrsg.), GG, Bd. 2, 6. Aufl. 2010, Art. 68, Rn. 6.
[4] In beiden Entscheidungen wurden übrigens Sondervoten verfasst.
[5] BVerfGE 62, 1 – Bundestagsauflösung I, online verfügbar unter http://www.servat.unibe.ch/dfr/bv062001.html (zuletzt abgerufen am 29.10.2011).
[6] BVerfGE 114, 121 – Bundestagsauflösung III; online verfügbar unter http://www.bverfg.de/entscheidungen/es20050825_2bve000405.html (zuletzt abgerufen am 29.10.2011).
Als „Bundestagsauflösung II" wird hier der Beschluss des BVerfG zur Antragsbefugnis bisher nicht im Bundestag vertretener Parteien bezeichnet, BVerfGE 114, 107; online verfügbar unter http://www.bverfg.de/entscheidungen/es20050823_2bve000505.html (zuletzt abgerufen am 29.10.2011) – vgl. dazu Frage 2.

BVerfG) welche Entscheidung innerhalb der (Kontrolle einer) Bundestagsauflösung nach Art. 68 I 1 GG an welchem Maßstab trifft bzw. überprüft (dazu Näheres unter 2.).

1. Art. 68 I 1 GG ist insb. systematisch-teleologisch zu interpretieren, woraus sich für eine verfassungsmäßige negative Vertrauensfrage die ungeschriebene Voraussetzung der *fehlenden Handlungsfähigkeit* des Bundeskanzlers ergibt:

- „Die politischen Kräfteverhältnisse im Bundestag müssen [die] Handlungsfähigkeit [des Bundeskanzlers] so beeinträchtigen oder lähmen, da[ss] er eine vom stetigen Vertrauen der Mehrheit getragene Politik nicht sinnvoll zu verfolgen vermag. Dies ist ungeschriebenes sachliches Tatbestandsmerkmal des Art. 68 [I 1] GG."[7]
- „Die auflösungsgerichtete Vertrauensfrage ist nur dann gerechtfertigt, wenn die Handlungsfähigkeit einer parlamentarisch verankerten Bundesregierung verloren gegangen ist. Handlungsfähigkeit bedeutet, dass der Bundeskanzler mit politischem Gestaltungswillen die Richtung der Politik bestimmt und hierfür auch eine Mehrheit der Abgeordneten hinter sich weiß."[8]
- „Ob eine Regierung politisch noch handlungsfähig ist, hängt maßgeblich davon ab, welche Ziele sie verfolgt und mit welchen Widerständen sie aus dem parlamentarischen Raum zu rechnen hat. Die Einschätzung der Handlungsfähigkeit hat Prognosecharakter und ist an höchstpersönliche Wahrnehmungen und abwägende Lagebeurteilungen gebunden."[9]
- Das teleologische Element des Art. 68 I 1 GG (handlungsfähige Regierung) hat besondere Bedeutung:[10] Die Vertrauensfrage darf etwa nicht dazu genutzt werden, die Auflösung des Bundestages anzustrengen, um Wahlen zu einem politisch günstigen Zeitpunkt herbeizuführen oder dazu, „normale" politische Schwierigkeiten zu überwinden.

2. Die Auflösung des Bundestages nach Art. 68 I 1 GG erfolgt in einem zeitlich gestreckten, mehrstufigen Verfahren,[11] an dem verschiedene Organe mitwirken: Bundeskanzler und Bundestag treffen eine politische Bewertung; der Bundespräsident überprüft die Verfassungsmäßigkeit einer gescheiterten Vertrauensfrage und trifft dann eine eigene politische Entscheidung hinsichtlich der Auflösung; und das BVerfG überprüft die rechtlichen Aspekte des Verfahrens. Umfang und Tiefe einer gerichtlichen Prüfung müssen dabei die Kompetenzen der anderen Verfassungsorgane achten. Dies ist ein wichtiges Beispiel dafür, wie der gegenseitige Respekt vor den grundgesetzlich abgesteckten Verantwortungsbereichen aus-

---

[7] BVerfGE 62, 1 (2 [LS 6], 44).
[8] BVerfGE 114, 121 (121 f. [LS 2], 149, 153).
[9] BVerfGE 114, 121 (122 [LS 4 a)], 156).
[10] BVerfGE 114, 121 (121 [LS 1], 149).
[11] Vgl. BVerfGE 62, 1 (1 [LS 3], 35, 49).

sehen kann: Auch (Verfassungs-)Rechtsfragen sind in der gewaltengliedernden Ordnung des GG nicht dem BVerfG als „Richterkönig" anheimgegeben:[12]

- „Art. 68 Abs. 1 Satz 1 GG ist eine offene Verfassungsnorm, die der Konkretisierung zugänglich und bedürftig ist. Die Befugnis zur Konkretisierung von Bundesverfassungsrecht kommt nicht allein dem Bundesverfassungsgericht, sondern auch anderen obersten Verfassungsorganen zu."[13]
- Der *Bundeskanzler* darf die Vertrauensfrage nur stellen, „wenn es politisch für ihn nicht mehr gewährleistet ist, mit den im Bundestag bestehenden Kräfteverhältnissen weiterzuregieren."[14] „Ob eine Lage vorliegt, die eine vom stetigen Vertrauen der Mehrheit getragene Politik nicht mehr sinnvoll ermöglicht, hat der Bundeskanzler zu prüfen [...]."[15]
- Für den *Bundespräsidenten* bedeutet Art. 68 GG: „Die Anordnung der Auflösung des Bundestages oder ihre Ablehnung gemäß Art. 68 GG ist eine politische Leitentscheidung, die dem pflichtgemäßen Ermessen des Bundespräsidenten obliegt."[16] „Der Bundespräsident hat bei der Prüfung, ob der Antrag und der Vorschlag des Bundeskanzlers nach Art. 68 GG mit der Verfassung vereinbar sind, [dieselben Maßstäbe wie der Bundeskanzler] anzulegen; er hat insoweit die Einschätzungskompetenz und Beurteilungskompetenz des Bundeskanzlers zu beachten, wenn nicht eine andere, die Auflösung verwehrende Einschätzung der politischen Lage der Einschätzung des Bundeskanzlers eindeutig vorzuziehen ist."[17]
- Für das *BVerfG* folgt daraus eine zurückgenommene Kontrolle: „In Art. 68 GG hat das Grundgesetz selbst durch die Einräumung von Einschätzungsspielräumen und Beurteilungsspielräumen sowie von Ermessen zu politischen Leitentscheidungen an drei oberste Verfassungsorgane die verfassungsgerichtlichen Überprüfungsmöglichkeiten weiter zurückgenommen als in den Bereichen von Rechtsetzung und Normvollzug; das Grundgesetz vertraut insoweit in erster Linie auf das in Art. 68 GG selbst angelegte System der gegenseitigen politischen Kontrolle und des politischen Ausgleichs zwischen den beteiligten obersten Verfassungsorganen. Allein dort, wo *verfassungsrechtliche* Maßstäbe für politisches Verhalten normiert sind, kann das Bundesverfassungsgericht ihrer Verletzung entgegentreten."[18]

---

[12] Zur Stellung des BVerfG als Gericht im politischen Prozess oben S. 28 f.
[13] BVerfGE 62, 1 (1 [LS 4. a), b)]).
[14] BVerfGE 62, 1 (2 [LS 6], 44).
[15] BVerfGE 62, 1 (2 [LS 8 a)]).
[16] BVerfGE 62, 1 (1 [LS 2], 35).
[17] BVerfGE 62, 1 (2 [LS 8 b]), 50). Schon zuvor muss übrigens auch der *Bundestag* diese Prüfung durchführen, s. BVerfGE 62, 1 (50).
[18] BVerfGE 62, 1 (3 [LS 9], 51), Hervorhebung von mir, LO.

II. Frage 2 ist angelehnt an den Beschluss des Zweiten Senats des BVerfG vom 23.8.2005[19]. Zugrunde lag dem ein angestrebtes Organstreitverfahren einer bisher nicht im Bundestag vertretenen Partei, die durch die Bundestagsauflösung 2005 ihre Rechte verletzt sah. Die Frage beschränkt sich auf die Antragsbefugnis der Ö-Partei. Zur Parteifähigkeit politischer Parteien im Organstreitverfahren s. S. 106, 275 f.

III. Frage 3 erfordert Kenntnis und Verständnis von Art. 77 IV 2 GG.

IV. Frage 4 zielt auf die Grenzen des Vorschlagsrechts des Vermittlungsausschusses, ein wichtiges Problem des Staatsorganisationsrechts. Die einschlägigen Entscheidungen hierzu sind BVerfGE 72, 175[20] (Erster Senat, 1986); BVerfGE 78, 249 (Zweiter Senat, 1988)[21] und (für die neue Linie des BVerfG, die eine formelle Lesart dieser Grenzen betont) BVerfGE 101, 297 (Zweiter Senat, 1999)[22]; BVerfGE 120, 56 (Zweiter Senat, 2008)[23]; und BVerfGE 125, 104 (Zweiter Senat, 2009)[24].

V. Das SG wird im Sachverhalt als „Zustimmungsgesetz" bezeichnet. Dieser Terminus hat im deutschen Verfassungsrecht zwei verschiedene Bedeutungen: (1) Gesetz, das zu seinem Zustandekommen die Zustimmung des Bundesrates benötigt (vgl. Art. 77 IIa, 78 GG), wie hier im Sachverhalt das SG; (2) Gesetz, das einem völkerrechtlichen Vertrag zustimmt (vgl. Art. 59 II 1 GG).

Hinweise zum Europarecht: I. Das Europäische Verfassungsrecht kennt keine Vertrauensfrage entsprechend Art. 68 I 1 GG, mit dem die Europäische Kommission den Weg zur Auflösung des Europäischen Parlaments einleiten könnte. Da nach dem Reformvertrag von Lissabon das Europäische Parlament im ordentlichen Gesetzgebungsverfahren notwendig an der Gesetzgebung mitwirken muss (Veto-Spieler), könnte eine Blockadehaltung aus Misstrauen der Kommission gegenüber allerdings auch hier zu einer Situation politischer Instabilität führen. Diese Krise könnte das Europäische Parlament durch ein *Misstrauensvotum* gegenüber der Kommission nach Art. 17 Abs. 8 S. 2 EUV i. V. m. Art. 234 AEUV (i. V. m. Art. 107 GO-EP) lösen.[25] Damit kann das Europäische Parlament den Rücktritt der Kommission[26] erzwingen. In der Sache handelt es sich um ein „de-

---

[19] BVerfGE 114, 107 – Bundestagsauflösung II; zur Onlinequelle s. Fn. 6.
[20] Online verfügbar unter http://www.servat.unibe.ch/dfr/bv072175.html (zuletzt abgerufen am 30.10.2011).
[21] Online verfügbar unter http://www.servat.unibe.ch/dfr/bv078249.html (zuletzt abgerufen am 30.10.2011).
[22] Online verfügbar unter http://www.bverfg.de/entscheidungen/rs19991207_2bvr030198.html (zuletzt abgerufen am 29.10.2011).
[23] Online verfügbar unter http://www.bverfg.de/entscheidungen/ls20080115_2bvl001201.html (zuletzt abgerufen am 27.7.2011).
[24] Online verfügbar unter http://www.bverfg.de/entscheidungen/rs20091208_2bvr075807.html (zuletzt abgerufen am 29.10.2011).
[25] Dazu knapp *Frenz*, Handbuch Europa-Recht, Bd. 6: Institutionen und Politiken, 2011, Rn. 569 ff.
[26] Nur der Rücktritt der Kommission als ganzer. Misstraut das Parlament nur einem *einzelnen* Kommissar, so fordert es gem. der Anlage XIV (Rahmenvereinbarung über die Beziehungen zwischen

struktives" Misstrauensvotum, da nicht *uno actu* eine neue Kommission gewählt werden muss. Hierin unterscheidet sich die europäische Konstruktion von Art. 67 I GG, dessen Konzeption als „konstruktives" Misstrauensvotum in Reaktion auf die Weimarer Situation (Art. 54 WRV) den bloß destruktiven Einsatz (oder jedenfalls derartige Wirkungen) verhindern sollte.[27]

II. Ein Vermittlungsverfahren bei Dissens zwischen den Legislativorganen (Europäisches Parlament und Ministerrat) kennt auch das Unionsrecht, vgl. Art. 294 Abs. 10-12 AEUV (i. V. m. Art. 67 ff. GO-EP).[28]

Obiter dictum: Dr. h.c. *Louise Schroeder* (1887-1957) war eine SPD-Politikerin, deren Engagement insb. der Familien- und Sozialpolitik galt.[29] Neben zahlreichen Aktivitäten (so war sie etwa Reichstagsabgeordnete 1920-1933 und Mitgründerin der Arbeiterwohlfahrt) amtierte sie als Berliner Oberbürgermeisterin 1947/1948 – in jener Zeit also, in die die sukzessive Spaltung der Stadt fiel. Dieser Entwicklung trat sie mit dem Appell entgegen, auf eine westdeutsche Staatsgründung (also die spätere Bundesrepublik Deutschland) zu verzichten. Zwar als SPD-Kandidatin für das Amt des Bundespräsidenten 1949 vorgeschlagen, konnte sie sich parteiintern jedoch nicht gegen *Kurt Schumacher* (1895-1952) durchsetzen. *Schroeder* blieb aber auch danach politisch aktiv, etwa als Vertreterin Berlins im Deutschen Bundestag.

---

dem Europäischen Parlament und der Europäischen Kommission) II. 5. der GO-EP den Präsidenten der Europäischen Kommission auf, diesem Kommissar das Vertrauen zu entziehen und ihm gem. Art. 17 Abs. 6 S. 2 EUV zur Niederlegung seines Amtes aufzufordern (der Kommissar muss dieser Aufforderung entsprechen). Zur Praxis der Misstrauensanträge s. *Frenz*, Handbuch Europa-Recht, Bd. 6: Institutionen und Politiken, 2011, Rn. 574 f., m. w. N.

[27] Dazu *Epping*, in: v. Mangoldt/Klein/Starck (Hrsg.), GG, Bd. 2, 6. Aufl. 2010, Art. 67, Rn. 2.

[28] Dazu *Frenz*, Handbuch Europa-Recht, Bd. 6: Institutionen und Politiken, 2011, Rn. 1867 ff. Beachte auch *Burchardt/Putzer*, Kompetenzgrenzen im deutschen und europäischen Vermittlungsverfahren, ZG 2011, 68.

[29] Die Angaben entstammen *Weber*, Schroeder, Louise, in: Historische Kommission bei der Bayerischen Akademie der Wissenschaften/Bayerische Staatsbibliothek (Hrsg.), Neue Deutsche Biographie, Bd. 23 (2007), S. 569 ff., online verfügbar unter http://daten.digitale-sammlungen.de/0001/bsb00019558/images/index.html?seite=589 (zuletzt abgerufen 29.10.2011).

Lösungsskizze

Frage 1

OS: Antrag hat Erfolg, wenn er zulässig und begründet ist

A. Zulässigkeit
  I. Statthafte Verfahrensart und Zuständigkeit des BVerfG
     - Art. 93 I Nr. 1 GG, §§ 13 Nr. 5, 63 ff. BVerfGG: Organstreit (+)
     - BVerfG nach Art. 93 I Nr. 1 GG, § 13 Nr. 5 BVerfGG zuständig
  II. Parteifähigkeit der Antragstellerin
     - Art. 93 I Nr. 1 GG, §§ 13 Nr. 5, 63 BVerfGG
     - P: die einzelne Abgeordnete P als Ast.
       o ist P nach Auflösungsanordnung noch Abgeordnete? Art. 39 I 2 GG: (+)
       o Teil des Verfassungsorgans Bundestag i. S. v. § 63 BVerfGG?
       o oder: „andere Beteiligte" i. S. v. Art. 93 I Nr. 1 GG?
     → Verteidigung eigener Statusrechte, daher Art. 93 I Nr. 1 GG angemessener
     → als andere Beteiligte i. S. v. Art. 93 I Nr. 1 GG parteifähig
  III. Parteifähigkeit des Antragsgegners
     - § 63 BVerfGG, Art. 93 I Nr. 1 GG: Bundespräsidentin Sch (+)
  IV. Antragsgegenstand
     - § 64 I BVerfGG
     - Def: Maßnahme: hinreichend konkretes rechtserhebliches Tun, das dem Antragsgegner zuzurechnen ist
     - Subs: BT-Auflösung (+); Wahlfestsetzung nach § 16 BWahlG = von Art. 39 I, II GG vorausgesetzter Akt, der als Annex-Entscheidung der BT-Auflösung deren Schicksal teilt, d. h. Maßnahme: (+)
  V. Antragsbefugnis
     - § 64 I BVerfGG
     - Def: substantiierter Vortrag der Möglichkeit, dass sie als Abgeordnete durch BT-Auflösung in ihren GG-Rechten und Pflichten verletzt oder unmittelbar gefährdet ist
     - Subs: Verletzung von Statusrecht aus Art. 38 I 2 i. V. m. 39 I 1 GG möglich?
       o Art. 39 I 1 GG festgelegte Dauer der Wahlperiode → Ermöglichung kontinuierlicher Aufgabenerfüllung durch BT → daran hat Status des einzelnen Abgeordneten Anteil → subjektives Recht
       o verfassungswidrige Verkürzung wegen Verletzung von Art. 68 I GG möglich, damit Antragsbefugnis (+)
  VI. Antragsform
     - §§ 23 I, 64 II BVerfGG: (+)
  VII. Antragsfrist
     - Fristbeginn: maßgeblicher Zeitpunkt: Bekanntwerden des Zugangs der Auflösungsordnung an BT-Präsidenten, d. h. 16.4.2012 → Fristbeginn gem. § 187 I BGB analog am 17. 4.2012
     - Fristablauf: 6-Monats-Frist (§ 64 III BVerfGG) endet gem. § 188 II BGB analog am 16.10.2012
     → Antrag vom 18.4.2012 fristgemäß
  VIII. Rechtsschutzbedürfnis: (+)
     - indiziert, keine Zweifel ersichtlich: (+)
  IX. Zwischenergebnis
     - Antrag zulässig

B. Begründetheit

OS: begründet, wenn Sch mit BT-Auflösung und Neuwahlfestsetzung P in ihren grundgesetzlichen Rechten verletzt hat, vgl. §§ 67 S. 1 i. V. m. 64 I BVerfGG

I. Verletzung eines grundgesetzlichen Rechts
  1. Rechtsverletzung durch Festsetzung der Neuwahl
     - Neuwahlfestsetzung keine eigene Rechtsverletzung
     → BT-Auflösungsanordnung alleiniger Prüfungsgegenstand
  2. Verfassungsmäßigkeit der vorzeitigen Bundestagsauflösung
     - Art. 38 I 2 i. V. m. 39 I 1 GG: Recht auf vierjähriges Mandat
     - direkter Eingriff: BT-Auflösung vor Ablauf dieser Wahlperiode greift in Status als Abgeordnete ein und ist nur gerechtfertigt, wenn GG dies erlaubt; sonst Schwächung der Stellung der Abgeordneten
     → Rechtsverletzung, wenn BT-Auflösung nach GG verfassungswidrig ist
  3. Verfassungsmäßige Bundestagsauflösung gem. Art. 68 I 1 GG
     - verfassungsmäßige BT-Auflösung kann nach Art. 68 I GG erfolgen
     - Auflösung durch Bundespräsidentin aber nur dann verfassungsgemäß, wenn die vorausgegangenen Handlungen von Bundeskanzler und Bundestag verfassungsgemäß i. S. v. Art. 68 GG sind
     a) Verfassungsmäßiger Antrag nach Art. 68 I 1, II GG
        aa) Materielle Verfassungsvorgaben für eine auflösungsgerichtete Vertrauensfrage
           - P: auflösungsgerichtete Vertrauensfrage verfassungsmäßig i. S. d. Art. 68 I 1 GG?
           - eA: Antrag stets nur mit dem Ziel des Ausspruchs des Vertrauens, nicht des fehlenden Vertrauens → Antrag verfassungswidrig
           - aA$_1$: nur „Minderheitskanzler" darf auflösungsgerichtete Vertrauensfrage stellen, wenn er also keine politische Mehrheit mehr im Bundestag für seine Projekte aufbringen kann → Subs: letztlich sind Gesetze vom BT beschlossen worden, also kein Minderheitskanzler in diesem Sinne → Antrag verfassungswidrig
           - aA$_2$: wenn nach Einschätzung des Bundeskanzlers parlamentarische Unterstützung fehlt und er handlungsunfähig geworden ist → Subs: nach eigener Einschätzung ist S handlungsunfähig → Antrag verfassungsmäßig
           - aA$_3$: auflösungsgerichtete Vertrauensfrage stets verfassungsmäßig → Antrag verfassungsmäßig
           → unterschiedliche Ergebnisse, Streitentscheidung notwendig
           - pro eA: Wortsinn: Ziel = Aussprache von Vertrauen, nicht fehlendem Vertrauen
           - contra: Wortsinn knüpft an Folge des fehlenden Vertrauens an, Motive unerheblich und nicht Gegenstand der Norm
           → eA abzulehnen
           - contra aA$_3$: subjektiv-historische Auslegung: Abkehr von destabilisierenden Formen unter der WRV; könnte Bundeskanzler aus beliebigem Anlass die Vertrauensfrage mit dem Ziel von Neuwahlen stellen, würde das im höchsten Maße destabilisierend wirken
           → aA$_3$ abzulehnen
           → ZwE: auflösungsgerichtete Vertrauensfrage weder beliebig einsetzbar noch stets ausgeschlossen; besondere Situation nötig, in der die politisch-verfassungsrechtliche Rolle des Bundeskanzlers nicht mehr sinnvoll ausgefüllt werden kann, also aA$_1$ oder aA$_2$
           - entscheidend: Bedeutung von fehlendem Vertrauen
             - pro aA$_1$: systematische Auslegung: destabilisierende Missbrauchsgefahr, wenn Bundeskanzler, den parlamentarische Mehrheit im Ergebnis trägt, dennoch auflösen darf
             - contra aA$_1$: unterkomplexes Verständnis: Handlungsfähigkeit bemisst sich nicht nur daran, ob eingebrachte Gesetze letztlich die parlamentari-

sche Unterstützung finden; viele Projekte werden bspw. schon nicht in den BT eingebracht
- contra aA$_1$: systematische Auslegung: GG bietet Auswege, die alle auf die Wiederherstellung stabiler Mehrheitsverhältnisse im BT gerichtet sind (Art. 63, 67, 68 GG); legitim, wenn Anwendung zur Wiederherstellung einer ausreichend parlamentarisch verankerten Bundesregierung
→ aA$_2$ überzeugt
 bb) Maßstab der verfassungsgerichtlichen Kontrolle der Einschätzung der Handlungsfähigkeit des S
- Frage der Prüfungstiefe
- Def: Einschätzungen = Prognosecharakter, an höchstpersönliche Wahrnehmungen und abwägende Lagebeurteilungen gebunden; Einschätzung dreier anderer Verfassungsorgane (Bundeskanzler, BT, BPräs) liegt vor
→ BVerfG-Prüfungskompetenz durch den zu respektierenden Einschätzungsspielraum eingeschränkt, aber nicht beseitigt; politische Lage muss dabei allerdings nicht zwingend zur Einschätzung des Kanzlers und des BPräs führen, sondern sie lediglich plausibel erscheinen lassen → BVerfG darf andere Beurteilung nur treffen, wenn eine andere Einschätzung der politischen Lage aufgrund von Tatsachen eindeutig vorzuziehen ist
- Subs: Widerstände gegen die Vorhaben des S = Normalfall; S muss standardmäßig Zugeständnisse machen, dünne Mehrheit, überproportionales Gewicht von „Abweichlern"; Situation länger andauernd
→ nicht unplausibel, dass S keine dauerhafte Unterstützung mehr für seine Politik erkennt und Handlungsfähigkeit verneint
→ vom BVerfG anzuerkennende Situation politischer Handlungsunfähigkeit (+)
 cc) Zwischenergebnis
- verfassungsmäßiger Antrag i. S. v. Art. 68 I 1 GG
 b) Abstimmung des Bundestag nach Art. 68 I 1 GG
- formelle Verfassungsmäßigkeit: Antrag am 29.3.2012, Abstimmung am 2.4.2012, damit Fristwahrung des Art. 68 II GG
- abgesprochen „unechtes" fehlendes Vertrauen der Abgeordneten jedenfalls der Koalition verfassungsrechtlich unbedenklich, weil sich die unter B. I. 3. a) aa) genannten Argumente nur fortsetzen
4. Auflösungsvorschlag des S gegenüber Bundespräsidentin Sch
- keine Änderung der Handlungsunfähigkeit: (+)
5. Entscheidung der Bundespräsidentin Sch
- Prüfung der Auflösungsvoraussetzungen und politische Leitentscheidung in eigener Verantwortung
- Prüfung: derselbe Maßstab wie unter B. I. 3. a) bb): keine eindeutig vorzuziehende Bewertung erkennbar → Auflösungsmöglichkeit gegeben
- eigene politische Leitentscheidung: Ermessensspielraum erkannt; kein verfassungsrechtlicher Fehler erkennbar

II. Zwischenergebnis
- verfassungsmäßige Vertrauensfrage von S gestellt
- verfassungsmäßige Verneinung vom BT
- verfassungsmäßiger Auflösungsantrag des S
- verfassungsmäßige Auflösungsentscheidung der Bundespräsidentin
→ Verkürzung des vierjährigen Mandats durch Art. 68 I 1 GG gerechtfertigt

C. Ergebnis
- Antrag der P ist zulässig, aber unbegründet

Frage 2

- Ö-Partei = antragsbefugt nach 64 I BVerfGG?
- Def: wenn nicht von vornherein ausgeschlossen werden kann, dass Antragsgegnerin Rechte der Antragstellerin, die aus dem verfassungsrechtlichen Rechtsverhältnis zwischen den Beteiligten erwachsen, durch die beanstandete Maßnahme verletzt oder unmittelbar gefährdet hat
- → fraglich ist, ob Art. 21 I 1 i. V. m. Art. 38 I 2 GG durch eine etwaig verfassungswidrige Bundestagsauflösung nach Art. 68 I 1 GG verletzt werden kann
- Schutzzweck der Norm: auch nicht im BT vertretene Partei erfasst?
- contra: teleologisch-systematische Auslegung von Art. 68 I GG: Norm soll zu politischer Stabilität im Verhältnis von Bundeskanzler zu Bundestag(sabgeordneten) beitragen; kein Bezug zu Parteien als solchen; kein Schutz einer ausreichend langen Wahlvorbereitungszeit
- → Art. 68 I 1 GG dient nicht Schutz von Parteien, die nicht im BT vertreten sind
- Subs: Ö-Partei nicht von Art. 68 I GG geschützt
- Ergebnis: Rechtsverletzung von vornherein ausgeschlossen, Antragsbefugnis (-)

Frage 3

OS: fraglich, weshalb S keine Chance auf erfolgreiches Gesetzgebungsverfahren bei 2/3-Mehrheit im Bundesrat mehr gesehen hat

- Zustimmungsgesetz: kein Zustandekommen gegen Mehrheitswillen des Bundesrates, vgl. Art. 78 GG
- Einspruchsgesetz: bei Einspruchsgesetz kann BR Einspruch mit 2/3-Mehrheit einlegen; Überstimmen gem. Art. 77 IV 2 GG nur mit 2/3 der Abstimmenden, mindestens Mehrheit der gesetzlichen Mitglieder → Opposition hat es in der Hand, so viele Abgeordnete abstimmen zu lassen, dass die maximal 303 Koalitionsstimmen nicht zugleich 2/3 der abgegebenen Stimmen darstellen → kein Zustandekommen nach Art. 78 GG
- → Ergebnis: gegen Willen des BR kommen weder Zustimmungs- noch Einspruchsgesetze zustande

Frage 4

OS mit Prüfungsmaßstab: fraglich ist, ob Vorschlag des Vermittlungsausschusses zur Änderung des SG verfassungsmäßig ist; abhängig davon, in welchem Umfang der Vermittlungsausschuss berechtigt ist, Ergänzungen zum ursprünglichen Gesetzesbeschluss vorzuschlagen

- eA: weite Kompetenz: genügend, wenn inhaltlicher Sachzusammenhang zu Gesetzesbeschluss des BT → Subs: (+)
- aA$_1$: enge Kompetenz: Grenze = Anrufungsbegehren, d. h. Beschränkung auf die im parlamentarischen Verfahren zum Ausdruck gebrachten Auffassungen, d. h. keine neuen Vorschläge → Subs: (-)
- aA$_2$: GG kennt überhaupt keine Grenzen für Änderungsvorschlag→ Subs: (+)
- → unterschiedliche Ergebnisse, d. h. Streitentscheidung
- GG enthält keine ausdrückliche Regelung, aber stimmige Einpassung in Gesetzgebungsverfahren nötig (insb. Wahrung des *numerus clausus* der Initiativberechtigten, Art. 76 I GG) und herausgehobene Rolle des Bundestages (Rechte der Abgeordneten, Art. 38 I 2 GG; Grundsatz der Öffentlichkeit, Art. 42 I 1 GG)
- pro aA$_2$:
  - Wortsinn: Art. 77 II GG trifft keine Regelung zu Kompetenzgrenzen
  - Art. 76 I GG fordert nicht, dass Initiative den Inhalt des Gesetzes bestimmt; Norm trifft keine Aussage über Kompetenzgrenzen des Vermittlungsausschusses
  - Art. 38 I 2, 42 I 1 GG ist für Bundestagsverfahren bestimmt und darf nicht anderen Organen übergestülpt werden

- contra aA$_2$:
  - Entleerung der Befugnisse des BT möglich, da womöglich völlig neues Gesetz als Änderungsvorschlag entstehen kann, zu dessen Annahme politischer Druck besteht
  - Sinn des Art. 76 I GG: Transparenz, Zuordnung eines gesetzgeberischen Projekts; gefährdet, wenn Gesetz seinen Ursprung nicht in Initiative und dem daraus folgende gesetzgeberischen Verfahren hat
  - Wortsinn: es muss „Änderung eines Gesetzesbeschlusses" bleiben: völlig neuer Vorschlag kann nicht mehr als Änderung verstanden werden
  - systematische Auslegung: Legitimation eines Gesetzes, das sachlich erstmals im Vermittlungsausschuss erschaffen worden ist = allein durch Art. 77 II 5 GG i. V. m. Bundestagszustimmung oder fortwirkende Legitimation durch vorangegangene parlamentarische Beratung nötig? Vorarbeitung des Bundestages mit Verfassungsvorgaben (Art. 38 I 2, 42 I 1 GG) liefen Gefahr, entwertet zu werden, wenn keinerlei Anschlusspflicht bestünde; Vermittlungsverfahren in Gesamtzusammenhang der Gesetzgebung und nicht als einzelner Teil zu sehen
  - i. Ü.: injustiziabler, allein der politischen Gestaltung anheimgegebener Bereich untypisch für Kompetenzen im Gesetzgebungsverfahren
- → aA$_2$ kann nicht überzeugen
- pro eA:
  - Anknüpfung an Vorarbeit des BT, Wahrung von Art. 76 I, 38 I 2, 42 I 1 GG
- contra eA:
  - begrifflich kaum fassbar
- → eA überzeugt nicht
- pro aA$_1$:
  - Anknüpfung an Bundestagsbeschluss unter Wahrung von Art. 76 I, 38 I 2, 42 I 1 GG
  - besondere Funktion und Stellung des Vermittlungsausschusses kann sich innerhalb dieses Rahmens dennoch entfalten
  - Legitimationsfortwirkung auf Vermittlungsvorschlag, zu der dann die benötigte Legitimation für einen Vermittlungsvorschlag nach Art. 77 II 5 GG tritt
  - systematische Auslegung: erst Bundestagsbefassung schafft Grund für die Befassung des Vermittlungsausschusses; im Anrufungsbegehren liegt die Legitimation für die Arbeit des Vermittlungsausschusses; sonst auch Gefahr der Verlagerung des Zentrums der Entscheidung in den Vermittlungsausschuss
- → aA$_1$ überzeugt
- → vorliegender Vorschlag zum SG mit aA$_1$ nicht zu vereinbaren
- → Einschätzung des Abgeordneten U trifft zu

Lösungsvorschlag

Frage 1

Der Antrag der P auf Feststellung, Bundespräsidentin Sch habe sie mit der Auflösung des Bundestages am 16.4.2012 in einem ihrer grundgesetzlichen Rechte verletzt, hat Erfolg, wenn er zulässig und begründet ist.

A. Zulässigkeit

I. Statthafte Verfahrensart und Zuständigkeit des BVerfG

Statthaftes Verfahren ist ein Organstreitverfahren, wofür das BVerfG nach Art. 93 I Nr. 1 GG, § 13 Nr. 5 BVerfGG zuständig ist.

II. Parteifähigkeit der Antragstellerin

Fraglich ist, ob P als einzelne Abgeordnete Antragstellerin nach Art. 93 I Nr. 1 GG i. V. m. §§ 13 Nr. 5, 63 BVerfGG sein kann.[30]

Zunächst bestehen Bedenken hinsichtlich ihres Status als Bundestagsabgeordneter, da Sch den Bundestag aufgelöst hat. Die Wahlperiode des Bundestages endet aber gem. Art. 39 I 2 GG erst mit dem Zusammentritt des neuen Bundestages (zu dessen Konstituierung es bisher nicht gekommen ist). Auch nach einer Bundestagauflösung nach Art. 68 I 1 GG behalten die Abgeordneten somit ihren Status bis zur Konstituierung des neuen Bundestages.[31] Als P am 18.4.2012 das Organstreitverfahren einleitet, ist sie also noch immer Abgeordnete des Deutschen Bundestages.

Als solche könnte sie als Teil des Bundestages (vgl. Art. 38 I 1 GG) parteifähig gem. § 63 BVerfGG sein. Diese abgeleitete Parteifähigkeit wird aber der herausgehobenen Stellung der Abgeordneten im GG (vgl. etwa Art. 38 I 2, 46-48 GG) nicht gerecht.[32] Möglicherweise ist P aber als „andere Beteiligte", die das GG mit eigenen Rechten ausstattet, i. S. d. Art. 93 I Nr. 1 GG (wie auch i. S. d. § 13 Nr. 5 BVerfGG) zu qualifizieren. Will eine Abgeordnete Rechte geltend machen, die mit ihrem verfassungsrechtlichen Status verbunden sind, ist es angemessener, sie nicht als Teil eines anderen Organs, sondern als Antragstellerin kraft eigener Organstellung zu begreifen, wie es Art. 93 I Nr. 1 GG tut. Damit ist P als andere Beteiligte nach dieser Norm parteifähig.

---

[30] S. dazu schon Klausur 1: Der unbequeme Abgeordnete, S. 149 mit weiteren Anmerkungen und Nachweisen.
[31] *Epping*, in v. Mangoldt/Klein/Starck (Hrsg.), GG, Bd. 2, 6. Aufl. 2010, Art. 68, Rn. 46.
[32] Vgl. *Schlaich/Korioth*, Das Bundesverfassungsgericht, 8. Aufl. 2010, Rn. 91.

III. Parteifähigkeit der Antragsgegnerin

Der Antrag richtet sich gegen Bundespräsidentin Sch, die gem. § 63 BVerfGG parteifähig ist.

IV. Antragsgegenstand

P müsste weiter einen tauglichen Antragsgegenstand gem. § 64 I BVerfGG bezeichnen, mithin eine Maßnahme der Sch. Darunter fällt jedes hinreichend konkrete rechtserhebliche[33] Tun, das der Antragsgegnerin zuzurechnen ist.[34]

P richtet ihren Antrag gegen die Auflösung des Bundestages durch Sch nach Art. 68 I 1 GG. Mit Zugang der (von Bundeskanzler S gegengezeichneten) Auflösungsanordnung beim Bundestagspräsidenten wird sie wirksam, ihre Publikation im Bundesgesetzblatt ist dafür nicht erforderlich.[35] Somit zeitigt sie ab dem 16.4.2012 Wirkung, die darin besteht, dass der Status aller Abgeordneter letztlich beendet wird.[36] Damit ist die Auflösungsanordnung rechterheblich und folglich insgesamt als Antragsgegenstand zu qualifizieren.

Daneben könnte auch die Anordnung der nächsten Bundestagswahl Antragsgegenstand sein. *Die Befugnis des Bundespräsidenten, den Wahltag zu bestimmen, ergibt sich zwar nicht unmittelbar aus dem Grundgesetz, sondern aus § 16 BWahlG. Die Anordnung der Neuwahl wird aber als staatsorganisatorischer Akt mit Verfassungsfunktion [...] in Art. 39 [I und II] GG vorausgesetzt. Als eine Annex-Entscheidung der Bundestagsauflösung teilt sie deren rechtliches Schicksal.*[37]

Damit sind sowohl die Auflösungsanordnung als auch die Festsetzung der Wahl jeweils tauglicher Antragsgegenstand.

V. Antragsbefugnis

Fraglich ist, ob P antragsbefugt ist. Gem. § 64 I BVerfGG müsste sie hierfür geltend machen, dass sie durch die Bundestagsauflösung der Sch in ihren ihr durch das GG übertragenen Rechten und Pflichten verletzt oder unmittelbar gefährdet ist.[38]

Dies ist der Fall, wenn P das mögliche Vorliegen einer solchen Verletzung oder Gefährdung substantiiert vorträgt.[39] Hier könnte ihr Statusrecht aus Art. 38 I 2 i. V. m. 39 I 1 GG dadurch verletzt sein, dass ihr der Status als solcher entzogen wird.[40]

---

[33] Dazu oben S. 107 ff.
[34] *Hillgruber/Goos*, Verfassungsprozessrecht, 3. Aufl. 2011, Rn. 354, 359.
[35] Vgl. *Epping*, in: v. Mangoldt/Klein/Starck (Hrsg.), GG, Bd. 2, 6. Aufl. 2010, Art. 68, Rn. 44 f.
[36] Dazu BVerfGE 62, 1 (32 f.).
[37] BVerfGE 62, 1 (31); 114, 121 (146).
[38] Vgl. die Nachweise auf S. 109 ff.
[39] Vgl. *Hillgruber/Goos*, Verfassungsprozessrecht, 2. Aufl. 2006, Rn. 364.
[40] Vgl. BVerfGE 62, 1 (32).

Die in Art. 39 [I 1] GG festgelegte Dauer der Wahlperiode bringt nicht nur zum Ausdruck, in welchen Abständen die demokratische Legitimation der Volksvertretung durch die Wähler (Art. 20 [II 2] GG) erneuert werden mu[ss]. Die zeitliche Festlegung der Wahlperiode auf vier Jahre soll dem Deutschen Bundestag auch die wirksame und kontinuierliche Erfüllung seiner Aufgabe ermöglichen. An dieser Gewährleistung hat der Status des einzelnen Abgeordneten notwendigerweise Anteil.[41] Eine verfassungswidrige Verkürzung der laufenden Wahlperiode würde daher in den vom GG gewährleisteten Status des Abgeordneten eingreifen.

P ist also gem. Art. 38 I 2 i. V. m. 39 I 1 GG grundsätzlich zur Ausübung eines vierjährigen Mandats berechtigt. Möglicherweise wurde die Legislaturperiode entgegen den Vorgaben des Art. 68 I 1 GG beendet. P trägt damit substantiiert eine mögliche Rechtsverletzung vor und ist folglich antragsbefugt.

VI. Antragsform

Der Antrag wurde §§ 23 I, 64 II BVerfGG entsprechend, also formgerecht, gestellt.[42]

VII. Antragsfrist

Maßgeblicher Zeitpunkt für die Fristberechnung ist der 16.4.2012, an dem P von der Auflösungsanordnung Kenntnis erlangt hat. Die Sechs-Monats-Frist (§ 64 III BVerfGG) läuft gem. § 187 I BGB analog ab dem 17.4.2012 und endet gem. § 188 II BGB analog am 16.10.2012. P hat den Antrag vom 18.4.2012 somit fristgemäß erhoben.

VIII. Rechtsschutzbedürfnis

Anhaltspunkte für ein Fehlen des indizierten Rechtsschutzbedürfnisses sind nicht ersichtlich.[43]

IX. Zwischenergebnis

Der Antrag der P ist zulässig.

B. Begründetheit

Der Antrag ist begründet, wenn Sch mit der Auflösung des Bundestages und der Festsetzung der Neuwahl die P in ihren grundgesetzlichen Rechten verletzt hat, vgl. §§ 67 S. 1 i. V. m. 64 I BVerfGG.

---

[41] BVerfGE 62, 1 (32); 114, 121 (146 f.).
[42] S. Sachverhalt.
[43] Das Rechtsschutzbedürfnis kann etwa problematisch sein, wenn der Antragsteller durch sein Verhalten im Bundestag zum Scheitern der Vertrauensfrage beiträgt (also mit Nein stimmt, sich enthält oder gar nicht abstimmt). Letztlich lässt aber auch dies das Rechtsschutzbedürfnis nicht entfallen, vgl. BVerfGE 114, 121 (147); gar nicht erst problematisiert in BVerfGE 62, 1 (16, 33). Da über das Abstimmungsverhalten der P nichts bekannt ist, stellt sich diese Frage hier allerdings nicht.

I. Verletzung eines grundgesetzlichen Rechts[44]

1. Rechtsverletzung durch Festsetzung der Neuwahl

Dafür, dass die Festsetzung der Neuwahl eine selbstständige Rechtsverletzung sein könnte, sind keine normativen Anhaltspunkte ersichtlich.[45] Es ist daher allein die Anordnung der Bundestagsauflösung zu prüfen.

2. Verfassungsmäßigkeit der vorzeitigen Bundestagsauflösung

Fraglich ist, unter welchen Voraussetzungen eine Bundestagsauflösung das Statusrecht der P aus Art. 38 I 2 i. V. m. 39 I 1 GG verletzt. Nach Art. 39 I 1 GG ist P für die Dauer von vier Jahren gewählt. *Die Auflösung des Deutschen Bundestages vor Ablauf dieser Wahlperiode greift in ihren Status als Abgeordnete ein und ist nur gerechtfertigt, wenn das Grundgesetz dies erlaubt. Der Eingriff in Art. 38 [I 2] GG beschränkt sich jedoch nicht allein auf die vorzeitige Beendigung des Abgeordnetenmandats. Die mögliche Auflösung des Deutschen Bundestages kann sich auch mittelbar auf den Status des Abgeordneten auswirken, weil die Stellung des Abgeordneten im politischen Gefüge geschwächt wird, wenn diese Möglichkeit ohne [W]eiteres realisiert werden kann.*[46]

Folglich verletzt der Verlust des Abgeordnetenstatus vor Ablauf der normalen Legislaturperiode das grundgesetzliche Recht der P dann, wenn die vorzeitige Beendigung nicht mit dem GG vereinbar ist.

3. Verfassungsmäßige Bundestagsauflösung gem. Art. 68 I 1 GG

Eine verfassungsmäßige Form der vorzeitigen Beendigung der Wahlperiode ist gem. Art. 68 I 1 GG die Bundestagsauflösung durch den Bundespräsidenten nach einer gescheiterten Vertrauensfrage. Die Auflösung stellt eine politische Leitentscheidung dar, die dem pflichtgemäßen Ermessen des Bundespräsidenten obliegt.[47] Diese Entscheidung fällt aber innerhalb eines gestuften Verfahrens, das Art. 68 I, II GG vorgibt.[48] Bundespräsidentin Sch kann also nur dann verfassungsmäßig beschließen, den Bundestag aufzulösen, wenn das vorangegangene Handeln von Bundeskanzler und Bundestag seinerseits verfassungsmäßig i. S. v. Art. 68 I 1, II GG war.[49]

---

[44] Wiederholung: Das Organstreitverfahren ist ein subjektives Rechtsschutzverfahren – es geht also um subjektive Rechtsverletzungen. Dies muss sich im Prüfungsaufbau und -gegenstand widerspiegeln!
[45] BVerfGE 62, 1 (34); 114, 121 (148).
[46] BVerfGE 114, 121 (148 f.).
[47] BVerfGE 62, 1 (35); 114, 121 (148).
[48] BVerfGE 62, 1 (35). Ausführlich zur Verantwortungskette Bundeskanzler-Bundestag-Bundespräsident BVerfGE 114, 121 (157 ff.).
[49] BVerfGE 62, 1 (35 f.).

a) **Verfassungsmäßiger Antrag nach Art. 68 I 1, II GG**

aa) **Materielle Verfassungsvorgaben für eine auflösungsgerichtete Vertrauensfrage**

Bedenken bestehen hinsichtlich der Verfassungsmäßigkeit aber insoweit als es dem S erklärtermaßen nur darum ging, die *Folgen* einer gescheiterten Vertrauensfrage herbeizuführen, um Neuwahlen zu erreichen. Ob eine solche **auflösungsgerichtete Vertrauensfrage** verfassungsmäßig ist, erscheint fraglich. Art. 68 I 1 GG ist daher auszulegen.[50]

Es ließe sich einerseits vertreten, dass alleiniges Ziel des Antrags sein dürfe, die Zustimmung der Bundestagsmehrheit zu erhalten. Damit ist eine bloß auflösungsgerichtete Intention unvereinbar.[51] S hätte danach am 29.3.2012 einen verfassungswidrigen Antrag gestellt.

In modifizierter Form ließe sich vertreten, dass nur ein „Minderheitskanzler" die Vertrauensfrage stellen darf, also einer, der erkennbar keine politische Mehrheit im Bundestag mehr für seine Projekte aufbringen kann, nicht aber schon ein Bundeskanzler, der nur perspektivisch keine Unterstützung mehr sieht.[52] S hat für seine politischen Projekte, die er in den Bundestag eingebracht hat, letztlich immer Mehrheiten im Bundestag gefunden. Dass dies nur mit hohem Verhandlungsaufwand geschehen konnte, kann dabei nicht von Bedeutung sein. Eine Mehrheit im Bundestag muss nur im Ergebnis eine Mehrheit für die politischen Projekte darstellen, es muss keine „bequeme" Mehrheit sein. Nach dieser Auffassung lagen die Voraussetzungen für eine auflösungsgerichtete Vertrauensfrage nicht vor.

Demgegenüber könnte man argumentieren, der Bundeskanzler sei zu einer auflösungsgerichteten Vertrauensfrage berechtigt, wenn ihm nach seiner eigenen Einschätzung eine parlamentarische Unterstützung fehlt, er eine vom stetigen Vertrauen der Mehrheit getragene Politik also nicht mehr sinnvoll zu verfolgen vermag und somit **handlungsunfähig** geworden ist.[53] S sieht seine Politik nicht mehr von den eigenen Fraktionsangehörigen getragen. Nach seiner Einschätzung der politischen Situation kann er seine Politik nicht mehr sinnvoll verfolgen, er ist

---

[50] Wie immer zeugt es von größerem juristischem Vermögen, ein Problem zu entwickeln als sinngemäß zu schreiben: „Hierzu gibt es verschiedene Theorien, die ich nun abspule." Die Argumente finden sich in jedem guten Lehrbuch und Kommentar; sie sind (breiter und tiefer als hier möglich und einer Klausur nötig) zusammengestellt bei *Hebeler*, 40 Probleme aus dem Staatsrecht, 2. Aufl. 2008, S. 159 ff. (37. Problem); für eine kontextuelle und kritische Darstellung s. auch *Epping*, in: v. Mangoldt/Klein/Starck (Hrsg.), GG, Bd. 2, 6. Aufl. 2010, Art. 68, Rn. 12 ff. Eine grundlegend andere Interpretation des Art. 68 I 1 GG liefert Richterin *Lübbe-Wolff* in ihrem Sondervotum BVerfGE 114, 121/182 (182 ff.), vgl. dazu unten Fn. 77. Diese, allerdings sehr beachtliche, Linie wird hier nicht dargestellt.

[51] BVerfGE 62, 1/70 (72, 105 f. – Sondervotum Richter *Rinck*), sowie MM der Literatur, s. *Hebeler*, 40 Probleme aus dem Staatsrecht, 2. Aufl. 2008, S. 161.

[52] Die Theorie des Minderheitskanzlers vertreten BVerfGE 62, 1/108 (110 – Sondervotum Richter *Rottmann*); BVerfGE 121, 114/170 (171 f. – Sondervotum Richter *Jentsch*), obwohl sich *Jentsch* auf der Mehrheitslinie von BVerfGE 62, 1 sieht; sowie ein namhafter Teil der Literatur, s. *Hebeler*, 40 Probleme aus dem Staatsrecht, 2. Aufl. 2008, S. 161.

[53] H. M.: BVerfGE 62, 1 (Senatsmehrheit); 114, 121 (Senatsmehrheit), sowie wohl h. L., vgl. *Hebeler*, 40 Probleme aus dem Staatsrecht, 2. Aufl. 2008, S. 162.

also politisch nicht mehr handlungsfähig. Nach dieser Rechtsauffassung darf er also eine auflösungsgerichtete Vertrauensfrage stellen.

Zuletzt ließe sich als äußerste Gegenauffassung formulieren, dass der Bundeskanzler stets berechtigt sei, die Vertrauensfrage zu stellen,[54] womit auch der Antrag des S verfassungsmäßig war.

Nach den beiden ersten Auffassungen war der Antrag des S also verfassungswidrig, nach den beiden letzten Auffassungen verfassungsgemäß. Aufgrund der unterschiedlichen Ergebnisse bedarf es einer Entscheidung.[55]

Für die Auffassung, die Vertrauensfrage dürfe immer nur mit dem Ziel gestellt werden, das Vertrauen und nicht das Fehlen des Vertrauens ausgesprochen zu bekommen, spricht der Wortsinn des Art. 68 I 1 GG: der Bundeskanzler muss den Antrag stellen, ihm das *Vertrauen* auszusprechen.[56] Dem ist entgegenzuhalten, dass Art. 68 I 1 GG an die Folgen einer gescheiterten Vertrauensfrage anknüpft. Schon der Wortlaut spricht davon: „Findet ein Antrag [...] nicht die Zustimmung [...]".[57] Weshalb er gescheitert ist, ist nicht Gegenstand der Regelung und würde auch zu sehr in Bereiche der Motivforschung abgleiten.[58] Die Auffassung, eine auflösungsgerichtete Vertrauensfrage sei stets verfassungswidrig, kann daher nicht überzeugen.

Es ist aber fraglich, ob das GG demgegenüber keinerlei Restriktion für den Einsatz der Vertrauensfrage vorsieht. Die Norm ist in historischer Abkehr von der Situation unter der Weimarer Reichsverfassung (WRV) dazu geschaffen, die Stabilität der Regierung zu gewährleisten. Wäre der Bundeskanzler jedoch berechtigt, zu einem beliebigen Zeitpunkt aus beliebigem Anlass die Vertrauensfrage mit dem Ziel von Neuwahlen zu stellen, würde dies in höchstem Maße destabilisierend wirken.[59] Der Bundeskanzler könnte damit zugleich die Wahlen zu einem ihm günstig erscheinenden Zeitpunkt herbeiführen – ein Gestaltungsrecht, das ihm das GG nicht zubilligt, das sich somit als Missbrauch darstellt.[60] Eine solche Auslegung ist aus historischen sowie teleologischen Gründen daher ebenfalls abzulehnen.

Damit darf eine auflösungsgerichtete Vertrauensfrage weder beliebig gestellt werden noch ist sie stets ausgeschlossen.[61] Vielmehr muss eine besondere politi-

---

[54] Veraltete MM der Literatur, s. *Hebeler*, 40 Probleme aus dem Staatsrecht, 2. Aufl. 2008, S. 160.
[55] Wichtig ist es, die Prinzipien der Streitdarstellungen zu beachten: Argumentation erfolgt nur dort, wo verschiedene Auffassungen zu verschiedenen Ergebnissen kommen und auch nur soweit, als unterschiedliche Ergebnisse bestehen, vgl. S. 72 ff.
[56] M. w. N.: *Hebeler*, 40 Probleme aus dem Staatsrecht, 2. Aufl. 2008, S. 161.
[57] M. w. N.: *Hebeler*, 40 Probleme aus dem Staatsrecht, 2. Aufl. 2008, S. 163.
[58] Vgl. *Hebeler*, 40 Probleme aus dem Staatsrecht, 2. Aufl. 2008, S. 160, so auch die Argumentation von Bundespräsident *Carstens* in BVerfGE 62, 1 (18).
[59] Vgl. BVerfGE 62, 1 (42 f.); m. w. N.: *Hebeler*, 40 Probleme aus dem Staatsrecht, 2. Aufl. 2008, S. 163.
[60] Vgl. BVerfGE 62, 1 (42 f.); m. w. N.: *Hebeler*, 40 Probleme aus dem Staatsrecht, 2. Aufl. 2008, S. 161.
[61] Eine übrigens typische Situation: oftmals werden zu einem Problem zwei extreme Mindermeinungen vertreten, und die h. M. befindet sich mit Abstufungen dazwischen. Diese vermittelnden Posi-

sche Situation vorliegen, in der die politisch-verfassungsrechtliche Rolle des Bundeskanzlers, wie sie das GG statuiert, nicht mehr sinnvoll ausgefüllt zu werden vermag. Dies ergibt sich aus dem zentralen Zweck des Art. 68 I 1 GG, die Stabilität der Regierung, also die Regierungsfähigkeit der Bundesrepublik, zu gewährleisten.[62] Eine Regierung ist dabei stabil, wenn sie sich vom **Vertrauen** der Koalition getragen weiß.

Dabei ist die Konzeption des Vertrauens i. S. v. Art. 68 I 1 GG zu betrachten: Dieses meint *die im Akt der Stimmabgabe förmlich bekundete gegenwärtige Zustimmung der Abgeordneten zu Person und Sachprogramm des Bundeskanzlers, mithin die förmliche Kundgabe der Bereitschaft, das zumindest in Umrissen vorgezeichnete Regierungsprogramm oder ein konkretes Verhalten, mit dem der Bundeskanzler die Vertrauensfrage verbindet, grundsätzlich zu unterstützen.*[63] Fehlendes Vertrauen i. S. v. Art. 68 I 1 GG liegt dementsprechend dann vor, wenn *die Mehrheit der Abgeordneten nicht mehr gewillt ist, den bisherigen Kanzler oder sein Regierungsprogramm weiterhin parlamentarisch zu unterstützen.*[64]

Fraglich ist, wann eine solche Situation des fehlenden Vertrauens vorliegt. Dies ist mangels eindeutigen Wortsinns mit Blick auf den Zweck und die Systematik des Art. 68 I 1 GG zu erörtern.[65]

Es könnte einerseits nur der „Minderheitskanzler" dieser Voraussetzung entsprechen, also einer, der nachweisbar mit bestimmten Vorhaben gescheitert ist. In diesem Fall ist klar, dass ohne „Kanzlermehrheit" keine Beschlüsse des Bundestages im Sinne des Kanzlers herbeigeführt werden können. Die negative Vertrauensfrage würde dann letztlich stabilisierend wirken. Solange der Kanzler nämlich für seine Vorhaben letztlich eine Mehrheit findet, bleibt die Gefahr eines Missbrauchs bestehen.[66]

Dieses Verständnis könnte die Realität des Regierungshandelns unterkomplex wiedergeben. Würde man nur darauf abstellen, wie viele Beschlussanträge im Bundestag eine Mehrheit erhalten, würde man die politische Realität verzerren. So kann eine Situation der Instabilität etwa dazu führen, dass bestimmte Gesetzgebungsvorhaben erst gar nicht eingebracht werden oder Zugeständnisse gemacht werden müssen, die dem zentralen politischen Willen nicht entsprechen. Politische Handlungsfähigkeit an der Zahl der erfolgreichen Bundestagsbeschlüsse bemessen zu wollen, ist zu formalistisch und greift damit zu kurz. Eine Lage der Instabilität kann nämlich nicht formal bestimmt, sondern letztlich nur politisch gedeutet werden. Dem Zweck der Norm entsprechend muss es also darauf ankommen, dass in einer Lage der Instabilität wieder Stabilität und Handlungsfähigkeit erreicht wer-

---

tionen vermeiden dann die Argumente, die man den jeweiligen Extrempositionen entgegenhalten kann.

[62] Vgl. BVerfGE 62, 1 (42).
[63] BVerfGE 62, 1 (2 – LS 5, 37).
[64] BVerfGE 62, 1 (38); weiter zum parlamentarischen Vertrauen BVerfGE 114, 121 (149 ff.).
[65] Dazu und zu weiteren Argumenten BVerfGE 62, 1 (38 ff.).
[66] M. w. N.: *Hebeler*, 40 Probleme aus dem Staatsrecht, 2. Aufl. 2008, S. 161.

den sollen, was auch ein systematischer Vergleich mit den grundgesetzlichen Kriseninstrumenten in Art. 63, 67 GG ergibt.[67]
Daraus folgt für Art. 68 I 1 GG, dass die politischen Kräfteverhältnisse im Bundestag die **Handlungsfähigkeit** des Bundeskanzlers so **beeinträchtigen** oder lähmen müssen, dass er eine vom stetigen Vertrauen der Mehrheit getragene Politik nicht sinnvoll zu verfolgen vermag.[68] Dies ist ein **ungeschriebenes sachliches Tatbestandsmerkmal** des Art. 68 Abs. 1 Satz 1 GG.[69] Ist also die Überwindung der Handlungsunfähigkeit des Bundeskanzlers und somit die Wiedergewinnung der Stabilität der zentrale Gesichtspunkt des Art. 68 I 1 GG, ist eine auflösungsgerichtete Vertrauensfrage nur verfassungsmäßig, *wenn sie der Wiederherstellung der ausreichend parlamentarisch verankerten Bundesregierung dient.*[70] *Danach ist es gemessen am Sinn des Art. 68 GG nicht zweckwidrig, wenn ein Kanzler, dem Niederlagen im Parlament erst bei künftigen Abstimmungen drohen, bereits eine auflösungsgerichtete Vertrauensfrage stellt. Denn die Handlungsfähigkeit geht auch dann verloren, wenn der Kanzler zur Vermeidung offenen Zustimmungsverlusts im Bundestag gezwungen ist, von wesentlichen Inhalten seines politischen Konzepts abzurücken und eine andere Politik zu verfolgen. [...]. Die Bundesregierung ist als eigenständiges politisch gestaltendes Verfassungsorgan konzipiert, das Verantwortung vor dem Deutschen Bundestag und vor den Bürgern nur übernehmen kann, wenn es im Rahmen der Kompetenzordnung über ausreichende eigenständige politische Handlungsspielräume verfügt.*[71]
Damit überzeugt der Verzicht auf die Feststellung einer insb. in verlorenen Bundestagsbeschlüssen zu messenden „objektiven" Minderheitssituation des Bundeskanzlers. Vielmehr ist der Bundeskanzler zur Stellung einer auflösungsgerichteten Vertrauensfrage berechtigt, wenn er nach seiner Einschätzung handlungsunfähig im genannten Sinne geworden ist.

bb) Maßstab der verfassungsgerichtlichen Kontrolle der Einschätzung der Handlungsfähigkeit des S

Fraglich ist, was diese rechtlichen Maßstäbe für den Antrag des S bedeuten.

Wie oben gezeigt, stellt sich für S die politische Lage so dar, dass er keine Chance mehr sieht, seine Politik in einer vom Vertrauen der Parlamentsmehrheit getragenen Form umsetzen zu können. Er ist nach seiner Bewertung also handlungsunfähig geworden.

Fraglich ist, inwieweit das BVerfG diese Einschätzung kontrollieren kann. *Ob eine Regierung politisch noch handlungsfähig ist, hängt maßgeblich davon ab, welche Ziele sie verfolgt und mit welchen Widerständen sie aus dem parlamentarischen Raum zu rechnen hat. Derartige Einschätzungen haben Prognosecharak-*

---

[67] Zu den grundgesetzlichen Vorkehrungen für Krisenbewältigungen BVerfGE 114, 121 (149, 151).
[68] BVerfGE 62, 1 (2 [LS 6], 44).
[69] BVerfGE 62, 1 (2 [LS 6], 44).
[70] BVerfGE 114, 121 (149).
[71] BVerfGE 114, 121 (154).

ter und sind an höchstpersönliche Wahrnehmungen und abwägende Lagebeurteilungen gebunden.[72] Problematisch ist bei der Einschätzung, wann ein Fall einer **verdeckten Minderheitssituation** vorliegt, wenn also das Scheitern von Regierungsprojekten vom Bundeskanzler nur prognostiziert wird und die Parlamentsmehrheit dem Kanzler *äußerlich politische Unterstützung leistet, diese Unterstützung seines politischen Kurses aber in Wirklichkeit nicht so wirksam ist, dass der Bundeskanzler die von ihm konzeptionell vertretene Politik durchzusetzen vermag.*[73]

Eine Auslegung von Art. 68 I 1 GG ergibt, dass das GG die Einschätzung über die Vertrauenssituation primär der Bewertung der drei Verfassungsorgane Bundeskanzler, Bundestag und Bundespräsident überlassen hat. *Das Grundgesetz vertraut insoweit in erster Linie auf das in Art. 68 GG angelegte System der gegenseitigen politischen Kontrolle und des politischen Ausgleichs zwischen [diesen drei] beteiligten obersten Verfassungsorganen.*[74] Dies trägt dazu bei, *die Verlässlichkeit der Annahme zu sichern, die Bundesregierung habe ihre parlamentarische Handlungsfähigkeit verloren.*[75]

Für die Prüfung des BVerfG folgt daraus, dass es die politische Einschätzung der Lage durch die zuvor tätigen Verfassungsorgane zu respektieren hat. *Es muss den anderen Verfassungsorganen den vom Grundgesetz garantierten Raum freier politischer Gestaltung und Verantwortung offen halten.*[76]

Demnach prüft das BVerfG die Anwendung des Art. 68 GG nur in dem von der Verfassung vorgesehenen **eingeschränkten Umfang**.[77] Die Prüfungskompetenz und Prüfungspflicht ist durch den zu respektierenden Einschätzungsspielraum eingeschränkt, allerdings nicht beseitigt.[78] Deshalb muss die Entscheidung des Kanzlers auf überprüfbare Tatsachen gestützt sein. *Die allgemeine politische Lage sowie einzelne Umstände müssen dabei allerdings nicht zwingend zur Einschätzung des Kanzlers führen, sondern sie lediglich **plausibel** erscheinen lassen. Der Einschätzungsspielraum des Kanzlers wird nur dann in verfassungsrechtlich gefordertem Umfang geachtet, wenn bei der Rechtsprüfung gefragt wird, ob eine andere Einschätzung der politischen Lage auf Grund von Tatsachen eindeutig vorzuziehen ist.*[79]

Bezogen auf die Situation des S bedeutet das: Seiner Einschätzung liegen Tatsachen wie die knappe Koalitionsmehrheit, länger andauernde zähe Verhandlun-

---

[72] BVerfGE 114, 121 (156), vgl. schon BVerfGE 62, 1 (50).
[73] BVerfGE 114, 121 (157).
[74] BVerfGE 114, 121 (160); zum Zusammenspiel BVerfGE 114, 121 (157 ff.).
[75] BVerfGE 114, 121 (158).
[76] BVerfGE 114, 121 (160).
[77] BVerfGE 114, 121 (155). Ablehnend das Sondervotum der Richterin *Lübbe-Wolff* BVerfGE 114, 121 (182 ff.): Adressat des Art. 68 I 1 GG sei der Bundestag. Dessen *Willen* zur weiteren Unterstützung des Bundeskanzlers sei entscheidend, nicht ein vermeintlich besseres *Wissen* des BVerfG darüber. Wenn also der Bundestag dem Bundeskanzler nicht das Vertrauen aussprechen *wolle*, sei das vom BVerfG hinzunehmen.
[78] BVerfGE 114, 121 (159); vgl. schon BVerfGE 62, 1 (51).
[79] BVerfGE 114, 121 (160 f.), Hervorhebung von mir, LO; BVerfGE 62, 1 (51).

gen, Fraktionsaustrittsdrohungen sowie die Nicht-Einbringung bestimmter Projekte wegen offenkundiger Aussichtslosigkeit zugrunde. Diese Situation besteht auch nicht nur kurzzeitig oder sachbezogen, sondern hat sich über einen längeren Zeitraum entwickelt und verstetigt.

Fraglich ist weiter, ob eine andere Situation als die der politischen Handlungsunfähigkeit *eindeutig* vorzuziehen ist. Zwar ist innerparlamentarisches Ringen um richtige Lösungen an sich kein Grund, politische Instabilität anzunehmen. Ein Leitbild, wonach der Bundeskanzler „durchregieren" können sollte, liegt der starken Stellung des Bundestages und der einzelnen Abgeordneten nicht zugrunde. Allerdings haben sich die Widerstände gegen die Vorhaben des S hier über einen längeren Zeitraum nachgerade zum Normalfall entwickelt. Wegen dieser zahlreichen Erschwernisse ist es nicht unplausibel, dass S keine dauerhafte Unterstützung mehr für seine Politik erkannt hat. Die Annahme, dass S doch handlungsfähig gewesen sei, ist somit nicht eindeutig vorzuziehen.[80]

cc) Zwischenergebnis

Folglich lag eine vom BVerfG anzuerkennende Situation politischer Handlungsunfähigkeit vor. Damit war es mit dem GG vereinbar, die Vertrauensfrage zu stellen.

b) Abstimmung des Bundestages nach Art. 68 I 1 GG

S hat am 29.3.2012 beantragt, dass ihm am 2.4.2012 das Vertrauen ausgesprochen werden möge. Zwischen Antragstellung und Abstimmung am beantragten Termin lagen mehr als 48 Stunden, die Frist des Art. 68 II GG ist somit gewahrt.

Der Antrag hat weiter nicht die Mehrheit der Mitglieder des Bundestages gefunden.[81] Damit wurde das gem. Art. 68 I 1 GG nötige Quorum verfehlt.

Wo sich bei den Abgeordneten die verweigerte Vertrauensbekundung aufgrund der Erwägung ergeben hat, damit der Bundespräsidentin die Auflösung des Bundestages nach Art. 68 I 1 GG zu ermöglichen, setzen sich nur die oben unter B. I. 3. a) aa) erörterten Verfassungsfragen fort. Eine andere Einschätzung ist auch hier vom BVerfG nicht eindeutig vorzuziehen, so dass entsprechend B. I. 3. a) bb) die Einschätzung des Bundestages gilt. Selbst eine „auflösungsgerichtete Vertrauensverneinung" wäre daher verfassungsmäßig.

---

[80] Die Subsumtionsausführungen sind hier knapp, vgl. demgegenüber BVerfGE 62, 1 (52 ff.); 114, 121 (162 ff.). Dabei handelt es sich um eine grundsätzliche Klausurempfehlung: Sachverhaltsauswertungen sollten quantitativ grundsätzlich eher knapp gehalten werden.
Nebenbei: Dass selbst eine zurückgenommene verfassungsgerichtliche Prüfung zu verschiedenen Ergebnissen führen kann, zeigt das Sondervotum des Richters *Jentsch* BVerfGE 114, 121/170 (171 ff.).
[81] Beachte grundsätzlich Art. 121 GG.

4. Auflösungsvorschlag des S gegenüber Bundespräsidentin Sch

Der Auflösungsvorschlag des S ist frei von verfassungsrechtlichen Mängeln, da sich zu diesem Zeitpunkt nicht etwa seine Handlungsfähigkeit wieder eingestellt hat.[82]

5. Entscheidung der Bundespräsidentin Sch

Fraglich ist, ob die Auflösungsanordnung der Bundespräsidentin Sch verfassungswidrig ist. Dabei musste sie zunächst die Handlungsunfähigkeit des Bundeskanzlers unter Wahrung von dessen Einschätzungs- und Beurteilungsprärogative überprüfen, sie hatte also denselben Prüfungsmaßstab wie das BVerfG anzulegen.[83] Danach musste sie eine eigene Entscheidung über die Auflösung des Bundestages als politische Leitentscheidung in eigener Verantwortung treffen.[84]

Entsprechend den Ausführungen zur bundesverfassungsgerichtlichen Kontrolle der Einschätzung des S hinsichtlich dessen Handlungsunfähigkeit musste auch die Sch keine andere Bewertung eindeutig vorziehen. Sch hat weiter ihren Bewertungs- und Entscheidungsspielraum gesehen und erst nach einiger Zeit die Entscheidung für die Auflösung getroffen. Es liegen (nach dem Maßstab der zurückgenommenen Kontrolle ihrer Entscheidung durch das BVerfG) keine Anhaltspunkte dafür vor, dass sie dabei verfassungswidrige Gesichtspunkte in die Entscheidung hätte einfließen lassen oder ihre Entscheidung aus anderen Gründen nicht anzuerkennen ist.[85]

Damit war auch die Entscheidung der Sch mit Art. 68 I 1 GG vereinbar.

II. Zwischenergebnis

Folglich hat S verfassungsmäßig den Antrag an den Bundestag gestellt, ihm das Vertrauen auszusprechen, was dieser ebenso verfassungsmäßig verweigert hat. S hat weiter verfassungsmäßig der Sch vorgeschlagen, den Bundestag aufzulösen. Diesem Vorschlag hat Sch in Übereinstimmung mit dem GG entsprochen.

Damit ist die Verkürzung des vierjährigen Mandats der P durch Art. 68 I 1 GG gerechtfertigt. Ihr Recht aus Art. 39 I 2 GG ist also nicht verletzt worden.

C. Ergebnis

Das BVerfG weist den Antrag der P als zulässig, aber unbegründet zurück. Ihr Antrag hat keinen Erfolg.

---

[82] Vgl. BVerfGE 114, 121 (161); 62, 1 (62).
[83] BVerfGE 62, 1 (50).
[84] Vgl. BVerfGE 62, 1 (35); 114, 121 (148).
[85] Vgl. BVerfGE 62, 1 (63); 114, 121 (169 f.).

Frage 2

Fraglich ist, ob die Ö-Partei antragsbefugt gem. § 64 I BVerfGG ist. Dies ist der Fall, wenn nicht von vornherein ausgeschlossen werden kann, dass Sch als Antragsgegnerin Rechte der Ö-Partei, die ihr aus einem zwischen beiden bestehenden verfassungsrechtlichen Rechtsverhältnis erwachsen, durch die beanstandete Maßnahme verletzt oder unmittelbar gefährdet hat.

Die Bundestagsauflösung nach Art. 68 I 1 GG führt zu einer Fristenverkürzung für die Ö-Partei, vgl. § 52 III BWahlG i. V. m. der entsprechenden Rechtsverordnung. Fraglich ist, ob dies möglicherweise ein Recht der Ö-Partei aus Art. 21 I 1 i. V. m. Art. 38 I 1 GG verletzt.

Dafür ist zu bestimmen, ob Art. 68 I GG auch den Schutz bisher nicht im Parlament vertretener Parteien bezweckt, so dass eine Verletzung von Art. 68 I GG zugleich eine Rechtsverletzung solcher Parteien darstellt.

Eine teleologisch-systematische Auslegung ergibt, dass die Norm darauf angelegt ist, zu politischer Stabilität im Verhältnis von Bundeskanzler und Bundestag beizutragen.[86] Sie weist damit keinen Bezug zu Parteien als solchen bzw. ihren Statusrechten i. S. v. Art. 21 GG aus. *Art. 68 GG bezweckt [somit] nicht, den im Deutschen Bundestag nicht vertretenen Parteien eine hinreichend lange Wahlvorbereitungszeit zu gewährleisten. Die Vorschrift begründet keine verfassungsrechtlichen Positionen dieser Parteien. Sie können durch eine etwaige verfassungswidrige Auflösung des Parlaments folglich nicht in eigenen Rechten verletzt werden.*[87] Art. 68 I 1 GG dient also *nicht dem Schutz politischer Parteien, die nicht im Parlament vertreten sind.*[88]

Es ist also von vornherein ausgeschlossen, dass eine etwaig verfassungswidrige Bundestagsauflösung nach Art. 68 I 1 GG ein Recht der Ö-Partei verletzt. Diese ist damit nicht antragsbefugt.

Frage 3

Fraglich ist, weshalb S bei einer politisch gegnerischen Zwei-Drittel-Mehrheit im Bundesrat keine Chance mehr für den Erfolg der von ihm gewünschten Gesetze gesehen hat.

Soweit zu einem Gesetz die Zustimmung des Bundesrates erforderlich ist (Zustimmungsgesetz), kommt gem. Art. 78 GG gegen den Mehrheitswillen des Bundesrates kein Gesetz zustande.

Soweit zu einem Gesetz die Zustimmung des Bundesrates nicht erforderlich ist (Einspruchsgesetz), kann der Bundesrat (nach Ablauf des Vermittlungsverfahrens) Einspruch einlegen (Art. 77 III 1 GG). Das Gesetz kommt gem. Art. 78 GG in diesem Fall nur zustande, wenn der Einspruch vom Bundestag überstimmt wird.

---

[86] BVerfGE 114, 107 (114 f.).
[87] BVerfGE 114, 107 (115).
[88] BVerfGE 114, 107 (114 f)

Art. 77 IV GG bestimmt, dass es hierfür der Mehrheit der Mitglieder des Bundestages (i. S. v. Art. 121 GG) bedarf. Hat der Bundesrat den Einspruch mit einer Mehrheit von mindestens *zwei Dritteln* seiner Stimmen beschlossen, so bedarf die Zurückweisung durch den Bundestag gem. Art. 77 IV 2 GG einer Mehrheit von zwei Dritteln der Abstimmenden, die mindestens die Mehrheit der Mitglieder des Bundestages darstellen müssen.

Die politisch oppositionellen A-/B-Landesregierungen können im Bundesrat nach der Landtagswahl in B gegen Gesetze, die von der X-/Y-Koalition im Bundestag beschlossen wurden, mit zwei Dritteln der Bundesratsstimmen Einspruch einlegen. Die Koalition der Y- und X-Fraktion würde zwar mit 303 von 600 Stimmen die Mehrheit der Mitglieder des Bundestages aufbringen können, aber (im vollbesetzten Plenum) keine Zwei-Drittel-Mehrheit der Abstimmenden.

Damit kommen gegen den Willen der politisch oppositionellen A-/B-Partei im Bundesrat (ggf. im Zusammenwirken mit den Oppositionsfraktionen des Bundestages) weder Zustimmungs- noch Einspruchgesetze mehr zustande. Deshalb hat S bei einer gegnerischen Zwei-Drittel-Mehrheit im Bundesrat keine Chance mehr für den Erfolg der von ihm gewünschten Gesetze gesehen.

Frage 4

Fraglich ist, ob die Einschätzung des U zutrifft, dass der Vorschlag des Vermittlungsausschusses zur Änderung des SG mit dem GG vereinbar ist. Dies hängt davon ab, in welchem Umfang dieser Ausschuss berechtigt ist, Ergänzungen zum Gesetzesbeschluss des Bundestages vorzuschlagen.[89]

Art. 77 II GG, insb. dessen S. 5, enthält hierfür keine explizite Regelung. Dennoch könnte eine Auslegung des GG zur Anerkennung bestimmter Grenzen des Vorschlagsrechts führen.

Einerseits könnte eine Grenze dann erreicht sein, wenn kein Bezug mehr zu den materiellen Vorgaben des Bundestagsbeschlusses besteht, wenn es dem Änderungsvorschlag also am **inhaltlichen Sachzusammenhang** mit dem Gesetzesbeschluss des Bundestages mangelt.[90]

Unabhängig von der Definition von Sachbereich/Sachzusammenhang[91] ist damit keine Auslegung denkbar, die diesen Zusammenhang für das Verhältnis des

---

[89] Zum Vermittlungsausschuss s. allg. *Möllers*, Vermittlungsausschuss und Vermittlungsverfahren, Jura 2010, 401. Zu den Grenzen des Änderungsvorschlagsrecht ibid., 401 (404 ff.); *Masing*, in: v. Mangoldt/Klein/Starck (Hrsg.), GG, Bd. 2, 6. Aufl. 2010, Art. 77, Rn. 86 ff.

[90] Sog. materielle Lesart (so die Kategorisierung von *Möllers*, Vermittlungsausschuss und Vermittlungsverfahren, Jura 2010, 401 [406]): BVerfGE 72, 175 (190), teilweise noch BVerfGE 78, 249 (271), jeweils ohne Argumente. Diese Auffassung wurde und wird als Staatspraxis und h. L. bezeichnet (etwa *Masing*, in: v. Mangoldt/Klein/Starck [Hrsg.], GG, Bd. 2, 6. Aufl. 2010, Art. 77, Rn. 87). Dies dürfte für die aktuelle Staatspraxis (vgl. BVerfGE 125, 104 [115 f.]) und auch für die h. L. (dazu Nachweise in Fn. 92) nicht mehr zutreffen.

[91] Die Definition von „Sachzusammenhang" wurde vom BVerfG offengelassen, s. BVerfGE 72, 175 (190). Für Nachweise von Ansätzen der Literatur s. *Burchardt/Putzer*, Kompetenzgrenzen im deutschen und europäischen Vermittlungsverfahren, ZG 2011, 68 (76).

Bundestagsbeschlusses über das SG zum Änderungsvorschlag des Vermittlungsausschusses ausschließen würde. Nach dieser Auffassung bewegt sich der Änderungsvorschlag innerhalb der verfassungsrechtlichen Grenzen des Vermittlungsausschusses.

Demgegenüber könnte die Vorschlagsgrenze im **Anrufungsbegehren** zu erblicken sein.[92] *Das zum Anrufungsbegehren führende Gesetzgebungsverfahren wird durch die zuvor dort eingeführten Anträge und Stellungnahmen der Abgeordneten bestimmt.*[93] Somit bilden nach dieser Auffassung die innerhalb des Beratungsverfahrens zum Ausdruck gebrachten Auffassungen den Rahmen für den Vorschlag des Vermittlungsausschusses.[94] Der Vermittlungsausschuss, der den Bundestagsbeschluss zum SG verhandelt, macht einen neuen Lösungsvorschlag, den zu debattieren bisher im Bundestag nicht möglich war. Damit wird nicht zwischen bisher parlamentarisch vertretenen Positionen vermittelt und folglich das Anrufungsbegehren des Vermittlungsausschusses überschritten. Nach dieser Auffassung ist der Vorschlag somit verfassungswidrig.

Als dritte Auffassung ließe sich vertreten, dass sich aus Art. 77 II GG und den übrigen grundgesetzlichen Vorgaben überhaupt keine Grenzen für den Änderungsvorschlag des Vermittlungsausschuss ergeben.[95] Nach dieser Auffassung ist der Vorschlag zum SG verfassungsmäßig.

Die drei Auffassungen gelangen somit zu unterschiedlichen Ergebnissen, eine Streitentscheidung ist also erforderlich. Eine grundgesetzkonforme Auslegung der Kompetenzen des Vermittlungsausschusses muss diese so konstruieren, dass sie systematisch mit der Funktion und Stellung aller am Gesetzgebungsverfahren beteiligten Organe vereinbar ist.[96] Wichtig ist dabei die abschließende Aufzählung (*numerus clausus*) der Gesetzesinitiativberechtigen in Art. 76 I GG, die den Vermittlungsausschuss nicht umfasst.[97] Weiter müssen die herausgehobene Rolle des

---

[92] H. M. (sog. prozedurale Lesart nach *Möllers*, Vermittlungsausschuss und Vermittlungsverfahren, Jura 2010, 401 [406]): BVerfGE 101, 297 (307); 120, 56 (75); 125, 104 (122), dem folgend etwa *Masing*, in: v. Mangoldt/Klein/Starck (Hrsg.), GG, Bd. 2, 6. Aufl. 2010, Art. 77, Rn. 88; *Sannwald*, in: Schmidt-Bleibtreu et al. (Hrsg.), GG, 12. Aufl. 2011, Art. 77, Rn. 41; *Pieroth*, in: Jarass/Pieroth, GG, 11. Aufl. 2011, Art. 77, Rn. 13. Allerdings folgt diese Literatur dem BVerfG ohne weitere Argumente.

[93] BVerfGE 101, 297 (307).

[94] Problematisch ist, wann ein Vorschlag hinreichend Gegenstand des Gesetzgebungsverfahrens gewesen ist. Nach dem BVerfG muss die „Möglichkeit einer substantiellen Befassung" bestanden haben, so BVerfGE 125, 104 (129; zur ungenügenden Möglichkeit S. 124 ff.); kritisch und den Ansatz ablehnend *Möllers*, Vermittlungsausschuss und Vermittlungsverfahren, Jura 2010, 401 (406). Man sollte die Anforderungen des BVerfG aber nicht überbewerten: Es hat seine Formulierungen vor dem Hintergrund eines recht offensichtlichen Umgehungsmanövers getätigt (vgl. BVerfGE 125, 104 [107 ff., 124 ff.]). Solche Formulierungen angesichts einer Ausnahme sind jedoch nicht geeignet, den Normalfall zu bestimmen.

[95] *Möllers*, Vermittlungsausschuss und Vermittlungsverfahren, Jura 2010, 401 (406).

[96] BVerfGE 125, 104 (121); vgl. auch BVerfGE 120, 56 (73, 78).

[97] Einer der zentralen Gesichtspunkte in der Rechtsprechung des BVerfG, s. BVerfGE 101, 297 (306); 125, 104 (121).

Bundestages, insb. die Rechte der Abgeordneten (Art. 38 I 2 GG), sowie der parlamentarische Grundsatz der Öffentlichkeit (Art. 42 I 1 GG) gewahrt werden.[98]

Für ein Fehlen jeglicher Kompetenzgrenzen spricht zunächst das Schweigen in Art. 77 II GG. Das GG macht dort gerade keine Aussage über die Beschaffenheit des Beschlusses.[99] Dies könnte dafür sprechen, dass der Verfassungsgeber diese Fragen allein dem Raum politischer Gestaltung überantworten wollte.[100] Dagegen würde auch nicht Art. 76 I GG anzuführen sein, denn damit ist nicht festgelegt, dass sich der Inhalt eines Gesetzes aus dessen Initiative ergeben muss.[101] Und was Art. 38 I 2 GG und Art. 42 I 1 GG betrifft, gelten diese Normen zwar für das Bundestags-Verfahren. Damit ist aber nicht gesagt, dass sie für jedes an der Gesetzgebung beteiligte Organ gelten müssten. Eine indirekte Übertragung auf den Vermittlungsausschuss würde also eine unzulässige Ausdehnung darstellen.[102]

Die Ablehnung jeglicher Kompetenzgrenzen könnte jedoch zu einer mittelbaren Entleerung der parlamentarischen Mitwirkung am Gesetzgebungsverfahren führen. Zwar muss der Bundestag einem Änderungsvorschlag für das weitere Gesetzgebungsverfahren zustimmen (Art. 77 II 5 GG), so dass gegen den Willen des Bundestages kein Änderungsvorschlag des Vermittlungsausschusses Gesetz werden kann. Möglich wäre aber, dass im Vermittlungsausschuss ein völlig neuer Vorschlag erarbeitet würde, der nur bei Gelegenheit einer Gesetzesinitiative entsteht, den anzunehmen aber ein beachtlicher politischer Druck besteht (was trotz der fehlenden unmittelbaren rechtlichen Bedeutung nicht außer Acht zu lassen ist).[103] Wenn aber die eigentliche Gesetzgebungsarbeit im Vermittlungsausschuss geschehen könnte, würden die Gewährleistungen und Mitwirkungsmöglichkeiten, die dem Parlament und den einzelnen Abgeordneten für die *Entstehung* von Normen eingeräumt sind (vgl. Art. 42 I 1, 38 I 2 GG), ihres Sinnes beraubt.[104]

Außerdem würde das Institut der Gesetzesinitiative mit ihrem der Öffentlichkeit und Transparenz dienenden Hinweis- und Appellcharakter beschädigt, wenn

---

[98] BVerfGE 125, 104 (121); vgl. auch BVerfGE 120, 56 (78). S. für einen Überblick über die Stellung des Vermittlungsausschusses im Gesetzgebungsgefüge auch BVerfGE 112, 118 (137 ff.) – Bundestagsbank des Vermittlungsausschusses.

[99] *Möllers*, Vermittlungsausschuss und Vermittlungsverfahren, Jura 2010, 401 (406).

[100] *Möllers*, Vermittlungsausschuss und Vermittlungsverfahren, Jura 2010, 401 (406).

[101] *Möllers*, Vermittlungsausschuss und Vermittlungsverfahren, Jura 2010, 401 (406).

[102] *Möllers*, Vermittlungsausschuss und Vermittlungsverfahren, Jura 2010, 401 (406). *Möllers* bietet auch rechtskonstruktive Vorschläge an, wie durch die Änderung der GO-VermA bestimmte Defizite abgebaut werden könnten.

[103] In diese Richtung auch BVerfGE 112, 118 (139), wo allerdings nicht zwischen der dort beschriebenen Situation nach der GO-VermA bzw. der GO-BT und den Verfassungsvorgaben unterschieden wird.

[104] Der Bundestag tagt öffentlich (Art. 42 I 1 GG), der Vermittlungsausschuss nicht (vgl. §§ 1, 5, 6 GO-VermA). Durch die Änderung der GO-VermA könnte auch der Vermittlungsausschuss öffentlich tagen (*Möllers*, Vermittlungsausschuss und Vermittlungsverfahren, Jura 2010, 401 [406]) – er muss es von Verfassungs wegen aber nicht. Auch die Vorgabe, dass der Vermittlungsvorschlag im Bundestag nicht mehr diskutiert wird (§ 10 II GO-VermA, § 90 I GO-BT), könnte man ändern (*Möllers*, Vermittlungsausschuss und Vermittlungsverfahren, Jura 2010, 401 [406]) – aber auch das ist nicht verfassungsrechtlich geboten, und das unterscheidet die Behandlung einer Frage im Bundestag von der Behandlung einer Frage im Vermittlungsausschuss.

ein Vorschlag, der die Chance hat, zu einem Gesetz zu werden, seinen Ursprung nicht in irgendeiner Weise in einer Initiative nach Art. 76 I GG (und dem daraus folgenden parlamentarischen Verfahren) hat, sondern ausschließlich in einem Änderungsvorschlag des Vermittlungsausschusses.[105] Die Zuordnung einer Regelung zu einer Gesetzesinitiative wäre damit verunklart, somit auch die politische Verantwortung verwischt. Statuierte man also überhaupt keine Grenzen des Vermittlungsausschusses, wäre dies auch mit Art. 76 I GG unvereinbar.

Zuletzt ist auch der Wortsinn des Art. 77 II 5 GG in die Auslegung miteinzubeziehen, der von einer „Änderung des Gesetzesbeschlusses" spricht. Man könnte einerseits darin das Ergebnis des Vermittlungsvorschlages in Bezug genommen sehen, der vom Gesetzesbeschluss abweicht und ihn insoweit „ändert". Andererseits impliziert der Begriff eine gewisse sachliche Kontinuität, die den Bezug zum ursprünglichen *Gesetzesbeschluss* noch erkennen lassen muss. Ein völlig neuer Inhalt kann sprachlich nicht mehr als Änderung des Gesetzesbeschlusses verstanden werden.

Gewichtig stellt sich auch die Frage nach der Legitimation eines Änderungsbeschlusses, der zu einem Gesetz wird. Die Legitimation könnte einerseits allein in Art. 77 II 5 GG i. V. m. der Zustimmung des Bundestages zum Änderungsvorschlag zu sehen sein; oder andererseits im Fortwirken der „Vorarbeiten" des Bundestages i. V. m. Art. 77 II 5 GG i. V. m. der Zustimmung des Bundestages zum Änderungsvorschlag. Es würde dem Gesetzgebungsverfahren als Ganzem jedoch nicht gerecht, betrachtete man die Arbeit des Vermittlungsausschusses (und Art. 77 II 5 GG) isoliert. Vielmehr müssen das grundgesetzlich vorgesehene Verfahren, das erst die Grundlage für die Anrufung des Vermittlungsausschusses bildet und für das die Verfassungsvorgaben der Art. 76 I, 42 I 1, 38 I 2 GG bestehen, in die Auslegung um dessen Vorschlagsgrenzen einbezogen werden. Dies spricht dafür, das Fortwirken des parlamentarischen Beschlusses als Kompetenzgrenze des Vermittlungsausschusses fruchtbar zu machen. Im Übrigen wäre ein allein der politischen Gestaltung anheimgegebener, der verfassungs*rechtlichen* Kontrolle entzogener (injustiziabler) Teil des Gesetzgebungsverfahrens sehr ungewöhnlich.

Damit kann die Ablehnung jeglicher Kompetenzgrenze des Vermittlungsausschusses überhaupt nicht überzeugen.[106]

Somit stellt sich die Frage, ob die Begrenzung des Vorschlagsrechts auf einen inhaltlichen Sachzusammenhang dem Verfassungsgefüge besser gerecht wird. Dafür spricht, dass damit sachlich an den Gesetzesbeschluss angeknüpft wird, der vom Bundestag unter Beachtung von Art. 76 I, 42 I 1, 38 I 2 GG legitimiert ist.

Dagegen ist jedoch anzubringen, dass ein Sachzusammenhang definitorisch kaum zu fassen ist. Bedenkt man die Weite der Materie und insb. die Situation von

---

[105] A. A. *Möllers*, Vermittlungsausschuss und Vermittlungsverfahren, Jura 2010, 401 (406), der jeglichen Schluss von Art. 76 I GG auf die (von ihm bestrittene) Kompetenzgrenze ablehnt.
[106] Die Länge der Ausführungen ist dem Gewicht der sehr beachtlichen Kritikpunkte von *Möllers*, Vermittlungsausschuss und Vermittlungsverfahren, Jura 2010, 401 (406) geschuldet. In einer Klausur dürfte die Befassung kürzer ausfallen.

Artikelgesetzen[107], ergibt sich kaum eine ernsthafte Begrenzung.[108] Daher bestehen auch gegen die Auffassung vom Sachzusammenhang als der Grenze der Kompetenz des Vermittlungsausschusses schwere Bedenken.

Überzeugen könnte daher die Kompetenzbegrenzung des Vermittlungsausschusses mit Hinblick auf das Anrufungsbegehren.

Ist der Vermittlungsausschuss lediglich berechtigt, zwischen solchen Regelungsalternativen zu beraten, die zuvor parlamentarisch beraten worden sind,[109] wirken in diesen Alternativen die Gewährleistungen der Art. 76 I, 38 I 2, 42 I 1 GG fort. Die Wahrung dieser grundgesetzlichen Vorgaben muss sich auch auf den Änderungsvorschlag erstrecken. Dieser steht also in einer Linie kontinuierlich vermittelter Legitimation durch die Bundestagsbefassung, zu der dann die Legitimation durch Art. 77 II GG *hinzu*treten muss, um einen Änderungsvorschlag schaffen zu dürfen.[110]

Für die Orientierung am Anrufungsbegehren spricht weiter in systematischer Hinsicht die Stellung des Vermittlungsausschusses im Gesetzgebungsverfahren: Erst die Bundestagsbefassung schafft die Voraussetzung für die Einberufung des Vermittlungsausschusses. Daraus folgt: Der Vermittlungsausschuss empfängt seinen Auftrag erst im Rahmen dieses Legitimationsgrundes des Anrufungsbegehrens.[111] Würde er sich über das vom Bundestag Behandelte hinwegsetzen, würde er damit nicht nur Art. 76 I, 42 I 1, 38 I 2 GG verletzen, sondern in größerem Kontext eingeordnet auch zu einer *Verlagerung des Zentrums der politischen Entscheidung in den Ausschuss und [einer] damit verbundenen Entparlamentarisierung der Gesetzgebung*[112] beitragen.

Dem Vermittlungsausschuss kommt [somit überzeugenderweise] lediglich die Aufgabe zu, auf der Grundlage des Gesetzesbeschlusses und des vorherigen Gesetzgebungsverfahrens Änderungsvorschläge zu erarbeiten, die sich ausgehend vom Anrufungsbegehren im Rahmen der parlamentarischen Zielsetzung des Gesetzgebungsvorhabens bewegen und die jedenfalls im Ansatz sichtbar gewordenen politischen Meinungsverschiedenheiten zwischen Deutschem Bundestag und Bundesrat ausgleichen.[113] *Entscheidend ist allein, dass [die Vorschläge des Vermittlungsausschusses] im Gesetzgebungsverfahren vor dem Gesetzesbeschluss bekannt gegeben worden sind und die Abgeordneten in Wahrnehmung ihrer ihnen*

---

[107] Bei denen also innerhalb eines Gesetzes mehrere Sachthemen in verschiedenen Artikeln behandelt werden.

[108] *Masing*, in: v. Mangoldt/Klein/Starck (Hrsg.), GG, Bd. 2, 6. Aufl. 2010, Art. 77, Rn. 87; *Möllers*, Vermittlungsausschuss und Vermittlungsverfahren, Jura 2010, 401 (406).

[109] BVerfGE 101, 297 (306).

[110] Die Legitimation des Änderungsvorschlages steht also auf zwei Säulen, nämlich der Legitimation des Bundestagsbeschlusses und der Legitimation der Arbeit des Vermittlungsausschusses. Dies lässt sich teilweise gegen die Bedenken von *Möllers*, Vermittlungsausschuss und Vermittlungsverfahren, Jura 2010, 401 (406) einwenden, wonach das BVerfG den Vermittlungsausschuss am falschen Maßstab, nämlich allein der Legitimation des Bundestages, messe.

[111] BVerfGE 101, 297 (306).

[112] BVerfGE 125, 102 (122); 120, 56 (75).

[113] BVerfGE 125, 104 (122).

aufgrund ihres freien Mandats obliegenden Verantwortung [...] die Möglichkeit hatten, diese zu erörtern, Meinungen zu vertreten, Regelungsalternativen vorzustellen und hierfür eine Mehrheit im Parlament zu suchen.[114]
Diese Auslegung unterläuft auch nicht den vom GG dem Vermittlungsausschuss (d. h. dessen eigener Rationalität) zugewiesenen, an der Konsensfindung orientierten Kompetenzbereich. Vielmehr gewährt sie dem Vermittlungsausschuss gerade hierfür einen Rahmen, der sich aus den Prinzipien speist, die den Bundestagsbeschluss und damit erst die Anrufung des Vermittlungsausschusses legitimieren.

Folglich überzeugt die Auffassung, die das Vorschlagsrecht des Vermittlungsausschusses auf dasjenige beschränkt, das (möglicher) Gegenstand der parlamentarischen Auseinandersetzung war. Der Vermittlungsausschuss darf also keine neuen Lösungsvorschläge (er-)finden, die nicht zuvor Gegenstand der Beratungs- oder Plenumsdebatten des Bundestages waren.

Da der Änderungsvorschlag zum SG eine völlig neue Lösung darstellt, ohne dass der Bundestag zuvor in irgendeiner Form die Möglichkeit parlamentarischer Mitwirkung hatte, überschreitet dieser Vorschlag die Kompetenzgrenze des Vermittlungsausschusses.

Der Änderungsvorschlag zum SG war somit verfassungswidrig, die Einschätzung des Abgeordneten U trifft folglich zu.

---

[114] BVerfGE 120, 56 (75); 125, 104 (123).

Klausur 9: School's Out

Sachverhalt

Sie sind Rechtsanwältin bzw. Rechtsanwalt in Berlin. Am 1.8.2012 tritt die Bundestagsabgeordnete Elisabeth Selbert (S) an Sie heran und bittet Sie um einige rechtliche Einschätzungen. Der Bundestag hat nämlich kurz vor seiner parlamentarischen Sommerpause diverse Projekte abgeschlossen. Die Abgeordneten haben daher in einer ausnahmsweise auf einen Dienstag gelegten Plenarsitzung am 12.6.2012 eine ganze Reihe von Regelungen beschlossen, die alle nach ordnungsgemäßen Gesetzgebungs- bzw. Beschlussverfahren am 30.7.2012 in Kraft getreten sind. S steht den Änderungen jedoch kritisch gegenüber.

Zunächst äußert sie Bedenken hinsichtlich des neuen § 12 III GO-BT. Der Bundestag hat damit eine lange geplante Änderung des mathematischen Verfahrens beschlossen, mit dem die Sitze der jeweiligen Fraktionen an der Bundestagsbank des Vermittlungsausschusses berechnet werden. Die Koalition verfügt im Bundestag nämlich nur über eine knappe Mehrheit von 303 der 600 Abgeordneten. Keines der gängigen mathematischen Umrechnungsverfahren führt dazu, dass sich die Koalitionsmehrheit im Bundestagsplenum auch in einer Koalitionsmehrheit der Bundestagsabgeordneten im Vermittlungsausschuss widerspiegelt; vielmehr besetzen die Koalitionsfraktionen nach allen Umrechnungsverfahren acht Sitze und die Oppositionsfraktionen ebenfalls acht Sitze. Nach Ansicht der Koalitionsfraktionen verzerrt dies die politische Willensbildung. Der Bundestag hat daher § 12 III GO-BT geändert, der nunmehr lautet:

Die Zahl der auf die Fraktionen entfallenden Sitze im Vermittlungsausschuss wird nach dem Verfahren der mathematischen Proportion (Sainte-Laguë-Verfahren) berechnet. Führt dies nicht zur Wiedergabe der parlamentarischen Mehrheit, wird eine Neuberechnung durchgeführt. Dabei wird die zu verteilende Anzahl der Sitze um einen reduziert und der unberücksichtigte Platz der stärksten Fraktion zugewiesen.

S trägt Ihnen ihre Zweifel an der Verfassungsmäßigkeit von § 12 III 2, 3 GO-BT wie folgt vor: Wenn das normale Berechnungsverfahren dazu führe, dass die Vermittlungsausschussmehrheit nicht der Regierungsmehrheit im Plenum entspreche, sei das eben hinzunehmen. Die künstliche Korrektur überschreite die Grenze des verfassungsrechtlich Zulässigen, da Ausschüsse die Mehrheitsverhältnisse des Plenums aufgrund ihrer gegenüber dem Plenum geringeren Mitgliederzahl nie genau widerspiegelten und Verzerrungen damit unumgänglich, also hinzunehmen seien. Wäre § 12 III 2, 3 GO-BT verfassungsgemäß, müsse man ja befürchten, dass sich die Bundestagsmehrheit ab sofort jeden der Bundestagsausschüsse so zurechtrechne, wie es ihr passe.

Frage 1 (20%): Ist § 12 III 2, 3 GO-BT verfassungsgemäß?

S bittet Sie weiter um Ihre Einschätzung, ob das vom Bundestag beschlossene „Änderungsgesetz zum Verbraucherschutzgesetz (VGÄndG)" verfassungsmäßig ist. Das VGÄndG lautet:

§ 1: Änderung der Dioxinbelastungsgrenzen
§ 1 des Verbraucherschutzgesetzes vom 15.12.2011 (BGBl. I, 3105) wird durch folgenden Satz ersetzt:
„Die Herstellung von Tierprodukten, die gesundheitsschädliche Dioxinbelastungen enthalten, ist verboten."

§ 2: Änderung des Verwaltungsverfahrens
§ 2 des Verbraucherschutzgesetzes vom 15.12.2011 (BGBl. I, 3105) wird durch folgenden Satz ersetzt:
„Die zuständigen Behörden sind verpflichtet, monatlich [näher bestimmte] Stichproben von Tierprodukten daraufhin zu untersuchen, ob sie gesundheitsschädliche Dioxinbelastungen i. S. v. § 1 dieses Gesetzes enthalten. Die Länder dürfen kein hiervon abweichendes Verfahren festlegen."

§ 3: Kontrollauflagen
Es ist folgender „§ 4a: Kontrollauflagen" in das VG einzufügen:
„Die zuständigen Behörden sind berechtigt, wöchentlich Proben der im Verlauf der Kalenderwoche hergestellten Tierprodukte bei solchen Produzenten zu entnehmen, die mindestens einmal gegen die Dioxingrenzwerte des § 1 VG in der bis zum Inkrafttreten des VGÄndG geltenden Fassung verstoßen haben."

Die nunmehr geänderten Normen des Verbraucherschutzgesetzes vom 15.12.2011 (BGBl. I, 3105) (VG a. F.) lauteten:

§ 1: Dioxinbelastungsgrenzen
Die Herstellung von Tierprodukten, die einen Grenzwert von 3 Petagramm Dioxin pro Gramm Fettanteil überschreiten, ist verboten.

§ 2: Verwaltungsverfahren
Die zuständigen Behörden sind verpflichtet, monatlich [näher bestimmte] Stichproben von Tierprodukten daraufhin zu untersuchen, ob sie Dioxinbelastungen aufweisen, die die Belastungsgrenze nach § 1 dieses Gesetzes überschreiten. Die Länder dürfen kein hiervon abweichendes Verfahren festlegen.

S führt zum VGÄndG zutreffend aus: Das Verbraucherschutzgesetz vom 15.12.2011 (BGBl. I, 3105) wurde seinerzeit als Zustimmungsgesetz erlassen, da dessen § 2 S. 2 gem. Art. 84 I 6 GG zustimmungsbedürftig gewesen und infolgedessen das ganze VG als Zustimmungsgesetz erlassen worden ist.

S fragt Sie nun, ob es sich beim VGÄndG ebenfalls um ein Zustimmungsgesetz handele.

Frage 2 (20%): Bedurfte das VGÄndG der Zustimmung des Bundesrates? Es ist davon auszugehen, dass dem Bund die Gesetzgebungskompetenz zur Regelung der Dioxinhöchstbelastung in Lebensmitteln und des Verfahrens zur Kontrolle zusteht (insb. die Voraussetzungen von Art. 84 I 5 GG für das VG a. F. und das VGÄndG vorliegen) und die Geltung auch keinen anderen Verfassungsbedenken (von der etwaigen Zustimmungsbedürftigkeit abgesehen) begegnet.

Weiter hat S Bedenken, was die „Klarheit" des § 1 VGÄndG angeht. Es wisse ja kein Mensch, worauf er sich einstellen müsse, weder die Produzenten noch die Verbraucher. Es bestünden (was zutrifft) unter den Medizinern unterschiedliche Auffassungen darüber, ab welcher Dioxinbelastung ein Gesundheitsschaden drohe, die Forschung stehe hier gerade erst am Anfang.

Frage 3 (10%): Ist die von S monierte Fassung des § 1 VGÄndG mit dem Demokratie- und Rechtsstaatsprinzip vereinbar? Wo Grundrechte für relevant gehalten werden, kann deren Wertung ohne vertiefte Prüfung miteinbezogen werden.

Zudem hält es S für problematisch, dass gem. § 3 VGÄndG Menschen nun für etwas bestraft würden, das in der Vergangenheit liege. Nach dem alten VG habe es ja solche Kontrollduldungspflichten nicht gegeben.

Frage 4 (10%): Ist § 3 VGÄndG mit dem Rechtsstaatsprinzip vereinbar? Eine Verhältnismäßigkeitsprüfung ist nicht vorzunehmen.

Auch am vom Bundestag beschlossenen „Straßenverkehrsrechtsänderungsgesetz (SÄndG)" stört S sich. Das Gesetz lautet:

§ 1: Leitprinzip
Straßenverkehrsrecht soll einen hohen Sicherheitsstandard aller Verkehrsteilnehmer gewährleisten.

§ 2: Höchstgeschwindigkeit
Die Geschwindigkeit auf öffentlichen Straßen ist begrenzt. Die Bundesregierung wird ermächtigt, unter Berücksichtigung des Gemeinwohls eine Rechtsverordnung zur genaueren Bestimmung der Höchstgeschwindigkeiten zu erlassen.

Mit Blick auf das SÄndG möchte S wissen, ob die Bundesregierung denn nun verfassungsmäßig eine Rechtsverordnung zur Regelung der Höchstgeschwindigkeit erlassen dürfe.

Frage 5 (10%): Ermächtigt § 2 S. 2 SÄndG zum Erlass einer entsprechenden Rechtsverordnung? Der Bund ist dabei zur Regelung von Höchstgeschwindigkeiten befugt gem. Art. 74 I Nr. 22 i. V. m. 72 II GG.

Außerdem enthalte, so S weiter zutreffend, ein anderes Gesetz ebenfalls eine Ermächtigung zur Regelung der Höchstgeschwindigkeit durch Rechtsverordnung, welche die Bundesregierung zwar ebenfalls „umsetzen" wolle. Die Regierung vertrete aber die Auffassung, das Zitieren *einer* Ermächtigung müsse genügen. Sie (S) sei sich dessen nicht so sicher.

Frage 6 (10%): Muss die Bundesregierung für den Erlass einer verfassungsmäßigen Rechtsverordnung zur Begrenzung der Höchstgeschwindigkeit auf öffentlichen Straßen beide Ermächtigungen nennen, unterstellt, dass § 2 S. 2 SÄndG eine sachlich genügende Grundlage für die Rechtsverordnung bietet? Falls ja: Welche Rechtsfolge ergibt sich, wenn nicht beide genannt werden?

Zuletzt ist S mit der Situation im Betäubungsmittelrecht unzufrieden. Vor einigen Jahren ist das Betäubungsmittelgesetz (BtMG) in Kraft getreten, in dem es u. a. heißt:

§ 1 BtMG
In der Anlage zu diesem Gesetz sind nicht verkehrsfähige Stoffe aufgeführt. Die Bundesregierung wird ermächtigt, die Anlage hinsichtlich solcher Stoffe zu ändern, die folgende Voraussetzungen erfüllen: [...]

§ 2 BtMG
Die Bundesregierung wird ermächtigt, durch Rechtsverordnung solche Stoffe zu bestimmen, die verkehrsfähig, aber nicht verschreibungsfähig sind.

Schon vor einigen Jahren hat die Bundesregierung aufgrund von § 2 BtMG denn auch die „Betäubungsmittel-Rechtsverordnung (BtMVO)" erlassen.

Im Juni 2012 nun hat der Bund das Betäubungsmittelrecht mit dem „Gesetz zur Änderung des Betäubungsmittelrechts (BtMÄndG)" umfassend reformiert. Art. 1 BtMÄndG hat verschiedene Normen des BtMG geändert, Art. 2 BtMÄndG ändert die Betäubungsmittel-Rechtsverordnung. Dort heißt es:

Artikel 2: Änderung der Betäubungsmittel-Rechtsverordnung

§ 1: Ergänzung der BtMVO
In die BtMVO ist folgender Stoff als Nr. 23 aufzunehmen: *Boswellia sacra*.

§ 2: Rückkehr zum einheitlichen Verordnungsrang
Um zu einem einheitlichen Verordnungsrang der Betäubungsmittel-Verordnung zurückzukehren, kann der auf Art. 2 § 1 BtMÄndG beruhende Teil der Betäubungsmittel-Rechtsverordnung durch Inanspruchnahme der Ermächtigung des Betäubungsmittelgesetzes wieder durch Rechtsverordnung geändert werden.

S beauftragt Sie zu prüfen, ob Art. 2 § 1 BtMÄndG verfassungsmäßig sei: Darf der Gesetzgeber eine Rechtsverordnung ändern? Und, falls ja, darf die Bundesregierung genau diese Regelung wieder rückgängig machen?

Frage 7 (10%): Ist Art. 2 § 1 BtMÄndG mit dem GG vereinbar?

Frage 8 (5%): Unterstellt Frage 7 sei positiv zu beantworten: Darf die Bundesregierung die BtMVO vollumfänglich ändern? Welche Bedeutung kommt in diesem Zusammenhang Art. 2 § 2 BtMÄndG zu?

S bittet zuletzt um Ihre Einschätzung, ob eigentlich § 1 S. 2 BtMG mit dem GG vereinbar sei. Ihr kommt es merkwürdig vor, dass der Bundestag die Bundesregierung dazu ermächtigt habe, ein Gesetz durch Rechtsverordnung zu ändern.

Frage 9 (5%): Ist § 1 S. 2 BtMG verfassungsgemäß?

Auf alle aufgeworfenen Rechtsfragen ist einzugehen, ggf. in einem Hilfsgutachten.

Maßgeblicher Zeitpunkt für die Beurteilung sei der 1.8.2012.

Hinweis: Der Fall kann in fünf Zeitstunden gelöst werden. Alle Fragen können unabhängig voneinander bearbeitet werden.

Lösung*

Lösungshinweise

Problemschwerpunkte: Demokratie- und Rechtsstaatsprinzip – Besetzung der Bundestagsbank des Vermittlungsausschusses (Spiegelbildlichkeitsprinzip der Ausschüsse vs. Mehrheitsprinzip) – Zustimmungsbedürftigkeit der Änderung eines Zustimmungsgesetzes – unbestimmter Rechtsbegriff – Vorbehalt des Gesetzes – Bestimmtheitsgebot – rückwirkende Gesetze (echte/unechte Rückwirkung) – Verfassungsanforderungen an eine Rechtsverordnung (Art. 80 I GG), insb. Bestimmtheit von Inhalt, Zweck und Ausmaß – Zitiergebot bei einer Rechtsverordnung (Art. 80 I 3 GG) – verordnungsvertretendes Gesetz (Änderung einer Rechtsverordnung durch formelles Gesetz) – gesetzesvertretende und gesetzesändernde Rechtsverordnung (Änderung eines formellen Gesetzes durch Rechtsverordnung)

I. Der anspruchsvolle Abschlussfall dieses Buches erfordert insb. Kenntnisse des *Demokratie- und Rechtsstaatsprinzips.* Verschiedene Ausprägungen dieser Verfassungsgrundsätze müssen für die verschiedenen Teilfragen fruchtbar gemacht werden. Dazu gehört auch ein Verständnis dafür, wie sich die Gewaltengliederung zwischen Legislative und Exekutive in verschiedenen Konstellationen auswirkt. Die Bedeutung des Vorbehalts des Gesetzes, die Grenzen der Verwendung unbestimmter Rechtsbegriffe und der Umgang mit rückwirkenden Gesetzen sind dabei für das weitere Studium ebenso wichtig wie die verfassungsrechtlichen Anforderungen an eine Rechtsverordnung. Gerade im Ordnungsrecht (Allgemeines Sicherheits-/Polizeirecht, Bauordnungsrecht, Gewerberecht, etc.) kehren diese Fragen wieder.

Zum Umgang mit den Staatsstrukturprinzipien (Demokratie, Rechtsstaatlichkeit, Bundesstaatlichkeit, Republik) und Staatszielbestimmungen (insb. das Sozialstaatsgebot) im Allgemeinen:[1] Hierbei handelt es sich um die grundlegenden Parameter, die Grundpfeiler der Verfassungsordnung der Bundesrepublik Deutschland. Um normative Bedeutung für konkrete Fragen entwickeln zu können, müssen sie aber jeweils in eine anwendbare Form gebracht werden.[2] Was beispielsweise das Demokratie- oder das Rechtsstaatsprinzip im Einzelnen fordert, ist niemals einfach und eindeutig zu erkennen. Das GG kennt für die abs-

---

* Diese Klausur ist Herrn PD Dr. *Thilo Brandner* (1961-2009) in ehrendem Angedenken gewidmet. *Thilo Brandner* hat nebst vielem anderen auch im Bereich der Gesetzgebungslehre (vgl. dazu unten Lösungshinweis IX.) geforscht und gelehrt. Ich verdanke ihm spannende akademische und nicht-akademische Debatten; so habe ich etwa erstmals von ihm (am Beispiel des § 1 II-IV BtMG) von gesetzesverändernden Rechtsverordnungen gehört (vgl. dazu Frage 9).

[1] Zur begrifflichen Unterscheidung zwischen Staatsstrukturprinzipien und Staatszielbestimmungen *Sommermann,* in: v. Mangold/Klein/Starck (Hrsg.), GG, Bd. 2, 6. Aufl. 2010, Art. 20, Rn. 5, 88, 89 ff. (Demokratie jenseits der kategorialen Trennung), 98 (Konkretisierung des Sozialstaatsgebots mit Rückgriff auf die Staatsstrukturprinzipien). Für einen relativ kurzen Überblick über die jeweiligen normativen Gehalte s. *Pieroth*, in: Jarass/Pieroth, GG, 11. Aufl. 2011, Art. 20, Rn. 1-127.

[2] Vgl. etwa dazu Klausur 2: Der Computer Nr. 3, S. 182 ff.

trakten Prinzipien zwar etwas konkretere Ausprägungen: so ist Demokratie[3] in jedem Fall dadurch gekennzeichnet, dass gem. Art. 20 II GG alle Staatsgewalt vom Volke ausgeht (Volkssouveränität) und in bestimmten Formen ausgeübt wird; die Rechtsstaatlichkeit[4] fordert jedenfalls gem. Art. 20 II 2 GG die Ausübung der Staatsgewalt durch drei verschiedene Gewalten (Gewaltenteilung oder -gliederung) – was freilich auch wiederum der besonderen Konkretisierung bedarf. Jenseits dieser (noch immer sehr abstrakten) Pfeiler befindet man sich im Bereich der Verfassungstradition[5] und der Verfassungs- bzw. politischen Theorie. Bei allen damit verbundenen Problemen liegt hierin gerade die Stärke einer Verfassungsordnung, die auf diese Weise ihren (wissenschaftlichen, politischen, gesellschaftlichen, kulturellen) Erfahrungen in dynamischer Weise normative Kraft verleihen kann. Besondere Vorsicht ist also bei der Annahme vermeintlicher Verbindlichkeit etwa einer bestimmten Demokratietheorie geboten.[6]

II. Zu den Problemen: Frage 1 fordert Kenntnis und Verständnis des sog. *Spiegelbildlichkeitsgrundsatzes*, der letztlich aus Art. 38 I 2 GG abzuleiten ist. Danach muss jeder Bundestagsausschuss ein verkleinertes Abbild des Plenums sein und in seiner Zusammensetzung die Zusammensetzung des Plenums in seiner politischen Gewichtung widerspiegeln.[7] Dieser Grundsatz findet auch für die Besetzung der Bundestagsbank im Vermittlungsausschuss Anwendung. Spiegelt sich die Bundestagsmehrheit aber nicht in einer Mehrheit auf der Bundestagsbank des Vermittlungsausschusses wider, kann der Spiegelbildlichkeitsgrundsatz in Spannung zum Sinn des Vermittlungsausschusses geraten. Dieser liegt darin, einen Kompromissvorschlag zu erarbeiten, den Bundestag und Bundesrat annehmen können. Die Bundestagsmehrheit wird aber tendenziell wenig geneigt sein, einen Änderungsvorschlag anzunehmen, hinter dem sie nicht die Entscheidung „ihrer" Mehrheit im Vermittlungsausschuss sieht.

Daher könnte die Funktion des Vermittlungsausschusses dafür sprechen, das *Mehrheitsprinzip* als Einschränkung des Spiegelbildlichkeitsgrundsatzes anzuerkennen. Damit würde sich die Plenumsmehrheit in einer Bundestagsbank-Mehrheit im Vermittlungsausschuss widerspiegeln, was dessen Vorschlägen eine erheblich größere Chance auf Plenarzustimmung verschaffen und damit Sinn und Funktion des Vermittlungsausschusses entsprechen würde.

Das BVerfG hatte über ein solches, dem Mehrheitsprinzip den Vorrang gebendes Besetzungsverfahren zu entscheiden. Im Urteil des Zweiten Senats vom

---

[3] Vgl. die Worte „demokratisch" in Art. 20 I, 28 I 1 GG.
[4] Vgl. Art. 28 I 1 GG.
[5] Vgl. für einzelnen abgeleiteten Elemente des Rechtsstaatsprinzips etwa *Sommermann*, in: v. Mangoldt/Klein/Starck (Hrsg.), GG, Bd. 2, 6. Aufl. 2010, Art. 20, Rn. 287 ff.
[6] Welche Vorstellung hinter „Demokratie" stehen kann, findet sich beispielsweise im Überblick von *Schmidt*, Demokratietheorien – Eine Einführung, 4. Aufl. 2008; empfohlen sei auch die stärker auf juristisch-verfassungsrechtliche Fragen bezogene Schrift von *Möllers*, Demokratie – Zumutungen und Versprechen, 2008.
[7] BVerfGE 80, 188 (222) – Wüppesahl; BVerfGE 112, 118 (133) – Bundestagsbank des Vermittlungsausschusses.

8.12.2004[8], in einer „an Unklarheit schwerlich zu überbietenden Entscheidung"[9], hat das Gericht diese Vorrangentscheidung zwar nicht grundsätzlich für verfassungswidrig erklärt, die Politik aber ratlos zurückgelassen, wie denn ein verfassungsmäßiger Vorrang des Mehrheitsprinzips gegenüber dem Spiegelbildlichkeitsgrundsatz konkret aussehen könnte. Der hier vertretene Lösungsvorschlag spricht sich, insoweit anders als die mäandernde Bewertung des BVerfG, für die Einschränkbarkeit aus.

III. Frage 2 ist ein Klassiker. Nach h. M. macht eine einzige zustimmungsbedürftige Norm ein Gesetz als Ganzes zustimmungsbedürftig.[10] Eine Folgefrage stellt sich dergestalt, ob auch die *Änderung* eines solchen Gesetzes *stets* zustimmungsbedürftig ist, selbst wenn das Änderungsgesetz isoliert betrachtet nur ein Einspruchsgesetz darstellt.

Reformiert der Gesetzgeber ein Zustimmungsgesetz, ist zunächst zu differenzieren: Das BVerfG unterscheidet die *Aufhebung* (ersatzlose Streichung) einer zustimmungsbedürftigen Norm bzw. eines ganzen Zustimmungsgesetzes von der *Änderung* (Ersetzung/Hinzufügung einer Norm) eines Zustimmungsgesetzes. Die Aufhebung ist nämlich *nicht* zustimmungsbedürftig (zustimmungsfrei),[11] die Änderung hingegen kann zustimmungsbedürftig sein.[12]

Die Zustimmungsbedürftigkeit von Änderungsgesetzen ist seit Neuestem wieder (klausur-)relevant. So hat das BVerfG festgestellt, dass die Änderung der Ausgestaltung einer bereits übertragenen Aufgabe (im Bereich der Luftverkehrsverwaltung, beruhend auf Art. 87d II GG) zustimmungsbedürftig ist, wenn sie der übertragenen Aufgabe eine wesentliche andere Bedeutung und Tragweite verleiht, wozu eine nur quantitative Erhöhung der Aufgabenlast grundsätzlich allerdings *nicht* genügt.[13] Außerdem ist zwar die Aufgabenübertragung auf die Länder gem. Art. 87d II GG zustimmungsbedürftig, nicht aber die *Rück*übertragung auf den Bund.[14] In einem anderen Fall war die Abgrenzung eines zustimmungsbedürftigen neuen „Einbruchs" in die Verwaltungszuständigkeit der Länder von einer zustimmungsfreien bloßen Wiederholung oder Konkretisierung schon bestehender Verfahrensregelungen zu unterscheiden.[15] Politisch und in der Klausurrealität wohl erledigt hat sich durch das Dreizehnte Gesetz zur Änderung des Atomgesetzes (Atomausstieg 2011)[16] der Streit, ob die Laufzeitverlängerung der Atomkraftwerke von 2010 (Elfte Änderungsnovelle zum Atomgesetz) wegen Art. 87c GG der Zustimmung des Bundesrates bedurfte.[17]

---

[8] BVerfGE 112, 118 – Bundestagsbank des Vermittlungsausschusses; online verfügbar unter http://www.bverfg.de/entscheidungen/es20041208_2bve000302.html (zuletzt abgerufen am 9.11.2011).
[9] *Möllers*, Vermittlungsausschuss und Vermittlungsverfahren, Jura 2010, 401 (403).
[10] Vgl. Klausur 7: Skandal!, S. 328 f.
[11] BVerfGE 114, 196 (231, m. w. N.) – Beitragssatzsicherungsgesetz.
[12] Dazu näher unter Frage 2.
[13] BVerfGE 126, 77 (77) – Luftsicherheitsgesetz II.
[14] BVerfGE 126, 77 (77).
[15] BVerfGE 114, 196 (224 ff.) – Beitragssatzsicherungsgesetz.
[16] Dazu *Sellner/Fellenberg*: Atomausstieg und Energiewende 2011 – das Gesetzespaket im Überblick, NVwZ 2011, 1025.
[17] Verneinend *Burgi*, Das Atomrecht, der Bundesrat und die Verwaltungsorganisation, NJW 2011, 561, bejahend *Geulen/Klinger*, Bedarf die Verlängerung der Betriebszeiten der Atomkraftwerke der Zustimmung des Bundesrates?, NVwZ 2010, 1118.

IV. Für Frage 3 muss der Vorbehalt des Gesetzes fruchtbar gemacht werden, um die Verfassungsmäßigkeit eines unbestimmten Rechtsbegriffs zu bewerten. Hierbei handelt es sich um wichtige verfassungsrechtliche Themen, die (wie erwähnt) auch später im Studium, insb. im Verwaltungsrecht, eine Rolle spielen werden. Die volle Tragweite kann jedoch erst später im Studium verstanden werden, wenn einige Vertrautheit mit den Grundrechten und dem Verwaltungsrecht als „konkretisiertem Verfassungsrecht" (*Fritz Werner*)[18] besteht.

Zur *Terminologie*: Synonym zum Begriff „Vorbehalt des Gesetzes" verwenden viele Autoren den Begriff „Gesetzesvorbehalt", während andere Autoren mit „Gesetzesvorbehalt" jene Bereiche bezeichnen, für die das GG ausdrücklich bestimmte Vorbehalte normiert[19], und manche Autoren die Frage nach den verfassungsrechtlich ausdrücklich gebotenen Vorbehalten und dem allgemeinen Vorbehalt des Gesetzes zwar sachlich, aber nicht terminologisch trennen[20]. Eine weitere Befassung mit dem Verhältnis von Terminologie und Konzept lohnt den Aufwand für den Studienanfänger nicht. Vielmehr empfiehlt sich, in diesem Zusammenhang konsequent vom „**Vorbehalt des Gesetzes**" zu sprechen.

Zur Sache: Der *Vorbehalt des Gesetzes* ist eine der Säulen der *Gesetzmäßigkeit der Verwaltung*; die andere ist der *Vorrang des Gesetzes* (Normenhierarchie!).[21] Beide Prinzipien speisen sich aus dem Rechtsstaats- und dem Demokratieprinzip und haben seit dem 19. Jahrhundert zur Bindung der (historisch gesehen: monarchisch kontrollierten) Verwaltung gedient.[22] Zentral geht es bei der Frage nach dem Vorbehalt des Gesetzes um die Kompetenzabgrenzung legislativer und exekutiver Aufgaben: Was muss der Gesetzgeber selbst festlegen, was darf er der Verwaltung überlassen? Macht man sich die zwei tragenden Säulen des Vorbehalts des Gesetzes bewusst, klärt sich der Blick: Das *Demokratieprinzip* fordert, dass gerade der Gesetzgeber gewisse Bereiche hinreichend bestimmt, und das *Rechtsstaatsgebot*, dass die Verwaltung auf der Ausführung allgemein-abstrakter Regelungen beruht, die hinreichend *bestimmt* sind. Nach heutigem Verständnis macht also das Konzept des „Vorbehalts des Gesetzes" Vorgaben an den Gesetzgeber an das Ob (Parlamentsvorbehalt) und das Wie (Rechtssatzvorbehalt) eines Gesetzes.[23]

V. Frage 4: Die Zulässigkeit der Rückwirkung von Gesetzen ist ein wichtiges Problem in Klausuren, aber auch in der Praxis (etwa im Steuerrecht). Neben dem absoluten Rückwirkungsverbot für strafrechtliche Bestimmungen (Art. 103 II GG)

---

[18] *Werner*, Verwaltungsrecht als konkretisiertes Verfassungsrecht, DVBl. 1959, 527. Vgl. zum Problem der Rezeptionssituation von Verfassungs- und Verwaltungsrecht differenzierend *Kersten*, Was kann das Verfassungsrecht vom Verwaltungsrecht lernen?, DVBl. 2011, 585; zudem darf auch nicht der funktionale Eigenbereich von einfacher Gesetzgebung verneint werden, vgl. dazu *Wahl*, Der Vorrang der Verfassung und die Selbständigkeit des Gesetzesrechts, NVwZ 1984, 401.
[19] *Ossenbühl*, in: Isensee/Kirchhof (Hrsg.), Handbuch des Staatsrechts, Bd. V, 3. Aufl. 2007, § 101: Vorrang und Vorbehalt des Gesetzes, Rn. 17.
[20] Etwa *Herzog/Grzeszick*, in: Maunz/Dürig (Hrsg.), GG, Loseblatt, Stand: Dezember 2007, Art. 20 VI, Rn. 76, 91 ff., 97 ff.
[21] Näher zu diesen Prinzipien etwa *Sommermann*, in: v. Mangoldt/Klein/Starck (Hrsg.), GG, Bd. 2, 6. Aufl. 2010, Art. 20, Rn. 270 ff.
[22] *Ossenbühl*, in: Isensee/Kirchhof (Hrsg.), Handbuch des Staatsrechts, Bd. V, 3. Aufl. 2007, § 101: Vorrang und Vorbehalt des Gesetzes, Rn. 18 f.
[23] *Herzog/Grzeszick*, in: Maunz/Dürig (Hrsg.), GG, Loseblatt, Stand: Dezember 2007, Art. 20 VI, Rn. 75; *Brenner*, in: v. Mangoldt/Klein/Starck (Hrsg.), GG, Bd. 2, 6. Aufl. 2010, Art. 80, Rn. 38, m. w. N. Analytisch noch immer lehrreich *Kloepfer*, Der Vorbehalt des Gesetzes im Wandel, JZ 1984, 685.

müssen die Konzeptionen der echten Rückwirkung (synonym: Rückbewirkung von Rechtsfolgen) einerseits und der unechten Rückwirkung (synonym: tatbestandliche Rückanknüpfung) andererseits benannt und dargestellt werden. Ich empfehle, dazu einige aktuelle Entscheidungen des BVerfG zu lesen.[24] Dies macht das nicht ganz einfache Thema plastischer und schult das Judiz.

VI. Fragen 5 und 6 verlangen den Umgang mit Rechtsverordnungen nach Art. 80 I GG[25]. Die Prüfung von Rechtsverordnungen muss in Grundzügen beherrscht werden, da sie später im Verwaltungsrecht wieder benötigt wird.[26] An dieser Stelle beschränkt sich die Darstellung auf allgemeine Aspekte der Verfassungsmäßigkeit einer Ermächtigung[27] und der auf ihr beruhenden Rechtsverordnung. Art. 80 GG ist im Übrigen recht detailliert, eine genaue Lektüre unerlässlich.

Die Prinzipien, Feinheiten und das Zusammenspiel der Institutionen um die Rechtsverordnungen müssen sich erst einmal setzen. Für die spätere Wiederholung sei auf den Beschluss der 1. Kammer des Ersten Senats des BVerfG vom 28.4.2009[28] hingewiesen, der eine Sperrbezirksverordnung zum Gegenstand hatte. Geprüft wurden die Bestimmtheit der Ermächtigung (Art. 80 I 2 GG), ein Verstoß gegen Art. 103 II GG, das Gebot der Normenklarheit und Widerspruchsfreiheit und zuletzt die Grundrechte der Art. 12 I und 14 I GG; nebenbei wurden die Wirkungen des Prostitutionsgesetzes auf andere Normen ausgeführt.

---

[24] Etwa: BVerfGE 127, 1 (16 ff.) – teilweise verfassungswidrige unechte Rückwirkung bei Verlängerung der Spekulationsfrist bei Grundstücksveräußerung; BVerfGE 127, 31 (46 ff.) – teilweise verfassungswidrige unechte Rückwirkung im Fall einer Beschränkung der steuerlichen Entlastung von Entschädigungen für entgangene oder entgehende Einnahmen; Beschluss des Ersten Senats vom 7.12.2010, - 1 BvR 2628/07 - (online verfügbar unter http://www.bverfg.de/entscheidungen/rs20101207_1bvr262807.html, Rn. 42 ff. [zuletzt abgerufen am 9.11.2011]) – keine Rückwirkung bei Änderung des Rechts der nur abschnittsweise bewilligten Arbeitslosenhilfe; BVerfGE 109, 133 (180 ff.) – verfassungsmäßige unechte Rückwirkung bei Wegfall der Höchstfrist für angeordnete Sicherungsverwahrung u. a.; BVerfGK 9, 108 (111 f.) – verfassungsmäßige unechte Rückwirkung bei nachträglicher Anordnung von Sicherungsverwahrung wegen überwiegenden Gemeinwohlinteresses.

[25] Dieser auch abgekürzt „Verordnung" genannte Normtyp darf nicht mit der EU-Verordnung (Art. 288 Abs. 2 AEUV) verwechselt werden. Die EU-Verordnung ist einem deutschen Gesetz vergleichbar, da sie direkt in den Mitgliedstaaten gilt und (anders als die EU-Richtlinie, Art. 288 Abs. 3 AEUV) keiner mitgliedstaatlichen Umsetzung bedarf.

[26] Die zu prüfende Rechtmäßigkeit eines Verwaltungsakts i. S. v. § 35 VwVfG hängt von der Verfassungsmäßigkeit der zugrunde liegenden Rechtsverordnung ab, die wiederum von der Verfassungsmäßigkeit des ermächtigenden Gesetzes abhängt.

[27] Zur Terminologie: Korrekt sind die Bezeichnungen „Ermächtigung" und „ermächtigendes Gesetz"; „Ermächtigungsgrundlage" ist ebenfalls gebräuchlich und wird beispielsweise auch vom BVerfG verwendet, ist aber sprachlich unzutreffend (diesen Hinweis verdanke ich *Walter Krebs*, vermittelt über *Patricia Sarah Stöbener*). Zu vermeiden ist der Begriff „Ermächtigungsgesetz". Damit ist nämlich in aller Regel das „Gesetz zur Behebung der Not von Volk und Reich. Vom 24. März 1933" (Reichsgesetzblatt I, 141) gemeint, in dem der Reichstag (mit Zustimmung des Reichsrats) die Reichsregierung (*Hitler*) ermächtigte, Gesetze ohne die Beteiligung der gesetzgebenden Körperschaften zu beschließen (Art. 1 S. 1), die zudem von großen Teilen der Verfassung abweichen durften (Art. 2 S. 1).

[28] Online verfügbar unter http://www.bverfg.de/entscheidungen/rk20090428_1bvr022407.html (zuletzt abgerufen am 1.12.2011).

Frage 6 fordert die Arbeit mit dem Zitiergebot des Art. 80 I 3 GG, nach dem die Ermächtigung in der Rechtsverordnung genannt werden muss. Damit muss jede Norm einer Rechtsverordnung einer ganz bestimmten Ermächtigung zugewiesen werden können – was die genaue Zitierung letzterer (nach Einzelvorschrift, Paragraph, Absatz, Nummer usw.) erfordert[29].

Die Leitentscheidung, wonach mehrere Ermächtigungen zitiert werden müssen, wenn der Verordnungsgeber mehrere Ermächtigungen „umsetzen" möchte, ist das Urteil des Zweiten Senats des BVerfG vom 6.6.1999[30]. Darüber hinaus ist Art. 80 I 3 GG nicht weiter klausurrelevant.[31]

Ein in dieser Klausur nicht behandeltes Problem ist die normative Nabelschnur zwischen Ermächtigung und Rechtsverordnung: Muss das ermächtigende Gesetz in Kraft getreten sein, bevor sich eine Rechtsverordnung darauf stützen kann? Welche Folgen hat die Änderung bzw. Aufhebung bzw. Nichtigkeit der Ermächtigung für die Existenz der Rechtsverordnung?[32]

VII. Frage 7 dreht sich um die verfassungsrechtlichen Anforderungen der Änderung einer Rechtsverordnung durch Gesetz (sog. verordnungsvertretendes Gesetz[33]). Die Leitentscheidung hierzu ist der Beschluss des Zweiten Senats des BVerfG vom 13.9.2005[34]. Danach sind verordnungsvertretende Gesetze unter drei Voraussetzungen verfassungsmäßig:[35]

(1) Das verordnungsvertretende Gesetz ergeht im Rahmen der gesetzgeberischen Änderung eines ganzen Sachbereichs, ändert also eine Rechtsverordnung nicht unabhängig von anderen gesetzgeberischen Maßnahmen.
(2) Das verordnungsvertretende Gesetz muss nach den Bestimmungen der Art. 76 ff. GG erlassen werden.
(3) Der parlamentarische Gesetzgeber ist bei der Änderung einer Verordnung an die Grenzen der Ermächtigung (Art. 80 I 2 GG) gebunden.

Zum Verständnis des Hintergrunds: Es ist wichtig, zwei Konstellationen zu unterscheiden, wenn der Gesetzgeber eine Regelung erlässt, die zu treffen auch die Exekutive durch Rechtsverordnung ermächtigt wäre: (1) Der Gesetzgeber trifft die Regelung durch formel-

---

[29] *Brenner*, in: v. Mangoldt/Klein/Starck (Hrsg.), GG, Bd. 2, 6. Aufl., 2010, Art. 80, Rn. 43, m. w. N.
[30] BVerfGE 101, 1 – Hennenhaltungsverordnung, online verfügbar unter http://www.bverfg.de/entscheidungen/fs19990706_2bvf000390.html, zuletzt abgerufen am 9.11.2011.
[31] In der Praxis bestehen weitere Probleme, wenn die Änderung mehrere Rechtsverordnungen in einem Komplettpaket geschieht (sog. Artikelverordnung) und dabei eine klare Zuordnung durch die konkrete Art der Zitierung nicht mehr möglich ist. Dazu *Füßer/Stöckel*, Das Zitiergebot des Art. 80 I 3 GG und Probleme des Erlasses von „komplexen Artikelverordnungen", NVwZ 2010, 414.
[32] Für einen ersten Überblick zu diesen Fragen m. w. N.: *Sannwald*, in: Schmidt-Bleibtreu et al. (Hrsg.) GG, 12. Aufl. 2011, Art. 80, Rn. 51 ff.; *Brenner*, in: v. Mangoldt/Klein/Starck (Hrsg.), GG, Bd. 2, 6. Aufl. 2010, Art. 80, Rn. 74, 76 ff.
[33] Treffender wäre die Bezeichnung als verordnungsänderndes Gesetz.
[34] BVerfGE 114, 196 – Beitragssatzsicherungsgesetz; online verfügbar unter http://www.bverfg.de/entscheidungen/fs20050913_2bvf000203.html (zuletzt abgerufen am 27.7.2011).
[35] BVerfGE 114, 196 (238 ff.).

les Gesetz *im Korpus eines formellen Gesetzes*, dem Vorrang gegenüber etwaig entgegenstehenden Vorschriften einer Rechtsverordnung zukommt. Die Zustimmungsbedürftigkeit bestimmt sich dabei ausschließlich nach den für formelle Gesetze geltenden Normen, was auch keine Umgehung des Bundesrates darstellt, falls eine Rechtsverordnung desselben Inhalts durch den Verordnungsgeber gem. Art. 80 II GG zustimmungsbedürftig wäre.[36] In der inhaltlichen Gestaltung ist der Gesetzgeber frei, er ist insb. nicht an die Ermächtigung gebunden. (2) Der Gesetzgeber trifft die Regelung durch formelles Gesetz *im Korpus einer Rechtsverordnung*. Das BVerfG hält dies unter den oben genannten drei Voraussetzungen für verfassungsmäßig. Wichtige Folge: Da das verordnungsändernde Gesetzes nach Art. 76 ff. GG und nicht nach Art. 80 GG ergeht, bestimmt sich auch die Zustimmungsbedürftigkeit (ebenfalls) nach den für formelle Gesetze geltenden Normen und nicht nach Art. 80 II GG.[37]

Die Verfassungsforderungen dienen dazu, der durch Gesetz geänderten Rechtsverordnung den einheitlichen Rang einer Rechtsverordnung zuerkennen zu können. Sie können also vollumfänglich durch den Verordnungsgeber wieder geändert werden, folglich kommt sog. Entsteinerungsklauseln (in der Klausur in Art. 2 § 2 BtMÄndG, s. Frage 8) keine konstitutive Bedeutung zu.

VIII. Die Abschlussfrage 9 nach der Verfassungsmäßigkeit sog. gesetzesvertretender und gesetzesändernder Rechtsverordnungen ist absolute Kür, wird also in staatsorganisationsrechtlichen Anfängerübungen kaum vorkommen. Die Konstellation (gesetzliche Ermächtigung zur Gesetzesänderung durch Rechtsverordnung) ist allerdings spannend. Sie wirft ähnliche Grundfragen auf wie die in gewisser Weise umgekehrte Konstellation in Frage 7 (Änderung einer Rechtsverordnung durch Gesetz). Der § 1 S. 2 BtMG des Sachverhalts beruht übrigens auf einer existenten Norm, nämlich § 1 II 1 BtMG.

Gesetzesänderungen durch Rechtsverordnung können auf verschiedene Weise bewerkstelligt werden.[38] Die Ermächtigung zu einer gesetzesändernden Rechtsverordnung wird seit Jahrzehnten ebenso diskutiert wie sie Staatspraxis ist.[39] Leider zeichnen sich die Auseinandersetzungen auch durch terminologische Unklarheiten aus,[40] es wird im Folgenden aber die heute herrschende Terminologie zugrunde gelegt.

Befreit man das Problem von den historisch bedingten Begriffs- und Konzeptionsaltlasten aus dem Kampf um das Wesen der Rechtsverordnung, klärt sich der Blick. Dabei ergibt sich folgendes Bild:

---

[36] BVerfGE 114, 196 (229 ff.).
[37] BVerfGE 114, 196 (232).
[38] S. die Analysen von *Brandner*, Gesetzesänderung, 2004, S. 386 ff. (§ 11: Gesetzesänderung durch Rechtsverordnung). *Thilo Brandners* Analyse des Problems verfolgt aufgrund der Differenzierung nach Wortsinnänderung und Anwendungsänderung eine etwas andere Aufbereitung als hier angeboten.
[39] Beispiele bei *Brandner*, Gesetzesänderung, 2004, S. 387 ff., 391 ff.; *Lange*, Zur Zulässigkeit gesetzesändernder Rechtsverordnungen, JR 1968, 8 (8); *Schneider*, Gesetzgebung, 3. Aufl. 2002, Rn. 654 ff.
[40] Eine Standardkritik, s. nur *Brandner*, Gesetzesänderung, 2004, S. 398 f.; *Lange*, Zur Zulässigkeit gesetzesändernder Rechtsverordnungen, JR 1968, 8 (9); *Klein*, Die Neubekanntmachung von Gesetzen vor dem Hintergrund der staatlichen Konsolidierungspflicht, 2010, S. 130; *Wilke*, Bundesverfassungsgericht und Rechtsverordnungen, AöR 98 (1973), 196 (243).

(1) Eine gesetzliche Ermächtigung zum Erlass einer Rechtsverordnung, die im Rang eines formellen Gesetzes steht (sog. gesetzesvertretende Rechtsverordnung), ist nach heute h. M. verfassungswidrig.[41] Dies ergibt sich entweder aus Art. 129 III GG oder *e contrario* aus den grundgesetzlichen Ausnahmeregelungen, in denen derartige Rechtsverordnungen anerkannt sind (etwa Art. 119 S. 1 GG). Im Übrigen würde sich dieses Ergebnis nach dem heutigen Stand der Dogmatik auch aus allgemeinen demokratischen und rechtsstaatlichen Erwägungen ergeben.

(2) Eine gesetzliche Ermächtigung zum Erlass einer Rechtsverordnung, die den Text eines formellen Gesetzes ändert (sog. gesetzesändernde Rechtsverordnung), ist nach h. M. grundsätzlich verfassungsmäßig.[42]

Diese Auffassung argumentiert, der Gesetzgeber habe selbst über die Geltung bzw. die Anwendung des Gesetzes entschieden und diese so ausgestaltet, dass das Außerkraft- bzw. Außeranwendungtreten unter der auflösenden Bedingung des Erlasses einer Rechtsverordnung stehe. Diese auch Verordnungsvorbehalt genannte Konstruktion darf sich natürlich auf keine *wesentlichen* Regelungen eines grundlegenden normativen Bereichs beziehen, anderenfalls würde der Vorbehalt des Gesetzes unterlaufen. Ansonsten soll sie verfassungsmäßig sein; allerdings sind die Ausführungen im Einzelnen uneinheitlich.[43]

Nach meiner Auffassung ist eine solche gesetzesändernde Rechtsverordnung im Ergebnis aber doch **verfassungswidrig, wenn** man die Ausführungen der Senatsmehrheit in BVerfGE 114, 196 (235 ff.) überträgt. Danach darf nämlich kein normatives Mischgebilde entstehen, das Normen verschiedenen Ranges enthält.[44] Mit einer gesetzesändernden Rechtsverordnung wird allerdings eine Norm im Rang einer Rechtsverordnung in den Textkorpus eines formellen Gesetzes eingefügt, ohne dass eine verfassungsrechtliche Möglichkeit besteht, dem Gesamtgebilde einen einheitlichen normativen Rang zuzuweisen.

(3) Eine gesetzliche Ermächtigung zum Erlass einer Rechtsverordnung, die den Text eines formellen Gesetzes ergänzt (sog. gesetzesergänzende Rechtsverordnung), ist nach h. M. prinzipiell verfassungsmäßig.

Überwiegend wird diese Konstellation heute schon gar nicht mehr von der gesetzesändernden Rechtsverordnung unterschieden, was aber unzutreffend ist: Dass der Gesetzgeber die Geltung bzw. Anwendung einer Regelung auflösend bedingen kann, ist problematisch, wenn auch von der h. M. im Ergebnis anerkannt; dass er weitere Regelungen durch den Verordnungsgeber vornehmen lassen kann, ist gerade der typische Fall einer Regelung durch Rechtsverordnung und somit zunächst unproblematisch.

---

[41] S. Nachweise unten Fn. 218.
[42] S. Nachweise unten Fn. 228.
[43] *Klein*, Die Neubekanntmachung von Gesetzen vor dem Hintergrund der staatlichen Konsolidierungspflicht, 2010, S. 131 sieht in der Konstruktion einen Anwendungsvorrang, macht allerdings widersprüchliche Aussagen, indem er den *Anwendungs*vorrang mit einem reduzierten *Geltungs*anspruch begründet. Zutreffend ist demgegenüber die Konstruktion als Reduzierung des *Geltungs*anspruchs zu bewerten, der damit Platz für die in diesem Bereich alleinig geltende Rechtsverordnung lässt (so dass sich eine Vorrangfrage gar nicht stellt), vgl. etwa Beschluss der 2. Kammer des Zweiten Senats des BVerfG vom 4.5.1997, - 2 BvR 509/96 - et al., (Ecstasy) = juris, Rn. 16.
[44] Allerdings ist diese Auffassung nicht zwingend, sondern im Gegenteil kritisch zu sehen, s. die Nachweise unter Fn. 188.

Allerdings ist unter Fortführung der zu (2) vertretenen Auffassung auch eine gesetzesergänzende Rechtsverordnung verfassungswidrig, da sie (wie die gesetzesändernde Rechtsverordnung) ein rechtsstaatswidriges normatives Mischgebilde schafft.

IX. Mit der letzten Klausur und insb. den letzten Fragen soll zugleich ein Ausblick über die verfassungsrechtlichen Fragestellungen hinaus aufgezeigt werden, denn solche Fragen nach den Möglichkeiten von Normgestaltungen sind auch ein Teilaspekt der *Gesetzgebungslehre* (auch *Legisprudenz* oder *Legistik* genannt). Diese befasst sich mit Entstehung, Abfassung und Wirkung von Gesetzen.[45] Die Verfassungsmäßigkeit von Normen ist nämlich nur *ein* Gesichtspunkt des Betrachtungsgegenstands „Rechtsnormen". Andere Perspektiven sind ihre technische Gestaltung, ihre gesellschaftlichen Grundlagen und Wirkungen, die Frage nach ihren politischen Entstehungsgründen u. v. m.[46] Die Gesetzgebungslehre befreit dabei den Blick von quasi-positivistischen Fesseln, in der die Norm isoliert betrachtet wird, und betrachtet die Norm als etwas Geschaffenes, als ein politisches, ein gesellschaftliches, ja ein Kulturprodukt.

Wen dieser Bereich interessiert (und das sollte er jeden ernsthaften, seiner Verantwortung bewussten Studierenden), sei hingewiesen auf den einführenden Aufsatz von *Klaus Meßerschmidt*, Gesetzgebungslehre zwischen Wissenschaft und Politik – Entwicklungstendenzen der Legisprudenz, ZJS 2008, 111 und 224,[47] sowie den Universitätsschwerpunkt „Rechtsgestaltung und Rechtspolitik" an der Humboldt-Universität zu Berlin[48].

X. Zuletzt zum Bearbeitungsmodus: Die Klausur ist insoweit atypisch, als kein zusammenhängendes Gutachten gefordert wird, sondern die abstrakte Beantwortung überwiegend unverbundener Einzelfragen. Eine Klausur ausschließlich aus Einzelfragen ist zwar selten, aber ein oder zwei solcher eher abstrakter Fragen finden oftmals als „Zusatzfragen" Eingang in die Klausur. Auf diese Weise kann die Dozentin punktuell weitere Rechtsausführungen abfragen, oder auch abstrakte (lehrbuchartige) Darstellungen abverlangen, die in einem Gutachten unzulässig wären.

---

[45] *Meßerschmidt*, Gesetzgebungslehre zwischen Wissenschaft und Politik – Entwicklungstendenzen der Legisprudenz, ZJS 2008, 111 (111), online verfügbar unter http://www.zjs-online.com/dat/artikel/2008_2_37.pdf (zuletzt abgerufen am 8.4.2011).

[46] Für ein Beispiel einer Gesetzesanalyse unter legistischen Vorzeichen s. *Brandner*, Parlamentarische Gesetzgebung in Krisensituationen – Zum Zustandekommen des Finanzmarktstabilisierungsgesetzes, NVwZ 2009, 211.

[47] Nur online verfügbar, Teil 1 unter http://www.zjs-online.com/dat/artikel/2008_2_37.pdf und Teil 2 unter http://www.zjs-online.com/dat/artikel/2008_3_56.pdf (beide Teile zuletzt abgerufen am 9.11.2011).

[48] Dazu Studien- und Prüfungsordnung 2008 der Fakultät vom 1.9.2008, S. 18: „Das Modul umfasst Lehrveranstaltungen zu Grundlagen der Rechtspolitik, also Prozessen der Rechtserzeugung und Rechtsgestaltung, zu sozialen, ökonomischen, politischen und kulturellen Aspekten der Rechtsetzung sowie zur Gesetzgebungslehre einschließlich der Gesetzgebungstechnik und Gesetzesfolgenabschätzung sowie zum nationalen und auch europäischen Rechtsetzungsrecht." Vgl. auch http://www.rewi.hu-berlin.de/sp/sp/sp2 (zuletzt abgerufen am 9.11.2011).

Zugleich wird Ihnen nunmehr fortgeschrittenen Fähigkeiten bei der Aufbereitung der Klausur einiges abverlangt. Insb. der Komplex des Betäubungsmittelrechts muss sorgfältig abgeschichtet werden. Allerdings ist der Umgang mit Normen, die man mehrmals lesen muss, um sie oder den Gesamtzusammenhang zu verstehen, frühzeitig zu schulen – ebenso wie ein relativ entspannter Umgang mit einem solchen Wust an Normtext. Falsch wäre die Erstellung des Gutachtens, solange man sich nicht sicher ist, was BtMG, BtMVO und BtMGÄndG eigentlich aussagen. Fatales Chaos ist sonst unausweichlich.

Hinweise zum Europarecht: I. Die Besetzung des Europäischen Vermittlungsausschusses[49] ist primärrechtlich in Art. 294 Abs. 10 (bzw. Art. 314 Abs. 5) AEUV geregelt: Er besteht „aus den Mitgliedern des Rates oder deren Vertretern und ebenso vielen das Europäische Parlament vertretenden Mitgliedern". Nähere Bestimmungen zur Delegation des Europäischen Parlaments finden sich in Art. 68 GO-EP[50], in dessen Abs. 2 es heißt: „Die politische Zusammensetzung der Delegation entspricht der Fraktionszusammensetzung des Parlaments. Die Konferenz der Präsidenten legt die genaue Zahl der Mitglieder aus jeder Fraktion fest." Nach welchem mathematischen Verfahren diese „Entsprechung" allerdings berechnet wird, ist in der GO-EP nicht geregelt.
II. Hinter Rechtsverordnungen nach Art. 80 GG steht die grundsätzliche Idee der organgerechten, kooperativen Form der Rechtserzeugung. Diese Idee findet sich auch auf Unionsebene, vor allem im Normtyp der Richtlinie nach Art. 288 Abs. 3 AEUV. Dabei handelt es sich um Rahmenvorgaben der EU, die die Mitgliedstaaten umsetzen müssen (dazu etwa *Oppermann/Classen/Nettesheim*, Europarecht, 5. Aufl. 2011, S. 124 ff.). Aber auch Ermächtigungen der EU-Exekutive zur Normsetzung kennt das Unionsrecht, insb. delegierte Rechtsakte (Art. 290 AEUV) und Durchführungsrechtsakte (Art. 291 Abs. 2 AEUV); vgl. zur Rechtsetzung durch die Kommission näher *Frenz*, Handbuch Europa-Recht, Bd. 6: Institutionen und Politiken, 2011, Rn. 1927 ff.

Obiter dictum: Dr. *Elisabeth Selbert* (1896-1986) war eine deutsche Juristin, Anwältin und (SPD-)Politikerin.[51] Einen großen Teil ihres Lebens hat sie dem Kampf für die (normative) Anerkennung der Gleichberechtigung von Mann und Frau gewidmet. Schon in ihrer Promotion über das Scheidungs(folgen)recht von 1930 forderte sie die Ersetzung des Verschuldensprinzips durch das Zerrüttungsprinzip. 1948/49 wurde sie in den Parlamentarischen Rat entsandt und wirkte dort also eine der (nur vier) „Mütter des Grundgesetzes".[52] Dort stritt sie vehement für die Gleichberechtigung der Geschlechter. Bis heute findet sich in Art. 3 II 1 GG ein Zeugnis ihres Wirkens – dort heißt es nämlich mit ihrer Formulierung: „Männer und Frauen sind gleichberechtigt."

---

[49] S. zum Europäischen Vermittlungsausschuss schon die Hinweise zum Europarecht in Klausur 8: Alles ist hin – basta!, S. 376.
[50] Online verfügbar unter http://www.europarl.europa.eu/sides/getLastRules.do?language=DE&reference=TOC (zuletzt abgerufen am 28.7.2011). Die Geschäftsordnungsautonomie ist in Art. 232 Abs. 1 AEUV statuiert.
[51] Die Angaben entstammen *Mundzeck*, Elisabeth Selbert, in: Deutscher Juristinnenbund e. V. (Hrsg.), Juristinnen in Deutschland – Die Zeit von 1900 bis 2003, 4. Aufl. 2003, S. 203 ff. Vgl. weiter das Kalenderblatt von Deutschland Radio Kultur vom 9.6.2011 (Textfassung online verfügbar unter http://www.dradio.de/dlf/sendungen/kalenderblatt/1477520/ [zuletzt abgerufen am 9.11.2011]).
[52] Die drei anderen waren *Frieda Nadig* (SPD), *Helene Wessel* (Zentrum) und *Helene Weber* (CDU).

Lösungsskizze

Frage 1

OS: § 12 III 2, 3 GO-BT mit GG vereinbar?

A. Verfassungsmäßiger Regelungsort
- Berechnungsverfahren für die Besetzung der BT-Bank des Vermittlungsausschusses Teil der Geschäftsordnungsautonomie des Bundestag (damit in der GO-BT zu regeln) oder „Zusammensetzung [...] dieses Ausschusses" i. S. v. Art. 77 II 2 GG (damit in der GO-VermA zu regeln)?
    o pro GO-VermA: weiter Begriff „Zusammensetzung" statt denkbarem engeren Begriff „Anzahl" umfasst auch Besetzung der BT-Bank
    o pro GO-VermA: teleologische Erwägung: Vermittlungsausschuss ist auf gegenseitiges Vertrauen von Bundestag und Bundesrat angewiesen, damit sollte die Besetzung beider Bänke durch gemeinsame Entscheidung (vgl. Zustimmungsbedürftigkeit der GO-VermA gem. Art. 77 II 2 GG) erfolgen
    o pro GO-VermA: systematischer Vergleich mit Art. 53a I GG: dort werden Detailvorgaben gemacht, die (angesichts des Schweigens in Art. 77 II GG) entsprechend in GO-VermA zu normieren sind
    o contra GO-VermA: sprachlich bleibt für das Mehr von „Zusammensetzung" gegenüber „Anzahl" noch genügend Bereiche, die durch die GO-VermA zu regeln sind, wie etwa die Bestimmung des Verhältnisses von Bundestags- zu Bundesratsvertretern
    o contra GO-VermA: Vertrauen des Vermittlungsausschusses hinreichend begründet, wenn Zahl der Mitglieder und Verhältnis der Vertretergruppen konsensual begründet sind
    o pro GO-BT: im Vermittlungsausschuss stehen sich der Bundestag und der Bundesrat gegenüber, folglich sollen deren Strukturen fortwirken dürfen, die jeweilige Besetzung daher intern aufgrund der jeweiligen Geschäftsordnungsautonomie (Art. 40 I 2 GG bzw. Art. 52 III 2 GG) erfolgen
- → überzeugend, Besetzung der Bundestagsbank in GO-BT regeln zu dürfen

B. Verfassungsmäßigkeit des Berechnungsverfahren nach § 12 III 2, 3 GO-BT
- Verfassungsvorgaben zur Besetzung der BT-Bank des VermA von Art. 40 I 2 GG (Geschäftsordnungsautonomie) gedeckt?
- Verfassungsvorgaben für Ausschussbesetzung im Allgemeinen und Vermittlungsausschuss im Besonderen zu suchen
    I. Verfassungsvorgaben für die Besetzung von Bundestagsausschüssen
        - keine ausdrücklichen Vorgaben, vielleicht aber abzuleiten
        1. Grundsatz der Spiegelbildlichkeit
            - Grds.: Freiheit und Gleichheit des Abgeordnetenmandats (Art. 38 I 1 GG), inkl. Recht auf Zusammenschluss in Fraktionen
            - Folge: auch Fraktionen sind so gleich und entsprechend ihrer Stärke zu behandeln wie Abgeordnete untereinander
            - damit muss jeder Bundestagsausschuss als verkleinertes Abbild die Zusammensetzung des Plenums widerspiegeln: aus Repräsentationsprinzip (Art. 38 I 2 GG) folgt Grds. der Spiegelbildlichkeit
        2. Mehrheitsprinzip
            - Demokratieprinzip → Mehrheitsprinzip, vgl. Art. 42 II 1 GG
            - für die Ausschussbesetzung aber eingeschränkt (keine reine Mehrheitsbesetzung), aber auch keine Nivellierung geboten (Mehrheit abbildendes Berechnungsverfahren bspw. zulässig)
    II. Verfassungsmäßigkeit des § 12 III 2, 3 GO-BT am Maßstab der verfassungsrechtlichen Besetzungsvorgaben
        - Anwendung der Grdse. auf Besetzung der Bundestagsbank des Vermittlungsausschusses, damit: Verfassungsmäßigkeit des § 12 III 2, 3 GO-BT

1. Verfassungsvorgaben für die Besetzung der Bundestagsbank des Vermittlungsausschusses
   - Bundestagsbank ist Abbild des Plenums → proportionenverzerrendes Korrekturverfahren könnte verfassungswidrig sein
   - Vermittlungsausschuss könnte neues Gesamtorgan sein, das von den Entsendeorganen und deren Mehrheit losgelöst ist; aber: Erfordernis, etwaigen Kompromiss vor dem Entsendeorgan zu verteidigen, wirkt vor: Situation der Bundestagsverhältnisse zu berücksichtigen
   - Gleichheit des Abgeordneten steht dann in Spannung zum Prinzip stabiler parlamentarischer Mehrheitsbildung; Sicherung der Funktionsfähigkeit des Parlaments könnte besonderer Grund für Differenzierung der Gleichheit der Abgeordneten/Fraktionen sein; schonender Ausgleich zu suchen
2. Verfahren nach § 12 III 2, 3 GO-BT
   - § 12 III 2, 3 GO-BT führt zu signifikanter Verzerrung der Repräsentation des Plenums auf der Bundestagsbank
   - mildere Möglichkeiten?
     o anderes Berechnungsverfahren? bildet Mehrheit aber auch nicht ab: (-)
     o Erhöhung der Sitzzahl im Vermittlungsausschuss? gefährdet Funktionsfähigkeit des Vermittlungsausschusses und kann wegen Art. 77 II 2 GG nicht vom Bundestag allein beschlossen werden: kein schonenderer Ausgleich
   - besonderer Grund als Rechtfertigung = Tragen des Vermittlungsausschuss-Kompromisses durch BT-Mehrheit?
     o contra: auch Vermittlungsausschuss-Kompromiss, der gegen BT-Plenarmehrheit gefasst wurde, wird nicht notwendig abgelehnt
     o pro: nicht plausibel, warum gerade bei diesem Ausschuss Mehrheit keine (politische) Bedeutung haben sollte
     o pro: Unterschied zu anderen Ausschüssen: Plenum hat schon Entscheidung getroffen; in der Darstellung dieser Entscheidung im Vermittlungsausschuss wirken Struktur und Ergebnis der Beschlussfassung fort
     o pro: demokratische Legitimation vermittelt sich über Mehrheits-, nicht Minderheitsentscheidungen
   → nicht erkennbar, dass Mehrheitsprinzip in einem nicht anders auflösbaren Spannungsfall zurücktreten *muss*

C. Ergebnis
- § 12 III 2, 3 GO-BT verfassungsgemäß

Frage 2

OS: VGÄndG nur Zustimmungsgesetz, wenn GG dies anordnet

A. Zustimmungsbedürftigkeit nach dem isolierten Regelungsgehalt der §§ 1, 2, 3 VGÄndG

   I. § 1 VGÄndG (Regelung von Dioxinhöchstbelastungen)
      - für Regelung von Dioxinhöchstbelastungen sieht das GG keine Bundesratszustimmung vor
   II. § 2 VGÄndG (Verwaltungsverfahren) als erneuter Einbruch in die Länderkompetenz
      - § 2 VGÄndG = Verwaltungsverfahren i. S. v. Art. 84 I 1 GG („Wie" des Verwaltungshandelns), da VG gem. Art. 83 GG durch Landeseigenverwaltung ausgeführt wird; Bund dazu befugt gem. Art. 84 I 2 GG
      - zustimmungsbedürftig gem. Art. 84 I 6 GG wegen abweichungsfester Bundesregelung (zu der der Bund gem. Art. 84 I 5 GG befugt ist)?
        o aber: 2 VGÄndG ersetzt den im Wesentlichen identischen § 2 VG a. F., im Kern also bloße Wiederholung
        o Sinn des Art. 84 I 6 GG: „Systemverschiebungen" im föderalistischen Gefüge nur mit Zustimmung des Bundesrates

- o „Einbruch" in die Länderzuständigkeit durch § 2 VG a. F. durch Bundesratszustimmung zum VG a. F. „genehmigt"
- o bloße Wiederholung keine erneute „Systemverschiebung", kein neuer „Einbruch"
- → § 2 VGÄndG nicht wegen Art. 84 I 6 GG zustimmungsbedürftig

III. § 3 VGÄndG (Verwaltungsverfahren)
- § 3 VGÄndG = Verwaltungsverfahren, aber nicht abweichungsfest, daher schon keine Zustimmungsbedürftigkeit denkbar

IV. Zwischenergebnis
- für sich genommen ist keine Norm des VGÄndG zustimmungsbedürftig

B. Zustimmungsbedürftigkeit des VGÄndG aufgrund der Änderung des zustimmungsbedürftigen VG a. F.
- Auswirkung der Zustimmungsbedürftig des VG a. F. auf VGÄndG?
- eA (Trennungstheorie): zustimmungsbedürftig ist *immer* nur Einzelnorm → § 1, § 2, § 3 VGÄndG jeweils (-) → Einspruchsgesetz
- aA$_1$ (Einheitstheorie$_1$/Mitverantwortungstheorie): ursprüngliches Gesetz und Änderungsgesetz bilden Einheit, *jede* Änderung eines ursprünglich zustimmungsbedürftigen Gesetzes begründet damit Zustimmungsbedürftigkeit auch des Änderungsgesetzes → VGÄndG = Zustimmungsgesetz
- aA$_2$ (Einheitstheorie$_2$): Änderungsgesetz ist eigene Einheit, damit nur zustimmungsbedürftig, wenn es selbst mindestens eine zustimmungsbedürftige Norm enthält → VGÄndG = Einspruchsgesetz
- aA$_3$ (Einheitstheorie$_3$): Änderungsgesetz ist eigene Einheit, damit nur zustimmungsbedürftig, wenn es selbst mindestens eine zustimmungsbedürftige Norm enthält (Einheitstheorie$_2$), es sei denn, die Änderung gibt dem Gesetz als Ganzem eine wesentlich andere Bedeutung und Tragweite → VGÄndG gibt VG keine wesentlich andere Bedeutung und Tragweite → VGÄndG = Einspruchsgesetz
- → unterschiedliche Ergebnisse: Zustimmungsgesetz nach aA$_1$, Einspruchsgesetz nach allen anderen Auffassungen, *insoweit* Streitentscheidung nötig
- pro aA$_1$: Änderungsgesetz ergibt isoliert keinen Sinn, vielmehr bilden ursprüngliches und Änderungsgesetz eine Sinneinheit, damit erstreckt sich die Zustimmungsbedürftigkeit des ursprünglichen Gesetzes auf das Änderungsgesetz
- pro aA$_1$: föderale Kompetenzverteilung unterlaufen, wenn Zustimmungsgesetz durch Einspruchsgesetz geändert werden könnte, dessen Inhalt keine Zustimmung erhalten hätte
- pro aA$_1$: Kompromiss zwischen Bundestag und Bundesrat, den das ursprüngliche Gesetz darstellt, würde unterlaufen
- contra aA$_1$: Zweck von Art. 84 I 6 GG = Mitwirkung der Länder, wenn Einbruch in ihre Kompetenzen → kein Zustimmungserfordernis, wenn kein neuer Einbruch
- contra aA$_1$: Aufteilung von Gesetzen in zustimmungsbedürftige und zustimmungsfreie Teile anerkannt (Splitting von Gesetzen); hätte Gesetzgeber das ursprüngliche Gesetz gesplittet und würde später der zustimmungsfreie Teil geändert, würde auch nach aA$_1$ keine Zustimmungsbedürftigkeit bestehen; dann kann nichts anderes gelten, nur weil sich ursprünglicher Gesetzgeber gegen Splitting entschieden hat, aber der ändernde Gesetzgeber gleichsam ein Splitting betreibt
- contra aA$_1$: einfacher Gesetzgeber könnte sonst nach GG zustimmungsfreie Materie dauerhaft in den Rang einer zustimmungsbedürftigen Materie überführen, was gegen GG und auch gegen demokratischen Diskontinuitätsgrundsatz (vgl. Art. 39 I 1 GG) spricht
- → Mitverantwortung ist *Folge*, kein *Tatbestand*, aA$_1$ ist damit abzulehnen
- → i. Ü. kann Streit dahinstehen, alle anderen Auffassungen qualifizieren das VGÄndG als Einspruchsgesetz

C. Ergebnis
VGÄndG nicht zustimmungsbedürftig

Frage 3

OS: Begriff „gesundheitsschädliche Dioxinbelastungen" (§ 1 VGÄndG) mit Demokratie- und Rechtsstaatsprinzip vereinbar? P: Vorbehalt des Gesetzes

A. Vorbehalt des Gesetzes
- Vorbehalt des Gesetzes aus Rechtsstaats- und Demokratieprinzip, vgl. Art. 20 I, II, III GG
- Def: Gesetzgeber muss in grundlegenden normativen Bereichen, zumal im Bereich der Grundrechtsausübung, soweit diese staatlicher Regelung zugänglich sind, alle wesentlichen Entscheidungen selbst treffen → Forderung nach formellem Gesetz (Ob der Regelung), die die wesentlichen Entscheidungen hinreichend bestimmt selbst trifft (Wie des Gesetzes)

  I. Schutz vor Lebensmittelvergiftung als grundlegender normativer Bereich
   - Verbot von dioxinbelasteten Tierprodukten berührt Berufsfreiheit der Produzenten (Art. 12 I GG), schützt aber körperliche Integrität der Konsumenten (vgl. Art. 2 II 1 GG)
   → Dioxinbelastungsgrenzen = grundrechtssensibler Bereich, in dem Gesetzgeber die wesentlichen Entscheidungen selbst treffen muss

  II. Regelung durch formelles Gesetz
   - Vorbehalt des Gesetzes fordert parlamentarische Entscheidung durch formelles Gesetz
   → Regelung durch formelles Gesetz (+)

  III. Hinreichende Bestimmtheit des § 1 VGÄndG
   - alle wesentlichen Entscheidungen in § 1 VGÄndG getroffen?
   1. Verfassungsrechtliche Anforderungen
      - hinreichende Regelungsdichte verlangt
      → Bestimmtheitsgebot, wobei Bestimmbarkeit durch Auslegung genügt
      → keine exakt fassbaren Merkmale nötig, unbestimmte Rechtsbegriffe grds. verfassungsmäßig
   2. Hinreichende Bestimmbarkeit des Verbots von „gesundheitsschädlichen Dioxinbelastungen"
      - contra: zentrale Frage des Dioxin-Lebensmittelschutzes; genauere Bestimmung wäre möglich (vgl. § 1 VG a. F.)
      - contra: widerstreitende wissenschaftliche Einschätzung muss Gesetzgeber abwägen und Entscheidung herbeiführen, gerade weil Gefahr für Bevölkerung besteht
      - pro: Verwaltung kann flexibler als Gesetzgeber auf neue Entwicklungen reagieren
      - pro: Verwaltung kann weitere sachangemessene Konkretisierung verwenden (bspw. unterschiedliche Werte bei Säuglings- und Erwachsenennahrung)
      - pro: Nutzung der Fachkenntnisse der Behörden (Leitbild der Gewaltenteilung anhand einer funktionsgerechten Organstruktur)
      - pro: unterschiedliche Landesregelungen können durch Verwaltungsvorschriften nach Art. 84 II GG und gegenseitiges Lernen angeglichen werden
      → wesentliche Entscheidung allein, dass es überhaupt Grenzwerte gibt; Konkretisierung von „gesundheitsschädlicher Dioxinbelastung" kann der Gesetzgeber Behörden und Gerichten überlassen

B. Ergebnis
- unbestimmter Rechtsbegriff des § 1 VGÄndG mit Demokratie- und Rechtsstaatsprinzip vereinbar

Frage 4

OS: § 3 VGÄndG als *rückwirkendes* Gesetz mit Rechtsstaatsprinzip vereinbar?

A. § 3 VGÄndG als Verstoß gegen das absolute Rückwirkungsverbot des Art. 103 II GG
- absolutes Rückwirkungsverbot für Bestrafungen nach Art. 103 II GG

- Def: alle staatlichen Maßnahmen, die missbilligende hoheitliche Reaktion auf rechtswidriges, schuldhaftes Verhalten darstellen und wegen dieses Verhaltens ein Übel verhängen, das dem Schuldausgleich dient
- Subs: nicht repressiver Schuldausgleich bezweckt, sondern sachbezogene besondere Präventionsmaßnahme zur Sicherung des Gesetzeszwecks
→ kein Straftatbestand, Art. 103 II GG damit nicht eröffnet

B. § 3 VGÄndG als Verstoß gegen allgemeine rechtsstaatliche Rückwirkungsvorgaben

I. Verfassungsrechtliche Grundlagen der Typenbildung von echter und unechter Rückwirkung
- Rechtsstaatsprinzip (vgl. nur Art. 20 III, Art. 28 I 1 GG) → Teilelement Rechtssicherheit, damit insb. Vertrauensschutz
- Rückwirkung damit aber nicht schlechthin unvereinbar, aber Bewertung hinsichtlich zweier Typen zu unterscheiden:
    o echte Rückwirkung: wenn Gesetz nachträglich ändernd in abgewickelte, der Vergangenheit angehörende Tatbestände eingreift oder wenn der Beginn seiner zeitlichen Anwendung auf einen Zeitpunkt festgelegt ist, der vor dem Zeitpunkt liegt, zu dem die Norm durch ihre Verkündung rechtlich existent, das heißt gültig geworden ist
    o unechte Rückwirkung: wenn Norm auf gegenwärtige, noch nicht abgeschlossene Sachverhalte und Rechtsbeziehungen für die Zukunft einwirkt und damit zugleich die betroffene Rechtsposition nachträglich entwertet oder wenn die Rechtsfolgen einer Norm zwar erst nach ihrer Verkündung eintreten, deren Tatbestand aber Sachverhalte erfasst, die bereits vor der Verkündung „ins Werk gesetzt" wurden

II. Qualifikation des § 3 VGÄndG
- Lebenssachverhalt „Produktion von belasteten Tierprodukten" ist in der Vergangenheit abgeschlossen und abgewickelt worden, das Gesetz knüpft nicht an ein Fortwirken der Handlung an
→ § 2 VGÄndG = echte Rückwirkung bzw. Rückbewirkung von Rechtsfolgen

III. Verfassungsmäßigkeit der echten Rückwirkung des § 3 VGÄndG
- Grds.: verfassungswidrig wegen des Vertrauens, das Rechtsunterworfener darauf haben darf, dass mit abgeschlossenen Tatbeständen verknüpfte gesetzliche Rechtsfolgen anerkannt bleiben; Vertrauen aber nur schutzwürdig, wenn der Betroffene billigerweise auf diesen Schutz vertrauen darf; Ausnahme von Vertrauen, wenn nicht anzuerkennen, zwingende Gründe des Gemeinwohls dem Vertrauensschutz vorgehen oder nur Bagatellschaden entsteht
- Subs:
    o Vertrauen entfällt nicht deshalb, weil mit Regelung wie § 3 VGÄndG zu rechnen war oder zuvor unklare Rechtslage bestand
    o Rechtfertigung aus zwingenden Gründen des Gemeinwohls? Zweck von § 2 VGÄndG: Schutz der Gesundheit der Bevölkerung durch Schutz vor belastetem Fleisch
        ▪ körperliche Integrität/Leben der Konsumenten = elementarer Wert des Gemeinwohls (vgl. Art. 2 II 1 GG)
        ▪ kein anerkennenswerter Schutz, keinen Kontrollduldungspflichten unterworfen zu werden
    → zwingender Grund des Gemeinwohls, der ausnahmsweise echte Rückwirkung rechtfertigt
    o weitere Rechtfertigung durch Bagatellvorbehalt: bewirkt Rückwirkung nur ganz unerheblichen Schaden? unklar, welche Disposition Tierproduzenten überhaupt getroffen hätten, hätten sie von § 3 VGÄndG gewusst, aber jdf. nur ganz unerheblicher Schaden
    → Bagatellvorbehalt, der ausnahmsweise echte Rückwirkung rechtfertigt

C. Ergebnis
- § 3 VGÄndG mit den rechtsstaatlichen Grundsätzen des Vertrauensschutzes vereinbar

Frage 5

OS: entspricht § 2 S. 2 SÄndG als Rechtsgrundlage Art. 80 I 1, 2 GG?

A. Formelle Verfassungsmäßigkeit der Ermächtigung
  - Ermächtigung durch formell verfassungsmäßiges Parlamentsgesetz (Gesetz im formellen Sinn)?
  - § 2 S. 2 SÄndG = SÄndG = Gesetz im formellen Sinn
  - Bundeskompetenz: Art. 74 I Nr. 22 (+), Art. 72 II (+); keine Bedenken hinsichtlich Gesetzgebungsverfahren
  → Ermächtigung = formell verfassungsmäßiges Parlamentsgesetz

B. Materielle Verfassungsmäßigkeit der Ermächtigung
  I. Ermächtigung eines Hauptdelegatars
    - Bundesregierung = Hauptdelegatar nach Art. 80 I 1 GG
  II. Vorgaben aufgrund des Vorbehalts des Gesetzes
    - Bund zur Regelung der Höchstgeschwindigkeiten kompetent gem. Art. 74 I Nr. 22 i. V. m. 72 II GG, aber zur Delegation nur, wenn dies mit Vorbehalt des Gesetzes vereinbar ist; dabei wird Bestimmtheitsgrundsatz durch Art. 80 I 2 GG spezifiziert
    - grundlegender normativer Bereich? zwar nur allgemeine Handlungsfreiheit nach Art. 2 I GG betroffen, aber große Zahl an Grundrechtsberechtigten; allerdings kein besonders sensibler Bereich, Ermächtigung in weitem Rahmen damit möglich
  III. Gesetzgeberische Entscheidung über die wesentlichen normativen Fragen
    - nicht erkennbar, dass über die Entscheidung über die Geschwindigkeitsbegrenzung überhaupt weitere Regelungen zum Kern gehören, für den gesetzgeberische Entscheidung verlangt wird
    → Vorbehalt des Gesetzes insoweit genügt
  IV. Hinreichende gesetzliche Bestimmtheit
    - besondere Bestimmtheitsvorgaben des Art. 80 I 2 GG zu beachten
    - genereller Ausschluss von unbestimmten Rechtsbegriffen (§ 1 SÄndG: „Gemeinwohl") in Ermächtigung nach Art. 80 I 1 GG? nicht, wenn durch Auslegung bestimmbar
    1. Inhalt der Ermächtigung i. S. v. Art. 80 I 2 GG
      - Def: Gesetzgeber muss in Ermächtigung selbst entscheiden, welche Fragen durch Rechtsverordnung geregelt werden sollen, damit aus Gesetz erkennbar ist, welches Programm erreicht werden soll; aus Ermächtigung muss erkennbar und voraussehbar sein, was vom Bürger gefordert werden kann, mit welcher Tendenz von der Ermächtigung Gebrauch gemacht werden kann
      - Subs: § 2 S. 2 SÄndG: Programm erkennbar: Regelung der Höchstgeschwindigkeiten; P: Gemeinwohlkonkretisierung? aber: § 1 SÄndG als Auslegung des Gemeinwohls heranzuziehen
      → Inhalt hinreichend bestimmt
    2. Zweck der Ermächtigung i. S. v. Art. 80 I 2 GG
      - Zweck: hoher Sicherheitsstandard (vgl. § 1 SÄndG)
    3. Ausmaß der Ermächtigung i. S. v. Art. 80 I 2 GG
      - Grenzbestimmungen: etwa, wenn sicherheitsgefährdende Geschwindigkeitsregelungen
  V. Zwischenergebnis
    - § 2 S. 2 SÄndG bestimmt Inhalt, Zweck und Ausmaß in einer Art. 80 I 2 GG genügenden Weise; Norm genügt insgesamt Vorbehalt des Gesetzes in der Ausprägung des Art. 80 I 2 GG

C. Ergebnis
  - § 2 S. 2 SÄndG ermächtigt Bundesregierung verfassungsgemäß zum Erlass einer Höchstgeschwindigkeits-Rechtsverordnung

Frage 6

OS: muss Rechtsverordnung zwei Ermächtigungen zitieren (Art. 80 I 3 GG), wenn sie beide umsetzen soll?
→ systematisch-teleologische Auslegung
- Def: Zweck des Zitiergebots: Trias Selbstvergewisserung der Exekutive, Ermöglichung der Rechtskontrolle, Transparenz für den Bürger
→ will VO-Geber zwei Ermächtigungen umsetzen, muss er beide vollständig zitieren, um Rechtsetzungsbefugnis vollständig nachzuweisen
→ Verstoß = Mangel an unerlässlichem Element des demokratischen Rechtsstaats, damit Nichtigkeit der Rechtsverordnung

Frage 7

OS: Gesetzgeber berechtigt, eine Rechtsverordnung zu ändern, wie es in Art. 2 § 1 BtMÄndG geschieht?

A. Regelungskompetenz
- Bund grds. kompetent nach Art. 74 I Nr. 19 i. V. m. 72 I GG
- Erteilung der Ermächtigung an Bundesregierung nach § 2 BtMG wirkt kompetenziell nur zuweisend, nicht auch abschiebend
→ Bund noch zur Definition verkehrs-, aber nicht verschreibungsfähiger Betäubungsmittel durch Gesetz kompetent

B. Rechtssatzform des Art. 2 § 1 BtMÄndG
- Art. 2 § 1 BtMÄndG = Gesetz im formellen Sinn oder Rechtsverordnung?
  o pro Rechtsverordnung: Änderung einer Rechtsverordnung; wenn Exekutive Rechtsverordnung erlassen darf, dann Legislative erst recht
  o contra Rechtsverordnung: klarer Wortsinn des Art. 80 I 1 GG: Delegatare abschließend bestimmte Organe der Exekutive; grundgesetzliche Rechtssatzverteilung, keine Parlamentssuprematie
→ keine freie Formenwahl, Gesetzgeber kann nur in Form eines einfachen Gesetzes handeln

C. Verfassungsrechtliche Anforderungen an das verordnungsändernde Gesetz des Art. 2 § 1 BtMÄndG

    I. Verfassungsrechtliche Anforderungen
        1. Verfassungswidrigkeit von verordnungsändernden Gesetzen
           – verordnungsänderndes Gesetz stets verfassungswidrig?
                o pro: klare Trennung zwischen formellen Gesetzen und Rechtsverordnungen (etwa hinsichtlich des Verfahrens, Art. 76 ff. GG vs. Art. 80 GG)
                o contra: Gesetzgeber demokratisch legitimiert, Änderungsvorgaben umfassend umzusetzen → könnte er mit Gesetzesänderung nicht zugleich Rechtsverordnung ändern, müsste er warten, bis Verordnungsgeber die Rechtsverordnung anpasst oder den Bereich selbst regeln und damit den Bereich dem Verordnungsgeber entziehen
           → verordnungsänderndes Gesetz demokratisch und rechtsstaatlich anzuerkennen
        2. Verfassungsvorgaben an ein verordnungsänderndes Gesetz
           – verordnungsänderndes Gesetz muss Rechtsstaatsprinzip der Rechtssicherheit genügen → Verwischung der unterschiedlichen Rechtssatzformen Gesetz und Rechtsverordnung wäre damit unvereinbar: Normenklarheit umfasst auch Gebot der Normenwahrheit, d. h. unter der Rechtssatzüberschrift „Rechtsverordnung" dürfen nur Normen im Rang einer Rechtsverordnung erscheinen, anderenfalls wäre Rechtsmittelklarheit verletzt (unterschiedliche Verwerfungskompetenzen zwischen Gesetz und Rechtsverordnung), was mit Formenstrenge der Rechtsetzung unvereinbar wäre
           → Normengebilde muss einheitlicher Normenrang zugewiesen werden können
           → nur möglich, wenn verordnungsänderndes Gesetz drei Voraussetzungen erfüllt

　　　　　o Änderung muss im Rahmen einer Änderung des ganzen Sachbereichs erfolgen, nicht nur isolierte Änderung einer Rechtsverordnung
　　　　　o Verfahren richtet sich nach Art. 76 ff. GG
　　　　　o Gesetzgeber ist sachlich bei der Änderung an die Ermächtigung (Art. 80 I 1, 2 GG) gebunden
　　II. Verfassungsmäßigkeit des Art. 2 § 1 BtMÄndG
　　　− Gesetzgeber hat mit BtMGÄndG das Betäubungsmittelrecht in mehrfacher Hinsicht und nicht etwa nur die Anlage I der BtMVO geregelt: 1. Voraussetzung (+)
　　　− Art. 2 § 1 BtMÄndG in Gesetzgebungsverfahren erlassen: 2. Voraussetzung (+)
　　　− Art. 2 § 1 BtMÄndG hält sich an Umfang der Ermächtigung des BtMG: 3. Voraussetzung (+)

D. Ergebnis
− Art. 2 § 1 BtMÄndG verfassungsgemäß

Frage 8

OS: fraglich, ob Bundesregierung BtMVO vollumfänglich ändern darf: Bedenken wegen Nr. 23 BtMVO, die durch Art. 2 § 1 BtMÄndG (also formelles Gesetz) eingefügt worden ist

A. Einheitlicher Verordnungsrang der BtMVO
− Art. 2 § 1 BtMÄndG nur verfassungsgemäß, wenn entstehendes Normgebilde insgesamt als im Rang einer Rechtsverordnung stehend qualifiziert werden kann (vgl. Frage 7)
− folglich entsteht durch Einfügung von Nr. 23 BtMVO kein zum formellen Gesetz „versteinerter" Teil
→ Bundesregierung kann auch die im Rang einer Rechtsverordnung stehende Nr. 23 BtMVO ändern

B. Bedeutung der „Entsteinerungsklausel" des Art. 2 § 2 BtMÄndG
− da einheitlicher Verordnungsrang schon aus den Verfassungsvoraussetzungen für verordnungsändernde Gesetze folgt, kommt „Entsteinerungsklausel" in Art. 2 § 2 BtMÄndG keine konstitutive, sondern nur deklaratorische Bedeutung zu

Frage 9

OS: fraglich ist, ob Bundesregierung Anlage I des BtMG (Rang eines formellen Gesetzes) durch Rechtsverordnung ändern darf; entscheidend dafür, welcher Rang einer solchen Rechtsverordnung zukommt

A. § 1 S. 2 BtMG als Ermächtigung zum Erlass einer Rechtsverordnung im Rang eines formellen Gesetzes
− § 1 S. 2 BtMG könnte zum Erlass einer Rechtsverordnung im Rang eines formellen Gesetzes ermächtigen
− contra:
　　o könnte gegen Art. 129 III GG verstoßen, der Rechtsverordnungen im Rang eines formellen Gesetzes für erloschen erklärt; str. aber, ob das nur für vorkonstitutionelle oder alle derartigen Ermächtigungen gilt
　　o da GG in einzelnen GG-Artikel Rechtsverordnungen im Rang eines formellen Gesetzes anerkennt (Art. 115k I 1, 119 S. 1, 127, 132 IV GG), und diese als abschließende Ausnahme zu qualifizieren sind, sind jedenfalls aus diesen Erwägungen Rechtsverordnung im Rang eines formellen Gesetzes verfassungswidrig
→ § 1 S. 2 BtMG als Ermächtigung zum Erlass einer Rechtsverordnung im Rang eines formellen Gesetzes wäre verfassungswidrig; allerdings nicht ersichtlich, dass Gesetzgeber gerade diese Konstruktion gewählt hat

B. § 1 S. 2 BtMG als Ermächtigung zur Geltungs- oder Anwendungsaufhebung des Gesetzes i. V. m. der Ermächtigung zum Erlass einer Rechtsverordnung
- § 1 S. 2 BtMG könnte gesetzgeberische Anordnung der Rücknahme von Geltung oder Anwendung der Anlage I des BtMG sein (Vorbehalt einer gesetzesändernden Rechtsverordnung)
- fraglich, ob diese Konstruktion mit dem Demokratie- und Rechtsstaatsprinzip vereinbar ist
    I. Wahrung des Vorrangs des Gesetzes
        - keine Bedenken, da Vorrang aufgrund der gesetzgeberischen Geltungs-/Anwendungsrücknahme
    II. Wahrung des Vorbehalts des Gesetzes
        1. Verordnungsvorbehalt für wesentliche Entscheidungen
            - Vorbehalt des Gesetzes für wesentliche Entscheidungen darf nicht dadurch unterlaufen werden, dass Gesetzgeber zwar die wesentlichen Entscheidungen trifft, ihre Geltung/Anwendung dann aber in die Hände der Verordnungsgeberin legt
            - § 1 S. 2 BtMG: Ermächtigung zur Änderung nicht verkehrsfähiger Stoffe; Entscheidung des Gesetzgebers: Einführung einer solchen Kategorie überhaupt; zudem Änderung an bestimmte Voraussetzungen gebunden → wesentliche Entscheidung durch Gesetzgeber getroffen, Verordnungsgeberin wird also nicht zur Änderung wesentlicher Entscheidungen ermächtigt
        2. Verordnungsvorbehalt für nichtwesentliche Entscheidungen
            - Gesetzgeber trifft Regelung über Anwendungsbereich und Inhalt einer gesetzlichen Norm
            - damit kann er ihre Geltung/Anwendung auch dadurch beschränken, dass er ihr Subsidiarität gegenüber Rechtsverordnung beimisst
            - damit keine Bedenken hinsichtlich § 1 S. 2 BtMG mit Blick auf den Vorbehalt des Gesetzes
    III. Vorgaben der Formenstrenge der Rechtssetzung und der Rechtsmittelklarheit
        - rechtsstaatliches Gebot der Rechtssicherheit verlangt einheitlichen Rang aller Normen einer regelungstechnischen Einheit; anderenfalls Unklarheit über insb. Verwerfungskompetenzen (s. Frage 7 C. II. 2.)
        - wird Gesetz durch Rechtsverordnung geändert, bleiben diese Normen aus den Gründen unter A. notwendig im Verordnungsrang
        → einheitlicher Normenrang des entstehenden Mischgebildes (-)
        → Formenstrenge und Rechtsmittelklarheit verletzt

C. Ergebnis
- § 1 S. 2 BtMG verfassungswidrig

Lösungsvorschlag

Frage 1

Zu prüfen ist die Vereinbarkeit des § 12 III 2, 3 GO-BT mit dem GG.

A. Verfassungsmäßiger Regelungsort

Fraglich ist, ob der Bundestag kraft seiner **Geschäftsordnungsautonomie** nach Art. 40 I 2 GG die Berechnung der Sitze, die ihm gem. § 1 GO-VermA im Vermittlungsausschuss zustehen, verfassungsmäßig in der GO-BT normieren kann, oder ob dies gem. Art. 77 II 2 GG in der GO-VermA erfolgen muss. Es könnte sich bei den Berechnungsvorgaben nämlich um eine Regel der „Zusammensetzung [...] dieses Ausschusses" i. S. d. Art. 77 II 2 GG handeln, die folglich in der GO-VermA zu bestimmen wäre.[53]

Für eine solche Auslegung kann der Wortsinn des Art. 77 II 2 GG angeführt werden, der den weiten Begriff „Zusammensetzung" statt eines engeren Begriffs wie „Anzahl" verwendet.[54] Diese Auffassung könnte man weiter auf teleologische Erwägungen stützen, wonach der Vermittlungsausschuss auf gegenseitiges Vertrauen von Bundestag und Bundesrat angewiesen ist, das nur aus einer gemeinsamen (vgl. Art. 77 II 2 GG) Beschlussfassung über die Besetzung herrühren könnte.[55] Zuletzt könnte für diese Rechtsansicht auch ein systematischer Vergleich des Art. 77 II 2 GG mit Art. 53a I GG sprechen. Art. 53a I 1-3 GG macht grundgesetzliche Detailvorgaben für den Gemeinsamen Ausschuss, so dass für die GO-GemA nach Art. 53a I 4 GG ein entsprechend verringerter Autonomiebereich verbleibt. Aus einer Ähnlichkeit des Gemeinsamen Ausschusses mit dem Vermittlungsausschuss könnte man schließen, dass die in Art. 53a I 1-3 GG geregelten Detailvorgaben ebenfalls zu den Organisationsgrundlagen des Vermittlungsausschusses gehören, mangels Regelung in Art. 77 II GG aber dann (anders als in Art. 53a I GG) in der GO-VermA zu bestimmen sind.[56]

Gegen diese Auffassung spricht jedoch, dass „Zusammensetzung" sprachlich den Gesichtspunkt „Besetzung der jeweiligen Bank" nicht notwendig umfassen muss. Ein sprachlich sinnvoller Anwendungsbereich der „Zusammensetzung" bleibt dann etwa für Fragen des Verhältnisses von Vertretern des Bundestages zu

---

[53] So die MM von *Burghart*, Die Zusammensetzung des Vermittlungsausschusses als Gegenstand einer Regelung der Geschäftsordnung (Art. 77 Abs. 2 S. 2 GG), DÖV 2005, 815. Der Status als MM rührt allerdings daher, dass bisher allein *Burghart* diesen Gesichtspunkt überhaupt problematisiert hat.
[54] *Burghart*, Die Zusammensetzung des Vermittlungsausschusses als Gegenstand einer Regelung der Geschäftsordnung (Art. 77 Abs. 2 S. 2 GG), DÖV 2005, 815 (816).
[55] *Burghart*, Die Zusammensetzung des Vermittlungsausschusses als Gegenstand einer Regelung der Geschäftsordnung (Art. 77 Abs. 2 S. 2 GG), DÖV 2005, 815 (817).
[56] *Burghart*, Die Zusammensetzung des Vermittlungsausschusses als Gegenstand einer Regelung der Geschäftsordnung (Art. 77 Abs. 2 S. 2 GG), DÖV 2005, 815 (816 f.).

Vertretern des Bundesrates,[57] Vorsitz- und Vertretungsregelungen u. a. m. Der Wortsinn zwingt also nicht dazu, dass die Besetzung der jeweiligen Bänke des Vermittlungsausschusses in der GO-VermA erfolgt, um einen sinnvollen Anwendungsbereich für den Begriff „Zusammensetzung" zu erhalten.

Dem teleologischen Argument ist entgegenzuhalten, dass sich ein genügendes Vertrauen von Bundestag und Bundesrat zueinander auf die konsensuale Bestimmung der Zahl der Ausschussmitglieder und das Verhältnis der beiden Bänke zueinander gründen kann.

Gewichtiger noch spricht eine systematisch-teleologische Auslegung dafür, die (interne) Besetzung der beiden Bänke den Entsendeorganen selbst zu überlassen: Im Vermittlungsausschuss stehen sich *der* Bundesrat und *der* Bundestag gegenüber.[58] Dies entspricht der Rolle des Vermittlungsausschusses im Gesetzgebungsverfahren, an dem Bundestag und Bundesrat beteiligt sind. Für die konkrete Besetzung der jeweiligen Bänke müssen daher konsequenterweise die Rationalitäten und Strukturen beider Organe fortwirken dürfen. Die Ausgestaltung ihrer jeweiligen Repräsentation muss ihnen daher selbst überlassen bleiben.[59] Die jeweilige Geschäftsordnungsautonomie (Art. 40 I 2 GG bzw. Art. 52 III 2 GG) ermöglicht damit auch eine funktionsadäquate Gestaltung des Vermittlungsausschuss. Wollte man auch für die konkrete Besetzung beider Bänke eine konsensuale Entscheidung verlangen, würde dies einen Eingriff in die jeweilige Autonomie bedeuten, sich *als* Bundestag bzw. *als* Bundesrat im Vermittlungsausschuss gegenüberstellen zu dürfen. Dies würde den Vermittlungsausschuss zugleich von den Wurzeln lösen, die den zu findenden Kompromiss tragen sollen.

Eine überzeugende Auslegung ergibt daher, dass der Bundestag berechtigt ist, über die Art der Besetzung der Bundestagsbank im Vermittlungsausschuss kraft seiner Geschäftsordnungsautonomie nach Art. 40 I 2 GG zu entscheiden.[60] Das in § 12 III 2, 3 GO-BT normierte Berechnungsverfahren konnte daher ohne Verstoß gegen Art. 77 II 2 GG in der GO-BT bestimmt werden.

B. Verfassungsmäßigkeit des Berechnungsverfahrens nach § 12 III 2, 3 GO-BT

Fraglich ist weiter, ob das in der GO-BT vorgesehene Berechnungsverfahren für die Besetzung der Bundestagsbank mit dem GG zu vereinbaren ist. § 12 III 2, 3 GO-BT bestimmt ein modifiziertes Verteilungsverfahren für den Fall, dass unter Anwendung des Sainte-Laguë-Verfahrens der Plenarmehrheit keine Mehrheit auf der Bundestagsbank entspricht. In diesem Fall wird der Berechnungsgrundlage ein

---

[57] Wobei str. ist, ob das GG nicht eine paritätische Besetzung gebietet, vgl. *Masing*, in: v. Mangoldt/Klein/Starck (Hrsg.), GG, Bd. 2, 6. Aufl. 2010, Art. 77, Rn. 67, m. w. N.
[58] BVerfGE 112, 118 (138) – Bundestagsbank des Vermittlungsausschusses.
[59] BVerfGE 112, 118 (138).
[60] So im Ergebnis implizit BVerfGE 96, 264 (282 f.) – Fraktions- und Gruppenstatus; 112, 118 (138); *Masing*, in: v. Mangoldt/Klein/Starck (Hrsg.), GG, Bd. 2, 6. Aufl. 2010, Art. 77, Rn. 68; *Sannwald*, in: Schmidt-Bleibtreu et al. (Hrsg.), GG, 12. Aufl. 2011, Art. 77, Rn. 22. Allerdings wird dieses Ergebnis nicht begründet.

Sitz entzogen und der stärksten Fraktion zugewiesen. Dies könnte die verfassungsrechtlichen Grenzen der Gestaltungsfreiheit überschreiten, die Art. 40 I 2 GG dem Bundestag einräumt. Es ist daher zu prüfen, welche Vorgaben das GG für die Besetzung von Ausschüssen allgemein macht, und welche normativen Folgerungen aus der besonderen Funktion des Vermittlungsausschusses zu ziehen sind.

I. Verfassungsvorgaben für die Besetzung von Bundestagsausschüssen

Das GG kennt keine ausdrücklichen Regelungen, wie Bundestagsausschüsse zu besetzen sind. Vorgaben könnten sich jedoch aus bestimmten Verfassungsprinzipien ergeben.

1. Grundsatz der Spiegelbildlichkeit

Der Bundestag setzt sich aus Abgeordneten zusammen (Art. 38 I 1 GG). Deren Status ist dabei von der **Freiheit und Gleichheit des Abgeordnetenmandats** nach Art. 38 I GG gekennzeichnet.[61] Zu dieser Freiheit gehört auch, sich in Fraktionen organisieren zu dürfen.[62] Verfassungsrechtlich anerkannt (vgl. Art. 53a I 2 1. Hs. GG) gestalten Fraktionen nämlich als organisatorischer Zusammenschluss der Abgeordneten die parlamentarische Arbeit entscheidend mit; dies ist in einer Parteiendemokratie (vgl. Art. 21 GG) gerade gewollt.[63]

Wenn aber der Abgeordnetenstatus durch den Grundsatz demokratischer, formaler Gleichheit[64] bestimmt wird, wirkt dies auf das Verhältnis der Fraktionen zueinander fort. Deswegen sind die Fraktionen als politische Kräfte ebenso gleich und entsprechend ihrer Stärke zu behandeln wie die Abgeordneten untereinander.[65] Da die fachliche Arbeit des Bundestages in den Ausschüssen geschieht, muss folglich auch dort die Gleichheit der Abgeordneten gewahrt, also der gleiche Anteil jedes Abgeordneten an der Repräsentanz des Volkes auch bei verkleinerten Gremien[66] erhalten bleiben. Entsprechendes gilt für die Verteilung der Ausschusssitze an die Fraktionen.

Folglich muss *jeder Ausschuss ein verkleinertes Abbild des Plenums sein und in seiner Zusammensetzung die Zusammensetzung des Plenums in seiner politischen Gewichtung widerspiegeln*[67]. Aus dem in Art. 38 I 2 GG angelegten **Repräsentationsprinzip** folgt somit das Verfassungsgebot des **Grundsatzes der Spiegelbildlichkeit** für die Besetzung von Bundestagsausschüssen.

---

[61] BVerfGE 112, 118 (133).
[62] BVerfGE 112, 118 (133).
[63] BVerfGE 112, 118 (134 f.).
[64] BVerfGE 112, 118 (133).
[65] BVerfGE 112, 118 (133).
[66] BVerfGE 112, 118 (136).
[67] BVerfGE 112, 118 (133).

2. Mehrheitsprinzip

Das Demokratieprinzip bedingt das Mehrheitsprinzip, das auch in Art. 42 II 1 GG ausdrücklich verfassungsrechtlich anerkannt ist. Es ist mit Blick auf die Ausschussbesetzung allerdings durch den Grundsatz der Spiegelbildlichkeit eingeschränkt,[68] so dass es der Bundestagsmehrheit untersagt wäre, per Mehrheitsbeschluss Ausschüsse nur mit Abgeordneten der Koalition zu besetzen. Andererseits ist es dem Bundestag nicht verwehrt, sowohl ein mathematisches Zurechnungsverfahren als auch eine Ausschussgröße zu bestimmen, bei der die Plenarmehrheit auch einer Ausschussmehrheit entspricht.[69] Die Ungleichheit in der Bedeutung der Fraktionen muss nicht etwa (und darf auch nicht) wegen Art. 38 I GG nivelliert werden.

II. Verfassungsmäßigkeit des § 12 III 2, 3 GO-BT am Maßstab der verfassungsrechtlichen Besetzungsvorgaben

Fraglich ist, was aus diesen allgemeinen Prinzipien für die Besetzung der Bundestagsbank im Vermittlungsausschuss (und damit hinsichtlich der Verfassungsmäßigkeit des § 12 III 2, 3 GO-BT) folgt.

1. Verfassungsvorgaben für die Besetzung der Bundestagsbank des Vermittlungsausschusses

Zwar ist der Vermittlungsausschuss kein Ausschuss des Bundestages, sondern repräsentiert gem. Art. 77 II 1 GG sowohl den Bundestag als auch den Bundesrat. Nach den Ausführungen unter A. ist die Besetzung beider Bänke allerdings dem jeweiligen Organ anheimgegeben, wobei die jeweiligen Verfassungsvorgaben zu beachten sind. *Während der Bundesrat sich dazu entschieden hat, die ihm in diesem Ausschuss zustehenden 16 Sitze unabhängig vom unterschiedlichen Stimmgewicht der Länder (Art. 51 [II] GG) mit je einem Vertreter jedes Landes zu besetzen, bleibt der Bundestag an das Repräsentationsprinzip gebunden: Im Vermittlungsausschuss verhandeln nicht die Mehrheit des Bundestages mit einer politischen Mehrheit der Länder, sondern der Bundestag mit dem Bundesrat. Die Bundestagsbank ist deshalb nicht etwa ein verkleinertes Abbild der die Regierung tragenden Parlamentsmehrheit oder gar Repräsentant der Regierung, sondern ein verkleinertes Abbild des ganzen Bundestages in seinem durch die Fraktionen geprägten und auf die Volkswahl zurückgehenden politischen Stärkeverhältnis.*[70]

Dies spricht dafür, dass es dem Bundestag untersagt ist, mit § 12 III 2, 3 GO-BT ein korrigierendes Berechnungsverfahren einzufügen, das in jedem Fall die Parlamentsmehrheit auch als Mehrheit auf der Bundestagsbank sichert. Ein proportionenverzerrendes Korrekturverfahren könnte damit verfassungswidrig

---

[68] BVerfGE 112, 118 (136).
[69] BVerfGE 112, 118 (136 f.).
[70] BVerfGE 112, 118 (138).

sein.⁷¹ Dafür könnte auch sprechen, dass der Vermittlungsausschuss ein Gesamtorgan bildet, in dem neue politische Konstellationen und Mehrheiten bestehen, der Vermittlungsausschuss insofern von den Situationen in Bundestag und Bundesrat losgelöst ist.⁷²

Andererseits ist zu beachten, dass die spätere Verteidigung eines etwaigen Kompromisses in den jeweiligen Organen vorwirkt: Die Vertreter des Bundestages bleiben auch im Vermittlungsausschuss Vertreter des Bundestages, ihre Arbeit an einem Änderungsvorschlag geschieht vor dem Hintergrund ihres Entsendeorgans. Demnach überzeugt es, die Verfassungsprinzipien der Arbeit im Bundestag in die Vorgaben für die Besetzung der Bundestagsbank miteinzubeziehen.

Danach gilt die Gleichheit der Abgeordneten, die sich im Grundsatz der Spiegelbildlichkeit fortsetzt, nicht uneingeschränkt. Sie *muss im Konfliktfall mit dem Prinzip stabiler parlamentarischer Mehrheitsbildung in Einklang gebracht werden. Der gleichheitsgerechte Status von Abgeordneten und Fraktionen lässt bei Vorliegen* besonderer Gründe⁷³ *Differenzierungen zu. Die für die Teilnahme am Prozess der parlamentarischen Willensbildung geltenden Gleichheitsanforderungen werden durch das Verfassungsgebot der Sicherung der* **Funktionsfähigkeit des Parlaments** *[...] und durch den demokratischen Grundsatz der* **Mehrheitsentscheidung** *(Art. 42 [II 1] GG) begrenzt. Kollidieren der Grundsatz der Spiegelbildlichkeit und der Grundsatz, dass bei Sachentscheidungen die die Regierung tragende parlamentarische Mehrheit sich auch in verkleinerten Abbildungen des Bundestages muss durchsetzen können, so sind beide Grundsätze zu einem schonenden Ausgleich zu bringen,*⁷⁴ wenn dies möglich ist.

2. Verfahren nach § 12 III 2, 3 GO-BT

Fraglich ist, ob § 12 III 2, 3 GO-BT einen verfassungsmäßigen Ausgleich von Spiegelbildlichkeitsgrundsatz und Funktionsfähigkeit des Bundestages bzw. Mehrheitsprinzip darstellt.

Grundsätzlich findet gem. § 12 III 1 GO-BT die Besetzung des Bundestagsausschusses nach dem Verfahren Sainte-Laguë statt, das eine proportionale Abbildung des Parlaments auf der Bundestagsbank gewährleistet und somit verfassungsmäßig nicht zu beanstanden ist. Findet das modifizierte Verfahren nach § 12 III 2, 3 GO-BT jedoch Anwendung, ergibt sich daraus eine signifikante Verzerrung zwischen der Verteilung der Bundestagssitze und deren Repräsentation

---

71 So *Masing*, in: v. Mangoldt/Klein/Starck (Hrsg.), GG, Bd. 2, 6. Aufl. 2010, Art. 77, Rn. 67, der in seiner Ansicht noch weiter geht als das BVerfG.
72 *Masing*, in: v. Mangoldt/Klein/Starck (Hrsg.), GG, Bd. 2, 6. Aufl. 2010, Art. 77, Rn. 67.
73 Hervorhebung von mir, LO. Zu den strengen Anforderungen für Ausnahmen von der formalen Gleichheit s. auch Klausur 3: Rio im Glück, S. 220, 226 (Wahlgleichheit) sowie Klausur 5: Hans im Pech, Frage 1, S. 282 (modifizierte formale Gleichheit i. F. d. Parteiengleichheit).
74 BVerfGE 112, 118 (140).

auf der Bundestagsbank, die über das mathematisch notwendige Minimum hinausgeht, das bei jeder Umrechnung entsteht.[75]

Fraglich ist, ob diese Ungleichheit mit der im Wahlergebnis verkörperten Willensbetätigung des Souveräns[76] vereinbar ist, weil ein besonderer Grund dies erfordert, ein schonenderer Ausgleich also nicht denkbar ist.

Ein solcher Ausgleich könnte in der Wahl eines anderen Umrechnungsverfahrens liegen, also in der Anwendung (insb.) der Verfahren d'Hondt oder Hare/Niemeyer. Da auch nach diesen Verfahren so knappe Mehrheitsverhältnisse wie vorliegend zu keiner Mehrheit auf der Bundestagsbank führen, scheidet dies als mildere Möglichkeit aus.

Eine andere Möglichkeit eines schonenderen Ausgleichs könnte darin liegen, die Parameter so zu verändern, dass sich die Mehrheitsverhältnisse ohne Korrekturfaktor auf der Bundestagsbank abbilden. Denkbar ist etwa die Vergrößerung des Vermittlungsausschusses (z. B. auf 32 oder 48 Mitglieder). Dagegen spricht zum einen, dass damit die Funktionsfähigkeit des Vermittlungsausschusses gefährdet erscheint, die zu einem Gutteil auf seiner Struktur als relativ kleinem Gremium beruht. Gewichtiger noch spricht zum anderen dagegen, dass die Erhöhung der Sitzzahl unbestritten zur „Zusammensetzung" des Vermittlungsausschusses gehört, somit gem. Art. 77 II 2 GG in der zustimmungsbedürftigen GO-VermA bestimmt werden muss. Eine entsprechende Änderung kann der Bundestag also nicht alleine erreichen. Darin kann folglich kein schonenderer Ausgleich der widerstreitenden Prinzipien erblickt werden.

Die Abbildungsverzerrung könnte aber wegen Vorliegens eines besonderen Grundes gerechtfertigt sein, der in der Funktion des Vermittlungsausschusses liegt, Änderungsvorschläge zu erarbeiten, die die Zustimmung von Bundestag und Bundesrat finden können. Denkbar ist, dass erst ein Widerspiegeln der Bundestagsmehrheit auf der Bundestagsbank Sachentscheidungen ermöglicht, die eine realistische Aussicht haben, letztlich mit dem Willen einer im Plenum bestehenden politischen „Regierungsmehrheit" übereinzustimmen.[77] Zwar wird ein Änderungsvorschlag des Vermittlungsausschusses, der gegen die Stimmen der Vertreter der Koalition auf der Bundestagsbank beschlossen wird, von der Bundestagsmehrheit nicht notwendigerweise abgelehnt.[78] Ein solcher Vorschlag hat dennoch deutlich geringere Chance auf Zustimmung nach Art. 77 II 5 GG als einer, bei dem sich die Bundestagsmehrheit als auch Bundestagsbank-Mehrheit präsentieren konnte. Warum das Mehrheitsprinzip gerade in diesem Ausschuss keine Rolle spielen sollte, ist nicht ersichtlich.[79]

---

[75] Der erhebliche Unterschied an Bundestagssitzen, derer es pro Vermittlungsausschusssitz bedarf, zeigt sich anhand des Beispiels in BVerfGE 112, 118 (146).
[76] BVerfGE 112, 118 (146).
[77] BVerfGE 112, 118 (141).
[78] In diese Richtung BVerfGE 112, 118 (141 ff.): Ein Vergleich mit der Bundes*rats*bank zeige, dass dessen Ausschüsse auch keine Projektion der Bundesratsmehrheit darstellten, ohne dass dies ein Problem darstelle. Im Übrigen komme es im Vermittlungsausschuss ohnehin maßgeblich auf die Persönlichkeiten im Vermittlungsausschuss an.
[79] So Richterin *Lübbe-Wolff* in ihrem Sondervotum BVerfGE 112, 118/153 (155 ff.).

Die Annahme, es komme letztlich auf die Vertretung der Bundestagsmehrheit im Vermittlungsausschuss nicht an, beruht weiter auf einem verfehlten Verständnis von der Funktion des Vermittlungsausschusses. Der Vermittlungsausschuss unterscheidet sich nämlich von anderen Bundestagsausschüssen dadurch, dass er nicht der internen Willensbildung bei der Beschlussfassung zu einem Gesetz dient, sondern der Vertretung eines Beschlusses nach außen – und zwar eines Beschlusses, der unter Wahrung des Repräsentativprinzips in den entsprechenden Ausschüssen vorbereitet und per Mehrheitseinscheidung als Wille des Bundestages manifestiert worden ist.[80] Folgerichtig müssen Struktur und Funktion der Beschlussfassung auf der Bundestagsbank fortwirken dürfen. Im Kontext des Vermittlungsausschusses kann das Repräsentations-/Spiegelbildlichkeitsprinzip also keine wichtigere Rolle als das Mehrheitsprinzip spielen.

Eine Gegenüberstellung der in Spannung stehenden Prinzipien zeigt, dass die Abbildung der parlamentarischen Mehrheit auf der Bundestagsbank ein verfassungsrechtlich anzuerkennendes Interesse des Bundestages ist. *Demokratische Legitimation vermittelt sich nicht über Minderheits-, sondern über Mehrheitsentscheidungen.*[81] Dass in einem nicht anders auflösbaren Spannungsfall das Mehrheitsprinzip verfassungsrechtlich zwingend zurücktreten *muss*, ist folglich nicht zu erkennen.[82]

C. Ergebnis

Mangels anderer Möglichkeit eines Ausgleichs zwischen Repräsentativ-/Spiegelbildlichkeitsgrundsatz und Mehrheitsprinzip ist die Bundestagsentscheidung für einen Vorrang der Mehrheitsprinzips verfassungsrechtlich anzuerkennen, die Verzerrung also gerechtfertigt. Das mehrheitssichernde modifizierte Besetzungsverfahren nach § 12 III 2, 3 GO-BT ist somit verfassungsmäßig.[83]

---

[80] *Möllers*, Vermittlungsausschuss und Vermittlungsverfahren, Jura 2010, 401 (404).
[81] BVerfGE 112, 118/153 (155, m. w. N. – Sondervotum Richterin *Lübbe-Wolff*). Hier zeigt sich die Grundspannung des Falles: Demokratie bedeutet zwar *Gleichheit* der Wählerstimmen, aber eben auch Herrschaft der *Mehrheit* auf Zeit.
[82] Es ist wichtig, die Perspektive der verfassungsrechtlichen Beurteilung richtig zu verstehen: Es geht nicht darum, ob das GG das Mehrheitsprinzip für die Besetzung der Bundestagsbank *erfordert*, sondern ob das GG einer entsprechenden Entscheidung des Bundestages *entgegensteht*. Verunklarend daher die Senatsmehrheit in BVerfGE 112, 118 (118; 141 ff.), wonach das GG keine *zwingende* Ausrichtung der Ausschussbesetzung am Mehrheitsprinzip derart statuiert, dass der Grundsatz der Spiegelbildlichkeit im Zweifel zu weichen hätte – die Frage ist gerade umgekehrt, ob das GG eine *zwingende* Ausrichtung der Ausschussbesetzung am Grundsatz der Spiegelbildlichkeit derart statuiert, dass das Mehrheitsprinzip im Zweifel zu weichen hätte.
[83] Ebenso (jdf. im Ergebnis) *Möllers*, Vermittlungsausschuss und Vermittlungsverfahren, Jura 2010, 401 (404); BVerfGE 112, 118/148 (153 – Sondervotum der Richterin *Osterloh* und des Richters *Gerhardt*) sowie 112, 118/153 (154 ff. – Sondervotum der Richterin *Lübbe-Wolff*); *a. A. Masing*, in: v. Mangoldt/Klein/Starck (Hrsg.), GG, Bd. 2, 6. Aufl. 2010, Art. 77, Rn. 67, und in der Sache auch **die Senatsmehrheit in BVerfGE 112, 118 (etwa 132 f.)**! Im Originalfall hatte das BVerfG die angegriffene Norm zwar wegen besonderer Umstände für nicht verfassungswidrig gehalten, dem Bund aber aufgegeben, eine „eine proportionalitätsgerechtere Sitzverteilung" herzustellen – ohne dass erkennbar wäre, wie dies geschehen könnte. Dies kritisieren denn auch etwa das Sondervotum der Richterin *Lübbe-Wolff* BVerfGE 118/153 (159 f.), *Möllers*, Vermittlungsausschuss

Frage 2

Das VGÄndG bedarf der Zustimmung des Bundesrates nur, wenn das GG dies anordnet.

A. Zustimmungsbedürftigkeit nach dem isolierten Regelungsgehalt der §§ 1, 2, 3 VGÄndG

Fraglich ist, ob die §§ 1, 2, 3 VGÄndG für sich genommen zustimmungsbedürftig sind.

I. § 1 VGÄndG (Regelung von Dioxinhöchstbelastungen)

§ 1 VGÄndG regelt Dioxinhöchstbelastungen. Für Regelungen in diesem Sachbereich ordnet das GG keine Zustimmungsbedürftigkeit an.

II. § 2 VGÄndG (Verwaltungsverfahren) als erneuter Einbruch in die Länderkompetenz

§ 2 VGÄndG schreibt vor, dass die zuständigen Behörden Tierprodukte in einer bestimmten Weise auf die Einhaltung der Dioxinbelastungsgrenzen kontrollieren müssen. Dabei könnte es sich um eine Regelung des Verwaltungsverfahrens i. S. v. Art. 84 I 1 GG handeln; das VG wird nämlich mangels abweichender spezieller Verfassungsvorgaben gem. Art. 83 GG in Form der Landeseigenverwaltung nach Art. 84 GG ausgeführt.[84] Zum Verwaltungsverfahren *gehören das „Wie" des Verwaltungshandelns, die Einzelheiten des Verwaltungsablaufs, nämlich die Art und Weise der Ausführung eines Gesetzes einschließlich der dabei zur Verfügung stehenden Handlungsformen, die Form der behördlichen Willensbildung, die Art der Prüfung und Vorbereitung der Entscheidung, deren Zustandekommen und Durchsetzung sowie verwaltungsinterne Mitwirkungs- und Kontrollvorgänge*[85]. Wenn § 2 VGÄndG vorschreibt, dass die Einhaltung der Dioxinbelastungsgrenzen zu kontrollieren ist und dazu weitere Details (Häufigkeit, Stichprobenbestimmung) vorgibt, handelt es sich um Einzelheiten des Verwaltungsablaufs, also um Verwaltungsverfahren i. S. v. Art. 84 I 1 GG, die zu bestimmen der Bund gem. Art. 84 I 2 GG befugt ist.

§ 2 VGÄndG untersagt den Ländern, von den Verwaltungsvorgaben abweichende Regelungen zu treffen, was der Bund gem. Art. 84 I 5 GG bestimmen darf. Diese Norm könnte wegen Art. 84 I 6 GG zustimmungsbedürftig sein. Dabei ist allerdings zu beachten, dass § 2 VGÄndG die Vorgängernorm des § 2 VG a. F. ersetzt hat, die mit § 2 VGÄndG bis auf den angepassten Bezug auf die Dioxin-

---

und Vermittlungsverfahren, Jura 2010, 401 (404) und *Lang*, Spiegelbildlichkeit versus Mehrheitsprinzip?, NJW 2005, 189 (189 f.).

[84] Angesichts des Umfangs der Klausur wären hier weitere Ausführungen zur Bestimmung der Art der Gesetzesausführung verfehlt.

[85] BVerfGE 114, 196 (224) – Beitragssatzsicherungsgesetz.

höchstgrenzen identisch war. § 2 VGÄndG trifft also keine neue Regelung, sondern wiederholt im Kern lediglich eine bestehende Norm; § 2 VG a. F. hat der Bundesrat jedoch zugestimmt. Fraglich ist damit, ob auch die bloße Wiederholung einer abweichungsfesten Regelung des Verwaltungsverfahrens wegen Art. 84 I 6 GG zustimmungsbedürftig ist.

Das hinter Art. 84 I 6 GG stehende Konzept ist eine Schutzvorrichtung, die verhindern soll, dass *in dem föderalistischen Gefüge „Systemverschiebungen" am Grundgesetz vorbei im Wege der einfachen Gesetzgebung herbeigeführt werden*[86]. Will der Gesetzgeber von der grundgesetzlich vorgesehenen Kompetenzverteilung abweichen, muss der Bundesrat dem zum Ausgleich zustimmen. Daraus folgt: Dadurch, dass der Bundesrat dem VG a. F. zugestimmt hat, hat er auch sein Einverständnis mit der „Systemverschiebung" erklärt, die darin liegt, dass die Länder abweichend von Art. 84 I 2 GG keine von der Bundesregelung abweichende Verfahrensvorschrift treffen durften. *Dieser „Einbruch" in die den Ländern in Art. 83 GG im Grundsatz garantierten Bereich der verwaltungsmäßigen Ausführung der Bundesgesetze ist mit der Zustimmung des Bundesrates zum [VG] „genehmigt". Erfolgt in einem späteren Änderungsgesetz* **kein neuer *Einbruch*** *in das Landesreservat,* **also keine** *erneute* **Systemverschiebung,** *so fehlen die Voraussetzungen dafür, auch für dieses Gesetz die Zustimmung des Bundesrates zu verlangen.*[87]

Für § 2 VGÄndG bedeutet das: *Eine bloß wiederholende Bestimmung bewirkt keine Veränderung im Bestand der Rechte und Pflichten, Zuständigkeiten und Befugnisse*[88]. § 2 VGÄndG enthält damit keinen eigenständigen Regelungsgehalt, der als neuer Einbruch in die Länderkompetenzen zu qualifizieren wäre. Damit ist er auch nicht gem. Art. 84 I 6 GG zustimmungsbedürftig.

III. § 3 VGÄndG (Verwaltungsverfahren)

§ 3 VGÄndG ermächtigt die zuständigen Behörden zu bestimmten Kontrollen, die ebenfalls als Verwaltungsverfahren i. S. v. Art. 84 I 1, 2 GG zu bewerten sind. Allerdings werden diese Vorgaben nicht abweichungsfest nach Art. 84 I 5 GG angeordnet, so dass schon keine Zustimmungsbedürftigkeit nach Art. 84 I 6 GG denkbar ist.

---

[86] BVerfGE 37, 363 (379).
[87] BVerfGE 37, 363 (380), Hervorhebung im Original; st. Rspr., s. etwa auch BVerfGE 114, 196 (224, m. w. N.); 126, 77 (101 f., m. w. N.) – Luftsicherheitsgesetz II. Derselbe Grundgedanke gilt in einer ähnlichen Situation: eine ursprünglich zustimmungsbedürftige Vorschrift wird durch eine Vorschrift geändert, die isoliert betrachtet (anders als hier) zustimmungs*frei* ist. Eine solche Norm bleibt auch in dieser Änderungskonstellation zustimmungsfrei, s. Urteil des Ersten Senats vom 24.11.2010, - 1 BvF 2/05 - (Gentechnikgesetz), online verfügbar http://www.bundesverfassungsgericht.de/entscheidungen/fs20101124_1bvf000205.html, Rn. 131 (zuletzt abgerufen am 16.11.2011).
[88] BVerfGE 114, 196 (225).

IV. Zwischenergebnis

Für sich genommen ist keine Norm des VGÄndG zustimmungsbedürftig.

B. Zustimmungsbedürftigkeit des VGÄndG aufgrund der Änderung des zustimmungsbedürftigen VG a. F.

Die Zustimmungsbedürftigkeit des VGÄndG könnte sich aber daraus ergeben, dass es das (ursprüngliche) VG, also ein Zustimmungsgesetz, ändert. Fraglich ist damit, ob der Charakter des VG Auswirkungen auf das VGÄndG zeitigt.[89] Mangels ausdrücklicher grundgesetzlicher Regelung muss diese Frage mit den Grundsätzen der föderalen Kompetenzverteilung beantwortet werden.

Es ließe sich vertreten, dass das GG die Zustimmungsbedürftigkeit überhaupt nur für isoliert zu betrachtende Einzelregelungen anordnet, ohne dass dies Bedeutung für die zustimmungsfreien Normen hat, die sich im selben Gesetz befinden.[90] Die Zustimmungsbedürftigkeit des VG a. F. ist nach dieser Auffassung ohne Bedeutung für das VGÄndG. Da nach den Ausführungen unter A. weder § 1 VGÄndG noch § 2 VGÄndG noch § 3 VGÄndG zustimmungsbedürftig sind, ist das VGÄndG nach dieser Auffassung insgesamt zustimmungsfrei.

Man könnte demgegenüber annehmen, dass ein Gesetz stets eine gesetzgebungstechnische Einheit bildet.[91] Fraglich ist jedoch, was daraus für das Verhältnis von ursprünglichem zum Änderungsgesetz folgt.

Erstens könnte man annehmen, dass der Bundesrat mit der Zustimmung zum ursprünglichen Gesetz eine **Mitverantwortung** für dieses Gesetz übernimmt. Aus der Mitverantwortung für das spätere Schicksal dieses Gesetzes könnte man folgern, dass *jede* spätere Änderung ebenfalls zustimmungsbedürftig ist, selbst wenn die Änderung isoliert betrachtet zustimmungsfrei wäre.[92] Nach dieser Ansicht wäre das VGÄndG ein Zustimmungsgesetz.

Demgegenüber ließe sich zweitens vertreten, dass das Änderungsgesetz selbst eine geschlossene gesetzgeberische Einheit und somit den einzigen Bezugspunkt für die Frage der Zustimmungsbedürftigkeit darstellt.[93] Der Rechtscharakter des ursprünglichen Gesetzes hat damit keine Bedeutung für dessen Änderungsgesetz.

---

[89] Weiter zum Problem, wann Gesetze zur Änderung von Zustimmungsgesetzen ihrerseits zustimmungsbedürftig sind, *Brandner*, Gesetzesänderung, 2004, S. 361 ff.; *Hebeler*, 40 Probleme aus dem Staatsrecht, 2. Aufl. 2008, S. 150 ff. (35. Problem). Für weitere Nachweise (des sich in jüngster Vergangenheit wieder belebenden Streits) s. Klausur 7: Skandal!, Lösungshinweis VI., S. 328 f.

[90] Sog. Trennungstheorie, eine in der Literatur vertretene Auffassung. Nachweise auf S. 328 f.

[91] Sog. Einheitstheorie (h. M.), die insb. vom BVerfG bisher vertreten wird und von großen Teilen der Literatur übernommen ist, vgl. Nachweise etwa bei *Masing*, in: v. Mangoldt/Klein/Starck (Hrsg.), GG, Bd. 2, 6. Aufl. 2010, Art. 77, Rn. 51, Fn. 65, und auf S. 329 dieses Buches.

[92] MM („Mitverantwortungstheorie"): BVerfGE 37, 363/401 (401 ff. – Sondervotum der Richter *v. Schlabrendorff, Geiger* und *Rinck*); weitere Nachweise bei *Hebeler*, 40 Probleme aus dem Staatsrecht, 2. Aufl. 2008, S. 151, sowie *Lehmann-Brauns*, Die Zustimmungsbedürftigkeit von Bundesgesetzen nach der Föderalismusreform, 2008, S. 203.

[93] H. M., s. die Nachweise bei *Hebeler*, 40 Probleme aus dem Staatsrecht, 2. Aufl. 2008, S. 152, und aktuell (ohne weitere Problematisierung) BVerfGE 128, 1 (35) – Gentechnikgesetz.

Da keine einzige Norm des VGÄndG zustimmungsbedürftig ist, ist das VGÄndG nach dieser Auffassung zustimmungsfrei.[94]

Die letztgenannte Auffassung könnte drittens mit der Modifikation vertreten werden, dass ein an sich zustimmungsfreies Änderungsgesetz doch (ausnahmsweise) zustimmungsbedürftig ist, wenn dessen zustimmungsfreier (insb. materieller) Teil *den nicht ausdrücklich geänderten Vorschriften über das Verwaltungsverfahren eine wesentlich andere Bedeutung und Tragweite*[95] verleiht. Darin könnte eine Form einer Systemverschiebung (vgl. oben A. II.) zu erblicken sein, für die das GG die Zustimmungsbedürftigkeit anordnet. Für das VGÄndG bedeutet das: Nach seiner materiellen Kernregelung normiert § 1 VG a. F. ebenso wie § 1 VGÄndG die Grenzen der Dioxinbelastung in Lebensmitteln. Die Ersetzung von konkreten Grenzvorgaben durch den Begriff der gesundheitsschädlichen Belastung führt zu keiner wesentlich anderen Bedeutung und Tragweite des VG n. F. als Ganzem. § 2 VGÄndG wiederholt lediglich § 2 VG a. F., führt also ebenso wenig zu einer neuen Grundausrichtung des VG n. F. Auch die zustimmungsfreie Regelung neuer behördlicher Kontrollkompetenzen in § 3 VGÄndG führt im Gesamtkontext der geänderten VG zu keiner grundlegenden Veränderung. Der Ausnahmetatbestand nach dieser Auffassung greift also nicht, es bleibt bei der Zustimmungsfreiheit des VGÄndG.

Damit ist das VGÄndG zustimmungsbedürftig allein nach derjenigen Ansicht, die aus der Bundesratszustimmung zum ursprünglichen VG eine Mitverantwortung für jedes Änderungsgesetz ableitet. Insoweit muss ein Streitentscheid erfolgen.

Die Annahme einer Mitverantwortung des Bundesrates könnte als konsequente Fortführung der Idee vom Gesetz als Zusammenfassung von einzelnen Normen zu einer gesetzgebungstechnischen Einheit überzeugen.[96] Der Bundesrat stimmt dann nämlich beim ursprünglichen Gesetz *allen* Normen zu, auch solchen, die an sich zustimmungsfrei sind.[97] Ein Änderungsgesetz ist zwar eine neue gesetzgebungstechnische Einheit, aber keine neue selbstständige *Sinneinheit*: ohne den Bezug auf das ursprüngliche Gesetz wäre das Änderungsgesetz nicht aus sich heraus verständlich, vielmehr gewinnt es seinen Sinn nur durch Anknüpfung an das ursprüngliche Gesetz.[98] Der Inhalt des Änderungsgesetzes wird also in das ursprüngliche Gesetz eingefügt, so dass beide nach dieser Auffassung verschmelzen. Die Zustimmungsbedürftigkeit des ursprünglichen Gesetzes könnte sich damit auf das

---

[94] Es ist wichtig, sich den konstruktiven Unterschied zur Trennungstheorie bewusst zu machen: die Trennungstheorie lehnt einen „Überschuss" der Zustimmungsbedürftigkeit einer Norm auf die anderen Normen desselben Gesetzes grundsätzlich ab; die hier dargestellte Meinung (als Spielart der Einheitstheorie) erkennt einen solchen Überschuss demgegenüber an, begrenzt ihn aber auf das jeweilige Gesetz (während die Mitverantwortungstheorie sogar einen Überschuss auf ein Änderungsgesetz annimmt).

[95] BVerfGE 37, 363 (383); 48, 127 (180); dazu weiter *Hebeler*, 40 Probleme aus dem Staatsrecht, 2. Aufl. 2008, S. 153.

[96] Wobei diese Annahme der Einheitstheorie gerade strittig ist.

[97] BVerfGE 37, 363/401 (406 – Sondervotum der Richter *v. Schlabrendorff*, *Geiger* und *Rinck*). Für weitere Nachweise und Argumente s. *Hebeler*, 40 Probleme aus dem Staatsrecht, 2. Aufl. 2008, S. 151.

[98] BVerfGE 37, 363/401 (406 f. – Sondervotum der Richter *v. Schlabrendorff*, *Geiger* und *Rinck*).

Änderungsgesetz erstrecken, was für die Zustimmungsbedürftigkeit eines jeden Änderungsgesetzes sprechen würde.[99]

Weiter könnte die grundgesetzliche föderale Kompetenzverteilung für diese Auffassung ins Feld geführt werden. Könnte der Gesetzgeber Änderungen an einem Zustimmungsgesetz per Einspruchsgesetz herbeiführen, das nicht die Mehrheit im ursprünglichen Zustimmungsgesetz gefunden hat, könnte ein solches etappenweises „Aushöhlen" des ursprünglichen Gesetzes die Stellung des Bundesrates schwächen.[100] Im Übrigen würde durch ein solches Vorgehen der Kompromiss zwischen Bundestag und Bundesrat, den ein Zustimmungsgesetz oftmals darstellt, unterlaufen.[101]

Selbst wenn man diese Auffassung jedoch dahingehend teilt, dass das Ursprungsgesetz als gesetzgebungstechnische Einheit zu werten ist, könnten Argumente gegen die daraus gezogene Schlussfolgerung sprechen.

Der Rückgriff auf die Bedeutung und Verantwortung des Bundesrates darf nicht anhand von (vermeintlich) allgemeinen Erwägungen erfolgen, sondern muss sich an den einzelnen grundgesetzlichen Entscheidungen für die erforderliche Bundesratszustimmung orientieren. Maßgeblich ist für das VGÄndG also Art. 84 I 6 GG, der den Ländern zum Ausgleich für den „Einbruch" in ihre Kompetenzen das Zustimmungserfordernis zuspricht. Wird das, worin der Bundesrat im ursprünglichen Gesetz zugestimmt hat, durch das Änderungsgesetz nicht mehr (grundlegend) verändert, kann sich die behauptete Zustimmungsbedürftigkeit des Änderungsgesetzes nicht mehr auf Zweck und Funktion des Art. 84 I 6 GG stützen.[102] Würde man das mit der oben genannten Auffassung anders sehen, würde gerade *damit* die grundgesetzlich vorgesehene Kompetenzverteilung missachtet: Es würde die *Wirkung* (Rechtsfolge) von Art. 84 I 6 GG dauerhaft auf Sachbereiche ausgedehnt, für die das GG keine Zustimmungsbedürftigkeit anordnet. Die gesetzgeberische Entscheidung für eine bestimmte gesetzgebungstechnische Einheit würde damit einen nach dem GG zustimmungsfreien Sachbereich dauerhaft in die Zustimmungsbedürftigkeit überführen – durch einfaches Gesetz würde damit im Ergebnis (gegen die Vorschriften in Art. 79 I 1, II GG) die Verfassung geändert.

Gegen eine fortwirkende Mitverantwortung des Bundesrates spricht ferner die Möglichkeit, sachlich aufeinander bezogene Gesetzesmaterien in zustimmungsfreie und zustimmungsbedürftige Gesetze aufzuteilen (sog. Splitting von Gesetzen).[103] Hätte sich der Gesetzgeber schon bei der Gestaltung des ursprünglichen Gesetzes für eine solche Aufteilung entschieden und würde später nur der zustimmungsfreie Teil geändert, würde es sich dabei unstrittig um ein Einspruchsgesetz handeln. Dann kann nicht genau dasselbe Änderungsgesetz allein deshalb zum Zustimmungsgesetz werden, weil sich der ursprüngliche Gesetzgeber *gegen*, der gegenwärtige Gesetzgeber aber *für* (quasi) ein Splitting entschieden hat.[104]

---

[99] BVerfGE 37, 363/401 (407 – Sondervotum der Richter *v. Schlabrendorff, Geiger* und *Rinck*).
[100] BVerfGE 37, 363/401 (407 f. – Sondervotum der Richter *v. Schlabrendorff, Geiger* und *Rinck*).
[101] BVerfGE 37, 363/401 (408 – Sondervotum der Richter *v. Schlabrendorff, Geiger* und *Rinck*).
[102] Vgl. BVerfGE 37, 363 (379 f. – Senatsmehrheit).
[103] Etwa BVerfGE 37, 363 (382); 105, 313 (313, 338); 114, 196 (230); weitere Nachweise bei *Hofmann*, in: Schmidt-Bleibtreu et al. (Hrsg.), GG, 12. Aufl. 2011, Art. 50, Rn. 17.
[104] BVerfGE 37, 363 (382 f. – Senatsmehrheit).

Auch die demokratisch legitimierte parlamentarische Entscheidung für ein Änderungsgesetz, das für sich betrachtet zustimmungs*frei* ist, steht einer vom Gesetzgeber gerade nicht gewollten Verbindung mit dem ursprünglichen Gesetz entgegen.[105] Anderenfalls wäre der aktuelle Bundestag auch jeweils an die Entscheidungen früherer Bundestage für eine bestimmte gesetzgebungstechnische Einheit gebunden, eine Vorstellung, die mit dem Diskontinuitätsprinzip des Bundestages (vgl. Art. 39 I 1 GG) schwerlich vereinbar ist.

Eine Mitverantwortung kann dem Bundesrat folglich nur insoweit zukommen, als das GG dies vorsieht: die Mitverantwortung des Bundesrates ist Rechtsfolge, nicht Tatbestand. Eine Auslegung, die die Mitwirkungsrechte des Bundesrates insb. im Lichte der grundgesetzlichen Kompetenzverteilung sieht, steht der Auffassung entgegen, das GG statuiere eine fortdauernde Mitverantwortung des Bundesrates für jegliche Änderungen von Zustimmungsgesetzen. Somit ist diese Auffassung abzulehnen.

Alle anderen Auffassungen qualifizieren das VGÄndG als Einspruchsgesetz. Ein Streitentscheid kann im Übrigen somit dahinstehen.[106]

C. Ergebnis

Beim VGÄndG handelt es sich um ein Einspruchsgesetz. Es bedarf zu seiner Wirksamkeit nicht der Zustimmung des Bundesrates.

Frage 3

Fraglich ist, ob § 1 VGÄndG mit dem Demokratie- und Rechtsstaatsprinzip vereinbar ist. Bedenken bestehen dabei, ob das dort normierte Verbot von „gesundheitsschädlichen Dioxinbelastungen" in Lebensmitteln dem Vorbehalt des Gesetzes genügt.

A. Vorbehalt des Gesetzes

Das Prinzip des **Vorbehalts des Gesetzes** speist sich nach der grundgesetzlichen Konzeption sowohl aus dem Rechtsstaats- als auch aus dem Demokratieprinzip.[107] Es *[verpflichtet den Gesetzgeber]*, **in grundlegenden normativen Bereichen**, zumal im Bereich der Grundrechtsausübung, soweit diese staatlicher Regelung zugänglich ist, alle **wesentlichen Entscheidungen selbst zu treffen**[108]. Die in

---

[105] Vgl. BVerfGE 37, 363 (381 f. – Senatsmehrheit).

[106] Wichtig: ein Streit darf nur *soweit* ausgeführt werden, bis eine *Ergebnis*seite widerlegt ist. Wenn danach, wie hier, drei unterschiedliche andere Auffassungen zum selben Ergebnis kommen, ist der Streit im Übrigen offenzulassen, s. näher S. 72 ff.

[107] *Ossenbühl*, in: Isensee/Kirchhof (Hrsg.), Handbuch des Staatsrechts, Bd. V, 3. Aufl. 2007, § 101: Vorrang und Vorbehalt des Gesetzes, Rn. 41 ff.

[108] BVerfGE 49, 89 (126) – Kalkar I; st. Rspr.; s. etwa BVerfGE 98, 218 (251 f.) – Rechtschreibreform, weitere Nachweise bei *Hofmann*, in: Schmidt-Bleibtreu et al. (Hrsg.), GG, 12. Aufl. 2011, Art. 20, Rn. 70. **Kurzformel** für die Klausur: Der Vorbehalt des Gesetzes verpflichtet den Gesetzgeber, in grundlegenden normativen Bereichen die wesentlichen Entscheidungen selbst und hinreichend bestimmt zu treffen.

Art. 20 I, II, III GG niedergelegten Grundsätze der Demokratie und der Rechtsstaatlichkeit verlangen also, dass der Gesetzgeber in bestimmten Fällen eine eigene Entscheidung treffen, also ein formelles Gesetz erlassen muss (Ob des Gesetzes), und dabei die wesentlichen Entscheidungen selbst treffen muss, also nicht der Exekutive überlassen darf (Wie des Gesetzes).[109]

Fraglich ist damit, ob es sich bei dem in § 1 VGÄndG geregelten Sachbereich um einen grundlegenden normativen Bereich handelt, und, falls dem so ist, ob die wesentlichen Entscheidungen hinreichend bestimmt durch den Gesetzgeber selbst getroffen sind.

I. Schutz vor Lebensmittelvergiftungen als grundlegender normativer Bereich

§ 1 VGÄndG verbietet die Herstellung von bestimmten Lebensmitteln, die eine gesundheitsschädliche Dioxinbelastung aufweisen. Somit berührt die Norm ohne Weiteres jedenfalls die Berufsfreiheit von Lebensmittelproduzenten (Art. 12 I GG).[110] Sie tut dies zum Schutz der körperlichen Integrität der Konsumenten, wozu der Staat möglicherweise sogar verpflichtet ist (vgl. Art. 2 II 1 GG).[111] Die Festlegung von Belastungsgrenzen in Lebensmitteln berührt damit verschiedene Dimensionen der Ausübung verschiedener Grundrechte. Dieser Sachbereich ist folglich grundrechtssensibel und damit ein grundlegender normativer Bereich.

Der Gesetzgeber ist somit verpflichtet, die wesentlichen Entscheidungen im Bereich der Dioxinbelastungsgrenzen von Tierprodukten selbst und hinreichend bestimmt zu treffen.

II. Regelung durch formelles Gesetz

Der Vorbehalt des Gesetzes fordert zunächst, dass der Gesetzgeber den Bereich der Dioxinhöchstbelastung selbst durch eine eigene, parlamentarische Entscheidung in einem Verfahren nach Art. 76 ff. GG, also durch **formelles Gesetz** regelt.[112]

Die vom BVerfG gebrauchte Formel wird als **Wesentlichkeitstheorie** bezeichnet. Ich empfehle aber, dieses Schlagwort in der Klausur zu *vermeiden* (die Worte „wesentliche Entscheidungen" sollten hingegen in der Klausur auftauchen): die (inflationäre) Benennung von etwas als „Theorie" sollte in einer Klausur grundsätzlich vermieden werden.

[109] *Herzog/Grzeszick*, in: Maunz/Dürig (Hrsg.), GG, Loseblatt, Stand: Dezember 2007, Art. 20 VI, Rn. 75.

[110] Knapp zur Berufsfreiheit: *Jarass*, in: ders./Pieroth, GG, 11. Aufl. 2011, Art. 12, Rn. 5 ff., 14 ff.

[111] Vgl. *Müller-Franken*, in: Schmidt-Bleibtreu et al. (Hrsg.), GG, 12. Aufl. 2011, Vorb. v. Art. 1, Rn. 17; zu den Dimensionen der Grundrechte insgesamt ibid., Rn. 11 ff.

[112] Seit *Paul Laband* (1838-1918) wird in der deutschen Staatsrechtslehre ein dualistischer Gesetzesbegriff verwendet, der zwischen **formellen** und **materiellen Gesetzen** (oder auch: Gesetzen im formellen bzw. materiellen Sinn) unterscheidet, s. *Sommermann*, in: v. Mangoldt/Klein/Starck (Hrsg.), GG, Bd. 2, 6. Aufl. 2010, Art. 20, Rn. 263, m. w. N. Danach sind formelle Gesetze definiert durch das Verfahren ihres Zustandekommens (nämlich als Parlamentsgesetze nach Art. 76 ff. GG) und materielle durch ihren Inhalt (abstrakt-generelle Regelungen). Ein Haushaltsgesetz ist also ein nur-formelles Gesetz (da vom Parlament geschaffen, aber mangels Außenwirkung keine abstrakt-generelle Regelung), die meisten Bundesgesetze (etwa BVerfGG, BGB, StGB oder VwVfG) sind formell-materielle Gesetze (da abstrakt-generelle, durch das Parlament geschaffene

§ 1 VGÄndG ist als Teil des VGÄndG nach ordnungsgemäßem Gesetzgebungsverfahren nach Art. 76 ff. GG in Kraft getreten. Das Verbot gesundheitsschädlicher Dioxinbelastung in Tierprodukten ist damit durch formelles Gesetz bestimmt worden.[113]

III. Hinreichende Bestimmtheit des § 1 VGÄndG

Der Vorbehalt des Gesetzes fordert weiter, dass der Gesetzgeber den Inhalt des § 1 VGÄndG so bestimmt, dass er *alle wesentlichen Entscheidungen selbst*[114] trifft.

1. Verfassungsrechtliche Anforderungen

Damit wird vom Gesetzgeber eine bestimmte **Regelungsdichte** verlangt.[115] Wie diese Regelungsdichte konkret beschaffen sein muss, so dass alle wesentlichen Entscheidungen im Gesetz getroffen sind, lässt *sich nur im Blick auf den jeweiligen Sachbereich und die Intensität der geplanten oder getroffenen Regelung ermitteln. Die verfassungsrechtlichen Wertungskriterien sind dabei in erster Linie den tragenden Prinzipien des Grundgesetzes, insbesondere den vom Grundgesetz anerkannten und verbürgten Grundrechten zu entnehmen.*[116] Damit trifft sich die aus dem Vorbehalt des Gesetzes abgeleitete Forderung nach hinreichender Regelungsdichte mit dem (allgemeinen) rechtsstaatlichen **Bestimmtheitsgebot**.[117]

Die Norm muss dabei hinsichtlich der wesentlichen Entscheidungen so bestimmt sein, dass der Normbetroffene die Rechtslage erkennen und sein Verhalten

---

Regelungen) und eine Rechtsverordnung i. S. v. Art. 80 GG ist ein nur-materielles Gesetz (da eine nicht vom Parlament geschaffene abstrakt-generelle Regelung). Allerdings wird der dualistische Gesetzesbegriff teilweise kritisiert (*Schneider*, Gesetzgebung, 3. Aufl. 2002, Rn. 24 ff., m. w. N.).

[113] Nach obiger Umschreibung hat das Parlament also über das „Ob" der Regelung entschieden.

[114] Etwa BVerfGE 49, 89 (126); weitere Nachweise etwa bei *Kloepfer*, Der Vorbehalt des Gesetzes im Wandel, JZ 1984, 685 (689).

[115] *Herzog/Grzeszick*, in: Maunz/Dürig (Hrsg.), GG, Loseblatt, Stand: Dezember 2007, Art. 20 VI, Rn. 75; synonym wird auch von *Regelungsintensität* gesprochen.

[116] BVerfGE 49, 89 (127) – Kalkar I. Kritisch gegenüber der unklaren Festlegung, was denn „wesentlich" sei *Kloepfer*, Der Vorbehalt des Gesetzes im Wandel, JZ 1984, 685 (689 ff., 692 f.), der stattdessen den Parlamentsvorbehalt anders konstruieren möchte, ibid. (694 f.). Normativ erfordert die Bestimmung des „Wesentlichen" in jedem Fall vom Bearbeiter eine grundgesetzgestützte Auslegung, s. *Sommermann*, in: v. Mangoldt/Klein/Starck (Hrsg.), GG, Bd. 2, 6. Aufl. 2010, Art. 20, Rn. 275 ff.

[117] Vgl. auch BVerfGE 120, 378 (407 f.) – automatische Kennzeichenerfassung. Allgemein zum Bestimmtheitsgebot *Sommermann*, in: v. Mangoldt/Klein/Starck (Hrsg.), GG, Bd. 2, 6. Aufl. 2010, Art. 20, Rn. 289 (vgl. auch Rn. 288 ff. für die Einbettung im Rechtsstaatsprinzip). Bestimmtheitsgebote können spezifische Ausprägungen verlangen, so ausdrücklich in Art. 80 I 2 GG (hinreichend bestimmte Ermächtigung zum Erlass von Rechtsverordnungen), oder implizit, vgl. BVerfGE 110, 33 (53): Ermächtigung zum Eingriff in ein durch Art. 10 I GG geschütztes Grundrecht muss bereichsspezifisch, präzise und normenklar festgelegt werden, sowie *Durner*, in: Maunz/Dürig (Hrsg.), GG, Loseblatt, Stand: Januar 2010, Art. 10, Rn. 136 ff.

danach einrichten kann.[118] *Das rechtsstaatliche Gebot der Gesetzesbestimmtheit bedeutet jedoch nicht, da[ss] der Gesetzgeber gezwungen wäre, sämtliche Tatbestände ausschließlich mit exakt erfa[ss]baren Merkmalen zu umschreiben. Generalklauseln oder unbestimmte, wertausfüllungsbedürftige Begriffe sind verfassungsrechtlich nicht zu beanstanden, wenn sich mit Hilfe der üblichen Auslegungsmethoden – wozu auch die verfassungskonforme Auslegung gehört – eine hinreichende Grundlage für die Auslegung und Anwendung der Norm gewinnen lä[ss]t.*[119] Somit ist die Verwendung **unbestimmter Rechtsbegriffe** verfassungsgemäß, wenn sich mit Hilfe der üblichen Auslegungsmethoden eine hinreichende Grundlage für die Auslegung und Anwendung der Norm gewinnen lässt.[120] Das Bestimmtheitsgebot stellt sich damit letztlich (nur) als *Bestimmbarkeits*gebot dar. Wann eine hinreichende Bestimmbarkeit vorliegt, kann dabei nicht abstrakt bestimmt werden; die konkreten Anforderungen richten sich vielmehr nach Art und Schwere der Regelung und beziehen insb. die grundrechtliche Bedeutung der Regelung mit ein.[121]

2. Hinreichende Bestimmbarkeit des Verbots von „gesundheitsschädlichen Dioxinbelastungen"

Fraglich ist damit, ob der Gesetzgeber das Verbot von „gesundheitsschädlichen Dioxinbelastungen" in § 1 VGÄndG so hinreichend bestimmt hat, wie dies zu tun ihm vorbehalten ist.

Dagegen spricht, dass die Bestimmung der Belastungsgrenzen im Mittelpunkt des Lebensmittelschutzes nach dem VG steht. Zudem wäre es in diesem Bereich möglich, den Anknüpfungspunkt „Gesundheitsschaden" an exakte, naturwissenschaftlich überprüfbare Angaben zu knüpfen, wie dies auch bisher in § 1 VG a. F. der Fall war. Hinter der Belastungsgrenze steckt das Ziel des Konsumentenschutzes, das dem Gesetzgeber gem. Art. 2 II 1 GG jedenfalls allgemein aufgegeben ist. Geht man von der Gefahr für eine Vielzahl von Personen aus, die von verseuchten Lebensmitteln droht, könnte dies dafür sprechen, dass bei derart empfindlich gefährdeten Schutzgütern eine möglichst detaillierte Grenzwertfestlegung durch den Gesetzgeber selbst erfolgen muss. Dies könnte umso mehr gelten, als die Behör-

---

[118] *Sommermann*, in: v. Mangoldt/Klein/Starck (Hrsg.), GG, Bd. 2, 6. Aufl. 2010, Art. 20, Rn. 289; *Hofmann*, in: Schmidt-Bleibtreu et al. (Hrsg.), GG, 12. Aufl. 2011, Art. 2, Rn. 41, jeweils mit zahlreichen Nachweisen der Rechtsprechung des BVerfG.

[119] BVerfGE 47, 327 (385).

[120] Unstr.: st. Rspr. des BVerfG, vgl. nur BVerfGE 78, 214 (226, m. w. N.); 87, 234 (263, m. w. N.); und Auffassung der Literatur, vgl. *Sommermann*, in: v. Mangoldt/Klein/Starck (Hrsg.), GG, Bd. 2, 6. Aufl. 2010, Art. 20, Rn. 289; *Hofmann*, in: Schmidt-Bleibtreu et al. (Hrsg.), GG, 12. Aufl. 2011, Art. 2, Rn. 42.
„Unbestimmter Rechtsbegriff" ist ein *terminus technicus*. Er meint Begriffe, die besonders uneindeutig sind, etwa „angemessen" oder „störend". Da es allerdings keine „bestimmten Rechtsbegriffe" gibt, sondern *jeder* Begriff auslegungsbedürftig sein kann, bilden unbestimmte Rechtsbegriffe keine qualitative Sonderkategorie. Folgerichtig sind unbestimmte Begriffe so lange verfassungsmäßig, wie sie mit dem juristischen Handwerkszeug (der Auslegung) bewältigt werden können.

[121] Vgl. BVerfGE 120, 378 (408, m. w. N.); *Hopfauf*, in: Schmidt-Bleibtreu et al. (Hrsg.), GG, 12. Aufl. 2011, Einl., Rn. 134, m. w. N.

den zur Konkretisierung des unbestimmten Rechtsbegriffs der „gesundheitsgefährlichen" Dioxinbelastungen die Expertise von Humanmedizinern heranziehen werden, die aber verschiedene Auffassungen über die Schwellenwerte vertreten. Die damit notwendige Abwägung und Entscheidung könnte daher dem Gesetzgeber aufgegeben sein.

Die aktuelle Situation der Forschung kann aber gerade *gegen* die Forderung nach konkreter Grenzwertfestlegung vorgebracht werden. Während die Behörden (die ja ebenfalls gem. Art. 1 III GG an Art. 2 II 1 GG gebunden ist) flexibel auf neue medizinische Erkenntnisse reagieren können, indem sie den Begriff der Gesundheitsschädlichkeit angepasst konkretisieren, ist das dem Gesetzgeber nicht in einer ähnlichen Weise möglich. Er müsste jeweils das Gesetz anpassen, was regelmäßig weit mehr Zeit in Anspruch nimmt als die Verwaltungsanpassung. Gerade eine dynamische Materie, bei der ständig neue Forschungsergebnisse zu erwarten sind, ist zur Konkretisierung durch die Fachbehörden besonders geeignet.[122]

Zugleich erlaubt der unbestimmte Rechtsbegriff weitere Differenzierungen: die Verwaltung könnte etwa für Tierprodukte, die in Säuglingsnahrungsmitteln verarbeitet werden, eine andere Konkretisierung der Gesundheitsschädlichkeit vornehmen als für solche, die für Erwachsenennahrung Verwendung finden. Dazuhin sprechen die Fachkenntnisse der Behörden dafür, ihr eine eigene Bewertung zu ermöglichen. Es wäre ein Missverständnis, würde man das gewaltenteilenden System des GG als Gewaltenhierarchie verstehen, in dem Parlamentssuprematie herrscht und exekutivisches Handeln ein staatliches Handeln minderer Qualität darstellt;[123] Leitbild des GG ist vielmehr die Orientierung an der **funktionsgerechten Organstruktur**.[124] Dabei spricht die behördliche Expertise für eine Ansiedlung der Konkretisierung auf der Verwaltungsebene.

Sollten Bedenken insoweit bestehen, dass verschiedene Landesbehörden (vgl. Art. 84 I 1 GG) die Gesundheitsschädlichkeit unterschiedlich bewerten, ist dem mit der Möglichkeit allgemeiner Verwaltungsvorschriften (Art. 84 II GG) und dem gegenseitigen Lernen der Behörden voneinander (*best practices*) zu begegnen.

Folglich hat der Gesetzgeber die wesentliche Entscheidung damit getroffen, dass er sich *überhaupt* für Dioxinbelastungsgrenzen entschieden hat. Die Normierung, dass die Belastung nicht „gesundheitsschädlich" sein darf, ist hinreichend bestimmt: dass eine Auslegung von „gesundheitsschädlich" unter Anwendung der anerkannten Methoden durch Behörden und Gerichten nicht möglich wäre, ist

---

[122] Vgl. BVerfGE 101, 1 (33 ff.) – Legehennenhaltungsverordnung, dort zur Bestimmung der technischen Parameter der Käfighaltung von Hennen.
[123] Vgl. BVerfGE 49, 89 (89 – LS 1, 124 ff.).
[124] *Ossenbühl*, in: Isensee/Kirchhof (Hrsg.), Handbuch des Staatsrechts, Bd. V, 3. Aufl. 2007, § 101: Vorrang und Vorbehalt des Gesetzes, Rn. 60 mit Verweis auf *Otto Küster*.

nicht ersichtlich.[125] Der Gesetzgeber darf daher die Konkretisierung verfassungsmäßig der Exekutive (und Judikative) überlassen.[126]

B. Ergebnis

Der Gesetzgeber regelt in § 1 VGÄndG die wesentlichen Entscheidungen über die Dioxinbelastung durch formelles Gesetz so hinreichend bestimmt, dass die Norm mit dem Demokratie- und Rechtsstaatsprinzip in Form des Vorbehalts des Gesetzes vereinbar ist.

Frage 4

Fraglich ist, ob § 3 VGÄndG mit dem Rechtsstaatsprinzip vereinbar ist. Bedenken bestehen insoweit als die Norm solchen Lebensmittelproduzenten bestimmte Kontrollmitwirkungspflichten auferlegt, die gegen die *vor* dem Inkrafttreten des VGÄndG geltenden Höchstbelastungsgrenzen verstoßen *haben*, obwohl die damalige Rechtslage eine solche Rechtsfolge gar nicht vorgesehen hat. Bei diesem **rückwirkenden Gesetz** konnten sich die Rechtsadressaten folglich nicht auf die Rechtsfolge „besondere Kontrollmitwirkungspflichten" einrichten.[127] Dies könnte rechtsstaatswidrig sein.

A. § 3 VGÄndG als Verstoß gegen das absolute Rückwirkungsverbot des Art. 103 II GG

§ 3 VGÄndG könnte als Strafbarkeitsbestimmung zu qualifizieren sein. Für rückwirkende Strafbarkeitsbestimmung statuiert Art. 103 II GG dabei als spezielle Rückwirkungsnormierung[128] ein **absolutes Rückwirkungsverbot**. Fraglich ist daher, ob die Rechtspflicht zur Duldung der Probenentnahmen eine Bestrafung i. S. v. Art. 103 II GG und § 3 VGÄndG somit rückwirkende Strafbarkeitsbestimmung darstellt. Hierzu ist zu bestimmen, was als „Bestrafung" i. S. v. Art. 103 II GG zu verstehen ist.

Der Anwendungsbereich von Art. 103 [II] GG ist auf staatliche Maßnahmen beschränkt, die eine missbilligende hoheitliche Reaktion auf ein rechtswidriges, schuldhaftes Verhalten darstellen und wegen dieses Verhaltens ein Übel verhängen, das dem Schuldausgleich dient. Andere staatliche Eingriffsmaßnahmen wer-

---

[125] Zur Konkretisierung von Begriffen im Zusammenspiel zwischen Gesetzgeber, Verwaltung und Gerichten vgl. *Sommermann*, in: v. Mangoldt/Klein/Starck (Hrsg.), GG, Bd. 2, 6 Aufl. 2010, Art. 20, Rn. 289.

[126] A. A. vertretbar, wichtig ist eine argumentative Auseinandersetzung.
Der Begriff „gesundheitsschädlich" wird übrigens tatsächlich in Gesetzen verwendet: In § 47f I Nr. 2 BImSchG etwa wird der Verordnungsgeberin ermächtigt, Berechnungsmethoden zur Bewertung gesundheitsschädlicher Auswirkungen festzulegen.

[127] Vgl. im Kontext *Grimm*, Stufen der Rechtsstaatlichkeit, JZ 2009, 596 (597).

[128] Wiederholung: Es steht stets vom Besonderen zum Allgemeinen hin zu prüfen – die spezielle Norm geht vor.

den von Art. 103 [II] GG nicht erfasst. Es genügt nicht, dass eine Maßnahme [bloß] an ein rechtswidriges Verhalten anknüpft.[129]

Lebensmittelproduzenten, die gegen die vor dem Inkrafttreten des VGÄndG bestehenden Dioxinbelastungsgrenzen verstoßen haben, werden nach § 3 VGÄndG bestimmten Verfahrensvorschriften unterworfen, die anderen Produzenten nicht auferlegt werden. Dies mögen sie persönlich als „Strafe" empfinden.[130] Eine insb. am Zweck orientierte Auslegung der Norm ergibt jedoch, dass sie an den begründeten Verdacht anknüpft, wonach Lebensmittelproduzenten, die schon einmal eine Belastungsgrenze missachtet haben, dies erneut tun könnten. Präventiv werden sie daher besonderer Kontrolle nach § 3 VGÄndG unterworfen. Folglich soll mit der Duldung der Kontrolle kein Ausgleich begangenen Unrechts erzielt werden (strafende Repression), sondern präventiv wirkende Gefahrenabwehr.

§ 3 VGÄndG ordnet damit keine Bestrafung i. S. v. Art. 103 II GG an. Dessen absolutes Rückwirkungsverbot steht der Norm daher nicht entgegen.

B. § 3 VGÄndG als Verstoß gegen allgemeine rechtsstaatliche Rückwirkungsvorgaben

§ 3 VGÄndG könnte jedoch mit den allgemeinen rechtsstaatlichen Prinzipien unvereinbar sein.

I. Verfassungsrechtliche Grundlagen der Typenbildung von echter und unechter Rückwirkung

Ein Strukturelement der Verfassung nach dem GG ist das Rechtsstaatsprinzip, das teils abstrakt (vgl. Art. 28 I 1 GG), teils in spezifischer Ausprägung (vgl. Art. 20 III 2 GG) zum Ausdruck kommt. *Zu den wesentlichen Elementen des Rechtsstaatsprinzips gehört die Rechtssicherheit [...]. Der Staatsbürger soll die ihm gegenüber möglichen staatlichen Eingriffe voraussehen und sich dementsprechend einrichten können; er mu[ss] darauf vertrauen können, da[ss] sein dem geltenden Recht entsprechendes Handeln von der Rechtsordnung mit allen ursprünglich damit verbundenen Rechtsfolgen anerkannt bleibt. In diesem Vertrauen wird der Bürger aber verletzt, wenn der Gesetzgeber an abgeschlossene Tatbestände ungünstigere Folgen knüpft als an diejenigen, von denen der Bürger bei seinen*

---

[129] BVerfGE 109, 133 (167) – Sicherheitsverwahrung; weitere Nachweise bei *Schmahl*, in: Schmidt-Bleibtreu et al. (Hrsg.), GG, 12. Aufl. 2011, Art. 103, Rn. 24. Zu Bestrafungen i. S. d. Art. 103 II GG zählen insb. Kriminalstrafen des StGB und des Nebenstrafrechts sowie Sanktionen wegen Ordnungswidrigkeiten (Nachweise bei *Schmahl*, ibid.). Problematisch ist dies bei der Sicherungsverwahrung, bei der es sich nach der Auffassung des BVerfG um eine rein präventive Maßnahme handelt, für die Art. 103 II GG nicht einschlägig ist (BVerfGE 109, 133 [167], bestätigt im Urteil des Zweiten Senats vom 4.5.2011, - 2 BvR 2365/09 - u. a., online verfügbar unter http://www.bverfg.de/entscheidungen/rs20110504_2bvr236509.html, Rn. 141 f. [zuletzt abgerufen am 17.11.2011]– zugleich ein instruktives Beispiel für den Einfluss der Rechtsprechung des EGMR auf die Rechtsprechung des BVerfG).

[130] Hier zeigt sich im Übrigen einmal wieder, dass umgangssprachliche Begriffsbesetzungen von juristischen nicht selten abweichen.

Dispositionen ausgehen durfte. Für den Bürger bedeutet Rechtssicherheit in erster Linie Vertrauensschutz.[131]

Allerdings sind **rückwirkende Gesetze** mit diesen rechtsstaatlichen Anforderungen nicht schlechthin unvereinbar.[132] Das Rechtsstaatsprinzip begrenzt jedoch die Befugnis des Gesetzgebers, Rechtsänderungen vorzunehmen, die an Sachverhalte der Vergangenheit anknüpfen, um die Verlässlichkeit der Rechtsordnung als eine Grundbedingung freiheitlicher Verfassungen zu schützen.[133] Allerdings ist die schlichte Erwartung, das geltende Recht werde auch in der Zukunft unverändert fortbestehen, verfassungsrechtlich nicht geschützt.[134] Folglich sind rückwirkende Gesetze weder pauschal verfassungsmäßig noch pauschal verfassungswidrig; vielmehr müssen die widerstreitenden Prinzipien ausgeglichen werden. Dabei sind zwei Konstellationen zu unterscheiden.

Ein rückwirkendes Gesetz kann einerseits nachträglich ändernd in abgewickelte, der Vergangenheit angehörende Tatbestände eingreifen oder den Beginn seiner zeitlichen Anwendung auf einen Zeitpunkt festlegen, der vor dem Zeitpunkt liegt, zu dem die Norm durch ihre Verkündung rechtlich existent, das heißt gültig geworden ist.[135] Hierbei liegt eine **echte Rückwirkung** (synonym: **Rückbewirkung von Rechtsfolgen**) vor.[136]

Demgegenüber kann ein Gesetz andererseits auf gegenwärtige, noch nicht abgeschlossene Sachverhalte und Rechtsbeziehungen für die Zukunft einwirken und damit zugleich die betroffene Rechtsposition nachträglich entwerten oder die Rechtsfolgen einer Norm zwar erst nach ihrer Verkündung eintreten lassen, den Tatbestand dieser Norm aber an Sachverhalte anknüpfen lassen, die bereits vor der Verkündung „ins Werk gesetzt" wurden.[137] Hierin ist eine **unechte Rückwirkung** (synonym: **tatbestandliche Rückanknüpfung von Rechtsfolgen**) zu sehen.[138]

---

[131] BVerfGE 13, 261 (271), dazu auch *Hopfauf*, in: Schmidt-Bleibtreu et al. (Hrsg.), GG, 12. Aufl. 2011, Einleitung, Rn. 133. In der Klausur können diese Bemerkungen auch kürzer gehalten werden, solange die Schlagworte rückwirkendes Gesetz, Rechtsstaatsprinzip, Rechtssicherheit und Vertrauensschutz fallen.

[132] *Hofmann*, in: Schmidt-Bleibtreu et al. (Hrsg.), GG, 12. Aufl. 2011, Art. 20, Rn. 76.

[133] Etwa Beschluss des Ersten Senats des BVerfG vom 7.12.2010, - 1 BvR 2628/07 -, online verfügbar unter http://www.bverfg.de/entscheidungen/rs20101207_1bvr262807.html, Rn. 43 (zuletzt abgerufen am 20.12.2011).

[134] Etwa Beschluss des Ersten Senats des BVerfG vom 7.12.2010, - 1 BvR 2628/07 -, online verfügbar unter http://www.bverfg.de/entscheidungen/rs20101207_1bvr262807.html, Rn. 43 (zuletzt abgerufen am 20.12.2011).

[135] Beschluss des Ersten Senats vom 7.12.2010, - 1 BvR 2628/07 -, online verfügbar unter http://www.bverfg.de/entscheidungen/rs20101207_1bvr262807.html, Rn. 45 (zuletzt abgerufen am 20.12.2011).

[136] Die erste Formulierung wurde ursprünglich vom Ersten Senat, die zweite ursprünglich vom Zweiten Senat gewählt, so *Sommermann*, in: v. Mangoldt/Klein/Starck (Hrsg.), GG, Bd. 2, 6. Aufl. 2010, Art. 20, Rn. 294.

[137] Beschluss des Ersten Senats vom 7.12.2010, - 1 BvR 2628/07 -, online verfügbar unter http://www.bverfg.de/entscheidungen/rs20101207_1bvr262807.html, Rn. 47 (zuletzt abgerufen am 20.12.2011).

[138] Wie Fn. 136.

II. Qualifikation des § 3 VGÄndG

Fraglich ist, ob § 3 VGÄndG eine echte oder eine unechte Rückwirkung anordnet. Maßgeblicher Tatbestand ist die Produktion von Lebensmitteln, deren Dioxinbelastungen über dem gem. § 1 VG a. F. zulässigen Wert lagen. Diese Produktion wurde in der Vergangenheit abgeschlossen. Daran ändert sich auch nichts deswegen, weil sich manche der dioxinverseuchten Lebensmittel noch im Umlauf befinden mögen, da § 3 VGÄndG keine Regelung über diese Altprodukte trifft.[139] Folglich knüpft die Norm an einen Tatbestand an, der in der Vergangenheit abgeschlossen wurde und nicht in die Gegenwart fortwirkt. Dieser Tatbestand führt in der Gegenwart zu Rechtsfolgen, auf die sich die betroffenen Lebensmittelproduzenten zum Zeitpunkt der maßgeblichen Handlung nicht einrichten konnten, da das VG a. F. keine Kontrollmitwirkungspflichten i. S. d. § 3 VGÄndG vorgesehen hat. Mit § 3 VGÄndG werden Rechtsfolgen also rückbewirkt, es handelt sich um eine echte Rückwirkung.

III. Verfassungsmäßigkeit der echten Rückwirkung in § 3 VGÄndG

Fraglich ist, ob diese echte Rückwirkung verfassungsmäßig ist.[140]

Das GG schützt grundsätzlich das Vertrauen darauf, dass die mit abgeschlossenen Tatbeständen verknüpften gesetzlichen Rechtsfolgen anerkannt bleiben; belastende Gesetze sind daher grundsätzlich nur insoweit erlaubt, als Rechtsfolgen für einen frühestens mit der Verkündung beginnenden Zeitraum eintreten.[141] Daraus folgt ein *grundsätzliche[s] Verbot von belastenden Gesetzen mit echter Rückwirkung[. Es] beruht auf dem Gedanken des Vertrauensschutzes, der dem Rechtsstaatsprinzip innewohnt. Ausnahmen können nur dann gelten, wenn das Vertrauen auf eine bestimmte Rechtslage nicht schutzwürdig, weil sachlich nicht gerechtfertigt ist.*[142]

Ein schützenswertes Vertrauen, auch bei Verstoß gegen die Grenzwerte nach § 1 VG a. F. keinen Kontrollduldungspflichten nach § 3 VGÄndG unterworfen zu werden, entfällt hier nicht deshalb, weil mit einer solchen Regelung zu rechnen[143] oder die alte Rechtslage unklar und verworren oder lückenhaft gewesen wäre[144]. Anhaltspunkte sind hierfür nicht ersichtlich, eine auf mangelnden Vertrauensschutz gegründete Rechtfertigung scheidet damit aus.

---

[139] Anders wäre es beispielsweise, wenn § 3 VGÄndG den Produzenten rückwirkend zur Offenlegung der Vertriebswege dieser Altprodukte verpflichten würde.
[140] Zur hier nicht einschlägigen Zulässigkeit einer unechten Rückwirkung, an die geringere Anforderungen gestellt werden, s. *Sommermann*, in: v. Mangoldt/Klein/Starck (Hrsg.), GG, Bd. 2, 6. Aufl. 2010, Art. 20, Rn. 296; *Hofmann*, in: Schmidt-Bleibtreu et al. (Hrsg.), GG, 12. Aufl. 2011, Art. 2, Rn. 39 und *ders.*, ibid., Art. 20, Rn. 80 ff.
[141] *Sommermann*, in: v. Mangoldt/Klein/Starck (Hrsg.), GG, Bd. 2, 6. Aufl. 2010, Art. 20, Rn. 295, mit Nachweisen aus der Rechtsprechung des BVerfG.
[142] BVerfGE 30, 367 (387), dazu *Sommermann*, in: v. Mangoldt/Klein/Starck (Hrsg.), GG, Bd. 2, 6. Aufl. 2010, Art. 20, Rn. 295.
[143] Vgl. BVerfGE 30, 367 (387 f.).
[144] Vgl. BVerfGE 30, 367 (388 f., m. w. N.).

Neben der mangelnden Schutzwürdigkeit kann sich eine Rechtfertigung aber auch aus zwingenden Gründen des Gemeinwohls ergeben[145] oder in einer ganz unerheblichen Belastung durch die echte Rückwirkung liegen.[146]

§ 3 VGÄndG dient dem Gesundheitsschutz der Bevölkerung vor belastetem Fleisch. Hinter diesem Anliegen steht der Schutz der körperlichen Integrität und sogar des Lebens der Konsumenten. Damit ist ein hoher Wert des Gemeinwohls berührt, wie Art. 2 II 1 GG zeigt.[147] Die Annahme, ein früherer Verstoß gegen Belastungsgrenzen rechtfertige wegen der Wiederholungsgefahr eine besondere Kontrollintensität solcher Produzenten, ist nicht eindeutig abzulehnen, die Eignung der Kontrollduldungspflichten zum Gesundheitsschutz ist damit zu bejahen. Ein zwingender Grund des Gemeinwohls steht damit dem Vertrauen gegenüber, ein Verstoß gegen die Belastungsgrenzen (nach § 1 VG a. F.) werde zu keinen Kontrollduldungspflichten führen. Dass dieses Vertrauen besonderen Schutz genießen sollte, ist normativ nicht zu begründen.

Folglich gehen zwingende Gründe des Gemeinwohls, die im Schutz des Bevölkerung vor vergifteten Lebensmitteln liegen, dem Vertrauen der betroffenen Produzenten vor. Die unechte Rückwirkung in § 3 VGÄndG ist damit gerechtfertigt.

Sie könnte dazuhin gerechtfertigt sein, wenn es sich um eine sachlich begründete rückwirkende Gesetzesänderung handelt, bei der kein oder nur ein ganz unerheblicher Schaden verursacht wird.[148] Auch bei einer solchen Bagatellbelastung bedürfte es keines Schutzes des Vertrauens vor rückwirkender Gesetzesänderung.

Ein Schaden muss dabei durch das Vertrauen auf das Fortbestehen der Rechtslage entstanden sein. *Die gesetzliche Regelung mu[ss dabei] generell geeignet sein, aus dem Vertrauen auf ihr Fortbestehen heraus Entscheidungen und Dispositionen herbeizuführen oder zu beeinflussen, die sich bei Änderung der Rechtslage als nachteilig erweisen.*[149] Es scheint schon fraglich, welche Entscheidung oder Disposition ein betroffener Lebensmittelproduzent anders getroffen hätte, hätte er um den Regelungsgehalt des § 3 VGÄndG gewusst; in jedem Fall sind die Kontrollduldungspflichten von so geringer Belastung, dass kein Vertrauen auf deren Ausbleiben anzuerkennen ist. Die unechte Rückwirkung nach § 3 VGÄndG ist folglich auch aufgrund eines Bagatellvorbehalts[150] gerechtfertigt.

---

[145] BVerfGE 72, 200 (258); weitere Nachweise bei *Sommermann*, in: v. Mangoldt/Klein/Starck (Hrsg.), GG, Bd. 2, 6. Aufl. 2010, Art. 20, Rn. 295.

[146] Vgl. die Nachweise der Rechtsprechung des BVerfG bei *Sommermann*, in: v. Mangoldt/Klein/Starck (Hrsg.), GG, Bd. 2, 6. Aufl. 2010, Art. 20, Rn. 295, und die entsprechende Typisierung: unechte Rückwirkung verfassungsmäßig, wenn (1) auf Fortbestand der Regelung nicht zu vertrauen war; (2) unklare Rechtslage bestand; (3) nur Bagatellnachteil eintritt; (4) oder zwingende Gründe des Gemeinwohls dem Vertrauensschutz vorgehen.

[147] Wie immer gilt: Solche Wertungen („hoher Wert des Gemeinwohls") sind, insb. bei unbestimmten Rechtsbegriffen, normativ (also mit dem GG) zu begründen.

[148] BVerfGE 30, 367 (389).

[149] BVerfGE 30, 367 (389).

[150] *Sommermann*, in: v. Mangoldt/Klein/Starck (Hrsg.), GG, Bd. 2, 6. Aufl. 2010, Art. 20, Rn. 295.

C. Ergebnis

Die in § 3 VGÄndG angeordnete echte Rückwirkung ist mit den rechtsstaatlichen Grundsätzen des Vertrauensschutzes vereinbar.

Frage 5

Fraglich ist, ob § 2 S. 2 SÄndG zum Erlass einer Rechtsverordnung zur Regelung der Höchstgeschwindigkeiten auf öffentlichen Straßen ermächtigt. Dazu muss er den Vorgaben des Art. 80 I 1, 2 GG entsprechen.[151]

A. Formelle Verfassungsmäßigkeit der Ermächtigung

Fraglich ist, ob § 2 S. 2 SÄndG als formell verfassungsmäßiges Gesetz zu qualifizieren ist, wie es Art. 80 I 1 GG voraussetzt.
Die Ermächtigung muss nach Art. 80 I 1 GG als Gesetz im formellen Sinn zu qualifizieren sein.[152] Zur Regelung der Höchstgeschwindigkeiten auf öffentlichen Straßen ist der Bund gem. Art. 74 I Nr. 22 i. V. m. Art. 72 II GG kompetent. Das SÄndG ist weiter in einem ordnungsgemäßen Gesetzgebungsverfahren nach Art. 76 ff. GG zustande gekommen, ist also Gesetz im formellen Sinn.

§ 2 S. 2 SÄndG ist damit ein formell verfassungsmäßiges Gesetz (im formellen Sinn).

B. Materielle Verfassungsmäßigkeit der Ermächtigung

Weiter muss § 2 S. 2 SÄndG seinem Inhalt nach verfassungsmäßig sein, also insb. Art. 80 I 1, 2 GG entsprechen.

I. Ermächtigung eines Hauptdelegatars

§ 2 S. 2 SÄndG ermächtigt die Bundesregierung[153] zum Erlass einer Rechtsverordnung, mithin einen nach Art. 80 I 1 GG statthaften Hauptdelegatar.

II. Vorgaben aufgrund des Vorbehalts des Gesetzes

Die Ermächtigung könnte mit den Anforderungen des Vorbehalts des Gesetzes in der Ausprägung des Art. 80 I GG unvereinbar sein.[154] Zwar hat sich der Gesetzge-

---

[151] Die anderen Vorschriften des Art. 80 GG sind hier erkennbar irrelevant und sollten daher nicht angesprochen werden.
[152] *Sannwald*, in: Schmidt-Bleibtreu et al. (Hrsg.), GG, 12. Aufl. 2011, Art. 80, Rn. 47, m. w. N. Wiederholung (vgl. auch oben Fn. 112): Aufgrund der Ermächtigung, eines Gesetzes im formellen Sinn, wird eine Rechtsverordnung, ein Gesetz im materiellen Sinn, erlassen (vgl. etwa unter Rückgriff auf die überkommene Staatsrechtslehre *Maunz*, in: ders./Dürig [Hrsg.], GG, Loseblatt, Stand: Grundwerk [ohne Datumsangabe], Art. 80, Rn. 14).
[153] Als Kollegialorgan; für die Erfordernisse eines Erlasses durch „die Bundesregierung" s. *Sannwald*, in: Schmidt-Bleibtreu et al. (Hrsg.), GG, 12. Aufl. 2011, Art. 80, Rn. 87 f.

ber in § 2 S. 1 SÄndG dafür entschieden, die Geschwindigkeit auf öffentlichen Straßen überhaupt zu begrenzen. Die genauere Ausgestaltung hat er aber der Bundesregierung überlassen und sie dabei lediglich an die Beachtung des „Gemeinwohls" gebunden.

Fraglich ist dabei zunächst, ob der Bund zur Regelungsdelegation befugt ist. Er ist zur Festlegung der Höchstgeschwindigkeit gem. Art. 74 I Nr. 22 i. V. m. 72 II GG kompetent. Das schließt in den Grenzen des Art. 80 I GG die partielle Übertragung dieser Normsetzungsbefugnis auf die Verordnungsgeberin ein,[155] soweit dies mit den allgemeinen Prinzipien des Vorbehalts des Gesetzes vereinbar ist. Danach verpflichten Rechtsstaats- und Demokratieprinzip den Gesetzgeber, in grundlegenden normativen Bereichen, zumal im Bereich der Grundrechtsausübung, alle wesentlichen Entscheidungen selbst zu treffen, soweit diese staatlicher Regelung zugänglich sind.[156] Dies erfordert nicht nur eine Entscheidung über wesentliche Aspekte überhaupt (Ob), sondern auch eine hinreichende Regelungstiefe (Wie). Letztere müssen damit dem Bestimmtheitsgebot genügen, dessen allgemeine Vorgaben durch Art. 80 I 2 GG spezifiziert werden.[157]

Die Regelung der Geschwindigkeitsbegrenzungen auf den öffentlichen Straßen betrifft jeden Teilnehmer am Straßenverkehr direkt oder indirekt, ist damit von äußerst weitreichender Bedeutung. Es handelt sich folglich um einen grundlegenden Bereich, dessen wesentliche Entscheidungen der Gesetzgeber selbst regeln muss. Fraglich ist, wie dicht die Bestimmung dabei sein muss (Regelungsdichte). Die Begrenzung der Geschwindigkeit auf öffentlichen Straßen beschränkt nur die allgemeine Handlungsfreiheit (Art. 2 I GG); die Eröffnung des sachlichen Schutzbereichs eines anderen Grundrechts ist nicht ersichtlich. Es ist nicht zu erkennen, dass ein besonders schutzwürdiges Recht der Straßenverkehrsteilnehmer darauf besteht, mit unbegrenzter Geschwindigkeit fahren zu dürfen. Somit liegt mit § 2 S. 2 SÄndG kein Regelungsbereich vor, bei dem ein intensiver Grundrechtseingriff oder ein anderes tragendes Prinzip des GG besonders enge Anforderungen an die gesetzgeberische Entscheidung stellt. Damit kann der Bundesregierung in diesem Bereich ein großer Umsetzungsspielraum eingeräumt werden, ohne dass dies gegen den Vorbehalt des Gesetzes verstieße.[158]

---

[154] Das Verhältnis von allgemeinem Vorbehalt des Gesetzes (also Parlamentsvorbehalt plus Rechtssatzvorbehalt/Bestimmtheitsgebot) zum Vorbehalt des Art. 80 I 1, 2 GG (vgl. etwa BVerfGE 49, 89 [127]) ist Gegenstand zahlreicher Ausführungen, s. nur die Nachweise bei *Brenner*, in: v. Mangoldt/Klein/Starck (Hrsg.), GG, Bd. 2, 6. Aufl. 2010, Art. 80, Rn. 34, Fn. 87. Eine Klausur ist nicht der richtige Ort, hierzu Ausführungen zu machen, es genügt ein Hinweis wie hier.

[155] BVerfGE 101, 1 (31).

[156] Ausführlich, im Kontext und m. w. N. oben S. 437 f. In der Klausur können diese Ausführungen auch kürzer gehalten werden.

[157] Näher oben Frage 3.

[158] Zu den Regelungsanforderungen in Abhängigkeit von Art und Intensität des Eingriffs vgl. *Sannwald*, in: Schmidt-Bleibtreu et al. (Hrsg.), GG, 12. Aufl. 2011, Art. 80, Rn. 72 ff.

III. Gesetzgeberische Entscheidung über die wesentlichen normativen Fragen

Der Gesetzgeber hat sich in § 2 S. 1 SÄndG dafür entschieden, dass auf öffentlichen Straßen überhaupt Geschwindigkeitsbegrenzungen gelten sollen. Fraglich ist, ob damit alle wesentlichen Fragen im Bereich der Geschwindigkeitsbegrenzung parlamentarisch geregelt sind. Denkbar ist beispielsweise, dass auch die Festlegung von Höchstgeschwindigkeitsklassen in Abhängigkeit zur Art der jeweiligen öffentlichen Straße oder eine absolute Höchstgeschwindigkeit wesentlich für den Sachbereich der Geschwindigkeitsbegrenzungen sind. Dass hierin aber ein normativ zu begründender Kern dieses Sachbereichs liegen sollte, der allein dem Gesetzgeber vorbehalten ist, ist nicht zu erkennen. Damit hat der Gesetzgeber die wesentlichen normativen Fragen der Geschwindigkeitsregelung auf öffentlichen Straßen selbst geregelt und dem Vorbehalt des Gesetzes insoweit genügt.[159]

IV. Hinreichende gesetzliche Bestimmtheit

Fraglich ist weiter, ob die Ermächtigung hinreichend bestimmt ist und so dem speziellen Bestimmtheitsgebot des Art. 80 I 2 GG genügt. Bedenken bestehen hier insoweit als der Gesetzgeber der Bundesregierung lediglich eine einzige nähere Vorgabe für die Regelung der Höchstgeschwindigkeit macht, bei der es sich zudem um den unbestimmten Rechtsbegriff „Gemeinwohl" handelt.

Genausowenig wie jedoch das allgemeine rechtsstaatliche Bestimmtheitsgebot der Verwendung unbestimmter Rechtsbegriffe grundsätzlich entgegensteht, tun dies die speziellen Bestimmtheitsvorgaben des Art. 80 I 2 GG. Entscheidend ist auch hier lediglich die Bestimmbarkeit, also die Möglichkeit, diese Begriffe durch Auslegung zu konkretisieren.[160] Für diese Konkretisierung ist zu beachten, dass die drei Tatbestände Inhalt, Zweck und Ausmaß nicht isoliert voneinander zu verstehen sind, die Trias vielmehr zu einem ganzheitlichen Bestimmtheitsgebot auszulegen ist.[161]

1. Inhalt der Ermächtigung i. S. v. Art. 80 I 2 GG

Art. 80 I 2 GG fordert, dass der Inhalt der Rechtsverordnung schon in der Ermächtigung so genau bestimmt ist, dass der Gesetzgeber selbst entschieden hat, welche Fragen durch die Rechtsverordnung geregelt werden sollen, damit also schon aus dem Gesetz erkennbar wird, welches Programm durch die Rechtsverordnung er-

---

[159] Vgl. auch BVerfGE 101, 1 (34 ff.).
[160] *Brenner*, in: v. Mangoldt/Klein/Starck (Hrsg.), GG, Bd. 2, 6. Aufl. 2010, Art. 80, Rn. 34, m. w. N.; *Sannwald*, in: Schmidt-Bleibtreu et al. (Hrsg.), GG, 12. Aufl. 2011, Art. 80, Rn. 68 ff.
[161] *Brenner*, in: v. Mangoldt/Klein/Starck (Hrsg.), GG, Bd. 2, 6. Aufl. 2010, Art. 80, Rn. 35 ff., m. w. N. Für eine Kurzübersicht über die verschiedenen Ansätze des BVerfG s. *Pieroth*, in: Jarass/Pieroth, GG, 11. Aufl. 2011, Art. 80, Rn. 11.

reicht werden soll, und der Bürger damit vorhersehen kann, in welchen Fällen und mit welcher Tendenz von der Ermächtigung Gebrauch gemacht werden wird.[162]

§ 2 S. 2 SÄndG zeigt, dass die Verordnungsgeberin zur näheren Ausgestaltung der Höchstgeschwindigkeiten auf öffentlichen Straßen ermächtigt wird. Das Programm der Rechtsverordnung ist damit entschieden, der Bürger kann dadurch auch erkennen, mit welcher Tendenz die Bundesregierung von der Ermächtigung Gebrauch machen wird. Problematisch könnte allerdings die Vorgabe sein, dass die Konkretisierung unter Berücksichtigung des „Gemeinwohls" zu erfolgen hat. Dessen Inhalt könnte zu unbestimmt sein.

Belange des Gemeinwohls sind solche, die im öffentlichen Interesse liegen; sie erhalten allerdings erst durch eine kontextbezogene Auslegung eine greifbarere Gestalt.[163] Für die Interpretation von „Gemeinwohl" i. S. v. § 2 S. 2 SÄndG ist dabei in systematischer Auslegung das in § 1 SÄndG statuierte Leitprinzip der Gewährleistung eines hohen Sicherheitsstandards als Auslegungsgrundsatz (in Form eines Optimierungsgebots) heranzuziehen.[164] Dadurch ergibt sich, dass das öffentliche Interesse in besagtem Sicherheitsstandard liegt. Der Gesetzgeber hat somit darüber entschieden, dass sich die nähere Festlegung von Höchstgeschwindigkeiten insb. an der Gewährleistung eines hohen Sicherheitsstandards[165] orientieren muss, die Tendenz des Umsetzungsprogramms ist damit erkennbar.

Damit ist der Inhalt der Ermächtigung hinreichend bestimmt.

2. Zweck der Ermächtigung i. S. v. Art. 80 I 2 GG

Weiter muss der Zweck der Ermächtigung so bestimmt sein, dass sich die Tendenz und das Programm, das verwirklicht werden soll, erkennen und vorhersehen lassen.[166] Entsprechend den Ausführungen unter B. IV. 1. ist § 1 SÄndG als Auslegungsgrundsatz heranzuziehen. Damit ist erkennbar, dass die Geschwindigkeitsbegrenzung so erfolgen muss, dass ein möglichst hohes Schutzniveau erzielt wird. Somit ist auch der Zweck der Ermächtigung hinreichend bestimmt.

---

[162] So eine verkürzte, kompilierte Zusammenfassung der verschiedenen, vom BVerfG verwendeten „Formeln", vgl. *Pieroth*, in: Jarass/Pieroth, GG, 11. Aufl. 2011, Art. 80, Rn. 11. Im Einzelnen ist bei Art. 80 I 2 GG fast alles unklar und umstritten, darauf wird hier aber nicht eingegangen.

[163] Vgl. *Sommermann*, in: v. Mangoldt/Klein/Starck (Hrsg.), GG, Bd. 2, 6. Aufl. 2010, Art. 20, Rn. 14, dort im Zusammenhang mit der Republik.

[164] Für die Konkretisierung eines anderen unbestimmten Rechtsbegriffs vgl. auch BVerfGE 101, 1 (32 f.).

[165] Und nicht etwa an der Verringerung der Kraftstoffverbrauchs.

[166] Mit Verweisen auf die Rechtsprechung des BVerfG *Sannwald*, in: Schmidt-Bleibtreu et al. (Hrsg.), GG, 12. Aufl. 2011, Art. 80, Rn. 66. In der teilweisen Redundanz der hier verwendeten Formulierung spiegelt sich die Rechtsprechung des BVerfG zur einheitlicher Auslegung der Bestimmtheitstrias wider.

3. Ausmaß der Ermächtigung i. S. v. Art. 80 I 2 GG

Die Bestimmtheit des Ausmaßes hängt eng mit dem Zweck der Ermächtigung zusammen. Mit dem Zweck wird das Ziel der Regelung vorgegeben, damit dem Delegatar ein Programm an die Hand gegeben, das für die Bestimmung der Grenzen der Zielerreichung (Ausmaß) relevant ist.[167]
§ 2 S. 2 (i. V. m. § 1) SÄndG verdeutlicht, dass eine Geschwindigkeitsregelung dann nicht mehr von der Ermächtigung gedeckt ist, wenn sie Gemeinwohlbelange missachtet, etwa eine Geschwindigkeitsbegrenzung anordnet, die die Teilnehmer des Straßenverkehrs gefährden würde. Damit werden bestimmte Grenzen hinreichend deutlich, darüber hinausgehende sind nicht geboten. Eine Auslegung ergibt somit ein hinreichend bestimmbares Ausmaß des § 2 S. 2 SÄndG.

V. Zwischenergebnis

Folglich bestimmt § 2 S. 2 SÄndG Inhalt, Zweck und Ausmaß der Ermächtigung in einer Art. 80 I 2 GG genügenden Weise. Insgesamt erfüllt diese Ermächtigung damit die Anforderungen, die der Vorbehalt des Gesetzes in der Ausprägung des Art. 80 I GG stellt.

C. Ergebnis

§ 2 SÄndG ermächtigt die Bundesregierung verfassungsgemäß zum Erlass einer Rechtsverordnung, die die Höchstgeschwindigkeit auf öffentlichen Straßen festlegt. Da das SÄndG am 30.7.2012 in Kraft getreten ist, kann eine darauf beruhende Rechtsverordnung zum Zeitpunkt des 1.8.2012 in Kraft treten.[168]

Frage 6

Fraglich ist, ob das **Zitiergebot** des Art. 80 I 3 GG von der Bundesregierung verlangt, dass sie beim Erlass einer Rechtsverordnung zur Regelung der Höchstgeschwindigkeiten auf öffentlichen Straßen zwei Ermächtigungen zitiert, wenn sie sich sachlich neben der Ermächtigung aus § 2 S. 2 SÄndG auf eine weitere Ermächtigung beziehen möchte. Mangels ausdrücklicher Anordnung muss dies mittels einer systematisch-teleologischen Auslegung beantwortet werden.

Im gewaltenteilenden System des Grundgesetzes dient das Zitiergebot dem Zweck, die Delegation von Rechtssetzungskompetenz auf die Exekutive in ihren gesetzlichen Grundlagen verständlich und kontrollierbar zu machen. [...] Das Zitiergebot des Art. 80 [I 3] GG soll nicht nur die gesetzliche Ermächtigungsgrundlage kenntlich und damit auffindbar machen. Es soll auch die Feststellung ermöglichen, ob der Verordnung[s]geber beim Erla[ss] der Regelungen von einer ge-

---

[167] Mit Verweis auf die Rechtsprechung des BVerfG *Sannwald*, in: Schmidt-Bleibtreu et al. (Hrsg.), GG, 12. Aufl. 2011, Art. 80, Rn. 67.
[168] Vgl. *Sannwald*, in: Schmidt-Bleibtreu et al. (Hrsg.), GG, 12. Aufl. 2011, Art. 80, Rn. 51.

setzlichen Ermächtigung überhaupt Gebrauch machen wollte [...]. Die Exekutive mu[ss] durch Angabe ihrer Ermächtigungsgrundlage sich selbst des ihr aufgegebenen Normsetzungsprogramms vergewissern und hat sich auf dieses zu beschränken. Es kommt daher nicht nur darauf an, ob sie sich überhaupt im Rahmen der delegierten Rechtssetzungsgewalt bewegt, vielmehr mu[ss] sich die in Anspruch genommene Rechtssetzungsbefugnis gerade aus den von ihr selbst angeführten Vorschriften ergeben [...].

Außerdem dient Art. 80 [I 3] GG der Offenlegung des Ermächtigungsrahmens gegenüber dem Adressaten der Verordnung. Das soll ihm die Kontrolle ermöglichen, ob die Verordnung mit dem ermächtigenden Gesetz übereinstimmt. Art. 80 [I 3] GG statuiert insoweit ein rechtsstaatliches Formerfordernis, das die Prüfung erleichtern soll, ob sich der Verordnung[s]geber beim Erla[ss] der Verordnung im Rahmen der ihm erteilten Ermächtigung gehalten hat. [...] Hiervon ausgehend mu[ss] eine Verordnung, die auf mehreren Ermächtigungsgrundlagen beruht, diese vollständig zitieren und bei inhaltlicher Überschneidung mehrerer Ermächtigungsgrundlagen diese gemeinsam angeben.[169]

Das bedeutet: Der Verordnungsgeber ist grundsätzlich frei in der Entscheidung, ob er von mehreren Ermächtigungen Gebrauch machen möchte.[170] Hat er sich aber dafür entschieden, eine Rechtsverordnung sachlich auf mehrere Ermächtigungen zu stützen, ist er *nicht frei, von mehreren Ermächtigungsgrundlagen, auf denen die Verordnung beruht, nur eine zu benennen. Ohne Angabe der weiteren Ermächtigungsgrundlagen weist der Verordnung[s]geber seine Rechtssetzungsbefugnis nicht vollständig nach. Er verhindert oder erschwert damit auch die Kontrolle, ob die Grenzen seiner Rechtssetzungsmacht gewahrt sind.*[171]

Möchte die Bundesregierung also eine Rechtsverordnung zur Regelung der Höchstgeschwindigkeiten auf öffentlichen Straßen erlassen, die sich neben § 2 S. 2 SÄndG auf eine weitere Ermächtigung stützen soll, muss sie beide Ermächtigungen zitieren.

Unterlässt sie dies, so verletzt sie das Zitiergebot des Art. 80 I 3 GG und damit ein *„unerlä[ss]liches Element des demokratischen Rechtsstaates"* [...]. *Ein solcher Mangel führt deshalb zur Nichtigkeit der Verordnung.*[172]

---

[169] BVerfGE 101, 1 (41 f.).
[170] S. aber für mögliche Erlass*pflichten* allgemein *Sannwald*, in: Schmidt-Bleibtreu et al. (Hrsg.), GG, 12. Aufl. 2011, Art. 80, Rn. 133.
[171] BVerfGE 101, 1 (44).
[172] BVerfGE 101, 1 (42 f.). Das Zitat entstammt nach BVerfGE 101, 1 (43) *Bartlsperger*, Zur Konkretisierung verfassungsrechtlicher Strukturprinzipien, VerwArch 58 (1967), 249 ff. (270).

Frage 7

Fraglich ist, ob Art. 2 § 1 BtMÄndG verfassungsgemäß ist. Bedenken bestehen insoweit als der Gesetzgeber damit die BtMVO, also eine Rechtsverordnung i. S. v. Art. 80 GG, ändert.

A. Regelungskompetenz

Dem Gesetzgeber könnte die Kompetenz zur genauen Bestimmung verkehrs-, aber nicht verschreibungsfähiger Betäubungsmittel fehlen. Zwar bestehen an seiner grundsätzlichen Gesetzgebungskompetenz nach Art. 74 I Nr. 19 GG (Recht der Betäubungsmittel) i. V. m. Art. 72 I GG keine Zweifel. Allerdings hat der Gesetzgeber in § 2 BtMG die Bundesregierung zur näheren Bestimmung derartiger Stoffe durch Rechtsverordnung ermächtigt. Dadurch könnte er diese Kompetenz verloren haben.

Allerdings lässt das GG nicht erkennen, dass sich der Gesetzgeber mit der Rechtsverordnungsermächtigung seiner Regelungskompetenz in diesem Bereich begeben würde. Vielmehr wirkt *die der Exekutive erteilte Verordnungsermächtigung [...] nur zuweisend, nicht auch abschiebend*[173]. *Der parlamentarische Gesetzgeber begibt sich durch die Verordnungsermächtigung nicht seiner Regelungskompetenz; er bleibt weiter regelungsbefugt und behält sein Zugriffsrecht auf die von der Verordnungsermächtigung umfasste Materie*[174].

Somit kommt dem Bund die Kompetenz zur Definition verkehrs-, aber nicht verschreibungsfähiger Betäubungsmittel durch Gesetz zu, auch wenn hierzu zugleich die Exekutive aufgrund eines Gesetzes kompetent sein sollte. Übt er diese Kompetenz aus, *so nimmt er eine eigene Kompetenz wahr, nicht die Kompetenz der Exekutive*[175].

B. Rechtssatzform des Art. 2 § 1 BtMÄndG

Fraglich ist weiter, ob es sich bei Art. 2 § 1 BtMÄndG um ein Gesetz im formellen Sinn oder eine Rechtsverordnung i. S. v. Art. 80 GG handelt.

Da Art. 2 § 1 BtMÄndG eine Rechtsverordnung, nämlich die BtMVO, ändert, könnte dies dafür sprechen, dass der Gesetzgeber hier als Verordnungsgeber handelt. Man könnte argumentieren, dass in einem System der parlamentarischen Demokratie all diejenigen Handlungsformen, die der Exekutive zur Verfügung stehen, erst recht der Legislative zur Verfügung stehen müssen.

Gegen diese Interpretation, der Gesetzgeber könne einen Rechtssatz in Form einer Rechtsverordnung erlassen, spricht jedoch bereits der Wortsinn des Art. 80 I 1 GG, der eine abschließende Aufzählung der Delegatare vornimmt,[176]

---

[173] BVerfGE 114, 196 (232, m. w. N.) – Beitragssatzsicherungsgesetz.
[174] BVerfGE 114, 196 (232, m. w. N.).
[175] BVerfGE 114, 196 (232).
[176] *Pieroth*, in: Jarass/Pieroth, GG, 11. Aufl. 2011, Art. 80, Rn. 6.

und dabei (vorbehaltlich Art. 80 IV GG) nur bestimmte Organe der Exekutive nennt. Einer Ausweitung durch Erst-recht-Schluss steht die grundgesetzliche Entscheidung für eine eindeutige Zuteilung der Rechtsetzungsformen an die verschiedenen Gewalten entgegen. Danach bestimmt sich auch der Rang einer Norm, der für eine klare Zuordnung von Kompetenzen und Verantwortung notwendig ist und ein Gebot von Rechtsstaats- und Demokratieprinzip darstellt.[177] Der oben genannte Erst-recht-Schluss zeugt daher von einem unzutreffenden Verständnis der Gewaltenteilung, die das GG statuiert: Die Legislative ist nicht etwa die oberste Gewalt, es herrscht keine Parlamentssuprematie oder gar Parlamentssouveränität; vielmehr weist das GG den verschiedenen Gewalten verschiedene Befugnisse zu, wie Art. 20 II 2 GG ergibt. Eine Rechtsverordnung ist also kein formelles Gesetz minderer Art, sondern ein *aliud*[178], dessen Erlass dem Gesetzgeber verwehrt ist.

Folglich steht *dem parlamentarischen Gesetzgeber [...] bei der Rechtsetzung eine freie Formenwahl nicht zu*[179]. Der Gesetzgeber kann somit nur in der Gestalt eines formellen Gesetzes rechtsetzend tätig werden.[180] Bei Art. 2 § 1 BtMÄndG handelt es sich folglich um ein Gesetz im formellen Sinn.

C. Verfassungsrechtliche Anforderungen an das verordnungsändernde Gesetz des Art. 2 § 1 BtMÄndG

Fraglich ist, ob und unter welchen Voraussetzungen der Gesetzgeber befugt ist, Rechtsverordnungen durch formelles Gesetz zu ändern, und was hieraus für Art. 2 § 1 BtMÄndG folgt.

I. Verfassungsrechtliche Anforderungen

1. Verfassungswidrigkeit von verordnungsändernden Gesetzen

Verordnungsändernde Gesetze könnten stets verfassungswidrig sein. Dafür spricht, dass das GG in Art. 76 ff. GG einerseits und Art. 80 GG andererseits Handlungsformen ausschließlich der Legislative bzw. der Exekutive zugewiesen hat. Ein verordnungsänderndes Gesetz stellt nun einen materiellen „Durchgriff" eines formellen Gesetzes auf den Inhalt einer Rechtsverordnung dar, der mit dieser Trennung schlechthin unvereinbar sein könnte.

Dagegen könnte jedoch eingewendet werden, dass der Gesetzgeber demokratisch dazu legitimiert ist, seine Änderungsvorhaben umfassend selbst zu verwirklichen.[181] Entscheidet er sich für die Änderung eines komplexen Regelungsgefüges, in dem formelles Gesetzesrecht und darauf beruhende Rechtsverordnungen derart verschränkt sind, dass eine Änderung lediglich der formellen Gesetze keine Rechtsänderung insgesamt bewirken würde, könnte er mit einer Änderung nur der

---

[177] BVerfGE 114, 196 (238).
[178] Lat.: anderes; gebräuchlicher juristischer *terminus technicus*.
[179] BVerfGE 114, 196 (238).
[180] BVerfGE 114, 196 (238); vgl. auch Sannwald, in: Schmidt-Bleibtreu et al. (Hrsg.), GG, 12. Aufl. 2011, Art. 80, Rn. 13.
[181] BVerfGE 114, 196 (235).

formellen Gesetze sein Vorhaben nicht umsetzen.[182] Er wäre in diesem Fall gezwungen, entweder den ganzen Regelungskomplex durch formelles Gesetz zu regeln, was aber eine dynamische Anpassung dieses Rechtsbereichs durch die Exekutive später jedenfalls nicht ohne Weiteres möglich macht; oder er ändert nur das formelle Gesetz (inkl. der Ermächtigungen), muss dann aber auf die nachfolgende Anpassung der Rechtsverordnung warten, wobei entgegenstehendes Rechtsverordnungsrecht trotz Änderung der Ermächtigung in dieser Übergangszeit weiter besteht[183]. Dies verhindert eine effektive und effiziente Rechtsreform erheblich und beschränkt damit die anzuerkennende, demokratisch begründete Gestaltungsfreiheit des Gesetzgebers.[184] Dies überwiegt die rechtsstaatlichen und demokratischen Bedenken gegenüber einer gesetzgeberischen Änderung einer Rechtsverordnung.[185]

Somit ist trotz erheblicher Bedenken im Ergebnis nichts grundsätzlich gegen die Änderung von Rechtsverordnungen durch formelles Gesetz einzuwenden.[186]

2. Verfassungsvorgaben an ein verordnungsänderndes Gesetz

Dieses demokratisch begründete Interesse, Recht umfassend und zügig ändern zu können, muss allerdings in einer Weise umgesetzt werden, die der aus dem Rechtsstaatsprinzip folgenden **Rechtssicherheit** genügt.

Anknüpfungspunkt hierfür muss die Unterscheidung von Gesetz und Rechtsverordnung im GG sein. Folglich dürfen *die Grenzen zwischen Gesetz und Verordnung nicht in einer Weise überschritten oder verwischt werden, die der grundsätzlichen Unterscheidung zwischen beiden Regelungsformen und der rechtsstaatlichen Klarheit in Bezug auf Geltungsvoraussetzungen, Rang, Rechtsschutzmög-*

---

[182] BVerfGE 114, 196 (234 f.).
[183] Vgl. dazu oben die Verweise in Lösungshinweis VI., S. 411.
[184] So die Argumentation in BVerfGE 114, 196 (234 f.).
[185] Es sei aber bemerkt, dass diese Argumentation (der Senatsmehrheit) des BVerfG gefährlich nah an einem (unzulässigen) Schluss vom Sein auf ein Sollen liegt. Befremdlich wirken die an den Anfang gestellten Ausführungen der Senatsmehrheit auf die seit über fünfzig Jahren bestehende Staatspraxis und ein „Bedürfnis" danach, BVerfGE 114, 196 (234 f.). Es wird nicht weiter geprüft, ob diesem Bedürfnis auch anders entsprochen werden kann. Dazu kämen zum einen Ermächtigungen in Frage, die das Verordnungsermessen derart reduzieren, dass der Verordnungsgeber zur Änderung in einer bestimmten Zeit verpflichtet würde (vgl. allgemein für eine zulässige Verordnungsermessensreduzierung *Ossenbühl*, in: Isensee/Kirchhof [Hrsg.], Handbuch des Staatsrechts, Bd. V, 3. Aufl. 2007, § 103: Rechtsverordnungen, Rn. 50; *Brenner*, in: v. Mangoldt/Klein/Starck [Hrsg.], GG, Bd. 2, 6. Aufl. 2010, Art. 80, Rn. 71, m. w. N.; *Pieroth*, in: Jarass/Pieroth, GG, 11. Aufl. 2011, Art. 80, Rn. 22). Dazu käme vor allem aber auch in Betracht eine Änderung des Sachbereichs durch formelles Gesetz, ergänzt um eine von der h. M. für verfassungsmäßig gehaltene Ermächtigung zum Erlass einer **gesetzesändernden Rechtsverordnung**. Diese Möglichkeit wird von der Senatsmehrheit entweder verkannt oder (stillschweigend) für verfassungswidrig gehalten. Dazu näher Frage 9.
[186] H. M., etwa BVerfGE 114, 196 (234 ff.); *Brenner*, in: v. Mangoldt/Klein/Starck (Hrsg.), GG, Bd. 2, 6. Aufl. 2010, Art. 80, Rn. 26 ff.; *Sannwald*, in: Schmidt-Bleibtreu et al. (Hrsg.), GG, 12. Aufl. 2011, Art. 80, Rn. 14 ff., m. w. N. Besonders überzeugend ist die Lösung in rechtskonstruktiver Weise m. E. dennoch nicht, insb. mangels differenzierter Auseinandersetzung, ob diesem „Bedürfnis der Staatspraxis" nicht auch anders als durch rechtsverordnungsänderndes Gesetz entsprochen werden kann.

lichkeiten und Verwerfungskompetenzen, die für beide Normtypen unterschiedlich geregelt sind, zuwiderliefe. Durch die Änderung darf keine missverständliche, irreführende Norm entstehen, deren Bezeichnung (Verordnung) und Kennzeichnung als Normsetzung auf Grund einer Ermächtigung (Art. 80 [I 3] GG) zu ihrem tatsächlichen Rang (förmliches Gesetz) und den davon abhängigen Rechtsfolgen im Widerspruch steht.[187] Es ist danach rechtsstaatlich ausgeschlossen, dass erst eine Recherche anhand der Gesetzblätter ergibt, welchem Teil eines Normenkomplexes welcher Rang zukommt.[188] Das rechtsstaatliche Gebot der **Normenklarheit** umfasst nämlich auch das Gebot der **Normenwahrheit**. Daraus folgt, dass die Regelungsüberschrift „Rechtsverordnung" das halten muss, was sie verspricht,[189] nämlich eine Einheit von Normen mit Rechtsverordnungsrang.

Entstünde demgegenüber ein Mischgebilde aus formellem Gesetzes- und Verordnungsrecht[190], dürfte dem Normunterworfenen unklar sein, welchen Rang eine bestimmte Norm in einem solchen Mischgebilde hat. Damit wäre das aus der Rechtssicherheit und damit dem Rechtsstaatsprinzip stammende Postulat der **Rechtsmittelklarheit** verletzt,[191] da sich die unterschiedlichen Arten des Rechtsschutzes nicht ohne Weiteres aus der Norm ablesen lassen (s. etwa die unterschiedlichen Verwerfungskompetenzen, vgl. Art. 100 I GG für Gesetze gegenüber der fachgerichtlichen Verwerfungskompetenz von Rechtsverordnungen).[192] Die Rechtssicherheit führt also i. V. m. der unterschiedlichen Ausgestaltung von Gesetzes- und Rechtsverordnungsrecht zum Erfordernis der **Formenstrenge der Rechtssetzung**[193].

*Die aufgezeigten Schwierigkeiten vermeidet nur eine Lösung, die einerseits der geänderten Verordnung einen **einheitlichen Rang** zuweist und andererseits sicherstellt, dass der Gesetzgeber von dieser Praxis nur in den generellen Grenzen einer Verordnungsermächtigung Gebrauch macht.*[194] Diese Voraussetzungen erfüllt ein verordnungsänderndes Gesetz nur, wenn es (1) im Rahmen der gesetzgeberischen Änderung eines ganzen Sachbereichs ergeht und keine isolierte, punktu-

---

[187] BVerfGE 114, 196 (235 f.).
[188] So jedenfalls die Senatsmehrheit in BVerfGE 114, 196 (236); a. A.: das Sondervotum der Richterin *Osterloh* und des Richters *Gerhardt* BVerfGE 114, 196/250 (251 ff.); *Lepa,* Verfassungsrechtliche Probleme der Rechtsetzung durch Rechtsverordnung, AöR 105 (1980), 337 (351): die Verkündungsblätter zeigen eindeutig den Rang der jeweiligen Norm an, die „Gemengelage gesetzgeberischer Äußerungen unterschiedlichen Ranges" verletzt nicht die Rechtssicherheit.
[189] BVerfGE 114, 196 (236 f.); kritisch zu den einzelnen Punkten BVerfGE 114, 196/250 (252 ff.).
[190] BVerfGE 114, 196 (239 f.).
[191] BVerfGE 114, 196 (237 f.); a. A. BVerfGE 114, 196/250 (254 ff.).
[192] Vgl. BVerfGE 114, 196 (236 ff.). Nach der Rechtsprechung kann eine Rechtsverordnung nicht Gegenstand einer konkreten Normenkontrolle nach Art. 100 I GG sein (BVerfGE 48, 40 [44 f.]; 114, 196 [239 f.]), da Fachgerichte eine Rechtsverordnung selbst prüfen und aufgrund der Verfassungswidrigkeit verwerfen dürfen. Dieses Argument überzeugt die abweichenden Richter nicht, s. BVerfGE 114, 196/250 (254 ff.); im Ergebnis ebenso: *Uhle,* Verordnungsänderung durch Gesetz und Gesetzesänderung durch Verordnung?, DÖV 2001, 241 (243).
[193] BVerfGE 114, 196 (238).
[194] BVerfGE 114, 196 (238).

elle Änderung einer Rechtsverordnung darstellt;[195] (2) nach den Bestimmungen der Art. 76 ff. GG erlassen wird;[196] und (3) sich materiell innerhalb der Grenzen der Ermächtigung i. S. v. Art. 80 I 1, 2 GG hält.[197] Anderenfalls könnte nicht allen Normen, die im Regelwerk einer Rechtsverordnung zusammengefasst sind, ein einheitlicher Rang zugesprochen und damit derselbe Rechtsschutz gegen sie eröffnet werden, was die Rechtsmittelklarheit verletzen würde.[198]

Allein ein diesen Voraussetzungen genügendes verordnungsänderndes Gesetz ist als verfassungsmäßiges, **im parlamentarischen Gesetzgebungsverfahren geschaffenes Verordnungsrecht** anzuerkennen.[199]

II. Verfassungsmäßigkeit des Art. 2 § 1 BtMÄndG

Fraglich ist, ob Art. 2 § 1 BtMÄndG diese Anforderungen erfüllt.[200] Das BtMÄndG regelt mehrere Aspekte des Betäubungsmittelrechts. Die Änderung der BtMVO durch Art. 2 § 1 BtMÄndG erfolgt damit nicht als isolierte Änderung einer Rechtsverordnung, sondern im Kontext der Regelung eines ganzen Sachbereichs. Das BtMÄndG ist weiter als formelles Gesetz nach dem Gesetzgebungsverfahren der Art. 76 ff. GG zustande gekommen. Art. 2 § 1 BtMÄndG hält sich zudem ohne Weiteres in den Grenzen des § 2 BtMG, also der Ermächtigung.

Damit sind jene Voraussetzungen erfüllt, unter denen eine Durchbrechung der grundsätzlichen Trennung der Rechtssatzformen Gesetz und Rechtsverordnung verfassungsmäßig ist.

---

[195] BVerfGE 114, 196 (238).
[196] BVerfGE 114, 196 (238 f.).
[197] BVerfGE 114, 196 (239). Grundsätzlich ablehnend und kritisch hinsichtlich dieser Forderung BVerfGE 114, 196/250 (256 f.).
[198] BVerfGE 114, 196 (239); a. A. Sondervotum BVerfGE 114, 196/250 (254): gerichtlicher Prüfungsgegenstand sei ohnehin nicht ein Regelwerk als solches, sondern nur die Einzelnorm; deren Rang müsse dann eben jeweils bestimmt werden.
[199] Vgl. BVerfGE 114, 196 (233). Die Ausführungen der Senatsmehrheit werden ausschließlich finalorientiert betrieben: Die Staatspraxis der verordnungsändernden Gesetze soll sanktioniert werden. Dogmatisch nicht überzeugend, legt die Senatsmehrheit eine Konzeption dieses Normgebildes vor, bei dem die Einheit von Form der Schaffung und Form des Geschaffenen zerrissen wird. Schon das Sondervotum zeigt eine ganze Reihe kritischer Bemerkungen auf (am gravierendsten vielleicht der Hinweis, dass die Regelungskompetenz des Gesetzgebers eingeschränkt werde, BVerfGE 114, 196/250 [256 f.]). In der Literatur wird die Entscheidung teils befürwortet (etwa *Sachs*, Urteilsbesprechung, JuS 2006, 175 [177], teils trotz Kritik letztlich akzeptiert (etwa *Brenner*, in: v. Mangoldt/Klein/Starck [Hrsg.], GG, Bd. 2, 6. Aufl. 2010, Art. 80, Rn. 26); wohl überwiegend wird die Neuschöpfung dieses Rechtssatztyps aber abgelehnt (*Pieroth*, in: Jarass/Pieroth, GG, 11. Aufl. 2011, Art. 80, Rn. 14; *Bauer*, in: Dreier [Hrsg.], GG, Bd. II, 2. Aufl. 2006, Art. 80, Rn. 49 ff.: ungelöste Probleme mit dieser „Parlamentsverordnung"; *Uhle*, in: Epping/Hillgruber [Hrsg.], Beck'scher Online-Kommentar GG, Stand: 1.10.2011, Art. 80, Rn. 52 f.: grundsätzliche Bedenken und praktische Probleme im Umgang mit solchen „Legislativverordnungen").
[200] Gutachtenstilistisch gesprochen: B. I. 1., 2. sind als Herleitung der Definition zu verstehen, B. II. als Subsumtion. Bei längeren Texten wie hier empfiehlt es sich, eine solche Unterteilung vorzunehmen. Die Herleitung der Definition aus verfassungsrechtlichen Grundsätzen ist die juristische Leistung, die in Klausuren zu belegen ist. Hier sollte also grundsätzlich der Schwerpunkt liegen.

D. Ergebnis

Art. 2 § 1 BtMÄndG ist verfassungsgemäß.

Frage 8

Fraglich ist, ob die Bundesregierung als Verordnungsgeberin die BtMVO vollumfänglich ändern darf und welche Bedeutung dabei Art. 2 § 2 BtMÄndG zukommt. Bedenken bestehen trotz § 2 BtMG als Ermächtigung insoweit als Nr. 23 BtMVO durch Art. 2 § 1 BtMÄndG, also ein formelles Gesetz, eingefügt worden ist. Die Änderung dieser Norm könnte der Bundesregierung daher verwehrt sein.

A. Einheitlicher Verordnungsrang der BtMVO

Ein verordnungsänderndes formelles Gesetz ist vor dem Hintergrund des Grundsatzes der Formenstrenge der Rechtssetzung und des Prinzips der Rechtssicherheit nur verfassungsmäßig, wenn es so konzipiert wird, *dass das dadurch entstandene Normgebilde aus Gründen der Normenklarheit insgesamt als Verordnung* qualifiziert werden kann[201]. Somit weisen alle Normen der BtMVO den einheitlichen Rang einer Rechtsverordnung auf, es entsteht kein der Verordnungsgeberin entzogener, gleichsam „versteinerter" Teil.[202]

Folglich ist Nr. 23 BtMVO einer Änderung durch die Bundesregierung nicht entzogen, sie bleibt dazu durch § 2 BtMG berechtigt.

B. Bedeutung der „Entsteinerungsklausel" des Art. 2 § 2 BtMÄndG

Fraglich ist, welche Bedeutung Art. 2 § 2 BtMÄndG zukommt. Die Norm ordnet die Rückkehr der ganzen Rechtsverordnung zu einem einheitlichen Rechtsverordnungsrang an (sog. **Entsteinerungsklausel**). Der einheitliche Rang folgt allerdings schon aus den Voraussetzungen, unter denen ein verordnungsänderndes Gesetz überhaupt verfassungsmäßig ist. *Es bedarf deshalb weder einer Herabstufung der durch die Änderung eingefügten Verordnungsteile [...] noch einer besonderen, weiteren Ermächtigung der Exekutive, diese Teile erneut zu ändern*[203]. Der Entsteinerungsklausel in Art. 2 § 2 BtMÄndG kommt damit keine konstitutive[204] Wirkung, sondern nur deklaratorische[205] Bedeutung zu.[206]

---

[201] BVerfGE 114, 196 (238); dazu näher oben Frage 7.
[202] BVerfGE 114, 196 (235); a. A. (Zusammensetzung aus ungleichrangigen Normen, also formelles Gesetzes- neben Rechtsverordnungsrecht): BVerfGE 114, 196/250 (252); *Uhle*, Verordnungsänderung durch Gesetz und Gesetzesänderung durch Verordnung?, DÖV 2001, 241 (243); *ders.*, in: Epping/Hillgruber (Hrsg.), Beck'scher Online-Kommentar GG, Stand: 1.10.2011, Art. 80, Rn. 53; *Lepa*, Verfassungsrechtliche Probleme der Rechtsetzung durch Rechtsverordnung, AöR 105 (1980), 337 (351 f.); aus der landesrechtlichen Rechtsprechung: BayVGH, NJW 2001, 2905 (2906 f.).
[203] BVerfGE 114, 196 (240).
[204] Rechtsbegründende.
[205] Rechtsklarstellende.

Frage 9

Fraglich ist, ob der Gesetzgeber die Bundesregierung verfassungskonform zur Änderung der Anlage I des BtMG durch Rechtsverordnung ermächtigen kann.[207] Bedenken bestehen insoweit als die Anlage I am formellen Gesetzesrang des BtMG teilnimmt, so dass der Gesetzgeber mit § 1 S. 2 BtMG die Verordnungsgeberin zur Änderung eines formellen Gesetzes ermächtigt.

Entscheidend ist dabei, welcher Rang einer Rechtsverordnung zukommt, die aufgrund von § 1 S. 2 BtMG die Anlage I des BtMG ändert. Mangels ausdrücklicher Festlegung ist dies durch Auslegung zu bestimmen. Eine verfassungskonforme Auslegung muss dabei, sollten mehrere Auslegungsmöglichkeiten in Betracht kommen, grundsätzlich diejenige heranziehen, die zur Vereinbarkeit von § 1 S. 2 BtMG mit dem GG führt.

A. § 1 S. 2 BtMG als Ermächtigung zum Erlass einer Rechtsverordnung im Rang eines formellen Gesetzes

§ 1 S. 2 BtMG könnte die Bundesregierung dazu ermächtigen, eine Rechtsverordnung im *Rang* eines formellen Gesetzes zu erlassen.[208] Damit würde die Rechtsverordnung wie ein formelles Gesetz wirken,[209] könnte also entgegenstehendes Gesetzesrecht nach den allgemeinen Grundsätzen (insb. dem *lex posterior*-Prinzip) brechen, ihm also *aufgrund eigenen Ranges* die Geltung entziehen. Nach dieser Konstruktion würde die Anlage I des BtMG durch eine Rechtsverordnung im Rang eines formellen Gesetzes geändert, so dass alle Normen der Anlage I einen einheitlichen Gesetzesrang aufweisen würden.

Wird einer Rechtsverordnung jedoch formeller Gesetzesrang beigemessen, könnte dies gegen Art. 129 III GG verstoßen. Diese Norm ist dahingehend zu verstehen, dass solche ermächtigenden Gesetze erloschen sind, die einer Rechtsverordnung den Rang eines formellen Gesetzes einräumen.[210] Fraglich ist allerdings,

---

[206] BVerfGE 114, 196 (240); a. A. BVerfGE 114, 196/250 (252): die Entsteinerungsklausel wird hier als eine konstitutive gesetzliche Ermächtigung zu einer gesetzesändernden Rechtsverordnung begriffen, vgl. entsprechend für Landesrecht BayVGH, NJW 2001, 2905 (2906 f.); zu solchen gesetzesändernden Rechtsverordnungen sogleich in Frage 9.

[207] Um Missverständnisse zu vermeiden: geprüft wird hier der fiktive § 1 S. 2 BtMG, der freilich dem „echten" § 1 II BtMG entspricht.

[208] Diese Konstellation wird überwiegend (in Fortführung der Terminologie der Weimarer Staatsrechtslehre) als **gesetzesvertretende Rechtsverordnung** bezeichnet, s. *Sannwald*, in: Schmidt-Bleibtreu et al. (Hrsg.), GG, 12. Aufl. 2011, Art. 80, Rn. 26; *Klein*, Die Neubekanntmachung von Gesetzen vor dem Hintergrund der staatlichen Konsolidierungspflicht, 2010, S. 129. Einigkeit besteht allerdings darin, dass die in diesem Problemkontext kursierenden Begriffe uneinheitlich (teilweise sogar kontradiktorisch) verwendet werden und daher eher verwirren statt für Klarheit zu sorgen. Daher wird in dieser Klausur auf sie verzichtet.

[209] Vgl. die Ausführung von *Maunz*, in: ders./Dürig (Hrsg.), GG, Loseblatt, Stand: Grundwerk (ohne Datumsangabe), Art. 80, Rn. 7 mit historischer Erklärung; *Klein*, Die Neubekanntmachung von Gesetzen vor dem Hintergrund der staatlichen Konsolidierungspflicht, 2010, S. 129, m. w. N.

[210] BVerfGE 2, 307 (330). Zu dieser sprachlich nicht einfach zu verstehenden Norm kurz *Jarass*, in: ders./Pieroth, GG, 11. Aufl. 2011, Art. 129, Rn. 2 f.

ob dies für alle derartigen Ermächtigungen gilt: Eindeutig bezieht sich Art. 129 III GG zwar jedenfalls auf vorkonstitutionelle[211] Ermächtigungen.[212] Dass Art. 129 III GG darüber hinaus auch Ermächtigungen erfasst, die unter Geltung des GG erlassen worden sind, erscheint fraglich.[213] Eine Entscheidung kann aber dahinstehen, da das GG Rechtsverordnungstypen mit der Kraft eines formellen Gesetzes ausstattet, s. Art. 115k I 1[214], 119 S. 1, 127[215], 132 IV[216] GG. Wenn das GG diese Wirkung aber ausdrücklich (und nur in wenigen Fällen) anordnet, spricht dies für den abschließenden und Ausnahmecharakter der Zulässigkeit von Rechtsverordnungen im Rang eines formellen Gesetzes.[217]

Damit ist es dem Gesetzgeber verwehrt, zum Erlass von Rechtsverordnungen zu ermächtigen, die im Rang eines formellen Gesetzes stehen, sei es, weil dies mit Art. 129 III GG (auch für nachkonstitutionelle Rechtsverordnungen) unvereinbar ist, sei es, weil das GG eine abschließende Normierung derartiger Ermächtigungen vorgenommen hat. Eine solche Ermächtigung wäre folglich verfassungswidrig.[218] Es liegen keine Anhaltspunkte dafür vor, dass sich der Gesetzgeber bei § 1 S. 2

---

[211] Also vor Ablauf des 23.5.1949 verkündete Gesetze (vgl. Art. 145 II GG); a. A.: vor dem 7.9.1949 verkündete Gesetze (vgl. Art. 123 I GG), so etwa BVerfGE 2, 307 (326); 7, 282 (291); 8, 274 (306). „Vorkonstitutionell" meint also „vor dem Grundgesetz" und ist ein *terminus technicus*, denn auch vor dem GG hatte das (in völker-/staatsrechtlicher Hinsicht mit der Bundesrepublik *identische*) Deutsche Reich (vgl. nur *Hopfauf*, in: Schmidt-Bleibtreu et al. [Hrsg.], GG, 12. Aufl. 2011, Einl. 4, m. w. N., Präambel, Rn. 12) Verfassungen, nämlich (insb.) das „Gesetz betreffend die Verfassung des Deutschen Reiches vom 16. April 1871" (Verfassung des Kaiserreichs, Bismarcksche Reichsverfassung) und die „Verfassung des Deutschen Reichs vom 11. August 1919" (Weimarer Reichsverfassung), vgl. *Huber* (Hrsg.), Dokumente zur deutschen Verfassungsgeschichte, Band 2, 3. Aufl. 1986, S. 384 ff. und Band 4, 3. Aufl. 1991, S. 151 ff.

[212] BVerfGE 7, 282 (291); 8, 274 (306); 15, 153 (160).

[213] Befürwortend wohl *Klein*, Die Neubekanntmachung von Gesetzen vor dem Hintergrund der staatlichen Konsolidierungspflicht, 2010, S. 130 f., mit Verweis auf gewisse Entscheidungen des BVerfG; ablehnend etwa *Lepa*, Verfassungsrechtliche Probleme der Rechtsetzung durch Rechtsverordnung, AöR 105 (1980), 337 (353 f.); *Brandner*, Gesetzesänderung, 2004, S. 402, m. w. N.; *Mußgnug*, Die Rechtsverordnung zwischen Regierung und Parlament – Drei Fälle aus dem Umfeld des Art. 80, JuS 1993, 291 (295), ohne Argumente. Weitere Nachweise: *Wilke*, Bundesverfassungsgericht und Rechtsordnungen, AöR 98 (1973), 196 (244 ff.; er selbst deutet eine analoge Anwendung von Art. 129 III GG für Gesetze unter Geltung des GG an); *Sannwald*, in: Schmidt-Bleibtreu et al. (Hrsg.), GG, 12. Aufl. 2011, Art. 80, Rn. 26.

[214] Str., s. *Brandner*, Gesetzesänderung, 2004, S. 400 f., m. w. N.

[215] *Maunz/Klein*, in: Maunz/Dürig (Hrsg.), GG, Loseblatt, Stand: Juni 2007, Art. 127, Rn. 3.

[216] Maunz, in: ders./Dürig (Hrsg.), GG, Loseblatt, Stand: Grundwerk (ohne Datumsangabe), Art. 132, Rn. 1.

[217] *Ossenbühl*, in: Isensee/Kirchhof (Hrsg.), Handbuch des Staatsrechts, Bd. V, 3. Aufl. 2007, § 103: Rechtsverordnungen, Rn. 26; *Mann*, in: Sachs (Hrsg.), GG, 6. Aufl. 2011, Art. 80, Rn. 10.

[218] H. M., etwa *Ossenbühl*, in: Isensee/Kirchhof (Hrsg.), Handbuch des Staatsrechts, Bd. V, 3. Aufl. 2007, § 103: Rechtsverordnungen, Rn. 26: abschließende Aufzählung von gesetzesvertretenden Rechtsverordnungen im GG; *Brenner*, in: v. Mangoldt/Klein/Starck (Hrsg.), GG, Bd. 2, 6. Aufl. 2010, Art. 80, Rn. 31, m. w. N.; *Pieroth*, in: Jarass/Pieroth, GG, 11. Aufl. 2011, Art. 80, Rn. 14; weitere Nachweise bei *Klein*, Die Neubekanntmachung von Gesetzen vor dem Hintergrund der staatlichen Konsolidierungspflicht, 2010, S. 130 und *Uhle*, Verordnungsänderung durch Gesetz und Gesetzesänderung durch Verordnung?, DÖV 2001, 241 (244). **A. A.** (vielleicht aber auch nur dogmatisch ungenau) *Lange*, Zur Zulässigkeit gesetzesändernder Rechtsverordnungen, JR 1968, 8 (10 f.), der Rechtsverordnungen, die „den gleichen Rang und die gleiche Wirksamkeit wie ein Gesetz haben", für grundsätzlich verfassungsmäßig hält.

BtMG ausdrücklich gerade für diese Konstruktion aussprechen wollte. Damit ist die Norm nicht als (verfassungswidrige) Ermächtigung zum Erlass von Rechtsverordnungen zu werten, die im Rang eines formellen Gesetzes stehen.

B. § 1 S. 2 BtMG als Ermächtigung zur Geltungs- oder Anwendungsaufhebung des Gesetzes i. V. m. der Ermächtigung zum Erlass einer Rechtsverordnung

§ 1 S. 2 BtMG könnte aber auch die parlamentarische Ermächtigung dafür sein, die Geltung[219] bzw. die Anwendung[220] der Anlage I aufzuheben und eine Rechtsverordnung zu schaffen, die diese Geltungslücke schließt bzw. Anwendungsvorrang genießt. Erlässt die Bundesregierung eine solche Rechtsverordnung und ändert damit den Text der Anlage I des BtMG, findet diese geänderte Fassung der Anlage I des BtMG Anwendung; allerdings nicht aufgrund eines (formellen Gesetzes-)Ranges der Rechtsverordnung, sondern weil *der Gesetzgeber selbst* die Geltungs-/Anwendungsrücknahme der bisherigen Fassung der Anlage I angeordnet hat (Vorbehalt einer gesetzesändernden Rechtsverordnung).[221]

Fraglich ist, ob diese Konstruktion eines Verordnungsvorbehalts mit dem Demokratie- und Rechtsstaatsprinzip vereinbar ist.

I. Wahrung des Vorrangs des Gesetzes

Der Vorbehalt einer gesetzesändernden Rechtsverordnung könnte mit dem in Art. 20 III GG verorteten Prinzip des **Vorrangs des Gesetzes** unvereinbar sein. Formal bestehen allerdings keine Bedenken, da die Rechtsverordnung dem BtMG nicht durch *eigenen* Rang vorgeht, sondern der Gesetzgeber die Geltung bzw. Anwendung des BtMG teilweise zurücknimmt, um der niederrangigen Rechtsform der Rechtsverordnung Geltungs- bzw. Anwendungsraum zu lassen. Materiell könnte man darin eine Umgehungskonstruktion sehen, die den Vorrang des Gesetzes unterläuft. Derartige Fragen der parlamentarischen Selbstentmächtigung und der verfassungsmäßigen Gewaltengliederung sind aber im Kontext des Vorbehalts des Gesetzes zu erörtern.[222]

---

[219] Vgl. BVerfGE 8, 155 (170); 114, 196/250 (251 f. – Sondervotum der Richterin *Osterloh* und des Richters *Gerhardt*); Beschluss der 2. Kammer des Zweiten Senats des BVerfG vom 4.5.1997, - 2 BvR 509/96 et al. -, (Ecstasy) = juris, Rn. 16.

[220] Vgl. *Klein*, Die Neubekanntmachung von Gesetzen vor dem Hintergrund der staatlichen Konsolidierungspflicht, 2010, S. 131 (der allerdings eine inkonsistente Rekonstruktion vorlegt und gleich darauf mit dem BVerfGG von einem reduzierten Geltungsanspruch spricht).

[221] Diese Konstruktion wird heute überwiegend als **gesetzesändernde Rechtsverordnung** bezeichnet, vgl. etwa (m. w. N.) *Ossenbühl*, in: Isensee/Kirchhof (Hrsg.), Handbuch des Staatsrechts, Bd. V, 3. Aufl. 2007, § 103: Rechtsverordnungen, Rn. 27.

[222] A. A. vertretbar, so wohl auch die h. L., vgl. etwa die Darstellung bei *Uhle*, Verordnungsänderung durch Gesetz und Gesetzesänderung durch Verordnung?, DÖV 2001, 241 (245 f.).

II. Wahrung des Vorbehalts des Gesetzes

Problematisch ist somit, ob § 1 S. 2 BtMG mit dem **Vorbehalt des Gesetzes** vereinbar ist. Anknüpfungspunkt für die Beurteilung der Verfassungsmäßigkeit von § 1 S. 2 BtMG ist diese Norm selbst, nicht etwa eine darauf gegründete Rechtsverordnung.

1. Verordnungsvorbehalt für wesentliche Entscheidungen

Der Vorbehalt des Gesetzes verpflichtet den Gesetzgeber, die wesentlichen Entscheidungen in grundlegenden normativen Bereichen selbst zu treffen.[223] Diese Vorgabe würde der Gesetzgeber unterlaufen, wenn er zwar die wesentlichen Entscheidungen durch Gesetz regelt, deren Geltung oder Anwendung jedoch in die Hände der Verordnungsgeberin legen würde, indem er ihr mittels Vorbehalts einer gesetzesändernden Rechtsverordnung eine eigene Regelung wesentlicher Entscheidungen in grundlegenden normativen Bereichen überlässt.

§ 1 S. 2 BtMG ermächtigt die Bundesregierung zur Änderung der Aufzählung nicht verkehrsfähiger Stoffe, wobei bestimmte Voraussetzungen zu beachten sind. Selbst wenn es sich bei diesem Sachbereich um einen grundlegenden normativen Bereich handelt, liegt die wesentliche Entscheidung der Reglementierung nicht verkehrsfähiger Stoffe in der Entscheidung über die Schaffung einer solchen Kategorie *überhaupt*. Jedenfalls ist mit den näheren Vorgaben an die Bundesregierung, unter welchen Umständen sie die Anlage I ändern darf, eine hinreichende parlamentarische Regelung der wesentlichen Fragen getroffen.

Der Verordnungsvorbehalt bezieht sich also auf nichtwesentliche Fragen und verstößt insoweit nicht gegen den Vorbehalt des Gesetzes.

2. Verordnungsvorbehalt für nichtwesentliche Entscheidungen

Fraglich ist aber, ob ein Verordnungsvorbehalt einer gesetzesändernden Rechtsverordnung für nichtwesentliche Fragen mit dem Vorbehalt des Gesetzes vereinbar ist.

Dem Gesetzgeber könnte auch dabei verwehrt sein, eine eigene Sachentscheidung zu treffen, deren Geltung bzw. Anwendung dann aber in die Hände der Verordnungsgeberin zu legen. Allerdings bestimmt in diesem Fall der *Gesetzgeber [...] den Anwendungsbereich jeder gesetzlichen Vorschrift ebenso wie [...] ihren Inhalt [...]. Es steht ihm auch frei, die Anwendbarkeit einer Vorschrift dadurch zu beschränken, da[ss] er ihr eine* **Subsidiarität** *gegenüber bestimmten staatlichen Willensäußerungen niedrigeren Ranges beilegt.*[224] In diesem Fall hat der Gesetzgeber also *selbst* über die Geltung bzw. Anwendung seiner Regelung entschie-

---

[223] BVerfGE 49, 89 (126); näher dazu oben Frage 5.
[224] BVerfGE 8, 155 (170).

den;²²⁵ der Zeitpunkt des Außerkraft- bzw. Außeranwendungtretens steht lediglich unter einer auflösenden Bedingung.²²⁶

Danach hat der Gesetzgeber entschieden, dass die Geltung bzw. Anwendung der Anlage I des BtMG in der konkreten Form, die sie durch das BtMG erhalten hat, auflösend bedingt ist durch eine Entscheidung der Verordnungsgeberin. Mit dieser Entscheidung wird die Verordnungsgeberin zugleich ermächtigt, nicht verkehrsfähige Stoffe in der Anlage I zu ändern, was angesichts der allgemeinen Verfassungsanforderungen an eine solche Ermächtigung (Vorbehalt des Gesetzes für wesentliche Entscheidungen; Art. 80 I 1, 2 GG) zulässig ist. Der in § 1 S. BtMG angeordnete Vorbehalt einer gesetzesändernden Rechtsverordnung ist folglich mit Blick auf den Vorbehalt des Gesetzes²²⁷ als verfassungsmäßig zu bewerten.²²⁸

III. Vorgaben der Formenstrenge der Rechtssetzung und der Rechtmittelklarheit

Fraglich ist, ob § 1 S. BtMG mit den rechtsstaatlichen Geboten der Formenstrenge der Rechtssetzung und der Rechtsmittelklarheit vereinbar ist. Die Verordnungsgeberin wird nämlich nicht nur dazu ermächtigt, auf Geltung bzw. Anwendung der

---

[225] Vgl. schon *Wolff*, Die Ermächtigung zum Erlaß von Rechtsverordnungen nach dem Grundgesetz, AöR 78 (1952), 194 (201) mit Verweis auf einen Beitrag von *Poetzsch-Heffter* von 1921.

[226] Vgl. BVerfGE 42, 263 (284 ff.) für den umgekehrten Fall, nämlich die Bestimmung des Inkrafttretens eines Gesetzes durch Rechtsverordnung, was das BVerfG als zulässige Entscheidung des Parlaments unter einer aufschiebenden Bestimmung qualifiziert hat. Dazu *Klein*, Die Neubekanntmachung von Gesetzen vor dem Hintergrund der staatlichen Konsolidierungspflicht, 2010, S. 128 f.; kritisch *Brenner*, in: v. Mangoldt/Klein/Starck (Hrsg.), GG, Bd. 2, 6. Aufl. 2010, Art. 80, Rn. 30, und aus früherer Zeit *Lepa*, Verfassungsrechtliche Probleme der Rechtsetzung durch Rechtsverordnung, AöR 105 (1980), 337 (355 f.).

[227] Bzw. Vorrang des Gesetzes, vgl. oben Fn. 222.

[228] H. M., s. BVerfGE 8, 155 (170); Beschluss der 2. Kammer des Zweiten Senats des BVerfG vom 4.5.1997, - 2 BvR 509/96 - et al., (Ecstasy) = juris, Rn. 16 (dort zu gesetzesändernden Rechtsverordnung in § 1 II, III BtMG); für die Verfassungsmäßigkeit sprechen sich auch (zumindest implizit) diejenigen Stimmen aus, die konstitutive Entsteinerungsklausel (vgl. Frage 8) zulassen, etwa BVerfGE 114, 196/250 (251 – Sondervotum der Richterin *Osterloh* und des Richters *Gerhardt*), denn dabei handelt es sich um eine gesetzesändernde Rechtsverordnung; *Brandner*, Gesetzesänderung, 2004, S. 408 f.; *Ossenbühl*, in: Isensee/Kirchhof (Hrsg.), Handbuch des Staatsrechts, Bd. V, 3. Aufl. 2007, § 103: Rechtsverordnungen, Rn. 27; *Lepa*, Verfassungsrechtliche Probleme der Rechtsetzung durch Rechtsverordnung, AöR 105 (1980), 337 (354 f.); *v. Danwitz*, Die Gestaltungsfreiheit des Verordnungsgebers, 1989, S. 41 f.; *Schneider*, Gesetzgebung, 3. Aufl. 2002, Rn. 658; *Pieroth*, in: Jarass/Pieroth, GG, 11. Aufl. 2011, Art. 80, Rn. 14; weitere Nachweise etwa bei *Klein*, Die Neubekanntmachung von Gesetzen vor dem Hintergrund der staatlichen Konsolidierungspflicht, 2010, S. 131 f. A. A.: *Uhle*, Verordnungsänderung durch Gesetz und Gesetzesänderung durch Verordnung?, DÖV 2001, 241 (246 f.); *Mende*, Zur Frage der Zulässigkeit gesetzesverändernder Rechtsvordnungen, DÖV 1955, 625 (628).
Problematisch ist die Auslegung der Ausführungen der Senatsmehrheit in BVerfGE 114, 196 (235), die aber wahrscheinlich schlicht den Vorbehalt von gesetzesändernden Rechtsverordnungen nicht in Betracht zieht: „Die Alternative der Rückholung des Verordnungsrechts [durch Regelung eines Rechtsbereich durch formelles Gesetz] hat den Nachteil gegen sich, dass künftige Änderungen durch die Exekutive und damit die für die Zukunft notwendige Flexibilität ausgeschlossen sind." Ist dies ernstgemeint, ist damit (entgegen der oben genannten h. M., einschließlich früherer Entscheidungen des BVerfG) ein Vorbehalt von gesetzesändernden Rechtsverordnungen ausgeschlossen.

Anlage I der BtMG einzuwirken, sondern den Text dieses formellen Gesetzes abzuändern. Nach den Ausführungen unter B. II. wäre es zwar unbedenklich, wenn Änderungen der Anlage I in einer separaten, auch so bezeichneten und unter Wahrung des Zitiergebots (Art. 80 I 3 GG) erlassenen Rechtsverordnung erfolgen würden; nach § 1 S. 2 BtMG ist die Bundesregierung aber dazu ermächtigt, die Änderungen im Rang einer Rechtsverordnung in den Text eines formellen Gesetzes einzufügen.

Nach den Ausführungen unter Frage 7 C. verlangt das rechtsstaatliche Gebot der Rechtssicherheit, dass alle Normen einer regelungstechnischen Einheit einen einheitlichen Rang aufweisen, um insb. Unsicherheiten des Rechtsadressaten über das zur Verwerfung zuständige Gericht (BVerfG oder Fachgerichte) auszuschließen.[229]

Wird die Anlage I des BtMG nun durch Rechtsverordnung geändert, werden Normen im Rang einer Rechtsverordnung in den Gesetzestext eingefügt. Anders als im insoweit umgekehrten Fall der Verordnungsänderung durch formelles Gesetz besteht kein konstruktiver Weg, den Verordnungsnormen den Rang eines formellen Gesetzes zuzuweisen,[230] ohne gegen Art. 129 III bzw. ein allgemeines grundgesetzliches Verbot von Rechtsverordnungen im Rang eines formellen Gesetzes zu verstoßen.[231] Damit entsteht bei Inanspruchnahme der Ermächtigung nach § 1 S. 2 BtMG zwangsläufig ein normatives Mischgebilde: einige der Bestimmungen nicht verkehrsfähiger Stoffe weisen formellen Gesetzesrang auf, andere Rechtsverordnungsrang. Damit ist die Rechtsnatur der konkreten Bestimmung der Anlage I des BtMG für den Rechtsanwender nicht ohne erheblichen Rechercheaufwand erkennbar.

§ 1 S. 2 BtMG ermächtigt somit zur Schaffung eines normativen Mischgebildes, das gegen die Formenstrenge der Rechtssetzung und die Rechtmittelklarheit verstoßen würde und damit verfassungswidrig wäre, und ist damit selbst verfassungswidrig.[232]

C. Ergebnis

§ 1 S. 2 BtMG ist verfassungswidrig.

---

[229] So die Senatsmehrheit in BVerfGE 114, 196 (237). Anders insb. die Senatsminderheit in BVerfGE 114, 196/250 (254). Dazu näher oben die Nachweise in Fn. 192.
[230] Vgl. näher oben Frage 7, S. 453 ff.
[231] Dazu näher oben A., S. 459 ff.
[232] In diese Richtung auch *Sannwald*, in: Schmidt-Bleibtreu et al. (Hrsg.), GG, 12. Aufl. 2011, Art. 80, Rn. 26; **a. A.** bezüglich des echten § 1 II, III BtMG Beschluss der 2. Kammer des Zweiten Senats des BVerfG vom 4.5.1997, - 2 BvR 509/96 - et al., (Ecstasy) = juris, Rn. 16, der also die Verfassungsmäßigkeit der Norm bejaht, allerdings auch nicht die Anforderungen an normative Mischgebilde prüft, wie sie das Gericht später in BVerfGE 114, 196 (235 ff.) statuierte; zur a. A. müsste auch das Sondervotum der Richterin *Osterloh* und des Richters *Gerhardt* BVerfGE 114, 196/250 (251 ff.) gelangen, wenngleich aus anderen Gründen: das Sondervotum lehnt die Notwendigkeit eines einheitlichen Normenrangs in normativen Mischgebilden ab.

Sach- und Personenverzeichnis

Die Zahlen beziehen sich auf die Seiten in diesem Buch.

A
Abgeordneter
- Parteifähigkeit im Organstreitverfahren 103 ff., 149, 382

Abgeordnetenmandat: s. Mandat
Abkürzungen 63 f.
absolutes Rückwirkungsverbot (Art. 103 II GG) 442 f.
abstraktes Normenkontrollverfahren 113 ff., 246 ff., 346 ff.
- Antragsgegenstand (verkündetes, aber noch nicht in Kraft getretenes Gesetz) 115, 246 f.
- Antragsgrund (Zweifel vs. Für-nichtig-Halten) 116 f., 247 ff.
- Begründetheitsprüfung 118 ff., 249 ff., 348 ff.
- objektives Klarstellungsinteresse 117 f., 249, 347
- Rechtsfolgen eines Verfassungsverstoßes 240, 260, 366 f.
- statthafte Verfahrensart (Abgrenzung zum Verfahren nach Art. 93 I Nr. 2a GG und Bund-Länder-Streit) 346 f.

abweichungsfeste Regeln der Behördenorganisation 358
abweichungsfeste Regeln des Verwaltungsverfahrens 359 f.
Abweichungskompetenz (Art. 72 III GG) 338
Analogie 48 ff., 331 f.
Änderungsgesetz
- Zustimmungsbedürftigkeit 329, 408, 432 ff.

Annexkompetenz 337, 339
Antragsbefugnis
- allgemein 98
- im Bund-Länder-Streit 124 f., 300, 309 f.
- im Organstreitverfahren 109 ff., 151 ff., 158, 383 f., 393
- siehe auch Beschwerdebefugnis

Antragsform
- allgemein 98
- im abstrakten Normenkontrollverfahren 117, 249, 347
- im Bund-Länder-Streit 125, 310
- im Organstreitverfahren 111, 153, 158, 384
- siehe auch Beschwerdeform

Antragsfrist
- allgemein 98 ff.
- im Bund-Länder-Streit 125, 310 f.
- im Organstreitverfahren 111, 153 f., 159, 384
- Fristbeginn bei Unterlassung 111, 310 f.
- siehe auch Beschwerdefrist

Antragsgegenstand
- allgemein 97
- im abstrakten Normenkontrollverfahren 114 ff., 246 f., 347
- im Bund-Länder-Streit 124, 309
- im Organstreitverfahren 107 ff., 150 f., 157, 383
- siehe auch Beschwerdegegenstand

Antragsgrund: siehe abstraktes Normenkontrollverfahren
argumenta a fortiori 48, 51 f.
argumentum a maiore ad minus 51, 53
argumentum a minore ad maius 51 f.
argumentum e contrario 48, 53, 249, 256, 338, 353 f., 359, 362, 413
Arnold, Karl 332 f.
Auffinden der einschlägigen Rechtsnorm 18 f.
Auftragsverwaltung
- Allgemeines, Terminologie 298
- Aufsichtsformen 316

- Bundeskompetenz für die Regelung von Verwaltungsverfahren und Behördenorganisation 329 ff.
- Weisungsrecht (Art. 85 III GG) 299, 311 ff.

Ausführung von Gesetzen
- Typen der Gesetzesausführung 298, 357
- siehe auch Auftragsverwaltung
- siehe auch Verwaltungskompetenzen

Ausgleich grundrechtlicher Positionen (praktische Konkordanz) 284 f.

Auslegung 26 ff.
- der Verfassung 27 ff.
- grammatische (insb. Wortsinn) 34 f.
- historische Auslegung 30 ff., 45 ff.
- lebensnahe 67 f.
- Methoden/*canones* (Übersicht) 33
- objektive 29 ff.
- richtlinienkonforme 42 f.
- subjektive 29 ff.
- systematische 35 ff.
- teleologische 37 ff.
- unionsrechtskonforme 39 f., 41 ff.
- verfassungskonforme 39 f., 40 f., 45, 116, 119, 185, 226, 229, 248, 285, 320, 358, 459
- Verhältnis der Methoden zueinander 33
- völkerrechtskonforme 39 f., 43 f.
- von Gesetzgebungskompetenzen 32

Ausmaß der Ermächtigung (Art. 80 I 2 GG) 449, 451

ausschließliche Gesetzgebungskompetenz des Bundes (Überblick) 334 ff.; siehe auch Gesetzgebungskompetenz

B

Bearbeiterhinweise 67

Begründetheitsprüfung
- allgemein 101
- des abstrakten Normenkontrollverfahrens 118 ff., 249 ff., 348 ff.
- des Bund-Länder-Streits 125 f., 311 ff.
- des Organstreitverfahrens 112, 154 ff., 159 ff., 384 ff.
- der Verfassungsbeschwerde 134 f., 280 ff.
- der Wahlprüfungsbeschwerde 179 ff.

Behördeneinrichtung
- Definition 357
- Kompetenz nach Art. 84 I 2 GG 357 f.

Benotung von juristischen Klausuren 7

Beschlussfähigkeit des Bundestages 255 f., 258 f.

Beschwerdebefugnis (Verfassungsbeschwerde) 132, 278 f.

Beschwerdefähigkeit (Verfassungsbeschwerde) 128 ff., 276 f.

Beschwerdeform
- Verfassungsbeschwerde 133, 280
- Wahlprüfungsbeschwerde 179

Beschwerdefrist
- Verfassungsbeschwerde 133, 280
- Wahlprüfungsbeschwerde 179

Beschwerdegegenstand
- Verfassungsbeschwerde 131 f., 266, 278
- Wahlprüfungsbeschwerde 178

Bestimmtheitsgebot
- allgemeines 439 ff.
- spezielles (Art. 80 I 2 GG) 449 ff.

Bundesfernstraßengesetz (FStrG) 297, 309 f., 314, 319

bundesfreundliches Verhalten 299, 312 f., 320

Bundesgesetzgebungskompetenz: siehe Gesetzgebungskompetenz

Bundeskanzler
- Bundestagsauflösung nach Art. 68 I 1 GG 372 ff., 385 ff.
- Parteifähigkeit im Organstreitverfahren 104, 106
- Stellung einer (unechten) Vertrauensfrage 373, 386 ff.

Bundespräsident
- Ausfertigung eines Gesetzes 259
- Bundestagsauflösung 372 ff., 385, 392
- formelles Prüfungsrecht 196, 231 ff.
- materielles Prüfungsrecht 197, 232 ff.
- Parteifähigkeit im Organstreitverfahren 103, 383
- politisches Prüfungsrecht 196, 230
- Prüfungsrecht (Übersicht) 196 f.

- Prüfungspflicht 197
Bundesrat
- Mitwirkungsrechte (Zustimmungs-, Einspruchsgesetze) 259, 361, 393 f.
- Umgehung des ersten Durchgangs (Art. 76 II 1 GG) 252 ff.; siehe auch Gesetzgebungsverfahren
- uneinheitliche Stimmabgabe 328, 361 ff., 366
- Mehrheit 361
- Mitwirkung im Vermittlungsausschuss: siehe Vermittlungsausschuss
Bundesregierung
- Antragsberechtigung im abstrakten Normenkontrollverfahren 113
- fehlendes Vertrauen in die Bundesregierung als Grundlage der Bundestagsauflösung nach Art. 68 I 1 GG 373, 389 f.
- Gesetzesvorlage 250
- Handeln als Kollegialorgan 250, 309
- Partei-/Prozessfähigkeit im Bund-Länder-Streit 123 f., 308 f.
- Parteifähigkeit im Organstreitverfahren 103
- Umgehung des ersten Durchgangs des Bundesrates (Art. 76 II 1 GG) 252 ff.
- siehe auch Bundeskanzler
Bundesstaat
- als mögliche Rechtfertigung für negatives Stimmgewicht 227
- Bundeszwang 300 f.
- bundesfreundliches Verhalten 312 f., 320
- Staatsstrukturprinzip 169 f., 406 f.
- siehe auch Gesetzgebungskompetenzen
- siehe auch Verwaltungskompetenzen
Bundestag
- Auflösung nach Vertrauensfrage 372 ff., 384 ff.
- Beschlussfähigkeit 255 f., 258
- Besetzung von Ausschüssen 407, 427 f.
- Besetzung der Bundestagsbank des Vermittlungsausschusses 407 f., 425 ff.
- Mehrheiten 258 f., 393 f.

- Spiegelbildlichkeitsgrundsatz 407 f., 427 ff.
Bundeszwang 300 f., 311
Bund-Länder-Streit 123 ff., 300, 308 ff.
- Antragsbefugnis 124 f., 309 f.
- Antragsgegenstand (Unterlassung) 124, 309
- Begründetheitsprüfung 125 f., 311 ff., 319 ff.
- Partei-/Prozessfähigkeit 123 f., 308 f.
- Rechtsschutzbedürfnis (bei Alternative i. F. v. Bundeszwang) 311
- statthafte Verfahrensart (Abgrenzung zu m Verfahren nach Art. 93 I Nr. 2a GG und abstraktem Normenkontrollverfahren) 346 f.
BVerfG (zwischen Recht und Politik) 27 ff., 120 f., 135, 366 f., 372 ff., 389 ff.

D
Definition 9, 12, 16, 18, 26 ff.
delegierte Rechtsakte (Art. 290 AEUV) 415
Demokratie
- Allgemeines 406 f.
- als eine Quelle des Vorbehalts des Gesetzes 437 ff., 447 ff., 462 ff.
- als Teilgrundlage der Öffentlichkeit der Wahl 182 ff.
- Legitimation des Abgeordneten (Art. 38 I 2 GG) 160
- Verhandlungsminimum im Bundestag 256 ff.
- Staatsstrukturprinzip 169 f., 406 f.
- siehe auch Spiegelbildlichkeitsgrundsatz
- siehe auch Wahlrecht
Denkgrundsätze
- Denken im Gutachtenstil 7 f., 9 ff.
- Denken von der Rechtsnorm her 7 f., 18 f., 21, 26 ff., 48 f., 72, 170
deskriptive Aussage 11; siehe auch präskriptive Aussage
Drittsendungsrecht 267
Durchführungsrechtsakt (Art. 291 Abs. 2 AEUV) 415

E

Ebenen in der Klausur 19 f.
echte Rückwirkung 409 f., 444 ff.
einheitlicher Rang eines normativen Mischgebildes 411 f., 413, 456 f., 458, 464 f.
Einheitstheorie 328 f., 363 ff., 434 ff.; siehe auch Trennungstheorie
einzelner Abgeordnete (Parteifähigkeit im Organstreitverfahren) 103 ff., 149, 382
Entsteinerungsklausel 412, 458
Erfolgschancengleichheit 194 f., 216, 218 f., 225 f.
Erfolgswertgleichheit 194 f., 216, 219 ff., 225
Erforderlichkeitsklausel (Art. 72 II GG) 325, 338
Ergebnis (Gutachtenstil) 9, 12, 17 f.
Erschöpfung des Rechtswegs und Subsidiarität (Verfassungsbeschwerde) 133, 279
Erst-recht-Schlüsse 48, 51 f.; siehe auch *argumenta a fortiori, argumentum a maiore ad minus, argumentum a minore ad maius*
Europäische Menschenrechtskonvention (EMRK) 44, 91
Europäisches Parlament
– Gesetzgebungsverfahren 241
– delegierte Rechtsakte (Art. 290 AEUV) 415
– Durchführungsrechtsakte (Art. 291 Abs. 2 AEUV) 415
– Legitimationsfunktion 332
– Misstrauensvotum 375 f.
– Stellung der Europaabgeordneten 142
– Vermittlungsausschuss 376, 415
– Wahl der Abgeordneten 171 f.
– siehe auch Richtlinien (Art. 288 Abs. 3 AEUV)
Europäische Union (EU)
– Abgeordnete des Europaparlaments 142, 171 f.
– Ausführung von Unionsrecht 302
– Legitimation 332
– Misstrauensvotum 375 f.
– ordentliches Gesetzgebungsverfahren 241
– Parteien 268
– Rechtsetzungsformen 415

– Rechtsetzungskompetenz 332
– Überprüfung von Unionsrecht durch das BVerfG 91 ff.
– unionsrechtskonforme Auslegung 41 ff.
– Vermittlungsausschuss 376, 415
– Wahl zum Europaparlament 171 f., 198 f.
Europäisches Verwaltungsrecht 302
extensive Auslegung 39

F

Fallfrage 66 f.
Fehlerfolgen (bei verfassungswidrigem Gesetz) 119 ff., 135, 240, 260, 366 f.
Fehlermeldungen (Klausur) 80 ff.
Fehlschlüsse 55 ff.; siehe auch Trugschlüsse
Finden der einschlägigen Rechtsnorm 18 f.
Föderalismusreform I (insb. Art. 72 GG) 325 ff.
Föderalismusreform I (insb. Art. 84, 85 GG) 298, 327 f.
Folgen eines Verfassungsverstoßes 89, 101, 112, 119 ff., 125 f., 135, 240, 260, 366 f.
Förderung der landwirtschaftlichen Erzeugung (Gesetzgebungskompetenz) 353
formelles Gesetz 170, 437 ff., 454 ff., 458, 459 ff.
formelles Prüfungsrecht des Bundespräsidenten 196, 231 f.
Formenstrenge der Rechtsetzung 455 ff., 464 f.
Fraktion
– Antragsbefugnis im Organstreitverfahren 110 f.
– Fraktionsausschluss 163 ff.
– Parteifähigkeit im Organstreitverfahren 104, 157
freies Mandat (Art. 38 I 2 GG)
– allgemein 151 ff., 154 ff., 159 ff.
– Drohung mit Fraktionsausschluss 163 ff.
– Drohung mit Verschlechterung des Listenplatzes bei erneuter Kandidatur 162 f.
– Fraktionsausschluss 163 ff.
– Fraktionsdisziplin 160 ff.

- Fraktionsdisziplin bei ethisch bedeutsamer Entscheidung 161 f.
- Fraktionszwang 162
- Legitimationssäule der Mehrheitswahl 215, 221
- Recht auf hinreichende parlamentarische Behandlung 256 ff.
- Recht auf grundsätzlich vierjähriges Mandat 383 f., 385
- Spiegelbildlichkeitsgrundsatz (Bundestagsausschüsse) 407 f., 427 ff.
- Verbot rechtlich verbindlicher Weisung 155 f., 159 f.

Freiheitsgrundrechte 135, 158, 284, 286 ff.

Frist
- Berechnung 98 ff.
- Fristbeginn bei angegriffener Unterlassung 111, 310 f.

Fünf-Prozent-Sperrklausel 171, 198 f., 219, 225

G

Geheimheit der Wahl 180 f.; siehe auch Wahlrechtsgrundsätze

Gemeinsame Geschäftsordnung der Bundesministerien (GGO) 96 f., 239, 250, 309

Geschäftsordnung des Bundestages (GO-BT) 97, 104, 157, 163 f., 239 f., 251 f., 254 ff.

Geschäftsordnung des Bundesrates (GO-BR) 97, 322, 361

Geschäftsordnung der Bundesregierung (GO-BReg) 250, 309

Geschäftsordnung des Vermittlungsausschusses (GO-VermA) 239, 396, 425 f.

Geschäftsordnungsautonomie 251 f., 256 ff., 425 ff.; siehe auch Geschäftsordnung des Bundestages

Geschäftsordnungsautonomie (EU) 415

Gesetz
- im formellen Sinn 170, 246, 437 ff., 454 ff., 458, 459 ff.
- im materiellen Sinn 170, 246, 438 f., 447

gesetzesändernde Rechtsverordnung 412 f., 459 ff.

Gesetzesausführung: siehe Ausführung von Gesetzen

Gesetzesberatung 256 ff.; siehe auch Gesetzgebungsverfahren

Gesetzesinitiative 250 ff., 395 ff.; siehe auch Gesetzgebungsverfahren

Gesetzessplitting 329, 436

gesetzesvertretende Rechtsverordnung 412 f., 459 ff.

Gesetzesvorbehalt: siehe Vorbehalt des Gesetzes

Gesetzesvorlage: siehe Gesetzesinitiative

Gesetzgebungskompetenzen
- als Grenze der entsprechenden Verwaltungskompetenz 300, 319 f.
- Auslegung 32
- des Bundes 249, 324 ff., 334 ff., 348 ff.
- des Bundes für die Ausführung der Gesetze 329 ff., 335, 357 ff., 364 f., 432 f.
- Prüfungsaufbau und Übersicht 334 ff.
- Prüfung durch den Bundespräsidenten 231 f.

Gesetzgebungskompetenzen (EU) 93, 332

Gesetzgebungslehre 414

Gesetzgebungsverfahren
- Gesetzesbeschluss in nur einer Sitzung 254 ff.
- Lesungen 254 ff.
- Mitwirkung des Bundespräsidenten 196 f., 230, 259; siehe auch Bundespräsident
- Mitwirkung des Bundesrates 259, 361 ff., 393 f.
- Schlussabstimmung 258 f.
- Umgehung des ersten Durchgangs (Art. 76 II 1 GG) 252 ff.
- Verkündung 260
- siehe auch Beschlussfähigkeit
- siehe auch Gesetzesinitiative
- siehe auch Gesetzesberatung

Gesetzgebungsverfahren (EU) 241

Gesetzmäßigkeit der Verwaltung 315, 409

Gewissensfreiheit (Art. 4 I, II GG) 158

Gewissensfreiheit (Art. 38 I 2 GG): siehe freies Mandat

Gifte, Recht der
  (Gesetzgebungskompetenz) 354
Gleichberechtigung von Männern und
  Frauen 415
Gleichheit der Wahl 214 ff., 225 ff.;
  siehe auch Wahlrechtsgrundsätze,
  Erfolgschancengleichheit,
  Erfolgswertgleichheit,
  Zählwertgleichheit
Gleichheitsgrundrecht
– Prüfungsschema 135
– Prüfung der Chancengleichheit der
  Parteien 281 ff.
gleichwertige Lebensverhältnisse,
  Herstellung (Art. 72 II GG) 325 ff.,
  338, 350 f.
Gliederungsebenen 19 f.
grammatische Auslegung (Grundlagen)
  34 f.
Grundrechte
– Ausgestaltung vs. Eingriff 288 f.
– Ausgleich grundrechtlicher
  Positionen (praktische Konkordanz)
  284 f.
– Freiheitsgrundrechte 135, 158, 284,
  286 ff.
– Gleichheitsgrundrechte 135, 281 ff.
– Grundrechtsbindung der Länder 286
– Grundrechtsberechtigung einer
  öffentlich-rechtlichen
  Rundfunkanstalt 284
– Grundrechtsprüfung von
  EU-Sekundärrecht 92 ff.
– Verfassungsbeschwerde 127 ff.,
  275 ff.
Gutachtenstil 7 f., 9 ff.
– Definition 9, 12, 16, 18, 26 ff.
– Ergebnis 9, 12, 17 f.
– Obersatz 9, 12, 15, 17 f.
– Subsumtion 9, 12, 16 f., 17 f.
– Gutachtenstil (Schema) 12, 17 f.
– Syllogismus 10 ff.
– Tatbestand 12, 15 f.
– Übungsfall 20 ff.
– verkürzter 25

H
Hallstein, Walter 172 f.
Hauptdelegatar (Art. 80 GG) 447
Herstellung gleichwertiger
  Lebensverhältnisse (Art. 72 II GG)
  325 ff., 338, 350 f.

Hilfsgutachten 77
historische Auslegung 30 ff., 45 ff.
Höpker Aschoff, Hermann 142 f.

I
Imperativentheorie 11
imperatives Mandat 155
Indemnitätsschutz (Art. 46 I GG) 20 ff.
Inhalt der Ermächtigung
  (Art. 80 I 2 GG) 449 f.

J
„Jedenfalls"-Argumentation 250
Jurisprudenz als Rechtswissenschaft 5
juristische Person 106, 129 f., 278, 284,
  286 f.
juristischer Syllogismus 10 ff.

K
Kernkompetenz (Art. 72 I GG) 338,
  353 ff.
Klausurformalia 79 f.
Klausurfragen, mehrere 78
Klausurrealität 67 f.
Klausurtipps 67 ff., 78 ff., 301
Kollisionsregeln 54 f.
Kompetenz zur Gesetzgebung: siehe
  Gesetzgebungskompetenz
Kompetenz kraft Sachzusammenhangs
  336 f., 339
Kompetenz kraft Natur der Sache 336
Konkurrenz von Rechtsnormen 18,
  355 f.
konkurrierende
  Gesetzgebungskompetenz des
  Bundes 337 ff., 349 ff.; siehe auch
  Gesetzgebungskompetenz
kontradiktorische/nicht-
  kontradiktorische Verfahren 90 f.
„Kopflastigkeit" des Gutachtens 88

L
Ländergesetzgebungskompetenz 334;
  siehe auch
  Gesetzgebungskompetenz
Landeseigenverwaltung (Art. 83,
  84 GG)
– Allgemeines, Terminologie 298
– Aufsichtsformen 316
– Besonderheit im Bund-Länder-Streit
  125, 300

- Verwaltungskompetenzen 327 ff., 335, 357 ff., 432 ff.
- siehe auch Auftragsverwaltung

law and literature 268 f.
Lebensmittelrecht (Gesetzgebungskompetenz) 349 ff.
Legaldefinition 26
Legisprudenz (auch: Legistik) 414
Legitimation der EU 332
Lehrbuchstil 57, 60, 73, 83, 247
Lesungen des Bundestages 254 ff.
lex posterior derogat legi priori 54 f.
lex specialis derogat legi generali 54 f.
lex superior derogat legi inferiori 54 f.
Lösungsskizze
- Allgemeines zum Anfertigen 68 ff.
- Beispiel 74 ff.

Lücke (Begriff) 47, 49
Lücken-Füllung von Gesetzen durch Analogie, Erst-recht-Schlüsse und teleologische Reduktion 47 ff.
Luhmann, Niklas 12, 241

M

Maier, Reinhold 302
Mandat
- imperatives Mandat 155
- siehe auch freies Mandat
- siehe auch Spiegelbildlichkeitsprinzip

Mandatsrelevanz von Wahlfehlern 186 f.
Mandatsverteilung
- nach dem alten Wahlrecht 200 ff.
- nach dem neuen Wahlrecht 203 ff.

Marbury v. Madison 198
Maßnahmen gegen gemeingefährliche Krankheiten bei Menschen (Gesetzgebungskompetenz) 353 f.
materielles Gesetz 170, 246, 438 f., 447
materielles Prüfungsrecht des Bundespräsidenten 197, 232 ff.
Mehrheiten im Bundestag 258 f., 393 f.
Mehrheitsprinzip (Berücksichtigung bei der Besetzung eines Bundestagsausschusses) 407 f., 428 ff.
Mehrheitswahl 193 ff., 200 ff., 203 ff., 215 ff.
Meinungen (Werturteile) 23
Methodenlehre 26 ff.
Misstrauensvotum (EU) 375 f.

Mitverantwortungstheorie (Zustimmungsbedürftigkeit von Änderungsgesetzen) 329, 434 ff.

N

negatives Stimmgewicht 195 f., 205 ff., 223 ff.
Nichtigkeitserklärung
- abstraktes Normenkontrollverfahren 119 ff., 366 f.
- Verfassungsbeschwerde 135
- siehe auch Unvereinbarkeitserklärung

Norm (Begriff der Rechtsnorm) 10 f., 12 f.
Normenhierarchie 39 f., 55, 114 ff., 170, 214, 277, 409
Normenklarheit 410, 456 f., 458, 463 f.
Normenwahrheit 456; siehe auch Normenklarheit
Normwidersprüche 54 f.
Noten (Klausuren) 7

O

Obersatz 9, 12, 15, 17 f.
objektive Auslegung 29 ff.
objektives Klarstellungsinteresse
- abstraktes Normenkontrollverfahren 117 f., 249, 347
- Wahlprüfungsbeschwerde 179

Öffentlichkeit der Wahl 169 f., 182 ff.; siehe auch Wahlrechtsgrundsätze
Organstreitverfahren 103 ff., 148 ff., 382 ff.
- Antragsbefugnis 109 ff., 151 ff., 158, 383 f.
- Antragsbefugnis einer bisher nicht im Bundestag vertretenen Partei bei vorzeitiger Auflösung des Bundestages 375, 393
- Antragsfrist 111, 153 f., 159, 384
- Antragsgegenstand 107 ff., 150 f., 157, 383
- Begründetheitsprüfung 112, 154 ff., 159 ff., 384 ff.
- Parteifähigkeit (Problemübersicht) 103 ff.
- Parteifähigkeit des einzelnen Abgeordneten 103 f., 105, 149, 382
- Parteifähigkeit einer Fraktion 104, 157
- Prozessstandschaft 110 f.

- Rechtsschutzbedürfnis 111 f., 154, 159, 384
- subjektive Verfahrenshäufung 154

P

Parteien, politische
- Allgemeines 264 ff.
- Beschwerdefähigkeit (Verfassungsbeschwerde) 130, 276 f.
- Beteiligung an Rundfunkunternehmen 267 f., 286 ff.
- Definition 277
- Drittsendungsrecht 267
- europäische Parteien 268
- Statusrechte 266
- verfassungsgerichtlicher Rechtsschutz 130, 265 f., 275 f.
- Wettbewerbs- und Chancengleichheit 276 f., 281 ff.

Parteifähigkeit 96 f.; siehe auch Bund-Länder-Streit, Organstreitverfahren

petitio principii 56

politisches Prüfungsrecht des Bundespräsidenten 196, 230

praktische Konkordanz 284 f.

präskriptive Aussage 11; siehe auch deskriptive Aussage

Prinzipienwidersprüche 54

„Preußenschlag" 300 f.

Prozessstandschaft
- Organstreitverfahren 110 f.
- Bund-Länder-Streit 123 f., 308 f.

Prüfungspflicht des Bundespräsidenten 197

Prüfungsrecht des Bundespräsidenten 196 f., 230 ff.

Q

Quelle-Urteil (BGH) 43

R

Rechtseinheit, Wahrung der (Art. 72 II GG) 325 f., 338, 351 f.

Rechtserheblichkeit des Antragsgegenstands 107 ff., 124, 151, 157, 309, 383

Rechtsfolge 13, 15

Rechtsfortbildung 47 ff.

Rechtsmittelklarheit 456 f., 464 f.

Rechtsnorm

- Begriff und Struktur 10 f., 12 f.
- Finden der einschlägigen 18 f.

Rechtssatz 12
- Begriff und Struktur 10 f., 12 f.
- Wenn-dann-Schema 12 f.
- mehrere (alternative, kumulative, positive, negative) Tatbestandsmerkmale 13 f.
- Rechtsfolge 13
- Tatbestand 13

Rechtsschutz, verwaltungsgerichtlicher 266

Rechtssicherheit 119, 240, 260, 366, 443 ff., 455 ff., 458, 464

Rechtsstaat
- Allgemeines 406 f.
- als eine Quelle des Vorbehalts des Gesetzes 409, 437
- als Teilgrundlage der Öffentlichkeit der Wahl 182 ff.
- Staatsstrukturprinzip 169 f., 406 f.
- siehe auch Rechtssicherheit
- siehe auch Rückwirkung

Rechtstheorie 4 f., 30, 48 f.

Rechtsvergleich 28, 46 f.

Rechtsverordnung
- Allgemeines 170, 410 ff.
- als materielles Gesetz 439, 447
- Änderung durch Gesetz 411, 453
- Ermächtigung 447 ff.
- gesetzesändernde 412 f., 461 ff.
- gesetzesergänzende 412 ff.
- gesetzesvertretende 412 f., 459 ff.
- Prüfungsgegenstand im abstrakten Normenkontrollverfahren 114, 116
- Rang in der Normenhierarchie 39

Rechtswissenschaft
- Wissenschaftsbegriff 5
- als Kulturwissenschaft 5

Regelungsdichte 439 ff.; siehe auch Vorbehalt des Gesetzes

Repräsentationsprinzip (Art. 38 I 2 GG)
- repräsentatives Mandat 155 f.; siehe auch freies Mandat
- repräsentative Demokratie 182 f.
- und Beschlussfähigkeit/Mehrheiten im Bundestag 255 f., 258 f.
- Spiegelbildlichkeitsgrundsatz der Ausschüsse 407 f., 427 ff.

Republik
- als Teilgrundlage der Öffentlichkeit der Wahl 182 ff.

- Staatsstrukturprinzip 169, 406 f., 450
- restriktive Auslegung 39, 336, 355
- Richtlinie (Art. 288 Abs. 3 AEUV)
  - als Teil des Unionssekundärrechts 41, 415
  - richtlinienkonforme Auslegung 42 f.
  - Überprüfung durch das BVerfG 92 ff., 114, 131 f.
  - Umsetzung 332
- Rückbewirkung von Rechtsfolgen 409 f., 444 ff.
- Rückwirkung (von Gesetzen)
  - Allgemeines 409 f., 443 f.
  - echte 409 f., 444 ff.
  - Typen 409 f.
  - unechte 409 f., 444 f.
- Rückwirkungsverbot, absolutes (Art. 103 II GG) 442 f.
- Rundfunk
  - Ausgestaltung oder Eingriff 288 f.
  - Gestaltungsauftrag des Staates 288 ff.
  - öffentlich-rechtliche Rundfunkanstalt (Grundrechtsberechtigung/ persönlicher Schutzbereich) 284
  - Rundfunkfreiheit 284 f., 286 ff.
  - Rundfunkrecht 267
  - sachlicher Schutzbereich der Rundfunkfreiheit 284, 287 f.
  - Staatsfreiheit des 287 ff.
  - verhältnismäßige Ausgestaltung 289 ff.

S

- Sachkompetenz (Auftragsverwaltung) 299, 314 ff.; siehe auch Wahrnehmungskompetenz
- Sachverhaltsbearbeitung 66 ff.
- Scheinsyllogismus 56
- Schlagwortverwendung 58 f.
- *Schmid, Carlo* 199 f.
- *Schroeder, Louise* 376
- *Schwarzhaupt, Elisabeth* 332
- Schwerpunkt einer Regelung (Gesetzgebungskompetenz) 355 f.
- Schwerpunktsetzung in der Klausur 24 f., 68 ff., 73 f.
- Sein und Sollen 11
- *Selbert, Elisabeth* 415

- Sicherung der Ernährung (Gesetzgebungskompetenz) 353
- *singularia non sunt extenda* 39
- spezifisches Verfassungsrecht (Prüfungsmaßstab in der Verfassungsbeschwerde) 134, 280
- Spiegelbildlichkeitsgrundsatz (Bundestagsausschüsse) 407 f., 427 ff.
- Splitting von Gesetzen 329, 436
- Staatsfreiheit des Rundfunks 287 ff.
- Staatsstrukturprinzipien 38, 83, 169 f., 406 f.
- Staatszielbestimmungen 406 f.
- statthafte Verfahrensart
  - allgemein 88, 95 f.
  - abstraktes Normenkontrollverfahren 113, 246, 346 f.; siehe auch abstraktes Normenkontrollverfahren
  - abstraktes Normenkontrollverfahren (Abgrenzung zum Verfahren nach Art. 93 I Nr. 2a GG und Bund-Länder-Streit) 346 f.
  - Bund-Länder-Streit 123, 308; siehe auch Bund-Länder-Streit
  - Organstreitverfahren 103, 148, 156, 382; siehe auch Organstreitverfahren
  - Verfassungsbeschwerde 128, 275 f.; siehe auch Verfassungsbeschwerde
  - Verfassungsbeschwerde (Abgrenzung zum Organstreitverfahren bei Partei als Antrag-/Beschwerdeführerin) 275 f.
  - Wahlprüfungsbeschwerde 171, 177
- Statusrechte
  - von politischen Parteien 106, 130, 266, 275 f., 286, 393
  - von Abgeordneten 148, 158, 383 f., 385
- Stilempfehlungen 57 ff.
- Stimmführer (Bundesratsabstimmung) 361 ff.
- Streitdarstellung (Überblick) 71 ff.
- Stufenbau der Rechtsordnung 39
- subjektive Auslegung 29 ff.
- subjektive Rechtsschutzverfahren/objektive Rechtskontrollverfahren 90 f.
- Subsumtion 9, 12, 16 f., 17 f.
- Syllogismus
  - allgemeiner 10
  - juristischer 10 f.

– juristischer (Beispiel) 15 ff.
systematische Auslegung 35 ff., 39 ff.

T
Tabuformulierungen 62 f.
Tatbestand 13, 15 f., 17 f.
tatbestandliche Rückanknüpfung 409 f., 444 f.
Tatbestandselemente 13
Tatsachen 23
Teilverfassungswidrigkeit 320
teleologische Auslegung 37 f., 39 ff.
teleologische Reduktion 48, 52
Textbild 76 f.
Tierschutz (Gesetzgebungskompetenz) 355
Trennungstheorie 328 f., 363 ff., 434 ff.; siehe auch Einheitstheorie
Trugschlüsse 55 ff.
– *ignoratio elenchi* 57
– *petitio principii* 56
– Scheinsyllogismus 56
– Widerspruch 56 f.

U
Überhandmandate
– Entstehung 200 ff., 203 ff.
– Recht-, insb. Verfassungsmäßigkeit 193 ff., 214 ff.
Umgehung des ersten Durchgangs des Bundesrates (Art. 76 II 1 GG) 252 ff.
Umkehrschluss 48, 53, 249, 256, 338, 353 f., 359 f., 362, 413
unbestimmter Rechtsbegriff 406, 439 ff., 449 ff.
unechte Rückwirkung 409 f., 444 f.
uneinheitliche Stimmabgabe im Bundesrat 328, 361 ff., 366
Unionsrecht: siehe Europäische Union
Unmittelbarkeit der Wahl 181, 222 f., 228 f.; siehe auch Wahlrechtsgrundsätze, negatives Stimmgewicht
Unterlassung
– als Antragsgegenstand eines Bund-Länder-Streits 124, 309
– als Antragsgegenstand eines Organstreitverfahrens 107 ff.
– als Antragsgegenstand einer Verfassungsbeschwerde 131

– Fristbeginn (im Organstreitverfahren und Bund-Länder-Streit) 111, 125, 310 f.
Unvereinbarkeitserklärung
– abstraktes Normenkontrollverfahren 119 ff., 366 f.
– Verfassungsbeschwerde 135
– siehe auch Nichtigkeitserklärung
Urteilsstil 9 f., 25
US Supreme Court 197 f.

V
Veränderung des Bundestagsverfahrens gem. § 126 GO-BT 255 f.
Verfassungsbeschwerde 127 ff., 275 ff.
– Begründetheit 134 f., 280 ff.
– Beschwerdegegenstand 131, 266, 278
– Prüfungsmaßstab (spezifisches Verfassungsrecht) 134, 280
– statthafte Verfahrensart (Abgrenzung zum Organstreitverfahren bei Partei als Antrag-/Beschwerdeführerin) 275 f.
Verfassungsgerichtspositivismus 28 f.
verfassungskonforme Auslegung 39 ff., 119, 185, 226, 229, 230, 248, 283, 285, 320
Verfassungsprozessrecht 87 ff.
– abstraktes Normenkontrollverfahren 113 ff.; siehe auch abstraktes Normenkontrollverfahren
– Analyse der statthaften Verfahrensart 88
– Bund-Länder-Streit 123 ff.; siehe auch Bund-Länder-Streit
– Einführung 87
– Grundschema zur Zulässigkeitsprüfung 95 ff.
– kontradiktorische/nicht-kontradiktorische Verfahren 90 f.
– Organstreitverfahren 103 ff.; siehe auch Organstreitverfahren
– subjektive Rechtsschutzverfahren/objektive Rechtskontrollverfahren 90 f.
– unionsrechtliche Bezüge 91 ff.
– unterschiedliche Rechtsfolgenaussprüche 89; siehe auch abstraktes Normenkontrollverfahren

- Verfassungsbeschwerde 127 ff.; siehe auch Verfassungsbeschwerde
- Vermeidung eines „kopflastigen" Gutachtens 82, 88
- Verwendung der richtigen Termini 88
- Wahlprüfungsbeschwerde 170 f., 177 ff.
- Zuständigkeiten des BVerfG 89

Verfassungsverbund 42
Verhältnismäßigkeitsprüfung 289 ff.
Verhältniswahl 193 ff., 200 ff., 203 ff., 216 ff.
verkürzter Gutachtenstil 25
Vermeidung eines „kopflastigen" Gutachtens 82, 88
Vermittlungsausschuss
- Besetzung der Bundestagsbank 407 f., 425 ff.
- Geschäftsordnung des Vermittlungsausschusses (GO-VermA) 239, 396, 425 f.
- Grenzen des Änderungsvorschlagsrechts 375, 394 ff.

Vermittlungsausschuss (EU) 376, 415
Verordnung (Art. 288 Abs. 2 AEUV) 92 ff., 114, 131, 410
verordnungsvertretendes Gesetz 411, 453 ff.
Verordnungsvorbehalt 462 ff.
„Verschachtelung" des Gutachtens 19 f.
Vertrauensfrage, auflösungsgerichtete/negative/ unechte 372 ff., 384 ff.
Vertrauensschutz 443 ff:; siehe auch Rückwirkung, Rechtsstaat
Verwaltungsrecht (EU) 302
Verwaltungskompetenzen
- Allgemeines 298
- Gesetzgebungskompetenzen 327 f., 335, 357 ff., 432 ff.
- Gesetzgebungskompetenz als Grenze der Verwaltungskompetenz 300, 319 f.
- siehe auch Auftragsverwaltung
- siehe auch Landeseigenverwaltung
- siehe auch Weisungsrecht

Verwaltungsverfahren
- Definition 358
- Gesetzgebungskompetenz nach Art. 84 I 2 GG 335, 357 f., 433
- Gesetzgebungskompetenz nach Art. 84 I 5 GG 358 ff.
- neuer „Einbruch" in die Länderkompetenzen 408, 432 f., 436
- Zustimmungsbedürftigkeit (Art. 84 I 6 GG) 329, 361, 363 ff., 432 ff., 436

Verwerfungsmonopol 40
völkerrechtskonforme Auslegung 39 f., 43 f.
Vorbehalt des Gesetzes 409, 437 ff., 447 ff., 462 ff.
Vorrang des Gesetzes 409, 461
Vorverständnis 4 f.

W

Wahlcomputer 169 f., 180 ff.
Wahlgleichheit: siehe Gleichheit der Wahl
Wahlprüfung
- Wahlprüfungsbeschwerde 177 ff.
- zweistufige Prüfung 170 f.

Wahlrecht
- Allgemeines 193
- Verteilung der Mandate 200 ff., 203 ff.
- Wahlsystem nach dem BWahlG 215 ff.

Wahlrecht (Europawahl) 171 f., 198 f.
Wahlrechtsgrundsätze
- Freiheit der Wahl 229 f.
- Gleichheit der Wahl: siehe Erfolgschancengleichheit, Erfolgswertgleichheit, Zählwertgleichheit
- Geheimheit der Wahl 180 f.
- Öffentlichkeit der Wahl 169 f., 182 ff.
- Rechtfertigung einer Einschränkung 185 f., 220 ff., 226 ff.
- Unmittelbarkeit der Wahl 181, 222 f., 228

Wahlrechtsreform (2011) 196, 203 ff.
Wahrnehmungskompetenz (Auftragsverwaltung) 299, 314 ff.
Wahrung der Rechtseinheit (Art. 72 II GG) 325 f., 338, 351 f.
Wahrung der Wirtschaftseinheit (Art. 72 II GG) 325 f., 338, 352
Weisungsklarheit 312

Weisungsrecht (Art. 85 III GG) 299, 311 ff., 319 f.
– bundesfreundliches Verhalten 312 f., 320
– formelle Verfassungsmäßigkeit 312 f.
– Grenze in der Gesetzgebungskompetenz des auszuführenden Gesetzes 319 f.
– materielle Verfassungsmäßigkeit 313 ff., 319 f.
– Recht des Landes auf einfachrechtmäßige Weisung (Streit) 299, 314 ff.
– teilverfassungswidrige Weisung 320
– Weisungsadressat 312, 315
– Weisungsberechtigung 312
– Weisungsklarheit 312
Weitergeltens-, Weitergeltungs- oder Fortgeltensanordnung 120 f., 135, 366 f.
Wertungswidersprüche 54
Wesentlichkeitstheorie 437 f.; siehe auch Vorbehalt des Gesetzes
Wettbewerbs- und Chancengleichheit der Parteien 276 f., 281 ff.
Widersprüche (Typen und Umgang) 54 f.
Wille des Gesetzes 29 ff., 45 ff.
Wille des Gesetzgebers 29 ff., 45 ff.
Wirtschaft, Recht der (Gesetzgebungskompetenz) 355
Wirtschaftseinheit, Wahrung der (Art. 72 II GG) 325 f., 338, 352
Wortlaut 34; siehe auch Wortsinn
Wortsinngrenze 34 f.
Wortsinninterpretation 34 f.

Z

Zählwertgleichheit 194, 216 f.
Zeiteinteilung (Klausur) 77 ff., 81
Zitiergebot (Art. 80 I 3 GG) 411, 451 f.
Zulässigkeitsprüfung
– Grundschema 95 ff.
– siehe auch Verfassungsprozessrecht
Zusammensetzung des Vermittlungsausschusses (Art. 77 II 2 GG) 425 f.
Zuständigkeit des Bundesverfassungsgerichts (Allgemeines) 89, 96
Zustimmungsbedürftigkeit eines Gesetzes (Zustimmungsgesetz) 259, 361, 363 ff., 366 f., 393, 432 ff.
– des Verwaltungsverfahren in der Auftragsverwaltung 331 f.
– von Änderungsgesetzen 329, 408, 432 ff.
– bei nur einer zustimmungsbedürftigen Norm 328 f., 363 ff., 408
– Mitwirkungsrecht des Bundesrates (allgemein) 393
– von Verwaltungsverfahren (Art. 84 I 6 GG) 329, 361, 363 ff., 432 ff., 436
Zustimmungsgesetz (Definition) 375
Zustimmungsgesetz (zu völkerrechtlichem Vertrag) 42, 44, 92, 114 f., 335, 375
Zweck der Ermächtigung (Art. 80 I 2 GG) 449 f.

5%-Hürde 171, 198 f., 219, 225

If you have any concerns about our products,
you can contact us on
ProductSafety@springernature.com

In case Publisher is established outside the EU,
the EU authorized representative is:
**Springer Nature Customer Service Center GmbH
Europaplatz 3, 69115 Heidelberg, Germany**

Printed by Libri Plureos GmbH
in Hamburg, Germany